U0143186

名 家 通 识 讲 座 书 系

语言学常识十五讲

□ 沈 阳 编著

北京大学出版社

PEKING UNIVERSITY PRESS

图书在版编目(CIP)数据

语言学常识十五讲/沈阳编著. —北京:北京大学出版社,2005.11

(名家通识讲座书系)

ISBN 978-7-301-09532-4

Ⅰ.①语… Ⅱ.①沈… Ⅲ.①语言学 Ⅳ.①HO

中国版本图书馆 CIP 数据核字(2005)第 117623 号

书　　　　名:语言学常识十五讲

著作责任者:沈　阳　编著

责 任 编 辑:徐　刚

标 准 书 号:ISBN 978-7-301-09532-4/H·1542

出 版 发 行:北京大学出版社

地　　　　址:北京市海淀区成府路 205 号　　100871

网　　　　址:http://www.pup.cn　电子邮箱:pkuwsz@126.com

电　　　　话:邮购部 62752015　发行部 62750672　出版部 62754962

　　　　　　编辑部 62756467

印　刷　者:三河市北燕印装有限公司

经　销　者:新华书店

　　　　　　650m×980mm　16 开本　30.5 印张　515 千字

　　　　　　2005 年 11 月第 1 版　2022 年 7 月第10次印刷

定　　　价:69.00 元

《名家通识讲座书系》
编审委员会

《名家通识讲座书系》总序

本书系编审委员会

《名家通识讲座书系》是由北京大学发起，全国十多所重点大学和一些科研单位协作编写的一套大型多学科普及读物。全套书系计划出版 100 种，涵盖文、史、哲、艺术、社会科学、自然科学等各个主要学科领域。北京大学校长许智宏院士出任这套书系的编审委员会主任，北大中文系主任温儒敏教授任执行主编，来自全国一大批各学科领域的权威专家主持各书的撰写。到目前为止，这是同类普及性读物和教材中学科覆盖面最广、规模最大、编撰阵容最强的丛书之一。

本书系的定位是"通识"，是高品位的学科普及读物，能够满足社会上各类读者获取知识与提高素养的要求，同时也是配合高校推进素质教育而设计的讲座类书系，可以作为大学本科生通识课（通选课）的教材和课外读物。

素质教育正在成为当今大学教育和社会公民教育的趋势。为培养学生健全的人格，拓展与完善学生的知识结构，造就更多有创新潜能的复合型人才，目前全国许多大学都在调整课程，推行学分制改革，改变本科教学以往比较单纯的专业培养模式。多数大学的本科教学计划中，都已经规定和设计了通识课（通选课）的内容和学分比例，要求学生在完成本专业课程之外，选修一定比例的外专业课程，包括供全校选修的通识课（通选课）。但是，从调查的情况看，许多学校虽然在努力建设通识课，也还存在一些困难和问题：主要是缺少统一的规划，到底应当有哪些基本的通识课，可能通盘考虑不够；课程不正规，往往因人设课；课量不足，学生缺少选择的空间；更普遍的问题是，很少有真正适合通识课教学的教材，有时只好用专业课教材替代，影响了教学效果。一般来说，综合性大学这方面情况稍好，其他普通的大学，特别是理、工、医、农类学校因为相对缺少这方面的教学资源，加上很少可供选择的教材，开设通识课的困难就更大。

这些年来，各地也陆续出版过一些面向素质教育的丛书或教材，但无论数量还是质量，都还远远不能满足需要。到底应当如何建设好通识课，使之能真正纳入正常的教学系统,并达到较好的教学效果？这是许多学校师生普遍关心的问题。从 2000 年开始,由北大中文系主任温儒敏教授发起,联合了本校和一些兄弟院校的老师,经过广泛的调查,并征求许多院校通识课主讲教师的意见,提出要策划一套大型的多学科的青年普及读物,同时又是大学素质教育通识课系列教材。这项建议得到北京大学校长许智宏院士的支持,并由他牵头,组成了一个在学术界和教育界都有相当影响力的编审委员会,实际上也就是有效地联合了许多重点大学,协力同心来做成这套大型的书系。北京大学出版社历来以出版高质量的大学教科书闻名,由北大出版社承担这样一套多学科的大型书系的出版任务,也顺理成章。

编写出版这套书的目标是明确的,那就是:充分整合和利用全国各相关学科的教学资源,通过本书系的编写、出版和推广,将素质教育的理念贯彻到通识课知识体系和教学方式中,使这一类课程的学科搭配结构更合理,更正规,更具有系统性和开放性,从而也更方便全国各大学设计和安排这一类课程。

2001 年底,本书系的第一批课题确定。选题的确定,主要是考虑大学生素质教育和知识结构的需要,也参考了一些重点大学的相关课程安排。课题的酝酿和作者的聘请反复征求过各学科专家以及教育部各学科教学指导委员会的意见,并直接得到许多大学和科研机构的支持。第一批选题的作者当中,有一部分就是由各大学推荐的,他们已经在所属学校成功地开设过相关的通识课程。令人感动的是,虽然受聘的作者大都是各学科领域的顶尖学者,不少还是学科带头人,科研与教学工作本来就很忙,但多数作者还是非常乐于接受聘请,宁可先放下其他工作,也要挤时间保证这套书的完成。学者们如此关心和积极参与素质教育之大业,应当对他们表示崇高的敬意。

本书系的内容设计充分照顾到社会上一般青年读者的阅读选择,适合自学;同时又能满足大学通识课教学的需要。每一种书都有一定的知识系统,有相对独立的学科范围和专业性,但又不同于专业教科书,不是专业课的压缩或简化。重要的是能适合本专业之外的一般大学生和读者,深入浅出地传授相关学科的知识,扩展学术的胸襟和眼光,进而增进学生的人格素养。本书系每一种选题都在努力做到入乎其内,出乎其外,把学问真正做活了,并能加以普及,因此对这套书作者的要求很高。我们所邀请的大都是那些真正有学术建树,有良好的教学经验,又能将学问深入浅出地传达出来的重量级学者,是请"大家"来讲"通识",所以命名为《名家通识讲座书系》。其意图就是精选名校名牌课程,实现大学教学资源共享,让更多的学子能够通过这套书,亲炙名家名师课堂。

本书系由不同的作者撰写,这些作者有不同的治学风格,但又都有共同的追求,既注意知识的相对稳定性,重点突出,通俗易懂,又能适当接触学科前沿,引发跨学科的思考和学习的兴趣。

本书系大都采用学术讲座的风格,有意保留讲课的口气和生动的文风,有"讲"的现场感,比较亲切、有趣。

本书系的拟想读者主要是青年,适合社会上一般读者作为提高文化素养的普及性读物;如果用作大学通识课教材,教员上课时可以参照其框架和基本内容,再加补充发挥;或者预先指定学生阅读某些章节,上课时组织学生讨论;也可以把本书系作为参考教材。

本书系每一本都是"十五讲",主要是要求在较少的篇幅内讲清楚某一学科领域的通识,而选为教材,十五讲又正好讲一个学期,符合一般通识课的课时要求。同时这也有意形成一种系列出版物的鲜明特色,一个图书品牌。

我们希望这套书的出版既能满足社会上读者的需要,又能够有效地促进全国各大学的素质教育和通识课的建设,从而联合更多学界同仁,一起来努力营造一项宏大的文化教育工程。

目　录

前　言

　　这本《语言学常识十五讲》是北京大学联合全国数十所重点大学的学者参与编写,由北京大学出版社推出的"大学素质教育通识课系列教材",亦即"名家通识讲座书系"中的一本。作为本书的编著者,我想在书的前面对这本书和这门课作一个简要的介绍,对怎么使用这本书和上好这门课提一些参考性的建议。

　　一、这本书有哪些特点?

　　目前在图书馆和书店里关于语言学的"概论、基础、导论、纲要"之类的书已经相当多了,而且不少出版社还在不断推出各种修订或新编的同类教材或读物。本书作者就参与编写了全国高等教育自学考试指定教材《语言学概论》,同时还主持北京大学远程教育《语言学概论》课程的教材编写和网上教学工作。既然已经有了那么多的书,为什么还要编写这样一本《语言学常识十五讲》?或者与其他的高等学校专业教材和课程相比,这本书和这门课有哪些不同之处呢?我们觉得以下几点大概可以算是这本书和这门课的特色,或者说是我们希望这本书和这门课达到的目标:

　　一是在读者对象上体现了"雅俗共赏"。

　　"语言"说白了就是说话写字。从较"低"的层面上看,我们每天都进行着说话写字的实践,语言是每个人生活中须臾不能离开的工具;从较"高"的层面上看,我们也应该提高说话写字的水平,语言是体现一个人文化修养程度的标志。正因为如此,不但大学中文系的学生或者语言学专业的学生,从学科训练的目标看,需要学习一些语言学的专业知识;而且所有的大学生,甚至所有的人,从日常言行的要求看,也都应该了解一些语言文字应用的常识。可是目前能够提供给大学生或社会读者使用和阅读的语言学常识和语言文字训练的教材并不很多,这门课和这本书就是想填补这个空档。我们心目中的读者群不是语言学专业的学生,而是定位在所有的本科大学生,甚至也面向对语言学感兴趣的社会读者。当然反过来说,由于本书的内容包括了一些最新研究成果和比较前沿的信息,虽然"浅出"但保持了"深入",有关的内容还是有一定"含金量"的,所以我们同样相信这本书对于大学中文系的学生,甚至语言学专业的学生,也会有所帮助,至少比其他专业教材更容易接受和消化。

二是在教学要求上注意了"前后呼应"。

作为一门大学课程,哪怕是通识课程,无疑都需要学生有一定的基础。不过我们这本书或这门课却"得天独厚",因为这门课需要的基础是每个人都具备的。大学生也罢,一般的社会读者也罢,在义务教育阶段都学过一些语言文字知识,也就是都已经有了一定的语言文字基础。因此一般说这门课不需要特别的专业准备就可以听得懂,这本书也基本上可以自己就看得明白。大家都知道,掌握语言文字知识和提高语言文字应用能力,不但是中学和大学语文课的目标,也是每个人日常不断自我学习的内容。语言文字知识大家虽然在中学语文课中学过一些了,但毕竟不够系统,甚至还不得要领。因此开设这门语言学常识课程的目的,除了梳理学过的语言文字知识,更主要的是帮助大家进一步提高语言文字的应用能力。也正因为如此,一方面这样的课就并非完全"另起炉灶",而注意了与中学语文课程中出现过的相关知识衔接,这正是这门课程的切入点;另一方面这样的课也就并不是"炒冷饭",而是补充了不少新内容,注意了进一步提高大学生的语言文字应用能力,这也正是这门课程的落脚点。

三是在专题选择上考虑了"各取所需"。

大学里一门选修课程一般只有三十几个课时的时间,而这本教材共有15 讲约 50 个小节,内容包括语言、语言学、语音、文字、语汇、语法、语义、语用、语言的发展和变化、语言的规划和规范、语言的获得和学习、语言与思维活动、语言与文学创作、语言与民族文化、语言与科学技术等专题。显然要在有限的课堂教学时间里学完这本书的全部内容是有困难的,如果只是"走马观花"或"蜻蜓点水"地过一遍,效果也肯定不会太好。这本教材之所以要保留相对较多的内容,除了希望给出语言文字知识的一个大致轮廓,更主要的是考虑到不同学校和各个层次学生的需要不尽相同:有的学生或读者可能希望多知道一些语言文字常识,也有的可能只希望对语言学科有个大致了解。而目前这样的编排就可以保证在教学内容上有取舍的余地:有条件的学校和老师不妨多讲点,包括适当扩展;有能力的学生不妨多学点,包括课下自学;而有些学校和学生则可以突出重点、抓住难点,甚至各取所需、各学所好。"看菜吃饭、量体裁衣","可拆可合、自成模块",这也是这本教材的一个特点。

四是在课程内容上体现了"抓大放小"。

语言知识和语言研究涉及的内容纷繁复杂,其中很多专题单独拿出来就是一门课或一本书,事实上大学里也开设相关的专题课程。但作为一门通识性的课程和教材,当然不可能"抓到篮子里就是菜",更不可能"掰开嚼碎了慢慢吃",只能是挑选几道"风味菜",拿出几手"看家活儿",让大家从中体会语言学在日常生活中的如影随形,在科学体系上的博大精深,在未来发展上的任重道远。这本教材的每一讲中都只是精挑细选了一些比较重要的内容:其中有些可能是大家想知道而不知道的,也有些可能是大家只知其然而尚不知其所以然的,还有一些可能是随时发生在社会生活中而大多数人习焉不察的,更有一些可能是与我们每个人都息息相关而且在日常生活中有直接用处的。由于这样的内容安排,每一讲的内容就不是面面俱到,也不可能条分缕析,而只能挑选几个"点"来展开讨论。这样做的好处,一方面是能真正突出专题内容的重点和难点,取得"伤其十指,不如断其一指"的学习效果;另一方面还可以给大家学习方法上的启发,留出深入思考探究的空间,培养独立解决问题的能力。

五是在学习目标上注重了"有效有用"。

了解人类最主要的交际工具——语言,正确地使用祖国的语言文字,既是一种知识和能力,也是大学生和每个人应有的文化素质和精神风貌。因此我们希望这本教材和这门课程能在更大范围的语言文字应用方面给大家有效有用的帮助。从一个方面看,"有效有用"是指现在教材中的内容都是经过精心选择的最重要和最实用的语言文字知识,是合格的大学生提高语言文字应用能力必须掌握或了解的知识,更不用说也考虑到了有些学生和社会读者参加高等教育自学考试或研究生入学考试之类的实际需要。从另一个方面看,"有效有用"更体现在我们希望通过这门课程的学习,不管是"提纲挈领"的学习、"以点带面"的学习、"学以致用"的学习,还是"开阔视野"的学习,都能给大家一些学习方法上的启发,使学生能够真正变一般课程的"死记硬背"为能够创造性地运用所学的科学方法,变一般课程的"题海战术"为能够灵活地解决语言文字应用中的各种问题,变一般课程的"应付考试"为能够具备较高水平的文化素质和精神文明修养。这才是编写这本教材和开设这门课程的真正目标。

二、怎么才能学好这门课?

对于如何使用这本书和学好这门课,不同的老师可能有不同的教法,不同的学生也会有不同的学法,这方面我们并不强求统一,也不希望教这门课的老师都"板起面孔",更不希望学这门课的学生都"敬而远之"。因此老师可以在讲课时采取漫谈讨论的方式,不必按部就班,讲多少算多少;学生也可以在听课时采取插话提问的方式,不妨各抒己见,懂一点是一点。不过要想真正学好这门课或者多少学到一些东西,我们还是想提出以下几点建议,主要是对学生和读者的建议:

一是要具备一定的语言文字基础知识。

作为为大学本科生开设的《语言学常识》通识课程编写的教材,当然这门课程和这本书的深度和广度都肯定要超出大家以前(包括小学和初中)已学过的一些语言文字的知识。但是这些新的东西,不但不可能完全脱离以前学过的语言文字知识,而且在很大程度上也就是对过去学过的知识的梳理和整合,是在以前学过的知识基础上的扩展和提高。"工欲善其事,必先利其器",因此建议大家在上这门课之前最好能复习一下以前学过的相关知识。比如拼音中的声母韵母,容易读错的音和容易写错的字,常用词语的意义和用法,主语、宾语和名词、动词等语法概念,比喻、借代等修辞手法,等等。这些基本功在同学们听课时或读书中会用得上,对于大家接受新的知识和培养新的能力也是必不可少的基础。

二是要培养学习语言文字知识的兴趣。

很多同学一听到"字词句"这些东西就头疼,觉得没意思,甚至觉得没用处。这跟过去语言文字教学内容枯燥、方法死板有关系,也跟大家还没有真正走进语言文字的神奇世界有关系。其实,语言文字现象与我们的日常生活息息相关;语言文字本身也是一门科学,其中有无穷的奥妙。比如,古人和今人为什么说不同的话,方言是怎么来的,声音为什么可以拼,汉字为什么不改用拼音字母,一个词为什么会有好多意思,语法是谁规定的,怎么看待网络词语,怎么从语言中透视历史和文化,等等。如果你想知道别人的答案,如果你有自己的独到见解,那你就一定会有浓厚的兴趣参加到这门课的学习中来了。

三是要下点探究语言文字现象的功夫。

有的同学对"学语文"有一种误解,好像只能是老师在上面讲、学生在下面听,没有什么可以"研究"的。其实这正是你在学习中"浅尝辄止"和"不求甚解"的表现。如果你真正钻进去,真正动脑子,真正下功夫,你就会发现,语言文字当中还有许许多多未知的现象。比如你想过吗:汉语和外语是不是完全不同,句子是否合格由什么决定,人靠什么理解一句话的意思,怎么才能让计算机听懂人说的话,等等。这些东西就不光需要去"听"、去"记",甚至也像理科课程一样,需要去"调查"、去"试验"、去"探究"。可见这门课实际上也是"实验室"、也是"比武场",大家完全可以在学习过程中"小试身手",也会"大有用武之地"。

四是要加强日常语言文字水平的养成。

语言文字的知识并不完全等同于语言文字的能力。就像一个西装革履的人随地吐痰,不管那个人的真实身份如何,至少给人的印象就是缺乏起码的修养。同样,如果一个大学生,或者就算是一个普通的人,说起话来满嘴脏字,写出字来错字连篇,作起文来文理不通,不管你有什么学历文凭,也不会让人感到你是一个有文化有修养的人。所以每个人,哪怕是文化水平已经较高的人,也都需要加强日常的语言文字水平的养成和提高。这门课或这本书当然不是提高语言文字能力的灵丹妙药,更不可能起到提高道德修养水平的作用。但是这门课和这本书至少可以告诉你,字为什么要这样写,音为什么要这样读,词为什么要这样用,句子为什么要这样说,也包括跟别人交谈要注意什么样的表达方式,写文章怎么才能更加通顺漂亮,学习外语要重视哪些沟沟坎坎,语言文字为什么可以表现一个人的文明素质等等。"随风潜入夜,润物细无声",如果你能够自觉地把学到的语言文字的知识应用于你的日常生活中,你也就能或多或少地提高自己的语言文字能力,为建设现代社会的语言文明做出一点贡献。这一点或许就是我们对大家在课外和读后更主要的要求和期望了。

人类独有的特性——语言

1.1 认识人类的语言

这本书或这门通识课程的名称是"语言学常识十五讲"。不过在讨论语言学之前先要说说"语言",或者说要先认识人类的语言。说到"语言",或许会听到这样一些说法:"语言就是人说的话","语言就是不同民族和不同国家的人说的话"。这些说法也不能说有错,不过这首先就涉及到几个问题:一是为什么只有人类才有语言;二是语言与民族和国家是什么关系;三是怎么给语言分类和归类。

1. 为什么只有人类才有语言

俗话说:"鸟有鸟语,人有人言。"不过这句话却也恰恰道出了语言的一个最重要的特点:"语言"是人类所独有的。说动物也有自己的"语言",也能相互"说话",这其实只不过是一种比喻,或者说是童话故事中的情节罢了。英国哲学家罗素(B. Russell)就这样说过:"一只狗无论叫得多么起劲,它也无法告诉你,它的父母虽然穷但却很诚实。"

动物当然也有自己的沟通方式。比如雌性蜘蛛和雄性蜘蛛之间就有一套非常复杂的靠动作表示的求爱系统;有些鸟类的鸣叫声确实可以传递诸如"进食、筑巢、危险"之类的信息;长臂猿和黑猩猩可以发出大约 9 种不同的叫喊声,表示"敌人来犯、不要跑远"之类的意思;海豚的声纳信号被认为是比较复杂的交际系统;而鹦鹉则似乎还可以发出跟人说话差不多的声音。但是动物的这些声音或动作的信号,一般都是由外界的刺激引起的,表达的意义种类极其有限,形式上也几乎不发生变化。至于鹦鹉则本来就只是"学舌",它根本不知道自己说的是什么,更不可能用来跟人或同类进行交流。或许在某种程度上可以说,正由于人类有完全不同于动物的"语言",或者说人类是唯一会"说话"的动物,人才成为了万物之灵。

人类的语言跟动物的"语言"相比较,有几个显著和重要的特点:

一是"内容更多"。人不论干什么都需要说话:谈情说爱,讨论演讲,甚至拌嘴吵架,都得说话。人在各种场合都可以说话:面对面说,在电话里说,面对着一大堆人说,甚至自言自语,连做梦时可能还要说话。人也可以用各种方式说话:与朋友随意交谈,对学生循循善诱,跟恋人卿卿我我,陪父母说说笑笑,训孩子唠唠叨叨。人还可以说各种各样的话:世界上不管有什么事物,人世间不管有什么思想,大至宇宙苍穹,小到基本粒子,甚至光怪陆离的天堂地狱、仙境鬼蜮,人都能用语言表达出来,更不用说人类的语言还能够谈论过去发生的事情和未来将发生的事情,能够探讨深奥的哲理和抒发丰富的情感,等等。

二是"用处更大"。人类的语言最主要的用处,当然也是"交际功能"。人类社会要维持和发展,人与人就需要相互联系、彼此合作,而人与人之间传递信息、交流思想、表达感情、沟通关系,都要靠语言。除此以外,人的语言还具有"标志功能":语言就像是社会人群的"名片",什么样的人说什么样的话,语言可以体现一个人的民族、职业、素养。"记录功能":语言不但作为载体记录社会历史和民族文化,语言文字本身也体现着民族的历史文化。"思维功能":人们想问题的过程,即进行概念、判断、推理的思维活动,必须以语言作为工具。"认知功能":小孩子开始认识事物,成年人学习新的知识,科学家要创造发明,都要直接借助语言或依赖语言所固定下来的前人成果。

三是"能够创造"。人说的话是通过严密、灵巧的规则构造出来的,每一句话就像是用数量有限的声音和意义的部件和材料按照一定的规则装配起来的机器;反过来说就是每个句子都可以拆卸成若干更小的声音和意义的部件和材料。而这些稍小或更小的部件和材料的数量是有限的,用这些有限的部件材料就又可以装配出无限多的话来,包括从来没有听过的话和从来没有人说过的话。因此人类的语言有极强的生成能力和极高的运转效率。17 世纪的法国哲学家笛卡儿(R. Descartes)说:"没有一个人,甚至包括白痴,会愚蠢到不知道把不同的词放在一起构成句子来陈述他们要表达的意思。而与之相反,其他动物,无论其多么完善,都是无法做到这一步的。"

人与人之间相互沟通也有其他的手段:听觉的如钟声、铃声、号角以及音乐等;视觉的如图表、公式、信号灯、旗语、徽章以及图画等;触觉的如握手、抚摸、拥抱、接吻以及竞赛等;体态的如鼓掌、鞠躬、挥手、微笑、眨眼以及舞蹈等。这些手段,特别是体态类手段,有的动物也能用。但是一方面,这样一些交际手段携带的信息都极其有限,不可能像语言那样满足人类的全部交际需要。另一方面,人类采用的其他交际方式大多只是语言的辅助手段或转换手段,即只能作为"副语言"配合语言使用,或只在特定领域部分地代替语言使用。说到底,这些交际手段无非是语言的附属品和衍生物。

　　人类语言跟动物"语言"的这些差别当然也不是从来就如此的。众所周知,人类是从动物变来的,是生物进化的结果。那么同样有理由推测,人类的语言也是从动物的"语言"进化演变来的。只不过人类的语言究竟是怎么产生和变成现在这个样子的,目前还是一个没有完全解开的谜(参看本书第九讲"语言的发展和变化")。但是至少有一点是可以肯定的:语言是人类跟其他动物分道扬镳的最后和最重要的标志。

2. 语言和民族、国家是什么关系

　　人类的语言是个总称。其实人们能够说得出的语言无非是汉语、英语、俄语、阿拉伯语等这样一些具体的语言。世界上到底有多少种语言?到现在为止只有一个大略的统计——约5000种。不过这几千种语言中大多数说的人极少,其中使用人口在100万以上的语言有117种,而在5000万以上的语言则只有17种,即汉语、英语、俄语、西班牙语、印地语、印度尼西亚语、阿拉伯语、孟加拉语、日语、葡萄牙语、德语、法语、意大利语、旁遮普语、韩语(朝鲜语)、泰卢固语、越南语。

　　那么同样作为人类的语言,这些不同的语言又是怎么划分出来的呢?表面上看,好像只要相互听得懂就是同一种语言,相互听不懂就是不同的语言。其实问题远不是这么简单。美国语言学家鲍林格(D. Bolinger)在《语言要略》一书中就提到:"瑞典语和挪威语之间相互可懂的程度很高,可还是称作两种语言。尽管中国的广东话和北方官话都是'汉语',但它们之间的差别几乎跟葡萄牙语和意大利语之间的差别一样大。"可见确定到底是这种语言还是那种语言,涉及到很多复杂的因素,其中首先就涉及到语言跟民族的关系和跟国家的关系。

　　应该说在大多数情况下确实是一个民族使用一种语言。例如汉族使用汉语,蒙古族使用蒙古语,俄罗斯族使用俄语等,从不同语言的名称就可以看出,语言是民族的重要标志,或者说语言就是根据民族来划分的。换个角

度看一种语言好像跟一个国家也有关系。例如德国人说德语，法国人说法语，日本人说日语，印尼人说印尼语，从不同语言的名称也可以看出，语言也是国家的标志，或者说很大程度上语言又是根据国家划分的。不过这样来划分"语言"就还需要区别不同时代的"民族"和不同历史时期的"国家"，不能一概而论。

不少西方语言学家确实把"相互能够听懂"作为确定语言的标准，而这样确定的"语言"又是识别"民族"甚至"国家"的标准。其实这种"民族、国家、语言"的概念是结合着欧洲"新兴民族国家"的历史特点说的。西罗马帝国解体以后，从 8 世纪到 16 世纪先后建立了现代西欧各个新兴民族国家。所谓"新兴国家"是相对于罗马帝国时期的"国家"而言的，而所谓"民族国家"则差不多就是根据"一个民族、一种语言"建立起来的。如法国、德国、意大利、葡萄牙、英格兰、西班牙、爱尔兰等都是这样，即"语言、民族、国家"差不多就是"同义词"。虽然欧洲也有处在几个大国之间的小国是多民族和多语言的国家，如瑞士就有说德语的日耳曼人，说法语的法兰西人，说意大利语的意大利人等，不过对这些国家来说，至少"一个民族，一种语言"的定义还是基本适用的。由于现代西欧国家在经济、军事、政治、文化各方面都发达，因此西方语言学家这种"语言、民族、国家"之间关系的片面观点也就影响极大，不仅影响到学术界的观点，也影响到普通人的认识。

不过从一个角度看，西方语言学家这种"一个民族、一种语言、一个国家"的定义对于欧洲以外的国家就不完全适用，对于历史悠久、幅员辽阔的国家则可能根本不适用。特别是在现代社会里，同一个民族或同一个国家使用两种或多种语言，不同民族或不同国家使用同一种语言是大量存在的客观现象。比如分散在世界各地的犹太人大多使用所在地方的语言，但是他们的民族身份并没有因此发生变化。就像有些出生在国外的华人已经不会说汉语了，但他们的民族身份仍然是华人。我国境内不少少数民族在和汉族长期相处的过程中逐步改用了汉语，像满族在清代二百多年间一直是中国的统治民族，但是到清代末年满人几乎全都改用了汉语，今天所有的满族人也都只说汉语，但满族身份并没有改变。这些现象都是有关民族或有关国家形成以后由某个历史时期的特殊条件造成的。可见西方语言学家所谓通过"互相能够听懂的语言"识别不同"民族"和"国家"的惯例并不具有普遍意义。

从另一个角度说，西方语言学家对"相互能够听懂"的语言划分标准并不能贯彻始终,特别表现在对不同民族和不同国家采取的双重标准。一方面对弱国强调"相互能够听懂"的标准,不惜割裂属于同一民族的各个相互通话有困难的群体,坚持主张分别都有独立的"语言",属于不同的"民族"。例如长期以来西方语言学家就只承认中国有"官话、粤语、吴语、湘语、闽语"等不同的"语言",却不承认有汉民族的语言"汉语"。但是反过来在处理强国的民族和语言问题时,就完全不提"相互能够听懂"这样的标准了。例如如果严格按照"相互能够听懂"来区分"民族"和"语言",那么英格兰人、美国人、澳大利亚人、加拿大人等,说话相互都能听懂,因此就应该属于同一个"民族",使用的都应该是"英语",而美国英语、澳大利亚英语、加拿大英语等就应该只是英语的"方言"。可是这么处理,西方语言学家在感情上不能接受,所以就"创造"出了英语的"美国变体、澳大利亚变体"等比较平等的"术语"。再如北欧的瑞典、挪威、丹麦三个国家的语言差别很小,如果也按"相互能够听懂"来处理,这三个国家就应是一个民族,使用的是一种语言,比如叫作"北欧语"或"斯堪的纳维亚语",下面再分"瑞典方言、挪威方言、丹麦方言"三个方言区。但实际上却没有哪个西方语言学家"敢"这么说,他们还得承认这是三种不同的"语言",瑞典、挪威、丹麦是三个不同的"民族"和"国家"。可见西方语言学家通过"相互能够听懂的语言"来划分"民族"和"国家"的做法本身就自相矛盾。

这样看来,尽管"语言"最初是与民族直接联系的,至今也仍然是最直观和最容易识别的民族标志,同时也是不少国家的标志,但只有全面了解从古到今的"语言"和"民族"之间、"民族"和"国家"之间错综复杂的情况,才有可能对"语言、民族、国家"三者之间的关系做出更加符合客观事实的结论。

3. 怎么根据语言的特点给语言分类

前面说的语言划分由于牵扯到民族和国家而显得错综复杂。那么能不能只从语言本身的特点来区分不同的语言呢?这不但是可以的,而且这种分类也是语言学更重视的。

不同的语言当然是有自己的特点的。世界上现存的几千种语言中绝大多数对于不是说这种语言的人来说,没经过较长时间的接触或学习恐怕是听不懂也不会说的,这主要就是因为各种语言在语音、语汇、语法等方面有所不同。调查发现,世界上不同语言之间在有些方面的差异可能十分显著,其中有些特点甚至令人难以置信。比如有的语言没有鼻辅音;有的语言可以使用吸气音;有的语言中竟然没有一个表示时间的词或词缀;有的语言中有上百个词语表示各种各样的树,却没有一个总称这些树的词语。巴西北部有一种只有 350 人左右使用的语言叫"Hixkaryana",其句子的基本结构是"宾语—动词—主语"的形式,比如"我吃饭"在这种语言中要说成"饭吃我",这几乎是世界上唯一有这种语序的语言。这些就都是非常特殊的语言现象。根据语言的这些特点也就可以把语言分成各种大大小小的类型,其中最主要的有"语言的谱系分类"和"语言的形态分类"。

从语言的"历时"演变角度来划分不同的语言,就可以建立"语言的谱系分类",也叫作"语言的亲属关系分类"。顾名思义,就像人有代代相承的亲属关系和家谱族谱一样,语言在历史发展过程中也有同宗异族和远近亲疏的关系。根据各种语言在语音、语汇、语法等方面是否有共同的来源和相似性大小,或者说根据语言的亲缘关系,对语言进行的分类,就是语言的谱系分类。语言的谱系分类是个层级系统,通常从大到小分别叫作:语系—语族—(语支)—语言—方言—次方言(土语)。其中最大的类叫作"语系",属于同一个语系的语言都有古老的共同来源。世界上的语言大致可归为七八个主要的语系(也有分更多的),其中"印欧语系"和"汉藏语系"是两个最大的语系。二者除了地域分布不同外,在语言特点上的主要区别是:汉藏语系的语言都有区别意义的声调,印欧语系的语言都没有;印欧语系的语言都有词的形态变化,汉藏语系的语言都没有。语系下一级叫作"语族"。比如印欧语系下面就分成了"印度语族、伊朗语族、斯拉夫语族、日耳曼语族、拉丁(罗曼)语族"等。同一语族的语言不但有相同来源,相似点也更多。语族下面就是"语言"(中间还可增加"语支"一级)。比如日耳曼语族就包括英语、荷兰语、卢森堡语、佛莱芒语、德语、丹麦语、瑞典语、挪威语、冰岛语等,这一级就牵涉到前面说的与民族和国家的关系问题了。语言再往下则是同属于一个语言的方言和次方言(土语),比如汉语就有北方方言、吴方言、粤方言等七大方言,方言之间在语言特点上的差别就更小(参看本书第九讲"语言的发展和变化")。

从语言的"共时"状态角度来划分不同的语言,就可以建立"语言的形态分类",这也是最主要的"语言结构类型分类"。其中一种主要的分类结果就是把人类语言分成"形态语"和"孤立语",或者分成"综合性语言"和"分析性语言"。大致说,通过词的形态变化来体现各种结构意义的语言就是"形态语"和"综合性语言"。形态语中又包括"屈折语、黏着语、多式综合语"等小类:屈折语主要是句子中某些词本身有丰富的形态变化,典型的如德语、俄语;黏着语主要是句子中某些词的形态变化表现为附在词前后的语素,典型的如维吾尔语、日语;而多式综合语则是句子的所有成分都通过一个复杂的词来体现,如某些北美印第安语。汉语则是属于没有形态变化的"孤立语"和"分析性语言"。一般认为作为孤立语和分析性语言的汉语有这样几个主要特点:一是汉语不是通过谓词词形变化来表示"时、体、态"等语法意义,而是有一套非常丰富的表示时态的助词(如"了、着、过"等)和表示语气的助词(如"了、的、呢"等)系统。二是汉语没有通过名词词形变化表示的"性、数、格"等语法意义,而是特别突出语序和虚词的作用。三是汉语的各种实词(如名词、动词、形容词)都没有词尾标记,因此词类和句法成分之间不存在形态语那样的一一对应关系(参看本书第六讲"语法")。

1.2　语言的各种表现形式

要研究语言,就要知道语言是什么样的,或者说语言是以什么形式存在或表现的? 这个问题看起来很简单:语言不就是说话嘛? 其实"语言"和"说话"都是笼统的说法,要更严格定义"语言",或者从研究语言的角度看,至少需要区别以下几组概念。

1. 语言和言语

说话是一种复合现象,从语言学的角度看,其中至少可以分为两大部分:一是张嘴说话的动作和说出来或写出来的成品;二是说话所使用的工具(比如英语、汉语就是不同的工具)。比较下面三个例子中的"说话"和"话":

(1) a. 轮到你作证的时候才说话。
　　 b. 法官认为你的话有说服力。
　　 c. 在法庭上都应该说普通话。

(1a)中的"说话"指实际说话的过程,可以叫作"言语动作";(1b)中"(你的)话"是说出来(包括写下来)的话,可以叫作"言语作品"。言语动作和言语作品,又可统称为"言语(parole / speech)"。(1c)中的"(普通)话"是指说话时使用的符号工具,这才是"语言(langue / language)"。就好比发电报:报务员的输入操作是"动作",邮递员送上门的是"作品",而译电员所用的电报代码就是电报通讯的"语言"。

在上面说的两个部分中,"言语",无论是言语动作还是言语作品,都是说话者个人的行为和创作。因为说不说,怎么说,说什么,说多少,都取决于说话者个人,而且言语动作和作品还可以有个人的特色,如说话口音不同,说话风格不同,有时可能省略、啰嗦或晦涩等。而"说话工具"即"语言"则是全社会约定俗成的产物。一个社会群体的人如果要相互交际,都必须用大家都知道的语音、词语和句子来说,也都必须遵守这些语音、词语和句子的使用规则。说话人只有按照"语言"的这些规则去说,说的话别人才能听懂;听话人只有按照"语言"的这些规则去听,也才能理解别人说的话。由此看来,在上面两个部分中,"语言"是更重要的,至少是决定"言语(动作和作品)"的。

但是"语言"作为有着社会约定规则的符号工具,又是看不见摸不着的。"语言"不但只是作为一种知识或规则存在于人的脑子里,在背后支配人们怎么说话和听话,而且大多数说话人和听话人还不一定知道这些知识或规则是怎么回事。这一点也不难证明,比如我们听到一个初学汉语的外国人说话,很容易就会发现他说的话有这样那样的毛病,甚至极其微小的毛病,包括一个"了"字该不该用,一个"也"字该放在哪儿,都能马上感觉出什么地方有点"别扭"。这就说明我们头脑中有辨别汉语句子能不能说的知识和能力,也就是有所谓的"语感"。但是如果要你说出为什么这些句子有毛病,比如解释一下"了"字或"也"字的用法,恐怕就没有几个人能够说清楚了。由此看来,在上面两个部分中,"言语(动作和作品)"又是更现实的,至少是比"语言"更容易直接观察到的。

由于上面说的原因,作为语言学要研究的"语言"虽然主要是上面说的"语言",可是由于这种"语言"又不能直接观察到,于是就只好通过"言语"去发现"语言"的踪影。"语言"主要存在于"言语"的两个地方:一个是在人们已经说出来的话中,这就要去搜集整理尽可能多的已经说出来和记录下来的话;还有一个是在没有说出来的话中,这就要通过让说话人判断某句话的正误,来获取说话人凭语感知道能说的和不能说的话。也就是说,语言学既要研究"语言"这种抽象的内在知识和能力,也要考察表现语言知识和能力的"言语动作"特别是"言语作品"这样一些具体的外在形式和特征。

由于语言学是通过"言语"去探究"语言"的,这样从一方面看,经过大量观察后得到的某些成果,比如词典、语法书什么的,当然就不会再是作为素材的那些言语作品本来的样子,而是有了一定程度的概括。例如词典里只记录"说话"这一个词,可是实际上这个词在言语作品中的形式却多种多样:各人发音不同姑且不论,而且也不一定总连在一起说,如可以中间插入"了、着、过、起来"等助词,插入"这个、那个"等。语法书里面讲"主谓宾"等句子结构都是相当规整的,而实际说的句子有时简直是乱七八糟的,如果你把平时说的话用录音机录下来,再如实整理成文字,你一定不信是自己说的话。这恰恰说明词典、语法书等已经是对言语作品的抽象和概括。但从另一方面看,经过观察后得到的某些成果,比如词典、语法书什么的,尽管已经是对错综复杂的言语作品的抽象和概括,毕竟只是对"语言"这个黑匣子的不断接近。姑且不说观察材料的粗细,试验样本的取舍,概括水平的高下,都有可能造成研究结果的偏差,即使是编得最高明的词典和语法书,也最多只能算是对语言的"画像",远远达不到全息摄影那样的精确水平或基因分析那样的本质程度。

2. 本体知识和外围知识

前面说要通过"言语"来研究"语言"。但由于"言语(动作和作品)"形态各异,多种多样,人们从中发现的"语言"的知识也就可能五花八门,甚至无所不包。所以也就有必要区别两种语言知识:一种是语言系统内部的要素知识,叫作"本体知识";另一种则是跟语言相联系的各种外部现象,叫作"外围知识"。

语言的知识内容丰富、范围宽广。一方面从"说话"本身来看:说话人要说话先得有想说什么的愿望和想说的内容,这就跟生活经历、社会地位以及当前需要处理的问题分不开,或者说要涉及大量的社会问题、文化问题、哲学问题和逻辑问题。说话时人的大脑要有怎么组织"说话"和怎么分析理解对方"说的话"的机制和能力,要有一整套发音、听音器官和神经网络,以及通过神经网络控制相应的器官协同发音、听音的机制和能力,有人从通讯理论的角度把这样一个过程称为编码和解码的过程,这就涉及很复杂的生理、心理和物理问题。当出现用文字表现的书面语后,说话人和听话人还要会使用一定的图形和理解图形表示的意义,这同样要涉及物理和心理问题。另一方面从不同的人观察"说话"的角度看:哲学家眼中看到的是语言在人类认识客观世界中的作用,是语言和思维、语言和逻辑之间的关系等;文献学家和语文教师注意的是词语和句子的确切意义,是文字的书写形式和正确读音;历史学家和考古学家更关心出土的文字材料如何为历史学和考古学服务;医学家希望通过观察说话为治疗失语症和其他跟脑神经有关的疾病服务;计算机专家则希望找到语言信息处理的线索和方法;更不用说作家注重作品的文学赏析,商家看重广告语的修辞特色,等等。

上面说的这些当然都可以算是通过观察"言语"而可能获得的"语言"的知识,范围不能说不宽,内容不能说不多。从一个方面看,多有多的好处。语言本来就涉及到人类社会的方方面面,因此各行各业从不同的领域、根据不同的需要去研究语言,这不奇怪,甚至从长远看也有利于对语言的全面认识。但从另一方面看,多也带来多的问题。长期以来语言研究大多是在为其他专业服务,而对语言本身的研究反而不那么集中和深入,因而始终没有形成语言学完整的理论体系和方法论体系,跟近代其他学科相比就未免相形见绌。到19世纪末叶,不少从事语言研究的学者就感觉到这种情况已经妨碍了语言科学的进一步发展,因此主张语言科学要成为一门现代意义的科学,就必须像其他现代科学一样有明确的研究对象。这也就是划分"本体知识"和"外围知识"的原因。

那么什么是语言的"本体知识",什么是语言的"外围知识"呢?目前学术界还没有十分明确的界定,刚才举例也是把两种"语言知识"混在一起说的。不过一般的认识是,像"语音、语汇、语法、语义、语用"等,可以算是相对严格的语言本体知识,而像"语言与思维"、"语言与文学"、"语言与文化"以及"语言与其他科学和技术"等,就是语言的一些外围知识了。换个角度说,对同一种语言现象,如果只看语言本身的现象,就是语言的本体知识;如果涉及其他学科领域,就是语言的外围知识。比如拿出一个词语,如果只涉及词语的读音、形态、构造和一般意义,那就属于语音学、语汇学和语义学这一类语言本体知识,如果从中探讨社会、文化、历史、民族的问题,或者跟发音器官、听觉反应、语音合成、语言缺陷、语言心理等联系,那就是语言的外围知识了。

3. 口语和书面语

前面说需要通过"言语",特别是"言语作品",才能研究"语言"。"言语作品"又有两种形式:一种是嘴巴里说出来的话,叫作"口语";另一种是用文字写下来的话,叫作"书面语"。之所以要区分口语和书面语,原因有两个:一是古往今来任何一种语言都有口头的形式,但只有极少数语言有相应的文字表现的书面形式;二是任何一种语言总是先有口语,后有书面语,书面语不但只能在口语的基础上产生,并且或迟或早总是要随着口语的发展演变而发展演变。从这个意义上说,口语是第一性的,书面语是第二性的。

尽管书面语是在口语的基础上产生的,跟口语相比较是第二性的。但是一方面书面语并不是口语绝对忠实的记录。口头交际总是在一定的语境中进行的,常常伴随着说话人的各种表情、手势和体态,还有各种口气和语调,而书面语一般不记录这些成分,只是记录词语;另外书写书面语有比较充裕的时间推敲,可以比口语更精练和更精确:这样看来书面语就比口语少了一些内容。另一方面书面语也不是口语的机械复制版本。口语由于有语境和面部表情、手势体态的帮助，可以省略某些语言成分而不至于影响理解和交际，书面语却不得不补上某些影响理解的省略成分：这样看来书面语就又比口语多了一些成分。因此确切地说，书面语是经过提炼和加工了的口语的书面形式。书面语一旦在口语基础上产生就具有相对的独立性，形成独特的发展道路；而且由于书面语可能积累起比口语更丰富的语汇、更精密复杂的结构和更多样化的表达方式，从而也可以反过来影响和促进口语的发展。

书面语和口语尽管有上面说的那些差别，但大多数情况下二者的基本语汇成分和语法结构还是大体一致的。如果书面语跟口语脱节，那么或迟或早还是会适应口语的演变而演变的。当然口语已经发生巨大变化而书面语长期保持古代语言的面貌不变的现象也是存在的，中国的文言文和西方的拉丁文就是"言文脱节"的典型例子。不过这种情况只有在社会发展滞后，教育很不普及，交通和通讯极不发达，而且只有极少数人掌握书面语的社会里才有可能存在，到了现代社会就不可能再维持下去了。所以"五四"运动以后，在现代汉语基础上产生的白话文终于取代了跟口语严重脱节的文言文。拉丁文的情况也大致如此。

由于书面语是加工提炼了的口语，是官方文书和经典文献的载体，是要下功夫学习才能掌握的学问，而且从古至今在社会上都具有比口语更高的权威性，所以长期以来在语言研究中似乎更受重视。即使在今天，录音录像设备也还不够完善和普及，异域语言和异地方言的口语形式很难直接接触，口语的细节和语境资料就更难搜集，因此语言研究大多还是以书面语为主。不过必须明确，口语毕竟是第一性的或者说是更直接的"言语作品"，因此通过言语作品来研究语言就应该首先研究口语。世界上很多语言至今只有口语没有书面语，那当然就只能研究口语。即使是有书面语的语言，当口语和书面语出现严重分歧的时候一般也还是应以口语为准，不能本末倒置地把书面语看作是唯一言语作品或主要研究对象。

1.3 语言符号和语言结构

语言是一个严密的系统。就像电脑需要有操作系统才能完成各种工作、宇宙飞船需要有指挥系统才能飞上天，语言就是一个指导人们说话的操作系统和指挥系统。我们可以从两个方面来了解语言的系统：语言的符号特性和语言的结构特性。

1. 语言的符号特性

我们的生活中有各种各样的符号:马路上的红绿灯就是一种符号,红灯停、绿灯行。数学中的"＋、－、×、÷"也是一种符号,表示不同的运算方式。甚至在厕所门上画个人头,袖子上戴黑纱,汽车按喇叭,学校里打铃,都可以算作是符号,因为都可以表示特定的意义。人类的语言也是一种符号,而且是用复杂的物质实体(声音)来表示复杂的特定意义的符号。语言的符号特性可以从以下几个方面来看。

A. 语言符号有"能指"和"所指"两面

虽然可以通俗地说,用甲事物表示乙事物,甲事物就是符号。不过实际上甲事物离开了所表示的乙事物,也就不再成其为符号。可见符号必然同时具有表示特定意义的物质实体和物质实体所表示的特定意义这两个方面。比如交通信号中"红灯"表示"不准通行","绿灯"表示"可以通行";中国人"点头"表示"同意","摇头"表示"反对";军队吹不同的号音,就可以表示"冲锋、休息、熄灯、起床、吃饭"等不同的意义。这些符号的一个方面就是物质的实体,如红灯、绿灯等灯光,点头、摇头等动作,军号的各种旋律等;另一方面则是特定的意义,如"不准通行、可以通行","同意、反对","冲锋、休息"等。

语言符号也必须同时有表示特定意义的物质实体和物质实体所表示的特定意义这两个方面。比如汉语中用"rén"这个声音表示"人",用"shítou"这个声音表示"石头"。其中"rén、shítou"等就是物质实体,"人、石头"等就是特定意义。瑞士语言学家索绪尔(F. de Saussure)用另一对名称来概括语言符号的这两个方面:把语言符号中能够指称某种意义的声音称为"能指";把语言符号中由特定声音表示的意义称为"所指"。语言符号的能指和所指好比是一张纸的正反两面,就像无法把一张纸的正反面切开一样,语言符号中表示意义的声音和声音表示的意义也不能分开。声音离开了意义就不再是语言的声音,意义离开了声音也就不再是语言的意义,或者说声音和意义一旦分开,语言符号也就不存在了。

B. 语言符号是"约定的"和"任意的"

"约定"和"任意"也是符号同时具有并且相互联系的特性。所谓"约定",是指人为的某些规定或共同认可的某些习惯。居民楼的窗户里冒出滚滚浓烟,说明楼内可能有人家失火;农家烟囱里冒出缕缕炊烟,说明这户人家正在烧火做饭:这些都是自然联系的意义,这些烟就不是符号。但是中国古代长城烽火台上冒出浓烟表示敌人来袭,罗马圣彼得大教堂的烟囱里冒出白烟表示新教皇产生：这就是人为约定的意义，这些烟就是符号。所谓"任意"，是说用什么符号表示什么意义是不需要什么道理的，只要大家都认定或习惯就行。早上起来发现外面地湿了，估计昨晚下过雨；摸到婴儿的床铺湿了，说明孩子尿了；看到观众的眼睛湿了，知道大家哭了：这些"湿"的现象和各种意义的联系是有理据的，因此不是符号。但同样是"红色"，结婚时表示"喜庆"，在无产者心中代表"革命"，在交通信号中表示"停车"，在特定场合表示"危险"；或者同样是"停车"，可以用交通信号的红灯表示，也可以用一定的手势表示：这些相同的"红色"和各种不同的意义之间或不同的"红灯、手势"与相同的"停车"意义之间并没有非如此不可的道理，因此这种"红色"或"红灯、手势"就是符号。

语言符号也是约定的和任意的。为什么"rén"表示"人"，"shítou"表示"石头"，既不是事物的自然联系，也是没有什么道理可讲的。因为就算是倒过来，把"人"叫作"shítou"，把"石头"叫做"rén"，也不是不可以。所以马克思在《自然辩证法》一书中就说："正与负，北和南，都可以反过来说。只要把其余的名称也相应地加以改变，那么一切就仍然是正确的。"进一步说，汉语中"人"叫"rén"，"石头"叫"shítou"，可是英语"人"叫"man"，"石头"叫"stone"，这同样是约定的和任意的。因为如果不是这样，那么同一个事物在不同的语言和方言中就只能用一个相同的符号了。只不过一般人并不一定了解这一点，中国人可能很自然地认为"人"叫"rén"和"石头"叫"shítou"是天经地义的，所以鲁迅笔下的阿Q认为城里人不叫"长凳"而叫"条凳"是错了，因为未庄的人都叫"长凳"。其实不同的语言和方言用不同的声音符号来表示同一个意思，正好说明语言符号的声音和意义之间没有必然的关系，完全是任意选择和约定俗成的。

有时看起来好像也不是所有的语言符号都是没理据可讲的。比如"汪汪"表示狗叫，"喵喵"表示猫叫，"喔喔"表示鸡啼，"呵呵"表示人的笑声，"啊"表示人的感叹，声音和意义似乎就多少有一定的联系，所以这些词在各种语言中也差不多。不过这毕竟是极个别现象，这种模拟声音的词也可以不算作语言符号，只是"特殊标记"。又如"牛奶、马车"这样的词，好像就是"牛的奶、马拉的车"的意思。其实那是因为懂这么分析的人已经知道"牛、奶、马、车"四个单纯符号的意思，然后才会知道复合符号"牛奶、马车"的组合理据。但毕竟"牛、奶、马、车"这些符号为什么表示这样的意思，为什么这样的意思用"牛、奶、马、车"来表示，归根结底仍是约定的和任意的，也就是说至少语言中单纯的初始符号一定是约定的和任意的。对于不知道

"niunai、mache"是复合符号的人来说,连这两个词也可以看作是约定的和任意的。

C. 语言符号既是"不变的"又是"可变的"

任何符号,虽然最开始时用什么实体表示什么意义是约定的和任意的,但是一旦这种对应关系固定下来,也就不能轻易改变了。比如交通信号中的红灯停、绿灯行,全世界都一样,要是经常改变,那交通岂不就乱套了。再如在什么场合送什么花给什么人有讲究,女士在什么手指上戴戒指也表示不同的意义,要是搞错了就会闹笑话或惹麻烦。即使是军队的通信密码需要改变,那也是为了防止被破译,至少在一定时间和一定范围里还是固定的:这就是符号"不变"的一面。当然符号也不是一点也不变的,有时需要适当调整。比如有的路口在红灯时不允许全部车辆通行,而有的路口则允许右转弯;有的路口在绿灯时也不允许车辆左转弯,需要有专门的左转弯绿灯:这就是符号"可变"的表现。

同样语言符号的任意性也不能理解为语言符号是可以由个人改变或随时改变的。如果符号本身随意改变,或者每个人都随意改变符号,那人们就听不懂互相说的是什么,语言也就从根本上丧失交际工具的作用了。但又正因为语言符号是社会约定俗成的,所以也就不会一成不变。一方面因为语言主要是后天学习获得的,每一代人在口耳相授学习语言的过程中不可避免会出现细微偏离,随着时间的推移,细微偏离就会积累成明显的差异,语音的演变主要就是这样产生的。另一方面因为社会总在不断发展和变化,像人口的增加、居住地域的改变、民族的形成、国家的出现、书面语的产生、生产和科学技术的发展、社会阶层和行业的分化,都必然会引起语言在功能上的分化和发展。当然这种变化和发展在正常情况下是十分缓慢的,一般人根本觉察不到。但在社会发生激烈动荡、人口大量迁徙、不同民族大量混合的情况下,语言变化就会加快,甚至一代人内就能觉察得到。例如50年代起很多称呼就一下子改变了,人人互称"同志","妻子"改称"爱人","老爷、太太、少爷、少奶奶"这样一些称呼则完全消失了。只是由于这些快速变化涉及的面并不广,而且都不是最常用的语言符号,所以并不会影响语言的交际功能。因此全面地看,一方面语言符号的变化是非常缓慢的,这是"不变"使然;另一方面在历史长河中语言符号又每时每刻都在缓慢地发生变化,不断积累起来的变化就可能是十分巨大的,甚至可以演变成另外一种不同的"话",这就是"可变"的表现。例如客家人原本是中原地区的人,东晋以后为了逃避战乱大量向长江以南迁徙。当时他们说的话根据宋朝的记载仍接近中原汉音,可是今天的中原人就完全听不懂客家话了。从今天的客家话仍保留中古语言特点的情况看,那就是语言没什么变化的一面;而从北方话原来跟客家话差不多而现在差别很大的情况看,那就是语言变化巨大的一面了。

2. 语言的结构特性

人类的语言符号跟一般的符号也有不同之处,最主要的区别就是其他符号大多是单一的或简单的,而语言符号则不但符号的数量大得多,而且还表现为符号具有复杂的结构。所以我们也可以从语言结构的角度来看语言的系统。

A. 语言结构是"线性"的和"离散"的

前面说过,动物的鸣叫声虽然也是声音符号,但每种声音只能表示单一信息,如某个声音表示"惊恐、有危险",某个声音表示"高兴、满足",某个声音表示"威吓、警告",某个声音表示"求偶",都是固定不变的,而且这些符号也不能分解或重新组合。其他非语言转换符号的形式和意义虽然可能比动物的鸣叫声多一些,但也都不会太复杂,比如交通信号灯主要有三个意义,军号的旋律最多也只有几十种意义。而人和人之间需要传递的信息和需要表达的思想感情是纷繁复杂和丰富多彩的,就内容而言甚至可以说是千变万化和无穷无尽的。如果人每次发出的声音只能表示一个意思,那就要学习无限多的不同声音和相应意义,这显然是人脑的记忆能力根本办不到的。万幸的是,人类的语言符号,也就是一串串声音和意义结合的"话",首先有两个重要特点,一个是"线性",一个是"离散性"。说话只能一个字一个字、一句话一句话地说,不能同时说两个以上的字、两句以上的话。因此从语言符号只能一个接一个出现的角度看,语言符号的结构必须是按照时间顺序成一条线的样子排列,这就是语言结构的"线性"特征;也正因为语言符号是一个又一个出现的,所以语言符号又可以分解还原成本来的一个一个的符号,这就是语言符号的"离散"特征。

语言符号的"线性"和"离散"这两个特点,就造成了人类语言符号的奇妙结构:一方面一串串声音和意义结合的"话",可以分解成较小的声音和意义结合的单位,这也就是"词";而词又可以重新排列组合,形成新的"话"。词的数量就少多了,一般也就几千个。另一方面"词"还可以再分解成数量更有限的语音单位,也就是"音素";同样音素仍可重新排列组合,形成新的"词"。而音素数量更少,一般也就是几十个。这样从理论上说人们只要最终掌握几十个"音单位"和几千个"词单位",就可以说出无限多和各种各样的"话"来了。可见语言符号的"线性"使得语言符号有可能排列组合成大小不等的单位;语言符号的"离散性"又使得语言符号有可能形成各种各样的排列组合。而这两个特性才使得人类的语言符号具有了结构的特性,或者说"线性"和"离散"这两个特性是构成语言结构的基础条件。

B. 语言结构是有"层次"的和分"层级"的

光有"线性"和"离散性",语言符号还不足以构成结构,或者说还不是一种理想的结构。因为如果语言符号只是任意地排列,那么即使只有几十个符号,排列组合的可能性就是天文数字。所以语言符号的排列组合还必须有一定的规则。实际上语言符号排列组合并不像串糖葫芦那样随随便便一个接一个就行了,除了有意义上相互配合的要求,更有形式上相互组合的要求,这主要就表现为语言符号的排列组合是有"层次"的。前面说的音素组合成音节或词组合成句子都是这样。例如"我爸爸爱看电视"这句话,其实就并不是按照"我 + 爸爸 + 爱 + 看 + 电视"这样一个词加一个词的形式组合的,而是类似"先乘除后加减"那样按词与词的关系一层一层先后组合的。这可以表示为下面的简单图形:

(2) a. 我爸爸爱看电视。
　　 b. ((我 + 爸爸) + (爱 + (看 + 电视)))

(2)中"我"和"爸爸"虽然先组合,但是"我爸爸"就不直接与"爱"组合;而"爱看电视"中也是"看"和"电视"先组合,"看电视"再去跟"爱"组合;最后"我爸爸"这个整体才跟"爱看电视"这个整体组合。人说话时实际上就像是先把各个部分分别组合好,然后再把图形中的括号从里到外一一去掉,最后才构成线性语句;反过来人听话时也要做类似的恢复图形工作,才能理解这句话的意思。如果把这种哪些成分可以和哪些成分组合、哪些先组合哪些后组合的规则找出来,加上排列组合时可以重复使用相同的组合规则,那当然这种规则的数量就只有极其有限的十几种或几十种,人们用这些有限的组合规则就可以造出成千上万的句子来了。可见语言符号的"层次性"使得语言符号千变万化的排列组合形式又有规则制约,这种特性也才使得人类的语言符号真正成为有严密规则的系统,或者说"层次"这个特性更是构成语言结构的核心条件。

广义地说,语言结构的"层次性"不仅表现在各种语言单位本身,也表现在不同语言单位之间。比如更严格地说上面例子中的"我爸爸爱看电视"这个"句子"单位本身只能说是由"词组"按照层次规则组合而成的。比句子低一级的"词组"这一单位才是由"词"按照层次规则组合的,比如"我爸爸"就是由词"我"和"爸爸"组合而成的。"词"这一单位又是由"语素"按照层次规则组合而成的,比如"电视"就是由语素"电"和"视"组合而成的。这就可以看出,"句子、词组、词"三个不同单位之间也是有层次关系的,即语素组合成词,词组合成词组,词组组合成句子(还可以句子组合成篇章)。这几个不同单位之间相互联系,就构成了"语法层"这个更大的语言单位。区别于一个小单位内部成分排列组合的"层次",各个小单位之间的这种联系就可以叫作"层级"。那么再往下,"语素"(汉语的语素通常就是一个字和一个音节)是否也是由某些成分按照层次规则组合起来的呢?当然也是,只不过语素再往下就进入到了另一个大单位"语音层",相当于语素的"音节"就是由"音素"按照层次规则组合而成的,比如"爸"就是由辅音声母"b[p]"和元音韵母"a[A]"组合而成的。严格地说语音层中也有"音素、音节、节拍群、语段"等各级小单位,不但各个单位本身也是按层次规则构造的,而且各个单位之间也形成层级。由此可见,不但语素层和词层之间有一种层级关系,语音层和语法层之间同样也有一种层级关系。由此可见,语言结构的系统不是单一层级的。一般认为语言结构中的大层级有"语音、语汇、语法、语义"等子系统,比如语法子系统中又包括"语素、词、词组、句子、篇章"等更小的子系统。不但任何一个子系统的内部成分都是按照"层次"组合的,而且每个子系统之间都有着严密的"层级"关系。这就像国家的政府系统,国务院由各部委组合而成,各部委由各司局组合而成,各司局由各处科组合而成,而每个科室也由不同的人员组合而成。语言结构系统也是这样一种上下左右相互支撑制约并高效运转的系统。所以可以说,"层次"或"层级"这个特性才使得语言结构真正成为一个完整的系统(参看本书以下有关章节)。

C. 语言结构是"组合"的也是"聚合"的

尽管有了语言符号的排列组合规则,即层次规则,就可以用有限的规则造出各种各样的句子来,但使用这种"规则"还有一个弱点,即实际上所有参与排列组合的成分都还是个体的语言符号,如词、语素等。这就带来两个问题:一个问题是无论是语素组合成词还是词组合成词组或句子,如果只看个体的符号,那么其可能的组合结果,即各种各样合格的词语和句子,其数量都仍嫌太多;因此这种个体符号的排列组合规则就还不能算是一个"抽象"的规则。另一个问题是无论语素组合成词还是词组合成词组或句子,如果只看个体的符号,那毕竟都只是个人行为,或者说都属于"言语";因此在这个基础上归纳的排列组合规则就还不能算是一种"语言"的规则。那么怎么才能建立"抽象"的和"语言"的规则呢？这就涉及到语言结构的最重要的一组特性："组合"和"聚合"。比较下面的例子：

(3) a. 哥哥　　写　　　过　　　两本　　小说
　　 b. 妈妈　　吃　　　了　　　一个　　苹果
　　 c. 我们　　谈　　　着　　　这件　　事情
　　 d. 大家　　参观　　了　　　几所　　学校
　　 = A　+　B　+　C　+　D　+　E

从(3)就可以看出：一方面，其中每一句话如果采用同样的词语而不按照这种排列组合形式，就不能构成合格的句子，比如说"哥哥写过两本小说"成立，而说成"小说两本过写哥哥"就不成立了。这种哪个成分在前、哪个成分在后的问题就反映了一种结构特性，这就是"组合关系"。另一方面，说话不能只说一句，但并不是每说一句话就得有一条新的组合规则。比如(3b—d)各句，其实都是按照"哥哥写过两本小说"的组合关系说出来的。它们之所以都是正确的句子，除了词语要搭配以外，还因为这种组合形式实际上存在五个可替换的位置，比如在"哥哥"的位置上可以替换出现"妈妈、我们、大家"，在"写"的位置上可以替换出现"吃、谈、参观"，在"两本"的位置上可以替换出现"一个、这件、几所"。如果不是同类的成分就不能替换出现在同一个位置上，比如"了、过"就不能替换出现在"写、吃"的位置上，否则就可能出错。可见组合其实并不只是一个一个成分的组合，而是一类一类成分的组合。这种什么成分能替换出现在某个位置上的问题也反映了一种结构特性，这就是"聚合关系"。事实上不光上面(3)中所举的句子是这样，所有的句子结构都是这样；也不光语法层的单位是这样，所有的语言单位，如语音层的音节单位、语汇层的词语单位等，都无不如此。这样就可以得出一个结论：只要一个语言符号排列组合的结构形式合格，能够进入这个结构各个位置的语言符号的类型也就应该相同；反过来说只要进入一个结构各个位置的语言符号类型相同，这个排列组合的结构形式也就应该合格。所以也可以这样来概括：从语言结构线性的不同位置看，语言符号相互怎样搭配的问题，即"A + B + C + D + E"这样的问题，就要靠"组合规则"来管，组合关系就是建立语言符号排列规则的基础。从语言结构线性的某个位置看，语言符号相互能不能替换的问题，即"a1、a2、a3、…… = A"、"b1、b2、b3、…… = B"这样的问题，就要靠"聚合规则"来管，聚合关系就是建立语言符号归类规则的基础。

"组合"和"聚合"是互相依存、相互作用的:没有组合形式提供各种位置,就找不到可以聚合的各种抽象的同类成分;而没有聚合形式提供各种成分,也就找不出可以组合的各种抽象的结构形式。说得更通俗一点:语言结构中的每个成分,一方面都处在"竖着看"是不是能跟别的成分相互替换(聚合)成类的关系之中,这种关系是潜在的,就像机器零件分门别类地存放在仓库里,以备装配机器时拿出来用;另一方面又都处在"横着看"是不是能跟别的成分相互连接(组合)成构的关系之中,这种关系是现实的,就像按图纸寻找到各种适合的零件,最后装配成某一台机器。有了"组合"和"聚合"这一对语言结构特性,那么当然也就有可能最终找到抽象的语言规则,或者说是建立起抽象的语言结构的模式了。

第二讲

研究语言的科学——语言学

2.1 语言学的任务

"语言学"就是"研究语言的科学",这个问题似乎非常简单。但前面一讲中就提到过,无论是从语言本身看,还是不同的人用不同的眼光从不同的角度看,"语言"包括的内容和涉及的领域都是纷繁复杂的,因此"语言学"需要研究和可以研究的问题当然也就千头万绪,甚至纵横交错。那么语言学研究过和可以研究哪些内容,语言学又该如何划分不同的分支学科,这是首先要讨论的一个问题。

1. 社会的需要推动了语言学的发展

人们并不是一开始就对语言有全面的认识,或一开始就全方位地研究语言的。语言学产生和发展的根本原因,或者说语言学研究的各项任务,归根结底是为了满足社会发展的需要。社会需要研究语言,才产生了语言学;随着社会需要研究语言的内容增多,语言学的研究领域也就随之扩大。

语言的研究起源于中国、印度、希腊罗马这样一些文明古国,这不是没有原因的。因为文明社会的标志就是有语言文字记载的文献资料,而语言研究一开始正是为阅读古典文献服务的。我国几千年的文献资料都使用古代的书面语(文言文),人们为了阅读先秦典籍才去分析字词的构造、读音和意义,这也就形成了文字、音韵、训诂为主要内容的"小学"。欧洲各国的语言研究也是为了阅读古代文献才开始的,只不过由于书写文献的古代拉丁语有丰富的形态变化,所以在研读文献的过程中,发展出了最早的形态学

（词法学）。在印度，记载宗教典籍的梵语成为研究对象，所以印度的语音、语法研究也很早就取得了辉煌成果。古典文献还被看作是人们学习写作和进行文学创作的范本。因此无论是西方还是中国，都在这个基础上产生了诗律学、修辞学、文章学等。现在有人认为这样一些依附于阅读古籍和文学写作而进行的语言研究不是语言学，而是多少带有贬义的"语文学"，这显然是不恰当的。

随着社会的进步，人们使用语言的范围不断扩大，使用语言的状况也不断发展。贸易的发展和市场的形成，大大增加了人们的日常交往，这就出现了在口头交流中建立民族共同语和在书面交流中建立言文一致的书面语的需要。这些社会交际需要也就推动了以建设民族共同语为主要内容的语言研究。比如中国就出现了推行民族共同语的"国语运动"和废除文言文的"白话文运动"；日本用"口语"替代"文语"；西欧各国则将拉丁文改成本民族的现代书面语。国际贸易市场的发展和使用不同语言人们的频繁往来，还进一步提出了进行语言比较和外语教学的需求，在语言学史上有重要影响的历史比较语言学就是这一社会背景下的产物。而历史比较语言学的成果广泛应用于各种语言的母语教学和外语教学领域，因而使得语言教学和语言比较又成为了语言研究的热点。

二次大战结束以后，由于自然科学的突飞猛进以及科学技术对社会生活各个方面的直接影响，整个社会科学的光芒相对暗淡了；而且由于发达国家中民族语言规范化的任务已经基本完成，义务教育甚至高等教育也已相当普及，语言研究似乎也冷了下来。但战后在世界范围内又出现了一大批新兴的发展中国家，其中很多国家的语言状况十分复杂，原宗主国语言的影响还十分明显，因而确定官方语言和教学语言、民族语言规范化以及为没有文字的语言制定文字等语言规划的任务变得十分繁重。比如我国从五十年代以来开展的文字改革、推广普通话和汉语规范化运动就属于这种性质的工作。另外，一些少数民族的语言不断消亡的状况也引起了社会的广泛关注。抢救濒危语言和保护多样性的民族文化，不但给语言研究提出了新的任务，同时也促进了新的语言研究方法的产生。比如影响巨大的结构主义语言学就是在调查美洲土著印第安语言的过程中产生和发展起来的。

计算机的出现和信息时代的到来，使"信息处理"成为各国发展经济、政治、国防、科技和文化的头等大事。而信息处理说到底是对自然语言（即人类语言）的处理。目前计算机科学经过半个多世纪的发展，无论是硬件还是软件都已经达到相当高的水平，但是包括机器翻译和人工智能在内的各种语言信息处理技术仍然不尽如人意。这主要就因为现有的语言研究成果还远远不能满足计算机信息处理的要求。由于过去的语言学研究面对的都是人(不论是使用母语的人,还是使用外语的人),因此只要给个简单的说法或提示就可以了,其余知识可以由人自己去补充。可机器不是"人",不具备人的学习和认知能力,而是地道的"算盘珠",只能"拨一拨,动一动",这就需要告诉计算机关于语言的各种规则,或者说要建立形式化和可计算化的语言结构和意义的分析程序。正是由于信息科学的发展要求语言学对人脑这个"黑匣子"中的语言生成和理解机制进行深入研究,这才又产生了包括生成语言学在内的一些新的语言学理论,产生了形式分析、认知分析和语料库分析等各种新的语言研究方法,也产生了与之相关的实验语音研究、神经病理语言研究等许多新的研究领域。

2. 语言学的学科分类和研究取向

语言是一种社会现象,具有交际功能、思维功能和记录功能;也是一种自然现象,具有生理特性、心理特性和物理特性;更是一种系统现象,具有构造形式、意义网络和运用方式。因此语言学当然也就需要或可以从方方面面来开展研究。这些"方方面面",从一个角度看,可以划分为语言学的各个分支学科;从另一个角度看,又可以归并为语言学的不同研究取向。

A. 语言学的各个分支学科

语言学就像是一棵枝繁叶茂的"大树",这棵大树当然也就有大大小小的"枝叶"。

首先从语言本身的各种现象来看:语言从根本上说都是有声的,是一个音义结合的符号系统,每种语言都有自身的语音系统。以语言的语音系统作为研究对象的分支学科,就是"语音学"。语言作为音义结合的符号系统,除了声音还有意义,语言意义反映了语言符号与主客观世界的关系。以语言的意义为研究对象的分支学科,就是"语义学"。音义结合的语言符号相互间发生关系才能形成一句一句的话,这就需要有构造规则。以语言中音义结合的符号的相互关系和组合规则为研究对象的分支学科,就是"语法学"。语言中一般都有"词"这一级音义结合成分。人们运用语言交际时以句子为基本单位,但词则是构成句子的主要成分;而且词也有构造和意义,并构成一个系统。以语言的词语和词语系统作为研究对象的分支学科,就是"语汇学(词汇学)"。说话实际上是一种言语行为,说出来的话在具体运用中还可能产生意义变化,这就需要研究语境条件、会话含义等。以各种语境条件和意义变化或者说以语言符号与语言符号使用者之间关系为研究对象的分支学科,就是"语用学"。

再从跟语言密切相关的现象看:语言是人类最重要的交际工具,但有声语言交际会受到地域和时间的限制。为此目前世界上使用面较广的语言都已创造出用来记录有声语言的文字。以文字及其发展变化为研究对象的分支学科,就是"文字学"。任何一个有文字的语言都有民族共同语,而同时又存在着与共同语相对的地方话,即"方言"。方言是语言的活化石,反映语言的发展轨迹。研究方言既有利于推广民族共同语,也有助于了解语言的历史发展。以方言为研究对象的分支学科,就是"方言学"。儿童掌握语言是一种奇妙的过程,先天遗传的语言能力和后天学习的语言知识都会起作用,这种研究对于探究人脑的语言获得机制有重要作用。以儿童掌握语言的过程为研究对象的分支学科,就是"获得(习得)语言学"。

此外可以从各种语言的发展和联系看:语言是随着社会发展而不断发展变化的。在语言的发展变化中,语汇发展变化最大也最快,其次是语音,而语法的变化最小也最慢。研究语言发展变化的规律,既有助于认识整个人类语言发展的线索与脉络,预测语言未来发展趋势,也有助于阅读理解古代文献和推进现代语言的规范化。以语言的发展变化为研究对象的分支学科,一般叫作"历史语言学"。目前所知的约5000多种语言中,无论语音上、词汇上还是语法上都既存在着一定的共同性,也存在着种种差异。为了了解各种语言之间的亲疏关系和异同特点,帮助人们了解和学习外族语,就有必要进行语言间的对比研究。以探求不同语言的异同为目的而进行对比研究的分支学科,一般叫作"对比语言学"。全世界的语言虽然各有不同,但又可以依据不同标准归并为几种类型。比如根据语言中的词有无形态标记,进入句子时有无形态变化,一个词作不同用途时是否要带上不同的粘附成分,就可以将语言划分为"孤立语、屈折语、黏着语、多式综合语"等几大类型,当然也可以拿别的标准划分语言的类型。以语言类型为研究目的的分支学科,一般叫作"语言类型学"。

还可以从研究语言时不同的观察角度看:主要从语言形式角度(即不涉及意义)研究语言的结构生成机制,就是语言学的一个分支学科"生成语言学"。主要从交际功能角度分析解释语言现象,就是语言学的另一个分支学科"功能语言学"。语言虽是约定俗成的,但跟人的心理认知能力也不无关系,从心理认知的角度来探究人脑中的语言表达和理解机制,就是语言学的又一个分支学科"认知语言学"。语言是文化的载体,但文化反过来也会影响语言,联系民族文化来研究语言文字并探求语言文字中蕴涵的文化因素,就又形成了语言学的一个分支学科"文化语言学"。

最后可以从语言研究的应用领域来看:任何科学研究的最终目的都是为了应用,如果用语言研究的成果为社会实际生活中的某个领域服务,就产生了"应用语言学"。应用语言学最早指的是语言教学,特别是第二语言(即外语)教学,因为最早广泛应用语言学研究成果的领域就是语言教学。但是随着语言学应用领域不断扩大,应用语言学也成了语言学中一个较大的分支学科,并不断有新的应用学科或交叉学科加入进来。比如语音学和现代声学相结合,广泛采用仪器来研究语音,而现代通讯领域则应用语音学研究成果来改进通讯质量和效能,"实验语音学"就成了一门新的应用学科。再如人们发现语言与心理和神经系统都有密切联系,注重研究语言与心理之间的关系便形成新的交叉学科"心理语言学";而专门研究语言与神经之间的关系,解决人的某些语言障碍问题,就又衍生出新的交叉学科"神经语言学"和"病理语言学"。语言在不同运用领域会形成各领域语言的特点与风格,研究某一领域的语言特点,衍生出诸如"法律语言学"、"新闻语言学"、"广告语言学"等应用分支学科。儿童怎么能更好更快地学习掌握好母语的书面语,青少年怎么才能不断提高自己的语文水平,这也是值得研究的课题,以此为研究对象又形成应用语言学里的一些分支学科如"写作学"、"修辞学"、"语文教育学"等。研究语言规划和语言规范化的"社会语言学"也是语言学的一个重要应用领域。至于语言研究和计算机语言信息处理技术相结合而形成的"计算语言学",就更是应用语言学中一个重要的分支学科了。

B. 语言学的不同研究取向

语言学也像是一个五颜六色的"魔方",从不同角度组合就可以得到各种各样的"画面"。

从一个角度看,语言学中一部分属于人文社会科学,另一部分则属于自然科学。一般说一门科学的性质是由研究对象的性质决定的。比如历史是一种人文社会现象,所以历史学是一门人文社会科学;而气象是一种自然现象,所以气象学是一门自然科学。那么语言是一种什么现象呢?无论就语言的社会属性和表意功能看,还是从文字、修辞、语言规范化等现象看,语言学当然应属于人文社会科学。但就语音的声学特征、发音的生理现象、听觉的心理机制、语言的计算机处理等来看,语言学又应属于自然科学。至于从符号系统和结构系统来研究语言,语言学似乎又兼有人文社会科学和自然科学的性质了。正因为对这个问题看法不一致,所以语言学专业在我国的高校是放在人文社会科学院系的,而国外许多大学的语言学专业却是放在理工科院系的,比如公认的世界最著名的语言学系就在美国麻省理工学院。不过在我国这种状况目前也在逐步改变,比如语言学虽然在学科序列上属于人文社会科学,像语音、语汇、语法、语义、语用、文字等语言本体研究和语言教学、语言规范化等应用研究项目还是在国家社会科学基金的支持范围内;但随着语言学与计算机科学、物理学(声学)、心理学、生命科学、神经病理学、数学(数理逻辑学)的联系越来越紧密,目前也有大量交叉研究项目列入了"863计划"、"973计划"等国家基础科学研究计划和国家自然科学研究基金项目的范围。所以可以这样看,语言学在整体上还是属于人文社会科学,但现代语言学的某些研究方向又是属于自然科学的,至少是与自然科学相交叉的。

从另一个角度看,语言学中很大一部分属于基础科学,另一部分又属于应用科学。一般说一门科学属于基础科学还是应用科学,是以其更偏重于哪一方面的研究来确定的。比如数学,谁也说不出"哥德巴赫猜想"一类研究对于社会生活有什么直接作用,但其理论价值又是毋庸置疑的,数学就是典型的基础科学。反过来现在很多大学里都设立的文秘、编辑、导游、翻译、会计等专业,以及"MBA(工商管理)"之类,就是典型的应用科学。那么语言学更偏重于哪一种研究,或者说是属于哪一类科学呢?从一方面看,不但"文史哲"在传统上一直属于基础学科,而且语言学中的语音学、语法学、语义学等基础性研究,确实不一定有太直接的社会或市场应用价值。也难怪现在许多学生不愿意报考语言学专业,原因就是"不知道学了语言学有什么'用'"。但从另一方面看,语言学的很多研究又"货真价实"属于应用科学。母语的语文教学和外语教学在传统上就被看作是语言学的应用领域。而诸如推广民族共同语、文字改革、语言规范化、辞典编纂、修辞与写作、外语翻译等,也都无不与社会发展和人民生活息息相关。至于语言学与声学结合用于通讯和破案,语言学与医学结合治疗语言障碍疾病,以及包括机器翻译、人工智能等在内的计算机语言信息处理技术,就更是语言学新的应用领域或应用前景。所以可以这样看,语言学在整体上还是属于基础科学,但是语言学的研究成果都有一定的应用价值,而且语言学的一部分研究就属于应用科学。

当然从目前学术界更多认同的意见看,语言学的研究取向还有一种具体一点的划分,即如果不考虑对语言的哲学探讨,语言研究主要可以划分为四个板块:语言的本体研究,语言与心理研究,语言与社会研究,以及语言学的应用研究。

"语言的本体研究"实际上也就是语言的基础研究,目的是弄清楚语言本身的基本情况。而语言的基本情况不外乎现状和历史两个方面。所以语言本体研究的任务就是描写各种语言的现状,追溯各种语言的历史,从中探索人类语言的共同规律和不同语言的特点。语言的现状研究又称为"共时研究",可以是某一历史时期的语言状况,比如先秦汉语、古拉丁语等;当然更重要的是"活着"的现代语言状况,比如现代汉语、现代英语等。不过由于语言的整体状况太复杂,没办法胡子眉毛一把抓,只能"分而治之"。因此才需要把语言本体系统分成"语音、语法、语汇、语义、语用"等几大块,分头并进,相互参照,在探讨语言各个要素状况的同时发现语言的整体运转规律。语言的历史研究又称为"历时研究",主要是研究一种语言的发展演变规律,同样也可以把语音、语法、语汇、语义等分开来,通过语言各个要素的发展线索勾勒语言的整体演变过程,比如汉语史研究(包括汉语语音史、汉语语法史等)、方言研究和文字研究等就都属于这一类研究。至于不同语言之间的比较研究和类型研究,则在很大程度上要跨共时研究和历时研究。

与语言本体研究相对应,语言与社会研究、语言与心理研究以及语言学的应用研究,整体上都可以看作是语言的"外围研究"。"外围"不是在语言本体之外的意思,而是语言的本体要素与外部相关现象相互联系的意思。这几种研究都是"外围",但又各有侧重:"语言与社会研究"着眼于语言的社会功能,其中最主要的内容就是语言与民族的关系、语言的分化和统一、语言的接触和影响,以及语言的规范等。"语言与心理研究"着眼于语言的思维功能,其中既包括偏重于哲学思考的语言与思维关系的研究,也包括偏重于科学试验的语言与大脑构造、语言与神经系统等关系的研究。儿童语言的获得或习得问题,跟上述两方面都有关系,也属于语言与心理研究。"语言学的应用研究"是从另一个角度切出来的一大块,着眼于语言学的实际应用。狭义的语言学应用,传统意义上就是指语言教学(包括母语语文教学和外语教学);现代意义上则还包括语言学研究成果应用于医疗、通讯和计算机语言信息处理的各种技术等。广义的语言学应用则还可以包括上面语言与社会研究和语言与心理研究中的一部分内容,比如前面说过,像推广民族共同语、文字改革、语言规范化等,就既是语言与社会研究的内容,也是语言学应用的领域。

概括上面的讨论,似乎可以得到这样的结论:语言学既是跨人文社会科学和自然科学的科学,也是跨基础研究和应用研究的科学,甚至是与所有的学科特别是与生命科学、信息科学、系统科学等当代前沿科学都有联系的科学。这固然"一则以喜",因为可以从语言入手研究任何问题,或者说任何问题都可以从语言角度来研究,这样语言学就成了统领或联系其他各门科学的科学;所以有人称语言学是"领先科学"。但同时又"一则以忧",因为一旦语言问题与所有科学都有关系,或者说从其他任何科学角度都可以研究语言问题,那么语言学也就失去了自我存在的价值;所以又有人把语言学看作"边缘科学"。其实无论是说"领先科学"还是说"边缘科学",都不是对语言学的准确定位。应该看到:一方面,由于语言跟社会生活的各个领域都有联系,对科学技术的各种发展又最敏感最开放,所以随着社会生活的变化和科学技术的发展,语言学研究的领域和内容必然逐步扩大,这确实反映了当代科学互相打通、交叉发展的趋势。但另一方面,语言学作为一门独立的学科,又必须有自己专门的研究领域,不能五花八门、包罗万象,这也才有可能使语言学在更大的领域得到应用和对其他学科产生纽带作用和辐射作用。从这个意义上说,语言学作为人文社会科学基础科学的性质,以及以语言本体作为核心研究内容的基本方向,还是应该明确和坚持的。

2.2 语言研究的古代传统

语言学是一门有悠久历史的传统人文科学。因为其他所有科学研究都必须用语言作为工具来进行,所以甚至可以说语言学也是人类最古老的一门科学。语言学的古代传统主要体现在三个方面:一是从哲学思考的角度研究语言;二是从语文学习的角度研究语言;三是从历史比较的角度研究语言。这三个方向的研究也一直延续至今,甚至经久不衰。

1. 语言研究中的哲学思考

古代的哲学家早就认识到,人和人之间通过发出一串串声音或者通过书面文字形式传递信息、表达思想感情就是使用"语言"进行的交际活动,人们思考问题就是运用"语言"对客观世界进行命名、分类和进行判断、推理的思维活动。所以无论在中国还是外国,最早关心语言问题的都是哲学家。

从哲学角度讨论语言,一个最重要的问题就是探讨语言的形式和意义之间的关系。在两千多年前的希腊和中国几乎同时开展了一场辩论,辩论的焦点就是语言中的"名(名称)"和客观世界中的"实(事物或现象)"之间有什么样的关系。比如石头为什么叫"石头",马为什么叫"马"?石头为什么不能叫作"马",马为什么不能叫作"石头"?"石头"是不是真的就是"石头"，"马"是不是真的就是"马"？是先有"石头、马"的名称，还是先有"石头、马"这样的事物，还是"石头、马"这样的名称和"石头、马"这样的事物之间并没有必然联系？等等。这也就是哲学上著名的"名实"之争。古希腊哲学家对这种"名实"关系的看法分成两大派：一派是以柏拉图为代表的"本质主义者"，认为词语的形式和意义之间有一种本质的和必然的联系，"名"是由"实"决定的。如柏拉图在他的《克拉底洛篇》中说："'英雄（héros）'不是神和凡女的爱情的产物，就是凡人和女神的爱情的产物。你想想这个词的古雅典文，就会更清楚地看到英雄的名字仅仅是'爱情（éros）'这个词的小小变形，而英雄都是爱情的产物。"（《柏拉图对话录》）另一派是以亚里士多德为代表的"习俗主义者"，认为词语的形式和意义之间的联系是任意的、约定俗成的，"名"和"实"之间不存在本质上的联系。几乎同时，在遥远的东方古国中国也对"名"和"实"的关系进行了研究，这突出表现在战国末期荀子的思想中。荀子特别强调语言的社会本质，正确地指出了"名实"之间是一种约定俗成关系。《正名篇》对这个问题讲得很透彻："名无固宜，约之以命，约定俗成谓之宜，异于约则谓之不宜；名无固实，约之以命实，约定俗成谓之实名。"意思就是，一个事物本来没有固定的名称，约定俗成才有了某个名称；一个名称本来也没有固定的对象，约定俗成就给了某个对象。《儒效篇》和《荣辱篇》里还谈到了方言和共同语关系的问题和语言发展的问题。荀子认为语言具有稳固性，但同时又是发展的。所以他说："若有王者起，必将有循于旧名，又作于新名。"意思就是大部分事物的名称一经约定俗成就不大改变，但是个别的事物也有可能会改而使用新的名称。

从哲学角度研究语言，也探讨语言和逻辑的关系。这个问题同样在古代东西方遥相呼应。希腊哲学家讨论语言在很大程度上就是根据逻辑意义关系。柏拉图第一个以意义为基础区分了主词和述词，亚里士多德又增加了连词，以后又有哲学家陆续提出主语、谓语、宾语等逻辑成分概念。这些现在看来是语言学的普通概念，其实就来源于逻辑上的主词、谓词、联接词等。中国的荀子也讨论了语言与思维活动的关系，他提出简单的概念可以由词语表示，复杂的概念可以由词组表示，还把概念分成了"大共名（范畴）"、"大别名（种）"和"别则有别（属）"等三类：这与西方的形式逻辑不谋而合。先秦时期的墨辩学派在概念的分类上与荀子基本一致，但是进一步区分了"以形貌命者"和"不以形貌命者"，也就是具体概念和抽象概念。墨辩学派不但研究概念，而且还研究了判断与推理。《墨子·小取》中"以名举实,以辞抒意,以说出故"的观点,跟西方形式逻辑中的概念、判断、推理异曲同工。

从哲学角度研究语言,还包括晚些时候欧洲哲学家对语言起源问题的讨论。17世纪至18世纪一些哲学家试图打破《圣经》中关于上帝创造语言的神秘学说,提出了各种语言起源的假说。孔狄亚克(E. B. de Condillac)认为,人是从表示快乐、恐惧、痛苦等自然感叹的声音中创造出声音符号的。卢梭(J. J. Rousseau)认为语言一开始是从自然感叹的声音中产生的,后来再通过社会约定形成。1769年德国柏林的普鲁士皇家科学院发起语言起源问题的有奖征文,赫德尔(J. G. von Herder)获奖。他提出人类在作为一般感性动物的时候就有了某种语言,这种声音在今天语言中的感叹词、拟声词中还可以找到痕迹(参看本书第九讲"语言的发展和变化")。

从哲学角度讨论语言问题,或者从语言现象讨论哲学问题,这在古今中外都是古老传统和优势方向。主要原因就是,在古代西方和古代中国,哲学的地位一直很高,因此人们只承认哲学家是学者和大师,根本不承认从事语言研究的人是什么学者或大师,最多也只是注疏家或教书匠而已。西方在19世纪以前把语法列为"七艺"之一,是一种"技艺",是"哲学的婢女"。中国直到清代末年还把文字、音韵、训诂、虚词等研究称为"小学",是"经学的婢女"。虽然今天语言学早已经是一门独立的学科了,但是从语言现象来研究哲学或者把语言现象和哲学思考挂钩,至今仍是哲学研究的主流,"语言哲学"就是当代西方哲学的主要分支。在西方甚至有这样一种说法,如果要进大学研究语言,那么进哲学系和进语言学系其实是差不多的,唯一的区别只是看你是不是同时对语音学之类的实验学科或伦理学之类的道德哲学也感兴趣。

2. 语言研究中的语文传统

一般认为全世界的语言研究有四个传统:古印度语言学传统,古希腊古罗马语言学传统、古代中国语言学传统和古代阿拉伯语言学传统。这四处地方恰好就是人类文明的四个发源地,都有古老的文字和丰富的文献资料。这些语言研究大多是为阐释古代的经典文献服务的,注重研究的只是语言的声音和意义以及相关的文字。传统的语言研究又往往被称作"语文学",就是这个原因。

A. 古代印度的语言学

古代印度语言学的历史相当久远。早在公元前10世纪以前,古代印度就出现了用古老的梵语写成的经典宗教文献《吠陀》。几百年以后印度人使用的语言发生了很大变化,看不懂梵语了。为了阅读理解古代经典,人们就又转过来开始研究梵语,包括研究梵语的语音、语义和语法。最有代表性的成果是公元前4世纪巴尼尼(Panini)编写的《梵语语法》一书。这是一本诗歌体著作,由约4000条格言式的短句组成,全书对梵语的语音、语义和语法都作了详尽的描写,还提出了像元音、辅音、词根、词缀、名词、动词、屈折变化这样一些现在大家都很熟悉的语言学概念。这本书也被认为是世界上最早的语言学成果之一。

B. 古代欧洲的语言学

古代欧洲的语言学是伴随着古希腊文明发展起来的。前面说过,在古希腊哲学家关于词语名称和客观事物之间关系的讨论中就涉及到词语的来源,这就促进了古代词源学研究。古希腊的哲学家同时也研究语法,特别是形态变化问题,这是因为古希腊语是一种形态变化丰富的语言,由此也就产生了以研究词的形态变化为主要内容的形态学(词法学)。古希腊哲学家关于语言与逻辑关系的讨论,初步形成了词类和句子成分的概念。到公元前3世纪,狄欧尼修·特拉克斯(Dionysius Thrax)写出了第一部希腊语的语言学著作《希腊语法(语法术)》。这本书首次建立了词和句子两个基本单位,也提出了相当完备的词类理论,区分了名词、动词、代词、介词、冠词、副词、连词、分词等八大词类以及划分词类的形态标准和意义标准。公元前2世纪,欧洲又出现了由狄斯克鲁斯(Apollonius Dyscolus)撰写的第一部关于句法的著作《论句法》,提出了相当于以后的"主语、谓语、宾语"等的句法成分概念。这两本书提出的词类体系和句法体系,以及划分词类的标准和句子分析的方法,都影响了几千年的欧洲语言学,至今仍是语言分析中的重要概念。

古罗马几乎全盘继承了古希腊文化,其中包括把希腊语的研究成果照搬到拉丁语上来。这一时期出现了以瓦罗(Varro)《拉丁语》为代表的语言学著作,提出语言学的任务只是在语言结构中发现规则,而不是把规则强加给语言结构。但是瓦罗以后的学者,却大多还是坚持语言研究的目的就是为阅读理解古代经典文献服务,其中多纳图斯(Donatus)和普里西安(Priscian)的两本《语法学》,就是为保持语言古老形式的"纯洁"而专门编写的古代拉丁语教材。这种观点也一直影响到4世纪到14世纪即中世纪欧洲的语言研究。这一时期由于基督教严密控制了整个社会,已经脱离当时口语的古代拉丁语成为教会、学校的用语,上面两本《语法学》也就成了语言教学的规范和语言研究的内容。

14世纪到18世纪是欧洲的"文艺复兴"时期。随着民族主义的增长和拉丁语使用面的缩小，民族语言研究得到了空前的重视。到16世纪几乎所有的欧洲民族语言都有了自己的语法著作。17世纪发生了以笛卡尔为代表的唯理主义和以洛克(J. Lock)为代表的经验主义之间的哲学论战。这场论战在语言研究中直接导致了普遍唯理语法的产生，代表作就是阿尔诺(A. Arnauld)和兰斯洛(C. Lancelot)的《普遍唯理语法(波尔·洛瓦雅尔语法)》。这本书首次提出在不同语言的背后存在着基本的和普遍的规则，语言学就是要研究这种存在于人类所有语言中的普遍规则。这一思想对后来乃至当代的语言类型研究和语言共性研究，都有重大的影响。

C. 古代中国的语言学

古代中国的语言学跟欧洲一样，也是为了阅读古代经典文献而产生的。古代中国社会崇尚经学，读书又关乎仕途，自然就带动了语言文字的研究。所不同的是古代印度、希腊和阿拉伯的语言研究，都是以语法研究为主，主要代表成果是语法书。而汉语没有形态变化，所以古代中国的语言研究是从研究汉字的构造(形)、读音(音)和意义(义)开始的，并由此形成了统称为"小学"的文字学、音韵学和训诂学这三门学问，而且主要代表成果都是词典类著作。中国的这种语言研究，在秦始皇一统天下并统一文字的秦汉时期初创，发展到清代达到了登峰造极的水平。

在训诂学方面，成书于周秦之间众人之手的《尔雅》被认为是中国古代第一部语言学的专著。该书把古书中的同义词分别归类，每类作为一个条目，再用一个比较通用的词来解释。开创训诂学先河的另一部著作是西汉扬雄所撰的《方言》(全名为《輶轩使者绝代语释别国方言》)。这是中国第一部方言学著作，书中汇集了不同地区从书面语到口语的同义词，注明通行的范围。东汉刘熙的《释名》也是训诂学早期的重要著作，该书体例仿《尔雅》，但全书探求意义的基本方法是"声训"，也就是用同音或近音的词来解释词语的来源和意义。由于《尔雅》的开创性地位，历代《尔雅》之学不绝，其中影响最大的，首推清代邵晋涵的《尔雅正义》和郝懿行的《尔雅义疏》。古代训诂学也重视虚词的研究。元代卢以纬的《语助》，清代袁仁林的《虚字说》、刘淇的《助词辨略》和王引之的《经传释词》，是从辞章学和训诂学的角度解释虚词的意义和用法的代表性著作。这一类虚词研究其实也是中国最早的语法研究。

在文字学方面，东汉时期的许慎编出了我国第一部完备的字典《说文解字》。该书广征博引，共收9353个汉字。方块汉字有独体的，如"一、水、木、手"等,有合体的,如"字、打、肝、性"等,独体为文,合体为字,这也就是"说文解字"的意思。《说文》采用"六书"作为分析汉字结构的原则,因而开创了以"六书"为中心的汉字学理论。该书还将 9000 多个汉字按偏旁归纳为 540 个部首,这种"举一形以统众形"的方法对后世的词典编纂有很大影响。《说文》的注释体例基本是用小篆写下一个汉字,先讲字义,然后讲字形跟字义、字音之间的关系,这种"就形以说音义"的方法形成了中国古代语言研究的主要思路。梁朝顾野王的《玉篇》也是重要的字书,体例仿《说文》,但《说文》只讲本义,着力于字形,《玉篇》则侧重于字义的说明,并广泛引证。清代非常重视研究《说文》,从乾隆年间起先后研究者多达 200 余人,其中段玉裁、桂馥、王筠、朱骏声被认为是"《说文》四杰",代表作分别是《说文解字注》、《说文解字义证》、《说文句读》和《说文通训定声》。清代还有三部官方编著的字典,代表作是众所周知的《康熙字典》。1898 年在河南安阳一带发现了距今 3000 多年前殷商时代刻在龟甲兽骨上的古代汉字——甲骨文,由此又形成了甲骨文研究热潮,其中最有成就的是清以后的罗振玉、王国维、郭沫若等。

在音韵学方面,汉代末年佛教传入后,在梵语拼音影响下产生了"反切",即利用汉语音节双声叠韵原理,用两个字来拼注另一个字的音,由此形成了独立的音韵研究。从魏晋开始到隋唐,为了适应诗词歌赋创作的需要,"文人盛解音律,学者讲究审音",出现了一大批韵书,"音韵蜂出"成蔚为大观之势。现存最早的韵书是隋朝陆法言等编《切韵》(残卷),该书按平上去入四声排列,共分 193 韵,基本上反映了魏晋南北朝时期汉语共同语的语音系统。后世修订本中影响最大的是北宋陈彭年等编撰的《大宋重修广韵》,收字 26000 余,分 206 韵。唐末僧人守温参照梵语字母创造汉语声母 30 字母(宋代增加到 36 字母),这以后出现了各种按字母、韵类和声调排列的"韵图"。1324 年周德清分析归纳了元代北曲的用韵编写了《中原音韵》一书,该书改变了韵书因袭《切韵》、《广韵》的旧制,以当时活的语音为研究对象,并揭示出"平分阴阳,入派三声"的语音发展规律。清朝在古音研究方面有重大进展,顾炎武《音韵五书》为清代古音学奠定了基础;戴震、段玉裁、王念孙、江有诰等人勾勒出以《诗经》为代表的上古韵部的轮廓,钱大昕、章炳麟等对古代声母也有重要发现。

3. 语言研究中的历史比较方法

语言学史上一般把 19 世纪欧洲出现的"历史比较语言学"看作是欧洲传统语言学的终结。这个意思其实是说从历史比较语言学开始,语言研究开创了一种全新的方向,并且由此开始使语言学成为了一门系统的和独立的学科。历史比较语言学虽然在时间上后起,但仍不是真正现代意义上的语言学,所以还是应归入语言研究的古代传统。

　　一门科学的发展往往要经历这么几个阶段:先是进行初步观察和内省思辨,然后分清对象并加深观察和描写,最后找出规律并形成理论体系:历史比较语言学就是经过这样一个过程产生的。从16世纪到18世纪,由于国际贸易的快速发展和人员往来的日益频繁,西方国家的一些学者对外部世界的视野大大开阔了,懂得的语言和了解到的语言也大大增多了。因此不少人对各种不同语言的关系发生了兴趣,纷纷搜集和编纂多语种的对照词表。这期间俄国女皇叶卡捷琳娜就主持编写了《全球语言比较词汇》,包括200多种语言的286个词的对照翻译。西班牙学者赫尔伐士(L. Hervas)编写的《语言目录》一书,使用了300多种语言的材料。德国语言学家阿德隆(J. G. Adelung)编写的《普通语言学》一书引用了近500种语言的材料。这样人们才开始注意到西欧国家的语言都十分接近:比如法语、西班牙语、意大利语、葡萄牙语,就都是从古代拉丁语的方言衍生出来的;而英语、德语、荷兰语、瑞典语等的亲属和同源关系也很明显;此外欧洲语言和中亚、南亚的有些语言之间也有一些相似之处。最初的这一类比较研究可以说直觉和猜想多于科学的分析,但后来人们吸取了近代生理学和声学研究的成果,运用科学的语音分析方法,逐步发现这些相似语言之间存在着严格的语音对应规律,而每一种语言本身自古至今的语音演变也有严格的语音演变规律,从而科学地证明了这些语言来源于相同的原始母语。从18世纪末到19世纪初,经过众多学者几十年的努力,一门新兴的历史比较语言学学科终于建立起来了。这门学科建立后也得到了社会的承认,有的大学开始增设历史比较语言学的教授讲席,使得语言学第一次以历史比较语言学的名义在科学殿堂里争得了一席之地。也正因为历史比较语言学是最早在欧洲的大学里得到承认的语言学学科,所以不少撰写语言学史的人才说,以前的语言研究都不算真正的语言学,语言学作为一门独立的学科是在19世纪才正式建立的。

　　一般公认历史比较语言学的先驱是英国学者琼斯(W. Jones)。1786年他在印度的亚洲学会发表论文,提出古代印度的梵语和欧洲的希腊语、拉丁语等古代语言在动词词根和形态变化上有十分明显的关系,可能具有共同的来源。琼斯的发现引起了人们的极大兴趣,在历史主义、浪漫主义和进化论等思潮的影响下,很多学者运用历史的方法和比较的方法研究语言,形成了19世纪欧洲语言研究的主体。早期有较大影响的相关研究成果包括：1816年德国学者葆朴（F. Bopp）写的《论梵语动词变位系统：与希腊语、拉丁语、波斯语和日耳曼语比较》，1818年丹麦学者拉斯克（R. Rask）写的《古代北方语或冰岛语的起源研究》，以及1819年德国学者格里姆（J. Grimm）编写的《德语语法》。后者还明确提出了著名的"格里姆定律"，揭示了日耳曼语和其他欧洲语言之间在辅音演变、元音变化和元音交替上的对应关系。

到了19世纪中叶，历史比较语言学已经发展得相当成熟了。德国学者洪堡特（K. W. Von Humboldt）1828年出版《论人类语言结构的差异》，1830年发表《论人类语言的差异及其对人类精神发展的影响》，最先把人类的语言分成孤立语、黏着语、屈折语。1861年德国语言学家施莱歇尔（A. Schleicher）出版《印度日耳曼语比较语法纲要》，根据语言的亲属关系提出了语言的"谱系分类"。只不过他同时认为语言的发展都是从简单到复杂的，简单的孤立语发展成黏着语，黏着语再发展成为最复杂的屈折语，因此错误地认为像汉语这样的孤立语是一种落后的原始语言。

19世纪70年代，是历史比较语言学的转折时期。以德国莱比锡大学为中心形成了"青年语法学派"。这个学派提出了用来解释"格里姆定律"存在的例外现象的著名的"维尔纳定律"，即语音演变都是有严格规律的，在相同条件下规则没有例外，一条规律中出现例外一定受其他规律支配，类推对语言演变的规律有重要作用。这个学派总结出了不少极有价值的语音演变规律，基本确定了印欧语的谱系分类。由于这个学派立足于现实的口语，研究语音构成的生理和物理基础及其在语流中的变化，因而大大促进了现代语音学的建立和发展。当然这个学派的研究也受到不少批评，主要是把语音演变规律和类推作用看作是语言研究的"万能钥匙"，排除了其他大量语言现象的研究，特别是忽视了对语言社会功能的研究。

历史比较语言学的最大贡献是为语言研究，特别是语言历史的研究，提供了一种科学方法。过去研究语言历史的传统方法是把语言材料按照从古到今的顺序排列起来，理出线索，归纳条理。这种方法要受到语言材料的限制：文献毕竟是文字记载的东西，各种语言有文字的年代早晚不一；语言研究只能从找得到的文字资料入手，再往上就无法追溯；而且很多语言至今没有文字，过去的情况更无从了解。由于历史比较语言学借鉴了生物学、地质学的方法，就开辟了以今证古的新途径。广义地说，"以今证古"既包括把现有属于同一来源的各个方言和语言进行比较推出语言早期状况的"历史比较法"；也包括从一种语言内部成分的不整齐情况来推断语言早期状况的"内部构拟法"。这些方法都好像是研究语言的"望远镜"。从这个意义上说,中国清代学者段玉裁根据《说文》所收形声字和假借字提出的"同声必同部"和"古无去声"说,江有诰提出的"古有四声"说,钱大昕提出的"古无轻唇音"和"古无舌上音"说,也是某一种角度的语言历史比较研究。至于20世纪以后瑞典汉学家高本汉(B. Karlgren)根据汉语各种方言的比较,拟定了中古音的体系;中国学者李方桂把汉藏语系划分为汉语、壮侗、苗瑶、藏缅等语族,就更是直接运用历史比较语言学的方法得到的研究成果。

2.3 语言研究的现代思潮

虽然由于历史比较语言学的产生和发展,语言学开始有了独立学科的地位,但是语言学真正成为现代意义上的科学,一般认为是从20世纪开始的,是以瑞士语言学家索绪尔(F. de Saussure)开创的结构主义语言学为标志的。20世纪以来,整个语言学以前所未有的速度发展和壮大:不但语言学的学科划分越来越细,语言学的研究范围越来越大,语言学的应用领域越来越广,而且在语言研究中还出现了许多新的理论和方法,形成了一浪高过一浪的现代思潮。语言学的各种理论和方法甚至越出了语言学领域,对哲学、人类学、心理学、社会学等其他科学产生了重大影响。从语言学理论和方法的角度审视20世纪语言学,具有里程碑意义的理论思潮主要有结构语言学、生成语言学和功能语言学。

1. 语言的描写方法与结构语言学

"结构主义语言学"简称"结构语言学",最早是指瑞士语言学家索绪尔创立的语言学理论。后来这种理论又发展出布拉格学派、哥本哈根学派和美国描写语言学派等分支。影响最大的是索绪尔的语言学理论和美国描写语言学理论。结构语言学,特别是美国描写语言学,对汉语的语法研究也产生了重大的影响。

A. 索绪尔的语言学理论

索绪尔的代表作是1916年出版的《普通语言学教程》。这本书是他在日内瓦大学的讲稿,由其学生整理成书。由于索绪尔在这本书中提出了一整套关于语言结构的理论原则,所以称为结构主义语言学理论。这一理论主要包括以下几方面的内容:

第一,索绪尔把"说话"分成"语言(langue)"和"言语(parole/speech)"两部分。"言语"是指可以直接观察到的具体语言材料,包括不同的人说出来的话语和写下来的文字;"语言"则是所有说话人和听话人头脑中共同具有的指导说话和听话的"语感",或者说是语言的规则系统。所以"言语"是个人的和具体的,"语言"是社会的和抽象的。"言语"从属于"语言",但二者又是密不可分和互为前提的。

第二,索绪尔认为语言是一个符号系统。他论证了语言符号的线性和任意性,把语言符号中能够指称某种意义的声音称为"能指",把语言符号中由特定声音表示的意义称为"所指",并指出语言符号的能指和所指之间的对应是社会约定俗成的。他还说明语言符号的价值取决于符号之间的系统联系,就像下棋的每一步都跟整体棋局相联系,语言中的每个要素也都因为与其他要素联系和对立才具有价值。他还把所有语言要素之间的关系概括为"句段关系(组合关系)"和"联想关系(聚合关系)"。

第三,索绪尔区分了语言的"共时研究"和"历时研究"。他认为共时和历时是语言研究的两个基本方面。共时研究是把语言作为特定时期的交际系统进行研究,历时研究是对语言不同时期的发展变化进行研究。两个方面有各自不同的研究方法和原则,但是他更强调共时研究的重要性,重视排除历史干扰而对语言现状进行现实的描写。

第四,索绪尔区分了"内部语言学"和"外部语言学"。前者即语言系统的内部要素知识;后者则是跟语言相联系的外部各种现象。他指出语言系统及其发展与外部条件密切相关,如语言与民族、语言与文化、语言与政治、语言与社会,相互之间都有一定的联系,这些联系虽然也是语言学研究的内容,但是外部研究毕竟与语言系统本身的研究不同,语言学首先还是要进行语言系统和系统内部各个要素的研究。

从上面说的几点可以看出,索绪尔的主要贡献就在于从语言本体的角度界定了"语言",明确地限定了语言学的研究对象、范围和重点,使语言学脱离了早期什么都研究,什么都难以深入的缺陷,走上了研究对象相对单纯,从而能逐步形成特有理论体系和方法论体系的现代科学的道路。他提出的语言结构分析的理论原则,构成了整个 20 世纪现代语言学的基础,也推动了语言学以研究语言系统本身内在规律为主的发展方向。

B. 美国描写语言学理论

美国的描写语言学是结构主义语言学理论产生的一个分支学派,也叫美国结构主义描写语言学,不过在现代语言学史上的影响甚至超过了它的前身即索绪尔的结构主义理论。现在一般提到"结构语言学"往往是指美国的描写语言学。

美国描写语言学的建立是从对美洲土著印第安语的调查开始的。这种

"描写"与欧洲传统语法的"描写"不同。美洲印第安语大多没有文字,当然也没有历史文献,因此无法进行历史研究;语言学家不懂这些语言,因此只能从记录语音开始,从听到的句子中切分出词组、词、语素、音素等;同样因为不懂这些语言,也无法从意义入手分析记录下来的材料,所以又只好采用一套完全从结构形式入手的分析方法。这些方面就促使美国描写语言学建立了一套独特的"描写"语言的方法,这种方法论也就成了美国描写语言学的理论核心。

美国描写语言学的早期代表人物有鲍阿斯(F. Boas)和萨丕尔(E. Sapir)等,主要著作有萨丕尔1921年出版的《语言论》。他们都主张语言研究中不应套用欧洲传统语法的原则和范畴,而应注重语言的实地调查,强调要对语言事实,特别是口语记录下来的材料,进行穷尽性的描写,并从中归纳出语言的结构规律。由此就可以看出,美国描写语言学从一开始就更注重语言的共时研究和口语研究,更重视有限语料的穷尽分析。这些与欧洲传统语言学注重书面语研究和欧洲历史比较语言学重视历时研究的做法,形成了明显的对立。

公认的美国描写语言学的典型代表还是布龙菲尔德(L. Bloomfield),他1933年出版的《语言论》成为美国描写语言学的经典著作。布龙菲尔德的主要理论贡献可以概括为几点:一是主张行为主义,反对心灵主义。他借鉴美国行为主义哲学的"刺激—反应"学说,认为人的言语行为也就是一系列的"刺激"和"反应",因为这才是能观察到的和可以验证的现象。至于言语活动背后的心理活动和言语表达的意义,却是观察不到的。所以语言研究只能是面对观察到的话语,不能用内省的方法研究语言。二是重视形式分析,回避意义分析。由于语言的意义不能直接观察到,而且也很难把握得住,所以语言分析只能是对观察到的结构形式进行分析,尽量回避意义问题,也不考虑语言以外的心理过程和社会文化因素。三是提出了一套精密的形式化的语言分析程序。其中最著名的就是"直接成分分析法"(即大家熟知的"层次分析法")这种对语言结构的分析方法,以及"向心结构"和"离心结构"这一语言结构形式分类系统。上述三个方面是一体的,但落脚点是建立一个完整而又科学的语言描写方法论体系。这一点在布龙菲尔德的《语言科学的一套公设》一文中表达得非常明显。他认为,采用"公设"的方法可以促进语言研究,可以明确地说清楚分析的前提和术语的定义,并且确定哪些现象是相互依存的,还可以避免跟语言学无关的争论。

20世纪50年代以后,美国描写语言学的代表人物主要是布龙菲尔德的学生哈里斯(Z. S. Harris)和霍凯特(C. F. Hockett)等,代表作是哈里斯1951 年发表的《结构语言学的方法》和霍凯特 1958 年出版的《现代语言学教程》。这一时期美国描写语言学在方法论上趋于成熟,形成了更完整的语法分析体系。哈里斯沿着形式的道路更进一步,力求完全排斥意义而对语言结构进行纯形式分析。他继承了索绪尔"组合和聚合"的理论以及布龙菲尔德关于"成分的位置决定成分的句法功能"的观点,提出了后来有广泛影响的"分布分析法",建立了划分成分的形式类(包括词类和词组类)的具体操作标准。哈里斯在后期还运用分布分析,全面研究了英语的核心句及其变换形式,认为变换式可以把不同结构形式联系在一起。他还提出"潜在句"的设想来解决包含若干小句的复杂句的分析。如"We finally found it lying in the corner(我们终于发现它躺在角落里)",就是由两个潜在句组合而成的。霍凯特开始时仍坚持描写语言学传统,只描写而不解释,因此不承认有"省略句"和"倒装句";但是在后期也提出了相当于"表层结构"和"深层结构"的概念。比如"那辆车我不能开",就承认其中"开"和"车"不仅在语义上而且在语法上也有联系。从以上两方面就可以看出,后期的美国描写语言学,不仅出现了从重视归纳向重视演绎转化的倾向,也出现了从纯形式分析向不完全排斥意义分析转化的倾向。不过美国描写语言学自始至终的研究重点都是在方法论方面,并不试图构建一个实用语法体系,也不在于全面解释形式和意义之间的关系。正因为如此,美国描写语言学才特别坚持在分析过程中必须根据形式的标准,而把语言的意义问题推给"直觉"或暂时放在一边不管,其实这也正是美国描写语言学的方法论精髓。

C. 结构理论在中国的应用和发展

结构语言学理论,特别是美国描写语言学的各种分析方法,对汉语语法研究产生了重大而长期的影响,至今结构语言学仍是汉语语法研究的主流理论。

自 1898 年马建忠的《马氏文通》至 20 世纪 40 年代王力、吕叔湘、高名凯的语法著作,对句子分析时虽然也有结构和层次的意识,不过真正采用层次分析等严格方法分析汉语结构,则来源于美国描写语言学。在汉语研究中最早运用美国描写语言学的理论方法来分析描写汉语语法结构的是美籍华裔学者赵元任,代表著作是 1948 年哈佛大学出版的《汉语口语教程》(*Mandarin Primer:An Intensive Course in Spoken Chinese*)。这本小册子原是为外国人学汉语用的,但经翻译介绍到中国后,立刻在中国大陆语法学界引起强烈反响,这本书也成了汉语结构语法学的奠基石。1952 年《中国语文》连载了中国科学院语言研究所撰写的《语法讲话》,后经修改于 1961 年由商务印书馆更名《现代汉语语法讲话》出版,该书明确说明运用了描写语言学的理论方法。后来著名汉语语言学家朱德熙又于 1982 年出版了他 60 年代在北京大学的讲稿《语法讲义》,该书把美国描写语言学的理论全面运用到汉语语法研究的各个层面,不但讨论了句法结构的层次分析,而且用"分布"理论划分汉语词类,用"向心结构、离心结构"理论建立词组的类型,用"自由、黏着"理论建立语素的类型等,更是把汉语的结构语法研究推向高峰。此后在中国还围绕层次分析开展了"汉语句子分析问题大讨论",进一步扩大了美国结构主义描写语言学在汉语语法研究中的影响,结构理论甚至还成为了中国中学语法教学体系的理论基础。

汉语语法分析中借鉴了美国描写语言学理论关于层次分析的理论方法,但是又根据汉语特点进行了适当改造。美国描写语言学进行层次分析时只考虑二分还是多分、在哪儿切分这样的问题,即只讲"切分"的问题,并不考虑直接组成成分之间有什么样语法关系的"定性"问题。而汉语语法分析不但要考虑"切分",还一定得考虑"定性"。例如英语句子"We do not need the imported facilities(我们不需要进口设备)",只有一种层次分析的可能性。但是分析汉语句子"我们不需要进口设备"时,就不能光进行"切分",还必须得给每一层面的直接组成成分"定性"。因为"需要/进口//设备"可能是动宾/偏正关系,也可能是动宾/动宾关系,这就是由于汉语的词类跟句法成分之间是一对多的关系造成的。换句话说,汉语的层次分析比起美国描写语言学的分析程序来,增加了语法关系意义的内容,因此在一定程度上是以形式分析为主但是也注意了意义分析的层次分析方法。

2. 语言的生成机制与生成语言学

20 世纪 50—60 年代,以美国语言学家乔姆斯基(N. Chomsky)的《句法结构》、《句法理论要略》等著作为标志,在语言学界开始形成了一种不但有别于传统语法理论也不同于当时占主导地位的结构理论的"转换语法理论",这就是当代语言学史上所称的"乔姆斯基革命"。这一理论既是在美国描写语言学的基础上产生的,但同时也是在与结构语言学的对立中发展起来的。几十年来该理论不断发展,具体名称也从 60 年代的"转换语法(Transformational Grammar)",70 年代的"生成语法(Generative Grammar)",80 年代的"管辖与约束理论(Government and Binding Theory)",发展到 90 年代以后的"最简方案(The Minimalist Program)",现在一般统称为"生成语法"或"生成语言学"。这一理论的精髓可以用"普遍语法"、"句法自治"和"原则与参数"这三个概念来概括。

第一,生成语言学的研究目标是"普遍语法"。

生成语言学被称作是一场"革命",首先是在语言研究目标上带来了十分深刻的转变。这种转变从具体目标上说,是由过去偏重"归纳、分解、描写"转变为更重视"演绎、生成、解释";而从更根本的目标上说,则是由过去偏重描写和说明"个别的语法现象"转变为更重视寻找或建立"普遍的语法机制"。

前一方面的转变无疑也是十分重要的转变。"归纳、分解、描写"是美国描写语言学的主要研究方法,也可以说是这种理论的主要目标。比如像语料穷尽、成分分类、层次切分等,就是在这种理论背景下形成的一整套成果。这些做法当然并不错,甚至在某种意义上说,结构理论提出在共时层面做归纳、分解、描写研究也是对长期以来只重视历史比较或历时发展研究和只重视词句意义或文化背景阐释的语言学传统的反动,是以往语言研究都还没有过的科学方法论上的一种创新;其高度形式化的分析程序,也确实带来了整个语言研究特别是语法研究的突破性进展。不过生成语言学却正是首先在"归纳、分解、描写"这几点上对结构理论提出了质疑:一是因为语言材料是无限多和不可穷尽的,即使找到了数量巨大的素材仍然不可避免会有偶然和遗漏,所以语言研究就不能光靠"归纳分析",而要像其他所有科学研究一样,更重视通过推导和证伪来建立语言的规则。二是因为语言现象的分析如果只是把一个一个结构从话语、句子到词和语素一层一层加以分解就算完事,那最多只能说是"贴标签",用处并不大,所以语言研究就不能光靠"分解分析",而要像其他所有科学研究一样,更重视说明语言结构的构造和形成机制。三是因为对于语言事实"是什么"的详尽描写并不能真正回答语言现象"怎么样"和"为什么"的问题,所以语言研究也就不能光靠"描写分析",而要像其他所有科学研究一样,更重视解释造成这种现象的原因和预测可能的后果。

生成语言学在另一方面的转变,即建立"普遍语法",则是更根本性的。"普遍语法"不是说各种语言的所有语法现象都一样,而是假设人的语法知识包含两部分,一部分是各语言所特有的"个别语法",是在不同语言环境中通过学习才掌握的,这部分知识各种语言不同;而另一部分则是人类语言所共有的"普遍语法",是人类通过遗传先天获得的,即人出生时大脑中就已具有的语言能力,这部分知识人人一样。这可以表述为:"S_0(初始状态)$\rightarrow S_1 \rightarrow S_2 \rightarrow S_3 \cdots\cdots$(语言环境影响)$\rightarrow Ss$(相对稳固状态)"。动物没有 S_0,

所以不可能会说话；而说汉语的人和说英语的人说不同的话，那只是 Ss 不同；但因为都能说话，所以 S_0 相同。生成语言学认为不但要研究 Ss 这种个别语法，也要研究 S_0 这种着眼于人与动物区别的语言能力的"普遍语法"。也可以这样说：具体的语法是用来"管语言"的，而"普遍语法"是用来"管语法"的，生成语言学要研究的"普遍语法"就是一种"语法的语法"。

第二，生成语言学的核心内容是"句法自治"。

生成语言学研究的普遍语法是语言能力的知识。在语言本体的语音、语义、语法、语用以及影响语言的文字、社会、文化等诸要素中，最容易找到不同语言相似性的是"句法形式"。因此"研究 S_0"就是把句法形式从语言诸要素中拿出来单独研究，而不管这些形式的声音和意义。这之前的美国描写语言学不研究意义是出于特殊的研究陌生的土著语言的需要，很难从意义研究入手，于是只能从话语到语素进行归纳、分类和描写，找出各个层次的直接组成成分。而生成语言学也不考虑意义问题，则是为了揭示人类的语言能力机制，这就必然要求研究对象是语言中起决定作用和独立运转的部分，并且要能进行形式化的类似数学那样的精密处理。在语言各要素当中，只有句法形式才可以从人脑全部认知系统中抽象出来作为一个独立系统，或者说只有句法形式才是一个可以穷尽推导和通过有限手段重复使用而实现的系统。而其他部分，尤其是语义，往往与人对世界的各种认识即百科知识交织在一起而无法分离出来。所以相比较而言，语义问题既不是一个独立系统（即必须依附于句法结构），也不可能全面研究（最多只能研究其中一部分）。生成语言学把这种专门研究句法结构形式的理念形象地叫作"句法自治"。

生成语言学早期的句法模型包括"基础部分"和"转换部分"两个模块，再加上"词库"。其中基础部分主要就是结构理论的"直接组成成分"和"层次切分"之类的语类规则，而转换部分中的转换规则则用来解决不同表层结构形式的联系。转换规则跟语类规则不同：语类规则实际是"X → YZ"这样的分枝规则，通俗地说就是把左侧的大符号变成右侧的小符号或词语，如"我看书→我/看书"，"看书→看/书"：这是一种"演化"过程。而转换规则是"XY→YX"这样的移位规则，通俗地说就是箭头左侧的词语在右侧变换了位置，比如"我看书→书我看"：这是一种"变化"过程。增加了转换规则以后，句法分析就可以通过成分位置转换来分析诸如被动句、话题句、省略句等深层和表层结构形式不同的句子的构造过程。

第三，生成语言学的理论系统是"原则与参数"。

　　要真正研究"普遍语法"和坚持"句法自治",还需要进一步解决两个问题:一是语法理论怎样才能"更有用",即要用句法规则解释更多语言现象(包括解释语义现象);二是语法理论怎样才能"更简单",即要把句法规则抽象或统一起来(包括取消具体规则)。

　　从一个方向看,生成语言学解决"更有用"的问题主要体现在语法模型的变化上。开始提出修改语法模型的意见是加入语义解释,即"完整的语法理论应包括语义部分。语义规则是解释性的,依附于句法规则,而且只对深层结构起作用",因此这一模型称作"深层结构假说"。这种语法模型,主要是在句法部分(基础和转换)之外增加了语义部分和语音部分,这就形成了以后影响很大的"句法、语义、语音"三分的广义语法框架。但后来发现语义的口子不能开得太大,否则会威胁到"句法自治"这一理论根基,为此又重新把大量非系统的语义问题排除在核心模型之外。比如一些跟词语搭配有关的语义问题就放到"词库"中归词汇学研究;另一些跟百科知识有关的语义问题就归语用学研究。而且即使在核心系统也必须限制语义解释的范围,只处理"题元、代词所指"等在结构转换前后都不发生变化的逻辑语义问题。同时通过在表层结构建立"空语类"对应深层结构的句法结构形式,使语义解释可以在表层结构进行,因此这一模型称作"表层结构假说"。这也就是后来被广泛认可的反映人的语言生成机制的语法模型:核心部分只包括句法、逻辑、语音三块,又统称"计算系统";词库、完全语义解释是语法模型的外围部分,又叫作"调节系统"。

　　从另一方向看,生成语言学解决"更简单"的问题主要体现在语法规则的变化上。从理论上说一个好的语法应该能够生成合格的句子和只能生成合格的句子。语类规则和转换规则能大体满足第一个条件,但还不能满足第二个条件,即无法保证排除不合格的句子。最先提出的对英语的限制性规则包括"X阶标规则"和"邻接条件",即分别只用一条规则就可代替语类规则和转换规则,排除各种不合格的结构形式和转换形式。后来生成语言学家又希望找到适用于各种语言的高度抽象和具有普遍约束力的限制性原则,于是分别建立了"X阶标、界限、管辖、题元、格、约束、控制"等一系列理论原则。这些原则都具有高度的抽象性和极强的解释力,所有语言的句子结构都不能违反这些原则。比如"题元"是说句子结构中每个动词作为结构核心都要支配一定数量和一定位置的名词;"格"是说句子结构中任何名词都必须通过结构形式获得格的允准;"管辖"则进一步统一了指派"题元"和"格"的句法结构形式;"约束"和"控制"则主要是从句法形式上解释代词和空语类的语义所指关系。由于这些原则可以分别看作是句法原则和语义原则,其中"管辖"是句法原则的代表,"约束"是语义原则的代表,因此采用这些原则的理论就直接称作"生成语法"或"管辖与约束理论"。这一阶段的生成语言学与早先的转换语法已经差不多完全变了样子。主要是理论系统上有两个重大变化:一方面整个理论体系由"规则模式"转变为"组件模式"。这些原则都可以看作是语法组件,各自有一套推导程序,各自都可以拆开来单独研究,但是原则与原则之间又是互相作用和彼此制约的,某个原则和某个语言现象并不构成直接联系,而是像搭积木一样,取几个原则可以解释一种现象,另取几个原则又可以解释一种现象,这些原则合起来就构成了牵一发而动全身的系统。另一方面这样一些原则也就被认为是能反映人的语言能力的"普遍语法"。这些普遍语法原则各种语言都不能违反,但是不同语言又可以有各自的特点和差异,而后者则只不过是原则之下的一些"参数"。"原则"是普遍适用于各种语言的,而"参数"则主要用来说明具体语言的差异,所以这一理论背景的生成语言学也叫作"原则与参数理论"。

3. 语言的认知功能与功能语言学

一般认为功能语言学并不是一种统一的语言学理论,而只是一种学术思潮。功能语言学实际上也是从结构语言学发展起来的,只不过欧洲的结构语言学一直有一种功能主义的倾向,也就是不只是把语言作为一种抽象的实体,而更强调语言的实际运用。如果说美国描写语言学跟欧洲传统语言学的关系不那么紧密,更强调结构形式和语言系统的自主性,那么欧洲的结构语言学,特别是索绪尔以后的布拉格学派和伦敦学派,则可以看作是传统语言学的延续,更重视语言的意义和语言的使用功能。20世纪后期,功能语言学甚至发展成为跟美国描写语言学以及后来的生成语言学相抗衡的当代另一个重要的语言学派。

功能语言学内部有一种取向是从社会交际角度研究语言,着重研究语言在社会中的使用规律。其中影响最大的是伦敦学派的澳大利亚语言学家韩礼德(M. A. K. Halliday)提出的"系统功能语言学"和荷兰语言学家西蒙·狄克(S. Dik)提出的"功能语言学"。

这一类功能语言学都主张语言的主要功能是交际,所以语言研究要重视研究语言环境对语句意义的作用,要研究如何根据特定交际目的选择特定语句,总起来就是要研究语言实现各种交际功能的规律。两种理论基本点相同:韩礼德提出语言有"概念功能、人际功能、语篇功能"三个基本的元功能。概念功能指的是语句表达的意义和内容,或者说是反映生活的经验,涉及语句中的行动者和目标。人际功能指的是人与人通过言语活动互相影响或完成一件事的功能,这就涉及到提供、陈述、命令、提问等各种言语活动。语篇功能指的是完成交流过程中语句的衔接和照应手段,涉及语句中的主位和述位。狄克则直接提出了"语义功能、句法功能、语用功能"三个平面的理论。语义功能指的是语句中的施事、受事等语义角色;句法功能指的是语句中主语、谓语等句子成分;语用功能指的是语句中的话题、焦点等表达特点。具体说,韩礼德主要提出了"及物性理论",包括"过程、参与者、情景"三部分,其中最重要的是跟动词有关的"过程",其中又包括"物质、心理、关系、行为、言语、存在"等。从这些"过程"的名称就可以看出这种理论是从语义到句法来解释语言现象的。狄克主要提出了"谓词框架理论",这个理论跟"及物性理论"也有相通之处,主要讨论句子中由动词和所支配的名词构成的句子框架,并区别了动词和所支配的名词构成的核心谓词框架和再加上外围成分构成的扩展谓词框架,还区别了动词从语义上依次选择"施事、目标、接受者、受益者、工具、处所、时间"等各语义类名词担任主语的顺序。在这个意义上看,这一类功能语言学差不多就是一种词汇性的语法或语义解释性的语法。

功能语言学另一个主要的流派主张从心理体验角度研究语言,着重研究语言在心理上的表现特点,一般又被称作"认知语言学"。相对于生成语言学等形式理论主要是建立一套形式化的原则和规则,试图从语言结构内部寻找对语言现象的解释,认知语言学主要是提出一套心理分析的手段,试图从语言外部去寻找对语言现象的解释。如果说生成语言学理论把语言学比作物理学,认为语言构造的规律就跟物质的构造规律一样无需从物质的外部去寻找解释;认知语言学理论则认为语言学跟生物学更相似,因为生物的构造部件和构造方式无一不是生物在进化的过程中为适应生存而形成的,无一不跟一定的功能相对应。

正因为认知语言学的理论背景与生成语言学的基本理论是对立的,所以认知语言学的一些基本假设也就体现在与生成语言学理论的区别上面。一是跟生成语言学相反,认知语言学认为,人的语言能力并不是一种独立的能力,而跟人的一般认知能力紧密相关。人的心智和思维一样,都产生于人在后天跟外部世界相互作用的过程中通过自己的身体得到的实际经验。人的整个概念系统都植根于知觉、身体运动和人在物质和社会环境中的这种体验构建,而人的语言能力本来就是人的一般认知能力不可分割的一部分,语言能力跟一般认知能力没有本质上的差别。语言的结构特别是语法结构跟人们对客观世界(包括对人自身)的认识有着相当程度的对应或"象似"关系。二是跟生成语言学相反,认知语言学认为句法作为语言结构的一部分并不是自足的,句法跟词汇、语义是密不可分的,后者甚至更重要。所以把句法独立出来作为核心自治系统,再分成词法、句法、语义、语用等部分,完全是人为的或是为了研究的方便而已。实际上词法、句法、章法之间并没有绝对的分界;句法和语义、句法和词汇之间也没有绝对的分界;语言的意义跟人的知识和信仰系统分不开;纯语义知识和百科知识也不能截然分开;语义和语用之间也没有绝对分界:这些都不过是一个渐变的连续统。三是跟生成语言学不同,认知语言学认为语义不仅仅是客观的真值条件,而是主观和客观的结合,研究语义总要涉及人的主观看法或心理因素。同一个现象由于人们的注意点不同或观察角度不一样,就会在头脑中形成不同的"意象",也就可能有不同的意义。四是跟生成语言学不同,认知语言学认为语言中的各种单位范畴,和人所建立的大多数范畴一样,都是非离散性的,边界是不明确的。生成语言学,也包括传统语言学,往往认为语言中的任何东西,如词的类、句法成分的类、句法关系的类等,都是边界清楚和非此即彼的,比如是名词就不可能是动词,是主语就不可能是宾语,是主谓关系就不可能是动宾关系。但认知语言学认为,一个范畴内部的成员之间并没有绝对的共同特征,只有某些地方相似,就好像一个家族内部成员的情况一样,这种观点可称作"家族相似性"。最后,跟生成语言学不同,认知语言学还在承认人类认知共通性的同时,充分注意不同民族的认知特点对语言表达的影响。认知语言学有一个基本的观点,那就是语法结构实际上是约定俗成了的语义结构或概念结构。不同民族的不同语言由于社会、文化、地理诸因素的影响,语义结构和概念结构约定俗成的方式也就不尽相同。正因为有上述种种对立,认知语言学的研究目标概括起来说就是两条:一个是"认知性",另一个就是"概括性"。这两条实际上可以合起来看,就是对语言现象只有从认知角度才能得到最概括的解释。跟生成语言学认为只有首先坚持生成性才是坚持科学性相反,在认知语言学看来只有首先坚持概括性才是坚持科学性。也就是说,认知语言学理论的"认知性"和"概括性"的解释比起生成语言学理论的"离散性"和"生成性"的解释来,不但更加"全面",即不像生成语言学那样先把语言现象分成若干核心部分和外围部分,解释不了的东西就排除出核心系统不去管;而且也更加"科学",即不像生成语言学那样只是基于谓词逻辑模型的演绎推理,而要求所有的解释都必须得到充分的心理现实的验证。

第三讲

语言的物质载体——语音

3.1　语音是语言的物质载体

人类的语言靠什么表现出来？当然就是"语音"。语音是语言的物质载体或者叫作物质外壳。关于"语音"，先要了解几个最基本的概念：一是什么是语音，也就是语音的"定义"；二是语音有哪些表现形式，也就是语音的"单位"；三是人们用哪些办法来记录语音，也就是记录语音的"符号"。

1.　什么是"语音"

"语音"虽然也是一种声音，但又与一般的声音有着本质的区别。顾名思义"语音"就是"语言的声音"，但更严格点说，语音的定义应该是"由人的发音器官发出，用于人与人之间交际和表达一定意义的声音"。

这个定义有两方面意思：一方面，如果是某种声音，但不是人的发音器官发出来的，如风声、雨声、雷声、狼嚎、狗吠、机器轰鸣、齿轮摩擦、炸弹爆炸，甚至包括各种乐器演奏的乐曲声，就不是语音；另一方面，如果是人的发音器官发出的某种声音，但不能用来进行"人与人之间的交际"，或者不表示语言中"一定的意义"，如咳嗽声、打嗝声、磨牙声、打呼声、呻吟声，甚至哭声和笑声，也就不是语音。也就是说只有同时具备上述"人的发音器官发出"和"用于交际和表达一定意义"这两方面条件的声音才是语音。

比如在汉语普通话的语言系统里，"zǔguó"这一串声音同"祖国"这个词的意义联系在一起，"yǔyán"这一串声音同"语言"这个词的意义联系在一起，一个人说出这样的声音以后别的人能听懂是什么意思，这些声音就都属于语音。而脱离了这种语言中的意义,或虽能表达一定的意义,但并不属于语言符号系统的声音,就都不是语音。比如人感冒时会咳嗽,咳嗽声是人发出的声音,但这种声音只是感冒的征候,而不表示什么意义,因而并不是语音。虽然有时经过几个人的相互约定,咳嗽声也可以表示一定的意义,比如几个在教室里淘气的小学生怕老师发现,便让在门口放哨的同伴一看见老师过来就咳嗽几声作为报警信号。但这种意义并没有经过社会的约定而成为语言符号系统的构成要素,并不能用于全社会的交际和表达语言的意义,所以仍然不是语音。

世界上任何一种自然语言都是有声语言,语音正是人类语言的物质载体。也就是说语言作为人类交流思想、传递信息的交际工具,必须借助声音这种可以感知的物质形态,才能使无形的意义被传递、接收、辨别和理解。

有人可能会问,我们读书看报,看到的不是声音,而是文字,不是也照样能理解语言的意义吗? 其实文字并不是语言的直接物质形式,而只是语音的一种转换形式,没有语音就不会有文字。这就如同聋哑人不会说话(即不能发出语音),可是仍然可以通过手势语跟别人交际和表达意义,手势语同样是某种语言的语音的转换形式,没有语音的语言也不会有手势语。还有人可能会问,我说话的时候可以不出声,也就是只在"心里"说,这种语言不就没有语音了吗? 其实不管一个人是默默无声地说话还是只是在心里想问题,都必须借助语言,而且必须是一种有语音的语言,所以有人把这种不出声音的话看作是具有一种"内部语音"。

甚至也完全可以这样说,任何语言其实都是靠了语音才成其为一种语言,或者才能作为一种活的语言而存在的。如果一种语言没有了语音(特别是没有了生活中人们都使用的语音),那么这种语言也就"死亡"了。人类历史上有不少著名的语言,如古埃及语、巴比伦语、腓尼基语和梵语,因为早就都已经没有了活的语音,也就是不在实际生活中通行了(大概只有少数专家还可以知道或者推测那些语言的语音),因此就是死亡了的语言。我国有些少数民族语言现在也可以说是"名存实亡"了。比如因清朝统治中国而一度作为"官方语言"的满语,现在就已经没有几个人会说了。而最终当社会人群中没有人会说这种语言,也就是这种语言没有了语音时,那么这种语言也就至少可以认为不再是一种活的语言了。

2. 语音有哪些表现形式

语音既然是语言的载体,当然就是跟语言的意义紧密结合在一起的。那么语音本身有没有自己的表现形式呢? 当然也有。比如如果听到一种不熟悉的语言,实际上听到的就只是一连串声音,这些声音自己的独立表现形式可以分别叫作"音流"、"音段"、"节拍群"、"轻重音组"、"音节"和"音素"等。当然如果听到的是一种熟悉的语言,那也就会很自然地把声音形式跟语言中其他系统的单位联系起来,所以语音单位也可以跟语言其他系统的单位如"字"、"词"、"句"等大致对应。下面就以汉语为例来说明这些语音单位的区别。先看下面一段话:

> (1) 在北京的中心有一片开阔的广场,这就是著名的天安门广场。广场中央,庄严的五星红旗在蓝天下迎风飘扬。每天都有来自四面八方的人们怀着崇敬的心情聚集到这个神圣的地方,观看升旗仪式,参加各种活动,或者是来感受一下祖国前进的步伐。

语音中最大的单位可以叫作"音流"。比如(1)这种比较长的整个一段话在语音上就是"音流"。音流大致上相当于语法上说的"语段(句组)"或"复句"。

比音流小一点的语音单位可以叫作"音段"。比如根据(1)中的组成部分是否前后有较大停顿和带有特定的语气句调(即其中几处用了句号的地方),音流可以分出几个更小一点的单位"音段"。比如"广场中央,庄严的五星红旗在蓝天下迎风飘扬"就是其中的一个音段。音段从意义和形式上差不多就相当于语法上说的"句子"。

比音段更小点的语音单位可以叫作"节拍群"。比如在"广场中央,庄严的五星红旗在蓝天下迎风飘扬"这个音段(句子)中,又可以根据组成成分之间有较小的停顿节拍,再分出稍小一点的单位,比如"广场中央"、"庄严的五星红旗"和"在蓝天下迎风飘扬"就是几个节拍群。节拍群在形式和意义上差不多就相当于语法上说的"词组"。

节拍群既然相当于词组,那么再往下分就是"词"了,类似于词这种意义凝固又整体使用的单位在语音上的特点就是有轻重音的交替,因此可以叫作"轻重音组"。比如"庄严的五星红旗"中"的"要读轻声,其余"庄严"、"五星"、"红旗"几个片段也都有内部的轻重音差别。这些轻重音组在形式和意义上差不多就相当于语法上说的"词"。

轻重音组相当于词,那么当然很清楚比词更小的就是"字"(语法上也可以叫作"语素"),相当于字的语音单位叫作"音节"。比如"红旗"就是两个音节"hong"和"qi"。音节是汉语中发音和听感上可以感知的最小的语音单位,也就是慢慢说能够间隔开的就是音节(汉字)。

音节(字)是发音和听感上可以感知的最小语音单位,当然再往下分就需要用一些人为比较的方法了。稍微有点语音知识的人都知道,像音节"红(hóng)"就还可以再往下分。比如根据"红(hóng)/同(tóng)"的比较,可以发现音节的后边一样而前边不同,这就分出了"h"和"t"这样的语音单位"声母";根据"红(hóng)/豪(háo)"的比较,可以发现音节的前边一样而后边不同,这就分出了"ong"和"ao"这样的语音单位"韵母";再根据"红(hóng)/轰(hōng)"的比较,可以发现音节的声母、韵母一样而发音的抑扬顿挫似乎有所不同,这就又分出了"′(35)"和"‾(55)"这样的语音单位"声调"。声母、韵母和声调就是汉语音节中更小的语音单位。

声母和声调一般不能再往下分了,但是汉语中有的韵母还可以再分。比如"好(hao)/澳(ao)"、"害(hai)/爱(ai)"、"汉(han)/岸(an)"比较,就可以发现其中韵母是由"a"分别和"o"、"i"、"n"组成的,连同前面说的声母"h"和"t",这样的语音单位就都叫作"音素"。声母"h"、"t"和韵母中的"n"是"辅音音素",韵母中的"a"、"o"、"i"是"元音音素"。元音和辅音这样的音素也就是构成汉语和其他语言中音节的最小的语音单位。

音素作为最小的语音单位一般来说当然就不可以再往下分了。不过从另一个角度说,上面给出的"a、o、i"等还不能算是真正最小的语音单位,因为那实际上是好几个不同音素的综合符号。比如"好"和"海"的韵母中都有"a",但严格地说这个"a"在"好"中的实际读音是[ɑ],在"海"中实际读音是[a];此外同样在韵母中包含"a"的"家"中实际读音是[A]。这样说来虽然"a"在某个个体音节中不能再划分,但对于不同音节来说又是可以分成不同音素的。为了区别作为几个不同元音音素代表的"a"和具体音节中不同的音素[ɑ]、[a]、[A],前者可以叫作"音位音素"或者"音位",后者才是严格意义的"音素"或者叫作"音位变体",也才是真正最小的语音单位。

3. 用什么办法记录语音

语音一发即逝,不留踪迹,所以不管是学习语音还是研究语音都要有一套符号来记录语音,就像数学需要有一套数字符号,化学需要有一套元素符号。语音本身虽然在某种意义上说也是一种符号,但那只是一种听觉符号。要让语音看得见、抓得住,就得把听觉符号变成视觉符号。目前记录语音的视觉符号很多,比如"汉语拼音"就是记录汉语语音的一种字母式符号,此外各种语言都广泛采用的还有同样主要是字母式的"国际音标"符号。

对于使用拼音或表音文字的语言来说,其实文字本身就差不多已经是一种记录语音的符号,或者说这种文字就是为了记录语音才创造出来的(只不过不同语言的拼音规则略有不同罢了)。而汉语的文字不是表音文字,从汉字是看不出读音的,即使有所谓形声字中的"声旁",其实声旁还是本身不表音的汉字,因此较之其他语言,无论是学习汉语还是研究汉语,就更加需要有另外一套记录汉语语音的方法。汉语拼音方案是 1958 年才正式公布施行的,那么这之前汉语有没有记录汉语语音的符号呢?当然也有。大致上说在汉语历史上给汉字注音(包括汉语拼音方案)先后一共采用过四种办法。

第一种办法可以统称为"直音法"。其中又具体包括"譬况法"、"读若法"、"直音法",以及相关的"纽四声法"。这些是我国东汉以前人们给汉字注音的办法。

"譬况"就是对被注字音的发音方法打比方。比如汉人高诱为《淮南子》中"其地宜黍,多旄犀"中的"旄"作注解时说"旄,读绸缪之缪,急气言乃得之"。其中"急气言"就是打比方。"读若"是说被注字的读音很像另一个字的读音。如东汉许慎的《说文解字》中就有"笈,读若急"、"皿,读若猛"的注音形式。"读若"已经差不多就是"直音"了,而更严格的"直音法"就是用同音字来给汉字注音,这样注音的好处是直截了当一看就懂,而且比较准确。后来的《康熙字典》就仍然部分保留了当时的这种注音方式,例如"甜,音田","事,音示"等。

但是"直音法"也有缺点,即必须要为每个汉字找到一个简单易识的同音字,这一点有时很难办到。比如"之,音枝","一,音壹","晡,音通",其中用来注音的字反而比被注音的字还要难些。而且有时有的音只有一个字,如"糗(qiǔ)"就根本找不到同音的字。这样人们就想到了另一种办法,即如果实在找不到同音的字,比如"掰(bāi)",就注"音摆,阴平(意思是按"摆"发音,但声调改成阴平)"。这种利用相同音节但不同声调的汉字给另一个汉字注音的方法就称作"纽四声法"。后来《康熙字典》有时也还用这种方法注音。例如"几,寄上声","乃,奈上声","亚,鸦去声"等。不过"纽四声法"也还是有问题,即有的汉字连纽四声也找不到用来注音的字。比如"ri"不但只有"日"这一个字,而且也没有其他阴平、阳平和上声的字,这就既不便用直音法,也无法用纽四声法。正因为"直音法(包括纽四声法)"有许多麻烦,于是人们就逐渐开始采用另一种给汉字注音的方法,即"反切法"。

第二种办法是"反切法"。这种方法自东汉以后使用了 2000 多年。

"反切"这种方法跟东汉以后佛教传入中国有直接关系。佛经是用西域诸文字或者梵文写的，而这些文字都是拼音文字。在翻译这些佛经的基础上，人们才发现汉语有声母、韵母和声调，声韵也可以相拼，因此也就想到可以用"声、韵、调"来拼读汉字字音。"反切"是中国语言学史上的一大发明，不仅解决了"直音法"在汉字注音上的困难和问题，而且对于辨别声母，区别韵类，编写韵书，规定做诗押韵的办法，都有许多用处。

　　"反切"（南北朝多用"反"，唐中叶后为了避讳而多用"切"）的意思其实就是"拼音"，也就是用两个汉字来拼出另一个汉字的读音。反切的原则是先找一个字作为反切上字，决定用什么声母，再找一个字作为反切下字，决定用什么韵母和声调，这样就可以拼出被切字的读音了。比如《广韵》中的几个例子："田，徒年切"，"东，德红切"，"姜，居良切"。以"田，徒年切"为例，这句话的意思就是选用反切上字"徒"的声母(t)，选用反切下字"年"的韵母(ian)和声调（平声），拼读以后就可以得到"田"的读音(tián)。

　　用反切法应该说差不多所有的字都可以拼出读音了。但是反切也还是有缺点：除了必须掌握反切上字跟被切字是同声母关系，反切下字跟被切字是同韵母和同声调关系，这对于一般人已经有困难；更主要的问题在于汉字本身是不表音的，汉字的读音变了字形并不跟着变，这也就会给使用反切带来麻烦。比如韵书上有"鸡，古奚切"的注音，可是用现在普通话或北方话却根本拼不出这样的读音（即"gi"）。这是因为在古代汉语中"g"是可以跟"i"相拼的（现在南方许多方言中还是这样），但后来汉语从"g、k、h"和"z、c、s"两组声母中分化出另一组声母"j、q、x"，并且只有"j、q、x"声母才能跟"i"这样的韵母相拼，而"g、k、h"声母就不再能跟"i"韵母相拼，这样原来的反切就拼不出来了。反切建立历经1000多年，汉字读音变化越来越大，况且即使一些汉字在某个方言中读音没变，在其他方言中也不一定就是正确读音。所以到了明清两代，很多学者都提出应该用字母注音来代替反切法，这样就又产生了给汉字注音的另一种新的方法，即"注音字母"。

　　第三种方法是"注音字母"。这是自民国初年开始使用，现在新加坡、台湾、香港等一些国家和地区还在使用的给汉字注音的方法。

　　明朝末年，西方的传教士来到中国，开始用外文字母给汉字注音。清朝光绪年间的维新运动中，一些有识之士为了开发民智、普及教育，也开展了官话字母运动。1912年民国政府教育部设立了读音统一会，开始审定国音和编制标准字母，1918年正式颁布了第一套国家法定使用的"注音字母（注音符号）"。注音字母采用独体古汉字，创制了39个字母（其中声母24个，韵母15个)。注音字母的优点:一是字母数量少,比起反切上字有470多汉字,反切下字有1190多汉字,注音字母要少得多;二是照顾了古音,如"ㄨ(u)",就是古代的"五"字;三是念法固定,不会像反切用字那样有不同的读音。

　　不过注音字母也还有一些缺点。首先是没有彻底音素化,有的符号实际上表示两个音素,如"ㄞ(ai)"、"ㄠ(ao)"、"ㄟ(ei)"、"ㄡ(ou)";其次是采用的符号过于民族化,不便于国际交流,也不便于在打字机(后来也包括电脑)上输入。所以从注音字母使用初始,就已不断有人研制利用外文字母来给汉字注音的方案。其中新中国建国前影响较大的有1926年颁布(实际并未实行)的"国语罗马字拼音法式"(跟注音字母相比又称作"国音字母第二式")以及后来的"北方话拉丁化新文字";而新中国建立后则当然是"汉语拼音方案"最为成功。

　　第四种方法就是"汉语拼音方案"。这是1958年由全国人民代表大会正式公布实施的给汉语的字词注音的方法。

　　制定汉语拼音方案的基本原则有三条:一是以北京语音为标准音,这一点跟普通话的语音规范标准一致。二是拼音字母采用国际通用的拉丁字母,字母标记的语音也跟拉丁字母本来的读音接近。三是拼音字母采用音素制,这样每个汉语音节最少一个音素,如"衣(i)",最多四个音素,如"教(jiao)",音素制符号最符合音节分解和合成的科学原理。汉语拼音方案优点很多:一是符号数量更少,基本符号只有26个拉丁字母,而且不再采用其他字母;二是基本上做到了音素化,即一个符号只代表一个音素(音位音素);三是便于国际交流,事实上目前汉语拼音也已成为联合国规定的世界范围内标注汉语语音的国际标准。

　　汉语拼音方案应该说是一个相当完备科学的方法。方案中包括字母表(26个字母)、声母表(21个声母)、韵母表(35个韵母)、标调法(四声标调符号)、隔音法(元音开头的音节前加上隔音字母"y／w"或隔音符号"'")和省略法(共有4个韵母需省略字母或省略符号)等各项具体规定。其中需要稍加注意的地方:一是汉语拼音除了用26个拉丁字母直接标注音素,还增加了不列入字母表的"zh、ch、sh、ng、ü"等几个双字母和加符字母,但同样都只标注一个音素。二是韵母表中列出了35个韵母,但实际上没有包括"er(儿)"等韵母,严格说普通话一共有38(或39)个韵母。三是汉语拼音是给词注音的,所以一个词的几个音节拼音时要连写,如"体育新闻"应拼写为"tǐyù xīnwén"。我国在小学阶段(甚至更早)就开始教学汉语拼音,特别是由于现在电脑和手机大多采用汉语拼音输入汉字,这些都加快了汉语拼音的普及,现在的年轻人应该说几乎都会汉语拼音。

上面说的只是给汉语注音的几种方法,而且主要是为了学习汉语而采用的注音方法。但如果要非常准确地把各种语言的语音记录下来,特别是如果要分析和研究各种语言的语音,当然就还需要有一套更严格和更统一的语音标注符号。大家学外语的时候都见过的"国际音标"就是这样一种可以统一标注各种语言的语音的符号。

虽然前面说许多拼音文字实际上就是根据读音拼写的,但却并不适合直接就用来做语音标注符号。因为这些文字的字母与语音之间往往缺乏一对一的严格对应关系。比如英语中的字母"c",在"car(汽车)"中发音与"k"相同,在"city(城市)"中发音又和"s"一样;英语中同一个字母"a",在"father(父亲)"、"gate(大门)"、"map(地图)"、"fall(落下)"四个词中发音就各不相同。如果直接用这些字母标注语音,就可能造成语音标注的分歧和含混。因此国际音标实际上是在现行各种拼音文字之外专门制订的一套注音符号。

国际音标有更多的优点。首先,国际音标是根据"一个音素只用一个音标表示,一个音标只表示一个音素"的原则制订的,因此音标符号和音素(音位变体)真正做到了一一对应。其次,国际音标是以世界上很多民族都通用的拉丁字母为基础制定的,或直接采用拉丁字母,如"a、i"等,或将两个拉丁字母合为一体,如"ts、dz"等,或将拉丁字母倒写,如"ɔ、ə、ʌ、ɐ"等,或对拉丁字母稍加变形,如"ç、ʐ"等,因此符号简单清晰、易学易用。最后,国际音标的符号比较完备,不仅可以标注各种音素,而且还有一套附加符号可以用来标注语音在音高、音强、音长等方面的特征和差异,比如音素符号右边标":"表示长音,音素符号上边标"~"表示鼻化等,因此能够比较精确地记录世界上各种语言的语音。目前国际音标已得到世界各国语言学界的公认,我国在描写汉语语音、调查汉语方言和少数民族语言、外语教学等工作中,也都采用国际音标。

3.2 语音的自然属性和社会属性

语音不同于自然界的各种声音,包括也不同于其他动物的声音(鸣叫)交际系统。换句话说,就算其他动物发出的声音也有声音的某些共同属性和特点,也具有跟同类进行"交际"的功能,也肯定远远不如人类语言的语音那么复杂和完备。因此要了解人类语言的语音,首先就要从物理、生理、心理和社会等多方面来认识语音的属性。

语音当然要和特定意义相联系,但研究语音时也可以把声音和意义分开,专门研究声音。比如把一个人甲跟另一个人乙说话的过程表示为"甲→ …… →乙":"甲→"就表示发音器官发出音流的"发音"过程。说话人的发音器官怎么动作,怎么才能发出不同的声音,这就是语音的生理属性问题。"……"表示发音器官发出的声音到了空气中进行传播的"传递"过程。声波具有什么样的声学特性,这就是语音的物理属性问题。"→乙"表示声波触及听话人的耳膜并且引起反应的"感知"过程。听话人接收到声波信号以后会引起什么反应,这就是语音的心理属性问题。不过正因为语音实际上又是离不开意义的,也就是说没有特定意义的声音不是语言的语音,没有特定声音的意义也不是语言的意义,所以研究语音时就需要把声音和意义相联系,语音在这方面的表现就是语音的社会属性。下面就分别讨论一下语音的这几种属性。

1. 语音的物理属性

在日常生活中我们能够听到各种各样的声音,像上课铃声、汽车喇叭声、敲锣打鼓声等。这些不同的声音都是由物体的振动而产生的。物体受外力作用而发生振动,并推动周围的空气形成声波;声波传到人的耳朵里引起鼓膜振动并刺激听觉神经,最终使人产生声音的感觉。物体振动的情况往往很复杂,下面(2)是一种单纯振动产生的声波图:

(2) 声波图:

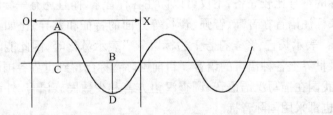

声波振动和任何波状运动一样有"周期"、"振幅"和"频率"这三个物理量。"周期"指空气粒子完成一个全振动的时间(图中 O—X 所示)。周期的单位是"毫秒(1 秒 =1000 毫秒)"。"振幅"指空气粒子的振动从最大值到最小值的偏移距离(图中 A—C、B—D 所示)。振幅的单位是"分贝(db)"。"频率"指空气粒子在一秒钟内振动的次数。频率的单位是"赫兹(Hz)",如每秒振动一次就是 1Hz,每秒振动 1000 次就是 1000 Hz。声音的物理属性,即"音高"、"音强"、"音长"和"音质"这四个要素,都要用这三个物理量来说明。

A. 音高

"音高"字面上讲就是声音的高低。物理上音高决定于声波的频率:频率越大,声音越高;频率越小,声音越低。人耳能听到的声音频率范围在16—20000 Hz 之间。而低于 16 Hz 的"次声"和高于 20000 Hz 的"超声"都是人耳听不到的。音高变化是语言中区别意义的一种手段。比如汉语普通话"妈、麻、马、骂"这四个词的区别就是利用了音高的变化。语言中句子的句调(语调)可以表达各种语气以及说话人的态度和情绪等。比如汉语"他不来"这句话,如果句末的"来"音高压低,就表示对一个事实的陈述;如果"来"的音高抬高,则是表示询问。在任何语言中音高变化都是句调的主要构成要素。

B. 音强

"音强"字面上讲就是声音的强弱。物理上音强决定于声波的振幅:振幅越大,声音越强;振幅越小,声音越弱。语音的强弱和语音的高低不是一回事。比如女性小声说话还是音高要高,男性大声说话还是音高要低,因为音高是频率的问题,而女性受声带质量的影响,语音的频率本来就会比男性高;而小声说还是大声说这才是音强问题。音强也能体现语言中的意义变化。英语、俄语中的词重音、汉语的轻声词等都与音强变化有关。比如英语中的"content[ˈkɔntent]"是名词,意思是"内容";"content[kənˈtent]"是形容词,意思是"满意的",就因为其中重音的位置不同。汉语普通话中"大意、地道"和词组"想起来了"各自都是两个不同成分和有两个意思,就因为有一个词或词组中包含轻声成分。

C. 音长

"音长"字面上讲就是声音的长短。物理上音长决定于声波振动的周期和持续时间。振动持续的周期时间长,声音就长;振动时间短,声音就短。音长变化在许多语言和汉语一些方言中也有区别意义的作用。比如英语"pool[puːl](水池)"与"pull[pul](拖、拉)",藏语拉萨话中的"东[ɕa⁵⁵]"与"肉[ça⁵⁵]",汉语广州话中的"三[saːm⁵⁵]"与"心[sam⁵⁵]"等词语在意义上的差异,就都是利用长短音的对立来区别的。

D. 音质

"音质"字面上讲就是声音的本质和特色,所以又叫作"音色"。这是一个声音区别于另一个声音的基本特征。不同的乐器,比如钢琴和黑管、胡琴和笛子,发出的声音截然不同,这就是音质差异造成的。又如"i"和"ɑ"这两个元音,假设它们的音高、音强、音长都相同,可仍然是不同的音,这也就是音质的差异。从物理上说音质决定于"复音中陪音的数量和振幅"。这句话的意思解释起来就是:一般听到的任何声音都不会是只有单一频率声波的"纯音",而是由一系列频率、振幅各不相同的声波复合而成的"复音"。复音多个声波中频率最低的声波叫作"基音",基音决定整个复音的音高;而复音中的其他声波就是"陪音",不同数量陪音的不同频率和振幅,就形成了千变万化的声波形式,从而产生千差万别的音质。电子琴之所以可以模拟任何乐器的声音,就是利用了复音中基音和不同数量的陪音可以形成不同音质的原理,如用 16 个不同频率声波组成的复音可以模拟钢琴的声音,用 9 个不同频率声波组成的复音可以模拟单簧管的声音。根据复音中基音和陪音的不同关系,如基音和陪音的频率之间是否都是有规则的整倍数关系,复音在音质上主要分为"乐音"和"噪音"两类。乐音听起来和谐悦耳,如各种乐器发出的声音,语音中的元音都是乐音。噪音听起来嘈杂刺耳,如刮风下雨、锯木打铁、泼水刹车的声音,语音中的辅音大多都是噪音。

把语音的物理属性概括起来说,对人类语言而言,音质当然是"四要素"中最重要的特性,任何语言只要有不同的音素,就必然要利用音质的特性。而音高、音强和音长则对于不同语言的作用不尽相同:比如英语的轻重音、长短音较多利用了音强和音长的特性,汉语在这方面较少利用;汉语的声调充分利用了音高的特性,其他语言则很少用到。

2. 语音的生理属性

语音的物理分析是空气中声波的性质,而语音的源头是人的发音器官。了解人的发音器官可以指导正确发音,比如汉语的声母"z"和"zh"很多人都发不准,如果知道发音器官的构造,就可以说明其中舌头的位置有什么不同。另外语音在物理上最多只能分出元音和辅音两类,这种分类还太粗,而要对语音做更细致的分类,也要了解发音器官有哪些部位参与发音和如何协同动作的。人的发音器官大致可分成三个部分:动力源,发音体,共鸣器。

A. 语音的动力源——"肺"

肺的呼吸运动主要是产生气流从而为发音提供所需的动力。人在说话时大多都只是利用呼出的气流来发音,如汉语中所有的音都是呼气音。吸气当然也可以发音,比如人感到疼痛时就会发出吸气音,但一般说吸气跟语音无关。肺的活动主要决定前面说的语音的"音强"和"音长",说话时如果比较用力,呼出的气流量比较大或持续的时间比较长,发出的声音也就比较强或比较长;反之发出的声音就比较弱或比较短。

B. 语音的发音体——"声带"

肺只提供发音的动力,但气流本身并不发音,要发出声音就要靠"声带"。声带实际上是两片富有弹性的唇形韧带褶,前端附在甲状软骨上,固定不动,后端分别附在两块杓状软骨上,可以拉开或靠拢。两片声带之间的空隙又叫作"声门",随着杓状软骨拉开或者靠拢,声门可以打开或关闭。当正常呼吸或者发"f、s"等辅音时,声门大开使气流自由通过,这时声带并不振动;当发"a、i、u、ü"等元音(纯粹乐音)或"m、n、l、r"等浊辅音(带有乐音成分)时,声门闭拢但留有狭缝,使气流从中挤出,从而就激起声带振动。声带振动对于语音主要起两方面作用:一是形成乐音(如元音和浊辅音)的声源,即这些声音都来自声带振动产生的原始声波。二是决定前面说的语音的"音高"。因为音高就是指频率的变化,而语音频率变化主要就是受声带松紧和声带质量的影响。比如同一个人的声音可以有高低变化,那是因为人有控制声带松紧的能力:声带松,振动慢,声音就低;声带紧,振动快,声音就高。又如女子和儿童的声带较短较薄,所以声音就会高些;成年男子的声带较长较厚,所以声音就要低些。

C. 语音的共鸣器——"声腔"

声带产生的原始声波实际是像蜂鸣一样微弱的声音,要使声音扩大并形成不同音质的语音,就要靠"声腔"。声腔是人的发音器官从声门往上到嘴唇或鼻孔的一条不规则的管状气流通道,其中包括咽腔、鼻腔和口腔三个部分。"咽腔"位于喉头的上方,是一个管状的三岔口,下通气管,上通鼻腔,前通口腔。"鼻腔"位于口腔上方,由上腭隔开,从咽腔通向鼻腔的气流通道由软腭和小舌控制:当软腭和小舌下垂,鼻腔通道被打开,而口腔内又有阻碍时,气流就会完全从鼻腔呼出,这样发出的音叫作"鼻音",如"m、n"等就是鼻音;如果鼻腔和口腔通道都没有阻碍,则气流同时从口腔和鼻腔呼出,这样发出的音就是"鼻化音",鼻化音可以标记为"[ĩ]、[ã]"等。"口腔"是人类发音器官中最主要的组成部分,其中有一些是能够活动的器官,如嘴唇、舌头、软腭、小舌、下腭等,叫作"主动发音器官",另一些是不能活动的器官,如上齿、齿龈、硬腭等,叫作"被动发音器官"。一般都是由主动发音器官去接触或靠近被动发音器官,从而发出各种不同的声音。声腔对于语音的作用主要表现在两个方面:一是"共鸣作用",也就是通过声腔这个共鸣器把声带振动形成的原始声波放大,最终成为人耳能听见的各种声音。二是"调节作用",也就是决定前面说的语音的"音色"。其中一种情况是在声腔中可以形成不同音色的元音和鼻音：因为元音和鼻音的声源是声带，而音色的复杂变化几乎都是在声腔尤其是口腔中进行的，声腔形状的变化才能产生不同的元音和鼻音；另一种情况是在声腔中可以形成辅音的声源和不同音色的辅音：因为绝大部分辅音（清辅音）的声音并不来源于声带，而是靠在口腔内不同部位形成阻碍和解除阻碍的方式形成的，而且所有辅音的音色也是通过声腔尤其是口腔的形状变化形成的。

把语音产生的生理条件概括起来分析，可以说以下三个条件中只要有一个条件不同就会产生不同的声音，特别是不同音质的声音：一是发音体不同，声音就不同。这就像敲打木板、敲打石块和敲打金属，发出的声音就不同。二是发音方法不同，声音就不同。这就像同一把小提琴的同一根弦，用弓拉和用手指弹拨，发出的声音也会不一样。三是共鸣器形状不同，声音就不同。这就像把同样的一根弦安在二胡和京胡上并用同样的弓去拉，因二胡和京胡琴筒的形状和大小不同，发出的声音仍然会不同。语音中不同的声音从发音器官角度说主要也是由这三个方面的因素决定的。具体来说，一是看声带振动不振动，这是发音体的问题。英语"fat（肥胖的）"中的"f"和"vat（大桶）"中的"v"声音不同，就是因为后者用了声带这个发音体，而前者没有用。二是看气流碰到阻碍后采用什么方法克服，这是发音方法的问题。汉语普通话"gǎo（搞）"中的"g"和"hǎo（好）"中的"h"声音差别很大，就是因为二者发音方法不同：前者气流是冲出来的，后者气流是摩擦而出的。三是看气流在什么部位受到阻碍，或者口腔的形状是什么样的，这是共鸣器形状的问题。汉语普通话"lǜ（绿）"中的"ü"和"lù（路）"中的"u"声音不同，就是因为发这两个音时口腔的形状（具体说是舌头的前后位置）不同。

3. 语音的心理属性

语音还与人类的心理活动有着密切的联系，或者说语音的差异有时还取决于"听觉"。人对语音的感知表现就是语音的心理属性。

实验证明：人的听觉虽然是由客观的声音引起的，但作为心理现象的主观听觉和语音的客观声学效果之间并不总是一对一的关系，语音声学要素的变化并非都能在听觉上得到对等的感知。比如一个音在听觉上的高低是由声波的频率决定的，但主观听觉上对音高的感知与客观的声波频率并不一致。如一个400 Hz的声音，只需提高1 Hz，人们就可以感觉到音高的变化；而一个3000 Hz的声音，只有提高幅度达到9 Hz以上时，人们才能分辨出声音的高低变化。主观听觉上对音强、音长的感知与客观的音强、音长之间的关系也是如此。

实验还证明：听觉感知具有很强的选择性和概括性。人的声道的形状（包括声带的长短、厚薄等）同人的相貌一样各不相同，因此每个人都会有自己特有的音色和特有的声波特点。但是不管这种个人特点的差异有多大或声学的效果多么不同，都不会影响人们对语音的正确感知。不同的人发出"a"这个音，声学要素的数值会有很大的差异，但听上去却都是"a"。即便同一个人连续发同一个音，这些音的声波也不可能完全相同，但人们一般感觉不到其中的变化，而都听成同一个音。这些都说明大脑听觉中枢在进行语音识别时，显然对听觉器官传送过来的声波进行了一定的过滤和筛选，只选择并提取与识别语音有关的特征，而舍弃其他信息。当然这是一个十分复杂且目前尚知之不多的心理过程，这方面的研究对人工合成语音和语音通信工程都有非常重要的意义。

4. 语音的社会属性

语音虽然具有物理上和生理上的自然属性，但因为语音毕竟又是一种具有特定社会交际功能的声音，当然就更是一种社会现象。语音在这方面的特性就是语音的社会属性，而且语音的社会属性也是语音与一般声音相区别的本质属性。

语音的社会属性主要表现为语音是和语言的意义联系在一起的，而且语音的表义功能在本质上说是社会赋予的，是一种社会约定。比如汉语普通话用"mei"来表示"没、煤、眉"等意义，英语却用近似的音表示"五月、可能"等意义。这些音义联系用语音的自然属性根本无法解释，只能看作是社会的约定使然。再比如用汉语拼音拼写"接谁的客人"，每个音节中主要元音（韵腹）都是"e"，可是实际上这些元音并不相同，而且差别还不小，严格标注分别应是 [ɛ]、[e]、[ə]、[ɤ]、[ɔ]。那为什么都写成"e"也不会搞错呢，就是因为这些元音的差别对于说汉语普通话的人并不形成能够区别词语意义的对立。反过来说用汉语拼音拼写"粗布"和"初步"，其中声母差别很小，只是发音时舌头位置略有不同，可是却又必须写成不同的音"c"和"ch"，就是因为这种语音差别在汉语普通话中能够区别词语的意义。在一种语言中哪些音虽有较大差别却可以忽略不计，哪些音虽差别很小却必须严格分开，这也不能完全用语音的自然属性来解释，同样是社会对音义结合的一种选择。

语音的社会属性还可以从语音所具有的民族性和地域性来看。不同的语言或方言在语音上都有自己的独特系统，也可能使用不同的语音。比如汉语普通话有"zh[tʂ]、ch[tʂ'] 、sh[ʂ]"这三个辅音,英语就没有;英语使用[tʃ、tʃ'、ʃ、ʒ]这四个辅音,汉语普通话就不用。即使不同语言中有相同的语音,也会有不同的功能和价值。比如汉语普通话中"d"和"t"、"b"和"p"都是独立的音素,"肚子饱了"和"兔子跑了"的不同意义就是依靠这些音素来区别的。可是相同的语音在英语中却只是同一个语音单位的两个变化形式,并没有区别意义的功能,如果把"peak[pi:k](山顶)"中的[p']发成[p],或者把"speak[spi:k](说)"中的[p]发成[p'],最多使人觉得发音别扭或不标准,而不会使人理解为别的词义。上面这些区别显然不能归因于说汉语的人和说英语的人的发音器官不同,或者会不会发某个音。语音的民族特征和地域特征同样都是在特定社会中形成的,都是社会独特选择的结果,而不是由语音本身的物理条件或发音器官的生理条件决定的。

3.3 "元辅音分析"和"声韵调分析"

前面说过"音节"是语音的各种表现形式中可以感知的最小单位,因此也就是语音分析的最基本单位。对汉语的音节进行分解分析可以有两种不同的角度和结果:一种是"声韵调分析",即把音节分解成声母、韵母和声调三个部分,这就是汉语独有的"声韵系统";另一种就是"元辅音分析",即把音节分解到元音音素和辅音音素,包括声韵调中的韵母还可以再分解到音素,这其实就是各种语言都适用的"音素系统"。当然反过来从音节的这种元素分析也就可以看出音节的一些整体特点。这一节就讨论一下跟音节有关的三个问题:一是关于"音节的元辅音分析";二是关于"音节的声韵调分析";三是关于"音节结构"。

1."元辅音分析"是怎么回事

"元辅音分析"也就是音素分析。"音素"是对音节进行分解得到的最小的语音单位,也可以说音节或所有大大小小的语音单位都是由音素组成的。比如汉语普通话"jisuanji(计算机)"是3个音节,但又可以切分为"j—i—s—u—a—n—j—i"8个单位,后者从音质的角度不能再继续切分,这些单位就是音素。音素包括"元音"和"辅音"两大类。比如"jisuanji(计算机)"中的"a、i、u"就是元音,"j、s、n"就是辅音。汉语拼音方案中的字母"a、o、e、i、u、ü"代表的音就是元音,其他字母如"b、p、m、f"等代表的音就是辅音。

A. 元音

元音的特点,或者说元音和辅音的区别,主要是两点:一是发元音时气流在声腔中没有任何阻碍，即发音时可以"畅通无阻"。比如"ɑ"，嘴巴直接张开就可以发出这个音。所有的元音也都是如此。而发辅音时声腔的某个部位必须先形成阻碍，气流要克服这种阻碍才能通过。比如发汉语普通话"bɑ（八）"中的"b"，就必须先闭拢双唇形成对气流的阻碍，然后张开双唇使气流冲出，才能发出这个音来，如果不先闭上嘴就无法发音。所有的辅音也都有类似情况。二是元音都是乐音，也就是发元音的时候声带都要振动。而辅音大多不是乐音（至少不是纯粹的乐音），发辅音的时候，有的需要振动声带，如汉语普通话"mǎ（马）"中的"m"，有的则根本不振动声带，如汉语普通话"sè（色）"中的"s"。

上面说的还只是元音的共同特点。但是比如"ɑ、i、u"都是元音，也就是发音时气流都无阻碍，声带都振动，可它们仍然是不同的音。这种区别就需要从发音器官主要是口腔的形状来说明了。元音中除了舌尖动作发出的元音叫作"舌尖元音"（如汉语普通话中声母"zh、ch、sh（知、吃、诗）"和"z、c、s（姿、雌、丝）"后面的非独立韵母" –i［ʅ］、［ɿ］"）和卷舌动作发出的元音叫作"卷舌元音"（如汉语普通话中的独立韵母"er［ɚ］（而）"）以外，大多数的元音都属于"舌面元音"。发舌面元音时口腔形状的变化主要包括舌面（舌头隆起的表面）的位置和嘴唇的形状，所以以口腔形状变化影响元音音色主要有三种情况：一是舌面位置的前后；二是舌面位置的高低；三是嘴唇形状的圆展。

"舌位的前后"是指发音时把舌头往前伸还是往后缩。舌位的前后不同，发出的元音也就不同。比如把汉语普通话里的元音"ü"（迂）和"u"（乌）做个比较：它们之所以听上去不同，口腔的其他形状并未改变，就因为发"ü"时舌位往前伸，发"u"时舌位往后缩。"舌位的高低"是指发音时是把舌面的位置抬高还是降低。舌位的高低跟嘴巴的张开和闭拢有直接关系：舌位抬高实际上就是把嘴巴闭小，舌位降低实际上就是把嘴巴张大。舌位的高低不同，发出的元音也就不同。比如把汉语普通话里的元音"i"（衣）和"ɑ"（啊）做个比较：它们之所以听上去不同，口腔的其他形状并未改变，就是因为发"i"时舌位高（开口度小），发"ɑ"时舌位低（开口度大）。"嘴唇的圆展"是指发音时是把嘴唇收圆还是展平。嘴唇的圆展不同，发出的元音也就不同。比如把汉语普通话里的元音"i"（衣）和"ü"（迂）做个比较：它们之所以听上去不同，口腔的其他形状并未改变，就是因为发"i"时嘴唇是平展的，发"ü"时嘴唇是收圆的。

从舌位的前后、高低和嘴唇的圆展这三个方面入手，就可以确定任何一种元音的发音特征,或者说从这三个方面就可以对不同音色的元音进行分类。不过不难想象,既然元音的音色决定于这三个特征,那么当然口腔中这三个方面的任何微小变化都可能形成不同的元音。因此为了更方便或更准确地说明不同语言中的不同元音,就得先从三个方面为所有元音的发音特征定一个"标尺"。一般的做法就是:先把舌面在口腔中最前最高的位置、最后最高的位置、最前最低的位置、最后最低的位置这四个极端点找到,分别用线连起来形成一个不等边的四边形(随着口腔张大和舌位降低,舌头会向后偏移,所以这些线都往后偏斜),这四个点上的元音分别就是"前高元音"[i]、"后高元音"[u]、"前低元音"[a]和"后低元音"[ɑ]。然后在前高和前低两点、后高和后低两点之间再平均找到两个点,这两个位置可以再分别标记上相应的"前半高元音"[e]、"前半低元音"[ɛ]、"后半高元音"[o]和"后半低元音"[ɔ]。也就是说所有元音凡靠上边线就偏"高",靠下边线就偏"低",靠左边线就偏"前",靠右边线就偏"后"。另外上述元音中凡是不圆唇元音就标在"前"、"后"两条线的左侧位置,比如上述[i]、[e]、[ɛ]、[a]、[ɑ]就是"不圆唇元音";凡是圆唇元音就标在"前"、"后"两条线的右侧位置,比如上述[u]、[o]、[ɔ]就是"圆唇元音"。这样就由前后、高低和圆展这三个维度构成了一个由发音生理空间和定点的元音表现的"元音舌位图"。见下图:

(3)舌面元音舌位图:

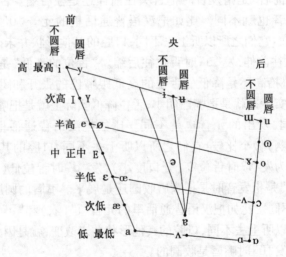

处在图(3)中8个关键点位置的元音,即"前高不圆唇元音"[i]、"前半高不圆唇元音"[e]、"前半低不圆唇元音"[ɛ]、"前低不圆唇元音"[a]、"后低不圆唇元音"[ɑ]、"后半低圆唇元音"[ɔ]、"后半高圆唇元音"[o]和"后高圆唇元音"[u],一般称作"标准元音"。需要注意,所谓"标准元音"并不是说所有的人都必须按照这些"标准"来发音,实际的意思有两个:一是任何有正常发音器官的人,只要舌位和唇型符合某个位置的特征就一定能发出相应位置的音,比如舌位最前最高不圆唇,就一定发[i]这个音。二是不同语言中的元音不一定恰好就在这些位置,不过却可以根据这些位置来加以描写说明。比如英语和汉语中都有"o"这个元音,但是英语的"o"确实很接近标准元音中的"后半高圆唇元音"[o],例如"boy [bɔi](男孩)",发音时嘴唇很圆;而汉语普通话的"o"则跟标准元音中的[o]不完全一样,例如"薄膜(bomo)",舌位要靠下些,嘴唇也不太圆。可见"标准元音"的所谓"标准"实际上是确定各种语言中元音实际发音特征的"参照物",所以"标准元音"又称作"定位元音"。

建立了"元音舌位图"和"标准元音(定位元音)",那当然也就可以在这个范围之内说明任何语言中任何元音的发音特征了。换句话说各种语言中的元音都可以在元音舌位图上找到符合自己发音特征的位置。下面就是在元音舌位图上标出的汉语普通话的6个舌面元音,大家可以试试根据这个图来判断这些元音的发音特征。

(4)汉语普通话元音舌位图:

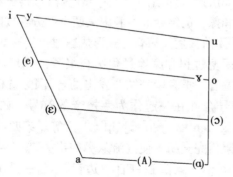

B. 辅音

辅音的特点或者说辅音和元音的区别前面已经说过了,即发辅音时气流都受到阻碍,声带一般不振动。但这些还只是汉语中辅音的共同特点,比如"b、d、g、j、q、x"都是辅音,也就是发音时气流都有阻碍,而且声带也都不振动,可它们仍然是不同的音。这种区别也就需要从发音器官的活动状况来说明了。前面说过,辅音最关键的发音条件就是声腔某个部位必须"形成阻碍 → 保持阻碍 → 克服阻碍",任何辅音不经过这样的过程都无法发音。而形成和克服阻碍影响辅音的音色又主要表现为两种情况:一是形成阻碍的部位不同就形成不同的辅音,如"b"的阻碍部位在双唇,"k"的阻碍部位则在舌根;二是克服阻碍的方法不同就形成不同的辅音,如发"p"时气流是冲出来的,而发"s"时气流是挤出来的。所以区别不同音色的辅音主要就是看它们在"发音部位"和"发音方法"这两个方面的差异。

一方面可以从"发音方法"来看辅音的区别。除了"形成和克服阻碍的方式",广义的发音方法还包括"声带活动的方式"和"除阻时送气的方式"。

首先根据发辅音时形成和克服阻碍方式的不同,可以把辅音分为塞音、擦音、塞擦音、鼻音、边音、颤音、闪音和半元音等 8 类。比如汉语普通话就有其中 6 种类型:

第一种叫作"塞音"(又叫"爆发音"或"破裂音")。声腔中某个部位先封闭,然后突然放开使气流冲出,就形成塞音。如汉语普通话的"b [p]、d [t]、g [k]"。第二种叫作"擦音"(又叫"摩擦音")。声腔中某两个部分靠近而不完全闭塞,留出一个缝隙,让气流从中摩擦而出,就形成擦音。塞音是在除阻时发出来的一种短促音;而擦音则是在持阻时发出来的一种可以拉长的延展音。如汉语普通话的"f [f]、s [s]"。第三种叫作"塞擦音"。可以看作是塞音和擦音的结合。声腔中某两个部分在成阻阶段按塞音方式完全闭塞,进入持阻阶段后按擦音方式形成缝隙让气流摩擦而出,就产生塞擦音。塞擦音中闭塞过程和摩擦过程结合很紧,一般看成一个发音过程。但由于塞擦音是塞音和擦音紧密结合发出的音,国际音标就把一个塞音符号和一个擦音符号合并在一起作为塞擦音的符号。如汉语普通话的"z [ts]、c[ts']、zh[tʂ]、ch[tʂ']、j[tɕ]、q[tɕ']"等。第四种叫作"鼻音"。口腔某一部位形成阻碍完全闭塞使气流从鼻腔出去,就产生鼻音。如汉语普通话的"n [n]、ng[ŋ]"。第五种叫作"边音"。舌头某部位和齿龈或硬腭接触,使口腔中部或一边闭塞起来,气流从舌头两边或一边的空隙中流出,就产生边音。如汉语普通话的"l[l]"。最后第六种,汉语普通话中也有接近元音的辅音即"半元音"(又叫"无擦通音")。发音时口腔只形成很小阻碍,气流通过时只有极轻微的摩擦,就产生半元音。如汉语普通话中以"i、 u、ü"开头的音节，如"移"、"吴"、"鱼"，前面实际上有轻微摩擦，这就是"[ч]、[w]"这样的半元音。

上面说的形成和克服阻碍的方式还不能把辅音描写清楚。比如英语中"s[s]"和"z[z]"，汉语普通话中"sh[ʂ]"和"r[ʐ]"，阻碍部位一样，除阻方式也都是擦音，但还是有区别。所以就要考虑另一种发音方法的区别，即发辅音时声带活动的状况。根据声带活动方式的不同，可以把辅音分为"清音"和"浊音"两类。

有的辅音发音时声带不振动，如汉语普通话中的"b[p]、d[t]、g[k]"等，这种辅音就叫"清音"；有的辅音发音时声带振动，如英语中的"b[b]、d[d]、g[g]"等，这种辅音就叫"浊音"。辅音虽然可区分清浊，但各种语言中清浊对立的情况并不完全一样。汉语普通话的塞音、擦音和塞擦音都只有清音，而没有与之相对的浊音。至于普通话"日"（ri）的声母的音值，目前人们尚有不同看法。有人认为这个声母是与清擦音"sh[ʂ]"相对的浊擦音"r[ʐ]"，有人则认为不是严格的浊音。如果持前一种看法，普通话里就有唯一的一对清浊对立的辅音；如果持后一种看法，普通话的辅音就没有清浊的对立。英语的情况与普通话不同，塞音、擦音和塞擦音都有配对比较整齐的清浊两套，即"[p—b]、[t—d]、[k—g]、[ʃ—ʒ]、[s—z]、[f—v]、[tʃ—dʒ]、[θ—ð]"。

以上两种发音方法的区别还是不能把辅音全都区分开来。比如汉语普通话中的"b[p]"和"p[pʻ]"，从除阻方式看都是塞音，从声带活动方式看都是清音，可还是不一样。所以还需要考虑发辅音时送气的状况。根据送气或不送气这种方式的区别，可以把辅音分为"送气音"和"不送气音"两类。

辅音在除阻时立即送出一股气流，同时喉部或其他部位发生很轻微的摩擦，这种现象叫"送气"。有送气的辅音就是"送气音"，没有送气的辅音就是"不送气音"。最为常见的送气音是清塞音和清塞擦音。国际音标标注送气音的方式是在辅音符号后加"h"，或者在辅音符号右上角加类似左单引号的"ʻ"，如汉语普通话中"b、d、g[p、t、k]"是不送气音，相对的送气音"p、t、k"则可标注为"[pʻ、tʻ、kʻ]"。各种语言中送气音和不送气音对立的情况很不一样。英语中的辅音没有送气和不送气的对立。而汉语普通话的塞音和塞擦音却形成相当整齐的送气和不送气两套："b[p]—p[pʻ]、d[t]—t[tʻ]、g[k]—k[kʻ]、z[ts]—c[tsʻ]、zh[tʂ]—ch[tʂʻ]、j[tɕ]—q[tɕʻ]"。所以外国人学习汉语时如何掌握送气音是一个难点。

另一方面又可以从"发音部位"来看辅音的区别。

前面说的辅音分类只是根据发音方法所做的分类,要仔细辨别不同的辅音,就还需要考虑发辅音时"形成阻碍"的部位。比如汉语普通话中的"d[t]"和"g[k]",从发音方法上说,都是塞音,都是清音,都是不送气音,可还是有区别。这种区别就在于发这两个音时口腔中形成阻碍的部位不同。虽然理论上说发音部位的任何细微变化都会引起辅音音色的改变,但一则人的耳朵没有那么灵敏,二来有些声音变化也不区别意义。所以一般都只是根据发辅音时形成阻碍的部位(从双唇部位到喉咙部位)将辅音分成约10—13类。比如汉语普通话就主要有其中的6种类型:

第一种是"双唇音"。即下唇和上唇形成阻碍发出的辅音。如汉语普通话的"b[p]、p[p']、m[m]"。第二种是"唇齿音"。即下唇和上齿形成阻碍发出的辅音。如汉语普通话的"f[f]"。第三种是"舌尖音"(具体还可以分成"舌尖前音"和"舌尖中音")。即舌尖和上齿龈或上齿背形成阻碍发出的辅音。如汉语普通话的"z[ts]、c[ts']、s[s]、d[t]、t[t']、n[n]、l[l]"。第四种是"舌尖后音"(又叫"卷舌音"或"翘舌音")。即舌尖翘起和硬腭前部形成阻碍发出的辅音。如汉语普通话的"zh[tʂ]、ch[tʂ']、sh[ʂ]、r[ʐ]"。第五种是"舌面音"。即舌面前部和硬腭前部形成阻碍发出的辅音。如汉语普通话的"j[tɕ]、q[tɕ']、x[ɕ]"。第六种是"舌面后音"(又叫"舌根音")。即舌面后部和软腭形成阻碍发出的辅音。如汉语普通话的"g[k]、k[k']、h[x]、ng[ŋ]"。

有了上面发音部位和发音方法两方面的分类标准,就可以区别任何辅音的音色;或者说如果以发音方法为经,以发音部位为纬,每个辅音在这个二维特征坐标中就都占据一个只属于自己的位置。根据前面说的汉语普通话的辅音按照发音方法中阻碍方式有6类,声带活动方式有2类,送气方式有2类,按照发音部位6类,那么汉语普通话的所有辅音就都可以按照这两个方面的4个特征(部位+送气+清浊+方法)来加以说明或分类,比如[p]就是双唇不送气清塞音,[p']就是双唇送气清塞音;反过来说只要知道这两个方面4个特征就可以确定任何一个辅音,比如知道"舌尖前、不送气、清、塞擦"四个条件,就能够确定这是辅音[ts];知道"舌尖后、送气、清、塞擦"四个条件,就可以确定这是辅音[tʂ']。下面是汉语普通话中全部22个辅音的发音特征矩阵表:

（5）汉语普通话辅音发音特征表：

④②③①		双唇音 清	双唇音 浊	唇齿音 清	唇齿音 浊	舌尖前音 清	舌尖前音 浊	舌尖中音 清	舌尖中音 浊	舌尖后音 清	舌尖后音 浊	舌面前音 清	舌面前音 浊	舌面后（舌根）音 清	舌面后（舌根）音 浊
塞音	不送气	b [p]						d [t]						g [k]	
塞音	送气	p [p']						t [t']						k [k']	
塞擦音	不送气					z [ts]				zh [tʂ]		j [tɕ]			
塞擦音	送气					c [ts']				ch [tʂ']		q [tɕ']			
擦音				f [f]		s [s]				sh [ʂ]	r [ʐ]	x [ɕ]		h [x]	
鼻音			m [m]						n [n]						ng [ŋ]
边音									l [l]						

注：① 发音部位；② 送气方式；③ 声带活动方式；④ 克服阻碍方式。

2.“声韵调分析”是怎么回事

前面说的元音和辅音都是最小的语音单位，这些音素实际上都是人为分析出来的，一般人说话的时候很少只说一个音素（即只用一个音素来构词），而更多情况是把几个音素结合在一起，也就是要构成“音节”，再说出来。比如汉语普通话“现代汉语[ɕien⁵¹ tai⁵¹ xan⁵¹ y²¹⁴]”这个语言片段虽然有很多音素，但只有 4 个音节。前面说过，“音节”这个概念很重要。而且汉语的音节跟汉字和语素差不多“三位一体”，即“音节＝汉字＝语素”，所以汉语的音节很容易辨别。在任何语言中音节的构造都不是任意的，而是有规律的。而汉语音节就可以看作是由三个部分，即“声母”、“韵母”和“声调”构成的。这就是音节的“声韵调分析”。“声韵调分析”可以说是中国传统语言学独创的对汉语音节的分析方法和结果。

“声母”可以定义为“音节开头的辅音”。如“那（nà）”中的“n”就是声母。但如果是辅音而不在音节开头，如“安（ān）”中的“n”，或者在音节开头而不是辅音，如“安（ān）”中的“a”，就不是声母。“韵母”可以定义为“音节中声母后面的部分”。如“那（nà）”、“南（nán）”、“年（nián）”，声母“n”后面的“a、an、ian”不管有多长（1－3 个音素）都是韵母。“声调”可以定义为“贯穿整个音节的音高”，也就是说每个音节都有一个声调。前面所有举例的音节(汉字)实际上就都有独立的声调。

A. 声母

前面说汉语普通话中有 22 个辅音,但实际上其中只有 21 个辅音可以做声母,即汉语普通话共有 21 个辅音声母。而汉语普通话中的舌根鼻音"ng[ŋ]"只能做韵母的韵尾,不能做声母(另一个舌尖鼻音"n [n]"既可以做韵母的韵尾,也可以做声母)。

汉语的音节绝大部分都有辅音声母,但也有一小部分音节没有辅音声母,如刚才说的"安(an)",类似的如"烟(ian)"、"弯(uan)"、"冤(üan)"等。但是可以注意到,有声母的音节和没有声母的音节都可以表达意义。比较:"bān(班)"和"gān(干)"的意义不同,那是因为有不同的辅音声母;而"bān(班)"和"ān(安)"意义也不同,那就是因为一个有声母一个没有声母:可见没有声母的空位置实际上也能起到声母的作用。这样也就可以把没有辅音声母的空位置叫作"零声母"。有了零声母这个概念,就比较容易说明汉语的音节结构了,即可以说汉语的所有音节都有声母和韵母(没有辅音声母的音节也有零声母),或者说都是声韵相拼构成的。这就从声母角度体现了汉语音节的一致性和系统性。

B. 韵母

汉语普通话中共有 9 个元音,即 6 个舌面元音"a、o、e、i、u、ü[a、o、ɤ、i、u、y]",外加 2 个舌尖元音"-i [ɿ]、-i[ʅ]"和一个卷舌元音"er [ɚ]"。汉语普通话的韵母就是由这 9 个元音单独或者相互组合,以及元音和鼻辅音"n、ng [n、ŋ]"相互组合构成的。前面说过,汉语拼音韵母表上只列出了 35 个韵母,再加上未列入韵母表的舌尖元音和卷舌元音,汉语普通话中一共有 38 个韵母(加上很少单用的"ê[e]"则为 39 个韵母)。

这 38 个韵母在小学里学汉语拼音时是分成"单韵母"、"复韵母"和"鼻韵母"这三类来教学的。单韵母就是由一个元音构成的韵母,如"衣(i)"、"屋(u)"、"淤(ü)"、"儿(er)"等,汉语普通话中元音有 9 个,所以单韵母也有 9 个。复韵母就是由 2 个或 3 个元音构成的韵母,如"爱(ai)"、"欧(ou)"、"鸭(ia)"、"约(üe)"、"要(iao)"、"威(uei)"等,这样的韵母一共有 13 个。鼻韵母就是由元音加上鼻音构成的韵母,如"安(an)"、"烟(ian)"、"弯(uan)"、"冤(üan)"、"英(ing)"、"拥(iong)"等,这样的韵母一共有 16 个。

不过把韵母按音素数量的"单、复、鼻"分类只是便于教学,并没有完全反映汉语普通话中韵母的系统性特点。仔细观察就可以发现,韵母的构造有极强的规律:首先是所有的韵母中一定要有元音。其次如果韵母只有一个元音,那么任何元音都可以当韵母;但如果韵母中有两个或三个元音,那么其中一定只有一个是舌位较低的元音,如"a、o、e"等,其余的则一定是高元音"i[i]、u[u]、ü[y]";而且如果三个元音构成韵母,则舌位较低的元音一定在中间,高元音一定在两边。根据这种情况就可以得到一个结论:汉语所有的韵母实际上又都可以分成三个部分:"韵头"、"韵腹"、"韵尾"。一个韵母中可以没有韵头和韵尾,但是必须有韵腹。如果韵母只由一个元音构成,则这个元音一定是韵腹,而且任何元音都行;如果韵母由两个或三个元音构成,则一定是舌位较低的元音充当韵腹,高元音充当韵头和韵尾。也就是说汉语的韵母无非是有几种类型:"韵腹"型(等于"单韵母");"韵头+韵腹"型,"韵腹+韵尾"型,"韵头+韵腹+韵尾"型(等于"复韵母");即使在带有鼻音的韵母中,鼻音实际上也一定是韵尾,即也是"(韵头)+韵腹+韵尾"型(等于"鼻韵母")。注意到这样的情况,那么汉语的韵母就可以做另外的两种分类:一种就是根据韵母的韵尾来分类;还有一种是根据韵母的韵头来分类,后者也叫作"四呼分类"。

"韵母的韵尾分类"是根据韵母的"韵尾"有什么不同,把韵母分成3-4类:比如汉语普通话中没有韵尾的韵母就叫作"开尾韵母",其他就是"元音尾韵母"和"鼻音尾韵母";而从整个汉语方言的情况看,实际上还存在另一种"塞音尾韵母"(即塞音[p／t／k]充当韵尾)。韵母的韵尾分类有不少用处:其中一个用处就是诗歌押韵。比如作格律诗就有个规定,押韵的字(音节)并不管韵母的韵头,但要求韵腹和韵尾必须要相同,所以"安(an)"、"烟(ian)"、"弯(uan)"、"冤(üan)"可以押韵(言前韵),"啊(a)"、"鸭(ia)"、"蛙(ua)"也可以押韵(发花韵)。此外从韵尾的情况还可以发现整个韵母系统演变的规律,因为汉语很多方言韵母的变化都是表现在韵尾上。比如汉语普通话韵母跟其他方言比较,就是塞音尾[p／t／k]消失了,双唇鼻音韵尾[m]也消失了。

"韵母的四呼分类"是根据韵母的"韵头"有什么不同再把韵母分成另外4类:凡没有韵头而韵腹又不是"[i]、[u]、[y]"的韵母叫"开口呼韵母",如[a]、[ei]、[ən]等;凡韵头或韵腹是"[i]"的韵母叫"齐齿呼韵母",如[i]、[iou]、[in]等;凡韵头或韵腹是"[u]"的韵母叫"合口呼韵母",如[u]、[uei]、[uaŋ]等;凡韵头或韵腹是"[y]"的韵母叫"撮口呼韵母",如[y]、[yɛ]、[yn]等。韵母四呼分类的用处更大:比如同样根据格律诗的规定,押韵的字(音节)中韵母的韵腹和韵尾必须相同,而不管韵头,但实际上相同的韵腹韵尾的字大多有四种不同"呼"的韵头,因此都可以押韵。前面说"安(an)"、"烟(ian)"、"弯(uan)"、"冤(üan)"可以押韵(言前韵),其实也就是这个道理。所以韵腹韵尾相同而开齐合撮四呼不同的一组韵母就属于同一个"韵部"。四呼分类另外一个重要的用处就是可以看出声母与韵母组成音节的规律,比如汉语普通话有 22 个声母(包括零声母)和 38 个韵母,相互组合应该有 800 来个音节,可是实际上只有 400 多个有效音节(即有意义的音节),另外约 400 种声母和韵母的组合不存在(即读音没有意义)。要说明这种情况就要考虑汉语普通话声母和韵母组合的限制。其中最重要的限制就是舌尖前音声母"z、c、s[ts 、ts'、s]"、舌尖后音声母"zh、ch、sh、r[tʂ、tʂ'、ʂ、ʐ]"和舌根音声母"g、k、h[k、k'、x]"都只能和开口呼、合口呼韵母配合组成音节,但不能和齐齿呼、撮口呼韵母配合;而舌面前音声母"j、q、x[tɕ、tɕ'、ɕ]"则只能和齐齿呼、撮口呼韵母配合组成音节,而不能和开口呼、合口呼韵母配合。这就表明汉语中声母和韵母的配合关系主要是由声母的发音部位和韵母开头的元音(即"四呼")的性质决定的。

C. 声调

"声调"是汉语音节三个组成部分的一个。没有声母(包括零声母)和韵母不能构成音节,而没有声调也不能构成音节;所有的音节都必须有意义(没有意义的是无效音节),而没有声调的音节也不会有意义(即使轻声音节也有本调,或者本身也算是一种特殊的声调);汉语音节中不同的声母或韵母都可以区别音节的不同意义,而不同的声调也可以区别音节的不同意义。比较:"bǐ(笔)"和"mǐ(米)"的意义不同,那是声母不同造成的;"mǐ(米)"和"mǎ(马)"的意义不同,那是韵母不同造成的;而"mǎ(马)"和"má(麻)"的意义也不同,那就是由声调不同造成的。又如现在有所谓女性健体瘦身的"一字真经",其实就是用了声母和韵母完全相同而声调不同的四个词:"tang(汤、糖、躺、烫)"。由此可见,声调在表示不同意义的音节时的作用与声母、韵母完全一样,说汉语的音节结构中"声、韵、调"是三分天下完全不为过。更何况汉语普通话有 22 个声母和 38 个韵母,却只有 4 个声调,声调的任务似乎比声母和韵母更重呢。

前面说过,声调是与音高相联系的。但是对声调而言,重要的并不是绝对音高,而是相对音高的变化形式和幅度。同一个声调,一个男人和一个女人说出来,音高的绝对值就不一样,一个成年人和一个小孩说出来,音高的绝对值也不会相同,但只要音高的变化形式和幅度,也就是相对音高基本一致,听上去就是一个声调。比如汉语普通话的"快"[k'uai⁵¹],一个男人读时是从他的最高音下降到他的最低音,一个女人读时也是从她的最高音下降到她的最低音,尽管女人的最低音可能比男人的最高音在绝对音高上还要高一些,但由于音高的变化形式都是下降,变化的幅度都是从最高音下降到最低音,因而听上去都是"快"。再如读"诗"这个字时,女人的绝对音高肯定要比成年男子高,但只要男女都相对地读成一个高而平的调子,就不会使人听成"石、使、是"等其他的字。

声调可以从"调值"和"调类"两个方面来分析。

"调值"指音节高低升降变化的实际情况。目前标注声调调值最通用的方法是"五度标调法"。即把声调音高的变化幅度分为五度,用一条四等分的竖线代表,5 度最高,1 度最低。再用一条线由左至右把音高随时间先后而产生的变化标画在竖线的左边,线的左端代表音高的起点,右端代表音高的终点,这条线的高低升降曲直就反映出声调音高的变化形式和变化幅度,这也就是声调的调值。比如汉语普通话的阴平、阳平、上声和去声四个声调的调值就可以用这种五度标调法准确地表现出来(现在汉语拼音用的调号实际上就是五度标调法的简化符号)。此外调值也可以用数字来表示,即由左向右分别用一位数字表示声调音高变化的起点、转折点和终点。比如汉语普通话的阳平可以用调号标注为"ˊ",也可以用数字标注为[35];上声可以标注为"ˇ",也可以标注为[214]。下面就是汉语普通话的声调标注图示:

(6)汉语普通话标调图示:

例字	5度标调法图示	简化调号	数字调值	调型
搭	阴平 5 4	—	[55]	高平
达	阳平	ˊ	[35]	中升
打	去声 3 2	ˇ	[214]	降升
大	上声 1	ˋ	[51]	高降

"调类"主要指声调的类别数量。即汉语普通话或某个方言里全部音节能单独读出几种调值(单字调),就有多少个调类。比如汉语普通话共有1200 多个音节,这些音节单念时一共有 4 种调值(不算轻声),即[55、35、214、51],所以汉语普通话就有 4 个调类;而广东话中共有 8—9 种调值,也就有 8—9 个调类。需要注意的是:调类的数量是根据调值划分的,但是调类的名称,如汉语普通话的阴平、阳平、上声和去声,却不是由调值决定的。

因此汉语各个方言的调类名称虽然有可能相同,并不意味着调值也相同;或者反过来说,调值相同,调类名称也可能不同。这是因为古人归纳古时的声调有"四声(平、上、去、入)八类(各分阴阳)",而随着语音的变化,原来同调值和同调类的一些字的调值到了现代就可能变得不同了,这种调值变化既可能使调类的数量合并减少(如普通话),也可能使调类的数量分化增加(如广东话)。但现代汉语普通话和各方言都还是沿用同声调的字原来对应的古代调类名称,所以不同方言的调类名称虽然可能相同,调类数量却可能不同,各个调类的调值也可能很不相同。

既然古今汉语声调的调值和调类发生了变化,为什么还要继续沿用古代的调类名称呢? 首先当然是便于说明调类的演变及各方言调类之间的对应关系,可以说明现代汉语的声调是怎么从古代声调变化过来的。如汉语普通话的声调就可以概括为"平分阴阳(古代平声变成阴平、阳平两类),浊上变去(古代部分上声字并入去声),入派三声(古代入声分别进入其他三声)"这样的规律。另外了解古代的声调对于诗歌押韵也有用处。诗歌押韵除了规定"韵部(韵腹和韵尾必须相同)",还规定"四声不通押",即押韵的音节必须声调相同。比如下面两首诗,前一首李白诗是押平声韵,后一首柳宗元诗就是押入声韵(塞音尾韵母)。不了解这一点,比如按照普通话的声调,就无法说明其中的押韵现象了。比较:

(7) a. 早发白帝城(李白)　　　　　　b. 江雪(柳宗元)
　　　朝辞白帝彩云间,　　　　　　　　千山鸟飞绝,
　　　千里江陵一日还。　　　　　　　　万径人踪灭。
　　　两岸猿声啼不住,　　　　　　　　孤舟蓑笠翁,
　　　轻舟已过万重山。　　　　　　　　独钓寒江雪。

3."音节结构"有什么特点

"元辅音分析法"和"声韵调分析法"虽然是对音节的不同角度的分析,其实两种分析本质上又是一致的,或者说只是对音节结构的不同层面的分析。所以首先可以从这两种分析的一致性来看音节结构特别是汉语音节结构的特点。比如"声韵调分析"是把汉语音节结构分为"声母、韵母、声调"三部分。而从"元辅音分析"看,绝大多数语言的音节都是由元音"V"和辅音"C"构成的,因此可以把元音为核心的音节形式分为"V"、"C-V"、"V-C"、"C-V-C"四种,其中"V"、"C-V"这种以元音收尾的音节叫"开音节","V-C"、"C-V-C"这种以辅音收尾的音节叫"闭音节"。其实汉语普通话的

音节不但在整体类型上也恰好就是这四种。比如"V"和"V-C"就是零声母音节，"C-V"和"C-V-C"就是辅音声母音节；而且也有"开尾韵母"、"元音尾韵母"构成的"开音节"和"鼻音尾韵母"构成的"闭音节"。再如"声韵调分析"是把汉语音节中的韵母再分成为"韵头、韵腹、韵尾"三部分。而从"元辅音分析"看，绝大多数语言中音节的四种基本类型再添加上若干个元音或辅音，就可以扩展成各种更复杂的音节结构形式，比如"V"就可以扩展成由两个或三个元音组成的元音群"VV"和"VVV"。其实汉语的韵母也是符合这种变化规律的。比如汉语普通话的音节"［kuai］（怪）"就可看作是由"C-V"扩展成的"C-VVV"形式，即其中韵母 V 就扩展成了包含有"韵头 V、韵腹 V、韵尾 V"三部分的元音群（复韵母）。

由于"元辅音分析"是一种适用于各种语言的音节分析，这样不同语言音节结构形式的区别从"元辅音分析"角度就看得更清楚些。比如很多语言的音节中"C"也可以扩展成辅音群"CC"和"CCC"，如英语音节"split［split］（劈开）"就是由"C-V-C"扩展成的"CCC-V-C"形式，这种音节形式在印欧语言中较常见。但是汉语普通话的音节中就不允许出现几个辅音相连的现象，这就是汉语音节的一种限制。再如英语的鼻音、塞音、擦音、塞擦音、边音等都可以做闭音节的收尾辅音，如"gate［geit］（大门）"、"life［laif］（生命）"、"large［laːdʒ］（大的）"、"ball［bɔl］（球）"。但是汉语普通话闭音节中的收尾辅音"－C"却只能是鼻音"［n、ŋ］"，这又是汉语音节的一种限制。又如更细致地看，汉语普通话"［tɕ、tɕʻ、ɕ］"这类辅音可以在前高元音"［i］"（即齐齿呼韵母）前出现，构成如"［tɕi］（鸡）"、"［tɕʻi］（七）"、"［ɕi］（西）"这样的音节，而"［kʻ、f、s］"这类辅音则不能在［i］韵母前出现，所以汉语普通话里也就没有类似于英语"key［kʻiː］（钥匙）"、"fee［fiː］（费）"、"see［siː］（看见）"这样的音节，这同样是汉语音节的一种限制条件。

由于"声韵调分析"是基于汉语音节的分析，因此从这个角度当然就更能看出汉语音节结构的一些具体的特点：一是汉语的音节都有声调。这是汉语音节最主要的特点。二是汉语的音节中必须有元音。而元音可以只有一个（韵腹），也可以有两个（韵腹＋韵尾，韵头＋韵腹），也可以有三个（韵头＋韵腹＋韵尾）。元音出现的位置有限制：充当韵腹的元音比较自由，充当韵头的元音却仅限于高元音"［i］、［u］、［y］"，充当韵尾的元音仅限于高元音"［i］、［u］"；而且一个音节里"［i］"和"［u］"如当了韵头就不能同时再当韵尾，如当了韵尾就不能同时再当韵头，即一个音节中不能同时出现两个"［i］"或两个"［u］"。三是汉语的音节中可以没有辅音，也不能只有辅音。

同时辅音出现的位置也有限制:一方面不能连续出现,另一方面要么出现在音节开头做声母,要么出现在音节末尾做韵尾,出现在音节末尾的辅音在普通话中只限于鼻音"[n、ŋ]"(方言中也可以有鼻音[m],以及塞音,如[p、t、k])。四是汉语音节的构造具有严密的组合性。即可以看作是逐层两两组合构成的:最低层的"韵腹＋韵尾"组成上一层的"韵",如"ao";然后由"韵头＋韵"组成再上一层的"韵母",如"iao";再由"声母＋韵母"组成再上一层的"无调音节",如"tiao";最后由"无调音节＋声调"组成最终的"音节",如"tiào[t'iau⁵¹](跳)";反过来当然也可以说汉语的音节可以逐层两两切分,直到音素(韵腹、韵尾)为止。看下面汉语普通话音节的构造图示:

(8)汉语普通话音节结构层次构造图示:

声母	声　　　　　　调		
	韵　　　　　母		
	韵头	韵	
		韵腹	韵尾

3.4 "音位"和"音素(音位变体)"

前面讨论的"元辅音分析"和"声韵调分析"都是分析到"音素"。元音、辅音是音素;声母和韵母中的韵头、韵腹、韵尾同样是音素。不过那时还没有具体说明这种"音素"到底是一种什么样的东西。其实前面也已经提到过,即使把音节分析到音素,也有两种不同性质的音素。比如用汉语拼音拼注"好(hǎo)"和"海(hǎi)",其中的韵腹看做是相同的"a",这是一种性质的音素;但严格说这个"a"在"好"中实际读音是[ɑ],在"海"中实际读音是[a],此外在"家"中实际读音是[A]:后面这些元音就又是一种性质的音素。这样说来音素就可分成两类:一类是作为一种语言中几个音素的综合符号的音素,如汉语拼音的"a",这种音素可以换个名称叫作"音位";而另一类是被综合符号所代表的客观上音质不同的音素,如具体音节中不同的[ɑ]、[a]、[A],这种音素才是真正最小的"音素",或者换个名称叫作"音位变体"。这一节就讨论一下跟音位相关的两个问题:一是为什么要建立"音位";二是怎么确定一种语言或方言中的"音位"。

1. 为什么要建立"音位"

回答"为什么要建立音位"这个问题,或者说"音位"和"音素"有什么样的关系,还是不妨从汉语拼音说起。因为从刚才举的例子就可以看出,汉语拼音字母实际上并不表示"音素",而是"音位"。音位的国际音标标注方式是在音标符号两侧各加一条斜线,如汉语拼音字母"a"作为音位就可以标注为/a/。

建立"音位"一方面是为了减少用于拼音的字母。人们说话时使用的音相当多,或者说从声音的物理、生理属性看,这些音素会很不相同。不用说前面举例的"a"在不同的字(音节)中的实际发音本来就各不相同,就算同一个音,让男女老少、张三李四来念,甚至一个人在不同时候念,都不会完全相同。如果汉语拼音要给每个这样的音都找一个字母,那字母的数量就会相当大,不但不可能,而且也没有必要。正因为如此,汉语拼音才需要用一个字母来代表几个音素。

另一方面,字母减少也不是任意的,而必须要有一定的依据和道理。这个依据和道理就在于,实际音流中不同的音素虽然很多,却不一定都有用处,也就是不一定都能区别意义。前面说过,语音不同于自然界其他声音的最主要特点就是具有社会属性,语音差别在作为社会交际工具的语言中只有一种功能,那就是把不同的意义区别开来。正由于能区别意义的语音才有用处,所以一方面必须把能够区别不同意义的声音(音素)区别开来分别建立不同的音位。比如前面说汉语普通话里的[ts']和[tʂ']差别很小,但它们有区别意义的作用,"粗"[ts'u⁵⁵]和"初"[tʂ'u⁵⁵]等不同词义就是靠这两个辅音的差别来区别的,因此就必须分立为汉语普通话里的两个辅音音位,并且用不同的字母分别标注为"c"和"ch"。另一方面如果不同的声音(音素)不区别意义,那么这些声音也就不需要区别开来,或者说可以归入同一个音位。比如前面说汉语普通话里[a]、[A]、[ɑ]这三个元音总是出现在不同的语音环境中,如[p'an³⁵](盘)、[p'A³⁵](爬)、[p'ɑŋ³⁵](旁)等,假如相互念错,如把[p'an³⁵](盘)里的[a]念成[A]或[ɑ],只会使人感到发音不地道不规范,却不会使人对词义产生误解而认为是另一个词,这说明它们之间的差别没有区别意义的功能,因而就可以归入同一个音位,用一个字母a表示。可见"音位"就是从社会功能的角度划分出来的这样一种语音单位,或者说音位就是特定语言中具有区别意义作用的最小的语音单位。这样具体语言中数量繁多的"音素"就可以归纳为一套数量有限的"音位",同时通过"音位"体现出语音的系统。这就是"音位理论"的基本原理,也才是建立音位的最主要的目的。前面讨论的"元辅音分析"中的"元音"、"辅音",以及汉语"声韵调分析"中的"声母"和韵母中的"韵头"、"韵腹"、"韵尾",其实都不是纯粹从音质角度划分出来的"音素",而是从社会功能角度划分出来的有区别意义作用的"音位"。

2. 怎么确定一种语言中的"音位"

那么一种语言的音位或者音位系统又是怎么建立起来的呢？比如哪些音素必须分成不同的音位,哪些音素可以归入同一个音位,这需要有一些具体的操作方法。我们可以从"归纳音位的原则"和"音位的区别特征"两个方面来看。

A. 归纳音位的原则

由于一方面音位是以音素为材料建立起来的,也就是说是在一种语言或方言中大量音素的基础上归纳出来的,这就涉及人为的操作；另一方面不同于音素是可以通过生理、物理的客观标准测量的,确定音位还必须考虑语音的辨义功能,因而归纳出多少音位也总带有一定的人为主观性：这就需要有一种"归纳音位的原则"。这些原则最主要的有三条。

一是"对立原则"。这条原则是说,凡两个音素,如果可以出现在完全相同的语音环境中,并且可以区别语音形式的意义,这两个音素之间就具有一种"对立关系"。具有对立关系的音素就需要归为不同的音位,或者说要设立不同的字母或符号来表示。比如汉语普通话中的辅音 s[s]和 sh[ʂ]差别很小(只是舌尖位置差了一点),可是如果放到一个完全相同的语音环境,比如 [_an^{55}]中,它们能区别意义：一个意思是[san^{55}](三),一个意思是[ʂan^{55}](山),因此在汉语普通话中就要分成两个音位/ s /和/ ʂ /。需要注意,区别对立关系的语音环境除开需要替换的音素,其余部分必须完全相同,这也就是所谓的"最小对立体(最小辨义词对)"。如果找不到这种最小对立体就不容易区分不同的音位。比如"山"[ʂan^{55}]和"死"[sɿ^{214}]意义也不同,但是这种意义区别只能说是整体差异(声母、韵母、声调都不同)表现出来的,无法证明只是由于其中的声母不同造成的。对立条件是在一种语言中划分音位的充分条件,只要是具有这种最小对立关系的音素,就肯定得分成不同的音位。

二是"互补原则"。这条原则是说,凡两个音素,如果各自有自己的出现环境或者说从不出现在相同的语音环境中,这两个音素之间就具有一种"互补关系"。具有互补关系的音素就不能构成最小对立体,当然也就起不到区别意义的作用,这样的音素理论上说都可以归并为同一个音位,用一个字母或符号来表示。比如前面说的汉语普通话中的[a]、[ʌ]和[ɑ]三个元音，前低元音[a]只出现在韵尾是前高元音[i]和舌尖鼻音[n]的韵母中，如"海"[xai]和"涵"[xan]；中元音[ʌ]只出现在没有韵尾的韵母中，如"大"[tʌ]和"家"[tɕiʌ]；而后低元音[ɑ]只出现在韵尾是后高元音[u]和舌根鼻音[ŋ]的韵母中，如"老"[lɑu]和"王"[uɑŋ]，可见这三个元音永远不能在最小对立体中"共现"。因此这三个元音音素就可以归入同一个音位，比如记作／a／。被归入同一个音位中的各个音素就可以叫作"音位变体"。互补条件是在一种语言中归并音位的必要条件，也就是说不符合这种条件的不同音素是不能归入同一个音位的。但反过来说符合互补条件的音素也不是非归入一个音位不可，也就是说音素的互补关系并不是归并音位的充分条件，这时就还要考虑下面第三个条件。

三就是"语音近似原则"。这条原则是说，把几个不同的音素归并为一个音位，除了要考虑它们是否处于互补关系之中，还要看语音上是否相似；只有在既互补而且说这种语言的人听起来又差别不大的条件下，才可以把几个不同的音素归入同一个音位。比如汉语普通话中的元音[a]、[ʌ]和[ɑ]，之所以可以归入一个音位，除了位置互补，语音上也比较近似（比如都是舌位低的不圆唇元音）。但如果几个音素在语音上相差太远，听起来完全是不同的音，那么即使出现位置是互补的，也不能归并为同一个音位。比如汉语普通话的辅音[p]和[ŋ]也是互补的，[p]只出现在音节的开头（声母），[ŋ]只出现音节的末尾（韵尾），但这两个辅音的音质差别太大，一个是舌尖塞音，一个是舌根鼻音，所以只能让它们分属于不同的音位，而不宜归到同一个音位里。由此可见，语音近似实际上是一个调节性条件。也就是说处于互补关系的音素一般说音质肯定不同，但这种差别有大有小。如果只看"互补条件"，那么几个语音差别很大的音素也可能归并为一个音位，而根据"语音近似条件"就可以再从中把它们适当分开，让同属一个音位的音素（音位变体）至少感觉上更像是"一家人"。

B. 音位的区别特征

音位必须互相对立才能使语素和词的语音形式所表示的意义彼此区别开来。如果进一步分析，这种对立和区别其实只是通过一个或几个语音特征实现的。前面说过区分不同元音和辅音要根据发音上的特征，如元音的"舌位前后"、"舌位高低"、"唇形圆展"，辅音的"清浊"、"送气不送气"等。确定一种语言中的音位也需要找到其中起决定作用的这种"区别特征"。其实上面说的归纳音位的"对立原则"或者"最小对立"，说到底也就是这种有辨义作用的区别特征的对立。比如看下面几个汉语普通话中辅音音位的情况：

(9) 音位：　　　语音特征：

/ p /	双唇	闭塞	不送气
/ p' /	双唇	闭塞	送气
/ t /	舌尖前	闭塞	不送气
/ m /	双唇	鼻音	
/ ts /	舌尖前	塞擦	不送气
/ tɕ' /	舌面前	塞擦	送气

从(9)就可以看出,辅音音位/ p /通过"不送气"特征与/ p'/相区别,通过"双唇"特征与/ t /相区别,通过"闭塞"特征与/ m /相区别,通过"双唇"和"闭塞"特征与/ ts /相区别,通过"双唇"、"闭塞"和"不送气"特征与/ tɕ'/相区别。也就是说"双唇"、"闭塞"和"不送气"三个语音特征就可以使汉语普通话/ p /音位跟其他所有的音位区别开来。这种具有区别音位作用的语音特征就叫作"音位区别特征"。实际上每个音位都可以分解为几个区别特征,音位之间的对立也可以进一步分解为区别特征之间的对立。比如汉语普通话"趴"/ p'a⁵⁵/和"八"/ pa⁵⁵/是靠/ p'/和/ p /这两个不同的音位来区别的,/ p'/和/ p/又是靠"送气/不送气"这对区别特征来区别的,所以归根结底"趴"和"八"的意义区别是由"送气/不送气"这对区别特征来负担的。由此可见音位也就可以定义为一组区别特征的集合。

从发音的生理机制看,每一个元音都有自己的舌位和唇形,每一个辅音都有自己的发音部位和发音方法,这些发音特征都可以作为音位区别特征的基础。音位的区别特征通常都表现为二元对立,也就是每一方面的特征总是具有"是"或"非"、"有"或"无"两个对立项,如"元音性/非元音性","浊音性/清音性","鼻音性/非鼻音性","送气/不送气"等。所以可以把音位的区别特征划分为若干个二元偶分组,每个二元偶分组都表示某一方面上两个彼此对立的语音特征。只要在一个二元偶分组上存在对立,就可以把两个音位区别开来。如汉语普通话的/ p'/和/ p /就是在"送气/不送气"这个二元偶分组上存在对立而互相区别的。

一个音位具有哪些区别特征,需要把它放到特定语言或方言的音位系统中去考察,放到与其他所有音位的对立关系中去分析才能确定。因为一个音位需要而且只需要与本语言的所有音位区别开来。汉语普通话的/ p /音位通过"双唇、闭塞、不送气"这三个区别特征就可以与所有辅音音位区别开,而不特别需要"清"这个特征,因为汉语里没有和/ p /对应的浊塞音音位。英语里也有/ p /音位,但英语辅音音位系统不同于汉语普通话,英语/ p /以"双唇"和/ t /、/ k /相区别,以"闭塞"和/ m /相区别,以"清"和/ b /相区别,但并不特别需要"不送气"这个特征,因为英语里没有和/ p /同部位的送气塞音音位。

音位的区别特征不仅可以使不同的音位互相区别形成对立,而且还可以使不同的音位通过相同的区别特征联系在一起聚合成群。比如汉语普通话的/tɕ/,一方面以发音方法的"不送气"和"塞擦音"特征分别与/ tɕ'/、/ɕ/相对立,一方面又以发音部位的共同特征"舌面前"与/tɕ'/、/ɕ/构成一个聚合群。音位的聚合群不仅反映了音位之间的相关性,而且同属一个聚合群的各个音位往往涉及共同的语音规则。比如汉语普通话里/tɕ、tɕ'、ɕ/都只能和齐齿呼、撮口呼韵母组合,而不能和开口呼、合口呼韵母组合,而/ ts、ts'、s /、/tʂ、tʂ'、ʂ/、/k、k'、x/等聚合群中的各个音位则正好相反,就反映了这种情况。

了解了上面说的"归纳音位的原则"和"音位的区别特征",也就可以搞清楚前面讨论的"元辅音分析"中的"元音"、"辅音"以及"声韵调分析"中的"声母"和韵母中的"韵头"、"韵腹"、"韵尾"是怎样归纳和划分出来的。换句话说,前面说的汉语拼音的 6 个元音字母和 22 个辅音字母就是依据这样的一些基本原则和典型的区别特征设计的,汉语拼音也正是汉语普通话的这样一个音位系统。

3.5 "语流音变"和"韵律节奏"

前面说的"元辅音"、"声韵调"和"音位"、"音素"都是音节内部的语音现象。但平时说话毕竟不可能只说一个音节,总是要发出一段一段长短不一的语流。在音节与音节连续出现的语流中,就会出现一些新的语音变化现象。这种连续语流中的语音现象可以从"语流音变"和"韵律节奏"两个角度来讨论。

1."语流音变"有哪些变化

音位是抽象的功能音类,在实际话语里还是要体现为具体的音素,音位的组合也就体现为具体的音素的组合。在连续语流中,一个音可能由于邻近音的影响,或自身所处地位不同,或说话的快慢、高低、强弱的不同,而在发音上产生一些变化,这种现象叫作"语流音变"。语流音变是对语流中的音节个体而言的,即是两个音节相互影响而临时产生的语音现象,汉语普通话中主要包括"变音"、"变调"和"儿化"等。

A. 变音

一个音节受到语流中前面或后面另一个音节的影响而使得本身的发音发生某种变化,这就是"变音"。变音现象中最重要的有"同化"、"异化"、"弱化"和"脱落"。

"同化"是指语流中本来不同的两个音,其中一个受另一个影响而变得彼此相同或相似。同化变音往往是为了使发音顺口而产生的。比如在包含轻声音节的语段中,轻声音节的声母就会受到前一音节中元音韵尾的影响。元音都是浊音,所以后一音节的清音声母在用力小和时长短的情况下也就跟着浊化了。例如"哑[iA] + 巴[pA]"→"哑巴[iAb]","五[u] + 个[k]"→"五个[ug]","想[ɕiaŋ] + 着[tʂə]"→"想着[ɕiaŋdʒə]"。再如汉语普通话中"门[mən] + 面[miεn]"要读成"门面[məmmiεn]","分[fən] + 配[p'ei]"要读成"分配[fəmp'ei]"。"门"的韵尾本来是舌尖鼻音[n],但受后面双唇鼻音[m]的影响,同化为[m];"分"的韵尾受后面双唇塞音[p']的影响,由[n]变为[m]。上例中前一音节影响后一音节的叫"顺同化",后一音节影响前一音节的叫"逆同化"。

"异化"是指语流中两个相同或相近的音,其中一个受另一个的影响而彼此变得不相同或不相近。异化变音往往是为了避免发音拗口而产生的。比如北京话中"慢[man] + 慢儿[mar]"→"慢慢儿[maimar]","慢"的韵尾受后面鼻辅音[m]的影响,由鼻辅音[n]异化为元音[i]。

"弱化"是指语流中有些音在发音上变弱。弱化现象往往是发音较轻或语速较快造成的。如汉语的轻声实际上主要就是一种弱化变音现象。辅音的弱化表现为发音阻力减小。就发音阻力来说,清辅音大于浊辅音,塞音、塞擦音大于擦音。因此辅音的弱化常常表现为清辅音弱化为浊辅音,塞音、塞擦音弱化为擦音。比如汉语普通话"喇[lA] + 叭[pA]"→"喇叭[lAb]","早[tsɑu] + 晨[tʂ'ən]"→"早晨[tsɑuʂən]",轻声"叭"里的清辅音[p]弱化为浊辅音[b],轻声"晨"里的塞擦音[tʂ']弱化为擦音[ʂ]。元音的弱化表现为发音的用力程度减弱。就发音的用力程度来说,单元音要弱于复元音,央元音[ə]要弱于其他单元音。因此元音的弱化常常表现为复元音弱化为单元音,其他单元音向央元音靠拢。在轻声音节或非重读音节里,元音大都要弱化。比如北京话"回[xuei] + 来[lai]"→"回来[xueile]","妈[mA] + 妈[mA]"→"妈妈[mAmə]",轻声"来"里的复元音[ai]弱化为单元音并向央元音靠拢,轻声"妈"里的低元音[A]弱化为央元音[ə]。

"脱落"实际上是弱化的进一步表现。脱落常出现在语速较快的语段里,比如汉语普通话轻声音节经常会出现脱落现象,如"意[i]+思[sʅ]"→"意思[is]","豆[tou]+腐[fu]"→"豆腐[touf]","东[tuŋ]+西[çi]"→"东西[tuŋç]",其中轻声音节的韵母就都脱落了。

B. 变调

因为汉语有声调,所以会在语流中出现"变调"现象。变调实际上是一种特殊变音,或者叫"非音质成分变音",主要表现为上面说的"异化",即语流中两个相同或相近声调的音节,其中后一个音节的声调受前一个音节声调的影响而变得不相同或不相近。汉语普通话中最明显的变调有"上声变调"和"一、不变调"。

"上声变调"一种情况是"上声+上声"时,前一音节的声调会变成类似于普通话中阳平调的[35]。例如"土改"读起来就像"涂改",再如"美景/煤井","彩礼/财礼","起码/骑马","使馆/食管",读起来声调都会变得差不多。另一种情况是"上声+非上声"时,前一音节的声调会变成[21],不妨称作"半上声"。比较"黄土[214]、土[35]改",而"土地"中"土"就读[21];类似的情况如"大海[214]、海[35]水",可是在"海军、海洋、海燕"中"海"都读[21]。"上声变调"同样发生在后一音节是轻声的语段中。比如"打听、打量、打扮"中的"打[21]"和"打扫"中的"打[35]";类似的情况如"哪里、想想"等,前一音节都读[35];"老实、尾巴"等,前一音节都读[21]。不过后一音节本调是上声而又读成轻声时有几种例外情况:一是亲属称谓词,如"奶奶、姐姐、婶婶";二是"子"尾名词,如"椅子、本子、剪子";三是口语词,如"耳朵、马虎、宝宝";其中前一音节都只变成[21]。上面说的"上声变调"的规律也适用于三个(或以上)上声音节连读时,如"展览馆、手写体"都读成[35+35+214];"纸雨伞、小老虎"都读成[21+35+214],这就决定于其中哪两个音节先组合,哪两个音节后组合,按照组合的先后顺序依次发生变调。

不同于上声变调是所有上声音节连读都要变调,而"一、不变调"则只是当"一"和"不"这两个字跟其他音节连读时才发生变调。"一"的本调是[55],"不"的本调是[51],它们在单念或者出现在词尾时就读本调,如"第一、万一、绝不"等。除此以外,"一"和"不"的变调有两个共同点:一种情况是在去声音节前都读成类似阳平调的[35],如"一致、一样、一唱一和"和"不去、不变、不上不下"。另一种情况是在非去声音节前都读成类似去声调的[51],如"一天、一朝一夕、一直、一言一行、一起、一板一眼","不多、不高不低、不和、不明不白、不久、不早不晚"等。

C. 儿化

"儿化"更是汉语普通话中特殊的语流音变现象,也就是在一个词的末尾加上一个卷舌的动作,一般在书面就写成"儿",如"花儿、鸟儿、心眼儿"等。带"儿化"的韵母又称做"儿化韵",它不同于卷舌元音"儿韵母"[ɚ]。比较"(萝卜)缨儿"和"婴儿":后者的"儿"自成音节,也有实在意义;前者则只是词尾,也没有实在的词义。不过汉语普通话中儿化韵也有一定的作用:一是可以区别词义,如"天"和"天儿(气候)","信"和"信儿(消息)","头"和"头儿(领导)","个"和"个儿(身高)"。二是可以区别词类,如"画"和"画儿","滚"和"滚儿","捆"和"捆儿"。虽然不是所有的儿化韵都有这种作用,而且很多词也不必儿化,但至少普通话中有些词按照习惯还是要儿化,如"陷阱"和"馅饼儿",后一个词就必须儿化,类似的还有"玩儿、河沿儿、手绢儿、遛弯儿"等。

汉语拼音方案规定凡儿化韵在拼音时都在原韵母后面加上个字母"r",如"花儿(huar)"。但"儿化"的实际发音却并不是简单地在韵母后面加一个卷舌音,而有比较复杂的变化形式。具体可以从两个方面看。

一方面是看原韵母后面加上了什么。有两种情况:一种是加上卷舌元音[ɚ/ər],这主要是加在韵腹是前高元音[i / y]或是舌尖元音[ɿ/ʅ]的原韵母后面(但舌尖元音要脱落,韵尾有"-n"也要脱落)。如"(小)鸡儿[i → iər]"、"(小)曲儿[y →yər]"、"(树)枝儿[ʅ→ər]"、"(瓜)子儿[ɿ → ər]"、"(脚)印儿[in → iər]"、"(合)群儿[yn → yər]"等。另一种是加上卷舌动作[r],这主要是加在韵腹是低元音或后元音[ɛ/ a / ʌ / ɔ / o / u]的原韵母后面(但韵尾"-i/-n/-ŋ"要脱落),如"(小)孩儿[ai → ar]"、"(树)根儿[ən →ər]"、"(豆)芽儿[iʌ → iʌr]"、"(泡)沫儿[o→or]"、"(小)车儿[ə→ər]"、"(信)封儿[əŋ→ə̃r]"、"(帮)忙儿[aŋ→ãr]"等。为什么儿化时原韵母会有这两种音变形式,道理其实很简单:凡韵尾有成分的都会影响发卷舌音(受音节结构制约,不可能在韵尾后面再加一个音素),所以儿化时所有韵尾都必须先脱落;凡原来的韵腹(包括韵尾脱落后剩下的韵腹)是前高元音或舌尖元音的,自然会影响卷舌,所以儿化时要先将舌位退到中央再卷舌或者舌尖元音脱落再卷舌,即都发成卷舌元音[ɚ];凡原来的韵腹是低元音或后元音的,不影响卷舌,所以只需要直接加卷舌动作[r]。

另一方面是看韵母的语流音变形式。可以归为两种情况:一种可以看作是"脱落",如上面说儿化时所有的韵尾要脱落,舌尖元音也要脱落,就是这种情况。另一种可以看作是"增音",即在原韵腹和卷舌动作之间增加一个央元音[ə]做韵腹(原来的高元音韵腹变成韵头),就是这种情况。广义地说,"增音"则是一种特殊的"同化变音",即高元音[i／y]后面增加央元音实际是前高元音通过央元音向卷舌过渡。此外韵腹是前半高元音[e]的,儿化时本身也会变成央元音,如"(宝)贝儿[ei→ər]",差不多也是这种情况。

2. "韵律节奏"有哪些表现

连续语流除了可能造成个体音节和音节中的音素发生变化,也可能造成多个音节组成的连续语段产生语音变化,这就是"韵律节奏"的问题。汉语本来就是一种韵律节奏很强的语言,因此广义的韵律节奏也包括声韵母相拼、元辅音间隔、声调的平仄、音节的押韵,以及前面说的变音、变调、儿化等语音现象,但与"语流音变"相区别,也可以认为"韵律节奏"是对语流中的音段整体而言的,即更多是由于表达的需要而在语句中产生的语音现象,主要包括"停延"、"轻重"和"升降"等。

A. 停延

"停延"就是说话时语流中的停顿和延续。停顿是音节之间中断形成的,延续是音节拉长形成的。在语句表达中更重要的是"停顿"。停顿不仅是说话时生理上换气的需要,也能揭示语段内在的层次结构,准确表达语句的意思和说话人的情感。比如诗歌和韵文往往需要一种"节拍"(又叫作"音步"),节拍就是靠停顿在话语中分出一个个的语段。例如"轻轻的我／走了,正如／……,不带走／一片云彩",只有在中间适当停顿,才能表现出诗歌的节奏。又比如有时一个语段可能有不同的意思,如"男人没有了女人就活不下去了",如果在"女人"后面停顿,意思是"男人活不下去了",如果在"没有了"后面停顿,意思就是"女人活不下去了",这也是停顿在语句表达中的一种重要作用。

停延或者停顿细分起来主要有三种形式:气息停顿、语法停顿、强调停顿。

比如要说一段很长的话或者一个很长的句子,一口气说不完,中间就需要有短暂的停顿,也就是"换口气",这就是"气息停顿"。气息停顿通常要在句子与句子或大的节拍群与节拍群之间,在书面上就表现为句号"。"、分号";"、逗号","所隔开的位置。句子中随意停顿有可能会破坏语句的正常间隔。口吃说出的句子常常不能正常理解,比如有一部电影中的例子"火,火,车没误点吧?",就是因为口吃患者说话时气息停顿的位置不恰当。

话语中的句段或句子内部都存在一定的结构关系,而通过有意的停顿来区别一个语句结构的不同构造层次和语法关系,这就是"语法停顿"。比如"我们五个人一组"书面上是一个歧义结构,但口语中如果在"我们"后面停顿,或者在"我们五个人"后面停顿,两种句子的结构关系和意思就区别开来了。又如"他去不好"看起来不是一个明显的歧义结构,但是如果在不同位置停顿,如"他/去不好(留下比较好)"或"他去/不好(还是我去吧)",就可以发现这个句子还是有不同的层次结构和不同的意思的。

为了强调某一事物,突出某个意义,或者加强某种感情,而有意加强语法停顿或改变停顿位置,就是"强调停顿"。例如"他不是你的对手!",如果把主语"他"和谓语"不是你的对手"中间的停顿加长,语气就会显得更强。朗诵中有时故意不在书面上标点的位置停顿,或者不按照一般标点符号停顿的时间长短处理,也会造成特殊的情感效果。如"白杨树实在是不平凡的,我赞美白杨树"。句中前后两个"白杨树"如果都连着念,就会显得比较平淡,而在后一个"白杨树"三个字中间分别停顿,语气会更强烈,形象也会更鲜明。

B. 轻重

说话时语流中彼此相连的各个音节的轻重并不是完全相等的,有的听上去突出一些,有的听上去微弱一些,这就是语音中的"轻重"现象。重音和轻音虽然总是落在音节上,但孤立的单个音节无所谓重音或轻音,轻重音现象只能出现在音节与音节的组合之中。

"轻重"可以表现在音节组合的词中。而且在不同语言中"轻"和"重"的作用是不同的。汉语主要利用了"轻音",即词语中需要有特定的轻音成分,"重"只是相对非轻;而印欧系语言主要利用了"重音",即词语中需要有特定的重音成分,"轻"只是相对非重。

前面说过,汉语中相当于词的语音单位是"轻重音组",意思是词本身有轻音音节和非轻音音节交替出现的特点,比如"文字、绿茶、参观"等,是前轻后重,"自行车、西红柿、打字机"等,是中间轻前后重,这种轻音不区别词义。汉语词中比较重要的"轻音"主要指两种情况:一种是词本身作为语法成分附着在其他成分后面读轻音,如时态成分"了、着、过",结构成分"的、地、得",语气成分"吗、呢、吧"等,这可以叫作"轻读词"。一种是词语中最后一个音节是轻音,这也就是典型的包含了轻声音节的"轻声词"。国际音标和汉语拼音标注这种轻音都是在轻音音节前加一个小圆点"·",如汉语普通话"东·西[tuŋ·çi]"。前面"语流音变"已说过,汉语普通话的"轻声"表现为该音节的音强减弱、音长缩短、失去原声调、音质成分弱化脱落等。轻声词中的轻声音节有时可以同非轻声音节形成对立,因而也有区别词义的作用。比如汉语普通话有的音节组合中是否有轻声音节,意义会有所不同。如书面同形的词:"大意"和"大·意","地道"和"地·道";书面不同形的词:"剥离"和"玻璃","莲子"和"帘子","利器"和"力气","报仇"和"报酬"等。

在印欧语系语言中更重要的则是落在多音节词某个音节上的"重音",这是词的语音形式的一部分。国际音标标注重音是在重音音节左上角加一个小竖"ˈ",如英语"answer[ˈɑːnsə](回答)","return[riˈtəːn](返回)"。这类语言的词重音按照在词中所处位置的情况,可以分为"固定重音"和"自由重音"两种类型。固定重音指词中的重音位置要么在前要么在后,不会发生变化,这其实也就是词语中音节轻重交替的一般表现,并不区别词义。而如果每一个词里的重音位置虽然是固定不变的,但在同形的不同词里重音的位置却可以不同,这就是自由重音(也叫移动重音)。自由重音可以通过重音位置的不同形成对立,因而有时可用来区别不同的词义。英语中有一小部分的词就是以词重音的不同位置来区别不同的意义的,比如"convict(罪人)"和"convict(定罪)","rebel(叛逆者)"和"rebel(反叛)","refuse(垃圾)"和"refuse(拒绝)","digest(文摘)"和"digest(消化)"等。

从语句表达的韵律节奏角度看更重要的是"重音",所以又叫"句重音",各种语言都是如此。也就是说语句中的"轻"只是某个音节相对非重,而且未必能表达特定的意义,而"重"却是某个音节有时必须重读,而且具有各种表达上的作用。"句重音"一般不涉及词义,而只同全句意思有关。句重音又分为两种:一种叫"节律重音",一种叫"强调重音"。

前面说过一个句子可以通过停顿分成若干关系密切的节拍群,一般情况下节拍群中总有一个词要读得响亮一些,这就是"节律重音"。比如汉语普通话"我们ˈ学校/ ˈ来了一位/ ˈ语文教师",这句话分为三个节拍群,每个节拍群里都有一个重音,分别落在"学校"、"来"和"语文"三个词语上。节律重音不是说话人有意识地加上去的,而是自然而然带上的,出现的位置也有规律和可以预测。如"主谓"中的谓语通常要读重音,如"他ˈ来了";"偏正"中的状语和定语通常要读重音,如"ˈ匆匆地跑来","ˈ浩瀚的大海";"动宾"中的宾语通常要读重音,如"考上了ˈ大学"等。所以节律重音又叫作"语法重音"。

有时为了区别结构的前提意义或者预设意义,或者为了突出句中重要的部分,也可以有意识地特别加重某个词语的读音,这就是"强调重音"。强调重音不是自然而然地带上的,而是说话人根据表达的需要有意识地加上去的,所以可以跟语法重音重合,也可以落在通常不重读的音节上。强调重音可分为"区别性"和"突出性"两种。"区别性"的强调重音可以改变句子的意思。比如"我在家里写书"这句话,如果重读"我",强调"谁"或"不是别人";如果重读"家里",强调"地点"或"不是别的地方";如果重读"写",强调"干什么"或"不是看(书)";如果重读"书",强调"(写)什么"或"不是(写)信"。再如"你怎么来呢",重读"怎么",是问"怎么样来";重读"来",是问"为什么来"。"突出性"的强调重音,则不一定改变句子的意思,而只着重强调句中的某个词或引起听话者特别注意某个词。例如"想不到是他来了","花堆成山,人汇成海","你不去,我也不去","他不但会喝酒,而且爱喝酒,甚至无酒不下饭"。

C. 升降

所有语言的句子都有句调(也叫语调),或者说句调就是句子的标志。句调可以通过前面说的"句重音"来表示,如汉语普通话表示感叹的句子中往往就需要有一个强调重音,例如"这衣服ˈ真漂亮!","我今天ˈ太高兴了!"。但句调最主要的表现形式还是整个句子在音高上的"升降"变化,即有的句子音高要逐渐升高,有的句子音高要逐渐降低,这种全句音高的升降变化贯穿于整个句子,而在从最末一个重音音节算起的句尾部分最为明显。上面说的句子中带有句重音的两句话也不例外,即句尾的语段必须带有下降的句调。这种全句音高的升降变化大体上可以分为"低调(降低调)"和"高调(升高调)"两种。

"低调"是全句各音节的高度呈降低趋势的调子,在句尾表现最为明显。低调一般用于已经说完的句子,常用来表达陈述、祈使、感叹等语气。比如汉语普通话"老王昨天回来了↓。"(陈述句),"麻烦你把那杆笔递给我↓!"(祈使句),"黄山可真美啊↓!"(感叹句)。汉语普通话的低调有强弱两种:一种降低的幅度较小些,用来表达上面例子的陈述、祈使、感叹等语气;另一种降低的幅度更大些,用来表达一种目的在于希望得到某种证实的询问,例如"这是真的↓?","你去过他家啦↓?"。

"高调"是全句各音节的高度呈升高趋势的调子,同样在句尾表现最为明显。高调常用来表达疑问(包括反问)语气。如汉语普通话"老王昨天回来了吗↑?","任务完成了↑?","难道你也会相信吗↑?"。高调也可以用在复句中分句的句尾，并能区别不同的复句关系，例如"你去↓，他也去↓。"（并列关系），"你去↑，他也去↓。"（假设关系）。也就是说汉语普通话的高调也有强弱两种：分句句尾升高的幅度要略低于疑问句句尾升高的幅度。

不过同是句调的高低，不同语言可能有不同的具体表现形式，汉语这样的"声调语言"和英语这样的"非声调语言"之间的差别尤为明显。因为声调和句调都是由音高的变化构成的，在非声调语言里，音节没有固定的与词义相关的声调，一个音节无论用什么调来读都不会引起词义改变，因而允许以一个音节内部由低到高或由高到低的升降变化来构成表达各种语气意义的句调。如英语"here"可以读作"here↓"，也可以读作"here↑"，不管是由高到低的低调，还是由低到高的高调，词义"在这里"都不会改变，只是前者表示陈述语气，后者表示疑问语气。而在汉语里，每个音节都有固定的与词义相关的声调，音节内部音高的升降变化已经担负了区别词义的功能，因而不允许再利用这种升降变化来构成表达语气意义的句调，否则就会引起词义的改变。比如，如果按照英语句调来说汉语普通话，处在句尾的"八"[pA55]，在陈述句中就会被读成"爸"[pA51]，在疑问句中就会被读成"拔"[pA35]，这显然是不符合实际的。实验证明汉语句调的音高形式和英语句调有着显著的差别。汉语句调的高低升降主要是各音节调域（即声调音高的变化范围）整体抬高和压低的变化，而不是改变音节内部的声调调型，也不是在声调末尾续接上一个上升或下降的变化。汉语普通话句子中各音节的调域依次压低，就形成句调中的低调；各音节的调域依次抬高，就形成句调中的高调。由于句调是通过音节之间调域的高低对比来表现的，因而不管这种高低变化有多大，音节内部的声调都能保持各自的区别特征，而不会引起词义的改变。

第四讲

语言的书写符号——文字

4.1　文字是语言的书写符号

人们掌握或者学习一种语言，很重要的一个方面就是要"识文断字"。一般说到某个人会某种语言，就不但包括了他得会"听"和会"说"这种语言的"音"，也包括了他得会"读"和会"写"这种语言的"字"。关于"文字"，也要先弄清楚两个最基本的问题：一个是为什么人类的语言除了语音还要有文字，也就是文字的"作用"；另一个是文字跟语言是什么关系，也就是文字的"性质"。

1. 为什么人类的语言要有"文字"

自从有了人类也就有了语言，也就是以语音为物质载体的语言。如果没有语言，人们就无法进行日常交际和思想交流，人类社会也是组织不起来的。但是单凭口耳进行交际的语言毕竟有一个很大的局限，就是声音是一发即逝的，说和听的过程都要受到空间和时间的限制。比如一个人在这里讲话，另一个人站得远了就听不到他说了什么，如果不在同一个地方就更听不到了：这就是空间的限制。或者一个人讲完了另一个人才来，同样也不知道他说了什么，如果年代久远就更无法知道了：这就是时间的限制。为了克服这种局限性，或者说是为了让说出来的话能传递得更远些和保存得更久些，人类慢慢地就发明了可以把说过的话书写下来的文字，这也就使得人类的语言除了"听"和"说"的形式以外，又增加了"写"和"看"的形式。即使到了现代，虽然电话机也可以把一个人说的话传递到远方使不同空间的人听到,录音机也可以把一个人说的话记录下来使不同时间的人听到,但是用文字表现的图书、书信等,仍然是人们在不同地点和不同时间传递信息的重要形式。

当然,人类发明了文字,除了可以使不在一时一地的人进行交际,更重要的作用是使得用文字保存下来的语言材料可以不断积累起来,而且还可以一代一代传递下去,这也就使得后人可以通过文字记录的材料掌握前人的智慧和经验,能够在前人所取得的全部智慧和经验的基础上继续前进,从而大大加快人类社会的进步和发展。所以如果把 36 亿年的生物进化过程缩短为一年,那么文字虽然只是在最后一天的最后一分钟产生的,但事实上这一分钟的发展速度却是以前任何一个时期甚至所有时间的总和都无法比拟的。比如小鸟从在地上爬进化到在天上飞,经历了好几千万年的时间。而人类从意大利人最早设想制造飞机算起,到现在不但有喷气机飞上蓝天,甚至有宇宙飞船进入太空,却还不到一千年。人类文明之所以能创造出这样的奇迹,其原因就在于有了文字作为载体而积累了大量的信息资料。人类有了语言,标志着和其他动物分家,从而走上了独立发展的道路,这当然是人类发展史上一件了不起的大事。但是如果仅仅只有语言,人类的知识只是来源于个人的直接经验和口耳相传的间接经验,信息量肯定是十分有限的。而有了文字,有了用文字记载的各个时代的人们通过实践不断获得和积累的经验,人类的大脑也就有了更多的加工原料和信息储备,也就可能发挥出更大的潜力。大家都知道这样两句话:一是"知识就是力量",一是"科学技术是第一生产力"。其实如果没有文字,也就不会有现在通常意义上所说的知识和科学技术,因为迄今为止人类社会所有的知识和科学技术都是通过文字记载下来和相互传递的。人类社会这"最后一分钟"所取得的辉煌成就充分说明,人类有了文字,是人类发展史上的一个里程碑。恩格斯有句话"(人类)从铁矿的冶炼开始,并由于文字的发明及其应用于文献记录,而过渡到了文明时代",说的正是这个意思。

2."文字"和"语言"是什么关系

前面我们说,人类发明或创制了文字,就使得语言不但有了"听"和"说"的形式,也有了"写"和"看"的形式。听起来好像是说,语言中听和说的语音符号与写和看的文字符号是并存的两种语言符号;或者说,听和说的语音形式就是语言的口语形式,写和看的文字形式就是语言的书面语形式。其实这样的理解是不准确的,人们对文字在语言中的地位以及文字和语言关系的认识,一直有这样那样的一些偏差。

A. "语音符号"和"文字符号"

首先需要说明的问题是:虽然可以不严格地说,语音是语言的听和说的符号形式,文字是语言的写和看的符号形式,但实际上文字符号和语音符号并不是平起平坐的。前面"语音"一讲就说过,语音才是"语言的符号",而文字只不过是"符号的符号"。尽管我们读书看报,看到的不是声音而是文字,也照样能理解语言的意义,但其实文字并不是语言的直接物质形式,而只是语言的语音符号的一种转换形式,因为没有语音就不会有文字。我国清代学者陈澧说过一句话:"声不能传于异地,留于异时,于是乎书之为文字。文字者,所以为意与声之迹也。"(《东塾读书记》)这段话基本上说明了语言(语音)与文字的关系,即文字是语言的"意与声之迹"。也就是说,语言是以语音为表现形式或物质载体的一种符号系统,而文字只不过是在语音的基础上产生的一种书写(或视觉)符号系统,是一种附属性的符号系统。这个意思还可以换一种角度来看:一方面,任何语言都无一不是先有了语音,然后才有文字,如果说人类的语言已经有了几万年的历史,那么出现最早的文字,比如古埃及的文字或中国的甲骨文,至今也不过才几千年,可见语言(语音)在先而文字在后。另一方面,任何活的人类语言都肯定有语音,但却不是都有文字,比如至今还有大量的语言,包括我国境内的一些少数民族的语言,就还是只有语音,没有文字,可见有了语言(语音)也不一定就有文字。

B. "会说话"和"能认字"

其次还要说明的问题是:虽然文字比起语音来说要更难于掌握,或者一般社会中会认字和写字的人比起会说话和听话的人来总是要少些,甚至要少得多,但并不能因此就说"写和看"的文字是更高级的语言形式,或者说跟"说和听"的语言形式互不相干。在过去任何一个社会里,语言,也就是语言的听和说的形式,是在儿童时期不知不觉中学会的,因此一般说是人人都可以掌握的,这对于全社会的成员来说是平等的。而文字,也就是语言的写和看的形式,却是不但需要花费很多时间,而且需要有一定的社会条件和经济条件,才能学会的,因此文字往往只掌握在少数人的手里,这对于全社会的成员来说就是不平等的。而且学习文字对于任何一个民族,在任何一个国家里,都不单单是只学习一套口头语言的书面符号,而必然要通过掌握的文字去学习前人流传下来的知识和经验,这样一来掌握了文字的人就必然要比一般人掌握更多的知识,这也就使得在教育还没有普及和文化相对落后的社会里,掌握了文字的少数人,也就是所谓的"读书人",形成了一个地位较高的特殊阶层。由于文字的难于掌握和对人们社会地位的影响,这也才使得很多人不恰当地拔高了文字的身份而贬低了语言的地位,甚至会认为写和看的文字是一种与一般人说和听的话完全不同的独立存在的社会现象,这从语言学的观点看当然是错误的。其实文字比语音难掌握,只是因为二者获得的途径不同,并不意味着文字就比语言(语音)更高级,或者掌握了文字就是掌握了一种不同的东西。如果非要说二者中哪个"更高级",那么应该说语言(语音)才是最本质的社会现象,而文字只能是服务于语言(语音)的一套专门用于写和看的附属符号而已。

C. "文字"和"书面语"

还有一个不大容易搞清楚的问题是:虽然可以说口头语是用语音符号记录的语言形式,书面语是用文字符号记录的语言形式,但实际上文字符号和语音符号一样,只是一种符号或者说是一种工具,其本身并不就等于语言中的口语或书面语。这就好比用木头可以做成家具,用矿石可以炼成钢铁,再加工成钢板,最后做成汽车,但是木头、矿石以及钢板本身,却并不就是家具和汽车,家具的作用或汽车的作用跟木头、矿石或钢板的作用显然不是一回事。但现在却有不少人有意无意地把文字和语言,特别是文字和书面语言混为一谈。以汉字为例,比如就有人极力夸大汉字的作用,说联合国印发的文件,同样的内容,汉字文本就那么薄薄的一本,而西方语言的文本却有厚厚的一本,可见汉语是多么精练!又有人则极力贬低汉字的作用,说现代西方语言的常用词语有几万到几十万个,可是现代常用的汉字只有几千个,可见汉语是多么贫乏!其实这些说法就都混淆了作为符号工具的文字本身和用文字记录的书面语言的关系。从前一个角度看,实际上汉字书写的是汉语中的词或语素(也等于音节),一个方块字只占了一个小方格,空间小和长度短,所以印出来的本子就比较薄;而拼音文字一个字母或几个字母代表了一个音素(音位),因此一个音节就要用好几个字母来书写,并且使用拼音文字的语言的词语多数又是多音节的,一个词要使用的字母一字排开,空间和长度就要多些,当然印出来的文本就相对会厚些。其实文字符号的形式各异这只是文字符号本身的问题,跟使用这种文字的语言或书面语言在表达上是否精练毫无关系。从后一个角度看,现代各种文明语言常用的词语都有好几万,如果连各行各业常用的专业词语都算上,就会有好几十万。现代汉语也一样,也有几万到几十万的词语,否则汉语就无法表达现代社会如此复杂的生活和生产内容了。应该明白的是现代汉语中的词语不全是单音节的,不少常用词语和绝大多数的专业词语是多音节的,是要用几个汉字连起来书写的;把现代汉语中使用的词语跟书写这些词语的汉字等同起来,就让人误以为现代汉语中就只有三四千个词语,这其实就跟说西方语言也只有 26 个"词"一样荒唐。其实文字符号的数量多少只是文字符号本身的问题,跟使用这种文字的语言或书面语言有多少词语也没有直接关系。那么为什么有很多人会把文字符号和用文字符号记录的书面语相混淆呢?这大概跟汉语中"文字"这个词语的意思有关。在现代汉语中,"文字"这个词至少有三个义项:一是"书写或记录语言的符号",也说"字"或"字母",如汉字、英文字母等;二是"语言的书面形式或书面语",如中文、英文等;三是"词语或文章",如"文字通顺、文字晦涩"等。正因为现代汉语的"文字"不仅有"书写或记录语言的符号"的意思,也有"语言的书面形式或书面语"和"词语或文章"的意思,所以一般人们提到文字也就自然而然地想到了书面语(包括词语和文章),并且很容易就把二者等同起来。不过现在也有人故意夸大文字(特别是汉字)对语言的影响,把文字的作用说得神乎其神、玄而又玄。比如说文字可以创造出新词,说用不同字形就可以区别不同的词语等等。其实不管是汉字还是其他文字,都只能记录或书写语言中的词语,并不能直接创造词语或区别词语。比如现代汉语经常利用古汉语的词语来表示新词,这跟西方语言经常利用古希腊拉丁语词根来表示新词一样,是利用古代语言的成分来表示一个新词语,而不能说是文字本身就能创造出新词语。又比如,如果汉语的语言中没有先产生出"种、众、重"或者"他、她、它"这些不同意思的词来,单靠文字本身又怎么能硬造出这些不同的词来呢? 可见所谓文字的种种神奇作用,归根到底其实都是语言(包括口语和书面语)的作用,并不能看作是作为语言的书写符号的文字的作用。

D. "不同的语言"和"不同的文字"

最后一个需要讨论的问题就是:由于文字是在语言的基础上产生的,因此语言的特点和文字的形式,特别是不同语言的固有特点跟选择什么样的语言单位作为文字所代表的对象,当然会有一定的联系。但是现在有人过分强调语言怎么怎么影响了文字,甚至说不同语言的特点就决定了用什么样的文字,这种看法至少是过于绝对化了。汉字在语音上代表一个音节,这当然跟创制汉字时期汉语词语绝大多数是单音节的这个特点是分不开的。闪含语系的语言,如腓尼基语、阿拉伯语等,最初的文字都只表示辅音,这跟这些语言本身的特点也是分不开的。闪含语系的语言的词根一般只包含三个辅音,这是因为可以在不同的地方加进不同的元音表示不同的形态变化。如阿拉伯语中"写"的词根是"k-t-b"这三个辅音音位,加进元音以后,

"kaːtib"的意思是"作者、文书、写字的人","kitaːb"的意思是"书、写成的作品","ma‒ktab"的意思是"书房、办公室、书桌、写字的地方（单数）","ma‒kaːtib"的意思是"书房、图书馆、办公室，书桌（复数）","kataba"的意思是"他写（过去时）","je‒ktubu"的意思是"他在写（现在进行时）"等等。不过说这种语言的人完全知道要表示什么意思应该在什么地方加进什么元音，因此文字中没有表示元音的字母也没有关系，只写出辅音字母就够了，如果要写出元音字母反而太麻烦了。但是属于印欧语系的希腊语的情况就跟阿拉伯语不同，词根是由辅音和元音组合而成的，如果字母不表示元音就无法正确表示词语的语音形式，也就无法阅读。所以希腊人在借用腓尼基字母的时候就在腓尼基辅音字母的基础上对某些字母加以变化来表示元音，从而创制了既表示辅音又表示元音的全音素字母。这些事实当然都说明语言的特点对文字的形式是有影响的。但是如果说语言的特点对文字的特点一定会有影响，比如说语言的特点就制约了文字的特点，什么样的语言就只能使用什么样的文字系统，这种绝对化的观点至少目前还缺乏证据。因为同一系属、同一类型的语言采用不同类型的文字系统，以及同一语言在不同历史时期采用不同类型的文字系统的实例，也并不少见。同属汉藏语系的汉语和藏语就采用了两种不同的文字系统；而越南语在过去几百年内并没有发生重大变化，可是过去使用的是在汉字基础上形成的文字系统"字喃"，现在则改用拉丁字母的表音文字系统：这些事实就证明语言特点和文字形式的关系并不是绝对的。

4.2 文字符号的形式和文字的类型

文字既然是一种书写的符号，那么这种符号应该是什么样子的，或者说什么样子的符号才是"字"呢？而且不同的语言肯定有不同的文字，那么当然文字也就可以分成为不同的类型，这些类型又是怎么划分的呢？这一节就来讨论这两个问题。

1. 什么才是文字的"字"

前面说"文字"或"字"是指语言的书写符号系统，这个说法其实还太笼统。现在要问的问题是，究竟什么样的东西算是文字的"字"。这一点也需要从两个方面来说：一是文字跟一般的符号和图画有什么关系；二是文字符号本身应该是什么样子的。

A. "符号"、"图画"和"文字"

前面说文字是语言的书写符号。"符号"是多种多样的，显然并不是所有的符号都可以成为文字,或者说文字并不是一般意义上的符号。可以认为,作为文字的符号应该有这么几个特性:一是用于书写的符号;二是与语言中的某种单位相联系的符号;三是可以确定地和成系统地表示语言中的某种单位的符号。

首先,不是用于书写的符号当然就不会是文字的符号。例如人的咳嗽声本来不是什么符号,虽然有时候咳嗽也可以表达一定的意义,比如要引起别人注意,或者作为表示来人的暗号等等。但这种咳嗽声表达的意义并不固定,也不是用于书写的,所以并不是语言符号,更不是文字符号。十字路口的红绿灯也表示一定的意义:绿灯亮可以通行,红灯亮不能通行。红绿灯尽管可以跟语言的某些意义相联系,但只能表示个别特定的意义,而且也不是用于书写的,所以也并不是语言符号,更不是文字符号。

其次,不跟语言中的某种单位相联系的符号也不是文字的符号。例如生物学中常用的"♀"和"♂"这两个符号也是某种用于书写的符号,而且也表示一定意义,即"雌性"和"雄性"。但这样的书写符号并不是用来书写语言中的单位的,至少不能系统表示语言的某种单位,因此只是生物学符号,而不是语言中的文字符号。另外现在到处都能见到各种图形标记,比如厕所门口画上男人和女人,表示男厕和女厕;一个圆圈里面画一根点燃的香烟和一个斜线,表示禁止吸烟;照相机的某个旋钮上画一个奔跑的人形,表示可以拍摄运动图片,等等。这些虽然也是书写符号,而且在某些行业和领域中已经能非常系统地表示某些特定意义。但这些图形同样不是用来表示语言中的某种单位的,而且如果不是在某种特定场合,某个图形的意义也就不那么确定了,因此这些图形最多也只能算是有特定意义的图标,而不是语言中的文字符号。旗语和莫尔斯电码这样的符号又是一种情况,它们好像都能直接和系统地代表语言中的单位,而且都可以用于图示或书写。但是它们代表的实际上就是文字,或者说是文字形成以后再用它们来表示文字,而它们并不直接联系语言中的某种单位,因此只能说是文字的转换形式,或者说是文字符号的符号,其本身也还不是文字。

再进一步说,不是跟语言中所有的某种单位有固定和成系统联系的符号也不是文字符号,至少还不能算是典型的文字符号。比如"文字画"就是这种情况。一般都认为文字是起源于图画的,即是由一定的图形跟一定的语言单位相结合并且固定下来以后逐步形成的。这样就产生一个在漫长的历史发展过程中哪个阶段还只能算是图画,哪个阶段是图画和文字参半,到哪个阶段才算是文字的问题。文字学界对介于图画和文字之间的一些表示比较复杂的意思的图画以及夹杂一部分字符的图画跟文字的关系,或者说这样的图画究竟算是早期的文字,还是根本不是文字,意见有分歧:有人认为都可以算是原始文字;有人认为只有夹杂一部分字符的图画是原始文字;有人则认为都还不是文字,并且也都还不是原始文字,最多只是"文字性的图画"或"图画性的文字"。事实上确定一种图形是不是文字最主要的标准,还是要看这些图形是不是跟语言中的所有的某种单位都具有确定的和成系统的联系,只有达到了这种程度的图形才能算是真正的文字。不妨看一下下面两个具体的例子:一个是 1849 年北美奥杰布华(Ojibwa) 部落的人为了保护渔业权而写给美国总统的一封信(见图(1)),另一个是我国西南地区纳西族的一段东巴经文(见图(2))。

(1)

(奥杰布华信:高名凯、石安石 1963《语言学概论》第 194 页)

(2)

(东巴经文:裘锡圭 1988《文字学概要》第 7 页)

如果按照所有的符号都必须跟一定的语言单位相联系才是文字的标准,图(1)北美奥杰布华的信就不包含任何跟语言单位有稳定联系的符号,显然只能是一种文字性的图画。而图(2)的东巴经文虽然夹杂了一部分字符,但主要还是图画,所以仍是"文字画",最多可以叫作"图画字"。比如有学者(裘锡圭,1988)解释说:这段话中"✄"表示"拿蛋"。"丅"本是"解开"的表意字,在纳西语里当"解开"讲和当"白"讲的那两个词同音,所以这里假借来表示"白"。"●"是"黑"的表意字。"≋"是风。"○"是蛋。

"⌒"是湖。"⚡"表示蛋破发光。最右边的"🐦"是"山崖"的形声字。因为纳西语当"山崖"讲和当"鸡"讲的那两个词同音,所以在山崖的象形符号上加上一个鸡头作为音符。据纳西经师的解释,这段原始文字的全部意思是"把这蛋抛在湖里头,左边吹白风,右边吹黑风,风荡漾着湖水,湖水荡漾着蛋,蛋撞在山崖上,便生出一个光华灿烂的东西来"。这段原始文字里虽然已经使用了假借字和形声字,但是很多意思仍然是用文字画的手法表示出来的。所以虽然现在有人认为只要能表示比较复杂的意思的图画就可以认为是文字,至少可以看作是原始文字或是只通过象形来表示意义而不跟确定的语言单位相结合的一种"形意文字"。但目前多数学者还是认为,如果某种图形跟语言单位没有确定的关系,只表示一个大致的意义,而且可以用不同的词语和语句去解释,那样的图形就还不能说是文字,至少不是真正的文字。不过"文字画"和"图画字"跟文字的起源确实很可能有密切的关系。而且文字的诞生应该是一个漫长的过程,一定的图形跟一定的语言单位建立起一种确定的关系也应该是一个历史过程。这种关系肯定会具有从不那么确定,到比较确定,到完全确定的若干个阶段。上面的东巴文字中,有的图形跟语言单位的关系已经比较确定,而有的就还不那么确定,正好说明了图画和文字之间有这样一个过渡的过程。

B. 文字的基本单位"字符"

上面说了文字不同于一般的符号和图形的地方。那么究竟什么样的东西才是文字的"字"呢?文字的"字"有一个专门的名称叫作"字符"。"字符"可以定义为文字的最基本的单位,也就是上面说的必须能直接跟某种语言单位,不论是音位、音节,还是语素、词语,建立稳定和系统联系的某种图形。除了这个最重要的性质以外,"字符"还至少应该符合两个条件:一是字符本身应该是一种视觉图形,不论是由直线、折线,还是曲线构成的图形,而且这些图形还可以分解成独立的个体并且能够重新排列组合。二是单独的符号还不成其为字符,即字符必须包括一整套符号,而且还需要有一定的排列形式和书写规则。从这个标准看,汉语的"汉字"和拼音文字的"字母",应该说就是符合上面说的性质和条件的"字符"。

各种文字的"字符"根据与语言中什么样的单位相联系,大体上可以归纳为三大类,即"意符"、"音符"和"记号"。文字系统中的字符跟文字所代表的语言单位在意义上有联系的字符是"意符",在语音上有联系的字符是"音符",在语音和意义上都没有联系的字符就是"记号"。"记号"往往来源于原始的契刻符号,如古汉字里的"Ⅹ(五)、Λ(六)、十(七)、八(八)"等;记号也可以是硬性规定的,如现代简化汉字"戏"和"汉"里面的"又"就只是一种记号。"记号"在人类的文字系统中只占极少数,因此就绝大多数语言的字符而言,分为"意符"和"音符"两大类也就可以了。"意符"就是表示语言中的意义单位的字符。例如汉字中的"人",最初就是画的一个人的侧面图形"𠂇",表示汉语中"人"的意思。"音符"也就是表示语言中的语音单位的字符。但是语音没办法用图形来表示,因此所有文字的音符最初都是由已有的意符转化而来的。例如古汉字的"其"原来是"簸箕"的意思,原本只是一个意符,后来采用这个字的音去记录同音的虚词"其","簸箕"的意思就抛开不管了,在这种情况下"其"就成了只跟语言中的语音单位有联系的音符。世界上所有独立发展起来的文字,不论是苏美尔楔形文字、古埃及文字、玛雅文字,还是汉字,情况都是一样,总是先有意符,后来才有借用意符形成的音符;而且所有非独立发展的文字的音符也都是从这些文字中的意符借用转化而来的。比如古希腊人把腓尼基文字中读音为"alpha"而表示"牛"的意符"Ⅹ"改造成了表示元音[a]的音符"α"。在这种情况下,古希腊文字中的"α"对腓尼基人来说跟"牛"的意思多少还有联系,但是对古希腊人来说就只表示元音[a],而跟"牛"的意义已经没有任何联系了。到了今天使用希腊拉丁字母的人就只知道"a"是表示[a]这个音的一个表音字符,大概很少有人会知道字母"a"最初是表示"牛"的意思。

由于文字的字符有的简单,有的复杂,或者说有的字符只是一个字符,有的字符又是由若干个字符组成的,因此字符又可以分为"单纯字符"和"复合字符"。"单纯字符"是不能再分解为更小的字符的字符。例如汉字的"人"就是一个不能再分解为更小的字符的单纯字符。虽然"人"可以分解为"撇"和"捺",但是汉字中的"撇、捺、点、横、竖"等只是组成字形的"笔画",跟任何语言单位都没有固定联系,所以这种笔画不是"更小的字符"。每一个拉丁字母,如"a、b、c、d",也都是一个单纯字符。尽管有的拉丁字母也可以分解为几笔,如"a"可以分解为半个圆圈和一个半圆的折笔,"d"可以分解为半个圆圈和一竖,但是分解后的笔画都不再是表示语音的字符,即跟任何语言单位都没有联系了,因此只有整个"a、d"才是单纯字符。"复合字符"则是由单纯字符组合而成的字符,也包括由单纯字符和复合字符再组合而成的更复杂的字符。如汉字"位"是由单纯字符"人"和"立"组合而成的,所以是复合字符;"符"由单纯字符"竹"和复合字符"付"组合而成,其中的"付"又是一个由单纯字符"人"和"寸"组合而成的复合字符。有些单纯字符后来就成了汉字中的"偏旁"或"部首"。英文用"sh"代表[ʃ]的音,用"ch"代表[tʃ']的音,这"sh"和"ch"也是复合字符,分别由单纯字符"s"和"h","c"和"h"组合而成。由单纯字符组合成复合字符有一定的规则,这就是字符的组合规则。不同类型文字的字符组合规则有的简单,有的较复杂。像英文这样表音文字的字符组合规则就很简单;德文虽然有由三个单纯字符组成的复合字符"sch"代表[s]这个音,组合规则也是很简单的。而像汉字这样的非表音文字的字符组合规则就很复杂,而且两个或几个单纯字符组合在一起的方式并不固定,左右组合、上下组合、内嵌组合、外包组合都可以。如"位"是左右结构,"家"是上下结构,"裹"是内嵌结构,"衣"字里面嵌入了一个"果"字,"囚"是外包结构,"人"字外面包了一个方框,等等。而且即使同样的组合,有时候顺序还是不固定的,如"够"字是左右结构,可是过去其中的"句"和"多"左右位置不定,只是到了汉字规范化以后才固定为"句"在左"多"在右,不能随便挪动了。

前面提到古人有文字是"意与声之迹"的说法,因此现在也有学者(徐通锵,2002)认为所有文字之"形"所记录的语言单位,都应该同时具有"音"和"义"两个方面。而语言中能够同时有"音"和"义"的最小单位也得是"语素"或者"词"。如果按这个标准,汉语中的"字"是记录语素或词的"汉字",而像英语这样的语言中的"字"就应该是"词(word)",至少是语素性质的词根或词缀,字母则不能算是"字"了。这种说法当然也不是完全不可以成立。只是如果要按照这种说法给"字符"下定义,恐怕就需要再扩展前面关于"单纯字符"和"复合字符"的概念,并且似乎有两种定义办法:一种定义是承认汉语的"字"和英语的"词(包括词根或词缀)"就是"字符",当然也不妨说它们都是"复合字符"(个别是单纯字符)。而汉字中的偏旁部首、声旁形旁之类东西和英语中的字母就不是字符,当然也可以说这些东西都只是一些"单纯字符"。这样不同语言的文字就都是由单纯字符组成的复合字符,只不过各自"复合"的方式有所不同:汉语是上下左右构造复合字符,英语是一字排开构造复合字符。另一种定义则似乎不如还是说现代汉语中的"汉字"和英语中的"字母"才是"字符",而现代汉语和英语中的"词"(特别是现代汉语中由多个汉字构成的词)就不是字符,至少不是"单纯字符"。不过现代汉语和英语中跟"词"相当的字符形式也不妨都叫作"复合字符",或许也可以再起个名字叫作"字符组"。

2. 文字有哪些不同的类型

假定说汉语中的方块字和英语中的拉丁字母都是"字",或者都是"字符"。但不同语言的"字"或"字符"毕竟还是很不相同。正因为如此,人类语言的文字也就可以分成不同的类型。不过凡是分类,总有不同的分类标准,总有分得粗点和分得细点的大类和小类,总有此类和彼类的交叉,而且免不了存在争论。文字的类型划分也是这样。

A. 文字的类型是怎么划分的

如果大家看过一些文字学方面的书,就会发现文字的类型划分听上去似乎挺复杂的,往往会让人感到有点云里雾里。比如什么"词语文字"、"语素文字"、"音节文字"、"辅音音素(音位)文字"、"全音素(音位)文字"等;再比如什么"表意文字"、"表音文字"、"意音文字"等;当然还有其他不少说法。我们还是慢慢来理出一个头绪。

其实所谓"词语文字"、"语素文字"、"音节文字"、"辅音音位文字"、"全音位文字"等,是从文字的字符跟语言中什么样的语言单位相联系的标准来划分的;而"表意文字"、"表音文字"、"意音文字"等,是从文字的字符跟语言单位的语义还是语音相联系的标准来划分的。这两个标准也可以合起来看:语言是个层级体系,下层是语音单位层,可分为"音素(音位)"和"音节"两级,上层是音义结合的单位层,可分为"语素"、"词语"、"词组"和"句子"四级。这样,凡是跟下层语言单位联系的文字就是"表音文字",也叫"拼音文字";凡是跟上层语言单位联系的文字就是"表意文字",或者叫"意音文字"。这样,人类语言的文字就首先可以大致分成"表音文字"和"表意文字"这样两个大类。

第一大类"表音文字"中的"音",可以是"音素"(实际是"音位",参看本书第三讲)这一级单位,也可以是"音节"这一级单位。这样文字的字符跟"音节"联系的,就叫作"音节文字";文字的字符跟"音素(音位)"联系的,就叫作"音素(音位)"文字。而音素(音位)中又包括元音、辅音。这样,文字的字符只跟辅音音素(音位)联系的,就是"辅音音素(音位)文字",文字的字符既跟辅音音素(音位)也跟元音音素(音位)联系的,就是"全音素(音位)文字",或者就称为"音素(音位)文字"。

比如日语的文字除了汉字还有假名,假名就是典型的音节文字,每个假名字符都代表一个确定的日语音节,而且同一个音节只由一个假名字符来表示,比如"カ[ka]、キ[ki]、ク[ku]、ケ[ke]、コ[ko]、ナ[na]、二[ni]、又[nu]、ネ[ne]、ノ[no]"等。朝鲜的"谚文"则是一种用音素符号作为部件

叠合而成的方块状特殊音节文字,比如"비[pi]、구[ku]、신[sin]、폭[pʻog]"等。阿拉伯文字的字符表示阿拉伯语中的辅音,没有表示元音的字符,尽管后世也增加了一些附加符号来表示元音读音,但是整个阿拉伯文字体系仍然可以认为是一种辅音音素(音位)文字。希腊文字既有表示辅音的字符,又有表示元音的字符,也就是所有的音素(音位)都有相应的字符(字母),几个音素字符再组合成音节或词语;英语、德语等语言中使用的拉丁文字,俄语等语言中使用的斯拉夫文字,也都是这样,如英语"study(学习)"这个词是由 5 个音素字符(字母)构成的:这些文字就都是音素(音位)文字。

第二大类"表意文字"中的"意",实际上指音义结合层的各级语言单位,理论上可以包括"语素"、"词语"、"词组"和"句子"四级。这样文字的字符分别跟这些语言单位结合的就可以叫作"语素文字"、"词语文字"或"词组/句子文字"。

比如现代汉语的"字"就是跟"语素"这种语言单位联系的,每一个汉字差不多都等于一个语素,因此一般认为现代汉字就是一种语素文字。不过现代汉语相当于语素的"字"在古代代表的却都是"词",所以古代汉字也可以叫作词语文字。除了前面提到有人提出把英语的"词"看作是"字",那么也可以归入词语文字外,一般并不认为现代的各种文字中还有词语文字。相反所有的古代文字,如苏美尔楔形文字、古埃及文字、玛雅文字和古代汉字,却都是词语文字,因为这些文字系统中绝大多数单纯字符和复合字符代表的都是语言中的词或词语。因为不同的古代语言中的词语,有的是单音节的,有的是多音节的,所以这些古代文字的字符并不一定都只代表一个音节。苏美尔语和古埃及语的词语有不少是多音节的,这些文字的一个字符就可以代表几个音节。汉语在古代阶段绝大多数的汉字只代表一个音节,只有少数双音节词语也用两个字符来书写,如"蟋蟀、琉璃"等。不过这种现象是汉字所特有的,跟古汉语的词语绝大多数是单音节的特点分不开。更古老更原始的一些文字图画性很强,一幅图画或一个图形要用一个词组或句子才能解释,因此如果算做文字就可以叫作词组/句子文字,或者称作表形文字或象形文字,甚至也可以叫作前面提到的文字画或图画字。现代各种文字中除了个别少数民族的文字以外,当然几乎已没有这种文字了。

"表音文字"就等于"拼音文字",这个意思好懂。而上面提到的"表意文字"也可以叫作"意音文字",这又是怎么回事呢? 一般说,"意音文字"的基本意思就是指文字的字符既表示意义也表示声音。不过大家定义意音文字的标准却不尽相同。一种意思是说:因为所有表意文字的字符都同时表音,所以表意文字也就是意音文字。前面说过表意文字的字符是跟音义结合层的语言单位联系的,而这些单位既然是"音义结合"的,那当然就都既有意义也有声音,比如汉字"日"的意思是"太阳",读音则是"rì"。除了汉字是这样,实际上所有表意文字的字符都同时有读音,所以也就可以认为并没有纯粹的表意文字,表意文字就都是既表意也表音的意音文字了。再一种意思是说:表意文字的大部分字符是表意的,但也有些是纯粹表音的,所以表意文字也就是意音文字。也就是说即使不考虑全部字符都既表意也表音,至少表意文字中也有一些字符是单纯用来表音的。比如前面说过汉字字符"其"原本是意符,是通过象形的方法表示"簸箕"。人们由于无法用表意字符来表示虚词"其"的意思,便借用"其"来替代,这也就形成了"假借字"。假借字的意思跟原本意符的意思没有多少关系,只是借用原来意符的音,结果久借不还,"其"就变成了纯粹的音符。除了汉字是这样,实际上所有表意文字中都有这样通过假借形成的表音字符。所以也就可以认为并没有完全的表意文字,表意文字都应该看作是部分字符表意、部分字符表音的意音文字了。还有一种意思是说:表意文字的大部分字符本身,都是一部分用来表意、一部分用来表音的,所以表意文字也就是意音文字。由于前面说文字可以采用假借方法使得同一读音的字可以代表几个不同意思的词,这也就形成了大量的同音字和多个意义的字。人们为了避免混淆就给同音字加上专门表示意义类别的标志,即通常所说的"形旁"或"意符",或者给不同意思的字加上表示音同或音近的标志,即通常说的"声旁"或"声符",这也就产生了把表音和表意两种符号结合在一个字符中的"形声字"。比如汉字中表示"簸箕"意思的"其"假借为虚词"其"后,后者的用处反而远远大于前者,于是人们就再给原来"簸箕"的"其"加上一个竹字头,"箕"就成了一个形声字,其中"竹"表意,"其"表音。这样与其说像汉字这样包含大量形声字的文字是表意文字,就不如说是一种意音文字了。

　　当然即使按照上面的意见,也有人认为还不能说人类语言的文字中完全没有"表意文字"了。至少跟纯粹的"表音文字"比较起来,前者毕竟有专门用于表意的符号。特别注意这种区别,那么说人类语言的文字还是可以大致分成为"表意文字"和"表音文字"两大类,也就不是不可以。更何况,如果说古老的词组/句子文字,也就是所谓图画字和文字画,也是一种文字的话,那也只能归入典型的表意文字,因为这些图形并不联系读音。所以有的学者(徐通锵,2002)认为:"(一般说的)'意音文字'体系包含三种不同类型的字形:表意字,借表意字充当表音字,以及兼用表意表音两种方法而造出来的形声字(意音字)。"如果把这三种字形看作是表意文字发展的不同程度,"意音文字"是"表意文字"的一种较高程度,那倒是不无道理的。

B. 关于汉字类型的一些不同意见和错误看法

汉字究竟是一种什么样的文字类型系统,这是一个大家都很关心也有许多争论的问题。不过其中有的看法可能有些偏差,有些则是明显错误的。

比如有人说汉字是一种"语素文字",又有人说汉字是一种"词语文字",看起来意见不同,这是怎么回事呢?实际上说汉字是词语文字,那是就古代的情况而言的。在创制汉字的时代,汉语的词绝大多数是单音节的,现代的语素在当时绝大多数确实还是地地道道的"词",一个汉字就代表一个词。而说汉字是语素文字,那就是从现代的情况来看的。因为现代汉语的多音节词语在绝对数量上已经占了优势,多数的汉字确实代表的只是语素。

再如还有人说汉字是一种"语素·音节文字",这是怎么回事呢?说汉字有一半性质是语素文字,大概是因为现代汉语的词从绝对数量上来说多数是多音节的,所以在这些词语中汉字代表的只是语素而不是词;说汉字另一半性质是音节文字,则大概是因为现代汉语的一个语素差不多就是一个音节,这样一个汉字也就代表一个音节。不过文字类型上一般说的音节文字是指一个字符代表一个音节以及一个音节由一个字符来代表的表音文字。汉字本身说不上是表音文字,而且有些汉字代表不止一个音节,一个音节又往往由很多不同的汉字来代表,并且没有什么规则可循,因此汉字似乎不太符合音节文字的基本条件。这样看来说汉字是一种"语素·音节文字"或"音节文字",至少是不很确切的。

另外前面说过,现在还有一种意见是受汉字大多是形、音、义的统一体的影响,把拼音文字中按分词连写规则连写的字母组合也跟汉字等同起来,进一步就把汉字的"笔画"或"部件"跟拼音文字中的"字母"等同起来。而且近年来由于计算机的汉字编码根据汉字字形特别是汉字的笔画和部件设计编码的研究盛行,有人就又认为汉字实际上可以看作是一种"拼形文字",这就也把汉字的"笔画"或"部件"跟拼音文字的"字母"等同起来,而且也就必然会进一步把汉字跟拼音文字中分写的"词"等同起来。前面说过这些看法不是完全不能自成一说,但至少就一般的文字学原理来说,文字的类型只能是根据文字系统中的字符是跟什么样的语言单位或是跟语言单位的声音还是意义发生联系来决定。而汉字除了一部分构成成分确实可以是单纯字符以外,大部分的笔画也好,部件也好,本身还不能算是字符,而只是字符的图形构件。应该说图形构件跟文字类型的分类是沾不上边的。而拼音文字的字母则是跟语言单位的音素(音位)有稳定联系的地地道道的字符,绝不是字符的图形构件。

另外,长期以来国内外一些有偏见的学者还认为现代汉字仍然是一种"象形文字"。应该看到这种观点是不科学的。其实象形只是指制定原始字符图形的方法,或者说是一种"造字法"。例如要表示"日"的意思就画一个像太阳的圆圈,要表示"鱼"的意思就画一条鱼,要表示"牛"的意思就画一头牛。象形字符最初直接表意,同时也间接表音;而很多虚词、语法形态和抽象概念,则本来就根本无法用象形的方法表示,只能假借意符的读音来表示。因此不仅全部字符都是象形和表意的文字自古以来就是不存在的,而且说现代汉字还是象形文字就更没有根据。今天汉字的"日"哪一点像太阳?"鱼"字怎么就像一条鱼?"牛"字也不像牛。如果追根溯源说这些字的初始形式是象形符号,那倒不错。不过西方表音文字的字母如果真要追根溯源,其实最初也大都是来源于象形符号,比如拉丁字母"A"最初就是一个牛头象形符号。那么是不是也可以说现代西方的表音文字也是象形文字呢?有些人不承认现代西方拼音文字是象形文字,却硬说现代汉字仍是象形文字,无非是想把汉字归为世界上最原始和最落后的文字。

4.3 文字的起源和演变

用文字记录语言,实际上就是设计一套符号去书写语言中的某种单位。这个问题现在看当然是很清楚的。但是人类却曾经为了创造文字付出了艰巨的劳动,而且应该说到现在为止人们还在为改进和发展文字而努力。了解人类语言的文字是怎么产生和变化的,不仅可以更清楚地认识文字的性质和类型,也就有可能科学地预见和适应文字的发展。

1. 文字是怎么产生和演变的

关于文字的产生和演变,其实至今还是个"难解之谜"。一方面是因为说法不一,对相关事实看法不同;另一方面也是因为证据不够,在一些问题上无法最终定论。

A. 关于文字起源的两种主要说法

在我国早就有一种说法认为文字起源于"结绳"。《易经》说:"上古结绳而治,后世圣人易之以书契。"古人怎样"结绳",怎样"结绳而治",现在已无法得知。唐代李鼎祚在《周易集解》中说:"古者无文字,其有约誓之事,事大大其绳,事小小其绳。结之多少,随物众寡,各执以相考,亦足以相治也。"但这种说法很难考证。幸亏美洲印第安人结绳的方法和作用现在还可以窥见。摩洛哥学者乔治·艾弗拉哈调查发现,"即使到今天玻利维亚和秘鲁的印第安人还在使用一种直接从'基普'演变而来的结绳方法叫作'奇普'。即以绳子为计算单位,上面可根据需要打结,最多打九个,打在两根相邻绳子上的结表示十位数,打在三根绳子上的结表示百位数,依次类推"。"印加人有组织严密的行政系统。每一个城镇和农村都有结绳官员,负责结绳,解释结绳的涵义,并按政府要求呈报有关资料"(《结绳记事》,联合国教科文组织《信使》1982 年第 4 期),这大概就是"结绳而治"吧。还有人提到结绳可以代替书信,不过那得有专人解释才行。从谈到结绳的种种资料来看,事实上结绳都只能起记数的作用,或者起帮助记忆和提示的作用,并没有跟任何一种语言单位结合,而且现在已知的任何一种文字也都没有迹象表明确是脱胎于结绳。因此结绳只是在文字诞生以前人类使用过的一种记数、帮助记忆和起提示作用的工具,跟文字的起源没有直接关系。

目前一般都认为文字起源于图画和契刻,这种说法还是有一定的根据的。前面讨论过的奥杰布华信和东巴经文这类"文字画"和"图画字"就是证明。虽然文字画和图画字还肯定不是成熟的文字,特别是其中大部分图形跟语言的单位还没有确定联系,而且很可能不同的人可以用不同的语言和语句做出不同解释。但是从现在保存下来公认比较完整的世界上三种最古老的文字,即距今 5000 多年前出现的苏美尔楔形文字和古埃及文字以及距今 3400 年左右形成的中国甲骨文来看,古埃及文字碑铭体"鸟"字就画的是一只鸟,汉字甲骨文的"日"字是一个圆圈,中间加一点,苏美尔楔形文字和甲骨文的"鱼"都画的是一条鱼,而甲骨文的"一、二、三、四",就是刻上一划、两划、三划、四划,苏美尔楔形文字的数字从一到九干脆就是用一到九个同样的楔形符号来排列。因此说文字起源于图画和契刻,应该是可信的。下面就是十分接近图画和契刻的这三种古文字的一些例子:

(3) 苏美尔文字:　　　鸟　　　　　鱼　　　　　谷穗　　　　足

　　古埃及文字:　　　燕　　　　　蛇　　　　　目　　　　　足

　　汉字甲骨文:　　　鸟　　　　　鱼　　　　　象　　　　　止

那么现在的各种文字是怎么从图画和契刻演变发展过来的呢?可以设想,文字从最初只有少数图形和契刻符号跟某些语言单位建立起一定的关系,只能书写少数词语,甚至主要是记录句子,然后字符的数量逐步增加,一直到基本上能全部书写语言中所有的词语或者记录其他的某种语言单位，也就是最终形成一个文字系统，肯定要经历一个相当漫长和复杂的历史过程。换一个角度说，文字从最初的图形契刻符号，演变成象形字符，再到形成表意字符，再到出现表音字符，表音字符中又从表音节的字符到表音素（音位）的字符，也肯定要经历一个相当漫长和复杂的历史过程。这个过程主要包括从象形符号演变为表意的字符或兼表意和音的意音字符，以及从表意字符或意音字符演变为纯粹表音的字母字符。

B. 象形符号是怎么演变为表意的字符或兼表意和音的字符的？

象形符号演变为表意的字符或兼表意和音的意音字符，应该是文字演变发展的第一步。这方面的事实可以主要看苏美尔楔形文字和古埃及文字演变的例子。

大约在公元前 3000 多年前的两河流域，现在属于伊拉克的地方有一个苏美尔民族已经进入成熟的农业社会，并且已经有了城市和商业。他们发明了一种实用的文字，主要用象形的图形表示实物的词语，如"牛、驴、谷穗"等，但也用假借的形声字记录多音节的人名的读音，用刻画来表示数字。这种文字就是高度象形的古苏美尔文字。后来他们发现用芦管在泥板上"压印"文字既方便又省事，于是就采用这种方法来写字，但是压印出来的字不可能像刻画出来的字那样象形，只能是大致轮廓差不多，而且压印出来的字的笔道像一个个"楔子"，所以后人给这种文字取了个名称叫"楔形文字"（也叫"丁头字"）。后来阿迦德人打败了苏美尔人，但是继承了楔形文字；再后来巴比伦王朝的阿莫里特人、亚述帝国的亚述人都采用了这种楔形文字。在公元前 3500 年左右到公元前 2000 年左右，楔形文字向周围扩散传播，几乎成了这一地区的国际文字。可是到公元前 2000 年以后，由于外族入侵，两河流域的古文明就逐渐消亡了，城市和印有楔形文字的泥板都埋入了地下。尽管地面上还有刻着楔形文字的石碑、石柱，但是后人谁也不认识这种文字了。只是到了 18 世纪和 19 世纪才有一批考古学家和语言学家经过不断探索终于解决了楔形文字的释读难题。后来大规模的考古发掘，出土了五万多块泥板和其他文物，才使这一古代文明重见天日。

古埃及人和今天的埃及人没有直接的继承关系。古埃及的文明史早在公元前 3000 多年以前就开始了，古埃及的文字大概在那时也就存在了。而且古埃及文字由于使用场合不同还分化出不同的字体。其中有一种是用于特别庄重的场合，刻在雕像座、庙宇和金字塔墓室石头和祭器上的"碑铭体"（或称"圣书字"），还是一种象形程度很高的符号。跟碑铭体并行的有一种僧侣阶层平时使用的已经线条化的近乎草书的字体,称为"僧侣体"。公元前 7 世纪还出现了一种在僧侣体基础上加以简化供老百姓使用的字体,称为"平民体"。平民体的使用一直延续到 5 世纪,以后就消亡并成为一种没人认识的文字了。现存的古埃及文字碑刻有碑铭体和僧侣体对照的,也有碑铭体、僧侣体、平民体对照的。由此就可以证明,即使是早期的碑铭体也已经是一种可以用来书写古埃及语的成熟文字,碑铭体、僧侣体和平民体仅仅是字体不同,文字的性质和功能并没有什么不同的地方。按理说从象形程度很高的原始文字到线条化的"草书"要经过一个漫长过程,不可能是同时出现的。但是现有的资料似乎表明碑铭体和僧侣体是同时存在的,这显然不尽合乎情理。因此古埃及文字究竟是什么时候最初出现的问题,还有待地下的考古资料来解决。

上面说的两种古文字都已经具有成熟文字的性质,也就是都可以比较系统地记录语言中的词语,而且除了象形和表意的字符,也出现了纯粹表音的字符。比如苏美尔人发明的楔形文字在传播过程中,使用不同语言的民族采用"同音假借"的办法来改变原有字符性质的机会越来越多,那样基本字符的总数就越来越少。最初的楔形文字有 2000 个左右的基本字符,到巴比伦时代减为 640 个左右,到亚述时代进一步减为 570 个左右,并且其中常用的只有 300 个左右。古埃及文字的碑铭体共有 604 个字符,其中就包括 105 个表音字符,表音成分的比例也已经不低。但是不论是两河流域的楔形文字还是古埃及文字始终是一种基本表意的文字或者说是意音文字,而且后来都消亡了,本身并没有进一步演变为完全的表音文字。

C. 表意字符是怎么演变为表音字符"字母"的?

"字母"虽然名之曰"字之母",但实际上是在文字成熟之后两千年才产生的,所以与其说字母是文字家族中的母亲或祖母,不如说是文字家族中的儿子或孙子。

据考证,楔形文字和古埃及文字在向周围地区扩散的过程中在地中海东岸的中东汇合,这一地区也就成为两河流域楔形文字文化和尼罗河流域古埃及文字文化的"文化走廊"。公元前 2000 年前后,这一带生活着一支闪族人,也就是腓尼基人。他们已经建立起城邦制国家,并且善于从事海上贸易,当然就迫切需要有一种文字来记账和通信。这个民族没有自己的文字,便借用了楔形文字和古埃及文字。但是商业民族没有工夫"十年寒窗"来学习繁难的楔形文字和古埃及文字,于是在熟悉了这些文字中的表音符号以后,他们自然地就开始简化符号或另创表音符号来记录商品和金钱。

大约到了公元前13世纪,腓尼基人在书写自己语言的过程中最终形成了只采用表音字符而放弃表意字符的文字系统。而且这些新创的字符,只求有效,不求优美,这也就是后来字母式字符的前身,腓尼基文字也就成为了最早的不同于以往表意文字或意音文字的一种字母式的表音文字。

腓尼基文字中只有辅音符号,不写出元音符号,因此后来一般被称作"辅音音素(音位)文字"。但是应该说腓尼基字母还是用来记录音节的。这是因为人们的直觉最容易感觉到的是音节,而腓尼基语的特点就是辅音多而且更重要,腓尼基人之所以只写出辅音而忽视元音,并不是他们能分解音节,而且在直觉中写出和读出的还是音节,只是因为不需要写出元音就可以认读音节(元音由读者去猜读)。所以这种辅音字母还是作为一种音节字母创造出来的,其特点仅仅是元音没有明确地写出来。由此推论最初的表音文字应该还是音节文字。

所有语言中辅音的数目总是少于音节的数目,而且各种语言之间辅音容易相同而音节不容易相同。腓尼基文字虽然是一种音节字母,但是由于只使用表辅音的字母,这种字母就很容易为其他语言所借用。因此这种字母很快就向周围扩散传播:向东传播演变为"阿拉马字母系统"和"印度字母系统";向南传播演变为"撒巴字母系统",向西则演变为"迦南—腓尼基字母系统"及"希腊和拉丁字母系统"。希腊人在借用腓尼基文字来书写希腊语时发现,希腊语词根中的辅音和元音都区别意义,不写出元音就无法区分不同的词语,于是就增添了元音字母。这样字符代表语言中全部音素(音位)的"音素(音位)文字"就诞生了。现在连小学生都知道字母是表示音素(音位)的,比如汉语拼音就使用音素(音位)字母。但是人类历史上却经过几千年的摸索才最终分解了音节,出现音素(音位)字母,这应该说是希腊人的一个贡献。

2."自源文字"、"他源文字"和"三阶段说"、"两方向说"

在文字的起源和演变的问题上,学术界有些基本的共识,但也有些不同的认识。大致说来,前者表现在对文字"从哪儿来"的看法上,后者就表现在对文字"往哪儿去"的看法上。

A. 关于"自源文字"和"他源文字"

讨论文字学的著作一般都会提到"自源文字"和"他源文字"(也有称"借源文字"的)。这是怎么回事呢? 实际上这就是对文字"从哪来"的一种基本看法。"自源"是说文字是自己土生土长的,"他源"是说文字是从别人那里借来的。从上面的讨论就可以发现,"自源文字"和"他源文字"有以下一些主要区别：

首先，"自源"和"他源"当然主要是指人类文字的不同发展过程说的："自源文字"都是自己独立产生和发展起来的文字；"他源文字"都是借用其他文字产生和发展起来的文字。因此上面说的古代楔形文字、古埃及文字，以及中国的甲骨文等，就是典型的自源文字；而包括借用楔形文字和古埃及文字产生的腓尼基文字，和通过腓尼基文字传播演变形成的其他各种文字，特别是现在印欧语的字母文字，就都是典型的他源文字。

其次，古老的独立发展起来的自源文字都是选择词语作为制定字符的依据，所以都是"词语文字"；而后起的他源文字则基本都选择音节或音素（音位）作为制定字符的依据，所以都是"音节文字"或"音素（音位）文字"。这大概是因为古代的人认为最明确的语言单位是词语，如果一种语言的词语绝大多数是多音节的，并且音节的界限不那么明确，那么选择词语作为制定字符的依据就是十分自然的。例如古埃及文字的字符，不论词语是单音节的还是多音节的，也不论是用单纯字符还是复合字符，代表的语言单位都是词语。古代汉字则因为当时的词语都是单音节的，因此所有的汉字实际上也都代表词语。反之，借用已有文字而形成的他源文字则都是从借用表音符号开始的，所以全部字符从一开始就要么表音节、要么表音素（音位），所以才都是"音节文字"或"音素（音位）文字"。

再次，自源文字最初的字符都一定是表意的，不论字符图形结构是通过"象形"表意，还是通过"指事"或"会意"表意。这大概是因为没办法用图形来直接表示语音的缘故。只是后来碰到语言中有些词语意义比较抽象，特别是一些虚词和语法形态没办法用图形来表示，才假借某些意符来作为表音的字符。不过所有表意字符直接表意，也都间接表音，所以自源文字都是利用原有意符间接起表音的作用，也就是都可以说变成了"意音文字"。而所有的他源文字最初的字符就都是表音的，而且无一例外都是借用其他文字中的表音符号形成的"表音文字"；或者反过来说，所有纯粹表音的文字无一例外都是他源文字。至于为什么所有的他源文字都只借音而不借意，这倒是值得进一步研究的问题。

B. 关于文字发展的"三阶段说"和"两方向说"

近年来文字学界对文字发展有所谓"三阶段"和"两方向"的争论。这又是怎么回事呢？实际上这就是对文字"往哪儿去"的不同看法。"三阶段说"是国内外文字学界长期以来所持的一种观点，不过具体说法又不尽相同。一种说法是，文字发展从低级到高级可以分为"象形文字"或"表意文字"，然后是"音节文字"，最后是"音素（音位）文字"这样二个阶段。还有一种说法是，文字的发展要经历"表意"、"意音"、"表音"这样三个阶段。另外一种说法认为，文字符号的形式都是从"图形"到"字符"再到"字母"；符号代表的语言单位都是从"词语"到"音节"再到"音素（音位）"；文字的表达方式都是从"表形"到"表意"再到"表音"，这样也各是三个阶段。尽管上面这些说法略有不同，但意思都差不多。

从现有世界上各种文字史资料看，最早出现的字符，就造字方法而言的确大都是"象形"的；就最初的字符跟语言单位的语义还是语音的关系而言也的确大都是"表意"的，"表音"的字符都是后起的；而就表音文字而言，大致也是先有"音节文字"，后才有"音素（音位）文字"。为什么会是这样呢？一般的解释认为，这是因为从使用字符的多寡和学习文字的难易程度看，显然音素（音位）文字使用的字符最少，最经济，所以也最容易学，音节文字则次之，而表意（意音）文字或词语文字要使用的字符数最多，最不经济，因而也最复杂，或者说也就最难学。如果承认文字的演变发展要跟这些因素挂钩，那么字符形式从复杂到简单，字符数量从多到少，字符代表的单位从只与不同语言的不同单位（如词语）联系到与所有语言的相同单位（如音素）联系，也就是表现为上面说的各种各样的"三阶段"，似乎还是合乎情理的，人类语言中大多数文字的演变事实也大致上是这样的。

不过近年也有些学者对"三阶段说"提出质疑，他们主要认为不同的文字不一定就是一种"低"和"高"、"先"和"后"的关系。比如汉字就是一种古老的自源文字，也是表意文字或意音文字，甚至不但一开始就是词语文字，而且至今"字"也是语言中既表音也表意的基本结构单位。但是汉字并没有向表音文字方向发展，甚至借用外来词时有可能开始是纯粹借音的，但以后还是会被改造为表意字。比如开始用"赛因斯"后来又改用"科学"，开始用"德律风"后来又改成"电话"等。所以"三阶段说"只是总结西方文字发展演变情况后得出的结论，并不符合汉字的实际情况。而且如果承认"三阶段说"是一种普遍规律，那岂不就等于是说汉字到现在还处在一种原始和落后的状态吗？

因此这些学者认为：一方面，判断一个文字符号系统的高低优劣，应该以其功能为标准。而无论是西方的拼音文字还是中国的汉字，都能很好地为各自的语言服务，所以根本就不存在所谓文字的"高低"甚至"优劣"之分。另一方面，在独立形成的自源文字体系内，确实可能存在"象形"、"表意"、"意音"这样的不同发展阶段。但意音文字再如何向前发展则取决于不同语言的特点:有的语言会突出"音",向表音化方向发展;有的语言则会突出"意",向表意化方向发展。换一种角度看,只有他源文字,即本来就是借用音符形成的文字,才会完全向表音文字方向发展,而像汉字这种至今唯一存活的自源文字则可以或必须在意音文字的基础上进一步向表意化方向发展。这样看来,"表音"和"表意"只是文字发展的"两个方向",而不是不同的阶段。这种文字发展分两个方向的意见当然也是有一定道理的。

4.4 古往今来话汉字

前面说到汉字是唯一存活至今的古老的自源文字,而且无论是汉字的产生、演变和现状都跟其他文字系统有所不同,汉字今后的发展方向也颇令人关注,所以下面就专门来讨论一下汉字的过去和现在。

1. 汉字的过去:汉字是怎么产生和演变的

汉字作为文字的一种,当然在产生和演变上有跟其他文字相同的一面,但是也走过了自己漫长而独特的道路。大家对汉字产生和演变的过程和原因的看法也并不一样。

A. 汉字是怎么产生和什么时候产生的?

前面已经说过,"结绳"首先就是关于汉字起源的一种传说。不过"结绳"最多只是用来计数和帮助记忆的工具,并不是像历史上有些人说的"结绳"可以结成实词、虚词等。因此结绳与能够系统记录语言的文字应该没有直接的关系。在我国一直还有"仓颉造字"的传说,认为汉字是黄帝的史官仓颉创造的。这种说法当然是靠不住的。文字从无到有无疑是个浩繁的"工程",绝不可能是一个人的功劳。先秦时期著名哲学家荀子就对这种说法提出了异议,他认为:"好书者众矣,而仓颉独传者一也。"意思也就是说,古代创造文字的人很多,只不过可能仓颉专门整理过古代的文字,所以唯独仓颉的名字流传了下来。但荀子只说了仓颉和汉字的关系,没说汉字是怎么产生的。关于汉字起源还曾有过"河图"、"洛书"的传说,《易经》说:"河出图,洛出书,圣人则之。"据推测这可能是当时有人在黄河、洛水的山崖边发现过一些图形刻画,于是就附会成天赐的创造文字的蓝本。不过"河图、洛书"是否确有其事,假定真有这样的图形刻画又到底与汉字有什么关系,也还无法得到证实。

今天能看到的最可靠最早的文字资料是公元前14世纪到前11世纪的商代后期的甲骨文和金文。甲骨文和金文都已经是相当成熟的文字。而如果认为从原始文字到成熟的文字,需要一个相当长的过程,那么可以设想原始阶段的汉字就应该远远早于距今 3400 年左右的商代后期。《尚书》记载周公对殷商遗民说:"惟尔知,惟殷先人有册有典。"这似乎说从商代开始才有完整的文字。不过这句话也可以理解为从商代开始才保存有完整的文献资料。商代早期大概是在公元前 16 世纪,到商代后期才短短的 200 年左右,一种文字从开始形成到比较成熟不可能只经历那么短的时间。因此还不能就此得出结论说,汉字是起源于夏商之际,或者说夏代还没有文字。根据近年出土的资料,距今 6000 年前的西安半坡遗址和临潼姜寨遗址的陶器上就已经刻有一些数字和单字;稍后的距今 5000 年左右的大汶口遗址的陶器上也发现了一些与后世汉字有渊源关系的图形符号。如果有更多的地下材料出土证明那个时期已经有原始的文字符号,那么汉字诞生的时间就要提前到距今 5000—6000 年前,几乎是与苏美尔楔形文字和古埃及文字是在同一时期产生的了。

B. 汉字为什么没有走上表音文字的道路?

汉字和其他的古老文字一样,也是从图画和契刻,或者从文字画和图画字,逐步演变过来的,这从甲骨文和金文的资料就可以证明。最初出现的汉字字符大都是形象地摹画事物的符号,概括起来这些表形的字符又分别有"象形"、"指事"和"会意"三种情况。如果从这些表形的文字的不同作用看,也可以说汉字首先是从"象形"发展到了"表意"。

"象形"就是简化了的事物的图形,这肯定是最早造出来的汉字符号的形式。大汶口文化的陶文中能够辨认出和甲骨文有明显渊源关系的几个符号全都是象形符号,也证明了这一点。比如"木"就画成树的样子,"火"就是火苗的样子,繁体字的"门(門)"和"车(車)"就像门和车。金文中的"象、马、牛、羊、鱼、鼠"这样的字也都是描摹动物的样子。甲骨文中有些字只是图形简化了,但还是看得出事物的轮廓或有特征的部分。

不管象形字怎么简化,必须"象"事物之形。但客观事物纷繁复杂,而且具体事物有形可象,抽象事物却画不出来。于是人们只能采用另一种造字方法,就是"指事"。比如"上"和"下"无形可象,就在一条长线的上下分别画一条短线来表示,后来才演化为现在的写法。又如"本"和"刃",树和刀好画,但树的根部和刀的锋刃却不好画,于是就在"木"下加一短线表示树根,在刀口处加一短线表示刀刃。又如"彭"字左边是一个鼓,右边的几画表示鼓声;"晕"字是在"日"字四周画上几画,表示"日"周围的光晕,等等。

指事字已经由单纯象形过渡到突出表意,这就给人们造字以新的启发,既然可以在象形字上加个符号构成一个新字,那么自然也就可以在象形字上加上另外的象形字构成一个新的字。这种把两个或两个以上象形字或指事字拼合在一起而且把它们的意义结合成一个新的意义的造字方法就是"会意"。比如"出",由一个"止"一个"凵"组成,表示脚从土坎中走出来。"步"包括两个"止",表示两脚交替走路。"休"由一个人字和一个木字组成,表示人靠在树上休息。再如"立"从大从一,表示人站在地上;"陟"从阜从步,表示两脚登山;"降"从阜从夅,表示两脚从山上走下来;"坠"从阜从倒人,就表示人从山上掉下来,等等。

从单纯象形到利用象形表意,这是汉字发展的一个重大进步。汉字只有到了表意的阶段,才能够记录语句,也才算形成了初步的文字体系。但是表意的方法毕竟还是要受到很大限制。因为语言是用声音来反映各种客观事物的。在语言中有表示事物共性的词,也有表示事物个性的词;有表示具体事物的词,也有表示抽象概念的词;有实词,也有大量的虚词:这些词不是表意的方法都能造出字来加以记录的。例如可以画出一棵树的样子"木"来表示"树",可是树有千百种,如"桃、梅、桔、柿、松、柏、杨、柳"等等,又怎么能一一会意造字呢? 所有的心理活动都是抽象概念,比如"思、想、念、虑、忘、惑、忿、怒、怨、恐、悲、愁"等等,更不是靠会意可以造出字来的。这样汉字中就又开始出现假借表意字符来表音的假借字和一半表意一半表音的形声字。如果从假借字和形声字的独特作用看,也可以说汉字又从"表意"发展到了一定程度的"表音"。

前面说过,"假借"是汉字中比较早出现的一种纯粹表音的方式。甲骨文中就已经有了不少的假借字。卜辞"其自东来雨?"这五个字中就有四个是假借字。比如"其"就是"箕"的初文,这里借作虚词;"自"最早是"鼻子"的意思,这里借作介词;"来"本义是"大麦",这里借作动词。有了同音假借的方法,就可以用较少的字记录语言中较多的词语,甲骨文中假借字较多,就是因为当时字少的缘故。

但是假借字必然会造成大量的同音字和多个意义的字,也就使得字符表示声音的作用越来越大,区别意义的功能越来越少。如果沿着这条路走下去,也就是如果字符数量继续减少,最后少到和语言中的音节乃至音素一样多,甚至完全不区别意义,那么汉字也就会像其他语言一样走上拼音文字的道路。可是汉字却走上了完全不同的另一条路,也就是又产生了一种字符中一半符号表示意义范畴、一半符号表示声音类别的"形声字"。如前面说的"桃、梅、桔、柿、松、柏、杨、柳"等,其中的形符(意符)都是"木",表示都跟树有关，但是声符不同，各自就表示不同的树。上面说的"思、想、念、虑、忘、惑、忿、怒、怨、恐、悲、愁、忆、惧、悚"等各种心理活动，由于有了形声字，其中的形符（意符）都是"心"（忄），表示都跟心理活动有关，但是声符不同，就表示不同的心理活动。由于形声字有区别同音字和多义字的作用，而且很容易造出来，因此当然也就越来越多，并部分地取代假借字和其他表形的字符，最终成为汉字的主体。

从表意到表音，或者兼表意和表音，这是汉字发展中的又一个重大的根本性的变化。由于差不多每个字都能既表意也表音，这就不但使汉字基本上能够满足汉语对文字的要求，同时也就使得汉字最终形成了一个独特的完整文字体系。至于为什么汉字没有像世界上其他文字那样从假借字进一步发展为全表音的拼音文字，而是发展成为以形声字为主的意音文字？其中的原因众说不一。有人说是封建统治阶级和保守势力长期垄断文字所致。也有人说是由于汉字发展得比较慢，所以还没有走到表音文字那一步。当然也有人认为这主要是跟汉语不同于印欧语的特点有关：印欧语言的语音感知单位是音素，听觉单位是音节，意义单位又是词，三者不但各自独立，而且感知单位和听觉单位都跟意义没有强制性联系，因此就比较适合采用意义和声音分离的音素式拼音文字；相反汉语的词没有形态变化的各种零碎，古汉语的词又是单音节占优势，即使多音节词中的语素也有意义，这样基本上就是一字一音一义，"形、音、义"三位一体统一在一个汉字中，谁都离不开谁。这大概就是为什么几千年来汉字长期停留在表意兼表音阶段，而没有朝表音化方向发展的根本原因。前面提到文字发展的"两方向说"，就是持后面的这样一种看法。

汉字本身虽然没有演变为拼音文字，但在历史上对其他民族的文字却产生过重要影响，而且这些使用汉字的文字中倒是有不少后来演变成了表音文字。公元前后，汉字就开始向南传播到越南，向东传播到朝鲜，从朝鲜再传播到日本。这些民族都长期使用汉字记录自己的语言，因而被称作"汉字文化圈"。但后来朝鲜借用汉字的笔画创造了笔画式的音素字母"谚文"；越南用汉字作基础创造了自己的拼音文字"喃字"；日本则采用汉字的偏旁和草书创造了汉字式的音节字母"假名"：这些都是表音的文字。现在除了韩国和日本还是将自己的表音文字和汉字混合使用外，朝鲜和越南已经完全停止使用汉字而改用拼音文字。为什么这些民族开始的时候都借用汉字，这自然跟汉文化和汉字的影响力有关；至于为什么这些民族后来又改用表音文字，大概就与这些民族语言自身具有跟汉语不同的特点不无关系了。

另外,汉字从甲骨文、金文到现代汉字,在字形方面也发生了重大变化。但这只是文字字体的演变,不是字符的演变。汉字大致经历了甲骨文和金文、小篆、隶书、楷书这么几个不同字体的阶段。其中甲骨文和金文是同时代的,可能只是使用场合和书写材料不同形成的不同字体。小篆是经过秦始皇时代"书同文"规范化了的,但是形体太繁,在简化趋势的冲击下,很快就让位于隶书和楷书。隶书出现得比小篆还早,可是成为一种通行字体比小篆晚。甲骨文和金文象形程度还比较高,还没有完全线条化。隶书和小篆都已经完全线条化了。楷书最早在魏晋之际就出现了,但是到南北朝时期才用开,到隋唐时代才在一定程度上规范化。而不久之后就出现了印刷术,从此汉字的字体也就基本上稳定下来了,但是字形简化的趋势始终没有停止。至于行书和草书则不是普遍通行的规范字体,可以看作是汉字的一种别体。

2. 汉字的今天:完备而又复杂的汉字大家族

汉字发展到今天,就像是一个"大家族":不但字符的数量规模巨大,已经形成了一个独特而完备的文字体系;而且字符之间关系错综复杂,有的古已有之,有的则攀亲带故,有的一脉单传,有的又子孙满堂。我们不妨"走马观花"地了解一下汉字这个大家族。

A. 现代汉字家族中的各种成员

汉字家族中的成员各种各样,甚至各有特点。要了解现代汉字家族,就要认识其中的不同成员,或者说是从不同角度划分或归并汉字的类型。

划分汉字成员类型的一个角度就是前面说的汉字的产生方式,或者说汉字的造字结构。这样来看汉字,主要就包括"象形字"、"指事字"、"会意字"和"形声字"等几大类。

汉字的这种类型划分实际上从东汉许慎的《说文解字》总结的"六书说"就已开始有了。许慎对"六书"的解释是:"一曰指事,指事者视而可识,察而见意,上下是也。二曰象形,象形者画成其物,随体诘诎,日月是也。三曰形声,形声者以事为名,取譬相成,江河是也。四曰会意,会意者比类合谊,以见指撝,武信是也。五曰转注,转注者建类一首,同意相受,考老是也。六曰假借,假借者本无其字,依声托事,令长是也。"许慎的解释对后人理解汉字的构造特点提供了重要依据。但是他的解释和所用例字并不十分明确,因而后人有各种不同的理解。其中一般认为"假借"、"转注"不是汉字的构造类型,而是使用方式。特别是对其中"转注"的解释应该如何理解,文字学界直到今天仍然有不同的意见。但大致上说其他四类汉字的构造类型还是清楚的,这一点前面在讨论汉字的产生过程时已经说过了。当然也有人建议把现代汉字的构造类型分得稍粗些,如只分"象形、象意、形声"的"三书",或只分"表意为主的字"(形声字、指事字、会意字)和"表意兼表音的字"(假借字和形声字)的"两书"。也有人提出把汉字的构造类型分得更细些,如分为"独体表意字"、"合体会意字"、"形声字"、"半意符半记号字"、"半音符半记号字"、"独体记号字"、"合体记号字"等好几种。但不管怎么分,大体上都还是没有离开"六书"的框架。

划分汉字成员类型的再一个角度就是看汉字产生过程中"字形"与"字义"的相互关系。这样来看汉字,其中值得注意的有"假借字"、"古今字"、"异体字"、"繁简字"和"同源字"等几种情况。

"假借字"就是前面说过的借用一个同音的表意字符来作为另一个词语的字,假借字与被借用的字之间就有了假借字的关系。只是由于后来很多假借字或假借字的本字被形声字所取代,所以现代汉字中假借字并不多,大多是表示虚词的字,除了前面举的例子,常用的"的、了、也"等都是假借字。"古今字"是指假借字发展的一种情况。比如说开始时借用"簸箕"意思的"其"表示虚词的"其",到了后来又给原义的字加上竹字头变成了形声字"箕","其"和"箕"之间就形成了古今字关系,"其"出现在前,是古字,"箕"出现在后,是今字。类似的又如"责—债"、"孰—熟"、"昏—婚"、"反—返"等。其中像"其—箕"、"孰—熟"等是后来为本义另造新字,"责—债"、"昏—婚"等是后来为假借义另造新字。"异体字"则是指声音和意义都相同而存在着几种写法的字。本来一个词只需要一个代表它的字,可是不但古代"言语异声、文字异形",那时出现大量异体字在所难免,而且即使经过秦始皇时代"书同文"之后,几千年来在民间出现的异体字仍有增无减,《康熙字典》中就有三分之一是异体字。比如"涙—泪"、"棄—弃"等就是异体字关系。异体字倒不是完全没有理据的,比如"涙—泪",一个是形声字,一个是会意字;"熔—镕",因为着眼点不同,所以就一个用火旁,一个用金旁。但毕竟同音同义的字没有必要,所以换个角度看异体字有时也就有了"繁简字"关系。比如异体字"涙—泪"、"棄—弃"中的前一个是繁体字,后一个就可以看作简体字。不过广义的"简体字"不仅包括对异体字加以比较取舍的字,同时也指后来对本身没有异体字的字进行简化的字,比如"國—国"、"憐—怜"、"親—亲"、"層—层"等。简体字减少了字符的笔画,节约了书写的时间,有利于人民群众掌握文化,也符合汉字发展的总趋势,但长期以来却一直被斥为民间俗字。直到 20 世纪 50 年代国家颁布了"汉字简化方案"，简体字才获得了正式文字的地位。不过由于我国台湾、香港地区至今还使用繁体字，这也就客观上形成了另一种繁简字并存的局面。"同源字"则指由于汉字所代表的词的意义引申后又形成了不同的字之间的关系。比如"长（长短）、张（拉紧弓弦）、涨（水面增高）、帐（张开床上的用具）、胀（肚胀）"，后面几个字的意思都是从"长"的意思引申出来的，只是后来加上不同的意符，成为有同一来源关系的不同形声字。同源字主要是为了区别多义字而产生的，不仅在产生原因上不同于主要为了区别同音字的古今字，而且跟前面说的同义并存的异体字的性质也是完全不同的。

划分汉字成员类型的又一个角度是看汉字产生过程中"字形"、"字义"与"字音"的相互关系。这样来看汉字，其中主要就有"同音字"、"多音字"和"异读字"等几种情况。

可以设想汉字最初的情况应该是一个汉字只有一个读音和表示一个意思，事实上现在也仍还有一字一音一义对应的字。但是随着字符越来越多，意义越来越复杂，汉字的形音义就可能交叉和重叠。"同音字"实际上就是从另一个角度来看前面说过的"假借字"、"古今字"、"异体字"、"繁简字"等，因为具有这些关系的字都是同音的，只不过有的音同而意义不同，有的则是音同意义也相同。造成同音字有各种原因，比如历史发展中字音发生变化，但最主要还是因为汉字多而汉语中的音节总数少，而汉字都是单音节的，语音就难免会碰巧相同。前面说过在书面上"古今字"、"同源字"都有靠字形来区别同音字的作用，但是口语中有时同音字就难以区别。汉语的词由单音节为主逐步发展为双音节占优势，实际上就是为了在口语中也区别同音字（或者说区别同音词）。"多音字"、"异读字"看起来都是指一个字有多种读音的情况，但是多音字一般指具有不同读音而且分别表示不同意义的字。比如"行"有"行（xíng）走、行（háng）列"两个读音和意义，"差"有"差（chā）别、很差（chà）、差（chāi）遣、参差（cī）"四种读音和意义。据统计，现代汉语 3500 个常用字中，多音字就有 405 个，这是很高的比例。但由于多音字具有区别意义的作用，因此一般还是应该保留的。而异读字是有两个以上的读音但是意义又相同的字。比如"熟（shú/shóu）、波（bō/pō）"等。异读字并不区别意义，因此应该加以规范，保留其中一个读音就可以了。

B. 现代汉字家族的顶梁柱"形声字"

前面说过，自从汉字中产生了兼表音和意的"形声字"，形声字就逐步成为汉字的主体。甲骨文中形声字数量还很少,而到东汉《说文解字》中形声字就已占到80%;清代《康熙字典》中形声字已达90%。在现代汉字中形声字当然更是占到了绝大多数。现代汉字中的形声字不但数量多,而且内部情况也远比其他几类字符复杂。特别是"形声字"中"形旁(意符)"的表意作用和"声旁(声符)"的表音作用有时似乎不那么严格。例如"江"以"工"为声符现在已经不大好理解,"都"从"者"声就更不好理解了;至于像"瑞、端、湍、踹、喘、揣、惴","苔、治、怡、答"等同声符的字则没有一个字读音是相同的。又如"理"以"玉(王字旁)"为意符,不加解释就不明白为什么,而"骗"以"马"为意符,"笨"以"竹"为意符,"轻"以"车"为意符,"虹"以"虫"为意符,就更看不出在意义上有什么联系了。根据对6000个常用形声字的统计,声旁(声符)现在跟这个字的声韵调读音完全相同的只有约四分之一强;而形旁(意符)能从这个字的意义看得出来的也不过一半左右。那么该怎么看待形声字的这些情况,或者说怎么看待现代汉字中形声字的形旁(意符)和声旁(声符)的作用呢?

一方面应该看到,形声字的作用是其他字符形式无法取代的,形声字的形旁和声旁即使在现代也仍有重要作用。从形旁(意符)来看,形旁区别同音字作用仍很明显,比如以"亢(kàng)"为声符的字,加上"人"旁是"伉",加上"手"旁是"抗",加上"火"旁是"炕"。大多数的形旁现在也还是能够体现出这个字所属的意义范畴类别的。比如"江、河、湖、海"等中的"水"旁就表示这些字都跟水有关;"花、草、菊、菜"等中的"艹"旁就表示这些字都跟植物有关;"桌、椅、柜、橱"等中的"木"旁就表示这些字都跟木头有关(至少在古代这些东西都要用木头做)。此外,带"目"旁的字大多跟用眼睛有关,带"足"旁的字大多跟用脚有关,带"口"旁的字大多是表示跟嘴有关的器官、动作和发出的声音等。所以通常情况下看到汉字的形旁还是能大致想到字的基本意义类别。比如从骨头上把肉刮下来要用"刀",所以是"剔";抬脚撞击要用"脚",所以是"踢";小心谨慎要用"心",所以是"惕"。从声旁(声符)来看,至今有不少形声字的声符还是能准确地标示出字音,比如"皇、希、奂、历、斯、唐、亭、加"等作为声符就都能准确地表示字音。即使声符表示的字音发生了变化而不准确了,但是由于古人造字遵循"同声必同符"的原则,所以声旁仍有声韵的归类作用。比如带声旁"成"的"城、诚、晟、盛"等字,虽然读音不尽相同,但是至少声母都是舌尖后音,韵母的韵尾都是舌根鼻音;再如以"良"为声符的"粮、浪、廊、朗"等字的读音也不同,但至少声母都是边音[l],不是鼻音[n],韵尾也都是舌根鼻音[-ŋ],不是舌尖鼻音[-n]。这也就可以利用声旁把现在很多人都分不开的声母和韵母的大类区别开了。

另一方面应该看到，虽然有些形声字确实已经不能严格表音和表意，但这主要是形声字造字的特点和历史的变化造成的，不能完全用现代的眼光来看。首先是有些形旁和声旁的样子现在不容易认出来了。形声字的形旁和声旁原本是独体字，但用作形旁和声旁时形体往往发生变化或简化，在普通人眼里当然就难以辨认了。可以认为在创制文字初期，形旁跟原来的独体字在形体上应该是基本一致的，声旁跟整个形声字也应该是相同或接近的，只是到了后世声旁和形旁的样子才变得不那么明显了。所以有的文字学家才把这些不易辨认的形旁和声旁统称作"记号"。其次是有些形旁和声旁的作用现在不容易看出来了。形声字的形旁虽只表示某个意义类别，并不跟具体词义相联系，但古代的意义范畴跟现代相比也会发生变化。比如"木"旁的"机器、飞机"的"机"以及"楼、枪、桥、杯"等现在都不一定是用木头造的，但前面说过古代造这些字却一定是跟木头的意义有关。而"修理、管理、整理、理由"的"理"现在好像看不出跟"玉"有什么关系，但古代造字时"理"的本意却就是"治玉"。至于"骗、笨、轻"等中的形旁不表意，实际上是同音假借造成的。形声字里的有些声旁之所以不能准确表音，除了声旁的读音会发生变化，也有造字时的一些特殊情况。有时是"省形"、"省声"造成的。如"珊、恬"中的声旁看起来不表音，实际造字时的声符是"删、甜"，只不过省去了其中一部分。也有时声旁本来就并不用来表音。因为有的声旁作为独体字是通过语音联系来表示某个词语的，因此仍有相应意义；而有的形声字加上形旁后却并没有让形旁承担字的意义。如"左"加形旁"人"成了"佐"，"右"加形旁"人"成了"佑"，人旁就没有什么意义，只是表示原来的"左"和"右"都成了动词；就像后世创造的形声字"捐"，手旁只表示"肩"加了手旁就成了动词，而这些字的意义却仍然是由原来独体字音符，也就是现在的声旁来承担的。形声字中这类声旁兼表意、形旁兼表音的情况并不少。

C. 汉字的"特点"和汉字的"优缺点"

上面说的各类汉字特别是形声字的一些情况，实际上也就引出了另一个问题，即汉字到底是"优点"多还是"缺点"多。汉字的优点和缺点也有人更愿意称作汉字的"特点"。一般认为如果跟印欧语比较，汉字最主要的特点可以概括为以下这么几条：

一是汉字和没有形态变化的汉语基本适应。印欧语言有形态变化，也就是常常要在词的前后加上零碎,比如复数名词要加"-s",动词过去时要加"-ed"等,这种变化用表示音素的字母来记录就比较容易。而反过来汉语一个字始终就表示一个语素(古代是词),没有词形变化,所以汉字正好是符合这一特点的。可以假设,如果汉语中也出现了词的前后加零碎的形态变化,那么现在这种汉字形式就可能会改变。比如日语因为本身也有一些词形的变化,所以借用汉字之后又创造出假名字母来补充,就是这种情况。

二是每个汉字都有意义,而且形、音、义统一。印欧语的感知单位(音素)、听觉单位(音节)和意义单位(词)三者各自独立,表音字符不联系意义,因此就比较适合采用意义和声音分离的音素文字。相反汉字的字不但有字形、有读音,还都有意义,形音义三者统一在一个汉字中,因此就比较适合采用表意兼表音的意音文字。可以假设,如果汉字字符也都只表音而不表义了,那么现在这种文字形式也就可能会改变。比如越南语只借用汉字来记录他们语言中的音而不联系意义,所以后来变成了拼音文字,就是这种情况。

三是汉字字形不跟着读音改变,具有超时间空间性。印欧语是音素(音位)文字,读音变了文字也跟着变。比如现代英国人看600年前的英语诗歌就可能看不懂,同属拉丁语系的法文、意大利文、西班牙文等,不同国家的人不经过学习可能也看不懂。而汉字则即使读音改变了,字形和字义也基本保持不变。所以从古到今,现代中国人读2000多年前《论语》的句子"三思而后行"、"三人行必有我师焉"等,不会感到有太大困难。从北往南,今天的北京人、上海人和广州人互相之间说话可能听不懂,可是书信往来就没有问题,也可以看同一种报纸。这都是因为虽然汉语古今和方言的语音可能不同,但是字的写法和字的意思没变。可以假设,如果汉字字符也都跟着读音变化,那么不但历史上的文献现在可能无人能懂,而且各种方言也就可能会像古罗马的拉丁语那样,分化成不同的语言了。

四是汉字虽是意音文字,但缺乏完备的表音系统。印欧语是音素(音位)文字,而且字符随着读音而改变,所以看到若干个字母的组合大致就能拼出正确的读音来。而汉字虽然都有读音,但很难通过字符准确和统一地标示出来。象形字、指事字和会意字等本来就没有专门表音的成分,看到字其实无法知道音。就是有表音成分的形声字,声符也大多不能提示正确的读音。俗话说"认字读半边",实际上很不可靠。所以有人认为,如果要求汉字的字符都可以准确表示语音,至少现在这套汉字字符体系是难以实现的。

五是汉字的字符数量繁多,字形结构也过于复杂。对任何一种语言进行分析,其中包含的音素(音位)的数量总是有限的,而包含的音节的数量就较多,包含的语素或词语的数量就会更多。印欧语的字母记录的是语言中的音素(音位),这样字母数量也就很有限。比如英语字母只有 26 个,俄语字母也只有 33 个。字母数量少,当然字形也就不会很复杂。而汉字记录的是汉语中的语素或词。这样一方面是字符的数量十分巨大,汉字的总数估计在五万个以上,通用字也有 7000 个;另一方面则是字符的结构十分复杂,汉字的基础部件就有 560 个,笔画形式和组合方式也各种各样。所以一般认为这也就造成了汉字难认、难读、难写、难记的所谓"四难"状况,使得汉字的学习和使用都比较困难。

上面说的五点是客观存在的汉字的"特点"。如果非要说"优缺点":有人认为前三条是汉字的优点,后两条就是汉字的缺点;也有人认为正是前面的优点造成了后面的缺点,或者说要改变后面的缺点,前面也就成了缺点。有人认为汉字的缺点是主要的,所以必须走世界共同的拼音文字的道路;也有人认为汉字的优点是主要的,所以必然要维持目前意音文字的现状。在这个问题上,目前学术界和社会上都有很多争论意见,当然可以继续讨论。不过有一点还是肯定的,就是不管怎么看待汉字的优缺点,都不能走向极端。

一方面不能看到汉字有缺点,就把汉字说得一无是处。比如虽然看起来学习汉字要比学习字母困难些,但是拼音文字毕竟是一种无理性的符号,汉字则大多是有理性的符号。比如毒药瓶子上画个骷髅,托运的箱子上画个玻璃杯,这就是有理性符号,一看就明白,也很容易记住;而电话号码、电报码,则是无理性符号,只能死记硬背。英文"man"和"woman"为什么表示男人和女人,没什么道理可说;但汉字的"男"和"女"确是有道理的,"男"是会意字,表示人在田地里劳动,"女"是象形字,描绘了女人两手相交的样子。前面说过,汉字中象形字、会意字等都可以表形表意,形声字的形旁也往往有提示汉字意义类别的作用。从符号学角度看,有理性的符号容易理解,无理性的符号则很难记忆。这样说来,汉字这种有理性的字符就反而应该更容易理解和更容易记住,至少学习汉字的利弊也是参半的。

另一方面不能因为汉字有优点,就把汉字说得神乎其神。比如就不必非说拼音文字怎么怎么不好。拉丁字母从 14 世纪开始就已成为欧洲许多新兴国家的文字,以后又传播到整个美洲和大洋洲、大半个非洲和小半个亚洲,现在已经有 160 多个国家使用,差不多也成为了全世界的通用字母;这自然有它存在和发展的道理。汉字虽然还没有成为拼音文字，但至少由拉丁字母作为符号的汉语拼音方案就已经作为认读汉字的辅助工具。又比如即使承认汉字有"见字知义"的好处，但也不能碰到什么字都想当然地加以解释。比如有人就说："人多"为"侈"；"父多"为"爹"；"儒"表示人需要教育；"假"都是人做的；十分具体是"真"；"京"上面表示"上"和"天"，下面表示太阳、月亮和星星的光线；"孀"表示内心打了霜的妇女，又跟"双"同音表示看到别人成双结对自己内心十分凄凉。这样的一些所谓"新说文解字"，不但牵强附会，甚至有点像算命先生的胡说八道了。至于还有些人说因为汉字能直接"表意"，因此可以适用于任何一种语言，比如任何一个民族的人见到汉字的"日"就可以懂得那是"太阳"的意思，甚至说外国人也可以根据汉字看得懂中文书刊，只不过是把其中的字读成不同的音罢了。这种把汉字神化的观点同样是没有任何科学根据的。

第五讲

语言的建筑材料——语汇

5.1 语汇是语言的建筑材料

人们说的一句一句的话、写的一篇一篇的文章中用来表达意义的最基本的东西是什么？其实并不是字母或者像汉语中那样的文字，而是成千上万的词语。词语的总称是"语汇"，因此可以说"语汇"就是构成语言的基本材料。关于语汇，首先需要了解几个重要的概念：一是什么是语汇，也就是语汇的"定义"；二是语汇有哪些表现特征，也就是语汇的"性质"；三是语汇中有哪些需要研究的问题，也就是关于"语汇学"。

1. 什么是"语汇"

人们说话时除了要知道怎么发音，要知道一定的语法规则，还必须使用词语；反过来说，其实语音就是词语的发音，语法也就是关于组词造句的规则，更不用说表达任何意义也都离不开词语了。如果把说出来的一句一句、一段一段的话比作已经建成的高楼大厦，那么词语就是构筑这些高楼大厦的建筑材料。建筑材料分砖瓦泥石等多种多样，词语的种类也多种多样。以汉语为例：有的词语很短，如"看"、"书"，有的词语较长，如"鸦雀无声"、"中国人民政治协商会议"、"三个臭皮匠，顶个诸葛亮"；有的词语意义很实在，如"汽车"、"颐和园"，有的词语意义就较虚泛，如"了"、"的"；有的词语意义单一，如名词"月亮"、动词"嗑（瓜子）"，词典中只有一个义项，有的词语意义复杂，如动词"打"和名词"头"，词典中都列出几十个义项。人们在交际时说出、写出的各种句子和语段、篇章，就都是由这些长短有别、虚实各异、义项不同的词语组合而成的。

　　上面说的词语,在语言学上通称为"语汇"。语汇和语音、语法、语义等一样,也是语言结构系统的一个要素。语汇也可以叫作"词汇",两种术语的意思差不多。不过说词汇容易被误解为只是指"词",说语汇就明确包括了"语"。因为"词"在语法上有专门的定义,即"最小的、有意义的、能独立使用的语言单位"。如上面的"月亮"、"看"、"了"等,就是典型的汉语的"词";英语"moon(月亮)"、"look(看)"等也是词(word)。但词还不是语汇的全部。词以外的"语"就指那些长度相当于语法上的词组或句子,但意义和用法都相对凝固的语言片段,即所谓"固定词组"或"熟语"。如上面的"颐和园"、"中国人民政治协商会议"是专有名词,"鸦雀无声"是成语,"三个臭皮匠,顶个诸葛亮"是谚语,这些都是汉语的某种语;同样像英语的"The United States of America(美利坚合众国)"、"hang by a hair(危在旦夕)"等也是语(set phrase or idiom)。语也是语汇的一部分。因此可以说,语汇就是一种语言中词和语的总和。通常词典中收录的,就不但有词,也有语。

　　语汇或词汇作为语言学的术语是一个特定的集合概念,顾名思义即是词和语的汇集。因此它只指一种语言中全部词和语的整体,而不是指具体的一个一个的词或语。比如"我们祖国语言的语汇十分丰富","汉语的词汇教学要循序渐进"等中的"语汇(词汇)"就表达了这个术语的意思。不过有时也会听到有人说"报告中使用了很多专业语汇","《红楼梦》词汇研究"等,这里说的"语汇(词汇)"的范围显然稍小些。不过这么说的时候它还是某种集合概念,即指某个专业、作品、作家等特定范围的词语,仍指的不是个体词语。如果用"语汇(词汇)"来指称个体的词语,例如说成"这个语汇用的不正确","北京人今年又创造了几个新的词汇"等就不恰当了,这两句中的"语汇(词汇)"应改用"词"或"词语"。这一讲里讨论的语汇,有时指前一种意思,如汉语语汇、英语语汇等;有时指后一种意思,如"基本词"、"一般词"等;有时也直接使用"词"或"语"的概念来表示这些意思,如"外来词"、"方言词"、"成语"、"歇后语"等。但无论哪种说法,都是指一个范围或一个类别的词语,不指个体的词语;当然举出的例子还是一个一个的"词"或"语"。

　　那么一种语言的语汇中包含多少具体的"词"和"语"呢?比如汉语语汇有多少词语,英语语汇有多少词语?这一时很难说得清楚。一般说一种语言的历史越悠久,该语言的语汇所包含的词语数量肯定就越多;而一种语言的语汇中词语数量越多,也就表明这种语言越发达。如汉语有文字记载的历史就已有 3000 多年,很多殷商时期甲骨文中就已出现的词语至今还在使用。仅《汉语大词典》这种基本上还是以常用词语为主的词典中收录的词条就已达到 37 万多条,如果把不同义项分开算,词语的数量就更大。因此汉语当之无愧是世界上语汇最丰富的语言之一。

2. 语汇有什么样的性质和特点

语汇作为语言结构的要素之一和语言中词和语的总和,在产生、使用和发展上有这样一些重要的性质和特点:

A. 语汇在产生时既有任意性的一面,又有理据性的一面

任何语言的词语,特别是意义单一的词,发什么音表什么义在初始的阶段大多是任意的。比如就某个词语的初始意义来说,汉语把某一种东西叫作"书(shū)",而把另一种东西叫作"笔(bǐ)";英语把"书"又叫作"book [buk]",把"笔"又叫作"pen [pen]":这都是任意的。而对某一组词语的初始意义来说,即使知道了"来",也无法知道"去";即使知道这个动物叫"猫",也无法知道那个动物就叫"狗";知道了"1—9",也无法知道下一个就是"10":这也都是无法推论的。换句话说假设最初汉语把"书"就叫作"笔",把"来"就叫作"去",也未尝不可,因为在用什么词语命名什么事物之间并没有必然的联系。

但语言中也有相当多的词语,特别是"同源词"和"复合词",其音义联系也会有一定的理据性。"同源词"指有相同音义来源的一组词语。比如汉语的"张(zhāng)"这个词,其初始义是把弓弦装在箭上及拉开弓弦(《说文解字》:"施弓弦,从弓,长声。"),如成语"改弦更张、剑拔弩张"中用的就是这个意义,这当然是任意的。但后来又产生了一批词语,如"帐(升帐)"、"涨(水涨船高)"、"胀(热胀冷缩)"、"涨(泡涨了)"等,这些词语就不但与"张"的语音近似,而且与"张"的引申意义(施放→拉开→展开→使增大)有着某种联系,这些就差不多是可论证的了。"复合词"就是两个以上语素构成的词语。语素和语素相互组合当然会有一定的关系,如汉语"雨衣"就是"下雨时穿的衣服"的意思,"收音机"就是"收听广播声音的机器"的意思,这些也就是可论证的了。其他语言中这样的例子也很多,如英语"rain-coat(雨衣)"就是"rain(雨)"和"coat(外衣)"组合的意义,"train-station(火车站)"就是"train(火车)"和"station(车站)"组合的意义。

由此可见,语汇的任意性和理据性是统一的:任意性是语汇得以产生的途径,理据性是语汇不断丰富的手段。

B. 语汇在表达上既有普遍性的一面,又有民族性的一面

语言中的语汇,特别是实词语汇,与逻辑上的"概念"有密切的关系,因为概念和词语本质上都是对客观事物的反映。因此可以说只要客观事物中有某种概念,就一定会有某个相应的词语来表达它,这方面所有的语言都一样,这就是语汇的普遍性。例如客观事物中有太阳、高山、河流、夜晚,那么无论哪种语言都会有反映这些事物概念的词语。如汉语有"日(太阳、日头)"、"山(高山、大山、深山)"等;英语也有"sun(太阳)"、"mountain / hill(山)"等。即使有的事物原来没有而现在出现了,或有的事物原来你有而我没有,各种语言也会创造出某个词语来表达这个事物。例如电子计算机是近年出现的一种事物,英语用"computer"这个词来表达,汉语则称作"电脑"或"计算机";再如英语管用网络发送邮件的通讯方式叫"E-mail",汉语虽然至今还没有专门的名称(有人意译作"电子邮件",也有人音译作"伊妹儿、伊美尔",但多数还是直接用英文原文),但可以肯定很快就会出现一个通行的汉语词语来表达这个事物。

但词语对客观事物的表达与概念对客观事物的反映又有许多不同,其中最明显的就是词语往往反映某个民族对事物的独特认识,在这方面不同语言就可能有明显的差异,这就是语汇的民族性。例如各民族都有某种虚幻的神灵概念,这反映在语汇上,英语就有"the God(上帝)",阿拉伯语就有"Allah(真主)",而汉语则有"玉皇大帝"和"观音菩萨"等词语。再如同样一个词语,汉语的"钥匙"只指"开锁的工具"(最多还有比喻的用法),而英语"key(钥匙)"还可以表示"答案、关键、要点"等意思,也就是有不同的引申意义;英语"eat(吃)"后面只能跟食物等,但汉语却还可以说"吃败仗、吃官司、吃劳保、吃了亏、吃惊"等,"吃"也有许多别的意思。这些就都说明不同语言的词语也并不一定反映完全相同的概念,而可能在对象、范围、褒贬等方面大异其趣。

由此可见,语汇的普遍性和民族性也是统一的:普遍性使得各种语言的语汇能表达大量共同的概念,而民族性使得某种语言的语汇又能体现一些独特的认识。

C. 语汇在变化中既有活跃性的一面,又有稳定性的一面

语汇同语音、语法比较起来,与社会生活的关系更加直接。因此社会生活的发展变化,都会很快反映到语汇中,这也就使得一些旧词语逐渐从人们口中消失,而很多新词语又不断在交际场合和传播媒体中出现,变化更替的速度甚至是惊人的,这就是语汇的活跃性。比如汉语在若干年前使用频率

很高的一些词语像"人民公社、插队、工宣队、红卫兵、斗私批修"等,现在的青年一代已经几乎不知道是什么意思了。而据抽样调查统计目前最热门的一些词语,如"下海、上网、电脑、大款、回扣、跳槽、手机、短信"等,都无一不是近几年才产生的。国内最具权威的《现代汉语词典》1978 年正式出版后仅几年就因为新出现的词语太多而不得不推出"补编本"、"增补本";2003年商务印书馆还专门出版了《新华新词语词典》,其中收录了"泡妞、二奶、三陪、蓝牙、黑客、上网"这样的一些新词语;而 1999 年修订再版的《辞海》中新增加的词条也有 5000 条之多,而且据说马上又要进行大规模的修订了。其他语言的语汇也是这样,世界上权威的《韦氏英语大词典》隔几年就要修订一次,每次新增词条的数量也十分巨大。从这个角度确实可以说语汇是语言结构系统各要素中最易变和最活跃的。

但同时语汇的变化又不是随心所欲的,它要受到社会约定和语汇系统的严格制约,也有极强的稳定性。所谓"社会约定的制约"指的是很多词语的声音、意义和结构形式一旦形成就基本固定下来,不能随意改变。例如从科学意义上说,"熊猫"不是"猫","鲸鱼"也不是"鱼",但大家约定俗成都这么说就不能随便改变。再如"半斤八两",不能因为现在已没有了 16 两制而改说成"半斤五两",或者"马路"现在不走骡马而改说成"车路"。同样也不能因为"妻子"只指妻不指子,"窗户"只指窗不指户,就非用别的词来取代。除非社会共同认可或经过必要的规范,否则随便改变词语的意义和用法就会造成人们的交际障碍。所谓"语汇系统的制约"指的是某些系统性强的基本词语一般都处在一定的语义集合关系即"语义场"中,也不能随意破坏。例如在古代汉语中表"走"的意思用"行"这个词,如"行百里者半九十"、"三人行必有我师焉",表"跑"的意思用"走"这个词,如"走马观花"、"飞沙走石";但由于后来又多了"跑"这个词,该词语的子系统就必须要重新调整,如用"跑"代替"走",用"走"代替"行",而"行"就不再使用了(现在只作为语素还保留在"人行道"、"步行"这样的词中)。再如汉语亲属称谓中区别"姐姐"和"妹妹",但英语"sister"却既表示姐姐又表示妹妹。这并不能简单地说英语比汉语的词语少,实际是英语的某些亲属词覆盖的范围比汉语大,假如英语要再加一个新词进来,那么其内部也就得加以调整,比如非要说"elder sister(姐姐)",那就同时也得有"younger sister(妹妹)"。这也就像汉语的颜色词"白"只分得出"雪白、乳白",而生活在北极附近的爱斯基摩人语汇中的"白"却有十几种之多。这也并不是说那里颜色的数量更多,只是由于该地区经常下雪,因此那里的人对雪的白色有着更多的感受,包括下着的雪的白色,下到地上的雪的白色,冻起来的雪的白色,开始融化的雪的白色等等,所以把颜色词语义场中"白"这一块分得更细罢了。从这个角度说语汇也同样具有稳定的一面。

由此可见,语汇的活跃性和稳定性也是统一的:活跃性使得语汇的个体元素不断地增加和更替,这是为了满足社会生活变化的需要;但稳定性又使得语汇的基本成分和整体系统保持了固定和平衡,这也是为了保证社会交际能够正常进行。

3."语汇学"研究些什么内容

一种语言的语音可能听不懂,但分析到最后无非是几十个元音和辅音,或再加上几个声调的相互组合,学会了拼读规则或拼音方法也就能发出这种语言的语音了。一种语言的结构形式也可能各种各样,但归纳其语法规则也无非是形态、语序、虚词和句法关系等,数量也是有限的,知道了这些规则也就能造出无穷无尽的句子。但是语汇的情况要复杂得多,至少任何一种语言包含的词语的数量就都十分巨大,而每一个词语彼此又都不相同,必须一个一个学习。加上旧词语和新词语不断更替变化,词语的意义也不断发展增加,所以谁也不敢说他已经掌握了一种语言中所有的词语。但尽管如此,语汇也不是杂乱无章的。语汇作为语言结构系统的一个要素也有自己的内部系统和使用规则,也可以建立某些关系类别。研究语汇背后这种规律性和系统性以及语汇的结构关系和类别的学科就是"语汇学"。

前面说语汇是语言系统的要素之一,语汇学当然也就跟语音学、语法学、语义学等一样,也是关于语言的一门分支学科。但比较而言语汇学的地位比较特殊,或者说对要不要建立独立的语汇学,目前还有不同的意见。

按照传统语言学的看法,语言系统可分成"语音"、"语汇"和"语法"三个要素,这其中有语汇部分而没有语义部分。换句话说就是语义学并不是独立的,而是附在语汇学中。这种看法有一定道理。因为语言中的意义绝大部分是由词语来负载的,研究语义就必须研究语汇。但这种分法也有毛病,因为事实上不光是词语有意义,词组也有意义,句子也有意义,如果说词组和句子具有的超出词语搭配意义以外的意义是语序、语调等语法形式或语音形式赋予的,那么语法形式或语音形式也就都有意义,所以单靠语汇来研究语义是不够的。

为此现代语言学提出一种新的意见,即语言的系统应分成"语音"、"语法"和"语义"三个要素,其中就有语义部分而没有了语汇部分。换句话说就是语汇学并不是独立的,词(包括语)与词组、句子等一样,只是一种语言单位,其意义问题归入语义学,其结构问题归入语法学。这种看法显然也不无道理。因为这样一来,所有语言单位即语素、词、词组和句子等都既有语音,又有语义,还都涉及语法问题;反过来语音、语义和语法就都既管语素、词组、句子,也管词和语。但这种分法同样有些问题,一方面语言中的意义有实有虚,其中虚的意义,即结构关系意义、虚词意义等,只能看作是语法现象,否则这种意义根本无法捉摸,可见语义部分其实也管不了所有的意义。另一方面词和语作为造句的基本单位,其"最小、音义结合、意义凝固、独立使用"的特点又确实使它负载了语言中最主要的意义,即所谓"词汇(语汇)意义"。学习一种语言,肯定少不了一本词典,要理解一句话的意思,往往也先得查词典,也就是这个道理。所以即使按照"语音、语义、语法"三分的看法,事实上也还是少不了要外加一个"词典(词库)"部分,专门用来研究语汇。

由于有上面说的这些不同意见,我们就暂时采用一种变通的办法,干脆"语音、语汇、语义、语法"四分,即把它们都看作是语言系统的要素,而语汇学则是其中平行的但又比较特殊的一个分支。不过这样一来语汇学管什么就要重新定义。在别的很多书中,词语的意义,也包括语素义和语素义的组合等,都是放在语汇部分的。现在我们把实词(即有实在意义的词)的各种意义问题,放到语义部分(本书第七讲)去讨论;而虚词(即没有实在意义的词)的意义,本来就是语法形式体现的意义,仍归入语法部分(本书第六讲)。而在别的很多书中,词语的构造又可能是放在语法部分的,因为那也是一种结构形式。但现在我们把它放到语汇部分来讨论。这是因为,词的内部语素与语素的组合形式不完全等同于句法结构的形式,即词的构造具有某些特殊类型;同时词的内部语素与语素的意义关系也不完全等同于句法成分的关系,即语素之间不完全是搭配关系,语法分析也往往不需要分析到语素。这样就不如只把整体的词作为最基本的语法成分,把词与词或更大的词组与词组的组合形式作为语法结构,而词的内部构造就作为语汇问题了(参看本书第六讲的讨论)。除了上面说的情况以外,词语的某些形式分类和用法分类,也还是要放到语汇部分(但词的意义分类也放到语义部分)。这样,本书讨论的语汇学主要就包括两个方面的内容:一是语汇的类聚系统,二是语汇的构造形式。这也是目前关于语汇学分工的一种可以接受的意见。

5.2 词语的"类聚关系"

俗话说"物以类聚"。语言中的词语成千上万,当然也不只是一盘散沙,所以也需要"分门别类"。语汇内部可以从不同角度、根据不同标准进行分类,或者说某个词语可以从不同角度看分别属于不同的类。通过词语的不同类聚关系也就可以构成一个完整的语汇系统。了解词语的类聚关系,对于词语的形式、词语的来源、词语的作用,以及在什么场合使用什么词语等等,都是有用处的。下面就从"词"和"语"的分类说起,然后分别讨论一下"词"的类别和"语"的类别。

1. 语汇系统中的"词"和"语"

前面说过,语汇既包括"词",也包括"语"。这是因为词和语都具有"意义凝固,形式固定,是最基本的语言单位"的性质特点。比如"大学"肯定是词,"教师"也肯定是词,因此两个词合起来"大学教师"就不再是词,而是比词大的词组了。但"北京"是词,"大学"也是词,合起来的"北京大学"却不像词组那样只是临时的组合,而是形成了一个有专门指涉意义的名称,并且又经常合在一起使用,因此在意义的凝固性和用法的固定性上又接近词。再如"穿"是一个词,"皮鞋"是一个词,所以"穿皮鞋"是比词大的词组;但"穿小鞋"却不同,它有特定意义和固定形式,因此又接近词。进一步说,"穿新鞋"是由"穿"和"新鞋"构成的词组(甚至"新鞋"也是词组);但比它更长的"穿新鞋,走老路"却同样因为有特定意义和固定形式,反而又接近词。正因为"北京大学"、"穿小鞋"和"穿新鞋,走老路"等都在意义和用法上有词的特点,所以语汇系统中也应该包括这样的语言片段。但是它们毕竟又与严格意义的词有明显区别,即都包含了两个以上的词,组合形式上又类似于词组,所以还必须把它们跟词分开,并且给它们另外的名称,比如叫作"固定词组"或"熟语",或者统称"语"。因此语汇的类聚系统首先应分成"词"和"语"这两大类。

"词"实际上既是语汇单位,又是语法单位。因此词的整体定义在语汇和语法角度上说都是相同的,即"最小的、有意义的、能独立使用的语言单位",说得通俗一点,词就是可以在句子里被自由地挪动或者被别的成分替换的成分。但是词的内部分类,从语汇和语法的角度看却有不同。词的语法学分类主要根据词的语法功能,如分为动词、名词、形容词、介词、助词等(参看本书第六讲)。而词的语汇学分类根据的主要是词的构造形式,词的语音形式,以及词的来源、地位和用途等等。这些分类其实又都是相互交叉的。比如"水"和"香水",语法上都是名词;但从语汇学角度看,"水"在语音形式上是单音节词,在构造形式上是单纯词,在地位作用上是基本词和常用词;而"香水"则是双音节词、复合词、一般词和非常用词。"一朵花"的"花",语法上是名词,"花钱"的花,语法上是动词;但语汇上它们都是单音节词、单纯词、基本词和常用词,另外在音形关系上还是同音词和同形词。后者的不同类型就构成了语汇中"词"的类聚系统。

"语"只是语汇单位,不是语法单位。因为单从语法结构角度看,前面提到过的"北京大学"、"穿小鞋"、"鸦雀无声"等差不多就是词组,而像"三个臭皮匠,顶个诸葛亮"、"穿新鞋,走老路"等甚至就是句子,它们只是在意义和用法上有一定的凝固性才成为语汇单位的。所以"语"的定义就是"由两个以上的词构成,但意义比较凝固,又经常作为一个整体单位使用的固定词组或熟语性语言片段"。语的内部由于都包含两个以上的词,所以跟词的内部分类没有类同关系,其主要类型就是一般所说的"专有名词",如"北京大学";"成语",如"鸦雀无声";"惯用语",如"穿小鞋";"谚语",如"三个臭皮匠,顶个诸葛亮"等。

2. 从多种角度看"词"的分类

除了词的意义关系类(参看本书第七讲)以外,词主要可以根据以下几种不同标准进行分类,或者说每个词都同时分别属于下面不同角度的类别。

A. "单音节词"、"双音节词"和"多音节词"

这是根据词的音节数量的分类,也就是看一个词由几个音节构成。各种语言的词都可能包含不同数量的音节,如英语的"sun(太阳)"只有[sʌn]一个音节,"water(水)"是由[wɔː]和[tə]两个音节构成的,而"neuropathology(神经病理学)"这个词就有 [njuə-rou-pə-θɔ-lə-dʒi] 六个音节。汉语的词根据音节的数量一般分成单音节词、双音节词和多音节词三类。如"书、看、好、了、吗"是单音节词;"著作、阅读、干净、罢了"是双音节词;"半导体、冰糖葫芦、罗曼蒂克"是多音节词。

不过英语等语言中词的音节多少跟词的用法和构造关系并不大。而汉语中词的音节多少却不仅是一种语言习惯,它反映了汉语词的一些特点。其中最明显的就是可以看出古代文言词语和现代白话词语的区别。事实上古代汉语中就是单音节词占绝对优势,如《论语》中除约 2—3% 的人名、地名外,几乎都是单音节的词。但到了现代汉语中则肯定是双音节词占优势了,有时甚至不是双音节的词也要变成双音节的词才能说。比如"不宜"的反义词不是"宜",而得说"宜于";"＊重大事"、"＊共同管"不大说,而变成双音节词或双音节词的组合,如"大事、重大事情(事件)"、"共管、共同管理"才比较顺当。此外现代汉语的词的双音节化倾向还有一些重要的作用:首先变成双音节以后同音词少了,如"yi[i⁵⁵]"这个音节,文言有"一、医、衣、依"等好多词,但改成双音节的"医疗、衣服、依靠"等词,就都不是同音词了。其次是变成双音节以后多义词少了,如文言"道"这个词,有"道路、道理、道义、道学、道德"等许多意思,但改成双音节词,它们的意义也就区分开了。另外现代汉语词的双音节化可能还有韵律的作用,如本来是"制/电影片"要变成"电影/制片",甚至"贫/下中农"要读成"贫下/中农",变成双音节组合后至少读起来比较顺口。

B."单纯词"和"合成词"

这是根据构成词的语素数量的分类,也就是看一个词由几个语素构成,这是词最重要的一种构造分类。任何语言中都有语素这种"最小的有意义的语言单位"(即在"有意义"前提下"最小")。这样根据一个词中包含多少个语素,就可以把词分成"单纯词"和"合成词"这两类。

"单纯词"是由一个语素构成的词,也就是只有一个表义成分的词。如英语的"man(男人)、sick(病)、in(在⋯⋯里)"等,汉语的"人、病、在、了、哗啦、咖啡、蜘蛛"等,就是单纯词,因为这些词从音义结合的角度不能再分解,分开后的成分就没有意义了。"合成词"是由两个以上语素构成的词,也就是有两个以上表义成分的词。如英语的"icebox(冰柜)、rainbow(彩虹)、gentlemanly(有绅士风度的)"等,汉语的"道路、旗袍、狂热、心疼、悦耳、纠正、椎子、灰溜溜、图书馆"等,就是合成词,这些词都可以分解成更小的各自有意义的几个语素,分开的成分仍有意义。例如英语"icebox"可分解成"ice + box"两个语素,"gentlemanly"可分解成"gentle + man + ly"三个语素;汉语"道路"可分解成"道 + 路"两个语素;"图书馆"可分解成"图 + 书 + 馆"三个语素。

单纯词与单音节词,合成词与双音节词或多音节词(统称多音节词)之间有一定的联系,但还不是相同的概念。特别是汉语,单音节词中除极个别的如"俩(=两个)、仨(=三个)、卅(=三十)"等几个"合音词"外,基本上都是单纯词。但单纯词却不仅限于单音节词,也就是说单纯词既包括由一个单音节语素(也就是汉字)构成的词,也包括由一个多音节语素(多个汉字)构成的词。反过来说即汉语的合成词绝大多数是多音节词,但多音节词却不一定是合成词。汉语中多音节但又不是合成词的词主要有以下几种:拟声词(模拟声音的词),如"噗通、轰隆、乒乓"等;连绵词(两个音节合起来才表示一个意思的词),如"恍惚、崎岖、朦胧、徘徊、逍遥、垃圾、蝴蝶"等;叠音词(两个相同语素重叠才表示一个意思的词),如"猩猩、蛐蛐、姥姥"等;还有译音词(用近似声音的汉字翻译外语的词),如"马达、沙发、巧克力、奥林匹克"等。汉语这些类型的多音节词因为不能再分解为更小的有意义的单位,或者说合起来才能表示意义,因此也都是由一个语素构成的单纯词。其他语言中也有这种单纯词,如英语中的"Olympic(奥林匹克),Sandwich(三明治,原是人名),Kodak(柯达,拟声商标名)",因为分开了就没有意义,合起来才表示一个意义,也是多音节的单纯词。

C. "同音词"和"同形词"

这是根据词的音形关系的分类,也就是看一个词的语音(读法)或语形(拼法或写法)是否相同。语言中大多数的词都不同音或不同形,但也有一些是相同的。其中语音相同的就可以叫作"同音词",语形相同的就可以叫作"同形词"。

各种语言都有同音词和同形词,如英语"right(正确的/右边)"和"write(写)","there(在那里)"和"their(他们的)",是同音词;名词"book(书)"和动词"book(预订)",名词"well(井)"和副词"well(好)",就既是同音词又是同形词。汉语这方面的现象更加普遍,交叉起来三种情况都很多:一种是同音不同形,如"机、鸡、基、击、肌、几","公式、工事、公事、攻势";一种是同形不同音,如"乐(音乐/快乐)","差(差错/出差/差点儿)";还有一种是又同音又同形,如"花(花店/眼花/花钱)","光(阳光/光说/吃光)"。

汉语的同音词多,特别是单音节同音词较多,有多种原因:一是语音偶合,即读音碰巧一样。汉语普通话的音节数量算上声调也不过1200多个,大大少于其他语言,这样就难免有同音的词语,前面的例子大多就是这种情况。此外汉语原有的词和音译的外来词,如"砖瓦"的"瓦"和"瓦特(watt)"的"瓦","站立"的"站"和车站的"站(来自蒙语)",也会碰巧成为同音词。二是历史音变,即读音原来不同,后来发生了变化才相同。如汉语"事、试","南、难","合、河",在历史上并不同音(现在粤方言、吴方言中也仍不同音),但随着汉语大多数方言中声母清浊区别和双唇鼻音[-m]韵尾和塞音[-p/-t/-k]等韵尾的消失,就变成同音了,例如汉语普通话中就是同音的。三是词义分化,即一个词的词义分开了,也就成了两个词。比如"水管"和"管理"的"管"其实本来是同一个词(多义词),都是从"竹管"和"钥匙"这个意义(《左传》:"郑人使我掌其北门之管。")引申来的。因为古代的钥匙是用竹管做的。后来一方面引申为"水管、黑管"等管状物,另一方面引申为"掌管、管理"等意思。但现代汉语中"管"的钥匙义消失了,两个方向引申义的联系中断后,相互之间也就成了同音词。同音词多虽然比较经济,但也有明显的缺点,像现在计算机文字处理时用汉语拼音输入法打出一个音节,就很少没有重码的,这就会给汉语信息处理带来困难。其实前面提到现代汉语的双音节化倾向,就是社会自觉地对这种现象进行调整的结果。

D. "基本词"和"新造词"、"古语词"、"方言词"、"外来词"

这是根据词的来源性质的分类,主要是看某些词在语汇系统中的来源特点和地位作用是怎么样的。各种语言的语汇都有这样一些分类。这方面可以分出"基本词"和"非基本词(一般词)"这两大类。这种分类对于研究词的产生、构造等都有重要作用。

"基本词"是整个语汇系统的核心和基础。汉语的基本词包括那些表示自然现象和事物的词,如"天、地、山、土、火、水、人"等;表示生产和生活资料的词,如"刀、车、船、房、布"等;表示基本的动作行为和性质状态的词,如"走、睡、吃、生、死、好、坏、快、慢、美、大"等;还有表示时令、方位、数量、指代、亲属关系的词,如"年、月、日、南、北、上、下、里、外、一、二、三、我、他、父、母"等。此外很多虚词,如"了、着、的、吗"等,也属于基本词。其他语言的基本词大致也是这样。

基本词有几个重要的特点:一是产生的历史长。很多词都是千百年前就已经有了。比如上面"人、天、火、大、生、一、二"等,从汉语甲骨文时代到现在三千多年一直在使用;而像"好、坏、吃、的、了、吗"等虽然历史短些,但也至少有上千年了。二是使用的范围广。上面提到的"水、火、吃、好、大、的、了"等,都是汉语中表示基本的事物、动作、性质状态和语句关系的词,不管什么人在日常生活中进行交际都必须使用。三是构词的能力强。基本词中除代词和虚词以外,大部分词都往往成为了构成新词的基础语素。例如汉语"山"可以构成"山村、山峰、山洞、山珍、深山、山野、山水、山穷水尽、这山望着那山高"等共二百多个词和语。英语"long(长)"这个词作为词根也可构成"along(沿着),longish(稍长的),longevity(长寿),longitude(经度的),long-distance(长距离),long-term(长期)"等上百个词或语。所以反过来也可以说凡是后来构造新词比较多的语素,差不多原来都是基本词。

一种语言中的基本词大部分是相当稳定的,但随着历史发展也会有个别成分发生变化。例如汉语"弓"在古代既是狩猎工具,又是作战武器,肯定属于基本词,但在现代就失去这种性质了。反过来英语中的"electronic(电)"和汉语的"电"原本不可能是基本词,因为发明电到现在不过百十年,但现代社会中人们生活的方方面面都离不开电,这个词的使用范围越来越广,构词能力也越来越强,跟"电"有关的词随便想想就有一大堆,它就毫无疑问已经进入了基本词。不同语言中属于基本词的词大部分应该是差不多的,但也会由于社会的不同特点而有某些区别。例如"奶"在以畜牧业为主的民族的语言中肯定属基本词,但在以农耕为主的民族的语言中就不会是基本词。德语和俄语的"啤酒(Bier /пиво)"应该是基本词,汉语的"酒"可以算是基本词,但"啤酒"就不是了,因为中国人喝啤酒最多也就是近百十年的事。从上面这两种情况可以看出,基本词和非基本词实际上是彼此界限模糊的集合,很难截然分开。

除基本词以外的其他词,就属于"非基本词",或者叫"一般词"。一般词的数量比基本词要多得多。但一方面一般词相对来说都是产生历史较短、使用范围较窄和构词能力较弱的词;另一方面语汇的任意性、一致性和稳定性,往往是基本词的特点,而语汇的理据性、民族性和活跃性,就更多地由一般词体现出来。一般词内部又可以根据词的不同来源分为几个小类,主要包括"新造词"、"古语词"、"方言词"和"外来词"等。

"新造词"又称"新词",指过去没有而新创造出来的词,这是一般词最重要的来源。随着人类社会的发展,一些旧事物消失了,大量新事物又不断涌现,这些都会通过新造词表现出来。各个历史时期都会出现不同的新造词。如汉语"苏区、土改、互助组、供给制、人民公社、样板戏、斗私批修"等,现在已不是新词甚至已经不用了,但在过去某个时期却也是新造词。而前面提到的"下海、上网、电脑、大款、回扣",以及"手机、短信、数码、下载、漫游、轻轨、环保、问责、愿景、禽流感"等就都是近年出现的新造词。外语中新造词也相当多,如英语中"clone(克隆),Aids(艾滋病),internet(互联网)"等也是近年才有的新造词。狭义的新造词只指利用原有词并按照通常的构词方式创造出来的词。如汉语的"电脑"就是用原有的词"电"和"脑"作为语素,并按照偏正形式构造的一个新的复合词;英语"password(口令)"就是由原有词"pass(通过)"和"word(词)"组合成的新词。广义的新造词也包括原有词在使用过程中产生了新的意义和用法。如汉语的"宰"用来表示商家不道德地卖高价,"托儿"表示从旁协助不法商贩欺骗顾客的人等;英语的"mouse(老鼠)"表示电脑光标器(因为这个装置很像老鼠),"bikini(比基尼,一个因试爆原子弹而闻名的小岛名)"表示三点式泳装(因为这种服装也引起了轰动)等,就差不多也是一种新造词了。

"古语词"与新造词相反,是指在古代就已经产生,但又不算基本词,现在只是偶尔还使用的词,所以也是一般词的一部分。古语词细分起来又包括两个小类:一类是现实生活中已经消失的事物或现象的名称,这种词又称"历史词"。如汉语中的"鼎、皇帝、状元、格格、科举"等。历史词在现实生活中已不再用了,但在文献资料中还会碰到。另一类是古代的事物或概念现在还存在,但已经由别的词语替代了,这种词又称"文言词"。如"余(我)、足(脚)、观(看)、俸禄(工资)、囹圄(监狱)、值……之际(当……的时候)"是文言实词;"之(的/它)、乎(吗)、故(因此)"是文言虚词。文言词语虽已有白话词语来替代,但现实生活中有时也不可缺少。比如表示"看"义的白话词只有"看、瞧、盯、瞅"等几个,而文言的"观、视、望、顾、窥、觑、瞟、盼、睹、览、瞻"等词表示的细微差别却是无法完全被新词所取代的。而像"欣闻、惊悉、拜会、晋谒、噩耗、节哀"等词,在正式外交文书中,也不能用白话词语替代。汉语中还有一些本来是古语词,但后来又有了某种新的意义和用法,如"大夫"原义是官职,现在指医生,"小学"原指音韵学、文字学、训诂学,现在又指初级学校,后者就不再算古语词,最多算是一种古词新用。外语中也有古语词。如英语"bark(一种船)、knight(骑士)"等,是历史词,而"thee(＝you)、nay(＝no)、yea(＝yes)、albeit(＝however)",差不多就是英语的"文言词"了。

　　"方言词"中的"方言"通常指一种语言的地域方言,这样,方言词顾名思义就是在某一地域方言中使用的词。但这样说的时候又有广义和狭义两种概念。如广义的汉语方言词,既包括官话方言以外方言地区的词语,也包括官话方言即北方方言或北京话本身使用的词语;既包括方言词语中进入共同语语汇的词语,也包括只在方言地区通行的词语。但一般说的汉语方言词都采用狭义的定义,即相对于已经成为全民通用词的词语来说,那些本来只在方言地区通行,进入共同语不久,并且被全社会接受和比较广泛使用的词,才叫作方言词。比如吴方言中的"尴尬、瘪三、名堂、蹩脚、煞有介事",湘方言中的"过硬、行家里手",粤方言中的"看好、靓丽、老公、第一时间"等,就是进入了普通话语汇的方言词。反之如果一个词仅在方言地区通行,或者只是偶尔在共同语交际场合或媒体上使用,还没有流行或固定下来,如上海话的"白相、派对、结棍、扎台型"等,广东话的"手袋、拍拖、爆棚、返学、屋企、行街"等,就还不能算作方言词。同样的道理,来自方言的词不一定永远是方言词,如果进入共同语时间很长并且已固定下来,这种词就不再是方言词了。比如"搞、马桶、垃圾、货色"等,原本其实都是方言词,现在已差不多属于全民通用词了。而像"俺(俺们)、啥(干啥)、咋(咋样)"这样的词,进入共同语的时间很长了,但一直并未取得全民通用词地位,因为人们用这种词只是为了突出说话人的方言色彩,即是一种有特定作用的方言词。反过来说,构成汉语语汇基础的北方方言和北京话中的词语一般不算方言词,但这些地方也有一些比较"土"的词,如"压根、打蔫、歇菜、练摊、掰咶、唔节、抠门"等,因为作为全民通用词的资格还差些,还得算方言词。外语中的方言词不像汉语这么复杂,似乎就可以采用广义方言词的定义。如标准德语的"大街"是"Strasse",但德国南部方言叫"Gasse";标准俄语的"多"是"много",但俄罗斯北部方言说"попаго",后者都算是这些语言中的方言词。

"外来词"也叫"借词",即一种语言从外族语言中翻译或借用的词语,这也是一般词的来源之一。各种语言的语汇中都大量吸收外来词。比如英语、法语、德语等本来就属同一个语系,相互借用的词语就相当多,而且它们还共同从拉丁语和希腊语中吸收外来词。如"nation(民族)"这个词在英语、德语、法语中就是一样的。外语中也有吸收汉语词语的情况:日语、越语、韩语中就有大量汉语的借词;甚至印欧语系语言也有从汉语吸收的词,如英语的"tea(茶),typhoon(台风),kongfu(功夫)",德语"Schach(象棋)"等。汉语从汉代就开始出现外来词,如"琵琶、骆驼"来自匈奴,"琉璃、狮"来自西域,"袈裟、佛"原是梵语词,从少数民族语言吸收的外来词有"戈壁、站"(蒙),"喇嘛、糌粑"(藏)等。到了近现代吸收外来词更是汉语语汇不断丰富的重要途径。现在常用的"沙发、夹克、巧克力、蒙太奇、海洛因"等就是典型的外来词。狭义的汉语外来词应该只指上面说的这些音译外语词,不包括完全意译的外语词。例如"科学、电话"的意义原本是外来的,但它是用汉语原有的语素按照汉语的构词方式构成的,就不算是外来词;而"五四"时期称作"赛因斯(science)、德律风(telephone)"才是外来词。但实际上完全排除意译的外来词也有困难,比如像"浪漫、俱乐部、可口可乐"等词,就不能说完全没有意译的因素。所以更准确地说汉语吸收外来词采用多种手段:一种是纯粹音译,如上面的"沙发、夹克",还有"咖啡、沙龙、扑克、拷贝、雷达、托拉斯、奥林匹克"等,都只是直接借用外语词的音。再一种是半音译半意译,如"新西兰、北爱尔兰"等是一半音译一半意译,"卡车、啤酒、酒吧、卡片、芭蕾舞、艾滋病、拉力赛"等是一半音译一半注释。还一种就是音译兼意译,如"幽默、香波、基因、黑客、俱乐部、可口可乐"等,虽然是音译,但又能够从汉字的意义获得外语词词义的某种提示。

E. "常用词"和"非常用词","通用词"和"非通用词(专用词)"

如果从词的用途特点看，词还可以分成"常用词"、"非常用词（罕用词）"和"通用词"、"非通用词（专用词）"等不同的类别。这些分类对于语文教学、词典编纂和计算机信息处理等也都有重要作用。

　　"常用词"和"非常用词（罕用词）"是从词的使用频率上说的。所谓使用频率，即"词频"，一般是采用统计的方法来确定。使用频率高的词就是常用词，使用频率低的词就是非常用词。词频统计的办法是，先确定一批语料，然后按照重复出现频率高低取其中一定数量的词。如英语有人统计了复现最高的前 3000 个词，就把它们叫作常用词，其中排在前面的有"the、of、and、a、to、in、is、you、that、it、for、are、was、he"等。汉语也有类似的统计，如按"复现率"确定的常用词大致也是 3000 个出头，排在前面的有"的、了、是、一、不、在、有、我、个、他、就、这、着、上"等。

　　但实际上所谓常用词往往是相对的。一方面要受到统计语料的限制。因为除开虚词大部分使用频率较高外，实词中有些在某一语体或领域用得多些，在其他语体或领域里就不一定了。比如在军事用语中"立正、稍息、枪炮、弹药"等词语出现的频率就高，相反像"嫂子、爷爷、酒吧、公园、公司"等词语就很少。在政论文章中"观点、学习、思想、教育、斗争"这一类书面词语较多，而"饭馆、口袋、多半、吵架、开夜车"这一类口语词语就较少。在科技文献中"单位、参数、公式、演算、转化"等专业用词常见，而"潇洒、温存、拔尖、勇猛、射门、冠军"等生活用词就几乎没有了。另一方面词的使用频率多少算高，多少算低，标准本身也有任意性。假定前 1000 个是常用词，那么第 1001 个词就不是；而如果前 3000 个词是常用词，那么刚才不是常用词的就又是常用词了。所以目前又有人把现代汉语的常用词分为最常用词、次常用词和再次常用词三级。

　　那么常用词与前面说的基本词有什么关系呢？这两个概念有区别：因为基本词根据的是词产生的历史、使用的范围和构词的能力，常用词只是根据词在一定语料中出现的频率。但这两个概念也有很大的一致性：因为如果真能比较科学地进行词频统计，即把来自各种综合性语料包括口语语料中出现频率最高的词语叫作常用词，那么实际上排在最前面的那些词与基本词的范围也就应该是差不多的。换句话说，一个词如果是最常用的词，那也就一定有资格成为基本词，反之，基本词（除非现在只是构词的语素）在某种意义上也就应该是最常用的词。但如果把常用词的范围扩大到次级或再次级，那么常用词的范围就可能大于基本词了。

　　"通用词"和"非通用词（专用词）"是从词的使用范围上说的。全社会普遍使用的词语就是通用词,而只在某些领域或只是一部分人使用的词语就是专用词。前面说的基本词、常用词当然肯定是通用词,甚至包括一般词中新造词、古语词、方言词和外来词的绝大部分也是通用词。所谓专用词主要指"科技术语"和"行业语"。

"科技术语"即某种科学技术或学科专业的专门用语。比如"高频、光波、放射、加速度"等是物理学术语;"负数、开方、函数、圆周率"等是数学术语;"商品、资本、投资、市场、通货膨胀"等是经济学术语;"辅音、语素、词组、语法化"等是语言学术语。"行业语"即某种行业和职业的专门用语。例如"贷款、呆帐、利息、定期存款"等是金融银行业用语;"晚点、超载、托运、软卧、黑匣子"等是交通运输业用语;"导演、美工、台词、票房、跑龙套"等是戏剧电影业用语;"记者、稿酬、版权、责任编辑"等是新闻出版业用语。除这两种专用词外,某个社会帮派使用的"隐语(又称黑话)",例如"卧底(打入敌方)、撕票(杀死人质)"等;特定的"阶级习惯语",如过去统治阶级把劳动人民称作"奴才、刁民"等;"禁忌语",如皇帝死是"驾崩",上厕所是"如意",吃饭是"用膳",人们平时谈到"死",往往说成"走、离开、百年之后",上厕所往往说成"方便、去洗手间"等,这些也可以算是某种专用词,只不过这些词语使用的范围极小,本身的数量也非常少,似乎不能作为一个专门的类。

专用词与通用词之间也不是截然对立的。一方面所有的专业、行业中也都要使用通用词;另一方面有很多科技术语和行业语也往往有可能转化为通用词。例如"充电"原来是科技术语或行业语,现在又可以表示"补充和更新知识";"洗礼"原来是宗教用语,现在又可以表示"接受锻炼和考验";"瘫痪"原来是医学术语,只指病人的症状,现在则又可以指机构和组织的状况。这些词就既是专用词,又成了通用词。一般词中的新造词就有相当一部分是由专用词转化而来的。

3. 从不同形式看"语"的分类

"语"即固定词组或熟语。前面说过,语是一种特定的集合,因此只能按照它们本身的形式特点分类。各种语言中都有各具特点的固定词组或熟语,大致可分为"专有名词、惯用语(习语、俚语)、谚语(俗语)、成语、歇后语、简缩词语"等几种。其中有的类型是汉语特有的熟语或固定词组形式。

A. 专有名词

前面说的科技术语和行业语中也有不少是专有名词,但作为"语"的"专有名词"主要指用复杂词组形式表达的事物名称,如国名、地名、书名、机构、组织等。例如英语"Thc New York Times（纽约时报）"、"World Trade Organization（世界贸易组织）"，汉语"中华人民共和国香港特别行政区"、"中国科学院紫金山天文台"、"亚洲太平洋地区经济合作组织"、"大不列颠百科全书"等。

B. 惯用语

"惯用语"指表达习惯性比喻含义的固定词组。汉语的惯用语多为三个字的词组形式：如动词性的"背黑锅、开倒车、踢皮球、抬轿子、碰钉子、炒冷饭、走后门、泼冷水、戴高帽"等；名词性的"墙头草、马后炮、定心丸、耳旁风、老油条"等。上面例子都是贬义的，但也有褒义的，如"跳龙门、打头阵、领头羊、主心骨"等。汉语还有一种由两项成分固定搭配，常常用作状语表达特定动作方式意义的比况语，也可归入惯用语。如"一板一眼、三三两两、风风火火、拼死拼活、狼吞虎咽、你一言我一语、一把鼻涕一把眼泪"等。外语中类似惯用语的固定词组又称"习语"或"俚语"。例如英语"to carry the house（满堂彩）"，"to dance on a tight rope（走钢丝）"，"a jack of all trades（三脚猫）"，"to kiss the hare's foot（姗姗来迟）"，"to beat around the bush（拐弯抹角）"等。类似汉语比况语的就是某些用作状语的固定词组（adverbial phrase）。例如英语"face to face（面对面）"，"one after another（一个接一个）"，"sooner or later（或迟或早）"等。

C. 谚语

"谚语"指在民间流传的比较通俗的一些语句。其中有的是反映生产和生活经验、有深刻寓意的语句。例如汉语"瑞雪兆丰年"、"纸包不住火"、"百闻不如一见"、"众人拾柴火焰高"、"一着不慎满盘皆输"、"只要功夫深，铁杵磨成针"等。还有的只是反映某种客观现象，但不一定有太深刻道理的语句，这一类谚语又叫作"俗语（俗话）"。例如"清官难断家务事"、"跑得了和尚跑不了庙"、"背靠大树好乘凉"、"三天打鱼，两天晒网"、"眉头一皱，计上心来"、"情人眼里出西施"、"天下乌鸦一般黑"等。外语中谚语和俗语也很多。例如英语"no pains, no gains（相当于汉语的"种瓜得瓜，种豆得豆"）"，"a friend in need is a friend indeed（相当于汉语"患难见真心"）"；日语"急ガば回れ（水流急了就会拐弯，相当于汉语"欲速则不达"）"等。

D. 成语

"成语"是汉语特有的而且使用量最大的熟语形式。成语一般是四个字的，例如"狐假虎威、叶公好龙、呆若木鸡、弄巧成拙"等；也有个别成语不止四个字,例如"醉翁之意不在酒"、"螳螂捕蝉,黄雀在后"、"不入虎穴,焉得虎子"等。成语大多有出处,一般都来自对历史事件、古代寓言的概括,但也可以直接采用名言诗句或社会流行用语。如"毛遂自荐、完璧归赵、卧薪尝胆"是历史事件;"守株待兔、鹬蚌相争、愚公移山"是寓言故事;"老骥伏枥、学而不厌、殚精竭虑、满招损谦受益"是名言名句;"七手八脚、欢天喜地、过河拆桥"是口头用语;而"自力更生、舍己救人、百花齐放"则是当代社会的流行用语。外语中没有汉语的这种成语,但有时也可以用差不多意思的汉语成语来翻译外语的习语或寓言故事。如把英语"at sixes and sevens"译成"乱七八糟","to burn one's bridge"译成"破釜沉舟","to kill two birds with one stone"译成"一箭双雕","love me, love my dog"译成"爱屋及乌","an apple of one's eye"译成"掌上明珠";而汉语的成语"火中取栗"是取材于法国寓言,"天方夜谭"则来自阿拉伯民间故事集的名称。

E. 歇后语

"歇后语"也是汉语的一种特殊熟语形式,指一种短小风趣、生动形象的语句。由两部分组成,一般只说上半句,下半句略去,利用谐音或比喻双关来表达某种意义。这种意义有的比较明显,有的则有点像猜谜语。例如"哑巴吃黄连",意思是"有苦说不出";"黄鼠狼给鸡拜年",意思是"没安好心";而"外甥打灯笼",表示谐音双关义"照舅(照旧)";"兔子的尾巴",表示比喻双关义"长不了(不可能持久)"。

F. 简缩词语

"简缩词语"看起来很像词,但简缩前却一定是比较长的专有名词或一般的词组,因此也可以看作是"语"的一种。各种语言中都会有大量的简缩词,比如现在几乎成了英语一个词的"TOEFL(托福)"就是由复杂的名词词组"Test of English as a Foreign Language(作为一门外语的英语考试)"形成的简缩词,甚至还可以按照简缩以后的字母拼读。英语类似的简缩词还有"DOS(道斯/磁盘操作系统)"、"SARS(萨斯/严重急性呼吸道综合症)"、"OPEC(欧佩克/石油输出国组织)"、"WTO(世界贸易组织)"等。汉语中的简缩词也很多,如"北大(北京大学)、环保(环境保护)、基建(基础建设)、地铁(地下铁路)、高考(全国普通高等学校统一招生考试)、三包(包修包退包换)、双百(百花齐放百家争鸣)、非典(传染性非典型肺炎)"等。有些简缩词甚至久而久之已成为凝固形式,基本上就成了词,原来的词组反而很少再用了,如"导弹(远程无线制导炸弹)、语文(语言文学/语言文字)"等。

5.3 词语构造的"魔方"

大家一定都玩过"魔方",转动不同面的方块就可以拼合成五颜六色的图形。词语的构造也有点这种特性,即可以有变化多端的组合方式。了解词语的构造形式,对于准确理解词语的意义,正确使用不同的词语,甚至用不同方法去创造新词语,都是有用处的。下面就从"语素"和"词"的关系说起,然后分别讨论一下"词"的构造形式和"语"的构造特点。

1."语素"和"词"是什么关系

就像前面第三讲说过"音节"都是由"音素"构成的一样,"词"实际上都是由"语素"构成的。要了解词的构造形式,就必须先认识语素的性质和语素的类型。

A. 怎么确定一个成分是不是语素?

前面说过"语素"的定义是"最小的有意义的语言单位"。但仅这么说还不够清楚。因为什么是"最小"和"有意义"的成分,这往往会受到分析者所具有的语言知识的影响。举例说,英语"allow(允许)"和汉语"经济",在一般人看来似乎不能再分解,因此就会看作是最小的成分了。但实际上如果具有一定的拉丁语知识和古汉语知识,就会知道"allow"还可以分解为"ad + laudace","经济"还可以分解为"经 + 济"(如古代汉语可以说"经世济民"),而后者才是最小的有意义的成分,也就是分解后的成分才是语素。因此怎么从语言学的角度来确定语素,还需要再做一些说明和解释。

语素必须"最小",怎么理解这种"最小"呢? 语言成分中当然有比语素更小的单位。但语素的这种"最小"要从音和义相结合的角度来看。以汉语"姐"这个成分为例:如果只考虑语音,不管意义,那么"姐(jie²¹⁴)"可以分解成声母"j"、韵母"ie"和声调"214",韵母还可以再分成"i"和"e"。虽然这时得到的单位更小,却只有语音而没有意义(至少没有跟"姐"相关的意义),所以就不是语素,而只是语音的单位"音素"(参看本书第三讲)。反过来如果只考虑意义,不管语音,那么"姐"又可以分解为 [＋人／＋女性／＋同胞／＋年长]等单位,虽然这时得到的单位也更小,却只有意义而没有语音,所以也不是语素,而是语义的单位"义素"(参看本书第七讲)。但如果既考虑语音又考虑意义,那么显然"姐"就不能再分解了,这种最小的单位就是语素。进一步说"姐姐"虽然整体的意思跟"姐"差不多,但由于它还可以从音义结合的角度再分解为更小的"姐 + 姐",所以"姐姐"就是比语素大的词,仍然只有"姐"才是语素(当然"姐"在北京话中有时也可以单说,即同时又是词,但这并不影响"姐"仍然还是语素,即是"成词语素",详下文)。外语也是这样,如英语"book(书),basis(基础),in(在……里)"在音义结合上也不能再分解,所以也是语素。

语素既然是音义结合的单位,当然还必须有意义,怎么理解这种"有意义"的意思呢? 上面举例说的汉语的"姐",英语的"book(书)",因为有实在的意义,这还比较容易体会。但汉语"的",英语名词后的"-s"这样的成分有没有意义,一般人就难以捉摸了。其实它们也是有意义的。举例说,"吃(某种动作)"不等于"吃的(某种食物)","book(书)"不等于"books(一些书)"。后者的表事物的意义和表复数的意义就是从"的"和"-s"来的,所以"的"和"-s"也有一定的意义。如果把"吃"和"book"的意义叫词汇意义,那么"的"和"-s"的意义就是一种起语法作用的意义。正因为"的"和"-s"也有某种意义,而且从音义结合的角度不能再分解,所以也是语素。

表面上看,好像汉语的语素就差不多是一个音节和一个汉字。那么汉语的语素与汉字、音节是不是一样的东西呢? 汉语都是方块字,一个字又是一个音节,这个字或音节又往往有一个意义,所以一字一音,单音成义,这确实是汉语语素的一种特点,通常也可以这样来辨认汉语的语素。

但是一方面其他语言的语素并不是都像汉语这样。比如汉语的"计算机",以汉字划分是"计/算/机",以音节划分是"计/算/机",以语素划分也是"计/算/机"。但是英语的"thinking(想)",从文字划分是整个"thinking",从音节划分是"thin / king",而从语素划分则应该是"think /ing"。可见形音义三位一体并非语言中的普遍现象。另一方面即使是汉语的语素,严格说也不是真的等于一个音节或一个汉字。从语素和汉字的关系看:首先汉语的字不一定都有意义。大多数汉字当然有意义,如 a. "人、车、我、看";b. "泳、沓、躬、企";c. "的、了、吗";d. "子、儿、头(轻声)"。其中 a / b 组的字有词汇意义,c / d 组的字有语法意义。但也有的汉字就没有意义,如 e. "葡、萄、咖、啡";f. "沙、发、巧、克、力"。其中 e 组的字永远没有意义,f 组的字在某种组合中就没有意义。那么当然只有那些有意义的汉字才是语素,而没有意义的汉字就不可能是语素了。其次即使有意义的汉字也不一定只有一个意义。比如有的字有两种读音,如"会(开会/会计)";有的字有两种词性,如"花(开花/花钱)";还有的字合并了几个音节,如"俩(= 两个)";另外还有的字有多种相关意义,如"死(他死了/脑子太死/死不认帐)","了(动词后助词/句末语气词)"。这些异读、同音、合音、多义的字严格说都应该是有几个意义就算几个语素。可见实际上只有当一个汉字有意义,并且只有一个意义的时候,才等于一个语素,否则就不能简单地说等于语素。只不过汉语中真正一字一义的情况很少,有时一个字有几个意义也不容易说清楚,因此一般又可以只把意义明显不同的字算作不同的语素。

外语中同样也有这种情况,比如英语名词复数形式是[-s],与第三人称单数一致的动词后面的词尾也是[-s],但它们的意义明显不同,就是不同的语素。因此更准确地说,无论哪种语言,字(外语中是字母,汉语中是汉字)是文字单位,音节是语音单位,语素是语汇单位(同时也是语法单位,参看本书第五讲),它们有一定的联系,但并不能简单对应起来。

一种写法和读法都相同,并且只有一个意义的语言形式是一个语素,那么是不是形式不同的成分就一定不是一个语素呢? 这也有不同的情况:如汉语中不同的汉字有时意思相同,例如表语气的"吧、罢",表时态的"着、著"等,这种异体字就只是同一个语素。再如当一个汉字有不同的语音形式,但又只有一个意义时,如"土[35]改"、"黄土[214]"、"一[51]心一[35]意"、"不[51]伦不[35]类",这种变调的音节也是一个语素。外语也有类似的现象:如英语表示名词复数的词尾"-s"实际分别有"book-s /boy-s/day-s/box-es"等不同拼写形式,同时分别有[-s/-z/-iz/-siz]等多种语音形式,但它们意义都一样,这种音变形式也可以看作是同一个语素。甚至意义相同但形式上差得很远的,如同样是英语名词复数,还有"child:children (孩子),ox:oxen(牛),foot:feet(脚)"等多种拼读变化形式,这些词尾形式和内部屈折形式跟[-s]都可以算是同一个语素。可见,类似于前面第三讲讨论过的语音中的音位和音素(音位变体),语汇中也有语素和语素变体的情况。严格地说,当我们说某个成分是语素的时候,其实往往指的是意义同一的某个语素的一个变体形式。

B. 怎么区别不同类型的语素?

知道了怎么定义语素还不够。因为语素的形式很多,在构词中的作用也不完全一样,这就还需要了解语素的不同类型。语素也可以从多个角度分类。为了便于说明这些类型的关系,先举些汉语不同语素形式的例子:

语素的不同形式举例:
a. 笔、灯、走、看、好、大、他、谁、蜻蜓、轰隆、雷达、巧克力,等;
b. 也、再、与、吗、呢、了、着、被、的、忽然、似的,等;
c. 机、企、体、民、坚、技、迹、性、式、者、员、无、反、泛、半,等;
d. -子、-儿、-头、阿-、第-、老-、-乎乎、-滋滋、-咕隆咚、-里叭唧,等。

如果对上面这些语素形式进行分类。那么一种分类就是先把语素分成"成词语素"和"不成词语素"。成词语素指的是某个语素虽然是语素，但有时也可以直接形成为词（可以独立使用，简称"单用"）。这样上面 a 类和 b 类就是成词语素。例如 a 类的"走"是最小的音义结合的单位，因此肯定是语素，但它还可以直接作为词来使用，如在"他走了"中"走"就是一个词。b 类的"被"也是最小的音义结合的单位，也是语素，但在"东西被偷了"中"被"就是一个词。a 类语素与 b 类语素在成词上的区别在于前者有时可以成词，如"走、书、大、灯"是词，而有时就不一定成词，如在"走狗、书包、大厦、灯泡"中就不成词了；后者却永远都既是语素也是词，如"吗、了、被、的"就只能是词，即所谓虚词。与成词语素相反的不成词语素就是只能是语素，不大能单独成词（不能单用）的语素。例如上面 c 类语素，如"机（机械）"，d 类语素，如"-子（剪子）"，就是不成词语素。

再一种分类是把语素分成"自由语素"和"不自由（黏着）语素"。自由语素指的是某种语素既可以单独形成词（可以单用），又可以单独说出来（直接形成交际中的语言片段，简称"单说"）。这样实际上只有 a 类语素才是自由语素，例如"他最近好吗？——好"，答句中的"好"就是单说形式的自由语素。而像 b 类语素，虽然一定成词，但因为是虚词，所以又永远不能单独说出来，例如不可能单说"了"或"吗"，这就是不自由（黏着）语素。同样根本不能形成词（既不能单说，也不能单用）的 c 类语素，如"企（企业）、技（技术）"，d 类语素，如"-头（木头）、阿-（阿姨）"，也都是不自由（黏着）语素。

还一种分类是把语素分成"定位语素"和"不定位语素"。定位语素指的是在最小的合成结构（词结构或词组结构）中的位置是固定的，或者总是前置，或者总是后置。如 b 类语素中的"了（轻声）"永远只能在一个组合形式后面，不可能在前面，例如"吃了饭"只能分析为"吃了/饭"，不能是"吃/了饭"；而"把（介词）"就只能在一个组合形式前面，不能出现在后面，例如"我/把衣服（洗了）"，不能是"我把/衣服（洗了）"。d 类语素也是这样，如儿化的"-儿"只能出现在另一个语素的后面，如"画儿、盖儿、亮儿"，"老-"只能出现在另一个语素的前面，如"老鼠、老鹰、老师"（不包括实义的如"老调、敬老"中的"老"）。这些就都是定位语素。而不定位语素就是在最小的合成结构中位置不固定的语素，它们既可能前置，也可能后置。如 a 类的"笔"，可以构成"铅笔、毛笔"，也能构成"笔杆、笔头"；c 类的"体"既能构成"肌体、身体"，也能构成"体育、体操"等。

最后一种分类是把语素分成"实义语素"和"虚义语素"。实义语素就是有实在的词汇意义,或者说本身直接负载了词汇意义的语素。这样,显然像 a 类语素,如"灯(开灯)、大(宽大)"就是实义语素;c 类语素,如"民(人民)、迹(痕迹)",也是实义语素。而虚义语素就是一般不具有实在的词汇意义的语素,或者说语素本身不直接负载意义,但当与其他成分组合成词或更大单位时,才能使词或更大单位获得某种新的意义。因此 b 类语素,如"的(吃 → 吃的)、被(他 → 被他)"等,d 类语素,如"-子(锯 → 锯子)、-儿(画 → 画儿)"等,就都是虚义语素。

上面说的这些语素分类就构成了汉语语素的类别系统。因为实际上每一个语素一定同时属于上述各类,这样就既可以按照不同语素类别分别归纳语素形式:1. 成词语素(a/b),不成词语素(c/d);2. 自由语素(a),黏着语素(b/c/d);3. 定位语素(b/d),不定位语素(a/c);4. 实义语素(a/c),虚义语素(b/d)。同时也就可以按照不同语素形式分别给出类别定义,比如:a 类语素形式(如"书、走、好"等)是成词、自由、不定位和实义语素;b 类语素形式(如"被、了、吗、的"等)是成词、黏着、定位和虚义语素;c 类语素形式(如"企、民、机"等)是不成词、黏着、不定位和实义语素;而 d 类语素形式(如"-子、-儿、-头")就是不成词、黏着、定位和虚义语素。当然上面的汉语语素分类并不绝对,有时也有些例外现象。比如有些不成词语素,如"言、语",一般情况下确实不成词,但毕竟这些语素在古代汉语中都是词,所以在现代书面语体和一些固定词组中也偶尔有词的用法,例如"三言两语、言而有信、快人快语、你一言我一语"等。再如有些像"-者、-员、-性、非-、超-、半-"这样的语素,虽然通常归入不成词不定位和实义的语素,但实际在构词时又往往都是定位的,意义也有所虚化,例如"学者、雇员、弹性、非国有、超音速、半导体",这就似乎又比较接近"-子、-儿、第-、老-"这一类语素。

外语的语素分类与上述汉语语素的分类大体上是一致的。因为任何语言的语素都有成词或不成词、自由或不自由(黏着)、定位或不定位、实义或虚义的区别。如英语"head(头)、art(艺术)、red(红)"等,是成词、自由、不定位和实义的语素,基本相当于上述汉语的 a 类语素形式。英语"of、in、to、with、from"等,是成词、黏着、定位和虚义的语素,基本相当于上述汉语的 b 类语素形式。英语"bio-(生命/生物)、cogn-(知道/了解)、-er(从事某种职业的人)"等,是不成词、黏着和实义的语素,除多数定位以外,大致相当于上述汉语的 c 类语素形式。而像英语的"-s、-ing、-ed、-ly、-ful、-tion"等,是不成词、黏着、定位和虚义的语素,大致相当于上述汉语的 d 类语素形式。当然外语语素和汉语语素也有不对应的地方。比如英语中"-ly、-ful、-able、-tion、-ness"这样专门构成词的语法类别的语素很多,而汉语除个别词后面能加"-子、-儿、-头"而构成名词,个别词后面能加"-化"而构成动词外,几乎没有这类语素。此外刚才说汉语的实义不成词语素,如"民、机、技、友、宴"等,在古代汉语中其实都是词,现在也偶尔可以当词用,并且确实有实在意义;而英语"anti-、dis-、-er、-ist"等语素,不但从来也不是词,只是构词词缀,而且意义也并不特别实在,与汉语上述语素似乎并不完全是同一类。英语等语言中的语素与汉语最大的不同还在于表动词时态的成分都不是像汉语的"了、着、过、正在、着呢"那样独立的虚词,而是"-s、-ed、-ing"那样的词尾形式,汉语没有这种纯粹是语法形式的词尾语素。

由于形态比较丰富的语言中的语素最重要的特点就是构词的词缀和构形的词尾比较多,所以如果要突出这些比较特殊的语素类型,也可以把这些语言中的语素只分成"成词语素"和"不成词语素"两大类。成词语素中包括"虚词语素"和"词根语素"两小类:比如英语中的"in、to、with、by"等就是虚词语素,这些语素本身是词,但又只能是虚词。虚词语素都没有实在的词汇意义。而英语中"head、boy、red、teach"等就是词根语素,它们既可能直接形成名词、动词等实词,如"use your head(动动脑子)"中"head"就是一个词;也可以作为位置不固定的主干成分构成别的词,如"head"就可构成"headline(大标题)、headache(头疼)、ahead(在前面)"等,其中"head"就是词根语素。词根语素都有实在的词汇意义,即使与别的语素一起构成合成词时也负载最主要的词汇意义。而不成词语素就主要包括"构词语素(词缀)"和"构形语素(词尾)"两小类:构词语素就是位置固定、不作为词的主干成分,但又参与构造不同意义新词的词缀性语素。例如英语"worker(工人)"中的"-er"就是后缀,"antibody(抗体)"中的"anti-","incorrect(不正确)"中的"in-"就是前缀。词缀语素也有某种意义,但一般不如词根语素的意义实在,而往往是一种抽象的类义。构形语素就是在词中位置固定,但既不是词的主干,也不参与构造新词,并且不改变词的词汇意义和词的语法类别,只改变词的语法范畴意义的词尾性语素。如英语"work → works、worked、working(工作)"中表示时态的"-s、-ed、-ing"等语素,"book → books"中表示复数的"-s"等语素,它们只是改变同一个词的不同语法形式,并没有产生新词,这种语素就是词尾。词尾语素本身并没有任何词汇意义,而只是在与其他词结合后反映"时、体、态、性、数、格"这样的一些语法范畴意义。至于英语"-ful、-able、-ly、-tion、-ness"等语素,其作用则介于构词和构形之间:如"read(动词:读)、readable(形容词:可读的)";"beauty(名词:美、漂亮)、beautiful(形容词:漂亮(的))、beautifully(副词:漂亮(地))"。这种语素基本不改变词的词汇意义,但却改变了词的语法类别,所以可以算作词缀,也可以算作词尾。

2."词"有哪些不同的构造形式

"词"是比语素高一级的单位。了解了语素的性质和类型,就比较容易说明词的构造了。前面说过,按照词所包含语素的数量,可以把由一个语素构成的词叫作单纯词,把由两个以上语素构成的词叫作合成词。但不管是单纯词还是合成词,实际上都可以看作是由语素构成的。因此广义的词的构造过程,从语素与词的关系角度就包括两种情况:一种情况是单个语素直接形成为词,可以统称为"成词"。其中又包括两小类:一类是语素不改变形式就形成词,这可以叫作"直接成词"。另一类是语素改变形式后成为词,这可以叫作"转化成词"。这些由一个语素构成的词都可以叫单纯词。另一种情况是语素与语素相互组合而构成词,可以统称"构词"。其中也包括两小类:一类是语素和语素经过组合构成一个新词,这可以叫作"语汇构词"(即狭义的构词)。这种由两个以上语素组合构成的词就是合成词。另一类是语素和语素的组合并不构成新词,但具有一定的语法作用,这可以叫作"语法构词"(即构形,也可以看作是广义的构词)。下面分别作些说明和讨论:

A. 直接成词:一个语素直接变成了词

一个语素直接形成单纯词就叫作"直接成词"。这跟一个音素有时也可以直接构成音节,如"一(i[i])"(参看本书第三讲),道理是一样的。语素直接成词在各种语言中都十分普遍。例如汉语的"大",英语的"boy(男孩)",本身是语素,因为是"最小的有意义的单位",但同时又可以成为词,因为还可以"独立使用"。换句话说就是,当这种成分没有独立使用的时候是语素,独立使用的时候就是词。能够直接成词的语素当然一定得是成词语素。前面说过成词语素又有两类:一类成词语素是自由的不定位的实义语素,这种语素形成的词就是实词(动词、名词等),如汉语"花、写、好、我、乒乓、参差、骆驼、糊涂、蛐蛐、奥林匹克"等,英语"book(书)、go(走)、bad(坏)、he(他)、tick-tack(滴答)"等。另一类成词语素是黏着的定位的虚义语素,这种语素形成的词就是虚词(介词、连词、助词等),如汉语"了、着、吗、被、把、的、罢了"等,英语"and、in、of、with"等。

B. 转化成词:一个语素变个样子再成为词

　　一个或多个语素转化为另一个语素形式再形成单纯词就叫作"转化成词"。这在一些语言中是很有生命力的构词形式。语素转化成词又大致有两种情况,一种是"变性成词",一种是"变形成词"。

　　"变性成词"就是语素转变词性而形成另一类词。比如一个成词语素本来表示动作行为,即语法功能上是动词性的,但在形成词的时候,却不但形成动词,又形成了名词,如英语语素"call"可以形成动词"to call(打电话)",也可以形成名词"a call(电话)"。反过来说也一样,一个成词语素本来表示事物,即语法功能上是名词性的,但在形成词的时候,既可以形成名词,也可以形成动词,如英语语素"phone"可以形成"a phone(电话/电话机)",也可形成动词"to phone(打电话)"。这种现象在有形态变化的语言中也存在,如现代英语就可以通过这种方法形成很多同形的动词和名词(有时也搞不清哪个在前哪个在后),如"cook(厨师)—to cook(烹饪)、fire(火)—to fire(点火)、water(水)—to water(浇水)、mask(面具)—to mask(伪装)、dog(狗)—to dog(跟踪)、smile(笑容)—to smile(微笑)、mistake(错误)—to mistake(犯错误)"等。而这种形成词的方法在没有形态变化的汉语中更加普遍,如"锁(动词—名词)、热(形容词—动词)、在(动词—介词—副词)"等就是类似现象。这些现象在语法上一般叫作词的兼类,其实从构词角度说就是通过转变词性分别形成了不同词类的词,即可以看作是不同的词。上面说的是转变词性形成词时语素形式没有发生太大变化,但有时语素在形成词时也会发生一些变化:一种是轻重音的位置变化,例如英语"'conduct(行为)—con'duct(引导)、'record(名词:记录)—re'cord(动词:记录)";汉语"隔断(动词)—隔·断(名词)、大意(名词)—大·意(形容词)"。还一种是元音的交替变化,例如英语"full(满)—fill(充满)、blood(血)—bleed(流血)、float(漂流)—fleet(船队)"。这些可以看作是广义的通过语素转变词性而形成的单纯词。

　　"变形成词"细分起来又包括"逆序成词"和"简缩成词"。通过这种办法形成单纯词,比成词语素直接形成词(包括变性成词)绕了个弯,即是把原本合成词中的不成词语素变为成词语素再形成词。

　　比如"逆序成词"就是把原来只有合成词形式没有单纯词形式的词,反向截取其中一个语素再形成单纯词。如英语"beggar(名词:乞丐)"中包括"beg"和"ar"两个语素,但"beg"原来并不能成词,这样从这个合成词中截取该语素形成"to beg(动词:乞讨)",这就是逆序形成的单纯词,简称"逆序词"。类似的例子如"sculptor(名词:雕塑家)→to sculpt(动词:雕塑)、cobbler（名词：鞋匠）→to cobble（动词：修鞋）"等。还有些词经过截取并不造成词性变化，如英语"omnibus→bus（公共汽车）、laboratory→lab（实验室）、popular→pop（流行）、pianoforte→piano（钢琴）、bicycle→bike（自行车）、smoke fog→smog（烟雾）"。汉语"安（安培）、赫（赫兹）、瓦（瓦特）"，差不多也是这样一种逆序成词。但相对于改变词类的逆序成词，这种单纯词专门的名称叫作"截搭词"。

"简缩构词"的"词"不是指前面说的"简缩词语"那类"语"，而指已经凝固定型为典型单纯词的那一类词。如英语"APEC（亚佩克＝亚太经合组织）"，汉语的"亚太、经合"等都只是简缩词语，还没有定型为词。但英语"jeep（吉普）、radar（雷达）"就已经是定型的单纯词了。形成这种单纯词的语素当然也应该是成词语素，但它们原本却并不是语素。例如"jeep"是从"general purpose（多用途（车））"简缩而来的，"radar"是从"radio detection and ranging（无线电探测定位（装置））"简缩而来的，而简缩后把它们就看作一个语素并在此基础上再形成词，这就是简缩而形成的单纯词。英语的"laser（激光）— to lase（放射激光）"则兼有上述两种情况："laser"本身是从"light amplification by stimulated emission of radiation（光受激发射器）"简缩来的，即"laser"本身就已经是简缩形成的词；进一步再人为把它分成"lase ＋er"两个语素，并把前一部分看作成词语素形成动词"to lase（发射激光）"，这就又是逆序形成的词了。

C. 语汇构词（或直接称"构词"）：两个以上语素组合成了词

两个以上语素组合而产生一个合成词就是"语汇构词"。这是各种语言中最常见的词的构造方式。其中又主要包括"复合构词"、"附加构词"和"重叠构词"三种情况。

"复合构词"就是词根语素加上词根语素构成一个新词。这样得到的合成词又叫复合式合成词，即"复合词"。复合词在各种语言中都有，但在汉语中更是最能产的词的构造类型。构成复合词的词根语素都是实义的成词语素（即不是虚词语素），或实义的不成词语素（即不是词缀语素）。例如英语"black-board（黑板）、honey-moon（蜜月）、rail-way（铁路）"，法语"cure-dent（牙签）"，德语"Panzer-kraft-wagen（装甲车）"，汉语"火车、心疼"，就是成词语素和成词语素构成的复合词；英语"hypo-thesis（假设）、aero-plane（飞机）"，西班牙语"tocadiscos（电唱机）"，汉语"袖珍、端详"，就是包含不成词语素的复合词。

按照语素与语素之间的组合关系，复合词可以分成几个小类：一是陈述式复合词,即前后两个语素分别表示被陈述的事物和对这个事物陈述的意义。如英语"earthquake(地震)、sundown(日落)",汉语"胆怯、性急、祖传、口吃"。二是偏正式复合词,即前一个语素表示性质状态或方式程度等意义,后一个语素表示被修饰的事物或动作等意义。如英语"girl-friend(女友)、greenhouse(暖房)、redhot(火热)、sleepwalk(梦游)",汉语"布鞋、汉语、狂热、重视"。三是支配式复合词,即前后两个语素分别表示动作行为和动作行为所涉及事物的意义。如英语"pickpocket(扒手)、carryall(提包)、pinchpenny(吝啬的)",汉语"丢脸、悦耳、动人、缺德"。四是并列式复合词,即前后两个语素分别表示相关、相近或相反的事物、性质或动作的意义。如英语"downfall(垮台)、come-and-go(来往)",汉语"裁缝、道路、动静、教学"。此外汉语还有一种特有的补充式复合词,即前后两个语素分别表示动作行为和相关结果的意义。如"改善、证实、纠正、打动、抓紧"等。

对于复合词的"复合"要注意两个问题:

一是语素的组合与语素义的组合(即组合后的词的意义)并不完全对应。一般说语素与语素的组合也就应该是语素义和语素义的组合,即词义等于组成成分的语素义。如上面给出的复合词的例子,差不多都等于语素义的组合。例如"性急"的意思就是"性子急","动人"的意思就是"使人感动"。但也有的词义并不就等于语素义的组合。其中一种情况是语素义比较模糊,像汉语"江米、麻利、大方"等,其中一部分语素的意义不清楚。还有一种情况是一部分语素义脱落,像"忘记、缓急、窗户、妻子、国家"等词,虽然包含两个语素,但实际上一部分语素义已没有作用了,例如"忘记"的意思是"忘"而不是"记","窗户"的意思是"窗"而不是"户"。这种复合词一般称作"偏义复合词"。外语中的复合词也有直接反映语素义组合的情况,如英语"book-case(书橱)"的意思就是"书 + 橱柜","mail-man(邮递员)"的意思就是"邮件 + 人"。但上面两种语素义模糊和失落的情况也是存在的。例如英语"table-land(高原)、cat-house(妓院)、flat-foot(侦探)",就是部分语素义模糊或整个词有特定的引申义;而"gooseberry(醋栗)",就是部分语素义失落,其中的"goose(鹅)"似乎没有什么意义。

二是语素的组合与语素类的组合(即构造出的词的词类)也不对应。一般说复合词的词类与组成成分的语素的功能类应该一致,比如作为组成成分的语素都是名词性的,或者中心语素是名词性的,组合后的词也就应该是名词。这种情况并不是没有:比如汉语偏正式如"电灯、钢笔、宿舍"等,中心语素是名词性的,复合词也是名词;支配式如"留神、冒险、提议"等,补充式如"推广、揭露、说明"等,中心语素是动词性的,复合词也是动词;并列式如"朋友、道路、笔墨"等,语素都是名词性的,复合词也是名词;"打击、爱护、生产"等,语素都是动词性的,复合词也是动词。但汉语中也有大量复合词的词类与语素的功能类组合并不一致。例如并列式"开关、裁缝、教学、死活"等,语素都是动词性的,复合词却是名词;偏正式"速写、外交、被告、新闻"等,中心语素是动词性的,复合词却是名词;特别是支配式和陈述式的不对应现象更加普遍,如支配式复合词"领队、绑腿、司机"等是名词,"伤心、丢脸、刺眼"等又是形容词;陈述式复合词"年轻、自信、眼红"等是形容词,"海啸、政变、月亮"等又是名词。可见从整体上说,汉语语素的语法功能与词类没有必然的联系。形态丰富的语言中这种不对应现象较少,比如英语一般情况下复合词的词性就等于最后一个语素的语法功能,如"bathroom(浴室)"就是名词,"photocopy(影印)"就是动词。但同样是陈述式复合词,英语"earthquake(地震)"是名词,"headstrong(任性)"是形容词,"manhandle(手工处理/虐待)"是动词,可见也有语素类的组合与词类不一致的情况。

"附加构词"就是词根语素加上词缀语素构成一个新词。这样得到的合成词又叫附加式合成词,即"派生词"。派生词在汉语中不多,但在形态丰富的语言中大量存在,是词的主要构造类型,比如用前缀"un-(非)"构成的英语的词,在《韦氏英语大词典》中就有2700多个。构成派生词的词根语素也都是实义成词语素或实义不成词语素,词缀语素就是不成词、黏着、定位和虚义的语素。例如汉语"-子"是后缀,"剪子"就是派生词;英语"un-"是前缀,"unhappy(不悦的)"就是派生词。

按照词缀在词中的位置,派生词可以分成三小类:一是词缀在词根前面的前缀式派生词,如英语"sub-way(地道)、un-afraid(不怕的)、dis-obey(违背)、pre-determine(预定)、re-write(重写)、anti-war(反战的)"等,汉语"老-虎、第-一、阿-姨、可-怜"等。二是词缀在词根后面的后缀式派生词,如英语"teach-er(教师)、typ-ist(打字员)、hard-ship(困难)、move-ment(运动)、king-dom(王国)、slow-ly(慢慢地)、modern-nize(现代化)、desire-able(合意的)、boy-ish(男孩气的)"等,汉语"锤-子、木-头、花-儿、哑-巴、绿-化、热-乎乎、沉-甸甸、黑-咕隆咚、脏-里叭唧"等。三是词缀在词的中间或词缀非连续出现的中缀式派生词,如马来语"putuk(啄)"加上中缀就成了名词"pu-la-tuk(啄木鸟)";菲律宾旁托语"kilad(红的)"加上中缀就成了动词"k-umilad(红了)"。此外,像英语的"abso-bloody-lutely(绝对绝对地)",德语"Arbeit-s-mann(工人)",汉语"古里古怪、糊里糊涂、吊儿郎当"等,也可以看作是加上中缀构成的派生词。上述几种词缀有时可以一起出现,如英语"super-son-ic(超声速的),un-friend-ly(不友好地),un-gentle-man-li-ness(非绅士样的风度)",就是多重派生词。

词缀语素的作用有一致的地方,特别是它们本身都没有太实在的词汇意义,但又能表示某种抽象的构词意义(即介于词汇意义和语法意义之间的一种意义)。如英语的"-er、-ist"本身没有什么词汇意义,但附加在其他实义语素后面可以使整个词具有"从事某种职业的人"的意义,如"writer(作者)、pianist(钢琴家)"。汉语"-子"本身也没有任何表示事物的词汇意义,但附加在其他词的后面可以使整个词表示某种事物的意义,如"锯子、刀子"。但不同的词缀的作用也有所差异:一般说前缀在构词中通常只改变词的抽象意义,不改变词的词类。如英语"possible(可能的)"是形容词,加上前缀的"im-possible(不可能的)"只增加否定义,但仍是形容词。而后缀在构词中除了改变词的抽象意义,也往往改变词的词类,如英语"real(真实/现实)"本来是形容词或名词,加上后缀的"real-ize(实现/认识到)"后,就不但改变了意义,而且也变成了动词;汉语的"-子"也有这种作用,如"剪"是动词,而"剪-子"就成了名词。如果派生词中既有前缀又有后缀,那么也就往往既改变词的抽象意义,也同时改变词的词类。如英语"luck(运气)、lucky(幸运的)、un-lucky(不幸的)、un-lucki-ly(不幸地)、un-lucki-ness(不幸)",就是这样。

如果单从词缀所表示的相关意义来比较:英语的"-er、-or、-ar"等词缀差不多就相当于汉语的"-者、-家、-员、-士、-手、-人"等语素,例如"reader(读者)"和"读者","worker(工人)"与"工人";英语的"in-、un-、anti-、over-"等词缀差不多就相当于汉语的"非-、反-、超-、泛-、无-、多-"等语素,例如"over-load(超载)"和"超载","un-lucky(不幸)"和"不幸";还有"-ize、-ty"等相当于汉语的"化"和"性",如"modernize"和"现代化","elasticity"和"弹性"。但前面说过,英语的这些语素是词缀语素,汉语的这些语素虽然在定位和表示抽象意义的作用上很接近英语的词缀,但还不是词缀,而仍是词根语素。这是因为,英语的这些语素永远不成词,而且意义更加虚化,特别是如果把"-tion、-ness、-ship、-ful、-ly"等词类标记也算作词缀,则它们几乎没有词汇意义。而上面汉语的这些语素,则不但可以是独立的词,而且意义相对都比较实在。比如"人"虽然可以大量构成"工人、诗人、商人、爱人、军人、情人"等词,但实际上"人"都有本来的词汇意义。当然从归类的技术角度,把汉语这些语素看作词缀不是完全不可以,但即使看作词缀,也至少与"-子、-儿、-头、-乎乎、-咕隆咚"不是同一种性质的词缀。

"重叠构词"就是词根语素通过重叠形式而构成一个新词。这样得到的合成词又叫重叠式合成词,即"重叠词"。重叠词在其他语言中不太多见,在汉语中也并不是所有的成分重叠形式就是重叠词。比如"猩猩、蝈蝈"等,因为意义不能再分解,本身只是一个语素,这就只是单纯词中的"叠音词",不是重叠词。而"看看、试试、个个、次次"等严格说也不是语素重叠构成的重叠词,而是重叠形式的词组或语法的重叠形式。汉语的重叠词主要包括几种情况:一是名词性重叠词,如"爸爸、姐姐、星星、娃娃"等。二是副词性重叠词,如"刚刚、偏偏、渐渐、常常"等。三是多重重叠词,如"骂骂咧咧、婆婆妈妈、形形色色、干干净净、热热闹闹"等。一般说重叠构词既不像语法上的重叠形式可以增加某些语法意义,也不改变重叠词本身的词类。

上面三类构词都只讨论了两个语素的组合形式。但如果构成词的语素多于两个,这种合成词的结构就比较复杂。复杂的合成词可以是多个词根语素的组合,也可以是多个词根语素和词缀语素的组合。无论哪种复杂组合,其内部都一定按照组合的先后顺序形成不同的层次,而每一层次无非就是上面说的几种结构形式中的一种,或者说复杂合成词实际上就是不同类型的合成词的多次组合。如汉语"插秧机"包含三个语素,其中"插秧"和"机"是第一层组合,整个词是偏正式复合词,而"插秧"是第二层组合,又是支配式复合词,但它在这里是以语素组的形式充当构词成分。再如"资产阶级化"包含了五个语素,第一层是"资产阶级/化(后缀式派生词)",这是词的类型;第二层就是"资产/阶级(偏正复合)",第三层是"资/产(偏正复合)"和"阶/级(并列复合)",第二和第三层切分出来的都只是构词成分。外语的复杂合成词也是这样,如英语"redd-ish-brown(赭红色的)"这个包含三个语素的词,应分析为第一层"redd-ish / brown(偏正式复合词)",第二层"redd / ish(后缀派生)";"un-gentle-man-ly"应分析为,第一层"un / gentlemanly(前缀派生词)",第二层"gentleman / ly"(后缀派生),第三层"gentle / man(偏正复合)"。现将这几个词的结构用图解方式分析如下:

(2) a. 插 秧 机　　　　　　　　b. 资 产 阶 级 化
    偏｜ 正　　　　　　　　　　　　　派｜ 生
      支｜配　　　　　　　　　　偏｜   正
　　　　　　　　　　　　　　　　偏 正 并 列

c. redd – ish – brown　　　　d. un – gentle – man – ly
    偏｜ 正　　　　　　　　　　　派｜   生
     派｜ 生　　　　　　　　　　　　　派｜ 生
　　　　　　　　　　　　　　　　　　偏｜ 正

D. 语法构词(即构形):两个以上语素组合但并不构成新词

"语法构词(构形)"实际是形态丰富的语言中的一种语法现象。但构形的词尾毕竟也是一种语素,不是独立的词,并且一定是附着在词上的,所以也可以看作是构词的一种特殊形式。广义的构形也包括上面讨论的附加表示词类特征的后缀形式。例如英语"-tion、-ful、-ly"等,因为这种词缀虽有构词作用,但更主要的是具有标示词类的语法作用。但狭义的构形实际上只指纯粹的词尾形式,比如英语的"-s、-ed、(be +)-ing、(have +)-ed"等,就是动词的词尾;英语的"-s"等,就是名词的词尾。这些语素附着在词的后面实际上并不产生新词,也不改变词类,只起某种语法作用,比如动词词尾表示动词的"时、体、态"等,名词词尾表示名词的"性、数、格"等。例如"real-ize(实现/认识到)"是加词缀的形式,改变意义和词类,但"realiz-ed(实现了/认识到了)"就是加词尾形式,既不改变词义,也不改变词类,只表示动作发生在过去的语法意义。再如英语"read-er(读者)","-er"是词后缀的形式,改变了词义和词类,但"reader-s(读者们)","-s"就是词尾形式,不改变词义和词类,只表示名词复数的语法意义(参看第六讲)。

3. "语"有哪些构造特点

"语"是由词构成的固定词组或熟语,因此语的构造显然不同于词的构造,至少语看起来都要比词长一些。但语也有自己在构造上的一些特点。

A. 语的总体的结构特点是结构的固定性和整体性

所谓"结构的固定性"是说语的结构是一种特定的组合形式,大多不能像普通词组那样随意改变,否则即使改变后的结构形式可以成立,也不再是语的格式了。这包括一般不能颠倒原有成分:如"朝思暮想"不能说成"暮想朝思","乱七八糟"不能说成"乱八七糟"。一般也不能插入其他成分:如

"远见卓识"不能加连词说成"远见和卓识","世外桃源"不能加助词说成"世外的桃源"。一般也不能替换原有成分：如"拍案叫绝"不能改成"拍桌叫绝"，"南辕北辙"不能改成"东辕西辙"，"三个臭皮匠，顶个诸葛亮"不能改成"六个小裁缝，顶个皮尔卡丹"。不过有的语原来就有不同的形式，如"奋发图强"和"发愤图强"，"夜以继日"和"日以继夜"，这不算改动。很多语的形式本身就是人民群众在生活中不断创造出来的，如"巾帼不让须眉"、"妇女能顶半边天"就是对"女子无才便是德"、"女人头发长见识短"之类具有封建意识的熟语的否定，这也不算改动。当然极个别的情况下语的原有形式也可能有所改变，但这不仅必须经过社会的广泛使用和认同，而且一定是有理由的。其中有的是因为有了某种不同解释，如"难兄难弟"原出典的意义是兄弟们的品德才能难以分出高下，"难（阳平调）"是"困难"义，但以后经重新解释又用来表示兄弟们共同陷入或渡过危难的意思，"难（去声调）"就改成了"患难"义了。再有的是因为创造性运用的结果，如根据"知难而退"创造出"知难而进"，改动后成了表示积极意义的一个新成语。又有的可能是因为原来的词比较生僻或不通用了，如"揠苗助长"现在一般说成"拔苗助长"，改动后的词语比较通俗常用。另外还有的是经过了一定的简缩，如把"前车之覆，后车之鉴"改为"前车之鉴"，改动后的结构更加简单，也符合成语的一般格式。至于有些改动虽然有人说，如现在很多人（包括媒体）都把"心广体胖"的"胖 pán"读作"胖 pàng"，把"明日黄花"改成"昨日黄花"，但后者在没有真正通行开来之前显然就是不够规范的。

所谓"结构的整体性"是说语表达的意义不一定就是词语的搭配结果，大多不能简单地像词组那样根据组成成分来分析整体的意义，否则即使解释后的意思能够成立也不再是语的意义了。这种意义的整体性主要表现在语往往有特殊的比喻引申义。例如汉语"胸有成竹"比喻有主见有准备，"风声鹤唳"形容惊慌和恐惧，"瓮中捉鳖"表示十拿九稳；英语"at home in"不是"在家"的意思，而表示"精通、熟悉"，"break the ice"不是"打碎冰块"的意思，而表示"打破沉默"，"at sea"意思是"茫然无知"：这些都不能只看字面的意义或组合的意义。即使某些语中包括了同样的词语，如"高山流水、落花流水、落花有意流水无情、流水不腐户枢不蠹"，其中都有"流水"，但意思也很不一样。如果想当然地牵强附会，比如把"七月流火"理解为"七月的时候天气热得像火在空中流动"，把"万人空巷"理解为"大家都呆在家里而街巷空无一人"，就会闹出笑话了。语的意义的整体性还表现在需要了解形成语的文献典故和历史事件。如"汗牛充栋"，字面看意思不容易懂,实际是说搬家的时候使牛累得出汗,使房屋塞满了书,用来形容书籍极多;"一尘不染",表面意思好像只是形容干净整洁,其实"尘"原是佛教用语,指外界的种种影响,整个成语的意思是潜心修行,排除奢欲,保持心地纯洁:只有知道了文献出处才能理解这种语的意思。再如"买椟还珠"表示舍本逐末,"一枕黄粱"比喻好事成空:只有了解了寓言典故才能理解这种语的意思。又如"四面楚歌"之所以表示陷入困境,"三顾茅庐"之所以表示真诚相邀:也都要了解了历史上发生的事件才能理解这种语的意思。另外语的作用虽然比词要形象生动,但基本意思有时差不多相当于某个词,即可以用词来替换,如"推心置腹"等于"真诚","风烛残年"等于"晚年","聚精会神"等于"专心",这些也是语的意义有整体性的一种表现。

B. 语的结构基本上就是词组或句子的结构形式,但各自有特殊格式

因为语实际上都是由词构成的,即在结构形式上都比词要长,有的甚至就相当于句子或复句,因此一般可以按照词组或者特殊的复合式合成词的结构形式来分析。例如专有名词多是偏正词组(偏正式复合词),如"中国人民大学、大不列颠百科全书、机动车防抱死制动系统"等。简缩词语基本上也可以按照词组或复合词分析,如"民警、能源、安理会"是偏正式,"整风、扫盲、出入境"是支配式,"厂矿、语文、工农兵"是并列式。惯用语主要有三种结构:一种是三字格的述宾词组(支配式复合词),如"泡蘑菇、走过场、挖墙脚、和稀泥"等;一种是三字格的偏正词组(偏正式复合词),如"冷板凳、绊脚石、闭门羹、铺路石"等;还有一种是两个成分构成的并列词组(并列式复合词),如"有板有眼、又说又笑、大呼小叫、捶胸顿足、一把屎一把尿"等。成语大多是四字格的,但结构上却相当复杂,几乎可以是任何复合词或词组的形式:如"深谋远虑、呕心沥血"是并列式;"顿开茅塞、另起炉灶"是支配式,"空中楼阁、不速之客"是偏正式,"胸无点墨、草木皆兵"是陈述式;而像"不劳而获、斩草除根、阳奉阴违、图穷匕见、亡羊补牢",如果在结构和意义上扩展开来差不多就是复句了。谚语的结构形式则大多相当于句子或复句:例如"远亲不如近邻"、"苍蝇不叮无缝的蛋"、"瑞雪兆丰年"等,相当于单句;"冰冻三尺非一日之寒"、"尺有所短,寸有所长"、"路遥知马力,日久见人心"、"身正不怕影斜,脚正不怕鞋歪"、"若要人不知,除非己莫为"等,就相当于复句。

当然语的结构又有各自的一些区别于一般词组的特殊形式。例如汉语的成语一般都是四字格,惯用语一般都是三字格,惯用语中的比况语通常必须由并列的两项成分组成,这就是某些语的特殊形式要求。不过比较起来

成语的结构限制比较严格,组成成分既不能变动也不能拆开。而惯用语的组成成分虽然也不能变动但却又可以拆开,例如也可以说"吹牛皮→吹什么牛皮"、"拍马屁→拍领导的马屁"、"穿小鞋→给他小鞋穿"、"踢皮球→把我当皮球踢来踢去"等。汉语歇后语的结构形式最特别,因为实际上是一种省略了后一分句的复句形式,如"泥菩萨过江(自身难保)"、"瞎子点灯(白费蜡)"、"姜太公钓鱼(愿者上钩)"等。汉语的简缩词语与外语的简缩词语相比也有自己的独特构造方式,因为外语的简缩词语通常只是采用把复杂词组中每个或部分组成成分首字母组合起来的形式,如"DOS(= disk operating system,磁盘操作系统)""UFO(= unidentified flying object,不明飞行物)"。但汉语的简缩词语除了取语段中某个字的组合形式外,还较多采用其他的形式:如"解放军(中国人民解放军)、清华(清华大学)",是截取词组中的一部分成分;"离退休(离休和退休)、马列主义(马克思主义、列宁主义)",是取词组中不同成分及合并相同成分;而"五行(金、木、水、火、土)、三通(通邮、通航、通商)、四化(工业现代化、农业现代化、国防现代化和科学技术现代化)"等,则采用的是标数概括形式。

第六讲

语言的结构规则——语法

6.1 语法是组词造句的规则

人们平常说话往往脱口而出,即使在某些特殊场合需要字斟句酌,那也主要是考虑表达的内容和挑选恰当的词语,一般都不会在说话以前先注意说出的话是否合乎某种规则。那么是不是只要知道了词语的发音和意思就可以说出一句句的话呢? 当然不是这样。就像下棋时棋子的走法虽然可以千变万化,但还必须有一定的行棋规则一样,人们说话的时候也必须遵守一些公认的习惯和规则。按规则行棋双方才能游戏,同样符合习惯和规则的各种各样的话才是语言中具有交际功能的话,才能被理解和接受。语言的习惯和规则,或者说组词造句的规则,就是"语法"。关于"语法",首先需要了解几个重要的概念:一是什么是"语法",也就是语法的"定义";二是语法有哪些特性,也就是语汇的"性质";三是语言中哪些现象会影响到语法,也就是语法与其他现象的"联系"。

1. 什么是"语法"

组词造句的时候必须遵守一定的规则,这一点在学习或使用外族语的时候表现得最为明显。比如初学英语的人都有体会,就算知道了若干英语的词语和它们的发音,在说话的时候一定还得仔细去想想怎么组织和使用这些词语,稍不留神就可能说错话。例如下面的句子里,虽然三对句子各自差不多,词语本身也不错,但前一句能说,后一句就不正确:

(1) a1. I love you.（我爱你）
　　 a2. *I love she.（我爱她）
　　 b1. Mary posted a letter.（玛丽寄了封信）
　　 b2. *Mary writed a letter.（玛丽写了封信）
　　 c1. Bill likes to swim.（比尔喜欢游泳）
　　 c2. *Bill enjoys to swim.（比尔喜爱游泳）

　　同样,中国人听一些外国人说汉语时,除了感觉他们发音不准以外,还常常会发现有些句子听上去就有毛病。比如下面就是外国学生说话或写文章时出错的例子:

(2) a. *昨天我见面了老师和同学。
　　 b. *这事我也以前不十分清楚。
　　 c. *现在我也跟大家想一样了。

　　说英语的人听到上面第一组例子中 a2、b2、c2 的句子或说汉语的人听到第二组的句子,都会感到比较别扭,觉得不像英语或汉语。为什么会有这种感觉呢? 就因为说英语或汉语的人直觉中有一种"像"英语或汉语的"标准",并且会根据这种标准去修改上面的句子。比如会英语的人都知道:(1a2)中的代词"she(她)"要改成宾格"her(她)";(1b2)中动词的过去时应变为"wrote(写)";(1c2)中主要动词后面要用动名词"swimming(游泳)"。而说汉语的人也知道:(2a)中的"老师和同学"不能放在动词"见面"后面做宾语,而应加介词"跟(和、同、与)"放在动词前状语位置上;(2b)中要把"以前"放在"也"前面;(2c)则可以有多种改法,如"跟大家的想法一样／跟大家想的一样／跟大家一样这么想"等。经过这样的修改,上面这些句子才像英语或汉语了,听上去也才比较顺当。从这里就可以看出,说话确实是有规则的。如果说怎么发音是一种规则,怎么用词是一种规则,那么上面涉及的这些内容,即"像"某种语言的格式的一些"标准",就是"语法"的规则。
　　可能有人会说,我从来不知道也没学过语法规则,怎么也能说出正确的话呢。这是因为语法规则本质上是说本族语的人头脑中潜在的一种直觉知识,也可以说是人们说话时的一种约定习惯。因此本族人是在使用语言的过程中潜移默化地获得这种知识的,同时在说话时也就逐步具有了运用这些知识的能力。这种过程通常称作"语言获得",它无形中就在特定人群中形成了一种共同的"语感",即强制性地要求说本族语的人都按照某种标准去说话:你如果不这样说,别人就不能接受;别人如果不这样说,你也马上就会感到别扭。比如汉语说"刮风了"谁都能理解,说"天刮风了"反而不通,可是英语就非得说成"It is blowing",要是少个本来没什么意义的"it"就不行。这种大家都认可的什么样的话能说,什么样的话不能说的语感,就成了这种语言组词造句的语法规则。前面讲学习外语时常常会出错,就是因为学习外语的人往往没有经过像自己母语那样的语言获得过程,因此也就不会一下子具有该语言的语感。这时表面上看他们得通过老师讲课或读语法书来掌握该语言的语法规则,其实说到底这无非还是通过某种辅助手段来培养语感。因为完全可以设想一个人不经过专门学习甚至不知道有哪些语法规则而在语言环境中最终会流利地说某种外语。这时与其说他是学会了这种外语的语法规则,不如说是得到了这种外语的语感。很多外语教师常说,只有不需要想语法规则就能说外语了,那才算达到了一定的外语水平,也就是这个意思。

正因为语法规则是一种直觉知识和约定习惯,所以有人提出既然语法规则那么麻烦复杂,能不能由语言学家或政府部门作个规定统一或者简化一下,这也是不可能的。语法规则作为客观存在的现象,既不是人为规定出来的,也不是发个通告就可以改变的。当然语法规则也会发生变化,比如古代汉语和现代汉语的语法就不完全一样。但这种改变必须在社会交际中自然而然地形成,最终也要以全社会共同接受为前提,不是哪个人说了算的。历史上有个故事说,罗马帝国有个皇帝有一天主持会议将拉丁语的一个词变错了格和用错了性,别人纠正说这个词应该是中性的,他竟说我是皇帝,我这么说就是对的。结果当然这个词并没有因为皇帝说要改就改了,直到今天它还是中性的。现在政府有语言文字部门专门管语言的使用,语言学家也常常对语言中某些不当用法提出意见,但这种工作的主要目的也并不是限制大家怎么说话,而正是要在大多数人语感的基础上对个别混乱现象进行适当的统一和规范,而规范的结果事实上最后也还要服从社会上大多数人的选择。

2. 语法规则有什么样的性质和特点

语法作为人们说话时组词造句的规则,有以下一些主要的性质和特点。

A. 语法规则具有高度的抽象性

所谓"抽象"指的是对具体东西进行类的概括。语言中词语和句子无限多,不可能为每个词语和每个句子都去建立一条规则,这时就需要把各种现象归类。语法规则实际上就是对人们说的话中的单位、结构和关系的某种类的概括。比如"桌子、书包、电影、思想"等词语,虽然意思不同,但根据某种共同特点,比如大都能受数量词修饰,就可以建立"名词"这个类:这是从词的用法对语法单位类别的抽象。再如"搬桌子、背书包、看电影、谈思想"等语言片段,它们的具体意义也不同,但结构形式都是"动词 + 名词",而且两个词语之间的关系都是动作行为涉及某个事物,就都可以归为"动宾结构":这是从结构形式对语法关系类别的抽象。又如英语动词像"look(看)、teach(教)、wash(洗)"等,后面都可以加上"-ed"表示动作发生在过去的意义,加上"-ing"表示动作正在进行的意义;汉语动词像"放、贴、挂"等,后面都可以加上"着"并在"桌上放着几本书"这样的存在句中表示动作后状态持续的意义:这些是从形态或格式对语法意义类别的抽象。

正因为语法规则具有抽象性,它才成为一种概括的规则,即语法不必去管一个一个具体的词语和句子,而只需处理一类一类的现象。这就有点像数学符号和公式,它不管具体数字是什么,但各种数字又要按照公式代入。有了抽象的语法规则,人们在说话时才可能由此及彼、以类相从,在由各种类别构建的单位、结构和关系的框架内造出一句一句合格的话来。

B. 语法规则具有强大的递归性

所谓"递归"指的是相同的规则可以在一个结构里重复使用。语言中句子格式和长度各种各样,即使抽象也不可能不断增加新的规则,这时就还需要让一种规则多次起作用。语法规则实际上就是一种有限手段可以反复使用的规则。比如下面汉语(3a)和英语(3b)例子中各个句子长度不同(理论上甚至可以无限延长),但只需应用一条规则就可以说明了,因为它们各自都始终是相同的"主语 + 谓语"和"(谓语 =)动词 + 宾语"结构的套叠。例如:

(3) a1. 小李来过北京了。

　　　　(句子1 = 主语 + 谓语,谓语 = 动词 + 宾语)

　　a2. 小王知道小李来过北京了。

　　　　(句子2 = 主语 + 谓语,谓语 = 动词 + 宾语(句子1))

　　a3. 小张认为小王知道小李来过北京了。

　　　　(句子3 = 主语 + 谓语,谓语 = 动词 + 宾语(句子2))

　　a4. 我觉得小张认为小王知道小李来过北京了。

　　　　(句子4 = 主语 + 谓语,谓语 = 动词 + 宾语(句子3))

　　b1. John came to Beijing yesterday.

（S1 = NP + VP，VP = V + NP）

b2. Marry knows that John came to Beijing yesterday.

（S2 = NP + VP，VP = V + S1）

b3. Ashok thinks that Marry knows that John came to Beijing yester-
day.

（S3 = NP + VP，VP = V + S2）

b4. I believe that Ashok thinks that Marry knows that John came to
Beijing yesterday.

（S4 = NP + VP，VP = V + S3）

　　正因为语法规则具有递归性,它才是一种简明的规则,即不必建立许多
不同的规则,只需重复使用有限的几条规则就能管住大量的现象。这也就
像数学运算,小学时学到的加减乘除等最基础的运算规则,即使到了高等数
学阶段仍然用得着;某个或某些规则在开始算一道题的时候有用,算到后面
时可能还有用。有了递归的语法规则,人们在说话时才可能举一反三、以简
驭繁,用数量有限的规则手段造出一句一句无限多的话来。

　　C. 语法规则具有严密的系统性

　　所谓"系统"指的是语法规则具有推导性和解释性。语言中的每一条
语法规则并不是独立起作用的,一条规则之外往往还有另一条规则管着。
例如一般都说汉语"把"字句的结构规则就是把本来在动词后边的宾语名
词前移到介词"把"后,即构成"名词+把+名词+动词词组",如"我洗干净
了衣服→我把衣服洗干净了","他摔碎了花瓶→他把花瓶摔碎了"。其实
光这么说还不够,因为有的句子不能这样变换,如"他喝醉了酒→*他把酒
喝醉了","我听烦了说教→*我把说教听烦了"。原因就在于其中还受另
一条规则的制约,即如果"把"字句中动词词组是动补结构,其中的补语必
须是用来陈述"把"后边名词的,在符合这一条规则的基础上才能应用前一
条规则。比如能说"衣服干净了"、"花瓶碎了",所以前两句的变换能成立,
不能说"*故事烦了"、"*酒醉了",所以后两句的变换就不成立。进一步
说,因为可以说"我烦了"、"他醉了",所以后两句中的主语反倒可以放到
"把"后构成把字句,如"这故事都把我听烦了","这点酒就把他喝醉了"。
可见用两条规则就要比用一条规则更能准确地说明"把"字句的构造形式。
当然对某一种复杂的句式来说,两条规则也可能还不够用,那么这时就一定
还需要另外一些规则。可以说所有语法规则都是这样互相联系着并共同起

作用的。

　　正因为语法规则具有系统性,它才又是一种有解释力的规则,即语法规则实际上环环相扣,这一条规则往往受另一条规则制约,或者说另一条规则可以补充这一条规则。这还是像数学运算,在运用某一条运算规则时又不能违反另一条规则,或者说某条规则在特定条件下就不能用了。有了系统的语法规则,人们在说话时才能形散神聚、变而不乱,造出一句一句复杂多样但又严密有序的话来。

　　D. 语法规则具有相对的稳定性

　　所谓"稳定"指的是语法规则与语音、语汇这样一些与地域差异、社会发展关系十分紧密的语言要素比较起来,变化现象比较少,变化过程也十分缓慢。从语法变化的现象看,很多语法规则可以说是根深蒂固,多少年一直保持了下来。以汉语为例,距今三千多年前甲骨文中就有"癸卯卜,其自东来雨"这样的刻辞,这跟现代汉语的句子格式没有太大区别。《诗经》中"关关雎鸠,在河之洲,窈窕淑女,君子好逑",《论语》中"温故而知新"等名句,在今天读来仍是琅琅上口,理解起来也不大费力。外语也是如此,比如拉丁语的语音和词汇从古代到现代印欧语系各语言已有很大变化,甚至今天的人已经不会说也看不懂了(这与它们的词语要随着读音而发生拼写变化有关),但拉丁语名词有性、数、格,动词有时、体、态,造句有一定的格式等等,在现代印欧语中却并没有什么太大改变。从语法变化的过程看,实际上即使十分微小的语法现象的出现或更替,都得经过语法系统内部的重新调整,甚至长时间的拉锯战才可能完成。比如据考证,汉语的"把"字句式从最初出现到现在成为最常用的句式前后差不多经过了一千多年,而且现在这种变化还在缓慢进行中。再如本来英语跟德语、俄语等印欧语系的语言一样,名词都有全套格标记,所以语序和句法结构形式在语法规则中并不重要,但后来英语名词的格标记慢慢都消失了,现在只剩下少数几个代词还有主格、宾格等的区别(如"I、me、my、mine(我、我的)"),因此也就越来越需要依据成分位置来判定主语、宾语、定语,这时语序和句法结构形式就成为重要的语法手段了。英语语法的这种转变过程也经历了漫长的岁月,至少在几代人之中是感觉不出来的。

　　正因为语法规则具有稳定性,它才更成为一种有效的规则,即规则一旦形成就不大能随意增加或废止。这也就像数学中大家认可的运算符号或一些基本定理,除非特别需要或有特定条件就不可能轻易改变。有了稳定的语法规则,在相当时期和范围内人们在说话时才可能心照不宣、运用自如,造出一句一句能够顺利进行交际和相互理解的话来。

3. 语法与其他语言现象有什么关系

虽然语法是组词造句的规则,即它应该是只管词的构成、变化和词构成词组及句子的规则,但实际上语言现象是一个整体,语音、语汇等和语法互相都有联系,往往你中有我,我中有你,有时很难截然分开。因此语法规则一方面不同于语音、语汇等规则,但另一方面也不能完全不考虑语法与其他现象的联系,甚至从较宽泛的意义上也可以说语法规则是与语音、语汇等相互作用的规则。下面举些汉语的例子来说明。

A. 语法与语音

语音是指语言的声音,包括字词的发音、音节的轻重、单位之间的停顿、句子末尾的句调等等。但语音形式有时也可能影响到语法,或者说语法现象就表现为语音差别。比如"想起来了"有两个意思(回想起 / 打算起床),也是两种结构(动补 / 动宾),这种区别在语音上就表现为"起来"要分别轻读和重读。再如"你今天怎么来呢","怎么"重读和"来"轻读时问"来"的方式,"怎么"轻读和"来"重读就问"来"的原因。又如"我们两个人一组",如果在"我们"后停顿表示有很多人,每两个人一组;如果在"我们两个人"后停顿就表示只有我们这两个人,也只有一个组。至于同样的一句话,如"你能解决这个问题",在没有句末语气词的情况下,句末用低调或降调(书面用句号)表陈述,句末用高调或升调(书面用问号)就表疑问,这更是汉语中语法与语音结合的一种普遍现象了。

B. 语法与语汇

语汇是指语言中使用的词语,包括词语的意义、用法和类别等等。词语的意义和用法也往往影响到语法,因为某些特定词语会造成语法上的差异。比如"长 2 米"和"短 2 米",前句是两个意思两种结构(主谓:长度是 2 米;动宾:长出了 2 米),而后句只一个意思和一种结构(动宾:短少了 2 米)。这种意义和结构的区别就是因为"长、短"这对词语中只有"长"才具有"长度"的意思造成的。再如"过意不去"的两个意思也会造成语法差异:在表示"不安、抱歉"时,只需要联系一个名词(如"我很过意不去"),但在表示"刁难、苛待"时,就必须引出另一个对象(如"他跟我过意不去")。又如"差点摔倒"和"差点没摔倒"意思一样,都是"没摔倒";而"差点考上"和"差点没考上"意思就不一样,前句是"没考上",后句是"考上了"。这也可以看作是人们对"差点"这个词语理解的不同而造成了语法上肯定和否定的不对称现象。

C. 语法与修辞

修辞是对语言中表达的要求，包括词语选用、辞格运用和句式调整等等。修辞现象有时也可能影响到语法，即为了修辞需要有时可以超出语法规则的限制。比如在"别这么近视眼"、"太阿Q"、"很女性"这样的句子里，名词就活用为动词或形容词而作了谓语。"多美啊，黄山！"是感叹句特定的主语和谓语倒装的格式。至于像"两个红领巾走了过来"、"花儿绽开了笑脸"这样的句子，更是利用借代、拟人等故意违反语法上词语搭配规则的手法来增强表达效果的常见用法。

D. 语法与语境

语境指说话时的环境条件，包括特定的场所、对话人和上下文等等。语境对语法的影响有时也很大，即在特定条件下常常会出现一些特殊的语法现象。比如"一张动物园"，看起来是量词误用，其实是"我要买一张去动物园的票"这句话在特定场所（公共汽车上）的成分省略现象。再如"上课了，已经"、"干干净净的，洗得"，看起来是违反了副词做状语必须在动词前面和状态词做补语必须在动词和"得"后面的语法规则，但在说话匆忙时这种因为追加补正而造成的语法成分易位现象还是很常见的。

E. 语法与逻辑

逻辑是语言表达内容的规律，语法是语言表达形式的规律，因此二者的关系非常紧密。语法中"主语、谓语、宾语"等概念就是从逻辑术语中借来的；复句的语法关系实际上也就等于逻辑上复杂判断和推理的关系。逻辑对语法的影响主要表现为对语言成分之间搭配关系的制约。从基本要求看，一般人们说话不但要合语法，也要合逻辑。比如"风把门吹开了"，既合语法也合逻辑，所以才是正确的；"门把风吹开了"，虽然格式不错，但由于不合逻辑，所以就不是正确的句子。但个别例子有时看似不大合逻辑，但大家都这么说，也懂得是什么意思，就不能完全用逻辑来苛求。像"好热闹"和"好不热闹"意思一样，本来该说"来北京以前"，但人们反而常常说"没有来北京以前"，就是这种情况。不过不合逻辑的现象也不是无缘无故的。有的找得出原因：比如"太阳从东方升起"，用现在的眼光看并不科学，但最初造这种句子却是符合人们当时的认识的。还有的一时说不出什么原因：比如"打扫卫生"和"救火"，逻辑上好像不通（"打扫"的不是"卫生"，"救"的也不是"火"），这时也就只能以习惯为准，不能说是错句。就好像现在有人把"我非去不可"说成"我非去"，如果今后这种用法固定下来并且后人不知道产生这种句子的原因，那时候也会形成看起来是否定句却有肯定义这样的不合逻辑的格式了。

6.2 语法和语法研究的"万花筒"

上面说语法就是说本族语的人说话时组词造句的习惯或标准，或者用术语下定义说："语法是语言中关于词的构成、变化和词构成词组和句子的规则。"但不管哪种说法，大家可能都会进一步问，语法规则到底有哪些，我们又是怎么知道有这些语法规则的呢？要回答这个问题，就涉及到"语法"的两个不同概念：一种是客观存在的语法，即人们说话时直觉和习惯上所遵守的某种语感，这时说的语法更准确地说应叫作"语法规律"。对于说本族语的人来说，语法规律只有一种，只要能正常说话的人都具有运用这种规律的能力，或者说共同受到这种规律的制约。另一种是主观认识的语法，即语言学家对于人们组词造句的语感或习惯进行研究后做出的归纳和说明，这才是所谓的"语法规则"，或者叫作"语法学"。从这个角度说，一般说的"语法"其实是指后者，即语言学家通过研究发现的关于语法的一些规则，而不是说客观存在的语法规律就是哪几条。不过大家通常说"语法"时并不特别区别上述两个概念。这是因为语言学家说的语法虽然都指的是某种主观认识，但又都希望自己的研究成果与客观存在的语法规律尽可能一致，即最大限度地去描写各种语法现象，揭示客观的语法规律。

1. 从不同的范围和目的研究语法

了解了通常说的"语法"实际上是指语言学家对于客观语法现象和规律的研究，那就不难理解为什么随便翻开几本语法书都会发现语言学家们说的语法规则可能很不一样。就拿汉语"饭吃过了"这种句子来说：有人说它是受事宾语倒装的变换句式，有人则说它本来就是受事名词当主语的原型句式，有人从表达角度说这是话题句，有人从语义角度说这是被动句，还有人从结构角度说这是省略句等等。造成这种不一样有多种原因：比如语言学家主观认识会有某种局限，即不可能一下子就把所有的语法规则都说得很清楚、很准确；又可能因为语言学家采用的理论方法和语法体系有所不同，即有意识地从不同角度做出说明和解释。不过即使不考虑上述原因，语法研究的结果也不可能完全一样，因为不管谁来研究语法首先都要限定某个范围，不可能包罗万象什么都说，比如把古代汉语语法和现代汉语语法放在一起就不如分开来更容易说清楚。另外讲语法也必须限定某种目的，不可能不分对谁都讲一样的话，比如给中学生讲课说的语法和给机器翻译用的语法各自的要求就肯定不同。正因为这样，语言学家研究语法就首先必须确定自己研究的内容:包括研究侧重哪些方面,研究限定什么范围,研究有什么用处等等。这种区别中最重要的有以下几个方面。

A. 一种是根据语法研究的不同材料区分"历时语法"与"共时语法"

"历时语法"指的是从语法发展变化的角度纵向地和动态地研究语法,研究的重点是某些语法现象在特定时间过程中产生和消失的原因和规律。比如一提到古代汉语,大家都会想到"之、乎、者、也"这一套语气词,但在现代汉语(特别是口语)中它们却已经全部消失,并变成"的、了、呢、吗"等另一套语气词了。为什么原来的一套语气词会被新的一套语气词所取代,这中间经过了怎样的发展演变过程,这种成系统的变化有什么规律等等,这类问题就是历时语法要研究的。"共时语法"指的是从某一时期存在的语法现象的角度横向地和静态地研究语法,研究的重点是某一语言在特定时间范围内的语法表现形式和语法规则系统。比如研究汉语一般把汉语分成古代汉语、近代汉语和现代汉语,其中古代汉语时间跨度大些,但现代汉语就指"五四"以后至今不足百年的汉语白话和后来的普通话,所以一般说的现代汉语语法就是一种共时的语法系统。当然历时和共时又是相对的,其中最值得注意的是方言语法现象。比如广义的现代汉语既包括官话(即普通话),也包括方言,它们是共时的,但因为它们都是从古代汉语这个老祖宗发展演变过来的,而变化的过程又有快有慢,其中有的保留古代汉语的语法现象少些,差异大些,还有的则保留古代汉语的语法现象多些,差异小些。例如普通话中的词缀"的"有三种用法:一种是出现在某些词的后面构成副词性成分,如"忽然的、渐渐的";一种是出现在某些词的后面构成形容词性成分,如"好好的、热乎乎的";还有一种是出现在某些词的后面构成名词性成分,如"吃的、干净的、他的"。但这三个词缀语音形式相同,所以很难说到底是一个东西还是三个东西。但从广东话看,分别起这三种作用的后缀是不同音的"咁[kɐm³⁵]、哋[tei³⁵]、嘅[kɛ³³]",很明显是三个不同的东西。后者的区别其实就正是反映了古代汉语(至少唐宋时)的情况。可见普通话与古代汉语比较起来变化较大,而广东话离古代汉语则更近些,也就是说普通话和广东话的共时差异就恰恰反映了汉语的历时语法变化。

B. 再一种是根据语法研究的用处区分"教学语法"和"信息语法"

"教学语法"研究的结果面对的是人,即建立一套怎么用词造句的语法规则体系用来进行语言教学。教学语法的特点是规范和实用,定义和说明要求具有简明性和可接受性。或者说这种语法系统要充分考虑人的特点:一方面因为人的理解力有限而不能太复杂;另一方面又因为人毕竟有一定的理解力而不需要太多太细。比如长期在中国的中学教学中使用"暂拟汉语教学语法系统"和近年修订的"中学语法教学系统提要"就是一种专门用来教学的语法系统。其中对名词和动词等词类都从意义上来定义,如"名词是表示人或事物的词,动词是表示动作行为的词"等;对句子的结构成分都放在同一层次来分析,如"我们/努力/学习/科学/知识"就是"主语＋状语＋谓语＋定语＋宾语"。这些虽然不够精确,但在教学中比较容易理解,对于掌握和运用一种语言的语法也基本够用了。"信息语法"也称作"计算机语法",它的研究结果面对的是机器,即建立一套可以自动识别和操作的语法规则体系用于计算机进行信息处理。信息语法的特点是精确和可靠,定义和规则必须具有推导性和可验证性。或者说这种语法系统要充分考虑计算机的特点:一方面计算机有很强的计算能力,这就允许给出的语法规则是比较复杂的;另一方面计算机却不像人那样具有某种智能,所以提供给它的语法规则又必须是非常严格和细致的。现在世界已进入信息时代,各国目前都在抓紧进行面向信息处理的语法研究。中国也出版了《现代汉语语法信息详解词典》等著作。例如把常用的几千个动词分成十几种小类,同时每个动词都给出了多达几十个特征定义和搭配规则,这与教学语法对动词的简单定义比较起来当然就有天壤之别了。

C. 还有一种是根据语法研究的理论意义区分"普遍语法"与"个别语法"

"普遍语法"指的是对人类语言的语法共性的研究,其意义在于发现人类语言中共同的语法机制。从比较大的范围看,普遍语法研究为什么儿童能够在短短几年内学会一种语言,为什么人们能说出他从未学过的话,为什么有些本来能正常说话的人会产生各种各样的语言障碍等,这是从心理、生理、病理等学科角度来证明语法具有某种普遍制约因素。从比较小的范围看,普遍语法研究为什么人类语言都有相似的结构层次和关系,为什么都会有名词、动词等实体词类和某些起功能作用的虚词,为什么都有表示时态的语法手段,为什么都有语序变化等,这是从语法现象本身的角度来证明语法具有某种普遍内容和形式。"个别语法"则指的是对个别语言语法的研究,既包括研究一种语言的语法系统,如汉语语法、英语语法等,也包括研究一种语言与其他语言不同的语法特点,其意义在于发现各种语言独特的语法现象。举例说,任何语言的结构都可以分析为由中心语和前项修饰语或后项补足语构成的结构形式,例如定语和状语不是出现在中心语前面,就是出现在中心语后面,这就可以看作是一种普遍原则。但具体到某种语言,情况会有所不同:比如英语的定语和状语,既可以出现在中心语之前,也可以出现在中心语之后,例如"the good suggestion/the suggestion which is good(这个挺不错的建议)","He came yesterday/Yesterday he came(他昨天来过了)";而汉语不管多长的定语和状语,就都只能出现在中心语前面,不能出现在中心语后面,例如"一个挺不错的建议/他几年前提出的建议","他昨天来过/他去年专程利用暑假的机会来过"。这就是英语和汉语在普遍原则制约下的个性差异。

2. 从不同的角度和现象研究语法

不管是上面说的哪一种语法研究,都要面对十分复杂的语法现象,因此还都得先把语法现象分成一些大的类别。这种划分也可以是多种多样的。就像我们说到"房子",可以按照材料看作是由石料、木料、钢材、玻璃等构成的;也可以按照功能看作是由庭院、客厅、卧室、厨房等构成的。语法也是这样,从不同的角度就可能切成不同的几块。这一方面是为了对语法现象的描写和说明更有条理和更容易说清楚;另一方面也是为了更有效地发现和揭示语法规律内部的系统。语法研究中对语法现象的划分主要有以下几种做法。

A. 一种研究是把语法分成两个部分:一个是"词法",一个是"句法"

这种分法是传统语法学提出来的。"词法"也称"形态学",主要描写词的形态特征和变化规则。"句法"又称"造句法",主要说明句子成分和句子类型。因为传统语法的研究对象主要是印欧语,分析标准主要是形态,而形态变化都是附着于词上的,甚至句法结构也都离不开词的形态变化(如主语和谓语就必须考虑主谓的形态呼应,动宾结构的宾语必须变格等),所以传统语法讲词法的内容很复杂。词法既然是形态学,顾名思义应只研究跟词的形态变化有关的现象,即只是构形问题。像俄语名词有单数和复数的区别,有阳性、阴性和中性等性的区别,还有主格、宾格、属格等格的区别等,动词的形态变化甚至包括时、体、态、式、形动词、副动词等横竖交叉共一百多种形式:这些都是典型的构形现象。但由于印欧语言中构词单位、构词方式和词类等也都无不与形态变化有关,像英语"slow、slowly、slowness"三个词的意义都是"慢",但由于形态变化不同,所以构词可以看作是词根加词尾变化,词类可以分别划归形容词、副词和名词,这样构词问题和词类问题也就都成了词法的一部分。及至后来很多语言的构词现象和词类现象与形态变化脱钩了,如现代英语中很多词类的原形已没有区别,如"water(水/浇水)、fire(火/点火)"就既是名词也是动词。还有些语言如汉语本来就没有形态变化,如"房子、木头"中的词缀"子、头"都不是严格的名词词尾变化;"吃了、吃过"也不是动词的形态变化而是动词后面加独立的助词;动词、名词等词类也没有足以相互区别的形态标志;这些现象其实就不再是构形问题,而是句法问题了。但受传统语法分类的影响,至今很多语法书仍把构词和词类问题归入词法。但实际上在汉语这样的语言中词法问题并不像印欧语那么重要,而相反像语序、虚词、结构等句法问题应该在语法中占更多分量,所以划分词法和句法对汉语就不一定适合了。

B. 再一种研究是把语法分成两种规则:一种叫"组合规则",另一种叫"聚合规则"

这种分法是现代结构语法学提出来的。因为就所有语法成分(小到语素和词,大到词组和句子)之间的关系而言:从线性的不同位置看都是相互怎么样搭配起来的关系,这就是"组合规则";从线性的某个位置看都是相互能不能替换出现的关系,这就是"聚合规则"。比如汉语"我/买/书"这三个词,理论上可以有六种搭配组合,但只有"我买书"成立,不能说"书买我",虽然在特定的环境下能说"书我买"、"买我书"等,但意思也不一样。至于像"我/把/窗户/关/上/了"这六个词搭配的可能性有几十种,但却更是只有一种组合形式能成立。这种哪个成分在前哪个成分在后的问题就由组合规则来管,所以组合规则实际上就是语法结构的构成规则。不光句子的组合是这样,词和词组的组合等也是如此。说话不能只说一句,但并不是每说一句话就得有一条组合规则。比如"他写字"、"我们唱歌"、"小张主持节目"都是按照"我买书"的组合规则说出来的。它们之所以都是正确的句子,还因为这种组合形式实际上存在三个可替换的位置,比如在"我"的位置上可以替换出现"他、我们、小张",在"买"的位置上可以替换出现"写、唱、主持"。如果不是同类成分就不能替换出现在同一种位置上,如"写、唱"就不能替换出现在"我"的位置上,否则就会出错。可见组合其实不是一个一个成分的组合,而是一类一类成分的组合。这种什么样的成分能替换出现在某个组合位置上的问题就由"聚合规则"来管,所以聚合规则实际上就是语法成分的归类规则。不光这种结构是这样,所有的词、词组和句子形式也都是这样。组合规则和聚合规则是互相依存的:一方面可以说每个语法成分都处在既可能跟别的成分替换(聚合),又可能跟别的成分连接(组合)的关系之中;另一方面可以说聚合规则是潜在的,就像机器零件分门别类地存放在仓库里,组合规则是现实的,就像按图纸把零件装配成机器。把语法分成组合规则和聚合规则,就没有必要特别考虑形态了。前面说的词法中的构形问题和词类问题可归入聚合规则,而构词问题和一般说的句法结构问题就属于组合规则。这种划分似乎更适合汉语的情况。

C. 还有一种研究是把语法分成两个层面:一个是"核心语法",一个是"外围语法"

当代的形式语法学较多采用这种办法。"核心语法"仅指句法结构规则,"外围语法"则包括与语法有关的词语、语义和语音等现象。这种分法一方面把语法的范围缩小了,因为核心语法只管语言片段是不是合乎结构形式规则,而规则本身又只有非常抽象的几条,这就是所谓的"小语法"。另一方面又把语法的范围扩大了,因为外围语法要管词语的搭配(选用什么词)、意义的表达(成分之间的语义关系)和语音的实现(能不能说出来)等,这就是所谓的"大语法"。这种分法的好处是:一方面通过建立核心语法使得语法规则有可能在一定范围内构成简单、严格的原则系统,使规则在各种语言中具有某种普遍性;另一方面通过建立外围语法使得很多与语法有关的因素,特别是词语本身的构造和词类问题,词语之间的意义和搭配问题,句子的表达和理解问题等,都被分离出来,这些则在不同语言中可能表现出自己的某些特点。这种语法分类是一种较新的观点,在理论和方法论上有重要意义,也适用于各种语言。

3. **大大小小的语法单位**

人们说话时的长度各不相同,小到只有一个词,大到一句话或一段话,这些可以总称为"语言片段"。这些大大小小的语言片段之间有联系,因为大的语言片段可以分解成更小的语言片段,或者说小的语言片段可以组合成更大的语言片段。比如"我粉刷了房子"是由"我"和"粉刷了房子"构成的,"粉刷了房子"是由"粉刷了"和"房子"构成的,"房子"又是由更小的"房"和"子"构成的。可见一个语言片断中可以包含另一些语言片段。这些大大小小的语言片段之间也有区别,因为不同的语言片段在性质和作用上也各不相同。比如"我粉刷了房子。"是说出来的完整的一句话,"粉刷"和"房子"不是一句话但可以在语句中独立使用,"房"和"子"不能独立使用,但还是具有一定的意义。可见一种语言片段并不完全相当于另一种语言片段。正因为这样,语法研究就还必须把上面说的这些大小不同或性质不同的语言片段先分成不同的单位,这就是"语法单位"。有了语法单位才便于描写和说明各种语言片段的类型和关系。

语法单位通常分成四级或四种,即"语素"、"词"、"词组"和"句子"。如果把比句子还大的一段话或一篇演讲(书面上就是一个段落或一篇文

章)叫作"句组"(又称句群、语段或篇章),也算作语法单位,那么就一共有
五级或五种语法单位。

A. 语素

本书前面第五讲曾讨论过"语素"。语素的定义是"最小的有意义的语
言单位"。比如上面例子中"粉"和"刷"就是语素,因为它们都有意义且各
自不能从音义结合的角度再分解。"房子"中的"子"也不能再分解,它虽然
没有实在的词汇意义,但还是有某种特定意义,所以也是语素。其他语言也
如此,如英语"worker(工人)"可以分解成"work"和"-er"两个语素,"-er"
也是没有太实在的意义的语素。

B. 词

"词"的定义是"最小的、有意义的、能独立使用的语言单位"。一般来
说词都要比语素大一些,比如词"粉刷"比语素"粉"和"刷"长,或者说是由
"粉"和"刷"这两个语素构成了"粉刷"这个词。但词与语素真正的区别还
不是看彼此的长度,而在于词比语素多了"能独立使用"这一条。"能独立
使用"的意思是说这种成分在语句的某个位置上可以自由地替换出现,比
如"粉刷了房子"中的"粉刷"可以用"购买"替换,说成"购买了房子";而且
"粉刷"可以作为一个整体挪来挪去,如"房子粉刷了","请人粉刷过","粉
刷的费用"等:所以"粉刷"就是一个词。从这个条件看,词有时也就不一定
都比语素长。如"我粉刷了房子"中的"我"可用"他"替换,"我、他"就都是
词,但"我、他"又不能再分解,又是语素,因此就既是语素又是词。其他语
言也是这样,如英语中"I(我)、go(走)、big(大)"等,就既是语素又是词。
词也不一定非得有实在的意义。如"粉刷了"中的"了"可以被"过"替换,
尽管"了、过"都没有实在的词汇意义,但仍有某种特定意义,所以也都是
词,这就是虚词。其他语言也有这些区别,如英语中"in、on、of"等就是虚词
(参看本书第五讲)。

C. 词组

"词组"的定义是"至少由两个词组成的、有意义的、能独立使用的语言
单位"。它跟词的相同之处是都能够独立使用,区别则在于词组肯定要比
词大一些(不是"最小"),或者说凡是由词和词组合起来的语言片段就是词
组。词组可以由两个词组成,如"粉刷房子"是由"粉刷"和"房子"两个实
词组合成的词组,"粉刷了"是由"粉刷"和虚词"了"组合成的词组。词组
也可以由许多词即若干个词组组成,如"粉刷/了/房子"就是包括了三个词
和两个不同层次的复杂词组,"我/刚刚/粉刷/了/的/房子"就是包含了更

多词和更多层次的复杂词组。其他语言也是这样,如英语"my father(我父亲)"就是两个词组合成的词组,"my father who worked hard(辛勤工作的父亲)"就是好几个词组合成的复杂词组。

D. 句子

"句子"的定义要稍微复杂一些。虽然一般说句子要比词组更长,即是相对完整些的结构,比如"我粉刷了房子"就可以说是一个句子。但实际上一个语言片段再长,结构再完整,如果没有单独说出来,就还不是句子而只是词组。所以句子的定义是"由若干个词或词组按照一定的规则组合成的,能表达相对完整的意义,前后有较大的停顿并带有一定的语气和句调(书面上用句号、问号等表示)的语言单位"。可见句子和词组的本质区别也不在于结构的长度,而在于是不是独立说出来并用于交际。比如在"你知道我粉刷了房子"中,"我粉刷了房子"就处于被包含的状态,所以还不是真正的句子。有些语言对句子的结构形式有比较严格的要求,如英语就必须是完整的主谓结构才能构成句子,如果缺少某些成分就不能算句子,那么结构的完整性也是句子的必要条件。例如"I painted the house.(我粉刷了房子)"是句子,"I painted(我粉刷了)"或"painted the house(粉刷了房子)"就不能成为句子,或者说作为完整句子在语法上不合格。但有些语言的句子结构形式要灵活些,比如汉语就常常有省略了某些成分的句子形式,像汉语对话"房子粉刷了吗?"——"粉刷了。""粉刷了什么?"——"粉刷了房子。""谁粉刷的?"——"我。"等,所有这些语言片段都可以看作是句子。

E. 句组(句群、语段、篇章)

"句组"的定义大致可以表述为"由多个句子组合而成,表达相互关联的比较复杂的意义,书面上表现为一组句子、一个段落或一篇文章的语言单位"。句组的特点就是包含多个独立的句子。其中句群、语段和篇章没有截然区别:句子少一些、意义不太复杂但联系紧密一点的是句群;句子多一些、意义更复杂但联系稍松散些的叫语段;更大的语言片段就叫篇章。

从上面说的语法单位的定义可以看出,各种语法单位相互之间实际上具有不同的关系。大致上一种是"量变关系",即语法单位之间只是所含成分数量的增减,但性质和作用不变。如词与词组之间就是这种关系:因为词组一定是由多个词组合而成的,即词组总要比词长些;但它们的作用都是作造句的材料(独立使用),这一点相同。还有一种是"质变关系",即语法单位之间表现为所起作用的差异,但成分数量未必变化。如汉语中词和词组与句子之间就是这种关系:因为词和词组没有表达功能,句子却要求必须说出来和用于交际(前后停顿和语气句调),即它们有不同的功能;但句子中成分数量有时可以与词或词组相等,这一点又是相同的。根据语法单位的这些特点,可以把语法单位表示为以下三级五种(由于大多数词是由语素的组合形成的,也可以增加"语素组"这个概念,这样就共有三级六种单位):

  (4) 语法单位的关系:

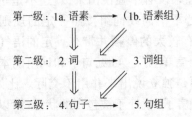

  可以这样来理解图(4):同级语法单位之间的差别是数量性的,即彼此有不同的长度:第一级中语素组是由语素组成的,第二级中词组是由词组成的,第三级中句组是由句子组成的。不同级语法单位之间的差别是功能性的,即各自有不同的作用:第一级语素和语素组的功能是用来"构词";第二级词和词组的功能是用来"造句";第三级句子和句组的功能是用来"表达"。同级语法单位之间的量变关系也可以叫"组成关系"(单箭头表示),"组成"指的是大单位由小单位组合而成,如语素组一定包含多个语素,词组一定包含多个词,句组一定包含多个句子。不同级语法单位之间的质变关系也可以叫"形成关系"(双箭头表示),"形成"指的就是下一级单位获得上一级单位的功能,如语素和语素组获得造句功能就成为词,词和词组获得表达功能就成为句子。因此语言中某个语言片段到底属于哪种语法单位,既要看它们的长度,更要看它们的功能。

6.3 "形式"和"意义":这一面和那一面

  语法是关于词的构成、变化和词构成词组和句子的规则。那么这种规则只是关于语言的形式的规则呢,还是也包括语言的意义的规则呢? 换句话说,通常讲的"语法形式"和"语法意义"是怎么回事? 二者有什么关系? 我们也需要从这个角度来了解语法。

  1. 形式与意义是语法这一张纸的两面
  语法首先是关于语言形式的规则。比如词的形态变化,词与词的排列组合,结构中的虚词等都是某种形式,语素、词、词组和句子等语言单位也是某种形式。这些当然都是语法问题。但语言除了形式还有意义。比如词的形态变化有意义,词与词的排列组合有意义,结构中的虚词也有意义,前面提到语素、词、词组和句子等语言单位的定义中就包括了它们必须有意义。这些当然也是语法的内容。不过更准确地说:语法管的形式不是指语言中所有的形式,而只是能体现语法意义的那些形式;语法管的意义也不是指语言中所有的意义,而只是语法形式所体现的那些意义。这种定义一下子不容易理解,下面就先分开这两个概念举些例子来说明,然后再合起来看看二者具有什么样的关系。

A. 语法形式

从字面上看,既然说语法形式,就不该是其他的形式,如不是语音的形式,也不是词语的形式等,但实际上也不能一概而论。一般的语音现象当然不是语法形式,如汉语"看"读作"kàn","上海"读作"shànghǎi",都只是若干声母、韵母和声调组合的个别语音形式,这与语法无关。但由于有些语音形式能产生某一类意义或有共同作用,如"看看"两个动词重叠时,后一个"看"就要读轻声从而产生尝试性动作义,汉语所有的动词重叠都是如此;又如"上海"在单独说出来时若读成高调或升调"shanghai ↗",就有疑问的作用,汉语所有的词语在形成疑问句时都是如此:因此这些语音变化形式就是语法形式了。同样一般词语形式也不是语法形式,如英语"worker"的意思是工人,"work"的意思是工作,它们只有词语个别的写法和意思,这与语法无关。但由于有些词语的词形变化能够产生某一类意义或有共同作用,如"workers"因为后面加词尾"-s"就表示复数(工人们),英语大多数名词都这样;"worked"因为后面加词尾"-ed"就表示过去的动作(工作过),英语几乎所有的动词都这样:所以这些词形变化形式也就成了语法形式。当然语言中也有一些与语音和词语变化无关的形式,同样可以表示某一类意义或有共同作用,这就更只能是语法形式。如汉语"看、吃、玩"等一批词,本身的发音和词形虽不像英语那样可以发生变化,但它们都可以作谓语,如"大家看";都可以用"不"否定,如"不看";都可以加"了、着、过"表示时态,如"看了";同时都能支配或涉及到某个事物,如"看书",也就是都可以归入动词这个词类:这种能共同与某种成分组合和能共同归为某种类别的形式也就是语法形式。据此就可以这样说:语言中不管是语音的表现形式,词形的变化形式,还是成分的组合和类别形式,凡是能够体现一类意义或有共同作用的形式,就都是语法形式;反之只体现个体意义或只有个别作用的形式,就不是语法形式。这也就是前面定义的"语法形式就是能体现语法意义的形式"的意思。

B. 语法意义

从字面上看，既然说语法意义，就不等于其他的意义，如不等于词语的意义，不等于句子的意义，但实际上也不能笼统地这么说。因为词本身就是语法的单位，而每个词语都是有意义的，如"街道、楼房、汽车"当然都有意义。但词语的意义有两种：一种是只属于个别词的具体意义，如这三个词分别表示不同的东西，这种一个词区别于另一个词的意义叫作词的词汇意义。另一种是从一类词的共同形式抽象出来的意义，比如这三个词都可以受数量和性质词语修饰，如"一辆汽车、高级汽车"，都可以受动作词语支配，如"开汽车、买汽车"，这些形式就给了这三个词能称数、有属性、受支配及都表示事物的意义，汉语大多数名词都是如此：因此这种意义就是词的语法意义。同样句子也是一种语法单位，而每个句子也都有意义，如"妈妈扫街道"、"爸爸盖楼房"、"我开汽车"都有意义。但句子的意义也有两种：一种只属于个别句子即只是词语搭配所表达的意义，如这三句话分别表示不同的人做不同的事，这种一个句子区别于另一个句子的意义叫作结构的语句意义（或叫词语搭配意义）。另一种是从一类句子的共同形式抽象出来的意义，比如这三个句子都是"名词 + 动词词组"，动词词组都是"动词 + 名词"等。这些形式就给了这三个句子某些共同的意义，如"名词 + 动词词组"有主谓关系的意义，"动词 + 名词"有动宾关系的意义，动词词组前面的名词是施事成分，动词词组中动词后面的名词是受事成分等，汉语所有的同类结构形式都是如此：所以这些意义就是结构的语法意义。当然语言中也有一些词语形式和结构形式本身并没有实的词汇意义或词语搭配意义，它们作为一种形式所产生的意义就更只能是语法意义。如汉语的虚词"的"，它本身没有词汇意义，单独也不能说，但放在词与词之间就可以使前后两个成分之间具有领属、性质等修饰和被修饰的关系，如"我的帽子、学校的图书"。因为虚词的特定形式都是对一类结构适用，并能使该类结构获得某种共同的意义，这种意义就是语法意义。再如汉语的句子结构"客人来了"和"来了客人"，词语的搭配意义一样，说的也差不多是同一件事，即使分别分析成"主谓"和"动宾"，其中的"客人"也都是施事；但两个结构的意义仍然有区别，比如"客人"在动词前是有定的（等于英语"the guest"），在动词后就是无定的（等于英语"a guest"），这种相同名词出现在动词前后的形式适用于一批结构而且都能造成名词有定和无定的区别，这种意义也就是语法意义。据此就可以这样说,语言中不管是词语意义,还是结构意义,凡是通过一类形式或共同功能所获得的意义,就是语法意义,反之只属于个别词语或个别句子的意义就不是语法意义。这也就是前面定义的"语法意义就是语法形式所体现的意义"的意思。

C. 语法形式和语法意义的关系

语法形式与语法意义就像是语法这一张纸的两面,二者相互依存不可分割。可以说语法研究的任务就是发现语法形式与语法意义的对应关系,即抓住一种形式的时候要问这种形式有什么用处,发现一种意义的时候要问这种意义是怎么来的。当然各种语言的语法形式与语法意义又有不同情况。比如同样表现动作发生在过去的意义,英语用动词加词缀"-ed"的词形变化形式,汉语就用动词后面加虚词"了、过"的形式。一种语言中的语法形式和语法意义也并非简单对应。比如有的是一种形式对应一种意义,例如英语中定冠词"the"只表示后面的名词是有定的或特指的,如"the house(这所房子)"。也有的是一种形式对应多种意义,例如德语中的定冠词除了表示名词定指,还表示名词的性或数,如"der Tisch(桌子,定指/阳性/单数)"、"die Tische(桌子,定指/阳性/复数)"、"die Tafel(黑板,定指/阴性/单数)"。还有的是多种形式对应一种意义,例如汉语中表示名词的定指意义,既可以通过语序形式,即出现在动词前的光杆名词就是有定的,如"房子(塌了)",也可以通过加指示代词或特定介词的形式表示名词是有定的,如"(喜欢)这房子","把房子(卖了)"。正因为如此,在讲语法的时候一般还只能是把语法形式和语法意义分开来说,比如先从形式这头归纳出有哪些语法形式,或先从意义这头概括出有哪些语法意义。

2. 语法形式可以归纳为哪几种主要的手段

根据上面的定义,语法形式就是能体现语法意义的形式。但这么说还过于概括。要了解什么是语法形式,还必须具体说明语言中到底有哪些语法形式,或者语法形式是一些什么样的形式。人类的语言各种各样,语法形式也就多种多样。为了能理出一个大致的头绪,一般都根据某些语法形式的共同特点,把语法形式归并为几个基本类别。这种语法形式的类就叫作"语法手段"。

语法手段又可以先分成"词法手段"和"句法手段"两大类。即凡是通过词的变化来表现语法意义的形式就是词法手段,凡是通过结构的变化来表现语法意义的形式就是句法手段。当然说词法手段也并非跟句法无关,只是说这些形式是围绕着词而表现出来的,所以也可以叫作综合性手段;而句法手段就是不直接依附于词的形式,所以也可以叫作分析性手段。

A. 词法手段。

"词法手段"主要包括"词形变化"、"词的轻重音"和"词的重叠"三个小类,有的小类内部还有一些不同的表现。

(a) 词形变化

这是通过词的形态变化而产生一定语法意义的形式。印欧语最多采用这种语法形式。具体说词形变化又包括附加、屈折、异根和零形式等:"附加"即在词的前面、中间或后头加上词缀。词缀一般指在词典中不显示但在句子中系统出现的附着于词的部分。例如英语名词"book/books(书)"、"tree/trees(树)"就是加上后缀"-s"来表示复数;动词"work/worked/work-ing(工作)"是分别加上后缀"-ed/-ing"来表示过去时或进行体。有些语言的名词有格的变化,如俄语名词有 6 个格,都是通过词缀(也叫词尾)来表现的。汉语基本上没有这种语法手段。虽然宽泛地说,汉语动词加"过、着"也表示动词过去时或进行体,如"去过、走着",但这些后附成分毕竟不是印欧语那种严格的词形变化。"屈折"即词的内部发生语音的交替变化。屈折与附加的作用相同,只不过一种是给词的外部加点东西,一种是改变词内部的某个东西。比如英语同样是表示名词的单数和复数,有时也用屈折形式,如"man/men(男人)"、"foot/feet(脚)"、"mouse/mice(老鼠)"等。英语同样是表示动词的过去时,有时也用屈折形式,如"sing/sang(唱)"、"get/got(得到)"、"write/wrote(写)"等。汉语也没有这种语法手段。"异根"即换用不同的词根构成相同意义的词。异根也有跟附加和屈折相同的作用,但这种形式较少见。如英语只有极少数动词的过去时用异根形式,如"go/went(走)";不过英语"是"这个动词现在时和过去时的异根形式"be/am/is/are/was/were"却非常典型。异根在印欧语中更多是用于人称代词变格,如英语人称代词的主格和宾格分别是"I/me(我)"、"she/her(她)"、"we/us(我们)"等。印欧语形容词和副词的"级"也可用异根形式表示,如英语"good/better/best(好)"、"little/less/lest(少)"等。汉语没有这种异根形式。"零形式"即相对于词形变化的词的原形形式。既然附加、屈折和异根等形式可以产生某种语法意义,那么词在变化前的原形,当然也有某种语法意义,所以原形也就可以看作是一种词形变化,或者说变化的是一个零成分。例如前面提到的英语名词"books(一些书)"是通过加词缀"-s"后表复数,那么相应未加词缀的"book(书)"这种单数意义就是用零形式表示。同样英语动词"work/worked"分别表示现在时和过去时,现在时也用零形式表示。

（b）词的轻重音

这是通过词的某个部分重读或轻读而产生一定语法意义的形式。有些语言中重音形式更重要，可以叫作"移动重音"。即一方面强调"移动"，因为词的固定位置重音并不产生语法意义，只有位置移动的重音才能产生语法意义；另一方面也更强调"重音"，因为只有重音才能产生语法意义，也就是重音位置必须重，轻则只是相对的。如英语有时可以用词的重音区别动词和名词，如"re' cord（记录，动词）/ ' record（记录，名词）"、"im' port（输入，动词）/ ' import（输入，名词）"等就是这种情况。但也有些语言中的轻音也有语法作用。比如汉语就较多利用轻声的形式，也就是轻声音节必须轻，而重音则只是相对的。如汉语有些相同语素的组合形式，既可能是词组也可能是词，意义也不同，往往就可以利用是否包含轻声的成分来区别，如"东西/东·西"、"买卖/买·卖"等。

（c）词的重叠

这是通过词或词中某个语素重复使用而产生一定语法意义的形式。表面看词的重叠已超出了一个词，但词重叠和语素重叠不仅形式相同，而且重叠形式往往都有相当于词的独立用法，因此词的重叠也还是词的一种变化形式。重叠形式在印欧语中用得不多，而在汉藏语系语言中使用比较普遍。汉语更是较多利用了重叠形式，包括词的重叠和用语素重叠构造某一类新词。例如名词或量词重叠"人/人人"、"天/天天"、"件/件件"，都有"逐个"的意思；动词或动词语素重叠"看/看看"、"研究/研究研究"、"帮忙/帮帮忙"、"游泳/游游泳"，都有短时和尝试等量小的意思；形容词或形容词语素重叠"大/大大（的）"、"高/高高（的）"、"清楚/清清楚楚"、"喷香/喷喷香"、"雪白/雪白雪白"，都有程度增加的意思。

B. 句法手段

"句法手段"主要包括"虚词"、"语类选择"、"语序"和"句调"四个小类，各个小类内部也有一些不同的表现。

（a）虚词

这是通过使用虚词来表示一定语法意义的形式。语言中凡是没有词汇意义只有语法意义的词就是虚词。因为虚词不依附于某个词，其语法意义又不是通过虚词本身表示的，而是在与别的词发生关系时才产生的，所以使用虚词就是一种句法手段。如"我和老师"如果替换成"你和学生"、"我们和领导"，词汇意义变了，但词与词之间的联合关系却并不变；而如果把

"和"替换成"的",如"我的老师"、"你的学生"等,词与词之间就成了领属性修饰关系:这就是虚词"和"和"的"的不同作用。虚词主要是两类。其中一类叫"辅助词",指多多少少与另一个词的变化还有些关系的虚词,或者说只要有别的词就需要同时出现的词。比如英语表示动词现在完成时,动词需要用"to have V – ed"形式,如"I have worked(我已经做完工作了)",其中" – ed"是动词的词缀,同时出现的"have"就是辅助词中的一种,叫助动词。辅助词中再一种是冠词,如英语的冠词"the"和"a(n)"分别表示它后面的名词是有定的或无定的,如"the boy(这个男孩)"和"a boy(一个男孩)"。一些语言中的冠词还可以区别动词和名词,如英语"to play(玩/演出)"、"to answer(回答)"是动词,"the play(比赛/剧本)"、"the answer(回答)"就是名词。虚词中另一类叫"功能词",指与另一个词没有必然联系的虚词,或者说是不由别的词决定而又决定别的词的关系和意义的一种词。各种语言中功能词种类很多,但最主要是介词、连词和语气词这三种。"介词"是表示事物与动作之间关系的词,通过介词可以引出动作的时间、处所、工具、原因、方式、手段、目的等。例如英语"He lived in the room(他在这屋子住过)"、"He cut the beef with a knife(他用刀切牛肉)",其中"in(在)"、with(用)"就是介词。汉语也用介词表示类似的动词与名词的关系(比如上面汉语译文也用相应的"在、用"等介词)。"连词"是表示成分之间组合关系的词。前面提到汉语"我和老师"中的"和"就是表示两个成分之间具有联合关系的连词。英语的"and"也是这种连词。前面提到汉语"我的老师"中的"的"就是表示两个词之间具有修饰关系的连词,而"跑得很快"中的"得"是表示两个词具有补充关系的连词(汉语的"的、得"等又叫助词)。汉语连接句子的连词有"因为病了,所以没上班"中的"因为、所以"和"如果、那么"、"虽然、但是"等,英语的"because(因为)"、"if(如果)"、"but(但是)"等也是这种连词。"语气词"是突出句子语气意义类型的词,通过语气词可以表示句子的否定、肯定、疑问、祈使等用途的意义。汉语"你去吗?"中的"吗"就是表示疑问意义的语气词,类似的还有"的、了、吧、呢"等。其他语言归入语气词的词,有的更多,如俄语把很多在汉语、英语中用副词表达的意义也用语气词表示。有的很少,如英语就几乎没有语气词。像强调的语气"I love only her(我只爱她)",用副词"only"表示;疑问语气"How do you know?(你怎么知道)",是用助动词、句调和疑问代词前移等形式共同表示。

　　(b)语类选择

这是通过选择句法结构中可以组合的词类或词组的类来表示一定语法意义的形式。语言中各种结构都是词或词组按照一定的语法关系构成的。这种关系不等同于词义搭配,而主要取决于参与组合的词或词组的类。比如"读书"是动宾结构,"好书"是偏正结构,之所以它们是正确的结构,就是因为"读"和"书"、"好"和"书"分别所属的词类能够组合。语类选择从词对结构的要求这头说是看什么类的词能进入某个位置:如"从、把、和、的、吗、因为"等虚词不能进入任何基本结构的成分位置;"水、苹果、太阳、思想"等一般说的名词能进入主谓结构的主语位置,但很少能进入谓语位置。从结构对词的要求这头说是看哪些词类的组合能够成立:"妈妈来"能说,是因为名词后面能加上动词而构成主谓关系,"张老师的妈妈从山东老家来"也能说,同样是因为名词词组后面加上动词词组也能构成主谓关系,这说明相同词类或词组类的组合能构成相同结构。"洗衣服"能成立,是因为动词加名词能构成动宾关系,"洗干净"也能成立,是因为动词加形容词能构成动补关系,这说明不同词类成分的组合又可能构成不同结构。各种语言的句法结构形式有相同的:如汉语"唱了支歌"是动宾结构,英语"to sing a song(唱支歌)"也是动宾结构,汉语"他已经走了"是主谓结构,英语"He has gone(他已经走了)"也是主谓结构。但不同语言也有不同的情况:包括对同样词类却要求不同位置,像英语的副词可以出现在动词后面,而汉语的副词就只能出现在动词前面,例如"He grows up gradually(他渐渐长大了)"。也包括同样位置却要求不同词类,像英语只能是名词或部分有特定形式的动词和动名词才能作主宾语,而汉语的动词和形容词就可以直接作主宾语,例如"I enjoyed swimming(我喜爱游泳)"。

　　(c) 语序

　　这是通过句法结构中词语的位置顺序来表示一定语法意义的形式。前面说语类选择是讲词的类别,而语序则是讲词的顺序。各种语言都要利用语序的形式,但语序的作用有所不同。如果词与词的关系主要靠形态变化表示,语序所起的作用就小;相反如果缺少形态变化,语序的作用就大些。汉语和大部分汉藏语系语言都属于后者。汉语常常利用词语的顺序表示语法关系,如"天气好"是主谓关系,"好天气"是偏正关系;"猫捉老鼠"和"老鼠捉猫"都是主谓关系,但出现在动词前面的名词是施事成分,动词后面的名词是受事成分。俄语则属于前者。比如如果"Я(我)"是第一人称单数主格,"КНИГУ(书)"是宾格,"читаю(读)"是带相应词尾变化的动词,那么无论这三个词怎么排列,结构不但都成立而且意思都是"我读书"。当然上面只是说有的语言语序更重要,有的语言形态更重要,而不是绝对没有另一种形式。比如汉语也存在像"客人来家里了"和"家里来客人了"这种语序变化了而语法关系不变的情况。俄语当主语和宾语的词形相同时,也就不得不靠语序来区别主语(施事)和宾语(受事),例如"Матъ любит дочъ(母亲爱女儿)","Дочъ любит матъ(女儿爱母亲)"。在以语序为主的语言中语序的安排也有区别,其中最受到关注的是谓语动词和宾语的语序。汉语、英语、法语等都是宾语在动词后面,如说"写字"、"吃饭",但在日语、朝鲜语、维吾尔语等语言中则宾语在动词前,例如说成"字写"、"饭吃"。前者被称作"SVO(主动宾)"型语言,后者就是"SOV(主宾动)"型语言。

(d) 句调

这是通过整个句子的音高、重音、停顿等来表示一定语法意义的形式。句调实际上已经是表达层面上的一种语法手段了。句子的句调与前面说的语气词的关系十分密切,比如"他去吗?"、"你去吧!"分别用不同的语气词来表示疑问、祈使语气。但在不使用语气词的情况下,也可以独立使用句调来表示这些语气意义,例如"他去?(高调)"、"你去!(低调)"等。各种语言都要利用句调这种形式表达语气意义。一般说,陈述句和祈使句用低调或降调,疑问句用高调或升调。另外像汉语说"你不去。我也不去。",中间有大的停顿,同时用低调,则两句之间表示并列关系;"你不去,我也不去。"中间只有小的停顿,同时用平调,则两句之间表示的就是因果或假设关系。这里的前一句的句调形式既表示不同的语气意义,也表示构成复句时与后一分句间的关系意义。

上面举例介绍了可归为七种语法手段的某些形式,肯定还不全面。但即使就是这些语法手段,不同语言也并不一定都采用,而总是各有取舍或有所偏重。一般可据此把人类语言分成两大类:主要使用词形变化、词的轻重音等语法手段的语言,如俄语、德语等,叫作综合性语言;而主要使用虚词、语序等语法手段的语言,如汉语、英语等,叫作分析性语言。这就是前面说词法手段又可以称作综合性手段,句法手段又可以称作分析性手段的意思。

3. 语法意义可以归纳为哪几个主要的范畴

根据上文的定义,语法意义就是语法形式所体现的意义。但这么说也过于笼统。要了解什么是语法意义,还必须具体说明语言中到底有哪些语法意义,或者语法意义是一些什么样的意义。语言中的语法意义也是多种多样的,有的甚至不易捉摸,为了能描写出一个大致的轮廓,一般都根据某些语法意义的共同内容,把语法意义概括为几个基本类别。这种语法意义的类就叫作"语法范畴"。

语法范畴也可以大致分成"词法范畴"和"句法范畴"两大类。即凡是主要由词的变化形式表示的语法意义就属于词法范畴,凡是主要由结构的变化形式表示的语法意义就属于句法范畴。当然说词法范畴也并非就跟句法无关,只是说这些意义是围绕着词形变化表示出来的,所以也可以叫作属性范畴,而这些范畴意义在分析性语言中则可能用词汇和句法形式表示。而句法范畴就是不直接由词的形态变化表示的意义,所以也可以叫作类别和关系范畴,同样这些范畴意义在综合性语言中则可能就是用词形变化的形式表示出来的。

A. 词法范畴

"词法范畴"主要有"体词属性范畴"和"谓词属性范畴"两大类。当然有些语言的某种范畴也可能同时涉及到体词和谓词。如俄语的"性"就既与名词有关,也与动词、形容词有关(即相关动词、形容词也可以说有性的范畴意义),英语主语名词的"数",也影响到谓语动词词尾的变化(即相关动词也可以说有数的范畴意义),但毕竟"性"和"数"首先还是名词的属性范畴。就好像反过来说,英语一般现在时谓语动词在主语是复数名词时,动词用原形,主语是第三人称单数名词时,动词要加词尾"-s",虽然"时"和"体"跟主语名词也有关,但其本身仍主要是动词的属性范畴一样。这样就可以把"性、数"归入体词属性范畴,把"时、体"归入谓词属性范畴。具体说来,两大类语法范畴内部都还分别包括一些内容。

(a) 体词属性范畴

"体词属性范畴"主要指由名词的词形变化形式表示的意义。综合性语言中的名词都有词形变化,主要表示四种范畴意义,即"性"、"数"、"格"和"有定无定"。

"性"范畴是在某些语言中表示人或事物有关性属的一组特征。俄语、德语名词都分阳性、中性和阴性三类,法语有阳性和阴性两类。名词的性与自然界的性有些是一致的,如动物词语的性往往就跟动物本身的雌雄性别有关。但其他词语就可能不一致了:比如德语"Das Sofa(沙发)"是中性,但法语"le fauteuil(沙发)"是阳性。"太阳"一词在德语、法语和俄语中分别是阴性、阳性、中性。古英语也曾有过性的范畴,但在现代英语中已消失。汉语同样不用词形变化表示性,如果要表达自然的性别就要加上特定的词语,如"男人、母鸡",但这已不是语法的意义了。至于汉语代词"他、她、它"则只是文字的分化形式,连词汇区别都算不上。名词的性尽管属于语法范畴,但这更多的是一种历史遗留现象,很多语言中性范畴的语法作用已不很明显了。

"数"范畴是表示事物数量的一组特征。与词汇上表示事物具体数量的数量词不同,一些语言的数范畴只是把可数的名词分成单数和复数。如英语"house / houses(房子)",前者是单数名词,后者是复数名词。在一些语言中名词的数与动词的时体有一定的关系。比如英语的主语是第三人称单数,动词现在时就要用加词缀"-s"的形式,例如"He sleeps in the morning(他在早上睡觉)"。有人认为汉语指人名词后面也可以通过加上虚语素"-们"表示复数,如"学生们",其实除了人称代词"我们、你们、他们"等确实是"我、你、他"的复数外,其他名词就不一定是这样,因为"学生们"固然是复数,"学生"也完全可以表示复数,如"学生都来了",所以在汉语中并没有严格的数范畴。

"格"范畴是表示名词与其他词的语法结构关系的一组特征,在很多综合性语言中这都是重要的名词属性范畴。例如前面说俄语语法结构不讲究语序,原因就是结构中所有的名词都已由词缀(或词尾)给出格的标记,如作主语用主格形式,作直接宾语用宾格形式,作间接宾语用与格形式,作定语用属格形式。像"книга моего друга(我朋友的书)"中"我朋友"的原形是"мой друг",现在变为属格形式"моего друга",就表示"书"的所有者,这就是格的作用。英语的名词除了用加"-'s"的形式表示所有格,另外代词还有主格、宾格等区别外,格的形式已经相当弱化了,甚至疑问代词虽然还保留了格形式但也很少用了,例如"Who (= whom) did you see yesterday(你昨天见到了谁)"。正因为如此,现代英语的语序才变得越来越重要,即必须通过名词的位置来确认格的意义。汉语也没有通过显性的词形变化形式表示的格范畴,名词的格的意义(即施事主语、受事宾语、领属定语等)主要靠虚词和语序等隐性的句法形式来确定。

"有定和无定"范畴是表示名词指称性质的一组特征。在印欧语的很多语言中都用定冠词和不定冠词来表示名词的有定和无定意义,这也是一种重要的语法意义。例如英语"I have just read the book(我刚读完这本书)","the book"是有定的,即特定的某本书;"I bought a book yesterday(我昨天买了一本书)","a book"是无定的,不特指哪本书。上面句子翻译成汉语,要用"这本书"或"一本书"等指量词或数量词表示名词的有定或无定。另外前面也说过,汉语动词后的"数量名"名词往往是无定的,如"买了一本书"中的"一本书",而在动词前的名词,无论什么形式(加"这/那"或光杆名词形式)都是有定的,如"这本书读完了"中的"这本书",以及"书买回来了"和"我把书弄丢了"中的"书"。

（b）谓词属性范畴

"谓词属性范畴"主要指由动词的词形变化形式表示的意义。综合性语言中的动词也都有词形变化,主要表示的范畴意义有"时"、"体"、"态"和"人称"。

"时"范畴是表示动词所反映的动作发生的时间和说话的时间的关系的一组特征。很多语言中都以说话时间为坐标确定句子中实际动作发生的时间,这是非常重要的一种语法范畴。一般可分为现在时、过去时和将来时。俄语一律用屈折形式表示动词的时。英语则现在时"He works（他工作）"和过去时"He worked（他工作过）"用屈折形式,而将来时"He will work / He is going to work（他将去工作）"用助动词形式。在有些语言中还可以以过去或将来的某个时间为坐标表示句子的动作时间,如英语"You were going to give me your address（你曾经打算把你的地址给我）"就表示过去将来时。汉语没有通过词形变化表示的动词时范畴,但也可以用词汇形式表示类似意义,如"他将去上海",就用"将"表示与英语"will、shall、be going to"差不多的意义。

"体"范畴是表示动词所反映的动作行为进行的状况的一组特征。这也是有重要作用的一种语法范畴。常见的有进行体、完成体和未完成体等。英语动词主要有进行体和完成体,例如"I am reading the book（我正在读这本书）"是进行体,动词用"be V-ing"形式,"I have written the book（我写完了这本书）"是完成体,动词用"have V-ed"形式。当然体范畴和时范畴常常是结合起来的,如上面两个英语例子严格说就应该是"现在进行时"（现在时加进行体）和现在完成时（现在时加完成体）。再如"I was reading the book then（我那时正在读书）"就是过去进行时（过去时加进行体）。汉语可以在动词后面加助词来表示相应的动作状况的意义,如"-了"表示完成,"-着"表示持续,"-过"表示经历,"-起来"表示动作开始,"-下去"表示动作继续,动词的重叠表示短时和尝试动作等。

"态"范畴是表示动词与主语名词之间施受关系的一组特征。这种语法范畴各种语言都有,主要分为主动态和被动态两种。主动态表示主语是动作的施事,被动态表示主语是动作的受事。有的语言只用动词词形变化表示主动态和被动态,如拉丁语"amo（我爱）"是主动态,"amor（我被爱）"是被动态。有的语言则不限于纯粹的词形变化。例如英语"Mary broke the cup(玛丽打碎了杯子)"是主动态,动词用一般形式;"The cup was broken by Mary(杯子被玛丽打碎了)"是被动态,动词用"be + 动词过去分词"的形式。上面两句的汉语译文是汉语主动句和被动句的例子,除动词没有词形变化外,两种句式的语序跟英语类似,即主动句用"施—动—受"语序,被动句则是受事成分当主语,并用介词"被"引出施事。

"人称"范畴是表示动词与主语名词之间一致关系的一组特征。但这种范畴的语法作用不明显。只有少数语言中动词的人称形式必须与主语的人称一致。俄语在这方面比较典型,动词在单数和复数的三个人称后要发生六种变化。英语动词与主语名词的人称一致现象不系统:现在时且主语是第三人称单数时动词加"-s",如"The boy plays the ball(男孩玩皮球)";将来时主语是第一人称时用助动词"shall",其他人称用"will",如"The boy will play the ball(男孩将玩皮球)"。汉语动词与主语名词没有人称的一致变化。

B. 句法范畴

"句法范畴"可以分成"类别范畴"和"关系范畴"两类。但因为过去一般都只把词形变化形式表示的意义类型称作语法范畴,而非词形变化形式表示的语法意义就不算了,因此句法范畴的研究目前还不够系统,这只是一个大致与前述部分句法手段(即语类选择、虚词、语序)相对应的语法意义分类。

(a) 类别范畴

"类别范畴"是由语类和语类选择形式表示的语法意义。从词的类别看,各种语言都需要词的语法类别意义。比如建立名词的类表示人或事物的意义,如"工人、英语",建立动词的类表示动作行为的意义,如"工作、学习"等。但不同语言在语类意义上也有差异。比如俄语、德语中所有修饰名词的词都必须是形容词,英语也大致如此,即修饰名词的如果本来是别的词类,大都要变成形容词才能有修饰意义。像英语"military telephone(军用电话),advanced telephone(高级电话),digital telephone(数字电话),recordable telephone(录音电话)"就是这样。但汉语修饰名词的词就不需要词形变化,如"军用电话、高级电话、数字电视、录音电话",其中只有"军用"是相当于印欧语形容词类的词,而"高级、数字、录音"等都是其他类的词,所以汉语的不同词类都可能表示修饰意义。另一方面从词与词的类别选择看,各种语言也都要求某类词与某类词组合的意义。比如名词加动词就产生人或事物被陈述的意义,如汉语"工人工作",动词加名词就表示人或事物被支配的意义,如汉语"学习英语"。但不同语言在语类选择的意义上也有差异。如上述形态丰富的语言像俄语、德语的名词前需要修饰义的成分时只能选择形容词,即修饰和被修饰义的语类选择范围比较严格。而汉语的名词需要修饰义成分时可以选择形容词,也可以选择其他的词类,即修饰和被修饰义的语类选择范围比较灵活。

(b) 关系范畴

"关系范畴"主要指通过虚词和语序表示的语法意义。有些缺少形态变化的语言中词与词的组合即构成句法结构时,由于语类意义不单一,语类组合也就较灵活,因此就必须通过虚词和语序来表示特定的语法关系意义。例如汉语"学生家长"都是"名词 + 名词",但既可能是联合关系也可能是修饰关系,通过加上连接词"和"和"的",如"学生和家长"、"学生的家长",就可以区别这两种关系意义了。再如汉语"晚上联系"、"电话联系"、"大家(多)联系",都是"名词 + 动词",但表达的语法意义也不同,通过能不能加介词和加不同的介词就可以区别动词前的名词是表示"时间"(在晚上联系),表示"工具"(用电话联系),还是表示"施事"(大家多联系)。除了虚词,有些语言更多的是通过语序变化来确定结构的语法关系意义。例如英语"动词 + 动词"可以表示不同的结构关系意义,如"stopped talking(停止说话)"是动宾关系,"talking stopped(谈话结束了)"是主谓关系,"stopped to talk(停下别的事开始说话)"是先后动作的关系,但这仍主要是通过动词的词形变化表示出来的。但汉语同样是"动词 + 动词",也同样可以表示这三种结构关系意义,可是由于无论哪个动词的词形都不发生变化,就只能靠语序来区别不同的结构关系了,如"停止说话"就表示动宾关系,"说话停止"就表示主谓关系,"停下来说话"就表示先后动作的关系。

上面只是举例讨论了可归为四大类范畴的某些语法意义,当然也很不全面。但即使是这些语法范畴,不同的语言也并不完全相同,而总是或具有某些不同的范畴意义,或用不同的形式表示某种类似的意义。大致上可以说:主要使用形态变化等综合性手段表示语法意义的语言,词法范畴的内容就比较丰富,或者是用词法范畴覆盖了在另一些语言中属于句法范畴的意义;而主要使用虚词和语序等分析性手段表示语法意义的语言,句法范畴的内容就比较丰富,或者是用句法范畴覆盖了在另一些语言中属于词法范畴的意义。

6.4 "聚合"和"组合":竖着看和横着看

前面说过,语言中大大小小的语言片段可以分为语素、词、词组、句子和句组等语法单位,这些不同的语法单位又都具有"聚合关系"(也就是成分之间"竖着"的相互替换关系)和"组合关系"(也就是成分之间"横着"的相互结合关系)。所以我们还需要从语法单位的聚合和组合角度来进一步了解语法,也就是竖着和横着来看语法单位的关系。

1. 为什么说"词"和"句子"在语法结构中最重要

因为无论哪种语法单位都必须符合聚合和组合规则,所以可以一种单位一种单位来讨论语法,比如先讲语素,再讲词,再讲词组,再讲句子等,而每种单位都包括聚合规则和组合规则;反过来又因为无论聚合和组合规则都必须适用于各种语法单位,这样又可以一种规则一种规则来讨论语法,比如先讲聚合规则,再讲组合规则,每种规则中都涉及语素、词、词组、句子等。但实际上语法单位中最重要的是"词"和"句子"这两个单位,也可以说语法规则主要是指应用于"词"和"句子"这两级单位的规则。

为什么说词和句子是最重要的语法单位呢? 这是因为词和句子都既是基本单位,又是最终单位,它们可以把各种语法单位联系起来。表面上看,语言中有语素、词、词组、句子和句组五种语法单位(加上语素组就是六种),其中好像语素最小,句组最大。其实严格说,语素只是构词的基本单位,而词则是造句的基本单位,句子则是表达的基本单位;反过来,语素或语素组可以形成词,所以词又是构词的最终单位;词或词组可以形成句子,所以句子又是造句的最终单位。这样从构词和造句看,词就既是构词的最终单位,又是造句的基本单位;从造句和表达看,句子就既是造句的最终单位,同时又是表达的基本单位。也可以说词和句子是既能联系低一级单位又能联系同一级单位的语法单位。

为什么说聚合规则和组合规则主要是指应用于词和句子的规则呢? 这是因为词和句子都同时可以建立聚合类和组合类,它们可以把两种语法规则联系起来。虽然任何一级语法单位都既是聚合关系的类,又是组合关系的类。但并不是所有语法单位都需要建立这两种类。因为一方面聚合关系就是相同功能成分的替换关系:构词单位语素与语素组功能相同,就只需要建立语素的聚合类;造句单位词与词组的功能相同,就只需要建立词的聚合类;表达单位句子与句组的功能相同,就只需要建立句子的聚合类。另一方面组合关系就是不同关系成分的结合关系:语素与语素可以组合成语素组,而语素组的再组合相当于语素的组合关系；词与词可以组合成词组，而词组的再组合相当于词的组合关系；句子与句子可以组合成句组，而句组的再组合相当于句子的组合关系。所以词是造句层级聚合类和组合类的核心单位，句子是表达层级聚合类和组合类的核心单位。也可以说词和句子是既能联系聚合规则又能联系组合规则的语法单位。

语素是最小的一种语法单位，但它在语法中的地位和作用并不特别重要。一方面从形式角度说它只是用来构词的单位，本身很难建立聚合类和组合类。另一方面从意义角度说语法分析也不太需要语素这个单位。比如汉语"大家学哲学"这个结构，它包括"大家、学、哲学"三个词。一般只要知道这三个词的聚合关系，如分别是名词或动词；进一步知道这三个词的组合关系，如先后是"主谓/动宾"结构。语法分析到这一步就足够了，而且整个结构的意思也就清楚了。如果再要分析到语素，比如"大家"中的"大"和"家"，"哲学"中的"哲"和"学"，那不但聚合关系和组合关系比较复杂，而且语素义与整个结构意义的关系反而不容易说清楚了。正因为这样，语素的聚合分类和语素与语素的组合关系，也可以看作是语汇问题，不算是语法问题（有关内容参看本书第五讲）。

下面就分别讨论词和句子的聚合关系和组合关系。主要是词的聚合与词类，词的组合与词组，以及句子的聚合与句类。由于句子的组合与句组涉及到话语分析，放到后面第八讲再讨论。

2. 词的聚合："词类"是怎么确定的

"词类"是词在语法上的分类。因此像"一朵花"的"花"（花$_1$）和"花钱"的"花"（花$_2$）在语音上是同音词；"一朵花"的"花"和"花布"的"花"（花$_3$）在词汇上叫多义词，就都不是语法上的词类。而这三个词中"花$_1$"是名词，"花$_2$"是动词，"花$_3$"是形容词，这种分类就是词类。词类可以这样定义：它指"竖着看"可以替换出现在语法结构某些相同位置上的词的类，即具有聚合关系的词的类。关于"组合位置"、"替换出现"等，前面已举例作过说明。但光有这个定义还太笼统。所以下面要再具体讨论一下，怎么才能够得到这样的类和总共能得到多少这样的类。

A. 怎么才能得到词的类？

这实际上是关于划分词类的标准问题。这方面有很多争论，也有人提出不同的办法。这些分类办法归纳起来主要有三种。

一种意见是说可以根据词形变化来确定词类，这就是"形态标准"。这个标准对于形态丰富的语言来说，确实简单管用。学过英语的人都知道，英语动词有时、体、态的词形变化,如可加"-ed"等,名词虽然没有性和格的词形变化,但还有单复数的变化,如复数加"-s",所以就可以根据词形变化来区别动词和名词。如果广义地把构词词缀也算作形态变化,那么英语名词大多有"-tion、-ness、-ment、-ship"这样的后缀,形容词大多有"-ful、-able、-al"这样的后缀,副词大多有"-ly"这样的后缀,这也可以帮助区别词类。用词形变化来区别词类,就好比一个人从事什么职业就佩戴什么标志,这样不必观察他的工作情况,单凭标志就可以断定他的职业了。但显然这种标准并不适用于所有语言,比如汉语几乎任何词类都没有词形变化,即使把"子、儿、头"算作名词后缀,把"了、着、过"算作动词后缀,一来"子、儿、头"并非所有的名词都有或都能加上,缺乏普遍性,二来"了、着、过"也不是词形的变化,而是动词以外另一个独立的词。因此汉语的词类就像各行各业的人都穿同样的衣服,从外表也就看不出他的职业了。

再一种意见是说可以根据词的意义来确定词类,这就是"意义标准"。这个标准对于一般人来说确实感觉很有用。因为说到"桌子、大楼"很容易想到某种具体的东西,所以是名词;说到"吃、走、玩"很容易想到做什么事,所以是动词;说到"漂亮、干净"很容易想到人或东西是怎么样的,所以是形容词。事实上最早的词类概念,即古希腊罗马语法的几大词类,也基本上就是根据概念和意义建立的。但是根据意义确定词类又是不太可靠的。前面说过,词的意义有两种,一种是词汇概念意义,一种是语法范畴意义。根据词汇的意义确定词类肯定行不通:比如英语"develop、development"的意思都是"发展",但分别是动词和名词;汉语"突然、忽然"意思一样,但一个是形容词,一个是副词;"聪明、智慧"意思差不多,却分别是形容词和名词。那么根据语法的意义建立词类行不行呢?比如说,名词就是表示人或事物的词,动词就是表示动作行为的词,形容词就是表示性质状态的词等。这些确实是一类词的共同意义,用来定义词类也并不错。但这还是要涉及到怎么确定事物、动作、性质状态等。这种问题对于大多数印欧语系语言还比较好办:因为这些语言的名词、动词、形容词等不仅有词形变化,还与主语、宾语、谓语、定语等句法成分有比较明显的对应关系。所以当了主宾语的词就表示事物,也就是名词;当了谓语的词就表示动作行为,就是动词;当了定语的词就表示性质状态,就是形容词。比如英语"fly"这个词:作谓语时得说成"(I)fly the plane(我开飞机)","fly"就表示动作,所以是动词;作主语时得说成"Flying the plane(is easy)(开飞机(很容易))",这样"flying(the plane)"就表示某种事物化动作,也就可看作名词。可见印欧语言的词形变化、句法位置与语法意义大多一致，根据语法意义确定词类当然也可以。但用意义标准确定汉语的词类还是有些困难。比如上面两句的汉语译文中"开飞机"当谓语和当主语时词形就没有变化，甚至当宾语、定语时也一样，如"他喜欢开飞机"、"开飞机的人"。如果套用印欧语的情况，说"开（飞机）"作谓语是表示动作的动词，作主宾语是表示事物的名词，作定语是表示性质状态的形容词，即"开"既是动词，又是名词，又是形容词，那汉语的很多词类也就分不开了。可见即使承认汉语的"开（飞机）"在作不同句法成分时的意义有些区别，还是不能用这一条来区别汉语的词类。

还有一种意见就是根据词的聚合位置来确定词类，这就是"分布标准"。聚合和分布实际上是一个意思。比如前面说过，汉语"木头烂了"中"木头"的位置可以用"房子、道路、轮胎"等词语替换，"烂"的位置可以用"塌、通、漏"等替换，这些可替换出现的词之间就具有聚合关系。词类本质上就是这种聚合关系的类。不过更准确地说，确定词类还不能只根据某一个聚合位置。比如这些结构中"木头、房子、道路"等都是作主语，但不能说作主语的词就是名词，因为作主语只是名词能替换出现的所有位置中的一个，或者说在具体的语言片段中某个个体的名词只是实现了名词所有分布位置中的一种。但对于整体的名词来说，就还能出现在别的许多位置上，例如汉语名词还能作宾语，如"锯木头"，能作定语，如"木头房子"，能在数量词后面，如"一根木头"，能在介词后面，如"把木头（锯断）"等。汉语名词也还有很多位置不能出现，如不受"不、很"修饰，不能说"＊不木头、＊很木头"，不能带"了、着、过"，不能说"＊木头了"，大多不能做状语和补语等。把所有这些可能或不可能的位置加起来，就得到了汉语名词的一组聚合位置，这就叫作名词的"分布"。名词就可以根据这种分布来确定。按照这条标准的意思，词类就是根据一类词的所有聚合位置的总和即分布来确定的。可能有人会觉得这样分词类太麻烦了，因为一类词能出现的位置或能结合的成分相当多，而不同词类又可能出现在相同位置，一般人怎么掌握呢？其实各个词类的分布中都既有相同的交叉位置，也有不同的对立位置，所以只要把其中最重要的分布差异作为分类标准，那么各种词类还是很容易区别的。比如定义汉语名词的分类标准是能受数量词修饰，但不能受"不、很"修饰，并且常常作主语和宾语，那么如果有的词与此相反，如能说"不去、不干净"，"去、干净"就不是名词而是别的词。又如动词、形容词的分类标准是常常作谓语，能受"不"修饰，但动词能带宾语，不受"很"修饰，而形容词不能带宾语，可以受"很"修饰。那么能说"去上海"，不说"＊很去上海"，能说"很干净",但不说"＊干净了房间",所以"去"是动词,"干净"是形容词。汉语其他词类都可以根据某种分布特点来划分。从整体上说,汉语的词类划分似乎只能用这种标准。

上面讨论的三条划分和确定词类的标准中,表面上看好像前两条标准比较适用于印欧语,后一条标准比较适用于汉语。那么能不能干脆就说,有的语言就用这种标准,有的语言就用那种标准呢?这种说法也对也不对。说不对是因为从词类的内在属性看,这三条标准中只有分布才是反映词类聚合关系本质的特征,而形态变化和语法意义都只不过是这种聚合关系的体现。事实上并不只是汉语这样缺乏形态变化的语言必须靠分布来确定词类,而即使是可以用形态和意义标准确定的词类,归根到底也都必须符合词类的分布要求,或者说正是因为某类词有共同的分布,才可能有共同的词形变化和共同的语法意义。例如英语的名词除了词形变化,也肯定有诸如作主宾语、受数词修饰、受形容词修饰和不受副词修饰等分布限制;更不用说形态丰富的语言中的虚词,如介词、连词等,也没有形态变化,仍得靠分布标准。说上面那种说法也对,是因为从词类的具体判定上,比如让你说出某个词是什么词类,那么如果碰到英语、德语的词,一看到某种词形变化或特定的词缀,马上就可以知道属于什么词类,这时只要根据形态标准就可以了,不一定要考虑分布。事实上汉语也不一定只用分布来确定词类,比如"汽车、书包"这样的词,本来的词汇意义就表示具体的物体,那么直接根据这些就能知道是名词了,这时连词汇意义也多少有点用处。所以虽然分布是词类的本质属性,但在具体区别词类时,形态和意义也可以作为参考。

B. 总共能得到多少词的类?

这实际上是关于划分词类的结果问题。由于不同语言中各类词的分布肯定有差异:例如英语、德语中只有名词和非限定动词才能作主语,但在汉语中能作主语的除了名词,还可以直接就是动词、形容词等;俄语中作定语的只能是形容词,而在英语、汉语中名词也可以作定语。这样各种语言分出词类的数量就不会完全一样。例如英语一般认为只有九种词类,即名词、动词、形容词、副词、介词、代词、数词、连接词和叹词。但汉语差不多有十五种,比英语多分出了状态词、区别词、量词、方位词、助词、语气词等。总的看,各种语言的词类划分结果往往都有这么几个特点:

一是各种语言都有一些共同的词类,也都有一些特殊的词类。比如已知的人类语言中无一例外地都有名词、动词、副词、形容词、代词、数词、连接词等,这就是各种语言共同具有的一些词类。共同性词类与自然界的某些基本属性有密切关系：比如任何语言都得表示人或事物，所以都要有名词；都得表示动作行为，所以都要有动词；都得表示性质和状态，所以都要有形容词和副词；此外要称数就要有数词，要指代就要有代词等。但是不同语言也往往有一些特有的词类。比如汉语的量词、助词等就是其他语言很少或没有的词类；而如德语、英语名词前面的冠词、动词前面的辅助词，日语主语、宾语名词后面的标记助词等在汉语中也没有；也有的词类几种语言都有，但范围不同，如汉语的语气词主要用于句末表句式类型，而俄语的语气词还包括表动作方式的词等：这些就是某些语言的特殊词类。存在特殊词类的一个原因是相同的语法意义在不同语言中可能用不同的语法形式来表达。比如汉语名词的有定无定主要靠语序来表示，如作主语的名词或介词"把"后面的名词都是有定的，例如"（把）钱包丢了"；宾语名词或"数量＋名"就往往无定，例如"丢了（一个）钱包"：所以不需要冠词。而英语则必须靠不同的冠词来区别名词的有定和无定，上面的话要分别说成"the wallet has been lost（钱包丢了）"、"lose a wallet（丢了个钱包）"，所以就有冠词这个词类。再如英语中不可数名词因为不具有固定的量，所以才需要借用名词充当量词，如"a bottle of water（一瓶水）"；可数名词则因为表示具体的人或物，就不需要量词，如"a person（一个人）、two cars（两辆车）"。但汉语不管可数名词还是不可数名词都得加上量词，像上面汉语译文中的"个、辆"就是专用的量词，所以量词就成了汉语一种独特的词类。造成特殊词类的另一个原因还在于是否严格区别不同的小类。比如传统上把汉语"漂亮、雪白、彩色（的车身）"这种当定语的词都归入形容词，但由于这三种词的分布和意义都不一样，同时不是形容词的词类如名词、动词等有时也可以当定语，所以就不如再把它们细分为几小类，比如"漂亮"是形容词，"雪白"是状态词，"彩色"是区别词等。这样汉语形容词的范围跟别的语言的形容词就可能不完全相同，状态词和区别词也就成了特有的词类了。汉语的"了、着、过"也是这样，把它们看作动词后缀，就不必作为一种词类，如果看作是独立的词，那就得建立有别于印欧语动词构形词尾的动态助词这一特有的词类。

再一个特点是各种语言的主要词类都可以根据某种共性往上归大类，也可以根据某种个性往下分小类。比如一般语言中的词类都首先可以分成两大类，或者说各种词类都可以向上归为两个大类，即实词和虚词。实词包括名词、动词、形容词等，共同点是都可以充当主语、谓语、状语、定语等句法成分，都有实在的词汇意义，位置不固定，数量开放等。而虚词如助词、介词、语气词、连词等的共同点则相反,一般不充当句法成分,没有实在的词汇意义,位置固定,数量封闭等。实词和虚词都可以再往下分成次一级的大类,如实词一般可以分成分布性质对立的体词和谓词两类。体词主要指名词、代词等,常作主宾语,不能作谓语;谓词包括动词、形容词等,主要作谓语,一般不能作主宾语。很显然体词和谓词还可以再往下分成刚刚说到的名词、动词等词类。但到这一级其实还不是最终的结果。比如动词在各种语言中都是内部最复杂的词类,就往往还需要一层层往下细分。例如英语的动词根据能不能带宾语可分成及物动词和不及物动词两类。不及物动词包括不带宾语的,如"He died(他死了)",和带表语的,如"He seems sad(他显得悲哀)"两种。及物动词也分两类:只带一个宾语的,在宾语以外再带一个名词(双宾语)的。汉语的动词也可以这样细分,比如及物动词可以分成带体词宾语的动词和带谓词宾语的动词;体宾动词可以分成单宾动词和双宾动词;单宾动词可以再分带受事、结果、处所、工具等不同宾语的动词等等。可见各种语言的词类划分结果都可粗可细,无非是根据不同的组合要求建立不同的聚合类罢了。

还一个特点是各种语言中都有一些词是典型的某类词,也有一些词则可能是边缘类的或跨类的词。英语"table(桌子)、person(人)"是典型名词,"read(读)、buy(买)"是典型动词。但"fire"可以是名词(火),也可以是动词(点火),这种词就是跨两类的。汉语的实词缺少形态变化,同一个词的句法功能往往有比较大的灵活性,因而跨类的现象就比较多。如前面说过的"一朵花、花钱、眼花"的"花"就跨名词、动词、形容词的分布,但因为彼此意义对立,只能算作三个不同的词。"机械、科学、青春"等,一般看作名词,但偶尔也跨形容词的分布,如"一种机械、很机械",这是边缘类的词。而像"学习、批评、调查"等,也跨动词和名词的分布,但因为无论作动词,如"学习外语",还是作名词,如"政治学习",意义都差不多,就是兼类的词。

3. 词的组合:"词组"是怎么建立的

词与词的组合,或者更准确地说是特定的词类与词类的组合,就构成词组。前面说过,词组作为一种语法单位,它与词这种语法单位实际上是同质不同量的关系:从聚合角度看,词组与词相同,它们具有相同的句法功能;但从组合角度看,词组与词就不同,它们具有不同的成分数量。例如"看小说"中的"小说"可以用"武侠小说"替换,如"看武侠小说","看"可以用"经常看"替换,如"经常看小说"。替换前的成分是词,替换后的成分就是词组。可见词"小说"与词组"武侠小说",词"看"与词组"经常看",它们的聚合关系相同,都可占据相同位置,也不改变整个结构的关系;但它们的组合关系不同,因为一个词,如"看"或"小说",本身不存在词与词的组合关系,而一个词组,如"经常看"或"武侠小说",因为包含了两个以上的词,就有了词与词之间的组合关系。词与词的各种组合关系可以从两个角度来说明:一是两个词构造的只有一种关系的简单词组可能有哪些组合关系;二是多个词构造的有许多关系的复杂词组可能有什么样的组合关系。

A. 简单词组的组合关系

这实际上是词的组合的结构类型问题。广义地说,只要是词与词的组合,即两个词合规则地结合在一起,就都是简单词组。比如汉语的"吃"是词,"饭"是词,所以"吃饭"是词组;又如"吃"是词,"的"是词,所以"吃的"也是词组。但"吃饭"是实词加实词(动词 + 名词)的词组,"吃的"是实词加虚词(动词 + 助词)的词组。这样就可以先把词组分为两大类:前一种词组主要利用了语序的语法手段,叫作"基本词组";后一种词组主要利用了虚词的语法手段,叫作"特殊词组"。

(a) 基本词组

"基本词组"的"基本"有两个意思:一是因为实词都是可以充当句法成分的词类,实词与实词的关系意义比较实在,所以语法分析时都必须作为组成成分;二是因为实词差不多是各种语言都有的词类,所以这种词组也是各种语言几乎都具有的结构类型。基本词组主要包括以下五种类型(暂不考虑例子中的虚词):

一是"主谓词组"。即两个成分之间具有被说明和说明关系的词组,被说明成分是主语,说明成分是谓语。如汉语"他很聪明"、"火车开了",英语"He has slept(他睡了)"、"The door opened(门开了)",都表示人或事物怎么样,就是主谓词组。

二是"动宾词组"。即两个成分之间具有动作和所支配事物的关系的词组,动作成分是述语,被支配成分是宾语。如汉语"修理汽车",英语"to repair the car(修理汽车)",都表示做什么事情或动作涉及什么事物,就是动宾词组。对于汉语和英语这种 SVO 型语言,动宾关系都表现为前动后宾,即出现在动词后面的名词是宾语,像汉语"吃面条、吃火锅、吃馆子",尽管动词与名词的语义关系很不同,如"吃面条"是动词 + 受事,"吃火锅"是动词 + 工具,"吃馆子"是动词 + 处所,但都是动宾词组。但对于德语、日语等 SOV 型语言,动宾关系则是前宾后动,而且宾语往往要有一定的标记。例如日语"私は中国语を勉强しました(我学过汉语)"。

三是"偏正词组"。即两个成分之间具有修饰限制和被修饰被限制关系的词组。偏正词组中有一种中心语是体词(整个结构是体词性的),修饰语是定语,如汉语"优秀教师"、"学术会议",英语"pretty girl(漂亮姑娘)"、"personal computer(个人电脑)",表示什么样的人或事物。另一种中心语是谓词(整个结构是谓词性的),修饰语就是状语,如汉语"马上出发"、"十分紧张"、"在家休息",英语"very good(很好)"、"just left(刚离开)"、"quickly responded(快速地反应)",表示什么样的性质状态和怎么样做某种动作或行为。汉语的偏正词组一定是前偏后正,但英语的从句性定语一定在中心语后面,如"the hope that he may recover(他康复的希望)",副词状语和时间、处所状语则可在中心语之前,也可在中心语之后,如"(He) quietly entered / (He) entered quietly(悄悄地进来)"。

四是"动补词组"。即两个成分之间具有动作行为和补充说明关系的词组,动作成分是述语,补充成分是补语。如汉语"洗干净了"、"抬进去"、"摆得整整齐齐"、"饿得发呆"等,补语就表示动作行为的结果、趋向、状态和程度等。其他语言很少有汉语这种动补词组。但前述英语、德语等置于中心语后面的定语、状语也叫作中心语的补充成分,如英语"She sings beautifully(她唱得很动听)"的后置状语就差不多相当于汉语的补语。

五是"联合词组"。即两个成分之间关系并列或互不从属的词组,一般都需要用连词连接,而且前后两个词可以互换位置而意义基本不变。如汉语"能源(和)交通、策划(并)组织、坚定(而)沉着"等,英语"boys and girls(男孩和女孩)"、"to read and write(读和写)"、"beautiful and interesting(美妙而动听)",都表示两个并列的事物、动作、状态、性质等,就都是联合词组。这种词组的构造形式各种语言都差不多。

(b) 特殊词组

"特殊词组"的"特殊"也有两个意思:一是因为实词与虚词的关系意义比较抽象,所以语法分析时虚词往往可以忽略不计;二是因为虚词常常包括各种语言中专有的虚词词类,所以不同语言就可能有不同的特殊词组。例如英语的冠词词组(冠词+名词),如"the house(这所房子)";汉语的助词词组(动词+时态助词),如"吃了、说过";汉语的语气词词组(谓语+语气词),如"去吗、走吧";汉语的方位词组(名词+方位词),如"桌子上、屋里、路边"等,就是一些特殊词组。此外汉语中还有三种比较重要的特殊词组:

一是"介词词组"。汉语常常需要用介词来引导表处所、时间、工具、方式、对象等的名词来充当状语,如"在墙上(写字)"引出处所,"用毛笔(写字)"引出工具等,这些就是介词词组。其他很多语言也都有介词词组,如英语"on the table(在桌上)"、"with a pen(用钢笔)"、"to her(对她／给她)"等,语法作用与汉语的介词词组差不多,也常做状语。区别在于汉语的介词词组作状语更多出现在所修饰的动词前面,如"在墙上写字",英语等外语的介词词组更多出现在动词后面,如"to write on the wall(在墙上写字)"。

二是"数量词组"。很多语言中除逻辑量词外,如英语"a(一个)、some(一些)、all(所有)、a little of(一点儿)、a lot of(很多),many(不少)"等,没有专门表示量的词;而且即使有借用量词,如英语"two bottles of milk(两瓶牛奶)",也可归入偏正词组。但汉语数词后面必须有量词,如"一个人、三本书"中的"个、本";而且很多"数词＋量词"构成的数量词组常常可单独使用,作用差不多就相当于名词,例如"一个(都不能少)、(买了)三本、(说了)几句"等。另外汉语的数量词组还可以表示动作的量,如"(看)一眼、(打了)一顿、(去过)三次";和表示时间的量,如"(歇)一会儿、(哭了)一天、(学过)三年"等。

三是"'的'字词组"。即"X＋的"构成的词组,"X"既可以是名词、动词、形容词、代词等实词,也可以是各种词组,如"公家的、吃的、新鲜的、我的、他买来的、买了票的、洗干净了的"等。"的"字词组也都可以独立使用,并转指某类人或某种事物,例如"买了票的"就指某些人,"他买来的"就指某种东西。这也是汉语中一种作用相当于名词的词组。

上面是各种语言中词组的主要组合类型。前面说过,词组与词的语法功能相同,因此词组(特别是实词词组)当然也可以建立类似词类的聚合类。词组的聚合类有两种分类法:一种是分为"体词性词组"和"谓词性词组"。"体词性词组"指整个词组的功能相当于体词的词组。如"微型汽车"是定中偏正词组,但整体相当于名词,就是体词性词组;此外还有体词性联合词组,以及汉语相当于名词的"的"字词组、数量词组、方位词组等,也是体词性词组。"谓词性词组"指整个词组的功能相当于谓词的词组。如"慢慢走"是个状中偏正词组,但整体相当于动词,就是谓词性词组;此外还有动宾词组、谓词性联合词组、主谓词组、介词词组和汉语动补词组等,也是谓词性词组。另一种是分为"向心词组"和"离心词组"。"向心词组"指整个词组的功能相当于词组中心语功能的词组。如偏正词组的功能与中心语相同,例如"木头房子"等于"房子","仔细看"等于"看",就是向心词组;还有动宾词组、动补词组、联合词组等也是向心词组。"离心词组"指整个词组的功能不等于词组中任何成分的功能的词组。如汉语的"的"字词组的功能既不等于"的"前的成分,也不等于"的",例如"吃的",不等于"吃",也不等于"的",就是离心词组;还有主谓词组、介词词组等也是离心词组。这两种词组分类都只考虑词组的聚合性质,即整个词组与什么样的词类在语法上有相同的替换关系。

B. 复杂词组的组合关系

这实际上是词的组合的层次关系问题。表面上看,复杂词组是多个词成线性排列的,例如"北京大学/有/许多/外国/学生"共有五个词,受发音时间和发音器官的限制,说话时是说完一个词再说一个词。但实际上复杂词组的关系却并不一定就是一个词与紧接着的下一个词相互组合的。比如上面的这个语言片段,就首先是"北京大学"与"有许多外国学生"组合成的主谓词组,因此"有"并不是先与"北京大学"组合,而是先与"许多外国学生"组合,即谓语是"有"与"许多外国学生"组合成的动宾词组;同样宾语"许多外国学生"又是"许多"与"外国学生"组合成的偏正词组;"外国学生"是更低一层的偏正词组。这样可以一层一层地一直分析到词。反过来也可以说复杂词组总是词与词先组合成简单词组,如"外国"与"学生"先组合成偏正词组,这个词组又作为一个整体成分与"许多"组合成"许多外国学生"这样的上一级偏正词组,依此类推就可以逐步扩展成复杂的词组。这种把复杂词组逐层切分一直到词为止,或从词开始逐层组合一直到复杂词组为止的方法,就叫作"直接组成成分分析法"或"层次分析法"。上面这个词组的层次关系可以用下面三种等价图形显示:

(5) 图形 A:层次关系括号分析图:

[SP(主谓)北京大学[VP(动宾)有[NP(偏正)许多[NP(偏正)外国学生]]]]

图形 B:层次关系倒树形分析图　　图形 C:层次关系正树形分析图:

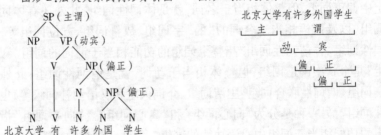

从上面的图形可以看出,这个由五个词组合成的复杂词组实际上可分

为四层,也一共包含四个不同的词组。所有词组都可以分成两个部分(如果是联合词组也可以分成三个或以上的部分),这两部分就是这个层次的词组的"直接组成成分"。复杂词组的层次,即各级直接组成成分,不能任意切分。比如如果把上面这个复杂词组切分成"北京大学有/许多外国学生"就不正确,因为切分的两边无法相互组合,即不能构成词组结构。再如把其中宾语切分成"许多外国/学生"也不正确,因为不但切分的两边无法相互组合,切分出来的"许多外国"也不是词组中本来的词语搭配意义。由此可见,层次分析必须依据两条原则:一是"成结构"。即任何时候切分的两边都必须能互相组合成词组结构;二是"有意义",即任何时候切分的两边都不但要有意义,而且必须是本来词组中词语的搭配意义。下面的例子虽然看起来左边和右边差不多,但必须作不同的切分才正确,就是这个原因(用上述图形 C 表示):

(6) a. 中国 革命 的 经验
　　　　　|偏_|　|_正_|
　　　　|_的__|_字_|
　　　|偏__|__正_|

b. 祖国 壮丽 的 山河
偏_		_正_
偏__	_正_
_的__	_字_

c. 发现 敌人 的 哨兵
　　　　|偏_|　|_正_|
　　　|_的__|_字_|
　　|动__|__宾_|

d. 发现 敌人 的 哨兵
动_		_宾_
偏__	_正_
_的__	_字_

4. 句子的聚合:"句类"是怎么划分的

前面说过,造句层级的语法单位词和词组具有了表达功能,即说出来,就成了句子。句子与词和词组比较,有相同的一面,即同样需要采用语类选择、语序和虚词等语法形式,体现词的类别和关系意义。但句子与词和词组又有不同的一面,即增加了句调的形式和语气的意义。因此句子又是最基本的表达单位。既然句子的内部结构与词组(特别是主谓词组)一样,那么当然就不需要再区分句子的组合类型,即句子的结构形式就相当于某种词组。如"她考上大学了。"是主谓词组形成的句子;"考上大学了。"是动宾词组形成的句子;但句子的外部作用又与词组(包括主谓词组)不一样,而是多了表达功能。如"她考上大学了。"是陈述一件事;"考上大学了(吗)?"是提出一个疑问;"大学她考上了。"就是"她考上大学了"这个主谓词组中宾语移至句首改变话题而形成的句子。所以要了解语言的表达作用和传递信息的功能，要了解句子层面的特殊结构变化，就要在表达层级建立不同于词组的句子的聚合关系类型。句子的类型可以从不同角度来划分，最重要的有句型类、句式类、功能类和简繁类等四种。

A. 句子的句型类，即句子的基本结构分类

前面说很多语言中的句子都必须是主谓词组的结构形式，而汉语的句子虽然可以由不同的词组形成，但也可以看作是主谓词组的成分省略形式。所以不管是外语还是汉语都可以根据主谓词组的形式给句子进行结构分类，这就是句子的句型类。

句型类中最主要的一类就是"完全主谓句"，即主谓词组形成的句子。由于主谓词组的结构形式多种多样，因此完全主谓句内部又可以分成不同的小类。这些小类可以分得很细，比如"妈妈来了"、"妈妈来北京了"、"王老师的妈妈来北京了"、"王老师的妈妈从山东老家来北京了"、"王老师的妈妈终于从山东老家来到祖国的首都北京了"，如果都看作是不同的主谓结构，那么主谓句的句型小类当然就很多。像《英语900句》、《汉语301句》等书里列出来的差不多就是这种句型类。但通常说的句型都只指某些大类，这样上面几句就可归为同一种句型，即都是完全主谓句中的动词谓语句。主谓句的内部大类划分各种语言有所不同，比如汉语除动词谓语句外，还有形容词谓语句，如"这孩子真聪明"、"房间里干干净净的"；名词谓语句，如"她都大学生了"、"这姑娘大大的眼睛，圆圆的脸"。但动词谓语句在各种语言中都是最主要的主谓句类型，因此内部往往又再分成若干更小的句型类。比如著名的《英语详解语法》这本书中就把英语的动词谓语句分为七种主要句型。例如：SV 句型"Prices rose.（物价上涨了）"，SVO 句型"Mary enjoyed classical music.（玛丽喜爱古典音乐）"，SVC 句型"Your face seems familiar.（你的脸看上去很面熟）"，SVAd 句型"My sister lives next door.（我姐姐住在隔壁）"，SVOO 句型"We wish you happy birthday.（我们祝你生日快乐）"，SVOC 句型"The president declared the meeting open.（总统宣布会议开幕）"，和 SVOAd 句型"The doorman showed the guests into the drawing room.（门房领客人们进了客厅）"。汉语的动词谓语句的句型分类跟英语略有不同：可以先分出无宾语句和带宾语句，前者如"物价上涨了"、"爸爸正在休息"，后者再分成带谓词宾语句和带体词宾语句，谓宾句如"弟弟喜欢踢球"、"哥哥打算出国"，体宾句再分出带单宾语句和带双宾语句，单宾句如"孩子看电视"、"妈妈织毛衣"，双宾句如"妈妈送我一样礼物"、

"学生问老师许多问题"。动词谓语句的分类实际上跟动词的类型有密切关系,因此根据不同的动词,上面这些句型类都还可以再往下逐级细分。这一点在前面介绍动词小类的划分时已经举过一些例子了。

与完全主谓句相对的就是"不完全主谓句"和"非主谓句"。这两种情况在某些语言中比较少,比如拉丁语族的大多数语言因为谓语动词和主语、宾语有强制性联系,所以很少有非主谓结构的句子形式。但也有些语言如西班牙语、意大利语的句子就常常可以省略主语,汉语句子中的主语、宾语在特定语境(特别是对话)中更几乎都可以省略,所以在这些语言中就还有大量不完全主谓句和非主谓句的句子形式。汉语中不完全主谓句和非主谓句有时不太容易区分,例如"下雨了",因为可以补出主语,说成"天下雨了",还有俗话也说"天要下雨,娘要嫁人",所以"下雨了"就是不完全主谓句。但跟这种句子差不多的"刮风了"、"打雷了",因为肯定不能补出主语(最多在前面加上表时间、处所的词),所以就是非主谓句。因此大致上说,只要能够补足缺少的成分而构成主谓句,或者说需要依赖一定的语境和上下文的补充才能表达完整意思的句子就是不完全主谓句,或者叫作省略句。例如"(我)有点不舒服"、"你看过(这本书)吗"等。而一些不具有主谓词组的结构形式,本身不需要依赖语境和上下文的补充就能表达完整意思的句子就是非主谓句。例如"禁止吸烟"、"有人来了"、"你的车呢"等,是不需补出缺省成分的非主谓句;"热得我满头大汗"、"多聪明的孩子"、"出太阳了"等,是不能补出缺省成分的非主谓句。非主谓句中由一个单词直接构成的句子,如"谁?"、"好。"、"进来!"等,又叫"独词句"。

B. 句子的句式类,即句子的变换形式分类

各种语言中除完全主谓句这种基本结构形式(即"基本句")外,都有一些特殊的句子形式。比如英语和汉语都有被动句,像"The house was washed away by floodwater(房子被洪水冲垮了)",就可以说是一种特殊句式。再如英语的"There be X"存在句式,如"There are many cars coming and going on the highway(公路上有许多来来往往的汽车)","It is X that Y"强调句式,如"It is China that invented the printing(是中国发明了印刷术)",就是英语的一些特殊句式。汉语中的"把字句",如"我把那幅画挂墙上了","存在句",如"墙上挂着一幅画","话题句",如"那幅画我挂墙上了"等,也是汉语的一些典型的特殊句式。各种语言都可以分别归纳出这样一些句式,这就是句子的句式类。

但从另一个角度看,这些句式实际上又都可以看作是基本句的变换形

式,或者说是通过主谓结构中句法成分的位置变化或删略添加等形式构造的。因此也可以从结构变换角度说明这些句式的变换类。句子的变换形式主要有几种情况:一是"XY→YX 变换",即成分移位造成的句式。像汉语的"话题句"(又叫主谓谓语句)就都是由主谓结构中某个成分移至句首构成的,例如"我认识这个人→这个人我认识"(宾语前移),"我们一定能克服这个困难→这个困难我们一定能克服它(宾语前移,代词复指)"。英语的疑问句都必须把所问的主谓结构中的某个成分变成疑问词并前移至句首,例如"I know this person(我认识这个人)→Who do you know(你认识谁)",这也是一种移位变换。二是"XY→X 变换",即成分删略造成的句式。很多语言的祈使句都不需要说出主语,如英语"Sit down(坐下)"、"Go away(滚开)",汉语"进来"、"休息休息吧",就都是删略主语构成的。三是"X→XY变换",即成分添加造成的句式。英语的疑问句除了疑问词前移,在原来主谓结构前面还要添加一个助动词,如上面"Who do you know"中的"do"。汉语的疑问句常常需要在主谓句后面加上语气词,如"你去上海→你去上海吗/谁去上海呢"。这些都是成分的添加。四是"X→X'变换",即成分替换造成的句式。英语和汉语的疑问句都需要把所问的成分替换成疑问词,如上面例子中"this person→who"和"你→谁",就是成分替换。汉语"你去上海→你去不去上海"中"去→去不去"也是一种成分替换。有了这些变换类,就可以把各种语言中所有的特殊句式都分析为运用上述变换形式中的一种或几种而构造出来的。例如前面提到的英语和汉语的被动句,就综合运用了成分的移位(受事宾语移至句首,施事主语移至介词"by"或"被"后)、添加(助动词和介词)等变换形式。汉语存在句的构造过程就是"我在墙上挂了一幅画→墙上挂着一幅画",即综合运用了移位(处所名词移至句首)、替换或添加(动词后"了→着")和删略(删除施事主语名词,删除"了")等变换形式。

　　C. 句子的功能类,即句子的用途和语气分类

　　如果不考虑句子的结构形式和变换形式,只看句子的不同表达功能,那么也可以从句子的用途和语气给句子分类,这就是句子的功能类。

　　各种语言句子的功能类都可以分为以下几种:一是"陈述句",即报导一个事实的句子。如英语"He is sick.(他病了)"、"I have just finished my work.(我刚做完了我的工作)";汉语"今天星期一。"、"昨天凌晨台湾发生了强烈地震。"。二是"疑问句",即提出一个问题的句子。如英语"What did he say?(他说了什么)"、"Can he take photos?(他会照相吗)";汉语

"你知道这件事吗?"、"为什么你不去呢?"。三是"祈使句",即表达一种意志(包括请求、命令、商量等)的句子。如英语"Let's go! (我们走吧)"、"Handle with care! (轻拿轻放)";汉语"别闹了!"、"请把这件事尽快办一下。"。四是"感叹句",即抒发感情的句子。如英语"How beautiful the city is! (多美的城市啊)"、"It's great! (太棒了)";汉语"多么可爱的孩子们啊!"、"敬爱的周总理,您安息吧!"。还有一些句子从表达功能上看也有某种特点。例如"呼应句",如英语"Hello! (你好)"、"Good bye. (再见)";汉语"喂,老王。"、"你好。"。再如"反问句",如汉语"我怎么能见死不救呢?"、"难道你就没有责任吗?"。又如"口号句",如汉语"热烈庆祝澳门回归!"、"伟大的中华人民共和国万岁!"。当然呼应句也可以归入祈使句,反问句也可以归入疑问句,口号句也可以归入感叹句,但它们都是这些功能类中的特殊小类。

　　D. 句子的简繁类,即句子的单句和复句分类

　　上面说的句子都是指简单句,即都是由一个主谓结构(或省略了成分的主谓结构)构成、表达的意思也相对单一的句子。如果从一个句子中包含的结构是否比较多,表达的意思是否比较复杂的角度看,那么句子还可以分成"单句"和"复句"两大类,这就是句子的简繁类。

　　"单句"从字面上看好像就是指结构比较简单和意义比较简单的句子。不过更准确地说,结构简单和意义简单的句子,如英语"He ran away. (他跑了)",汉语"我病了",当然肯定是单句。但单句不一定就是结构简单和意义简单的句子,即实际上单句也可以包含较多的结构和表达较多的意义。这又有两种情况:一种情况是,就某个句子看只是一个主谓结构,但充当句子中某个成分(如主语、宾语、定语、状语等)的也是主谓结构,也就是说在句子中还包含着从属或降级的主谓结构。例如"我听说今年大学扩大招生了("我听说"的宾语 = 主谓结构"今年大学扩大招生了")","我交学费的钱还不够("钱"的定语 = 主谓结构"我交学费(的)")","妈妈累得心脏病又犯了("妈妈累(得)"的补语 = 主谓结构"心脏病又犯了")"。这种包含着从属或降级结构的句子还是单句,是一种内部结构复杂的单句,所以又叫"复杂结构单句"。另一种情况是,就某个句子看不止一个主谓结构,其中任何一个主谓结构也不是从属或降级的主谓结构(即不能分析为主语、宾语、定语、状语等),但这些主谓结构之间的联系非常紧密(句子中间没有停顿,书面上没有标点符号),也就是说这几个主谓结构说的差不多就是同时发生或连续发生的事。例如"我下了课去图书馆(句子 = 我下课 + (我)去

图书馆)"，"老师鼓励我考大学(句子 = 老师鼓励我 + (我)考大学)"，"你一说我就明白了(句子 = 你说 + 我明白)"。这种由两个或两个以上关系非常紧密的主谓结构构成的句子也还是单句，是一种外部结构复杂的单句，所以又叫"复谓结构单句"。刚才举例的这三种汉语句子又分别称作"连动句(即两个动作行为连续发生)"、"兼语句(即前一个结构的宾语兼做后一个结构的主语)"和"连锁句(即两个结构有连锁关系)"。外语也有类似的单句类型。比如英语"I saw what he did. (我看见他做了什么)"、"Give me the book you hold in your hand. (把你手里拿的那本书递给我)"、"The light came straight towards where I was standing. (光线直直地照到我站着的地方)"，就是复杂结构单句；"I have been down town to buy a book. (我去城里买了本书)"、"Professor Li invited us to attend the meeting. (李教授邀请我们参加这次会议)"、"I am glad that he came. (我很高兴他来了)"，就是复谓结构单句。

除了上面说的各种单句外，那么当然比单句的结构和意义更复杂的句子就是"复句"了。或者更准确地说，复句就是由两个或两个以上互不从属的分句(即主谓结构或省略了某些成分的主谓结构)组成，表达多个相互关联的较完整的意义，并且分句之间有较小停顿(书面上用逗号、分号等标点符号表示)或有特定的关联词连接，整个句子前后有较大停顿(句末用句号、叹号等标点符号表示)的句子。关于复句的定义要注意：根据前面的讨论，复句并不是复杂句的意思，而是复合句的意思。因此有多少主谓结构或表达多少意义并不是复句的最主要的标准，而句中的停顿和关联词才是复句最重要的标志。例如同样意思的几句话："他今天有病没去上班"，是前面说的复谓结构单句；而"他今天有病，没去上班"，因为句中有了停顿(逗号)，所以就是复句；"因为他今天有病所以没去上班"，虽然句中没停顿，但有典型的表示复句关系的关联词(因为……所以……)，所以也是复句。英语也是如此，例如"He did not go to work for his illness today. (他今天有病没去上班)"是单句，而"He was ill, and did not go to work today. (他今天病了，没去上班)"、"He did not go to work today, because he was ill. (因为他今天有病，所以没去上班)"就是复句了。

复句根据所包含的分句之间的意义关系，可以分成不同的小类。比如表示并列关系的复句，如"虚心使人进步，骄傲使人落后。"、"我们是革命的乐观主义者，又是革命的现实主义者。"；表示选择关系的复句，如"宁可站着死，决不跪着生。"、"不是鱼死，就是网破。"；表示递进关系的复句，如"我们不但善于破坏一个旧世界,我们还将善于建设一个新世界。"、"他非但不承认自己的错误,还一味把责任推给别人。";表示连贯关系的复句,如"大堤决口了,洪水进村了,房屋冲塌了。"、"他们从地上爬起来,揩干净身上的血迹,掩埋好同伴的尸首,又继续战斗了。":以上几类可以统称为"联合关系复句"。又比如表示因果关系的复句,如"因为担心疯牛病,法国政府一直禁止进口英国牛肉。"、"既然知道做错了,就应该尽快改正。";表示转折关系的复句,如"人总是要死的,但死的意义有不同。"、"人的生命是有限的,可是为人民服务是无限的。";表示条件关系的复句,如"只有先做群众的学生,才能做群众的先生。"、"无论遇到多大的困难,我们都要按期完成任务。";表示假设关系的复句,如"如果敌人不投降,我们就坚决消灭他们。"、"万一出了事故,后果将不堪设想。";表示让步关系的复句,如"即使真的发生千年虫问题,我们也有应急措施。"、"哪怕前方就是地雷阵,我们也决不后退。":以上几类可以统称为"主从关系复句"。外语中复句的情况跟汉语差不多。如英语"I am going to bed, as I am very tired. (我去睡了,因为我太累了)",是因果复句;"They will not go tomorrow if it rains. (如果明天下雨,他们就不去了)",是假设复句;"Foolish though she may be, she is kind of heart. (她尽管不太聪明,但是心地善良)",是转折复句。

　　以上句子的句型类、句式类、功能类和简繁类等相互是交叉的,即实际上任何一个句子都一定同时属于上述各类中的一个小类。比如汉语"你把这本书好好读一遍!",句型类是完全主谓句,句式类是"把"字句,功能类是祈使句,简繁类是单句。英语"I love her and she loves me too. (我爱她,她也爱我)",整个句子是并列关系复句,两个分句的句型类都是完全主谓句,句式类都是基本句,功能类都是陈述句。

第七讲

语言的表达内容——语义

7.1　语义是语言形式表达的内容

前面第五讲"语汇"部分说过,传统语言学把语言系统的构成要素分成"语音"、"语汇"和"语法"三块,其中有语汇部分而没有语义部分;现代语言学把语言系统的构成要素分成"语音"、"语义"和"语法"三块,其中有语义部分而没有语汇部分。但其实无论上面哪种分法,都并不是说语义在语言系统中可有可无,而恰恰相反是因为无论是语音、语法,还是语汇,事实上都离不开意义。有意义的声音形式和结构形式才是语言中的声音和结构,有意义的词语、词组和句子才是语言中的单位或片段,更不用说人们使用语言的最终目的就是表达意义。换句话说,如果语音、语汇、语法都是语言的形式要素,那么语义才是语言的内容要素。关于"语义",首先要讨论几个基本的问题:一是什么是语义,也就是语义的"定义";二是语义有哪些表现特征,也就是语义的"性质";三是在语言研究中应该怎么处理语义问题,也就是语义的"地位"。

1. 什么是"语义"

"语义"本身是看不见,摸不着的,不能像研究语音那样,可以用生理的、物理的手段来客观测量。而且语义包含的现象多,涉及的范围广,更不用说语言的意义跟百科知识、思维认知、思想情感等互相交织在一起。所以尽管古今中外许多哲学家和语言学家都对"什么是语义"这样的问题进行过解释和说明,但至今仍然是众说纷纭、莫衷一是。不过虽然学者们对语义有着种种不同的看法,但是在日常的言语交际活动中大家对于什么是语义还是很容易体会的。因为在言语交际中,无论是一个词还是一个句子,总有一定的意义,而且在一个特定的社会里,人们对这些词语和句子意义的理解也大致相同,否则语言交际也就无法正常进行了。可见语义是一种虽然很难精确定义,但每个人又能实际感觉到的东西。所以也可以大致地说,"语义"就是语言的意义,是人们使用语言所要表达的内容。

语义是语言所表达的意义,因此同语言形式的结合是语义的最基本特征。除了语言以外,在实际生活中人们还利用手势、面部表情、身体各部分的动作等一些非语言的手段来传递一定的思想和情感。比如在课堂上举手表示要求提问或发言,点头表示同意或肯定,摇头表示不同意或否定,横瞥一眼表示蔑视或不满。这些手段虽然也可以传递一定的意义,但都不是语言的形式,所以它们所表达的内容也就不能算是语义。

语言形式粗略地说包括"语汇形式"和"语法形式"两大类。语汇形式就是一种语言里所有的实词和固定短语这样的形式,由语汇形式表达的语义通常叫"语汇意义(词语意义)"。语法形式则包括结构、语序、虚词、形态、重音、句调等形式,由语法形式表达的语义就叫作"语法意义(范畴意义)"。比如"他找你"和"你找他"这两个句子,"他"和"你"都指某个人,"找"指某种动作行为,这些意义都是通过词语表达的,因而这些意义都是语汇意义。但除此以外,前一个句子里的"他"表示"找"的动作发出者(施事)的意义,"你"表示"找"这个动作的涉及对象(受事或客体)的意义;后一个句子则正好相反,"你"是施事,"他"是受事。实际上"他"和"你"这两个词本身并无所谓施事或受事,它们之所以可以分别表达施事和受事的意义,主要就是靠句中名词相对于动词的排列顺序和结构中各个成分之间的结构关系决定的,因而这种意义就是一种语法意义。

语言形式所表达的意义有一般的、稳定的意义与个别的、临时的意义的分别。在通常情况下都存在的意义是一般的、稳定的意义,这种意义通常称之为"语段意义",或者说是"言内之意";而在特定的上下文、特定的交际场合中、特定的知识背景下才能出现的意义是个别的、临时的意义,这种意义就叫作"语境意义"或"语用意义",实际上也就是一种"言外之意"。比如"他"表示说话人和听话人以外的某一个人,这是这个词的一般和稳定的意义;而"他"在不同的上下文或交际场合中又可以具体指称张三、李四或王五等,这种意义一旦脱离了特定的环境就会不复存在,因而是这个词的个别和临时的意义。又如"今天有点冷"这句话表示"今天气温比较低",这是它的一般和稳定的意义;在不同的情景下它还可能表示客人想叫主人关上窗户,或是母亲提醒孩子多穿一点衣服等,这些同特定的情景联系在一起的意义就都是这句话的个别和临时的意义。可见一般和稳定的意义是语言形式本身通常所表达的意义,而个别和临时的意义则是语言形式在特定的交际场合和知识背景等因素的作用下才表达出来的意义。

语言是交流思想和表达情感的工具,或者说语言表达的意义既有思想意义,也有情感意义。语言形式所表达的意义,特别是语汇意义和语段意义,当然也就必然包含这两个方面的内容。即一是"思想",这也就是所谓的"理性意义";一是"情感",这也就是所谓的"非理性意义"。理性意义是表达说话人对主客观世界的事物和现象的认识,这是语义的基本要素。在词语平面上,它是与概念相联系的那一部分语义;在句子平面上,它是与判断和推理相联系的那一部分语义。非理性意义是表达说话人的主观情感、态度以及语体风格等方面的内容,它一般总是附着在特定的理性意义之上,所以是语义的连带要素。比如"你真坏"这句话,如果出自一般人之口,则表示说话人的一种批判和贬斥的态度;而如果出自恋人之口,则可能就带有爱怜和撒娇的意味了:这些不同的情感意义都是附着在句子的理性意义之上的。《红楼梦》里林黛玉临死时说"宝玉,你好……"这句话的意义之所以耐人寻味,就是因为里面同时夹杂了理性意义和非理性意义。

概括起来说,"语义"主要就是指"语言形式所表达的意义"。而语言的意义又大致可以分为"语汇意义(词语意义)"和"语法意义(范畴意义)"、"语段意义(言内之意)"和"语用意义(言外之意)",以及"理性意义(思想意义)"和"非理性意义(情感意义)"等。广义地说,这些意义当然都是"语义"。

2."语义"有什么样的性质和特点

"语义"作为语言构成系统中的要素,特别是内容要素,当然也有自己的性质和特点。语义的性质和特点主要可以从以下几个方面来看。

A. 语义具有"概括性"

"概括性"是语义的重要属性。"概括"的意思也就是类的抽象。无论是词语的意义(词义)还是句子的意义(句义)都是概括的,或至少是相对概括的。

词和语的意义,统称"词义"。词义总是一定的语言社会对一定对象的概括反映。词义反映的对象可以是客观世界的事物和概念,如"人、鸟、鱼、山、水、走、听、大、长"等等;也可以是主观世界的事物和概念,如"思想、天堂、神灵、鬼怪"等等。每个词语都表示某一类事物,词义从具体事物中抽象概括出可以使这一类事物区别于另一类事物的特征,同时舍弃同一类事物之间的各种差别。这样人们就可以把一类事物归并在一起,用一个词语去指称它们,使其同其他的事物区别开来。现实中的具体事物和现象千差万别,数量无限,正是由于词义是概括的,人们才可能用相对有限的词语去指称它们。例如"鞋"的词义是"穿在脚上、走路时着地而又没有高筒的东西",这个意义就是从"皮鞋、布鞋、棉鞋、平底鞋、高跟鞋、球鞋、旅游鞋、拖鞋"等各种各样的鞋子中抽象出来的,它反映了各种鞋所共同具有而他类事物所没有的特征,而各种鞋在材料、款式、用途等方面的差别则被舍弃了。这样各种各样的鞋就都可以用"鞋"这个词去指称,而其他事物,如靴子、袜子等则可以被排除在外。即使对于"专有名词"来说,虽然这些词语是用来指称世界上独一无二的事物,而不是指称整类事物的,但专有名词的词义也是概括的。比如"鲁迅"专指中国历史上的一个人物,在不同时期人们眼里,这个人物的外貌、衣着、举止、性格、思想、社会关系等等都不尽相同,就像是有许多"不同的鲁迅",然而在这些"不同的鲁迅"中,总有其区别于其他人的特点,将这些特点概括起来,就是"鲁迅"这个词的词义。

由词组成的词组和句子的意义,统称"句义"。句义也具有概括性。比如作为一个词组,"新鞋"的意义尽管比"鞋"具体一些,但仍然是概括的,只不过是概括的程度低一点、概括的范围小一些而已。因为它反映的是世界上不同材料、不同款式、不同尺寸、不同用途的各种新鞋的共同特征,而不是具体指哪一双新的鞋子。再如作为一个句子,"他买了一双新鞋"的意义也是概括的,因为它可以用来陈述任何一个人购买任何一双新鞋的过程。即使一个词组或一个句子说得比较具体,如"小王昨天在商店里买了一双网球鞋",其意义也仍是概括的。因为就词义而言,"小王"是哪个人,"昨天"是哪一天,"商店"是哪一家商店,"网球鞋"是哪一种网球鞋,这些意义都仍然是概括的;就句义而言,这句话的意思也只是说"有某个叫小王的人某天在某家商店买了双网球鞋",虽然相对于"他买了一双新鞋",这句话概括的程度要低得多,概括的范围也要小得多,但至少假定对于破案来说,这句话给出的信息就还是不够具体的,也就是说意义仍然是概括的。

语言形式所表达的意义都是概括的、一般的,但是在平常的语言交际活动中人们谈论的对象却往往是个别的、特殊的,也就是说其中的意义可以非常具体。这是怎么回事呢?事实上表达概括意义的词语和句子等语言形式能同个别的对象联系在一起,主要是依靠了上下文和交际环境对语言形式所指的限定作用。比如"把桌子上的书给我"这句话,在特定的上下文或交际环境中,就不难确定句中"桌子"指哪张桌子,"书"指哪本书,"我"又具体指谁,也就是听话人会毫无困难地对这个句子做出正确的反应。同样像上面提到的"他买了一双鞋"这样一句话,在特定的交际环境中,对于具体的说话人和听话人来说,词语和整个句子的意义就又可以是确定的。但如果脱离了特定的上下文或交际环境,比如现在书上看到的这句话,这些词语乃至整个句子的具体所指就无从确定了。

B. 语义具有"模糊性"

可能有不少人会认为,既然词义是对一定对象的某种反映,那么这种意义似乎越精确越好。但实际上有相当一部分词义并不那么精确,而总是具有"模糊性"。"模糊"是指词义所反映的对象只有一个大致的范围,而没有明确的界限。比如"学者"这个名词,词典上的解释是"在学术上有一定成就的人",那么究竟取得多大的学术成就才称得上是"学者",这并没有也不可能有量化的标准,也就是说学者与非学者之间并没有明确的、绝对的界限。正是因为"学者"的词义是模糊的,人们在评价一个人是不是学者时,才会出现见仁见智的情况。其他又比如"少年、青年、中年、老年"四类人,"红、橙、黄、绿、青、蓝、紫"七种颜色,"春、夏、秋、冬"四个季节,"敲、打、捶、砸"等不同动作,也都具有模糊性。特别是那些反映程度差别的词语就更是只具有相对的表义价值,意义的模糊性更大。比如"高",人的身高达到多少公分才可以开始算是高,如果身高 1.8 米可以算高,那么 1.79 米呢,1.78 米呢,1.77 米呢? 可见人们对身高的"高"只有一个大致的标准,而说不清楚高与不高的绝对分界位置。类似的词语如"大—小、长—短、粗—细、多—少、远—近、胖—瘦、冷—热"等也都是如此。词组和句子都是由词组合而成的,语义模糊的词语也会把模糊性带入这些更大的语言单位中,因而由语义模糊的词语构成的词组和句子也会有语义的模糊性。比如"大电视"、"花白的头发"、"盛开的花朵"、"认真学习"、"慢点儿说"都是模糊的。尺寸多大可以算"大",有多少根白头发可以算是"花白",花开放到什么程度可以算作"盛开",态度严肃到什么程度才是"认真",每分钟说多少个音节才符合"慢点儿",这些事实上都没有明确的、绝对的标准。上面这些词组、句子之所以是模糊的,就是因为它们中的"大、花白、盛开、认真、慢点儿"这些词语的意义是模糊的。

语义的模糊性在社会交际活动中起着积极的作用。人们在社会交际活动中,不可能也没有必要时时、事事都像科学实验那样,对谈论的对象作出精确的测定。在这种情况下,如果没有语义的模糊性,而是对所有的语义都做出严格的、精确的规定,那么社会的交际活动将难以进行。比如在谈论一个人的身高时,由于有了语义的模糊性,我们才可能在不知道他身高确切尺寸的情况下,说他个子高或者不高。如果"高"的词义是精确的,比如规定身高1.85米以上才可以算是高,1.84米就不行,那么就只好先问问他的身高究竟是多少,或者找尺子给他量一量,然后才能说话了。更何况许多事物和概念根本就无法做出严格的、精确的规定。比如"美"和"丑"、"好"和"坏"、"难"和"易"、"忙"和"闲"、"幸福"和"不幸"、"聪明"和"愚蠢"等等,都是如此,否则也就不会有所谓"情人眼里出西施"、"坏事可以变成好事"、"失败是成功之母"、"自以为聪明"这样的一些说法了。

　　语义的模糊性当然也不是绝对的,也就是说并不是词语的所有意义、所有词语的意义或者词语的某个意义在任何时候都是模糊的。其中一种情况就是"中间精确,边缘模糊"。即语义的模糊性往往出现在词义所指范围的边缘区域,而词义所指范围的中心区域则是清楚的。否则如果一切意义都是模糊的,人们就无法借助词语来区分不同的事物,语言也就会因此而丧失交际和思维功能。例如"青年"与"少年"和"中年"的边界都不清楚,因此当有人问17岁算少年还是青年,或35岁算青年还是中年时,我们可能会感到不太好说,而且不同的人有可能会做出不同的回答。但"青年"一词所指范围的中心区域还是明确的,因此如有人问25岁算不算青年时,人们会毫不犹豫地一致做出肯定的回答。再如"高"与"不高"、"矮"与"不矮"的边界虽然不清楚,但它们所指范围的中心区域也还是明确的,因此在中国北方,对成年男子而言,身高1.85米以上算个子"高",身高不足1.6米算个子"矮",人们对此也不会有什么争论。再一种情况就是"有的精确,有的模糊"。即语言中虽然有相当一部分词语的词义具有模糊性,但也不是所有的词语都是如此。有不少词语的词义就可能是精确的,也就是说它们所反映的对象的范围和界限是明确的。例如"一、二、三、四"等数字,"米、厘米、毫米、小时、分、秒"等度量单位,"大提琴、小提琴、电视"等器物名,"太阳、月亮、黄河、鲁迅、周恩来"等专名,就都是精确的。至于科学术语的意义则一般都必须是精确的,至少人们要求这类词语的意义应该是精确的。比如语言学中的"元音、辅音、音位",物理学中的"电荷、电子、压强",生物学中的"细胞、基因、染色体"等术语就都是如此。还一种情况就是"有时精确,有时模糊"。即有些词语、词组和句子的意义既有模糊的一面,也有精确的一面,并不是任何情况下都只要模糊义,不要精确义。比如在日常生活里人们所说的"大雨"和"小雨"是模糊的,但气象学为了气象研究和气象预报的准确性和科学性,规定 24 小时内雨量在 10 毫米以下的为"小雨",10—25毫米的为"中雨",25—50 毫米的为"大雨",这又是非常精确的。

C. 语义具有"民族性"

在通常的情况下,不同的民族使用不同的语言,像汉族使用汉语,藏族使用藏语,法兰西民族使用法语等。由于不同的民族对客观事物的认识会有所不同,对客观事物的概括和分类也会存在着差异,因而不同语言的语义也会有所不同,这就是语义的民族特点。

语义的民族特点主要是比较突出地体现在词语的意义上。在词语的理性意义方面,不同的民族语言会有所不同,以至于两种语言中在词义上完全对应的词语是不多的。比如英语的"brother",其指称范围比汉语的"哥哥"或"弟弟"都要大,"sister"的指称范围比汉语的"姐姐"或"妹妹"也要大,因为英语的"brother"和"sister"是不分长幼的:这就是词义的民族性特征。语义的民族特点也体现在词语的非理性意义方面。比如汉语的"狗"似乎和英语的"dog"意义相同,但在汉族人眼里,狗不是什么好东西,因而"狗"这个字眼就常常用于贬抑的方面,如"走狗、狗东西、狗腿子、狼心狗肺、狐朋狗友、狗仗人势"等;可是在英国人乃至西方人眼里,狗却是一种善良、忠诚、与人情义深厚的动物,因而"dog"这个字眼就常常用于褒扬的方面,如英语中就有"Love me, love my dog"(直译"爱我的话,请你也爱我的狗",意译"爱屋及乌")、"a lucky dog"(直译"幸运狗",意译"幸运儿")等说法:这就更是词义的民族性的表现了。

一个词语由最初只有一个意义,发展为具有多个意义,这在语言中是一种很普遍的现象。这种词语多义化的过程也会受到民族特点的制约。各个民族的生活环境、劳动条件、风俗习惯、历史文化、思维方式等具有不同的特点,在人们认识不同对象之间的联系、发现不同对象之间的相似之处的过程中,这些特点都会产生影响,因而反映同一类对象的词义在不同的语言中就可能经历不同的多义化历程。比如英语的"cat"本来指"猫",后又衍生出"心地恶毒的女人"的意思,而汉语的"猫"却没有衍生出这种意思。汉语的"老"本来指"年岁大",后又衍生出"食物因烹饪时间过长而口感不好"的意思,而英语的"old"就没有衍生出这种意思。汉语的"红",本指"象鲜血或石榴花的颜色",后衍生出"顺利、成功或受人重视"的意思,英语的"red"则没有衍生出这样的意思,而英语"red"衍生出的"流血的、暴力的"这个意思,又是汉语的"红"所没有的。

3. 在语言系统中如何处理语义问题

语言就是表达意义的工具，因此"语义"在语言系统中占有重要位置，这是不言而喻的。但是对于语言研究而言，要不要研究语义，怎么研究语义，却一直有不同的看法。

A. 要不要研究"语义"？

这个问题实际上是说，语言研究应该主要研究"意义"还是主要研究"形式"。这看起来似乎不该是什么问题，因为语言既有形式又有意义，两样当然都需要研究。但是实际上学术界确实有许多争论，至少在研究的侧重点上各家的看法是不一样的。

无论是外语研究还是汉语研究，都有一种意见是说，语言研究应该主要是对语言意义的研究，而不是语言形式的研究。比如国外有的语言学理论就提出，所谓建立语言结构的规律就是对语言片段进行语义解释。比如为什么"我看书"能说，"书看我"就不能说，这就主要是词语的意义能否搭配的问题，而不是结构形式是否合格的问题。甚至于结构类型分析也就是看几个句子的意义是否相同，比如"老王卖给老李一辆车"和"老李从老王那儿买了一辆车"意思相同，所以就是同一种结构，而可以不管它们的形式是否一样。由于汉语缺乏形态变化，所以汉语研究中就更有人提出所谓"意合语法"，即汉语的词组和句子没有形式上的规则，而主要是靠意义来组合的。比如"鸡不吃了"，到底"鸡"是"吃"的受事，即意思是"（我们）不吃鸡了"，还是"鸡"是施事，即意思是"鸡不吃（食）了"，从结构形式上是看不出来的，只能依据动词和名词之间的意义联系来决定。按照这种思路，当然也就可以认为，在语言研究中，词语的意义，词语搭配的意义，整个句子的意义，才是最重要的；而词语的类别，词组的构造，句子的结构形式，并不太重要，至少形式的地位要低于意义。语言研究中的这种观点可以叫作"语义中心说"或者"语义—句法说"。

同样无论外语研究还是汉语研究，也还有一种意见是说，语言研究应该主要是对语言形式的研究，而不是语言意义的研究。比如国外有的语言学理论就提出，所谓建立语言结构的规律就是对语言片段进行形式分析。比如"无色的绿色的思想在疯狂地睡觉"和"睡觉疯狂地思想绿色的无色的"都是没有意义的语言片段，但是比较而言前一句至少在结构形式上是正确的，而后一句连结构也不正确，所以才肯定是错句。更何况像"书看我"、"石头得了糖尿病"这样看上去词语意义搭配不当的句子，在一定的语言环境中也不是绝对不能说，比如"（我梦见）书正在看着我"、"石头（不可能）

得糖尿病"就完全是合格的句子。汉语研究中也早有人提出类似的看法，也就是说看一个语言片段是否合格，主要决定于结构形式，而不是语义内容，因此像"书看我"（名词＋动词＋名词）、"吃三角形"（动词＋名词）一类符合结构规则的语言片段就是正确的格式，只有"＊又星"（副词修饰普通名词）、"＊看见们"（动词加复数后缀）这一些违反结构形式规则的语言片段，才是错误的格式。按照这种思路，当然也就可以认为，在语言研究中，词语的类别，词组的构造，句子的结构形式，才是最重要的；而词语的意义，词语搭配的意义，整个句子的意义并不太重要，至少意义的地位要低于形式。语言研究中的这种观点可以叫作"句法自治说"或者"句法—语义说"。

当然经过语言研究的实践，现在越来越多的学者都认识到，虽然语言的意义和语言的形式也不是不可以分开来研究，就像一块石头可以分别只从物理学、地质学和化学的一个方面进行研究。但是从更加科学的角度看，语言的形式和语言的意义就像一张纸的两面分不开来，因此语言意义的研究不能完全取代对语言形式的研究，语言形式的研究也不能完全不管语言的意义。更何况如果只研究形式而不能得到意义的解释，那就无异于是"废话"，如果只研究意义找不到形式的证明，那就只能是"胡说"。当然所谓"结合"，也不是说只要语言形式和语言意义都研究就行了，而是二者应互为因果、相互验证。在抓住一种形式的时候，最好能问一问这种形式对于区别意义有什么作用，在解释一种意义的时候，最好能问一问这种意义有没有办法在形式上得到证明。这才是对待语言中语义问题的正确研究取向。

B．怎么研究语义？

这个问题实际上是说，语言研究中应该怎么处理和切分各种各样的语义问题。这个问题看起来好像很简单，因为既然语言有意义，那么把所有的意义问题都归成一堆不就行了吗？但实际上怎么划分语言中的意义问题也是一个不容易的事情。

前面说过，语言中的意义无处不在，各种语言片段如语素、词、词组、句子等，它们的定义中就都包括"有意义"这一条。而且讲语音的时候说过，有意义的声音才是语音，特别是像停顿、轻重音、句调等语音形式更体现一定的意义。讲语法的时候也说过，语法形式和语法意义是一张纸的两面，特别是形态变化、类别、关系、语序、虚词等都体现一定的意义。更不用说"语汇"是表达语言中意义的最主要的元素，所有的词语也都必然有意义。这样就可以有两种办法来处理"语义"：一种办法是把语义问题分到各家去，也就是语音、语汇、语法中都包括相关的语义问题。但这样一来语义就成了语言各个分支的附属品，即使主要由"语汇"部分来研究词语的意义，由"语法"部分来研究句子的意义，语义问题还是过于分散，至少看起来与语义的重要地位不相称。因此另一种办法就是把语义问题单独分出来，也就是作为语言构成系统的一个独立要素。这样做的好处是：一方面"语义"真正成了跟"语音"、"语法"并列的语言构成系统的三大要素之一，换句话说就是，语音、语法和语义都同时存在于语言的各级单位中，这就体现出了语义在语言系统中的地位和作用；另一方面像词语的意义和句子的意义这些最基本的语义问题就可以放在一起来研究。我们这门课把"语义"和"语义学"作为专门的一个部分，实际上就是采用了后面这种处理办法。

不过即使如此，"语义"其实也还是管不了所有的意义。对于语言中这么多的意义问题，也不能"胡子眉毛一把抓"，而应该理出一个头绪来，或者说至少有三大块意义要分开。

首先当然是要分开前面说的"语言意义"和"非语言意义"。非语言意义有一类是人们利用手势、表情、动作等非语言形式传递的意义。非语言意义的另一类则是作为生活常识的百科意义。比如英语说" * Einstein has visited Princeton University. "是个错句，原因在于爱因斯坦已经死了，所以句子不能用现在完成时。其实某个人是否死了就是一种语言之外的知识类意义。上面这些非语言意义当然都不是语义问题，"语义学"也不管这些意义问题。

此外在"语言的意义"中，还要分开"语汇意义"和"语法意义"。前面说过，语言中的意义有虚有实，其中"实"的意义就是词语和句子形式表示的意义；而"虚"的意义就是由各种语法形式表示的意义，如形态变化的意义、结构关系的意义、虚词的意义等。后者就只能看作是语法现象，因为这种意义离开了语法形式根本就无法捉摸。所以广义的语言意义虽然既包括语汇意义也包括语法意义，但就"语义学"的研究范围来说，一般就只包括词语和句子表达的语汇意义，而那些语法形式表达的语法意义，则还是应归"语法学"去管。

再进一步，在语汇意义中还要再分开"语段意义（言内之意）"和"语境、语用意义（言外之意）"。前面也已说过：语汇意义中有的是一般和稳定的意义，也就是由词语和句子等语段本身表示的意义；也有的是个别和临时的意义，也就是由交际场合和背景知识决定的意义。例如前面举例提到的"今天有点冷"表示"气温低"是前一种意义，而表示"关窗户"或"多穿衣服"就是后一种意义。再如有人戏称外交辞令和女人"表示意见"的区别是:外交官如说"同意"意思只是"可考虑",如说"可考虑"意思就是"不行",而从来不直接说"不行";女人如说"不行"意思却是"可考虑",如说"可考虑"意思则就是"同意",而从来不直接说"同意"。这类意义一方面看需要某些社会的背景知识,另一方面看实际上也都是所谓言外之意。所以广义的语汇意义既包括语段本身的意义,也包括语境、语用条件下的意义,但就"语义学"的研究范围来说,一般就只包括词语和句子表达的一般的、稳定的语段意义,而那些个别的、临时的语境、语用意义,则应再建立一个分支"语用学"去管。

分开了上面三类意义,也就是排除了"非语言意义",再把"语法意义"归入语法部分(参看本书第六讲),把"语境、语用意义"归入语用部分(参看本书第八讲),剩下"语义学"管的实际上就是由各种语言片段表示的语汇意义和语段意义。不过虽然语素、词、词组、句子等各级语言片段都有意义,但如同词和句子是最重要的语法单位一样,词的意义和句子的意义在语义中也占有突出的地位。这样也就可以说,语义学要研究的"语汇意义"主要就是"词义"问题,语义学要研究的"语段意义"主要就是"句义"问题。

7.2 词义构成的各个要素

词的意义(词义)和句子的意义(句义)在语义中都很重要。但要正确理解一个句子的意义,首先还是离不开对句子中词语意义的理解,词语的意义是句子意义的基础。"词义"可以从两个方面来看,这一小节先说说其中一方面,就是词义是怎么回事,或者说词义是由哪些要素构成的。

1. "义类":词语中两种不同类型的意义

前面说过,语言形式表达的意义既有思想意义,也有情感意义。这两种意义其实主要就都表现在"词义"中。也就是说词义从整体的类型上划分,一种就是"理性意义",即表达人们对主客观世界的事物和现象的反映;还有一种是"非理性意义",即表达说话人的主观情感、态度以及语体风格等方面的内容。

A. 词的"理性意义"

在社会实践中人们接触到各种各样的现象,人们通过大脑对这些现象进行比较、分类,从同类事物中抽象出足以跟其他事物相区别的特征,并用一定的语音形式把这种认识成果固定下来,就形成了一个一个的"词"。这种通过词语来表现的对一定对象特征的认识就是"词的理性意义"。比如世界上有各种各样的河,没有哪两条河是完全一样的,但不管这些河多么不同,它们都具有"比较大的水道"这一共同特征。这一特征使"河"这一类事物区别于世界上的其他事物,汉族人把这一特征抽象出来,并用"hé"这个语音形式去表示它,这也就产生了汉语里"河"这个词,这个词也就包含了"比较大的水道"的理性意义。词义可以反映物质世界中的对象,比如"山、河、水、树、牛、羊、人、房子"等词所反映的就都是物质世界中的对象。词义也可以反映精神世界中的对象,不管这类现象是正确的还是错误的,也不管其是否带有幻想的成分,比如"玉皇大帝、上帝、神仙、妖怪、鬼、天堂、地狱"等词所反映的就都是精神世界中的对象。

词义是人们对一定对象的概括反映,但这种反映在揭示事物本质的程度上有深有浅。对同一个对象,普通人和有专门知识的人认识就可能大不相同。比如"盐"这个词,一般人恐怕只知道是一种白色粉末状的有咸味的调味品,而知道是"酸中的氢原子被金属原子置换所成的化合物、主要成分是氯化钠"的恐怕不多。再如"人"这个词,在一般人看来指的就是用两条腿走路、会说话、像你我一样的生物,而知道是"能制造工具并使用工具进行劳动的高等动物"的也不会很多。这些事实说明,词的理性意义由于概括深度上的差异而分为两种类型:一种是人们对事物所具有的非本质特征的反映,这种词的理性意义可以称之为"通俗意义",如上面提到的"盐"和"人"的前一种意义;另一种是人们对事物的本质特征的反映,这种词的理性意义可以称之为"科学意义",如上面提到的"盐"和"人"的后一种意义。尽管通俗意义并不能充分反映事物的本质特征,因而不太科学、准确,但一组非本质特征的总和也可以起到使不同的事物互相区别的作用,因此在日常生活中,只要掌握了词语的通俗意义,就足以使人们正确地使用词语来指称不同的事物。更何况词语的科学意义往往需要通过专业学习才可获得,一个人不管多么有学问,都不可能掌握所有或大部分词语的科学意义,因此科学意义通常只用于特定的学科领域,而在日常生活中人们通常都是按通俗意义来理解和使用词语的,甚至一般的语文词典对词义的解释往往也就是词语的通俗意义。

B. 词的"非理性意义"

词的非理性意义是附着在词的理性意义之上的,因而又叫作词义的"附加色彩"。词的非理性意义主要表现在以下几个方面:

一是词义的"感情色彩"。人们在反映现实现象的同时,还可能表现出对该现象的主观态度,从而在词的理性意义上增添了一层附加色彩,这种词义所带有的对现实现象的主观态度就是"感情色彩"。感情色彩中最主要的是"褒义色彩"和"贬义色彩"。褒义色彩表现的是对词义反映对象的肯定、赞许、喜爱的态度;贬义色彩表现的是对词义反映对象的否定、贬斥、厌恶的态度。比如"团结"和"勾结"都有人们为了共同的目标而联合起来的意思,但前者专指好人之间的联合,带有褒义色彩,后者专指坏人之间的联合,带有贬义色彩。又如"成果、聪慧、顽强、鼓励、爱护、果断"等都是褒义的词,而同义的"后果、狡猾、顽固、怂恿、庇护、武断"等就都是贬义词。至于有些没有感情色彩的词就是中性词,这样的词在语汇中占大多数,如"天、地、人、桌子、联合、制造、大、小、长、短"等,就是没有褒贬色彩的中性词。

二是词义的"语体色彩"。语言作为人类社会最重要的交际工具,存在于人与人交往的一切环境之中。为了保证语言表达同交际环境(包括交际场合、交际对象、交际方式等)相适应,人们会根据不同交际环境的特点,调整自己的语言表达形式,这种由交际环境的不同而导致的表达形式就是"语体"。"口语"和"书面语"是语言中两种最基本的语体。如果一个词语只用于或经常用于某种语体之中,就会带上这种语体的色彩,这就是词的"语体色彩"。词的语体色彩分为"口语色彩"和"书面语色彩"两种基本类型。带有口语色彩的词语经常用于日常交谈,也经常用于比较口语化的文学作品和一般文学作品的对话描写中。带有书面语色彩的词语经常用于书面写作和比较庄重、正式的交际场合。至于不带任何语体色彩的词语就是通用词语,也就是通用于口语和书面语的词语。下面就是不同语体词语的比较:

(1) 口语　　　　书面语　　　　通用
脑袋　　　　头颅　　　　头
歇　　　　休憩　　　　休息
溜达　　　　徜徉　　　　散步
好看　　　　美丽　　　　漂亮
挖苦　　　　嘲讽　　　　讽刺

三是词义的"形象色彩"。这是指由词内部的组成成分所引起的对事物视觉形象或听觉形象的联想。例如同是描写黄颜色,"鹅黄"会使人联想到小鹅绒毛的颜色,"杏黄"会使人联想到杏的颜色,"橘黄"会使人联想到橘皮的颜色,"金黄"会使人联想到金子的颜色,这里每个词都会使人联想到某一事物的具体形象,这种联想就是词的"形象色彩"。有时两个或几个词的所指对象相同,但因词的内部组成成分不同,就可能带上不同的形象色彩。比如"水泥"和"洋灰"所指对象相同,但前者会使人联想到这种东西加水搅和后像泥一样的状态,而后者则会使人联想到一种从国外进口来的粉末状的东西。再如北京颐和园里有一座石拱桥叫"玉带桥",许多人又把它叫作"罗锅桥",两个词语同指一座桥,但却给人以不同的形象联想。在语言中,用摹状、拟声方法构造的词语大都具有明显的形象色彩。比如"天蓝、桃红、鹅卵石、狮子狗、马尾松、席卷、鼠窜、鼎立"等都是以摹状方法构造的词语,它们都会引起人们对事物视觉形象的联想;"蝈蝈、布谷鸟、乒乓球"等都是以拟声方法构造的词语,它们都会引起人们对事物听觉形象的联想。

2."义项":一个词语形式的不同意义

一个读音和书写形式相同的词语形式并不一定只有一个意义,这些不同的意义就叫作词的"义项"。词典中同一词语下面列出的一个个的意义也就是这个词语的义项。词义是对一定对象的反映,那么一个词有几个义项,就要根据词所反映的对象多少来确定。如果一个词只反映一类或一个对象,这个词就只有一个义项;如果反映的对象不止一个,这个词就有多个义项。比如下面(2)中"肺"和"盆"都只反映一类对象,因而都只有一个义项;"凉"和"摆"反映的对象都不止一个,因而也就有多个义项。例如:

(2) a. 肺:人和高等动物的呼吸器官。

　　b. 盆:盛东西或洗东西用的器皿,口大,底小,多为圆形。

　　c. 凉:①温度低。②比喻灰心或失望。

　　d. 摆:①安放;陈列。②显示;炫耀。③来回摇动;摇摆。

义项既包括词的理性意义,也包括附着在理性意义上的附加色彩。比如下面(3)"帽子"的两个义项中,后一个义项除理性意义外就还包括贬义色彩。"得"的两个义项中,后一个义项一般用于口语,如"饭得了",因而这个义项除理性意义外还包括口语色彩。例如:

(3) a. 帽子:①戴在头上保暖、防雨、遮日光等或做装饰的用品。②比喻罪名或坏名义。

　　b. 得:①得到。②完成。……

义项是从词语的各种用例中概括出来的共同的、一般的、稳定的意义,不包括词语在特定的语言环境里所显现的个别的、具体的、临时的意义。比如"车"在不同的具体语言环境里有时指汽车,有时指火车,有时指自行车,有时指马车,有时指手推车,但这些都是"车"这个词在特定语言环境里所显现的个别的、具体的意义,而不是在各种语言环境中都讲得通的共同意义,因而这些个别意义不能作为"车"的义项。又如明知一个人做了蠢事,却对他说"你真聪明",在这个特殊的语言环境中"聪明"获得了"愚蠢"的含义,但这种意义只是一种在特殊条件下产生的临时意义,是不稳定的意义,一旦脱离了特殊的语言环境,这种含义也就不复存在了,因而这种临时意义也不能算作"聪明"的义项。

词义实际上是以义项为单位的。也就是说一个词在一个特定的场合只能表示一个意义,这就像一个人有"爸爸、教师、主任"等不同身份,但在特定场合却只能以某一个身份出现。因为义项不同,词义所反映的对象也就不同,附加色彩也可能不同,甚至语义组合关系也会存在差异。例如"吃"至少有两个义项:一是"把食物等放到嘴里经过咀嚼咽下去",一是"吸取"。前者只能用来陈述有生命的事物,如人或动物;后者则不能用来陈述人或动物,而只能用来陈述无生命的事物,组成诸如"宣纸吃墨"、"菠菜吃油"之类的句子。因此在分析描写一个词的意义和用法时,只能以义项为基本单位。

一个词的几个义项尽管反映的对象不同,但应该有一般人可以感觉得到的联系,如果没有这种联系,它们就不能算是同一个词的不同义项,而只能看作是不同的词。如汉语的"花",在"种了几盆花"里是"可供观赏的植物"的意思,在"又花时间,又花力气"里是"耗费"的意思,这两个意思之间毫无关联,因而它们不能算是同一个词,也就是不能算是同一个"花"的两个义项,而只能看作是"同音词",也就是有两个都读作和写作"花"的不同的词。

3. "语素义":语素义的组合和词义

前面第五讲说过,词都是由语素构成的。由一个语素构成的词叫"单纯词",由两个或两个以上语素构成的词叫"合成词"。语素也是有意义的语言单位,既然词是由语素构成的,那么词义是不是就等于语素义,或者说词义就是像"1 + 1"那样由语素义加合而成的呢?

可以这样说,如果一个词只包含一个语素(即只有一个意义的最小单位),那么词义就等于这个语素的意义,因此语素义和词义的关系也就比较简单。比如"笔"这个词就是由"笔"这个语素直接形成的,语素"笔"有什么意义,词"笔"也就有什么意义。再如"的"这个词是由"的"这个语素直接形成的,虽然词"的"没有实在的意义,但语素"的"同样是虚义的。但如果一个词是由两个或两个以上语素构成的,那么词义与组成的语素的意义就有关系,词义就可以通过语素义来论证,只不过其中的组合关系会比较复杂。这是因为语素和语素的组合不完全等同于词与词的组合。它们有一个最大的区别就是,词与词组合成词组或句子以后,词组和句子的意义差不多就等于词义(包括虚词)的组合,这也就是所谓词语搭配的意义,至少词语的基本意义在词组和句子中并不发生改变。比如"大家都爱劳动"这个词组或句子的意义,基本上就是其中的词"大家 + 都 + 爱 + 劳动"组合起来的意思。但是语素的组合与语素义的组合(即组合后的词的意义)却并不一定也是这样基本对应的。比如上面这个语言片段中的"大家"很难说就等于"大 + 家","劳动"也不简单地等于"劳 + 动"。以汉语为例,词义和语素义的关系具体说又可以分为两大类情况。

A. 词义内部的关系比较清楚,即词义可从语素义推导出来

其中一种情况是词义就等于几个语素义的直接组合。比如"观赏"就等于"观看、欣赏"的意思;"男生"就等于"男性学生"的意思;"立功"就等于"建立功绩"的意思;"性急"就等于"性子急"的意思;"动人"就等于"使人感动"的意思;"办公室"就等于"办理公务的房间"的意思。再一种情况是词义就等于相同或相近的几个语素义的并列组合。比如"洗涤"就等于"洗 + 涤"(都是"洗"的意思);"蹊径"就等于"蹊 + 径"(都是"小路"的意思);"怪诞"就等于"怪 + 诞"(都是"奇怪、荒唐"的意思);"归拢"就等于"归 + 拢"(都是"集中、不分散"的意思)。还一种情况是词义中语素义的组合虽然不那么直接,但稍加联想意思还是清楚的。比如"轮椅"虽不完全等于"轮 + 椅",但还是"加装了轮子供残疾人代步的特殊的椅子"的意思;类似的还有"挂面"是"通过挂晒而制造出来的干面条"的意思;"清漆"是"纯净的没有颜色的油漆"的意思;"凉鞋"是"穿了以后感觉凉快的鞋子"的意思;"热裤"则相反是"天气热的时候穿的裤子"的意思(还有一种解释是"一种使人有视觉冲击而感到热的短裤")。最后一种情况则是词义只包含了一部分语素的意义,而有的语素的意义已经脱落了,但这种词义仍然还算是清楚的。比如"忘记、缓急、窗户、妻子、国家、人物"等词,虽然包含两个语素,但实际上一部分语素义已没有作用了。例如"忘记"的意思是"忘"而不是"记","窗户"的意思是"窗"而不是"户"、"妻子"的意思是"妻"而不是"子"。

B. 词义内部的关系不很清楚,即从语素义不容易直接推出词义来

其中一种情况是因为词中包含的语素义比较生僻。比如"乖戾"的意思是"乖僻、粗暴","出类拔萃"中"萃"的意思是"草","振聋发聩"中"聩"的意思也是"聋","自怨自艾"中"艾"的意思是"治理、惩治",这些语素义都需要经过解释。再一种情况是因为词义中包含了典故。比如"鱼肉、中肯、染指、左袒"等,如果不了解典故、历史及词义的引申过程,就无法仅从语素义推知整个词义。例如"鱼肉"就并不是"鱼和肉"或"鱼的肉"的意思,实际上该词出自《史记·项羽本纪》中"人为刀俎,我为鱼肉"一句,意思是"任人宰割的东西",进一步又引申出"像对付菜板上的鱼和肉那样欺凌残害人民"的意义。还有一种情况是因为词义是语素义的借代、比喻用法。比如"细软、私房、谈吐、裙钗"的词义就并非语素本来的意义,而是语素义的借代用法;"城府、虎穴、鬼胎、死胡同"的词义也并非语素本来的意义,而是语素义的比喻用法。最后一种情况就是因为词语中的语素义比较模糊,甚至已完全失落了。其中一类是语素义一下子看不出来,需要考证才能弄明白语素义和词义的关系。比如"姑娘",就既不是现代意义的"姑",也不是现代意义的"娘",为什么可以指"未婚女子",这就需要考证义素的古代意义;再如"小时"是相对于"大时辰"(一天分成 12 段)的"小时辰"(一天分成 24 段)这个古代词语的简缩形式,结果仅从词语形式就看不出语素义和词义的关系了。另一类是像"麻利、大方、冬烘、二百五"等词语,由于构成词的所有语素的意义都已失落,当然也就无法从语素义看出词义,甚至可以说现在整个词差不多就相当于一个语素,或者说是一个单纯词了。

4. "义素":词义的区别特征

一个词的意义可以分析为若干义项,一个义项是否可以进一步分解呢?在前面语音部分说过,一个音位可以进一步分解为若干个区别特征。受此启发,词义研究也就可以把义项进一步分析为一束更小的语义元素的集合。比如把"哥哥"与同类的"弟弟、姐姐、妹妹"等词对比,就可以得出它的语义成分:"＋同胞/＋男性/＋年长"。又如把"靴子"与同类的"鞋子、袜子"等词对比,就可以得出它的语义成分:"＋穿在脚上的东西/＋有筒/＋走路时着地"。这种由分析义项得到的词义的区别特征就叫作"义素"。义素可以看作是词义的"语义原子",因此跟语素、词、词组、句子等音义结合的单位不同,义素是一种不与语音形式相联系的抽象的语义单位。比如"哥哥"的义素"同胞、男性、年长"就与"哥哥"的读音毫无关联。正因为如此,义素在语言中是不能直接观察到的,只有以一定的方法和步骤通过对比分析才能得出。"义素分析"就是把词语的义项进一步分析为若干义素,用来说明词义之间的异同以及词义之间各种关系的方法。义素分析通常可以按三个步骤来进行:

首先是确定对比的范围。义素分析的第一步是找出一组相关的词语,以确定对比分析的范围。一般来说找来对比的应该是指称同一种类对象的词语。比如分析"哥哥"的义素,就不能用"看"来对比,因为前者指称的是一种人际关系,后者指称的是一种动作行为,二者不属于同一类;也不宜用"司机"来对比,因为"哥哥"和"司机"虽然都指人,但前者是一种亲属称谓,后者是一种职业称谓,二者仍不属于同一类。所以分析"哥哥"的义素,就要从"哥哥"与"弟弟"、"姐姐"、"妹妹"的对比开始,因为这些词同属"亲属关系"中"同胞"这个类。如分析"靴子"的义素,就可从"靴子"与"鞋子"、"袜子"的对比开始,因为这些词同属"衣着"中"穿在脚上的东西"这个类。

其次是比较词义的异同。确定对比范围后,就要运用对比的方法找出不同词义在语义元素上的共同点和不同点,也就是提取不同词语的共同义素和区别义素。比如要分析"哥哥、弟弟、姐姐、妹妹"的义素,可以先从中提取出共同义素"同胞",然后比较"哥哥"与"弟弟",提取出区别义素"年长"和"年幼",再比较"哥哥、弟弟"与"姐姐、妹妹",提取出区别义素"男性"和"女性"。再如分析"鞋子、靴子、袜子"的义素,可先提取共同义素"穿在脚上的东西",然后比较"鞋子"和"靴子",提取出区别义素"无筒"和"有筒",再比较"鞋子、靴子"与"袜子",提取出区别义素"走路时着地"和"走路时不着地"。利用这些共同义素和区别义素,就不仅可以使这些词的意义互相区别开来,而且也可以使它们同其他词语相区别。

最后是整理和描写义素。找出不同词语的共同义素和区别义素之后,还需要以一定的方式加以整理,使最后分析结果能准确反映词义之间的联系和区别。义素分析结果的整理工作至少包括两个方面:一是要加进某些符号来表示分析结果。一般在每个义素外加方括号,义素前加"+/-"表示是否具备这个义素。比如"哥哥"的义素就可以写作[+同胞/+年长/+男性]。有时可能还需要用"x、y"等字母来表示义素分析中涉及的变项,比如"杀"和"自杀"都可以分析出"致使"和"死"两个义素。"杀"的意思是某人使他人死,义素分析为"杀:[+致使]x[+死]y"。"自杀"的意思是某人使自己死,义素分析为"自杀:[+致使]x[+死]x"。二是要检查义素分析的结果是否包容而且只包容词义所反映的那类对象。一方面是义素分析的结果不能过宽或过窄。比如"男人"的义素若分析为[＋男性/＋人]则失之过宽,本来不属于此类的"男孩"也被包括进去。"雨衣"的义素若分析为[＋穿在身上/＋防雨/＋用塑料制成/＋衣物]则失之过窄,本属于此类的用帆布、橡胶等制成的雨衣就被排除在外了。另一方面是义素分析结果还应力求简明。比如"女人"的义素分析为[－男性/＋成年/＋人]就足够了。如果再加上[＋体内能产生卵细胞/＋会说话/＋有思维能力]三个义素,虽不能说错,但却是多余的,因为这三个义素中,前一个已可以从[－男性]中推知,后两个已可以从[＋人]中推知。

义素分析在语义研究中有重要的作用。首先是可以清楚、简洁地说明词义的异同,有利于学习、掌握和研究词义,特别是同义词和反义词的词义。比如"边疆"和"边境"的词义相近但又有所不同,义素分析就可以清楚地把二者的异同揭示出来:"边疆:[＋国土/＋靠近国界/＋范围大]","边境:[＋国土/＋靠近国界/－范围大]"。其次是有助于说明词语组合的语义限制条件。比如汉语可以说"男孩在笑"、"邻居们在聊天",但一般不能说"? 石头在笑"、"? 小山羊在聊天",其原因就在于"笑、聊天"等动词都要求表示动作发出者的词语必须具备[＋人]这个义素,而"石头、小山羊"就不具备这样的义素。

当然语义中的"义素分析"跟前面说过的语音中的"音素分析",语汇和语法中的"语素分析"比较起来,难度要大一些。这一方面是因为义素分析似乎找不到客观的分析标准和依据,而总是带有一定的主观认识上的随意性。另一方面是因为一种语言中词义(义项)的数量十分庞大,而且词义系统是开放性的,新的词语及词义层出不穷,分析和描写所有的词义到底需要多少义素,是否全部词语都可能实现义素分析,这一点目前还说不清楚。

7.3 根据词义的异同给词语归类

词义需要讨论的另一方面就是怎么根据词义的异同来看词语的不同类聚关系。词语的这种归类对于学习、研究词义也有重要的作用。

1. "单义词"和"多义词":词语的"一专"和"多能"

前面说过,一个词语可以只反映一类或一个对象,也就是只有一个义项,这类词可以叫作"单义词"。一个词语也可以反映互相有联系的几类或多个对象,也就是包含多个互相联系的义项,这类词就叫作"多义词"。在语汇系统中当然有不少词语是单义的:科学术语一般都是单义词,如"基因、光年、原子、元音、辅音"等;不少鸟兽、草木、器物的名称也是单义词,如

"马、喜鹊、胡麻、菊花、花镜、手表"等；即使是日常用语中也有不少单义词，如名词"煤、大米、垃圾、盆子、茶杯"等，动词"买、睡、坐"等，形容词"马虎、开心、惭愧"等。可以设想所有的词语在刚产生的时候都一定是单义的，也就是说一个词语只对应一个意义。但随着语言的发展，词语的用法不断扩大，一个词语所表达的意义也就逐渐多了起来，这也就形成了多义词。"多义词"就好像是词语中的"多面手"，可以身兼多职，一专多能。多义词在任何语言中都比单义词要多得多，用处自然也就更大。

词由单义发展为多义是有原因的。一方面是因为客观事物之间往往有各种各样的联系，人们在使用词语时就有可能根据客观对象之间的某种联系，用指称甲类对象的词去指称乙类对象，从而产生出与原来的词语意义有联系的新的意义。比如英语的"pen"本来是"羽毛"的意思，由于古代用羽毛蘸墨水写字，羽毛便和书写工具联系在一起，人们用同一个词去指称这两个虽不同但又有联系的事物，就使"pen"增加了"笔"的意思。又如汉语的"皮毛"本来指"带毛的兽皮"，由于"带毛的兽皮"和"表面的知识"在"表面的、不深入的"这个特征上是相近的，人们就用同一个词去指称这两个对象，从而使"皮毛"衍生出"表面的知识"这个新的意义。另一方面当然还因为语言中的语音形式总是有限的，而随着社会的发展和人的认识的深化，语言要表达的意义总是不断增加，用数量有限的语音形式去表达数量庞大且不断增加的意义，就必然会出现一个语音形式表达多个意义的现象。

不过一个多义词的义项到底有几个，在不同的人看来可能是不一样的。如同汉语的音节一般人感觉不到其中可以分成声母、韵母和声调一样，一个人说出一个词语时也不一定就能意识到用的是这个词的哪个意义；拿出一个词来问这个词有多少意义，在没有查词典以前恐怕谁也不敢做出肯定的回答。即使是在词典中，由于编写的人员不同，所依据的例句不同，对词义的联系和区别的看法不同，词的义项划分的结果也就不会完全相同，有的可能多些，有的可能少些，有的甚至还会有错误。比如有的词典把"炒"的义项分成"烹调（炒菜）"、"买卖（炒股票）"、"宣传（炒新闻）"、"解雇（炒鱿鱼）"几个义项，这就不一定妥当。因为所有的"炒"实际上都是"不断翻动使之热"的意思（而"炒鱿鱼"整个词语是"解雇"的比喻用法，并非"炒"本身的意思）。正因为义项是人为划分出来的，所以划分多义词的义项就需要采用一些基本的方法，或者说要遵循一种基本的线索。这种方法和线索就是在一个词的多个意义中，设法找出哪个意义是"本义"，哪个意义是"基本义"，以及哪些意义是"引申义"。

一个词的一簇意义中,总有一个意义是这个词最初的意义,或者说是这个词最早在文献中出现时的意义,这个意义就叫作"本义"。比如"兵"最初的意义是"兵器、武器",这个意义现在还保留在"短兵相接、秣马厉兵"等成语里,这就可以看作是"兵"的本义。除本义以外直接或间接从本义衍生出来的其他所有意义就都是一个词的"引申义"。比如"兵"后来又产生出"军事、战争"(如"纸上谈兵"里的"兵")和"兵士"(如"强将手下无弱兵"里的"兵")的意义,这两个后起的意义就是"兵"的引申义。在多义词的多个意义中总有一个是现在最常用最主要的意义,这个意义叫作"基本义"。基本义不同于本义:本义是指一个词最早的意义,基本义则是一个词现在最常用的意义。词的本义和基本义可能是一致的,也可能是不一致的。比如"牛"的本义和基本义都是指一种哺乳动物;"铁"的本义和基本义都是指一种金属:它们的本义和基本义是一致的。"兵"的本义是"兵器、武器",现在基本义却是"兵士";"汤"的本义是"水、热水","赴汤蹈火、扬汤止沸"里的"汤"就是这个意义,现在基本义却是"烹调后汁儿特别多的菜肴";"取"的本义是"割耳朵",现在基本义却是"拿到身边":它们的本义和基本义就是不一致的。

"引申义"顾名思义就是词语沿着客观对象间的相关性联系或相似性联系引申出来的意义。相关性的词义引申方式是"借代",相似性的词义引申方式是"比喻"。

"借代引申"是指甲、乙两类对象之间有某种稳定的联系,所以就可能用原本指称甲类对象的词语去指称乙类对象。整体与部分、物品与使用者、行为与行为发出者、工具与活动、材料与产品、产地与产品等都有着稳定而明显的关联,因而都可以在人们的意识中建立起某种联想关系,从而使词语产生新的意义。比如"西瓜"原指一种草本植物,后又用来指称这种植物的果实,这是用整体来指称部分。"便衣"原指"平常人穿的服装",后又用来指"穿着便衣执行任务的军人、警察等",这是用物品来指称使用者。"编辑"原指"对资料或现成的作品进行整理、加工",后又用来指"做编辑工作的人",这是用行为指称行为发出者。"茅台"原指某一个地名,后又用来指"茅台酒",这是用产地指称产品。英语的"saw"原指"锯子",后又用来指使用锯子进行的活动,这是用工具指称活动。英语的"iron"原指"铁",后又用来指"烙铁、熨斗",这是用材料指称产品。

"比喻引申"是指甲、乙两类对象之间有某种相似性,所以就可能用原本指称甲类对象的词语去指称乙类对象,从而使词语产生新的意义。比如

"包袱"原指"用布包起来的包儿",由于包袱可以背在背上而使人负重,影响思想或行动的负担与之相似,于是人们便用"包袱"来指称"影响思想或行动的负担",使"包袱"产生出新的意义。"老古董"原指"陈旧过时的东西",在"陈旧过时"这一点上有些人的思想行为与之相似,于是人们便用"老古董"来指称"思想陈腐或生活习惯陈旧的人",使"老古董"产生出新的意义。英语的"nose"本指"鼻子",由于鼻子是面部最突出的部分,其他事物的突出部分与鼻子相似,因而从这个意义就派生出"事物的突出部分"的意思。英语中把电脑的标示器叫作"mouse(鼠标)",也差不多可以看作是这一类的情况。

前面说过,读音和写法都相同的词有多个意义,这些意义有可能是多义词的义项,也有可能是同音的词。要区别这一点就必须要找到这些意义相互联系的线索和过程,如果找不到联系就是同音的词,找得到联系才是多义词的义项。词的多个意义有没有联系有时不太容易看出来。比如像"别了,司徒雷登"、"别上校徽"、"别有风味"、"别去"中的"别",意思似乎没有任何联系,所以是同音的词。但如"跟",有"脚跟"、"跟随"以及"跟他打招呼"等几个意思和用法,虽然看起来意思差别也挺大,其实还是可以找得到引申联系,所以就仍是多义词的义项。再比如"头"这个词,如果只看"杀头、烟头、头两年"中的"头",好像找不到什么联系。但实际上"头"有许多意思,彼此有复杂的放射性和连锁性引申联系。比如:a. 由"头颅"引申为"头发(剃头)";b. 由"头颅"引申为"领导(头儿)";c. 由"头颅"引申为"物体的顶端(山头)",再引申到"事物的起始(起个头)",再引申到"物体的残余部分(烟头)";d. 由"头颅"引申为"第一"的意思(头等、头号),再引申到"次序在前(头班车)",等等。可见上面提到的几个"头"的意义之间的联系虽然一下子看不出来,但毕竟仍是有血缘关系的,所以还是同一个词的不同义项。

一个多义词虽然可以有多个意义,但在使用中却一般不会产生歧义而影响人们的交际。这首先是因为词语总是在一定的上下文中使用的,特定的上下文会使多义词只表现出一个意义。比如"走"有两个常用意义:一是"行走",二是"离开",但"你走累了就休息一会儿"里的"走"只能是"行走"的意思;"车刚走"里的"走"只能是"离开"的意思。其次是因为言语交际总是在一定环境中发生的,特定的交际环境也可以使多义词只表现出一个意义。比如"拉"可以是"用力使物体向自己所在的方向或跟着自己移动"的意思,也可以是"牵引乐器的某一部分使乐器发出声音"的意思,但朝着一个手握人力车车把的人说"拉呀",就只能是前一种意思,而朝着一个手持二胡的人说"拉呀",就只能是后一种意思。

2. "同义词"和"反义词":词语的"合作"与"分工"

前面是根据词语内部有一个还是多个义项把所有的词分成为"单义词"和"多义词"两大类。如果从词语意义的相互关系来看,又可以把词分成两大类:其中一种情况是不同的词语表达相同或相近的意义,这些词可以叫作"同义词";另一种情况是不同的词语表达相反的意义,这些词可以叫作"反义词"。同义词就好像是"合作"去完成一项任务的一组词语;反义词就好像是"分工"去完成不同任务的一组词语。

A. 同义词怎么表达相同相近的意义?

如果说多义词是指所有具有多义性质的词语中的一个一个的词,比如说"头"是一个多义词,意思就是说这个词是具有多义词性质的一个词;同义词则是指所有具有同义关系词语中的一组一组的词,单独一个词当然就无所谓同义词。比如"凉快—凉爽"、"流放—放逐"、"保护—庇护"、"散步—溜达"等,各自就是一组同义词。

同义词应该具有这样一些特点:首先,同义词中几个词语的词义所概括反映的对象必须相同或者基本相同。因而指称某一大类事物的词和指称这一大类事物中的某个小类的词就不能构成同义词。比如汉语的"衣服"和"衬衣",英语的"fruit(水果)"和"apple(苹果)"等,就不是同义词。指称事物整体的词和指称整体中某个部分的词也不能构成同义词。比如汉语的"房子"和"房间",英语的"hand"(手)和"finger"(手指)等,也都不是同义词。其次,同义词是就特定语言或方言而言的,因而不同语言或方言中表示同一意义的词不能算是同义词。比如汉语的"书"和英语的"book"(书),汉语普通话的"玉米"和成都话的"玉麦",就不能算是同义词。最后,同义词实际上不完全是词与词的关系,而是词的义项之间的关系。如果一个词是多义词,就有可能在不同的义项上与不同的词构成同义关系。比如"熟"有好几个义项,在"植物的果实完全长成"这个义项上可与"成熟"构成同义关系,在"因常见或常用而知道得清楚"这个义项上就与"熟悉"构成同义关系,在"精通而有经验"这个义项上又与"熟练"构成同义关系。又如英语的"hard"在"硬的"这个义项上与"firm"构成同义关系,在"困难的"这个义项上与"difficult"构成同义关系。

同义词中有的词的意义完全相同,有的词的意义则大同小异,因而同义词中又可分为"绝对同义词(等义词)"和"相对同义词(近义词)"两类。

"等义词"是指词义的外延和内涵完全相同的词。造成等义词的原因有多种:一种是借用外语词或方言词的结果。比如汉语借用外语词产生的等义词有"维他命—维生素"、"米—公尺"、"麦克风—扩音器"等;汉语普通话借用方言词产生的等义词有"晓得—知道"、"脚踏车—自行车"、"番茄—西红柿"等。再一种是命名理据不同或词语简缩的结果。如"热水瓶—保温瓶"、"计算机—电脑"、"机关枪—机枪"、"电风扇—电扇"等。三是由构词成分顺序颠倒造成的。如"山河—河山"、"演讲—讲演"、"健壮—壮健"、"严谨—谨严"等。等义词意义完全相同,因此只会徒然增加人们的记忆负担,在语言表达上也就没有什么积极作用。因此一般来说等义词大多不能长期存在,要么逐渐分化出细微的差别;要么最终只保留一个。比如"批评"和"批判"原来的意义是相同的,而现在意义上已经有了轻重差别而成为近义词了。"德律风"和"电话"原来是等义词,现在则一般只用"电话",借自外语的"德律风"已退出日常交际。"移动电话"刚在我国出现时被称作"大哥大",后来又产生了"手机"的说法。现在一般只说"手机","大哥大"已被淘汰;至于"移动电话"这个名称,由于与"手机"存在语体色彩上的差别,二者倒是有可能作为近义词而长期并存下去的。

"近义词"是指词的意义基本相同但又有细微差别的两个或两个以上的词。一般所说的同义词主要就是指这种类型。近义词之间存在着种种差异,在表达上有各自的分工和职责,所以在说话和写作时要注意选择恰当的近义词来表达自己的思想,不能用错。近义词又是一种很好的修辞手段,善于选择和运用近义词可以使语言表达精密、得体、富于变化,从而增强表达效果。前面举出的同义词的例子其实就都是近义词。下面是类似的例子:

(4) 改善—改进 复习—温习 素养—修养 充分—充足 行为—行径
　　结果—成果 手段—伎俩 爸爸—父亲 聪明—聪颖 长相—容貌

近义词之间的差别可以表现在词的理性意义上。有的近义词的词义所指范围并不完全重合,只是大部分重合。比如,"书"和"书籍"都指"装订成册的著作",但前者既可以指个体,也可以指集合体,而后者则只能指集合体。有的近义词的词义概括反映的对象虽然相同,但在强调的重点、方面或达到的程度上却有所不同。比如"改善"和"改进"都指改变原有情况使其更符合人们的愿望,但前者强调更好一些,后者则强调更进步一些。"优良"、"优秀"和"优异"都表示"好,使人满意的",但在达到的程度上"优秀"高于"优良","优异"又高于"优秀"。近义词在理性意义上的差别,往往会影响到词语的搭配习惯,使近义词在用法上也往往有所不同。比如"书"可以说"一本书、两本书","书籍"就没有这种用法。"改善"可以和"生活、条件、关系、待遇"等词搭配,"改进"则不能这样用,而只能和"方法、工作"等词搭配。

近义词之间的差别也可以表现在非理性意义即附加色彩上。其中有些近义词的差别主要表现为感情色彩不同。比如"教师"是中性的,没有什么特别的感情色彩,"教书匠"则是贬义的。"行为"和"行径"都是"受思想支配而表现在外面的活动"的意思,但前者既可以用来指好的活动,也可以用来指坏的活动,而后者只用来指坏的活动,感情色彩是贬义的。英语的"little"和"small"都是"小"的意思,但前者还可以带有疼爱、憎恶、鄙视等不同的感情色彩。也有些近义词的差别主要表现为语体色彩的不同。比如"爸爸"和"父亲"理性意义相同,但前者常用于日常交谈,带有口语色彩,后者则一般用于书面写作,带有书面语色彩。"聪明"和"聪颖"都指"智力发达,记忆和理解能力强",但前者是通用词,后者则带有书面语色彩。英语"policeman"和"cop"都指"警察",理性意义是相同的,但前者是通用词,而后者则带有俚语的风格色彩。还有些近义词的差别主要表现为形象色彩的不同。比如"狮子狗"和"哈巴狗"指同一种狗,但前者能使人联想到长着长毛的狮子的形象。近义词在附加色彩上的差异会影响这些词的使用范围,使之各有自己的运用领域。比如当人们要以褒扬、赞许的态度去谈论某一事物时,就会选用褒义词;当人们要以贬斥、厌恶的态度去谈论某一事物时,就会选用贬义词。又如为了保证用词与整个话语在语体色彩上的和谐统一,人们在日常交谈时,一般不会选用书面语语汇;在书面写作时,一般不会选用口语语汇。"饭后散步有益于健康"这句话让人觉得自然得体,而"饭后溜达有益于健康"就让人感到滑稽可笑,其原因就在于后一句中的"溜达"同全句的语体色彩是冲突的。

B. 反义词怎么表达相反相对的意义?

反义词是指所有具有相反相对意义关系的词语中一组一组的词,单独一个词也无所谓反义词。比如汉语里"大一小"、"高一低"、"善一恶"、"优点一缺点"、"片面一全面"、"积极一消极"、"拥护一反对"、"扩大一缩小"等,英语里的"good(好的)—bad(坏的)"、"young(年轻的)—old(年老的)"、"light(轻的)—heavy(重的)"、"war(战争)—peace(和平)"、"early(早的)—late(晚的)"等,各自就是一组反义词。

反义词应该具有这样一些特点:首先,属于同类事物和具有共同意义领域是构成词语反义关系的基础。比如"快"和"慢"都是指速度,"真"和"假"都是指真实性,"男"和"女"都是指人的性别,所以是反义词。而"大"和"低"、"长"和"小"不属于同一个意义领域,因此就不能算是反义词。其次,反义词是就词语理性意义之间的关系而言,附加色彩的对立可能成为近义词之间的区别因素,但不能构成反义词。如"老师"和"教书匠",在感情色彩上有褒贬的区别,褒和贬虽然是对立的,但这两个词的理性意义相同,因而仍然是一对近义词,而不能构成反义词。最后,反义词实际上也不完全是词与词的关系,而是词的义项之间的关系。如果一个词是多义词,那么就可能在不同的义项上分别与不同的词形成反义词。比如汉语"老"是一个多义词,在"年岁大"这个义项上可以和"少"构成反义关系,在"陈旧"这个义项上可以和"新"构成反义关系,在"食物因烹饪时间过长而口感不好"这个义项上可以和"嫩"构成反义关系。英语"hard"也是一个多义词,在"硬"这个义项上可以和"soft"(软)构成反义关系,在"困难"这个义项上可以和"easy"(容易)构成反义关系。另外不同的词往往有不同的搭配习惯,因而同一个词用在不同上下文中,即使义项相同,也可能会和不同的词构成反义关系。比如"高"的一个常用义项是"从下向上距离大",当用在"这里地势很高"、"飞得很高"中时,反义词是"低",当用在"他个子高"中时,反义词是"矮"。又如"春夏秋冬"看起来相互都可以是反义词,但因为常说"春去秋来"、"春华秋实",所以"春—秋"才是反义词。"红橙黄绿青蓝紫"等各种颜色中,因为常有"红白喜事"、"红脸白脸","灯红酒绿"、"红男绿女","红五类／黑五类"等一些说法,所以"红—白"、"红—绿"、"红—黑"都可能构成反义词。

反义词也可以分为"绝对反义词"和"相对反义词"两类。这是因为反义词的意义是以逻辑上的"矛盾关系"和"反对关系"为基础的。

具有矛盾关系的绝对反义词可以从两方面看:一方面是两个词的外延(即反映事物的范围)没有交叉,并且其外延之和就等于种概念。比如"男人"和"女人"的外延之和等于"人"的外延,"本地"和"外地"的外延之和等于"所在地"的外延,所以这两对词就是绝对反义词。另一方面两个词之间可以说是一种"非A即B,非B即A"的关系,即肯定一方必然否定另一方,否定一方必然肯定另一方,二者之间没有非此非彼的中间状态。比如"真"和"假",由于是"真"就不会是"假","假"就不会是"真";不是"真"就一定是"假",不是"假"就一定是"真"。所以这对词就是绝对反义词。其他绝对反义词的例子如:

（5）　男—女　　　　正—反　　　　有—无　　　死—活　　　是—非
　　　感性—理性　必然—偶然　成功—失败　合法—非法　有限—无限

　　具有反对关系的相对反义词也可以从两方面看：一方面是指两个词的外延没有交叉，但是外延之和小于种概念，比如"深"和"浅"都指深度，但中间还隔着一个"不深不浅"的意义，"深"和"浅"分别处于"深度"的两端；"高"和"矮"都指高度，但中间还隔着一个"不高不矮"的意义，"高"和"矮"分别处于"高度"的两端，因而这两对词就是相对反义词。另一方面两个词之间可以说是一种"是 A 则非 B，是 B 则非 A"的关系，即肯定一方必然否定另一方，否定一方却未必肯定另一方，二者之间存在非此非彼的中间状态。比如"胖"就一定"不瘦"，"瘦"就一定"不胖"，但"不胖"未必就"瘦"，"不瘦"也未必就"胖"，因为"胖"与"瘦"之间还存在着"不胖不瘦"。又如是"朋友"就一定不会是"敌人"，是"敌人"就一定不会是"朋友"，但不是"朋友"未必就是"敌人"，不是"敌人"也未必就是"朋友"，因为"朋友"和"敌人"之间还可能有"非敌非友"的中立一方。所以这两对词就是相对反义词。其他相对反义词的例子如：

（6）　多—少　　　　快—慢　　　　远—近　　　　美—丑　　　　输—赢
　　　复杂—简单　困难—容易　精良—粗劣　严寒—炎热　亏本—赢利

　　两种反义词在语言中都有积极的作用。一方面利用反义词可以帮助我们确定多义词的义项和辨析近义词之间的细微差别。比如"骄傲"有"谦虚"和"自卑"两个意义明显不同的反义词，就可以确定"骄傲"有"自大"和"自豪"两个义项。又如"平常"和"平凡"是一对近义词，前者的反义词是"突出"，后者的反义词是"伟大"，这就可以帮助我们体会这两个词的细微差别。另一方面反义词在修辞上有对比作用，可以用来揭示矛盾，突出对立面，增强语言的表现力。比如"虚心使人进步，骄傲使人落后"中，使用了"虚心"和"骄傲"、"进步"和"落后"两对反义词，从而形成鲜明的对照。

　　3. "语义场"：词义相互联系形成的"词语家族"

　　前面说多义词是指一个词包含有几个互相有联系的意义，这是对于一个词而言形成的一个意义集合。如果读音和书写形式不同的一批词在意义上有某种密切联系，这批词也就构成了一个意义的集合，这种一批词通过相互有联系的意义构成的集合就可以叫作"语义场"。"场"（英语称"field"）

这个概念是从物理学中借用过来的,原指由某些互相关联和相互作用的物质构成的一个范围,如"电场、磁场、引力场"等。"语义场"也是这种情况,或许可以打个比方说,语义场就像是由具有意义联系的一批词语所构成的一个"家族"。

"语义场"中各个词语(实际上是义项)在意义上的联系可以理解为具有共同的上位意义或叫类属意义。语言中有些词所代表的事物范围大些,有些词所代表的事物范围小些,如果后者可以完全包容在前者的范围之内,那么它们之间就有上下位的关系,其中所代表的事物范围大的词叫"上位词",范围小的词叫"下位词"。比如"蔬菜"这个词,对于"白菜、萝卜、韭菜、菠菜"这些词来说,它所代表的事物的范围就大,并且可以包容后几个词所代表的事物,因而"蔬菜"是"白菜、萝卜、韭菜、菠菜"等的上位词,后者都是"蔬菜"的下位词。属于同一上位词类属意义的所有下位词就可以构成一个语义场。类似的如"钢笔、铅笔、圆珠笔……"的类属义素都是"书写工具","父亲、母亲、儿子、女儿、丈夫、妻子……"的类属义素都是"亲属","车、船、飞机"的类属义素都是"交通工具",各组词语的意义,或者直接说各组中的这些词语,就都构成了一个语义场。当然事物本身的分类是有层次的,小类上面有大类,大类上面有更大的类,因而反映事物类别的语义场之间也就有不同的层次,若干较小的语义场可以集合成较大的语义场,若干较大的语义场可以集合成更大的语义场。比如"卡车、轿车、吉普车"等可以构成"汽车"这个语义场,"汽车"又可以和"火车、大车、自行车"等集合成"车"这个较大的语义场,"车"还可以和"船、飞机"等集合成"交通工具"这个更大的语义场。在同一个语义场内的所有词语,既有相同的类属义素,可以共同反映一类对象,又有不同的区别义素,可以有各自的语义分工。

一个语义场实际上就是一个局部的词义系统。在这个系统中类属义素的意义领域被划分成若干块并分配给不同的词语,这些词语以一种互相补充的方式对同一个意义领域进行反映。语言中有些语义场的意义领域是相对恒定或封闭的,这样一个词义占据的地盘大了,其他词义的地盘势必就会缩小;一个词义占据的地盘小了,其他词义的地盘必然就会扩大。因此这种系统中的各个词语的意义不能随意变化,词语的数量也不能随意增减,否则就会导致意义领域的重新划分,并且引起系统中其他词义的变化。比如"父母的兄弟"这个意义领域,在汉语里被划分为五块并分配给"伯父、叔父、舅父、姑父、姨夫"五个词语来表示,在英语里则未作任何划分,只由"uncle"一个词语来表示,由于系统内成员的数量不同,英语的"uncle"与汉语的"伯父、叔父、舅父、姑父、姨夫"中的任何一个在语义上都不可能是等值的。又如表示"大小"的语义场的意义领域在现代汉语里一般划分为"大、中、小"三级。这三级是相对而言的,"大"占的地盘大了,"中"和"小"的地盘就要缩小,反之亦然。但如果要再细分,比如两边再加上"极大、极小",原有"大、中、小"的地盘就势必得缩得更小些。前面语汇部分讨论过的古代汉语中"行、走"和现代汉语中"走、跑"的词义转移过程也是这方面的典型例子。当然由于语汇系统的成员数量庞大,而且为了适应社会发展和变化需要,整个语汇系统又必须保持开放的状态,因而也有一些语义场的意义领域是相对可变的。这种语义场内某一词语意义的变化以及词语成员数量的增减,可能只是造成整个语义场意义领域的延伸或收缩,而不一定会使相邻词语的意义发生变化。比如"家用电器"语义场,随着科学技术日新月异,这个语义场内随时都可能出现新的成员,像"微波炉、摄像机、录音笔、MP3 播放机、DVD 机、等离子电视机"等就是近年出现的一些新的家用电器,而这种新词语的出现就不一定会引起这个语义场内其他词语的意义以及词义之间关系的明显变动。

语义场研究对词义研究和语言间语义对应关系的研究都有用处。首先,通过语义场研究,可以更多地了解词义间的相互影响和相互制约在词义的形成和发展演变过程中所起的作用。比如从古代汉语到现代汉语,有许多词义扩大了。比如"腿"原指小腿("股"指大腿),后来意义扩大到指整个腿;"脸"原指脸面上的一个部位,即"目下颊上"("面"指整个脸面),后来意义扩大到指整个脸面;"牙"和"齿"原来分别指两边的牙齿和中间的牙齿,现在就不分了。如果能联系同一语义场内词义的相互影响和制约,就能更好地解释这些词义扩大现象。其次,语义场的划分实际上是前面讨论的"义素分析"的基础。义素分析的第一步就是确定对比分析的范围。一般来说,用来对比的应该是指称同一种类对象的词语,而且对比范围应该划定在指称事物最小类别的一组词语上。这实际上就是要求进行对比的一组词语必须属于同一个层次的语义场,而且是最小语义场。再其次,语义场研究为词义体系的建立提供了一种可供选择的理论和途径。语义场是分层次的,由小到大,最后集合成最大的语义场,一种语言中的所有词义最后都有可能容纳到这个语义场的层级体系中去。这就为将一种语言的所有词义集合成一个完整的体系提供了一种可能,对自然语言的计算机处理有着特别重要的意义。最后,语义场研究为认识不同语言之间的语义对应关系提供了一种可以利用的手段和框架。比如通过前面说的汉语和英语"亲属"语义场构成的对比,就可以清楚地看到二者的差异。汉语的亲属称谓系统一般分长辈、本人和小辈,其中长辈和小辈还可以细分到长二辈、长三辈、小二辈、小三辈等,而且还分男女,分长幼,分父系和母系。英语的亲属称谓系统只分长辈、本人和小辈,其中长辈和小辈也还可以再细分,也分男女,但是却不分长幼,不分父系和母系。至于为什么会这样,那就是另一个有意思的话题了(参看本书第十二讲)。

7.4 句子的意义和句子的语义分析

"句子的意义(句义)"在语义中占更有突出的地位。这是因为人们在使用语言交流思想感情时至少要使用一个句子。句子是表达意义的基本单位,也是实现更复杂的语言交际的基础。"句义"可以从几个方面来看:一是句子包括哪几种意义;二是怎么进行句子的语义结构的分析;三是怎么解释和分化句子中的歧义。

1. 句子包括哪几种意义

人们平常说话时总是要用一个一个的句子。一个句子会同时表达各种各样的意义,如果算上在千差万别的语言环境和各种各样的知识背景下产生的语境意义和语用意义,那么言语交际中一个句子究竟能表达多少种不同意义,恐怕是很难说清楚的。所以下面讨论的"句义"就先排除句子之外的语境、语用意义,而只包括句子本身的语段意义;更何况句子的语境、语用意义事实上也都必须以句子的语段意义为基础。这样句子本身的意义就可以依据不同的表达形式而大致分为"语汇意义"、"关系意义"和"语气意义"三种。

A. 句子中词语的意义和句子的"语汇意义"

词语是句子的基本构成成分,理解句子的意义,当然首先要懂得句子中词语的意义。所以"语汇意义"既是词语具有的意义,也是形成整个句子意义的重要组成部分。

句子的语汇意义可以从两方面看。一方面是句子中词语本身具有的意义;另一方面是句子中词语搭配产生的意义。

什么是"词语本身的意义"呢? 比如要理解"他正在洗衣服"这句话的意思,首先当然就要知道"他、正在、洗、衣服"这几个词分别是什么意思,然后才有可能懂得全句的意思。如果两个句子中所包含的词有所不同,两个句子的意义也就可能不同。比如"我正在洗衣服"不同于"他正在洗衣服","我正在洗衣服"不同于"我正在穿衣服","我正在洗衣服"不同于"我正在洗鞋子"。这些句义之间的差别就纯粹是由不同的词语本身的意义造成的。

什么是"词语搭配的意义"呢？比如"他"可以"洗衣服"，而除非在童话故事中，"小白兔"是不能"洗衣服"的，而"石头"则是无论如何也不能"洗衣服"的。又如被"洗"的可以是"衣服"，也可以是"苹果、汽车、大楼、马路"，甚至可以"洗脑子、洗钱"，但是"＊洗书、＊洗大海、＊洗光线、＊洗品德"恐怕就不能说了。另外人可以"洗衣服"，也可以"穿衣服、买衣服、做衣服、喜欢衣服"等，但是除非衣服是特制的，否则就不能"＊吃衣服"，也不能"＊骑衣服、＊鼓励衣服、＊进攻衣服"等。这些能说（意思通）和不能说（意思不通）的句子就主要是由不同词语搭配的意义决定的。

B. 句子中成分的关系和句子的"关系意义"

句子通常都是由词语组合而成的，词语在组合时除了本身要有一定的意义，词语意义要能够搭配，相互之间还总要形成一定的结构关系，这些结构关系所赋予句子的意义就是句子的"关系意义"。关系意义和语汇意义不同：语汇意义中词语本身的意义，即使是孤立的一个词语也会存在，比如"洗"单独看这个词的词义，跟句子中"洗"的意思没什么两样。词语搭配意义说到底也还是词语本身的意义的一部分，比如"洗"，单独看这个词的词义，本来也就包括了能洗什么和不能洗什么的意思。而关系意义则是词语进入组合后才会产生出来的意义，只存在于一定的句法结构之中，而孤立的词语就没有这种意义。关系意义也是句子意义的重要组成部分，理解一个句子的意义也必须要知道词语成分之间的关系意义。

句子的关系意义也可以从两方面看。一方面是词语成分在组合过程中形成的"语法关系意义"，另一方面是词语成分在组合过程中形成的"语义关系意义"。

"语法关系意义"是指语法结构的意义。句子中词语成分的组合不是随意的，而是按照一定的结构模式来进行的，这就是所谓的语法结构。由语法结构赋予句子的意义就是语法关系意义。比如主谓结构关系赋予的意义是"陈述"，动宾结构关系赋予的意义是"涉及"，偏正结构关系赋予的意义是"修饰或限定"，并列结构关系赋予的意义是"平行"等。"他正在洗衣服"这句话中就包含着"他"和"正在洗衣服"之间的"陈述"意义，"正在"和"洗衣服"之间的"修饰限定"意义，以及"洗"和"衣服"之间的"涉及"意义等语法关系意义。如果同一个词语线性序列存在两种语法关系意义，人们对这个序列的意义就可以做出两种不同的理解。比如"改良品种"这个线性序列就存在着两种不同的语法关系意义:一种是由偏正结构关系所赋予的"修饰限定"意义,意思是"经过改良的品种";另一种是由动宾结构关系所赋予的"涉及"意义,意思是"对品种进行改良"。

"语义关系意义"是指语义结构的意义。句子中词语成分不仅处在一定的语法结构关系之中,还同时处在一定的语义结构关系之中。由语义结构赋予句子的意义就是语义关系意义。比如"动词 + 名词"可以有"动作 + 施事"(来客人了)、"动作 + 受事"(洗衣服)、"动作 + 工具"(吃火锅)、"动作 + 结果"(盖房子)、"动作 + 处所"(睡地板)等各种语义关系意义。反过来"名词 + 动词"也可以有"施事 + 动作"(客人来了)、"受事 + 动作(衣服洗了)"、"处所 + 动作"(门口蹲着)等各种语义关系意义。前面举的"他正在洗衣服"这句话中就包含着"他"和"洗"之间"施事 + 动作"的意义,以及"洗"和"衣服"之间"动作 + 受事"的意义。如果同一个词语线性序列存在两种语义关系意义,人们对这个序列的意义就可以做出两种不同的理解。比如在"鸡不吃了"这个线性序列中,"鸡"和"吃"之间就存在着"施事 + 动作"和"受事 + 动作"两种语义关系意义:按前一种意义理解,意思是"鸡不吃食了";按后一种意义理解,意思是"人或其他什么动物不吃鸡了"。

C. 句子的不同用途和句子的"语气意义"

人们平常在使用句子来进行言语交际时,总有一定的目的,或是要向他人述说一件事情,或是要向他人提问,或是想要求他人做某件事情,或是要抒发某种情感。此外人们在使用句子时,还可能带有某种情绪,或不满,或惊诧,或怀疑,或犹豫,或坚决等。反映说话人使用句子的目的和说话人情绪的意义就是句子的"语气意义"。语气意义也是句子意义的重要组成部分,理解一个句子的意义还必须知道句子的语气意义。

句子的语气意义主要有陈述、疑问、祈使、感叹等意义,而上面说的情绪意义则可以包含在这几种语气意义中。语言中的语气意义一般都是通过句调形式来表达的;在有些语言中一些虚词和语气副词也有表达语气意义的作用,如汉语普通话的语气词"吗"就可以独立表达疑问语气,语气副词"竟然、居然"都可以表示惊诧语气。如果几个句子的语汇意义、语法关系意义和语义关系意义都相同,而语气意义不同,这几个句子的意义也就不同。例如:

(7) a. 小王来了。　　　b. 小王来了?　　　c. 小王来!

    d. 小王来了吗？   e. 小王居然来了！   f. 小王来了呀！

    这几个句子在语汇意义上没有区别,都表示一个叫"小王"的人做出"来"的动作行为。在关系意义上也没有区别,都表示"主语＋谓语"的语法关系意义和"施事＋动作"的语义关系意义。但这些句子在语气意义上就有差别了:(7a)用低平的句调表示陈述的语气;(7b)用升高的句调表示疑问的语气;(7c)用降低的句调表示祈使的语气;(7d)用语气词"吗"表示疑问的语气;(7e)用副词"居然"和升高句调表示疑问和诧异的语气;(7f)则是用语气词"呀"和高平的句调表示感叹的语气。

    2. 句子的"语义结构"和结构成分的"语义指向"、"语义特征"

    前面所说的句子本身的各种意义,其实仍然是较宽泛的"句义"。因为句子的"语汇意义"自然跟语汇有关(参看本讲前面二节),句子"关系意义"中的"语法结构关系意义"以及句子的"语气意义"则主要都跟语法有关(参看本书第六讲),而剩下的"语义结构关系意义"才是真正从语义角度所关注的"句义"问题。"语义结构"既然是一种"结构",也就有结构分析问题。其中最主要是三个方面:一是"论元结构分析",二是"语义指向分析",三是"语义特征分析"。

    A. "论元结构":不同的语义结构形式和句义

    如果不考虑句子的语汇意义和句子中由虚词、语序、句调等表示的时态、语态、语气、关系等各种语法意义,句子的抽象语义结构主要就表现为一个"命题"。"命题"实际上就是指由一个"谓词"和若干个"论元"组成的一种"论元结构"。语言中的"谓词"主要是表示动作行为的动词和表示性质状态的形容词,通常充当一个结构的谓语(述语);语言中的"论元"主要就是谓词所联系的名词性成分,通常充当一个结构的主语和宾语。例如:

    (8) a. 老王来了。   b. 天气特别热。
        c. 瓦特发明了蒸汽机。 d. 他送我一支笔。

    上面(8)各例都是包含一个谓词的简单主谓结构,在语义上就可以分别看作是一个论元结构。其中"来、热、发明、送"就是论元结构中的谓词成分;"老王、天气、瓦特、蒸汽机、他、我、一支笔"就是谓词所联系的名词性论元成分。其中(8a/b)是由一个谓词跟一个名词论元构成的论元结构;(8c)是由一个谓词跟两个名词论元构成的论元结构;(8d)是由一个谓词跟三个名词论元构成的论元结构。

很明显,在论元结构中谓词是处于支配地位的核心成分。一个论元结构可以有多少论元以及可以有什么样的论元,都是由谓词的语义性质规定的。比如"睡觉"的意思是"进入睡眠状态",在这种行为中只有行为发出者,而不会有另外的涉及对象,因而"睡觉"作为谓词就只能带一个表示动作发出者的论元名词。"喝"的意思是"把液体咽下去",在这种行为中不仅要有一个动作发出者,而且一定还要有被"咽下去"的东西,因而"喝"作为谓词就能够带两个分别表示动作发出者和这一行为所涉及的客体的论元名词。谓词的语义规定了论元的数量和性质,从而也就规定了句子结构的语义框架。有了这种语义框架,再用符合谓词语义要求的论元名词把这个框架填满,就产生了句子结构的命题意义。谓词对句子意义的这种重要作用,可以从人们理解省略句的事实中得到证明。比如问某人"你喝不喝茶",他回答"喝",任何人都知道这个"喝"虽然只是一个词,但在语义上却等于"我喝茶"。人们之所以能够在理解过程中将"喝"的动作发出者和涉及的客体补充出来,从而正确理解这句话的实际含义,就是因为"喝"所规定的句子语义框架起着引导的作用。

既然论元结构是以谓词和相应的论元名词构成的,而且论元名词的数量和性质也是由作为论元结构核心成分的谓词决定的。那么当然就可以推论,只要句子结构中出现了一个谓词,就一定存在一个论元结构;而不管这个谓词成分是做谓语,还是做别的什么,也不管这个谓词成分是带上全部论元名词,还是光杆的。这样说来,句子中的论元结构就可以分为四种类型:"简单论元结构"、"复合论元结构"、"降级论元结构"、"从属论元结构"。

"简单论元结构"是说这种论元结构只由一个谓词和相应的若干个论元名词构成。换句话说这种结构就是所谓的"简单主谓句"。如上面(8)所举各例就都是简单论元结构。

"复合论元结构"是说这种论元结构中实际上包含了两个或两个以上的论元结构,但是这几个论元结构是相对独立的,你不是我的结构中的成分,我也不是你的结构中的成分,彼此只是有某种语义上的联系。换句话说这种结构就是"复句"或"连谓句"。例如:

(9) a. 河水很深,水流又急。　　b. 因为雨太大,我取消了原定计划。
　　　c. 我一下了课就回家了。　　d. 我去超市买了一大堆生活日用品。

(9a)由"河水很深"和"水流急"两个论元结构组成,两个结构是并列关系;
(9b)由"雨太大"和"我取消了原定计划"两个论元结构组成,两个结构之间是因果关系;(9c)由"我下课"和"(我)回家"两个论元结构组成,两个结构表示先后发生的两件事;(9d)由"我去超市"、"(我)买东西"两个论元结构组成,后一个结构是前一个结构的目的。

"降级论元结构"是说这种论元结构中的一个论元本身又是一个论元结构。比如一般说主语和宾语都是谓语动词的论元,但如果充当主语或宾语的也是谓词成分,当然也就是一个论元结构。只不过充当别的谓词的论元的这种论元结构在语义上受主要谓词支配,所以才是"降级论元结构"。换句话说这种结构就是句子结构中的"动词性主语"和"动词性宾语"。例如:

(10) a. 我希望你出国留学。　　b. 我希望出国留学。
　　　c. 你去也不解决问题。　　d. 去也不解决问题。

(10a/b)中谓词结构"(你)出国留学"做主句动词"希望"的宾语,所以是降级论元结构;(10c/d)中谓词结构"(你)去"做主句动词"解决"的主语,所以也是降级论元结构。

"从属论元结构"是说这种论元结构中的修饰成分又是一个论元结构。比如状语、定语、补语等并不是谓语动词的论元,但如果充当定语、状语、补语的也是谓词成分,当然也就是一个论元结构。只不过这种谓词成分是修饰性的,所以才叫作"从属论元结构"。换句话说这种结构就是句子结构中的"动词性定语"、"动词性状语"或"动词性补语"。例如:

(11) a. 我正在看妈妈写的信。　　b. 那个戴眼镜的人找你。
　　　c. 我有计划地复习功课。　　d. 弟弟高兴得跳了起来。

(11a/b)中谓词结构"妈妈写(信)"做主句宾语"信"的定语,谓词结构"(某人)戴眼镜"做主句主语"人"的定语;(11c)中"(某人)有计划"做状语;(11d)中"(某人)跳了起来"做补语:所以这些都是从属的论元结构。如果说降级论元结构是从论元结构下降到论元的地位,那么从属论元结构则更是下降到了论元特征的地位。也就是说,从属论元结构本身虽然也具有论元结构的特点,但作用却相当于上一级论元名词的一个语义特征。

　　B. "语义指向":成分之间的不同联系和句义

直接作为句子的论元结构里面包括谓词和论元名词。无论是充当句子主语或宾语的降级论元结构,还是充当句子定语、状语或补语的从属论元结构,其中又各自包含谓词和名词。更不用说句子中还有许多其他的成分。这么多的结构成分如果出现在一个句子结构中,就可能涉及到一个问题,即到底哪个成分跟哪个成分之间才具有语义联系,这就是"语义指向"的问题。要正确地理解句子的意义还必须搞清楚成分与成分的语义指向。

语义指向现象主要发生在谓词成分和名词成分的联系上。比如"我喜滋滋地炸了盘花生米"、"我脆脆地炸了盘花生米"、"我早早地炸了盘花生米",看上去是完全一样的句子结构。但因为其中都包含两个谓词(一个谓语动词,一个状语谓词),也就是有两个论元结构,这样结构中出现的名词跟哪个谓词相联系就会有不同的情况。不难体会出,同样是谓词(状态词)充当的状语,"喜滋滋的"在语义上是指向施事名词"我"的(我喜滋滋的),"脆脆的"在语义上是指向客体名词"花生"的(花生脆脆的),"早早的"在语义上是指向动词"炸"的(早早地炸)。又比如"吃饱了"、"吃光了"、"吃好了",看上去也是完全一样的句子结构。但同样由于每个句子都包含两个谓词(一个谓语动词,一个补语动词),也有两个论元结构;即使句子中没有出现名词,结构中谓词的语义指向仍然可能不同:"吃饱"中的"饱"语义上是指向动作的施事成分的,"吃光"中的"光"语义上是指向动作的客体成分的,"吃快"中的"快"语义上是指向谓语动词的。

语义指向现象也可能发生在修饰成分和中心成分的联系上。例如"那些点心他们几个都吃了"这句话,其中做状语的副词"都"从语法结构关系上看是修饰限定谓语动词"吃"的,但从语义指向上看,却既可能指向"那些点心",意思是"那些点心都被吃了";也可能指向"他们几个",意思是"他们几个都吃了"。有一年的全国高考试题中有一个歧义的句子:"他背着总经理和副总经理分别把这笔钱存进了两家银行。"这句话之所以会有歧义,原因也就在于副词状语"分别"既可能是指"他和副总经理",也可能是指"两家银行"。又比如下面几个句子看上去都是包含介词词组状语的结构:

(12) a. 他在食堂里吃饭。　　b. 他在飞机上看海。
　　 c. 他在抽屉里找东西。　d. 他在树上摘花儿。
　　 e. 他在马路边看热闹。　f. 他在火车上贴标语。

可是仔细想想,这些结构中的名词跟介词词组中处所词的联系就很不一样:(12a)中"他"和"饭"都在"食堂里";(12b)中"他"在"飞机上","海"就不在"飞机上";(12c)"东西"在"抽屉里","他"不可能在"抽屉里";(12d)"花儿"肯定在"树上","他"则不知道在不在"树上";(12e)"他"肯定在

"马路边","热闹"则不知道是否也在"马路边";（12f）"他"和"标语"既可能都在"火车上",也可能其中一个在,另一个不在。

从上面举的一部分例子就可看出:一方面结构中包括谓语、补语、状语、定语,也包括动词、名词、状态词、副词、代词等,都有不同的语义指向的可能;另一方面结构中相互发生语义联系的成分既可能是结构中出现了的成分,也可能是没有出现的成分。这些例子中的语义指向现象对于说汉语的人来说,好像凭语感就可以做出判断。但至少外国人听到这些句子,或者计算机碰到这种情况,恐怕就不容易搞清楚其中的关系了。所以也难怪外国人搞不懂"小猴子摔倒了大象",到底是"小猴子倒了",还是"大象倒了";搞不懂为什么"韩国队打败了"和"中国队打败了韩国队",意思都是"中国队胜,韩国队败"。其实这正是汉语句子结构中语义指向现象的复杂性和奇特性。

C．"语义特征":成分的不同语义性质和句义

为了更准确地理解句子的意思,还需要进一步注意句子中各个成分的语义特征。这可以从两个方面看:一种是看成分的"语义角色特征",一种是看成分的"语义性质特征"。

前面说句子中论元结构一定存在着谓词和一定数量一定位置的论元名词之间的联系,但同样是谓词联系的论元名词,跟谓词的关系也不一样。比如有的表"施事",即动作行为的发出者,如"他走了"中的"他";有的表"受事",即动作行为的承受者,如"修理自行车"中的"自行车";有的表"工具",即动作行为所凭借的工具、材料或手段,如"浇了一桶水"中的"水","捆了一根绳子"中的"绳子"等;有的表"结果",即由动作行为产生的事物,如"写了篇文章"中的"文章";还有的表"处所",即动作行为发生或所及的处所,如"住楼上"、"去北京"中的"楼上、北京",等等。这就是"语义角色特征"。从语义上看,一个名词在论元结构中属于哪一种语义角色,当然主要取决于谓词的语义,或者说是由谓词和名词的关系决定的。谓词和不同的名词联系,就规定着作为论元的名词可能具有的语义角色。如表示"离开"的动词"走"只能带施事的论元,不能带受事、与事、工具、结果的论元;动词"修理"能带施事和受事的论元,但不能带结果论元。而同样的动词"吃","吃晚饭"中的"晚饭"是受事,"吃火锅"中的"火锅"是工具,"吃馆子"中的"馆子"是处所。

当然换一个角度看,一个论元名词在论元结构中属于哪一种语义角色,也同论元自身的语义性质有关。比如动词"修理"所带的论元名词中,只有

具有[＋人]这个义素的名词才有资格充当施事论元,而具有[＋器物]这个义素的名词则只能充当受事论元。这实际上就是前面说过的词语的"义素分析"在语义结构分析中的推广运用,在语义结构分析中又叫作"语义性质特征"。与词义研究中的义素分析法有所不同的是,语义性质特征分析的主要目的在于揭示和解释结构的语法意义,因而就特别关注对结构有影响的某类词,特别是谓语动词的语义性质特征。例如在现代汉语中,表示时量的成分出现在不同的谓语动词后可能有不同的意义:"死了三天了",表示"死"这个行为结束之后过了三天;"等了三天了",表示"等"这个动作持续了三天;"看了三天了",既可以表示动作之后过了三天,也可以表示动作持续了三天。可以发现这主要就是因为三类动词有不同的语义性质特征:"V(死):[＋完成／－持续]";"V(等):[－完成／＋持续]";"V(看):[＋完成／＋持续]"。找到了不同类动词的语义性质特征,也就可以解释为什么同样"V＋了＋时间词"的结构却可能有不同的意义了。另外语义性质特征分析也可以进一步区分相同语义角色的语义性质。比如前面说论元名词有一种语义角色是"处所",可是同样是表处所的名词,在"在操场上开大会"和"在黑板上写字"中的处所意义就不同:"操场上"表示"开会"这个"事件发生的场所","黑板上"表示"字"这个"物体存在的处所"。而在"箭射在靶子上"和"字写在黑板上"中的处所意义也不同:"靶子上"表示"箭"这个"物体运动的终点处所","黑板上"则仍然表示"字"这个"物体存在的处所"。要解释这几句话里相同处所角色的名词的意义差别和不同句子的意义差别,显然就不但要区分不同处所名词本身的语义性质特征,还需要再区分"开、射、写"等不同类动词的语义性质特征。

3. 句子为什么会有"歧义"和怎么分化歧义句

前面说一个句子可以有许多不同的意义,如语汇意义、关系意义、语气意义等。这些意义当然可以同时存在,它们互相不发生冲突,并共同表达句子各方面的意义。但如果在一个句子中存在两个甚至两个以上同一类型的意义,这些意义就会发生冲突,也就会使句子产生多种理解。比如"北京人多"这句话,从书面上看可以有两种语法关系意义:一是"北京/人多","北京"是主语,意思是说北京的人口密度大;一是"北京人/多","北京人"是主语,意思是说(在某个地方或某个单位里)北京籍的人比较多。再如"我们要进口彩电"这句话。其中"要"有两个词义:一个是"打算",一个是"想得到"。其中"进口彩电"也有两种语法关系意义:可以理解为动宾关系,意思是"从国外买进彩电";也可以理解为偏正关系,意思是"国外进口来的彩电"。这也就造成了这个句子有两个意思。这些同时存在两种同一类型意义的现象就叫作"歧义",这样的句子就是"歧义句"。

A. "歧义"与"模糊"、"笼统"等语义现象有什么区别?

歧义不等于语义上的"模糊"。前面说过语义有"模糊性",那是指一个词语的意义与别的词语的意义往往难以绝对划分清楚。比如"新"的词义是模糊的,因为"新"与"旧"之间并没有绝对的界限。而歧义则是指同形语言符号序列可以同时具有两个以上不同的意义。比如"新汽车牌照"是有歧义的,因为"新"可能修饰的是"汽车",也可能修饰的是"牌照"。从另一个角度看,在言语交际中,歧义可以通过上下文语境和情景语境来消除,而模糊则始终是模糊的。比如把"新汽车牌照"说成"新的汽车牌照"和"新汽车的牌照",这个结构的歧义就消除了,但其中的词语"新"的意义却依然是模糊的。

歧义与语义上的"笼统"也不同。"笼统"来源于语义的概括性特点,是对同类对象的不同成员进行抽象概括而产生的,而且一般而言所有的词语和句子都是笼统的。而歧义则与语义概括性没有什么关系,而且也不可能每句话都有歧义。这一点可以通过并列结构中的不同意义是否可以同时存在来判断。比如可以认为"他穿着一双鞋"这句话的意思不清楚,因为并未表明是男鞋还是女鞋,皮鞋还是布鞋,是高跟鞋还是平底鞋,是球鞋还是拖鞋等。但如果用"他穿着一双鞋,她也穿着一双鞋"这个并列复句来检验,可以发现这时前一个"鞋"和后一个"鞋"仍然可以理解为不同的鞋,这些不同意思同时存在也不会造成并列的两个部分语义的冲突而影响整个并列复句的成立:所以"他穿着一双鞋"这句话只是笼统,而不是有歧义的。又如"小王走了一个小时了"这句话也有不同的意思,其中的"走"可以理解为"行走",也可以理解为"离开"。但如果用"小王走了一个小时了,老李也走了一个小时了"来检验,就会发现两个"走"都只能作相同的理解,要么意思都是"行走",要么意思都是"离开",而不可能各有一个意思,如果不同意思同时存在就会导致并列的两个部分语义冲突:所以"小王走了一个小时了"这句话就不是笼统,而是有歧义的。

一个结构是不是有歧义也不是根据这些不同的意思是否容易看得出来。语言中的歧义结构有难易之分:有些歧义现象很明显,人们很容易发现这些歧义,因此歧义难度小;有些歧义现象则不易察觉,往往要在点破之后方才恍然大悟,因此歧义难度大。歧义难度的大小与各种解释的频率有关,与造成歧义的原因也有一定关系。比如"咬死了猎人的狗"这个语言片段可以有两种解释：一是动宾关系"猎人的狗被咬死了"，一是偏正关系"把猎人咬死了的那条狗"。这两种解释中很难说哪种占优势，而且这是由结构的差异造成的歧义，因而歧义难度就比较小，人们比较容易察觉到。而"饺子包好了"这个语言片段也可以有两种解释：一是指饺子制作好了，一是指用别的什么东西把饺子（比如速冻后的饺子）包裹起来了。由于后一种解释出现得比较少，而且这是由细微的词义差别造成的歧义，因而歧义难度较大，人们一般就不易发现。但不管哪一种情况，这些语言片段应该说都是有歧义的。

B. 语言结构为什么会有歧义和怎么消除歧义？

虽然"歧义"整体上说就是同一种语言序列形式同时表达两个或两个以上不同意思的现象，但歧义现象内部仍然有区别。这是由于造成歧义的原因各不相同。

歧义现象中首先要区分的就是"口头歧义"和"书面歧义"。"口头歧义"实际上就是语言片段读音相同而意义不同造成的歧义。比如口头上说"明天 qīzhōng 考试"可以有两个意思，一是"明天期中考试"，一是"明天期终考试"，可写在书面上就不再同形了，歧义当然也就不存在了。又如口头上说"河边有一 duìduì（队队／对对）的男女"，"现在年轻的妈妈都不愿意用母乳喂奶，wèi（喂／为）什么"，往往会产生误解，也都是这种情况。有一则广告说"药材好，药才好"，其实也就是利用了"cái（材／才）"的相同读音和不同意思。

除开口头歧义就是"书面歧义"。书面歧义跟口头歧义的区别在于，不但读出来有歧义，而且写出来也会有歧义。书面歧义中又要先区分"语汇歧义"和"组合歧义"。"语汇歧义"实际上就是词语形式相同而意义不同造成的歧义。一是同音词可以造成歧义。比如"他原来住在这里"，其中的"原来"，一个意思是"以前"，一个意思是"发现了真实情况"。再如"你别上"，其中的"别"，既可以理解为是动词，意思是"用别针等把另一样东西附着或固定在纸、布等物体上"；也可以理解为是副词，意思是"不要"。又如英语"Let me drive you to the bank."，其中的"bank"，既可以表示"银行"，也可以表示"河岸"。二是多义词可以造成歧义。比如"菜不热了"，其中的"热"，一个是形容词，意思是"保持着一定的温度"，另一个是动词，意思是"加热"。再如"小吃店关门了"，其中"关门"，既可以表示"营业时间已过"，也可以表示"停业"。又如"别给我戴帽子"，其中的"帽子"，既可以表示"戴在头上作保暖、防雨、遮日光等用的物品"，也可以表示"罪名或坏名义"。英语"He is going to marry Jane at the church.",其中的"marry",既可以表示"与(某人)结婚",也可以表示"为(某人)证婚",前一种句子的意思是"他将在教堂里和珍妮结婚",后一种句子的意思是"他将在教堂里为珍妮证婚(珍妮是和另一位男子结婚)"。

书面歧义中除开语汇歧义就是"组合歧义"。语汇歧义和组合歧义的区别在于,前者是由个别词语的同音和多义性造成的,因此没有类推性,如"吃饭、吃菜"有歧义,但"吃水果、喝茶"就没有歧义。但后者则是同一类型的结构都可能会有歧义,如"咬死了猎人的狗"、"撞倒了他的自行车"、"拉住了孩子的手"都有同一种类型的歧义。组合歧义中又要先区分"语法结构歧义"和"语义结构歧义"。"语法结构歧义"实际上就是语言片段序列相同而结构不同造成的歧义。其中一种情况是结构层次不同可能造成歧义。比如"两个外语学院的学生",层次构造既可以是"两个/外语学院的学生",意思是"两个来自外语学院的学生";也可以是"两个外语学院的/学生",意思是"来自两所外语学院的学生"。再如英语"old men and women",层次构造既可以是"old /men and women",意思是"年老的男人和年老的女人";也可以是"old men /and women",意思是"年老的男人,还有女人"。另一种情况是结构关系不同可能造成歧义。比如"学生家长都来了",其中"学生"和"家长"既可以有偏正关系,意思是"学生的家长";也可以有并列关系,意思是"学生和家长"。再如"我们要学习文件",其中"学习文件"可以是动宾关系,意思是"把文件作为学习对象来学习",整个句子的意思是"打算干什么";也可以是偏正关系,意思是"供学习用的文件",整个句子的意思是"想得到什么"。当然造成歧义的原因也可能是结构层次和结构关系都不同。比如"发现敌人的哨兵回营房了"、"他知道这件事不要紧"等类句子的歧义就是这样。

组合歧义中除开语法结构歧义就是"语义结构歧义"。不同结构层次和结构关系是"显性"的,可以通过层次分析或关系标注来说明。但即使结构层次和结构关系相同的结构仍然可能有歧义,这种歧义就是"隐性"的语义结构歧义。比如前面说的"鸡不吃了",结构层次和结构关系就都一样,但仍然有两种意思:其中一种"鸡"是"吃"的受事,意思是"(人)不吃鸡了";另一种"鸡"是施事,意思是"鸡不吃(食)了"。这种歧义就是由语义结构关系的不同造成的。语义结构歧义中,最多的是动词和名词的关系歧义,"鸡不吃了"就是这一类。类似的还有"反对的是少数人"("少数人"=施事/受事),"连校长都不认识"("校长"=施事/受事)。另外还有名词和名词的关系歧义,如"鲁迅的书"("鲁迅"和"书"之间有"领属、撰写、关于"几种意思),以及修饰语和中心语的关系歧义,如"中山公园松树最多"("最"语义上可以指向"中山公园",也可以指向"松树"。前者的意思是"松树多的地方以中山公园为最";后者的意思是"中山公园里数量多的东西以松树为最")。这一讲前面讨论过的动词成分和名词成分、修饰成分和中心成分的"语义指向"现象,有不少同时也是语义结构歧义问题。

歧义在语言中是大量存在的,但在语言交际中可以采用不同手段来消除和分化。一种办法就是采用停顿、轻重音等语音手段。比如前面所举的"北京人多"在书面上是有歧义的,但口头说出来,一种停顿在"北京"和"人多"之间,一种停顿在"北京人"和"多"之间,歧义就消除了。再如"我们准备起来了"有歧义,但是"起来"轻读,意思是"开始准备了","起来"重读,意思就是"准备起床了"。再一种办法就是采用上下文和对话情景等语境手段。比如"汤都凉了"有两个意思,如果添加上下文说成"汤都凉了,没一碗是热的"("都"重读,意思是"全部"),"汤都凉了,没什么是热的了("都"轻读,意思是"已经")",就能分化这两种意思。再如"没有买票的"的歧义,在"没有买票的快点买"和"我们都有月票,没有买票的"等包含不同上下文的句子中,歧义就消除了。还一种办法就是采用替换、添加和变换等语法手段。比如"一个青年工人的建议",把"一个"替换成"一条"或"一位",歧义就可消除。"学生家长都来了",在"学生"和"家长"中间分别加上"的"或"和",就可以区别两种意义。至于像"鸡不吃了"这种歧义句,最简单的办法就是分别变换一种说法,如说成"我们不吃鸡了"或"鸡不吃食了",两种意思也就清楚了。由于在言语交际中可以分别或综合采用上面这些办法消除和分化歧义,因而在特定的话语中,具有歧义可能的句子通常只表达单一的意义,并不总是会导致理解上的分歧而妨碍交际的正常进行。

第八讲

语言的运用特点——语用

8.1 语言的运用与语用学

前面"语义"一讲中曾讨论过,词语和句子所表达的意义除了一般的、稳定的意义,也有在语言实际运用中产生的个别和临时的意义,后一种意义就叫作"语用意义",研究这种意义的学科就是语用学。关于语用,也先要讨论几个问题:一是为什么要研究语言的运用问题,也就是语用学研究的"目标";二是语用学主要研究什么语言现象,也就是语用学的"定义";三是语用学与语言学其他学科的关系,也就是语用学的"特点"。

1. 为什么要研究语言的运用问题

前面谈到过,现代形式语言学理论出于特定的研究方法或研究目标,更多地偏重于对语言结构形式或语言能力机制的研究,或者说把语言看作是与语言的意义和语言的功能无关的一种抽象机制,因此在高度形式化的系统中都程度不同地排除了对语言意义和语言运用的研究。尽管后来像生成语法也建立了"语音、句法、语义"三分的语言能力要素框架或语言研究核心框架,研究内容中也涉及到了直接组成成分的语义关系、动词和名词的论元结构等具有系统性的语义解释内容。但是语言中大多数的语义问题,包括词语的意义、句子的意义和篇章的意义,仍然不是语言学研究的重点,被放到了语言核心框架的外围层面;而语言的运用问题,包括语境对语言交际的影响、语句的言外之意和言语的行为能力等,就更不属于语言研究的主要内容了。所以有人这样概括,从结构语言学到生成语言学,语句的意义研究是一个"薄弱点",语言的运用研究则还是一个"空白点"。

但是语言毕竟不光是一个纯化环境里的抽象系统,它首先是具有传情达意作用和社会交际功能的工具,语言的各种运用特点和意义变化当然也是语言学研究的一个组成部分。索绪尔提出区分语言的语言学和言语的语言学,前者以建立抽象的语言符号系统和严密的语言结构形式为目标,后者则主要就是要研究在各种因素影响下语言的运用特点和意义变化。其实即使是最注重语言结构形式研究的语言学家也并不否认这一点,而且在各种完整的系统框架中也无一不包括语用部分(或类似部分),只是有意暂时不管语句的运用特点和意义变化罢了。不过也恰恰由于现代结构语言学和生成语言学在句法和语义上的深入研究,才使得人们越来越清楚地发现,语言研究要再往前走一步,语言结构的形式和意义要得到更加全面和准确的分析和解释,就都离不开对语言的各种运用条件,特别是语句中"意会大于言传"的言外之意等语言运用问题的研究。

"意会大于言传",英语说"One can mean more than one says",这正是语言在实际运用中形成的特点。例如上一讲曾举过的例子,"今天有点冷"这句话表示"今天气温比较低",这只是词语和句子"言传"的意义,但在不同的情景下就还可能表示客人想叫主人关上窗户,或是母亲提醒孩子多穿一点衣服等意义,这就是"意会"的意义。再如"你有钱吗?"这句话在句法和语义上是一个简单疑问句,但是它还可能在特定的条件下有另外两个意思:一是在委婉地对你这么说的时候有"想向你借钱"的意思,二是半夜在路上有劫匪拦住你这么说的时候有"拿出钱来"的意思。又如一个男孩对一个女孩说:"你不戴眼镜的时候很漂亮。"女孩很不高兴地回答:"那我戴眼镜的时候一定很丑了?"后一句话男孩并没有说,甚至也不一定有这个意思,但女孩却认为男孩实际表达的是后一个意思。再如:"我现在宣布会议开始。"这句话在说出来的时候,就不仅只是一般的主谓句,说话本身也就是"我"在"现在"做了"宣布"这样的一件事情。另外如:"他几十年前出生在这里。"这句话是个主谓宾齐全的句子,可是实际上如果听话人没有一定的背景知识或语言环境,或者不知道说话的具体地点和时间,就根本无从理解主语"他"、宾语"这里"和状语"几十年前"的真正意思。

上面说的这些语句的特殊用法和语句所表达出来的意义变化,显然都是语言交际中存在的活生生的现象,如果不解决这样一些问题,人们的语言交际也就不能顺利进行了。正因为在语言研究中不断遇到这样一些在句法和语义分析层面难以解决的问题,才促使专门研究这方面语言现象的语用学得以产生和发展起来,或者说语用学就是为了解决这样的一些问题才"应运而生"的。

2. 语用学主要研究什么问题

上面只是举例说明了哪些语言现象需要靠语用学来解释。但是作为一门独立的语言学分支学科,语用学主要是研究什么的呢? 语言学家列文森(S. C. Levinson)在《语用学》一书中列举了 9 种最主要的关于语用学的定义。比如有人说语用学是专门研究区别于抽象的"语言能力"的"语言使用"问题;有人说语用学是专门研究语言结构层面之上的"语言功能和用法"问题;也有人说语用学是专门研究如何在语境和上下文中消除语句"歧义"的问题;还有人说语用学就是专门研究语句中不归语义学管的"言外之意"问题,等等。可见对语用学的定义目前仍是一个在讨论之中的问题。

不过我们可以从语用学的建立和发展过程来看语用学主要研究什么。虽然各家对语用学的定义不尽相同,但至少都承认有几个主要的阶段性研究成果可以代表语用学发展的线索。"语用学(Pragmatics)"这个概念最早来源于哲学家莫里斯(C. W. Morris)于 1938 年建立的"符号学"。所谓"符号",当然首先是指语言这种人类最重要和最常用的符号系统。他提出可以把语言符号或语言符号的研究一分为三:一个是研究语言符号与语言符号之间关系的"语形学(句法学)";一个是研究语言符号与语言符号所代表的事物之间关系的"语义学";还有一个就是研究语言符号与语言符号使用者(解释者)之间关系的"语用学"。后来逻辑学家卡纳普(R. Carnap)于1948 年又进一步明确"如果一项研究明确地涉及语言使用者,就可以归入语用学的领域"。这可以说是语用学的最初概念。1954 年语言哲学家巴尔—希勒尔(Bar-Hillel)提出要研究词语的指示和指称意义,"指示和指称"首先成为了语用学的研究内容之一。1955 年英国哲学家奥斯汀(J. L. Austin)发表了著名的《论言有所为(How to Do Things with Words)》的系列演讲。1969 年美国语言哲学家塞尔(J. R. Searle)出版了《言语行为(Speech Act)》一书。他们建立的"言语行为理论",使"言语行为"成为了语用学研究的主要内容。1967 年美国语言哲学家格赖斯(H. P. Grice)提出了"会话含义理论"以及"会话合作原则",使"会话含义"成为语用学研究的又一个重要内容。一般认为上述"指示指称"、"言语行为"和"会话含义"的研究,为语用学最终成为一门新的语言学分支学科奠定了基础框架。1977 年《语用学杂志》在荷兰出版发行,正式提出了"语言学的语用学"的概念,以区别于此前的"符号学的语用学"和"哲学的语用学",指出语用学主要研究"语言使用者对语言的实际运用"和"制约语言使用的条件"。这可以看作是对语言学的语用学的一个比较严格的概括说明。

我们还可以从语用学研究所涉及的各种语言现象来看语用学主要研究什么。虽然上面提到各家对语用学的看法不尽相同,但大家都承认语用学研究语句运用总是离不开三个方面:一是语句的发出者和理解者(说话人和听话人);二是使用语句的环境,如说话的场合、对话的双方或有上下文等;三是语句在语境中产生的临时意义和附加意义。实际上现在语用学的研究就主要集中在与之联系的三个问题上:比如词语的指示和指称问题。"我已经通知他明天来这儿"这句话中"我、他、明天、这儿",具体指什么人、什么时间、什么地点等,往往需要靠语境来确定。这种靠语境才能确定的所指意义,就是一种语用问题。再如会话中特定含义的推导问题。有人问"你现在还打老婆吗?",恐怕不管怎么回答都感到为难,原因就在于这句话实际上预先设定了一个意义就是"你过去打过老婆"。有人说"我有一百块钱",其中包含了"我只有一百块钱"的意思。这些暗含的意思怎么从会话中推导出来,也是语用问题。又如言语行为问题。"我还会回来的"这句话,在不同的场合可能分别具有陈述、许诺、警告等不同的作用,言语行为与句子有什么关系,也是语用问题。所以大致上可以说,凡是从这些方面来研究语句意义和用法的,就都属于语言的用法问题,也就是语用学所要研究的问题。

3. 语用学与语言学其他学科的联系和区别

把语言学分成句法学、语义学和语用学,这可以说是对语言要素划分的又一种角度。由于语用学是从传统语言学系统中"独立"出来的一个分支,同时跟社会语言学、心理语言学、逻辑学等也有关系,因此语用学不但与语言学的各个分支学科有密切联系,而且因为与这些学科有太多纠缠,有时候怎么相互区分反倒成了大问题。曾经有一种比喻性说法,认为语用学实际上是一个"垃圾桶",也就是说语用学所研究的问题其实本来就是语音学、语汇学、语法学、语义学和社会语言学、心理语言学等的一部分,只不过当这些学科碰到管不了或不想管的问题,就先扔到语用学里去,等到能管或者想管的时候再拿回来。这种说法当然是一种偏见,不过却也反映出语用学与其他学科确实存在着关系不清的情况。

比如目前关于语用学的定义中,就包括说语用学要"研究语言的交际功能"、"研究所有对语言理解有重要性的那些关系"、"研究语言使用者把句子和句子的语境相匹配的能力"等:这些就几乎等同于社会语言学或心理语言学的解释。再如目前关于语言学的各种系统框架中,有人提出语言学包括两个子系统,其中一个子系统是语音、语汇、语法和语义;另一子系统是与之对应的语用;还有人提出语音、语汇、语法、语义属于"语言系统研究",而语用是与之对应的"语言使用研究":不管哪种分法,语用学与语言学的各个分支学科都是相互交叉和一一对应的。再具体点说,"你不戴眼镜的时候很漂亮"这句话存在的会话含义毫无疑问涉及到说话人或听话者的心理因素;"你有钱吗"这句话表示不同的意思很大程度上就取决于不同的社会环境和文化背景:这是语用学跟心理语言学或社会语言学的联系。"我还会回来的"在表示不同意思时与语调上的轻重变化有关;"现在宣布开会"这句话能表示一种行为与特定类动词有关:这是语用跟其他语言学分支学科的联系。当然语用学与其他语言学分支学科既有密切的联系,也肯定有一定的区别,否则就没有必要建立独立的语用学了。这其中大家讨论比较多的是语用学与语义学和修辞学的关系。

　　语用学和语义学本来就是"你中有我,我中有你"的关系。因为说到底所有的语用问题无非也是语义问题,只不过是比较特殊的语义问题罢了。最初的语义研究主要就是词语意义,后来才逐步扩展到句子意义,甚至还包括语篇意义、话语意义等,这样语义的范围越来越大,于是人们才开始想到把语义分成两大块:不太严格的一种分法是把词语的词汇意义和句子的语段意义归语义学(参看第七讲"语义"部分),而把话语中的意义,或者说词语或句子由特定的用法和条件而产生的超出词语和句子本身的意义归语用学。再一种分法是把意义分成"字面意义"和"背后意义"。如语言学家利奇(G. Leech)曾举了一个例子:狄更斯小说《大卫·科波菲尔》中特洛伍德小姐对女仆珍妮说:"Janet! Donkeys!(珍妮,驴子!)",其中"驴子"在词典中的意思就是这句话的字面意义,而这句话的实际意义"把驴子赶出草坪"就是话语中产生的背后意义。比较严格的一种分法还可以把意义分成"命题真值意义"和"非命题意义",用公式表示即"语用学=语义学-属于语句中真值意义的语义"。比如在邮局里有人对你说:"这是你的笔吗?"其中疑问意义是有真值效用的命题意义,而表示"能不能借用你的笔"的真实意图则是这句话临时的非命题意义。概括地说,由于语用学研究的是非字面意义和非命题意义,或者说是一种"剩余的意义",所以语用学研究的虽然也是一种语义,但区别于研究词语意义和结构意义的狭义语义学,可以看作是一种广义语义学。

　　语用学和修辞学之间也是一种既相通又相异的关系。从相通的角度看,从莫里斯开始就认为语用差不多就等同于修辞,他说符号学的三个分支"句法、语义、语用"实际上就是"现代形式下的语法、逻辑和修辞"。王力先生在《汉语语法纲要》一书中曾说过:"若拿医学来作比喻,语法好比解剖学,逻辑好比卫生学,修辞好比美容术。"朱光潜先生也多次打比方说,逻辑研究"真",语法研究"善",而修辞则研究"美"。这里说修辞所研究的"美容"和"美",无非是指说话要合适得体。比如鲁迅小说有个例子:有户人家的孩子满月,抱出来给大家看。有人说这孩子将来会发财,有人说这孩子将来会做官,听到这些话主人当然高兴;可是也有个人说这孩子将来会死,结果被主人打了一顿。其实"这孩子将来会死"这句话逻辑上为真,语法上也没错,只不过是在这个场合讲这种话不合适、不得体。修辞学研究的这种话语合适得体问题,也是语用学研究的主要内容之一。修辞学研究的"比喻、双关"和语用学研究的"言外之意、会话含义"也有异曲同工之处。当然语用学和修辞学毕竟是不同的学科,有各自关注的领域,也有不同的研究方法和目的。比如修辞学注重的选词炼句、合辙押韵、语体风格和"比喻、比拟、借代、双关、夸张"的修辞手法,就更多是偏重于文学创作中语句的表现形式和运用技巧,而语用学重视的篇章结构、会话含义、言语行为和"真实、适量、相关、方式"的会话原则,则更多是偏重于语言交际中语句的表达功能和使用规律。所以即使说修辞学和语用学都是讲究语言的"美"的,那么打个不一定恰当的比方:修辞学就像是"化妆和塑身之法",而语用学就像是"健体和养身之道"。

8.2 语境与语句意义和话语结构

语用学研究的一个主要内容是跟语境有关的话语表现,或者说是语境对语言交际的影响。用一种说法,语用学主要研究语言使用者与语言符号之间的关系,说话人和听话人其实就是一种语境;用另一种说法,语用学主要研究制约语言使用的各种条件,而语境正是制约语言使用的一个主要条件。跟语境有关的语言运用问题可以包括:语境对于表达和理解语句意义的作用;语境对于确定词语所指的作用;语境对于分析篇章结构和话语结构的作用。

1. 语境对于表达和理解语句意义的作用

笼统地说,语境就是指语言交际的环境。不过对于什么是"语境",大家的看法却不太一样。大致说来,语境可以分为两个大类:一类就是指话语内部的语境,包括书面语(单独语流)中的前言后语或者口语(对话语流)中的你一言我一语:这可以叫作语言语境或狭义的语境。另一类则是指话语外部各种影响话语表达和理解的因素,包括说话的时间、地点、人物、场景等外部环境,甚至也包括社会文化背景等环境:这可以叫作非语言语境或广义的语境。无论哪种语境,对于说话人的表达和听话人的理解都有重要的作用,甚至可以说任何一个实际说出来(写出来)和听得懂(看得懂)的语句,都离不开各种各样的语境。

A. 狭义的语境对于理解语句意义的作用

前一种狭义的语言语境更多还是归语义学来研究。因为很显然,即使是理解最基本的词义和句义也离不开一定的语境。对"多义词"的理解就是这样。语言中的词语大多是多义的,而一个具体的词到底用了哪个义项,就要靠上下文语境来确定。例如"困难"至少有"问题、阻力"和"艰苦、拮据"两个义项,只有放到"工作中碰到了困难"和"他家生活很困难"这两个具体句子中,才能确定是用了哪个意义。对"省略句"的理解也是这样。人们说话时常常会出现句子结构不完整的情况,但并不一定会影响理解。例如"(孩子怎么了?)——病了。""(谁病了?)——孩子。"之所以"病了"、"孩子"这种句子的意思也能被听话人正确理解,就是因为有对话中的上下文语境。对"歧义句"的分化更是如此。前面"语义"部分讨论分化歧义句有"停顿、替换、变换"等多种办法,但语境是最有效的手段。例如"他走了一个小时了"这种由多义词造成的歧义,只有靠不同的上下文才能分化其中"行走"和"离开"两种意义。再如"没有买票的"这种显性语法结构歧义句,在"没有买票的快点买"和"我们都有月票,没有买票的"等不同句子中就可以消除歧义。又如"反对的是少数人"这种隐性语法结构歧义句,更是只有通过不同的上下文如"这个方案得到普遍支持,反对的是少数人"和"我们不反对大多数人,反对的是少数人"才能分化歧义。

B. 广义的语境对于理解语句意义的作用

如果说前一种狭义的语境主要用来解释词语的义项义和句子的命题义,那么后一种广义的非语言语境就主要是用来解释词语的非义项义和句子的非命题义了,这更是语用学关注的语境条件。一是用来解释词语和句子的具体所指义。例如"他买了一双鞋",只有在一定的语境中才能确定"鞋子"是哪双鞋和什么鞋。二是用来解释特殊词义和句义。例如人们常会说"一朵鲜花插在牛粪上",其中"鲜花"指"姑娘"只是该词语的比喻用法,但在特殊语境中(比如议论某个快出嫁的漂亮姑娘时),也可以判断出这种意义。又如明知一个人做了蠢事,却对他说"你真聪明!",这种"聪明"

反而表示"愚蠢"的临时意义,在特殊语境中(比如在批评一个人做错了事时),也就可以理解了。三是用来解释不但超出了语句的义项义和命题义而且需要揣摩才能理解的背后意义。例如同样是说"现在已经九点了"这句话,除了用来回答"现在几点了"这样的提问,在"孩子该回家而尚未回家"、"孩子不去睡觉还在看电视"等不同语境中,就可能还有"担心、责备、不满、劝告"等意思。

正因为非语言语境对于话语表达和理解可能有各种各样的影响,所以有学者还对非语言语境条件做了更加细致的划分。比如分成"现场语境、交际语境、背景语境";分成"篇章语境、外部语境、心理语境";分成"客观语境(话语交际的时间、地点、场合和说话听话的人)、主观语境(说话人的身份职业、思想观念、处境心情、动机目的等)";分成"情景语境(交际的时间、地点、话题和交际参与者的身份、职业、思想、教养、心态等)、文化语境(历史文化背景、社会规范和习俗等)";甚至还可以细分为"交际关系(公共、私人、双方、亲属、上下级、性别、国籍等)、交际场合(谈天、辩论、谈判、演说、接待等)、交际目的(承诺、使令、感谢、道歉等)"。不过有一点可以肯定,即影响话语表达和理解的非语言语境条件不但比较复杂,而且各种语境因素还可能交织在一起,共同对话语的意义变化起作用。举个最简单的例子,如果请某个人吃饭,可以说"略备菲酌,不成敬意"、"请贵宾入席就餐",也可以说"吃饭吧"、"快来吃饭"等,其中的命题义都一样,但却有"谦卑、恭敬、随便、呵斥"等不同的表达效果,选择使用什么说法,就与交际场合、对象身份、说话目的等都有关系了。反过来同样一句话在不同语境中又可以有不同的意义。鲁迅《阿Q正传》中有一段描写:"'好了,好了!'看的人们说,大约是解劝。'好,好!'看的人们说,不知道是解劝,是颂扬,还是煽动。"其实这里面无非有的人是"解劝",有的人是"颂扬",还有的人是"煽动",由于说这句话的语境条件,包括围观者的不同心态和价值观,也就使得一个简单句子的意义变得复杂了。同样一句话之所以可以道出人世间各种"看客"的嘴脸,就是靠了语境的作用。

2. 语境与词语所指的解释

语境对于话语表达和理解的影响,最直接的就是解释词语的具体所指。如"把桌子上的书给我"这句话中,"桌子"指哪张桌子,"书"指哪本书;再如"我已通知他明天去那儿"这句话中,"我、他"指谁,"明天"指什么时间,"那儿"指什么地方:这些与具体的人或事物联系的所指意义并不是由词语本身负载的,只有在一定语境中才能确定和解释。比如去一个部门办事,看到门上贴着张字条:"我一小时后回办公室,王10点。"由于有写字条的人、写字条的时间、贴字条的地点等语境帮助,就可以确定"我、一小时后、办公室"这些词语的意思了。这些词语的所指关系大多需要有语境的帮助才能理解,或者说一般词义分析或句义分析都难以准确解释,所以才最早成为语用学研究的对象。细分起来上面说的所指意义又包括两种情况:一类叫作"指示",另一类叫作"指称"。

A. 指示词语和指示意义

"指示(deixis)"主要是指示词语的所指问题。上面例子中"我、他、明天、一小时后、那儿"就是指示词语,这类词语的所指就叫"指示"。语言中有指示作用的词语,包括人称代词(我、你、他)、指示代词(这、那)、时间名词(现在、今天、去年、刚才)、地点名词(这里、那里),以及有些语言中的定冠词(如英语"the")等。指示词语与一般名词的区别主要是两点:一是这类词语的意义是随着语境的变化而变化的。比如"他"可以表示说话人和听话人以外的某一个人,可是在不同上下文或交际场合中又可以具体指称张三或李四,这种意义一旦脱离了特定的语境就不复存在。二是这类词语的意义主要是以说话人为中心确定的。说话人是"我",才有"你、他",说话的时间是"今天",才有"昨天、明天",说话的地点是"这里",才有"那里"等,这种意义一旦脱离了特定的参照点也就不复存在。所以可以这样定义指示词语的指示意义:"指示"是以一个言语活动的各个要素(说话者、说话时间、说话地点)为参照才能确定的某些词语的所指意义。

"指示"内部情况不太一样。一方面并不是只有指示词语才能表示指示。比如身势动作有时也能表示指示意义。指着一样东西说"这是新买的手机",指着一个人说"他是我的老师",身处一个公园说"这地方真美"。区别于词语指示,这种指示可以叫"动作指示"。另一方面指示词语也不一定只表示指示。例如"我出生在北京,我一直住在那里","我昨天还见到过老王,他说会来","小王说他病了"等,其中"那里、他"等就并不跟语境中实际对象联系,而是跟上句或本句中的某个成分(先行语)所指相同。因此这种所指关系不叫指示,而叫作"照应"。其中句内第三人称代词"他"的照应关系更是当代形式语义学的主要研究内容。

除了上面两种情况,那么语句中指示词语的作用当然就是表示指示。根据指示词语的类别,指示意义主要包括"人称指示"、"时间指示"和"地点指示"。例如一位体育教师上课时对学生说:"你们现在休息一会儿,10分钟后再到这里集合。"其中"你们、10分钟以后、这里"就表示了人称、时间和地点的指示意义。上面这句话中的说话者、说话时间和地点的参照点都存在于当时的语境中。不过广义的参照点也可以不在当时或现场,因此一般时间地点词语也可以有指示作用。例如食品外包装上写着"保质期三个月","三个月"也可看作是时间指示词,参照点是生产日期。再如"中文系在五院,南边是哲学系,北边是俄语系","中文系"是话语中给出的参照地点,"南边、北边"也可以看作是地点指示词。除了上面三种基本的指示词语和指示意义,也有学者认为还应该有"语篇指示"和"社交指示"。比如"上面第七讲"、"下面这一节"等语句,甚至"因为……所以……"、"总而言之"等连词和插入语,都是对话语和篇章的起承转合作出的语篇指示。《围城》中孙小姐称呼方鸿渐先后用了"方先生、您、你、你这个人"等不同的词语,虽然称呼的是同一个人,但表示双方之间生疏、尊敬、亲切、轻蔑等的关系则是很不同的,这就是一种社交指示。

B. 一般名词的指称意义

"指称(reference)"主要是一般名词的所指问题。上面例子中的"办公室、桌子、书"就是一般名词,这类词语的所指就是"指称"。"语义"一讲讨论过,语言中任何词语的意义都是抽象和概括的。比如"书"在词典里的意义是"成本的著作",但并不与具体的哪本书联系;只有当这个词语进入话语作为具体谈论的对象,即与语境中特定对象发生关联时,才会有具体的所指。后一种意义就是"指称意义"。由于指称意义的内部又有不同的情况,比如同样是谈到"书",在说"把书给我"和说"我喜欢书"时,所指意义并不完全相同,所以"指称意义"又分为几种不同的小类,或者说是有几个不同的指称概念。

首先要区分名词指称中的"有指"和"无指"。"有指"就是名词有指称性,"无指"就是名词没有指称性,无指也可以看作是一种特殊的指称。"窗户玻璃"和"玻璃窗户"的"玻璃":前一个就是有指的,因为是表示一个事物,后一个就是无指的,因为只表示一种性质。"这个鹌鹑蛋跟鸡蛋差不多大",其中"鹌鹑蛋"是有指的,"鸡蛋"就是无指的,因为谈论的对象是鹌鹑蛋,鸡蛋则只有比喻作用。专有名词通常都是有指的,但也可能无指。比如"雷锋"是指一个特定的人,但在"雷锋精神"中就只表示一种抽象的性质;"王府井"是一个特定的地方,但在说"北京要再建几个王府井"时,就是一种修辞上的借代。其次还要区分名词有指指称中的"任指、全指"和"定指、不定指"。"任指"是有指名词与任意的一些对象联系的指称,"全指"是有指名词与某类对象的全体联系的指称。"借(本)书看"或"我喜欢书":前一个"书"并不确定是哪一本书,任何一本书都行,所以是任指;后一个"书"则是指所有的书,所以是全指。"定指"是说话人和听话人都知道的有指名词与某个或某些对象联系的指称,"不定指"则至少是听话人不知道的有指名词与某个或某些对象联系的指称。例如"小偷被抓住了"和"抓住了一个小偷":前一个"小偷"是说话人和听话人都知道的,所以是定指;后一个"小偷",至少听话人不知道是谁,所以是不定指。当然关于名词指称的分类也有不同看法,上面说的只是最一般的情况。

上面说的几种名词的指称,除了可以根据语境和上下文来判断,大多数也有形式上的标记或位置上的特征。例如有指名词通常是作主语或宾语的中心语,无指名词则通常是作定语或其他附加成分。表任指的名词前面可以加"任何",表全指的名词前面可以加"所有、全部"。名词前面加上指示代词"这(个)、那(个)"或一些修饰语(我的、北京大学的)通常就是表定指,前面加数量词组"一(个)、几(个)"就表不定指。前面什么都不加的光杆名词,如果是在时态句中作主语或者作介词"被、把"的宾语就倾向于是定指,在时态句中作宾语,倾向于是不定指;在非时态句中作主语或作宾语,都倾向于是全指。上面给的例子都是这样。再看一则报纸上的句子,其中划线名词的指称大致上也是上面谈到的情况。

(1) 在<u>加勒比海维尔京群岛</u>,<u>一伙窃贼</u>开着<u>卡车</u>盗走了加油站内的<u>一台自动提款机</u>,谁知<u>提款机</u>内竟无分文,<u>这伙盗贼</u>白忙活了一场。

3. 话语的篇章分析和会话分析

大于句子(包括复句)的语言片段,比如比较长的一篇文章或一段对话,是什么样的语言单位呢,对这种单位的研究是归语法学还是归语用学呢,这种单位应该怎么分析和理解呢? 人们对此看法并不一样。下面就简单讨论一下相关的三个问题:

A. "句组"与"话语"

有的学者似乎较倾向于把这种比较长的语言单位叫作"句组"(参看第六讲"语法"部分)。顾名思义,就像词与词组成词组一样,句子加句子就构成了"句组"。这样说不是没有道理:比如句组对所包含句子的语法结构和语义关系会有制约作用。例如"午餐他只吃了一个面包",这是一个完整的句子,好像也看不出有歧义。但实际上这个句子可能有两个意思:即副词"只"可能指向"一个",也可能指向"面包",条件就是看这个句子外面还有什么句子。如果上文是"面包他吃得不多",这句话的意思就是"只吃了一个"("一个"重读,"面包"也可不说);如果上文是"东西他吃得不多",这句话的意思就是"只吃了面包"("面包"重读,"一个"也可不说)。再如这句话中的"他"到底指谁,是张三还是李四,也得到句组中去找先行词才能确定,而先行词甚至可能出现在距离很远的地方。这种句子内部副词的语义指向和代词的语义所指就要通过句组这种更大的语法单位才能得到解释。

不过也有学者更主张把这种语言单位叫作"话语"。顾名思义就是说这种语言单位完全不同于语法层面的各种单位,而只是一种语言运用的单位。这样看也不是没有理由:一方面话语在结构上就相当于一个一个的句子(包括复句)的连续出现,而且相互之间也没有特定的连接词语和严格的语法连接关系,因此句子之间只有表达层面的作用和关系,并没有形成新的语法结构和关系。另一方面语法层面的句子分析是静态的,主要是分析其组合规则和结构形式,但话语结构却是动态的,是在特定语境中由特定的说话人按照不同的心理操作构成的语言片段,特别是话语具有明显的语境依赖性,因此是一种最基本最重要的语言运用形式。

其实不妨说这种语言单位叫"句组"或"话语"都可以,就像前面"语境"和"指称"一样,可以各有侧重地在语法层面和语用层面分别研究。为了表述方便,本书暂时还是把这类语言现象放到语用部分,或者说主要侧重讨论这种语言单位的语用特点。从话语的语用特点说,话语又可以分为"篇章"和"会话"两种表现形式。

B. 篇章和篇章结构

话语的一种表现形式就是"篇章(text)"。所谓"篇章"通俗地说就是一段比较长的话。前面第六讲"语法"部分讨论的有些复句的结构和意义已经相当复杂,但由于复句仍保留了句子的一些基本特征,如大多有特定关联词语连接,意义联系也比较紧密,中间有较小的停顿,前后有较大的停顿等,所以复句还是属于句子。但是语言交际中有时可能就某一件事说很长的一段话,比如讲解一道数学题的求解过程,谈论一次下水救人的经过,说明购买商品房的手续等,其中就要连续使用许多单句或复句。这种多个单句或复句的组合形式,在语用上就叫作篇章。篇章还可以细分为句群、语段和篇章,但这只是就句子数量的多少和表达意义的繁简来说的,在语言运用上没有本质的区别。

"篇章"按理上说似乎应比复句包含的句子更多,表达的意义也更复杂。但因为复句也可以包含比较多的句子和比较多的意义,因此复句和篇章也并不是一种绝对的划分。一般说来,如果某个由几个句子构成的语言片段说的是关系密切的一件事,句子之间又有相互关联的关联词,末尾只有一个大的停顿(书面上用一个句末标点符号),那就仍是复句,叫作多重复句。但如果某个语言片段由几个相对独立的句子(包括单句和复句)构成,句中没有特定的关联词,而且中间有多个较大停顿(书面上分别用几个句末标点符号),那就是篇章了。所以下面是(2)是包含五个分句和四个不同层次复句的一个多重复句(分解图形中"/""//"表示多重复句的层次,"( )"表示某个层次的复句关系);(3)就是包含四个句子(单句或复句)的一个篇章(分解图形中"( )"表示篇章成分)。例如:

(2) 如果没有各国人民的团结,//(并列)如果没有国际革命力量的支持,/(假设)那么不但我国的革命事业不能胜利,//(递进)而且即使胜利了,///(让步)也不能巩固。

(3)(句子1)今年四月我到广东丛化温泉小住了几天。(句子2)那里四周是山,环抱着一潭春水。(句子3)那又浓又翠的景色,简直就像一幅山水画。(句子4)我陶醉在这鬼斧神工的人间仙境里,久久不愿离去。

篇章结构和语境有密不可分的关系,因此篇章结构的分析也不同于一般句子的结构分析。从语用上说,组成篇章的篇章成分(句子)分别表达"已知信息"和"未知信息",已知的信息就是"主题",未知的信息就是"述题"。篇章分析实际上就是从篇章的内部和篇章的外部对组成篇章的一个一个篇章成分(句子)的意义关系和衔接形式进行分析。

从一个角度说,篇章结构分析是从内部发现句子之间的衔接关系。大致说有三种意义关系是最主要的:一是后句的主题重复前句的主题,即篇章中一个主题连续平行发展,这可用"主题1→主题2"来表示,例(4)。二是后句的主题紧接前句的述题,即篇章中主题述题首尾相继发展,这可用"述题1→主题2"来表示,例如(5)。三是后句改成另一个主题,但也可以看作篇章中前句的主题和述题共同发展出新的主题,这可用"主题1+述题1→主题2"来表示,例如(6)。比较(图中"/"隔开"主题"和"述题"):

(4)(句子1)风/把地面刮干净了。(句子2)风/把高粱穗子刮黄了。(句子3)风/把田野刮得变了颜色。

(5)(句子1)老把头/终于喊响了第一声号子。(句子2)那号子/听来简直就像唱歌。(句子3)众人齐声唱出的歌声/震撼了整座大山。

(6)(句子1)秋雪湖的芦根/最清凉,可以给伤病员降火。(句子2)秋雪湖的芦篾/最细韧,可以编织花纹精巧的芦席。(句子3)秋雪湖的芦花/最洁白,比白雪还轻柔。

从另一个角度说,篇章结构分析是从外部找出句子之间的衔接形式。大致说有三种衔接形式是最主要的:一是词语关联形式,即在篇章中使用有特定关联作用的词语,例如(7)。二是词语照应形式,即在篇章中使用有特定照应作用的词语,例如(8)。三是词语隐现形式,即在篇章中通过相同词语的省略来承接上下文,例如(9)。比较:

(7)a.(句子1)雨雪斜扫着。(句子2)他们拉紧了手,彼此听不见对方的话。(句子3)对于自然,也像对于人生一样,他们是不设防的。(句子4)然而大手和小手都很暖和。(连词)

b.(句子1)她急得生了一嘴大泡。(句子2)李福顺也明显地消瘦了。(副词)

(8)a.(句子1)江姐换上了蓝色的旗袍,又披起那件红色的绒线衣。(句子2)她习惯地拍拍身上干净的衣服,又用手熨平旗袍上的一些褶痕。(代词)

b.(句子1)她轻轻走到"监狱之花"旁边。(句子2)孩子静静地熟睡着。(句子3)江姐凝望了她一阵,终于情不自禁地俯身在她脸蛋上吻了一下。(同义词)

c.(句子1)第一年,她们做外眼手术,熟读眼科学。(句子2)第二年,她们做内眼手术,读屈光学和眼疾学。(句子3)第三年,她们能做比较精细的白内障之类的手术了。(时间词)

(9)(句子1)他咬牙站了起来。(句子2)＿＿可是摔倒了。(句子3)＿＿又站起来。(句子4)＿＿又一次摔倒。(句子5)于是＿＿用膝盖着地爬行。(句子6)＿＿一点一点靠近了哥哥。(主语省略)

上面举的例子都比较短,其实最多只能算是篇章中最小的类型即"句群"的分析。不过更大的"语段"和"篇章"的结构分析,大致也是这样。

C. 会话和会话结构

话语的另一种表现形式就是"会话(conversation)"。"会话"与"篇章"

的区别简单说就是:篇章只是一个人单独说的一段话(包括书面上写的一篇文章),常见的如演讲和文章等;而会话则是两个或多个人共同完成的一段话(除了记录材料外,更多是面对面的口头话语),包括交谈、讨论、采访等。由于在会话过程中两个或多个人要轮流说话并且不断互换角色,因此会话结构除了具有与篇章具有共同的话语结构特点(如会话也是由一个一个句子组成)外,也有自己的一些特点。

一是会话的基本单位不同。会话的基本单位叫作"话轮",即一个人在会话中一次说完的一句话或一段话。比话轮大的会话单位是"话轮对"和"话轮段"。"话轮对"是两个人对话时最小的来言和去语,包括"始发话轮"和"应答话轮"。"话轮段"是多个会话参与者各自说了一句或几句话而构成的一段(包括有的人在某个话轮段中插不上话或故意不说话),一个话轮段必须是围绕着同一个主题展开的。

二是会话的衔接形式不同。会话的衔接形式叫作"话轮转换"。话轮转换的基本特点是"A—B—C—A……"这样轮流说话。话轮转换前后,会话参与者说话和听话的角色要发生变化。话轮的衔接关系也比较自由,可以是"聚焦型"的,即各个话轮要围绕一个主题展开,最典型的就是研讨。也可以是"引发型"的,即谈论 A 主题时引出 B,谈论 B 主题时引出 C,最典型的就是座谈。还可以是"转向型"的,即谈论中有意从 A 话题转换到没有关系的 B 话题,最典型的就是争吵。聚焦型和引发型的话轮转换一般总是有一个人主导,比如会议、采访、论文答辩和课堂讨论大多如此;但转向型的话轮转换却往往是不同的人有意造成的,或者说是由地位平等的会话者分别争取会话的主导权,比如聊天和争吵大多就是这样。

三是会话的调节手段不同。会话中有故意插话、改正错话、中途停顿、改变话题等现象,因此话轮之间的相互连接主要是利用"预示、修正、岔开"等调节手段。"预示"是会话切入正题或者打算结束的铺垫性信息。比如在发出邀请前先说"你今晚有空吗"、"最近忙不忙"等;在希望谈话结束时说"时间不早了"、"那就这样吧"、"以后再细谈"等。"修正"是在会话中改正不小心说错的话或补充说得不够清楚的话。有的修正是主动的,即说话人自己去改错或补充,也有的是别人提醒或质疑后修正的。"岔开"就是故意打断话题或转换话题,例如想回避正在谈论的某个话题时说"大家别光说话,喝点饮料吧"、"我还差点忘了说一件事"等,这是为了引开大家对原来话题的注意力。

上面说的只是会话结构的一般要求,也就是说人们通常是按照这些要求来组织会话的。但在现实语言交际中,会话的结构规则也会被有意识地破坏。比如在开会时有人故意粗暴地打断别人的谈话,这就表示出对说话人的轻视或者强烈反对说话人的意见。再如有人在交谈时频繁转换话题,或者没话找话地说些"今天天气真热"之类无交际目的的话题,就反映出会话或对话的参与者之间的关系比较疏远,所谓"话不投机半句多"就是这个意思。这些不合乎常规的会话表现,其实也正是会话不同于篇章的又一个运作特点。

8.3 会话准则和会话含义

语言交际的基本表现形式是会话。会话可以表达各种各样的意义,其中有的是语句的词语意义和语段意义,也有的是语句暗含的意义,还有可能是说话人非有意或不经意表达而听话人可能理解的意义,这些都可以叫作会话的意义。会话意义的表达和理解决定于语言交际中的语言使用者(说话人和听话人),也涉及到表达和理解这些意义的各种语境条件和心理推导过程。因此怎么让别人理解自己说话的真实意思,怎么才能理解别人说话的真实意思,也就成为语用学研究的一个重要的内容。讨论这个问题主要涉及两个方面:一是制约会话意义有什么样的规则或条件,二是怎样才能正确推导和理解会话中存在的特殊意义。

1. 会话的准则和违反准则的会话含义

人们说话,特别是在会话中,总是要表达一定的意义和达到一定的交际目的,这就需要遵循会话的一些基本规则。美国前国务卿鲍威尔在回答别人问他成功的秘诀时说:"急事慢慢地说,没把握的事小心地说,做不到的事不乱说,伤害人的话绝不说,没有发生的事不胡说。"这些"秘诀"其实就是关于说话的准则。不过语用学不只要研究会话本身有哪些规则和要求,而且更重视研究会话中违反会话规则的现象以及由此而产生的特殊会话含义。

A. 会话的"合作原则"和"礼貌原则"

"合作原则"是美国语言哲学家格赖斯提出来的。因为语言交际的双方肯定希望说的话彼此都能理解,这就要求会话双方进行合作。"合作原则"的内容包括四条:一是"真实准则":要说真话,不说假话和无根据的话。根据这条准则,说话人总是要努力使听话人相信听到的话是真实的,听话人也相信说话人说的是真话。为什么现在社会中骗子较容易得逞,就是因为多数情况下听话人总是相信对方说的话是真实的。二是"适量准则":提供的信息要适量,不多也不少。比如有时彼此见面谈论天气只是一种寒暄,不需要太多的信息,如果反复详细地说反而会使人感到厌烦;相反当碰到别人问路时,就最好说得详细一点,因为这对人生地不熟的人是很有必要的。三是"相关准则":要说跟话题有关的话,不说无关的话。比如在医院里体检就必须如实回答医生的询问,否则医生就无法作出正确诊断;在法庭辩论中就不能说与案件无关的话,否则会被法官制止。四是"方式准则":说话要清楚明了,简洁有条理和没有歧义。一个喋喋不休、语无伦次的人肯定是令人生厌的。上面这几条中实际上包含了会话中"说什么"和"怎样说"两方面的内容,一般认为其中"相关准则"是最重要的会话准则,后来语用学在此基础上又发展出新的"关联理论"。

"礼貌原则"是英国语言学家利奇提出来的。礼貌本来就是人类交际的普遍现象,当然也是人与人会话必须遵守的准则。礼貌原则不等于说有礼貌的话,而是对合作原则的一种补充。具体内容包括正反相辅的三条准则:一是"得体和慷慨"。要求会话中尽量减少表达有损于他人和有利于自己的观点。比如用疑问句"你能借我车子用用吗"就比用祈使句"你借我车子用用"要得体,因为这意味着你尊重对方的选择权。二是"赞誉和谦逊"。要求在会话中尽量少赞誉自己多赞誉对方。比如通常情况下到别人家吃饭总是要称赞饭菜丰盛、厨艺高超,即使饭菜不合口味也不大会直说;而别人这样夸奖你时,中国人习惯说"过奖了",外国人习惯说"谢谢",都不会随声附和地夸耀自己。三是"一致和同情"。要求在会话中尽量缩小与对方的分歧和对立,增加相互的一致性和共同点。比如有人说"这姑娘真漂亮",你即使不这么认为,哪怕只肯定"她身材确实不错"一个优点也可避免彼此直接对立。再如讨论时即使不同意甚至打算反驳别人的意见,很多人也首先会说"你说的很有道理","我基本上同意你的看法"等:这至少在情感上拉近了与对方的距离。上面这几条礼貌原则的核心是场合、关系和方式。一定的场合决定"说什么",一定的关系决定"对谁说",一定的方式决定"怎么说"。在这个基础上,后来有学者又进一步讨论了跟礼貌原则相关的几个问题。一是"礼貌语句的级别"。同样是批评人,希望、建议就比呵斥、讽刺要礼貌。二是"礼貌语句的环境"。同样是发出指令,说"再拖拖地吧"就比"把地拖拖干净"要礼貌。三是"礼貌语句的适度"。让孩子去楼下取报纸或者请妻子外出吃饭,就不适合用"不知道我能不能请你做件事"这样过于正式的礼貌语句。四是"礼貌语句的民族特点"。问"吃了吗"、"现在在哪儿工作",在中国人看来是礼貌的打招呼用语,但在西方人看来就有干涉个人隐私之嫌了。

B. 违反会话原则的现象和"会话含义"

上面说的"合作原则"和"礼貌原则"虽然是对会话的基本要求,或者说人们在会话时都应该遵守。不过实际情况是,除了由于种种原因有人不遵守这些会话原则,或者说有些人是"不会说话"之外,会话中也常常会出现有人是不得已甚至故意违反这些准则的情况。从语用学角度说,这不但不是会话原则本身有问题,恰恰相反,这也正是受会话原则制约而造成的结果,或者说违反会话原则也正是表达某些特定会话意义的重要手段。

一种情况是:说话人在某些场合或条件下只能迁就一种会话原则而放弃另一种会话原则,这可以叫作"二者必取其一"。比如合作原则和礼貌原则虽然是互相补充的会话原则,但二者之间事实上又存在着矛盾。别人夸奖你饭菜做得好,中国人一般回答是"哪里哪里、不成敬意、粗茶淡饭而已",这是为了符合礼貌原则,但事实上却又违反了合作原则中的真实准则,即相当于是说了假话。某人得了不治之症,医生和家人一般都会向病人隐瞒病情或者含糊其词,甚至可能说"你没有什么大病,很快就会好的",这些明显违反合作原则中相关准则和真实准则的话语表现,其实也正是为了避免对方受到损害的礼貌需要。

实际上语用学提出礼貌原则的本意就是要解释为什么有时人们在会话中并不一定严格遵守合作原则。也就是说在一般情况下,如果合作原则和礼貌原则之间发生冲突,那么礼貌原则还是应该优先的,即一般选择遵守礼貌原则,而宁可牺牲合作原则。因为只有在礼貌的前提下人们才可能进行正常有效的会话合作。比如文献中常举到的两个例子:

(10) a. 甲:你觉得我写的诗怎么样?

乙:我想我没有这种鉴赏能力。

b. Miss X produced a series of sounds that correspond closely with the score. (X小姐发出了一连串声音,听上去跟那首曲子很接近)。

(10a)中的乙如果是个对诗歌创作有一定研究的人,这时就是在说谎,不过乙说这种谎话的目的倒并不在于真的要骗取对方什么,可能只是为了不伤害对方的面子。(10b)这句话的意思就是"X小姐唱歌跑调",但是说话人故意把简单明了的意思说得曲里拐弯,就是想通过违反合作原则中的方式准则来求得表达上的委婉。当然反过来也有合作原则优先于礼貌原则的情况。比如彼此信任的朋友之间相互批评起来就可能十分尖锐,即所谓"话糙理不糙",甚至闹得"脸红脖子粗"。这种"直言不讳",就可以看作是合作原则优先了。

另一种情况则不同:说话人是故意违反会话原则来表达某种特殊的意义,或者说是在语句背后还暗含其他意义,这可以叫作"有其一必有其二"。这种暗含意义跟上面说的违反合作原则的表现不同。因为不遵守真实准则而"说谎话",不遵守相关准则而"不吭声",也包括不得已"舍合作而就礼貌",毕竟都没有产生新的意义,最多只是"不该这么说"。而故意违反会话原则却本来就是为了表达另一种意思,只不过是没有明说出来罢了。语用学把这种语句背后暗含着的意义就叫作"会话含义"。

先看违反适量准则而表示会话含义的例子。格赖斯就曾谈到一个例子,某学生请一位哲学教授给他写一封推荐信,证明他的学习情况。这位教授写道:"Mr. X's command of English is excellent and his attendance at tutorials has been regular.(该学生英语掌握得很好,也正常参加讨论)。"这位教授其实是故意违反适量准则,因为信中只字不提该学生的哲学成绩,从中使人推导出的意思就是"该学生的哲学成绩不好"。再如国民党占领延安以后抓住一个老乡问:"毛泽东在哪里?"老乡回答:"毛主席在陕北。"这个回答也违反了适量准则,因为没有提供足够的信息,但是实际的意思就是"你不可能得到真实的回答,问也白问"。

再看违反真实准则而表达会话含义的例子。一个学生在回答问题时说"美国的首都是纽约",老师接着说"那么中国的首都就应该是上海"。老师的话故意违反真实准则,因为如果学生知道中国的首都是北京而不是上海,那也就应该意识到自己说错了。再如有一首民歌唱道:"我愿做一只小羊,永远依偎在你身旁。"比喻性的语句肯定是不真实的话,但这正是为了表达当时不便言传的意思:"我希望与你结为一生的伴侣。"

又如违反相关准则而表达会话含义的例子。甲问:"我们今晚一起去看电影好吗?",乙答:"我明天要考英语。"乙答非所问似乎违反了相关准则,但真正要表达的意思是"我今天没有时间"以及"我不能去看电影"。打断别人正在谈论的话题或者另外说一句不着边际的话,也是违反相关准则的,但这就往往表明说话人不同意某人的看法或者不愿意继续谈这个话题。

还有违反方式准则而表达会话含义的例子。比如文献中一个有趣的例子:"Mother:Let's get kids something eat. ——Father:But I veto C-H-O-C-O-L-A-T-E.(妈妈:给孩子弄点吃的。爸爸:但是我反对给他吃

"巧－克－力")。"父亲故意用"反对"的书面词"veto"和故意把"巧克力"这个词的字母拆开来念,这种不合常规的表达方式,目的就是让孩子听不懂。

上面举例谈的这种故意违反会话原则而表达的会话含义,其实才更是语用学研究的重点。也可以说语用学更关注的并不是说话人应该怎么说和说话人实际说了些什么,而是说这句话可能意味着什么,以及为什么这样的语句会有某种会话含义。为此语言学家列文森提出了会话含义的一个推导模式:如果说话人 S 说的话 P 要表达会话含义 Q,那么 S 应知道会话双方都会遵守合作原则以及都知道违反合作原则能导致含义 Q,因此说话人才故意说 P,而听话人也就可以从 P 推知 Q。从上面的例子都可以看出会话双方的这种推导过程。

2. "蕴含义"和"预设义"的语用分析

会话含义中有两种最值得注意的意义,即"蕴含义"和"预设义"。这两种意义涉及的会话意义比较复杂,既是语义学研究的问题,同时是语用学关注的现象。

A. 蕴含义的语用分析

"蕴含义(implicature)"通常情况下是指说出的话中包含着其中某个词语的上位义或整体义。比如说"老郭有三个儿子",其中就包含"老郭有儿子"的意思;又比如说"他踢了小张的腿",其中就包含"他踢了小张(踢了某人)"的意思:后者就是蕴涵义。

不过具体说起来蕴含义又可以分成两种:"衍推义"和"隐含义"。衍推义是句子固有和稳定不变的含义。衍推义的意思是:如果 A 为真,B 一定为真;如果 B 为假,A 也一定为假;但如果 B 为真,A 不一定为真。因此"老郭有三个孩子"包含"老郭有孩子"的意义就是衍推义。"隐含义"则不是语句固有的和稳定不变的意义。隐含义的意思是:如果 A 为真,B 一般也为真;如果 B 为假,A 仍可能不失为真,这时就是说话人在知道 B 为假的情形下还故意说 A。比如"老郭有三个孩子"的隐含义是"老郭只有三个孩子",前一句为真,后一句也应为真。但如果政府规定至少有三个孩子的家庭才可以领取生活补贴,而老郭家有四个孩子,这种情形下说"老郭有三个孩子",隐含义"老郭只有三个孩子"就不再为真。反过来如果老郭家有不止三个孩子,即"老郭只有三个孩子"为假,那么"老郭有三个孩子"仍不失为真,只是说话人在知道老郭有不止三个孩子时还这么说是违反了合作原则中的适量准则。隐含义还有两个特点:一是可消除性,即在特定的语境里可以被推翻。二是可追加性,即可以明确地补出来。正因为有这些区别,语用学更重

视研究蕴含义中的隐含义。比较:

> (11) a. 老郭有三个孩子,其实还不止三个。(消除隐含义并不产生语义矛盾)
>
> b. *老郭有三个孩子,其实没有孩子。(消除衍推义产生语义矛盾)
>
> (12) a. 老郭有三个孩子,只有三个。(追加隐含义并不产生语义重复)
>
> b. ? 老郭有三个孩子,有孩子。(追加衍推义产生语义重复)

衍推义和隐含义在会话中是怎么体现的呢? 可以举语句否定的例子来看。比较:

> (13) 甲:老郭有三个儿子?
>
> 乙:a. 是的,他有四个儿子呢。   b. 不,他有四个儿子。

(13)中乙回答都是"老郭有四个儿子"。但(乙 a)用肯定形式"是的",(乙 b)用否定形式"不"。这就是因为甲的问话可以有两种理解:一是问老郭是不是"至少"有三个儿子,这是问的衍推义,(乙 a)就是针对这一意思回答的;另一是问老郭是不是"只有"三个儿子,这就是问隐含义,(乙 b)就是针对这一意思回答的。之所以"老郭有三个儿子?"这句问话会有两个意思,倒不是因为"三个"这个词语有歧义。事实上语言中所有表示数量或程度的词语都会有这样两种含义。例如表示天气冷热程度的"暖和"和表示一件事情是可以做、应该做还是必须做的"应该",都是如此。比较:

> (14) 甲:今天天气暖和吗?
>
> 乙:a. 是暖和,还有点热呢。(肯定的是"至少暖和,不冷"的意思)
>
> b. 不是暖和,还有点热。(否定的是"只是暖和,不热"的意思)
>
> (15) 甲:我应该参加吗?
>
> 乙:a. 对,你还必须参加。(肯定的是"至少应该"的意思)
>
> b. 不,你是必须参加。(否定的是"只是应该,不是必须"的意思)

从上面例子就可以发现,语言中有两种否定:一种是一般否定,即否定衍推义,"不暖和"表示"较冷",否定的就是"暖和"的衍推义"至少暖和"。

还有一种是特殊否定,即否定隐含义,"不暖和"表示"炎热",否定的就是"暖和"的隐含义"只是暖和"。

解释后一种否定现象就涉及会话合作原则中的适量准则。前面说过,适量准则的主要意思就是说话人提供的信息要足量。"足量"涉及到对"量级"的认识。语言中不少同一范畴的成员都可以按它们的数量大小或程度大小排列起来形成一个级差。这可以表示如下:

(16) ⟨n,……4,3,2,1⟩

    a.⟨总是,经常,有时⟩   b.⟨热,暖和,冷⟩

    c.⟨全都,许多,有些⟩   d.⟨必须,应该,可以⟩

(16)的意思是,如果所说的话涉及一个由大到小排列的量级⟨X_1,X_2,X_3,……X_n⟩,那么说出 X_2 时就隐含着 ~X_1,说出 X_3 时就隐含着 ~X_2 和 ~X_1。说得通俗点就是,根据足量要求,一般说出量级的某一项时就可推出该项左边的各个较大或较强的项不成立的意思。例如说出"暖和"就表示"不热",说出"应该"就表示"不必",说出"三个"就表示"至少三个"等。这种下限义就是词语的衍推义。反之如果不是表示这样的意义,那么提供的信息就不足量,或者说就比较特殊。上面(13—15)例子中的一般否定都是否定语句中某个量级词语的下限义,即否定衍推义;而特殊否定(又可以叫语用否定)就是否定这种量级词语的上限义,即否定隐含义。由此可见,对数量词语和程度词语来说,下限义是固有的衍推义,而上限义则是靠合作原则中的适量准则推导出来的隐含义。

B. 预设义的语用分析

"预设义(presupposition)"跟蕴含义的不同之处在于,蕴涵义包含在句子的断言范围之内,是句子的基本信息;而预设义不在句子的断言范围之内,通常情况下是指句子包含的某个背景信息。比如"他哥哥在北京上大学",包含的一个意思是"他哥哥在北京上学",这是蕴含义,包含的另一个意思是"他有哥哥",这就是预设义。预设义跟蕴含义的区别还可以这样来判断:前面说蕴涵义在句子被否定后就不存在或改变了,而预设义在句子被否定之后一般仍然保留不变。下面右侧句子就是左侧肯定或否定句子的共同预设义:

(17) a1. 张三的妻子病了/没有病。   a2. 张三有妻子。

    b1. 张三后悔/不后悔搞语言学。   b2. 张三搞了语言学。

c1. 张三已停止/没有停止服药。　　　c2. 张三服过药。

当然定义预设义也不那么简单。比如说,既然预设义具有在句子变为否定后仍然不变的性质,即预设义 B 永远为真,似乎可以用如下的衍推关系来定义预设义:

(18) A 预设 B ＝A 衍推 B 并且 ～A 衍推 B

但实际上也会有预设义 B 为假的情形。因为预设义跟隐含义一样在特定会话语境里可以消除。前述蕴含义中的衍推义是一种固定不变的语义关系:如果 A 衍推 B,那么凡 A 为真的场合 B 也必定为真。然而当 A 预设 B 时,A 为真,B 在一定情况下却也可能为假(即被消除)。例如:

(19) a. 你总以为有人要出卖你,其实谁也不想出卖你。

b. 张三才不后悔搞语言学呢,他搞的是文学。

c. 鲍小姐谈不上心和灵魂。她不是变心,因为她没有心。(钱钟书《围城》)

d. [坐火车逃难]上哪儿去呢? 不,还不是上哪儿去的问题,而是哪里有火车呢? (同上)

既然预设义也具有可消除性,那么是否可以说预设义跟蕴含义中的隐含义一样呢? 又不完全是。首先预设义跟衍推义一样是不可追加的,追加后会有语义重复的感觉,如下面(20);其次预设义虽然在特殊语境里可能消除,但毕竟在一般情形下简单肯定句的预设义是不能像隐含义那样明言消除的,否则就会前后矛盾,如下面(21)。比较:

(20) a. ? 张三的妻子病了,张三已经结婚了。

b. ? 张三后悔搞语言学,他搞的是语言学。

(21) a. ＊张三的妻子病了,但张三没有结婚。

b. ＊张三后悔搞语言学,但张三没搞语言学。

这样看来,预设义的性质介于衍推义和隐含义之间,它的不可追加性和在一般情形下的不可消除性类似于衍推义,它在特殊情形下的可消除性类似于隐含义。一般在讨论句子的会话含义时,要么说是句子固有的意义(如衍推义),要么说是句子非固有的意义(如隐含义)。其实句子的某个意义是不是句子固有的意义只不过是一个程度问题。在完全固有的句义和完全非固有的句义之间有广阔的中间地带，"预设义"就处在这个中间地带。

8.4　言语行为和语用法的语法化

语用研究还涉及另外两个重要的问题，即"言语行为"和"语用法的语法化"。这是两个不同的语言现象，但是从某个角度看又具有相关性。因为"言语行为"是说某些词语和句子的类型和特性就决定了其具有某种行为功能，这就与语法有一定的关系；而"语用法的语法化"则更是要解释为什么有些语用条件有可能最终成为一种语法规则。

1.　语句类型与言语行为

前面曾举例说到，像"今天有点冷"这句话在不同情景下可以表示客人叫主人关上窗户或是母亲提醒孩子多穿点衣服等不同意义；再如"你有钱吗"这句话在不同语境中可能有向你借钱或是拦路抢劫的意思。这些意义都是言外之意，但换个角度看实际上又都是表示一种行为，即说话本身就是在做"建议、劝告、请求、命令"这样一些事。什么样的句子可以表示行为，句子可以表示什么样的行为，这也是语用学研究的重要问题。

A.　言有所为和"言语行为理论"

"怎么用语句来做事（How to do things with words）"是英国语言哲学家奥斯汀提出来的一个概念。"用语句来做事（言有所为）"的意思是，虽然语言中大多数的句子都有逻辑上的真假值，比如"北京大学位于北京的中关村"，这句话的内容要么对，要么不对。但实际上语言交际中也有些语句并不需要区别"对错"。比如"请求"别人做什么，或者"承诺"了别人什么事情，这些话说出来的同时也就是在做"请求、承诺"这样的事。例如"我现在宣布会议开幕"，在说出"宣布"这个词或这句话的时候，就是在做"宣布"这样一件事。再比如说出"我劝你不要出国留学"的同时，就是在做"劝告"这样一件事。由于"请求、承诺、宣布、劝告"等行为都是由一定的语句来完成的，这种行为就叫作"言语行为"，研究语句行为能力的语用学理论就叫作"言语行为理论"。

最初奥斯汀把所有的语句分成"言有所述"和"言有所为"两大类。前者在于以言述事，如"北京大学在北京中关村"，"上海房价今年又涨了"等，这也就是一般的"叙述句"。后者才是用语句做事，所以称作"行为句"。行为句中又具体分为"显性行为句"和"隐性行为句"。显性行为句中一般会出现诸如"感谢、宣布、祝贺、劝告、请求、命令"等表示行为的动词，或者说这种句子主要是靠特定类的动词来表示相应的行为的。而隐性行为句则是靠整个语句的类型或意义来表示相应的行为。例如"我会帮助你的","这件事绝对没问题","新年快乐"等,就是靠整个句子来表达"承诺、保证、祝贺"等行为的。

后来人们认识到,其实叙述句也不妨看作是施行了一种"告知"的行为。按照这种看法,凡在语言交际中说出一个句子就都有以言行事的作用,区别仅仅在于这种言语行为是否有效。比如不是法官就不能"宣判",没有诚意就不能"承诺"。语言交际中行为句是否有效力决定于多种因素:比如说话人用什么样的句子说,这样的句子表现的是一种什么行为,以及这种行为能否对听话人产生作用。从这个角度,言语行为又可以分成三种主要类型:述事行为、行事行为、成事行为。这既是三种不同的言语行为,实际上也就是一个言语过程的三个阶段,任何一句话都会同时包含这三个言语行为或经过这三个言语过程。比如"我们将以最大的诚意和尽最大的努力争取实现祖国和平统一"。说话人选择使用这样的句子,就是以言述事的行为;说话人说这句话本身是作出承诺和保证,就是以言行事的行为;听话人听到这句话引起反应(比如得到包括台湾同胞在内的中国人民的拥护),就是以言成事的行为。这三种言语行为中行事行为最重要,细分起来还有各种小类:一是表态类。包括警告、恫吓、威胁、承诺、发誓等。例如"我保证按期完成任务"是承诺,"你再一天到晚玩游戏,我就把电脑没收"是警告。二是宣告类。包括宣布、宣判、通告、命名、任命等。例如"我宣布运动会开幕","你被开除了",话说完了,事情也就做完了。三是指令类。包括命令、请求、建议、忠告等。例如"我命令部队马上出发","你再好好想想吧"。四是表情类。包括祝贺、道歉、感谢、赞叹、哀悼、疑问等。例如"祝你生日快乐","谢谢你的帮助"。五是表述类。包括陈述、断言、估计、报道、说明等。例如说"明天有一个讲座"就等于说"我告诉你明天有个讲座",说"明天是晴天"就等于说"我估计明天是晴天"。

上面说的前一种意见被称作"言语行为二分说",后一种意见被称作"言语行为三分说"。三分说虽然可以看作是适用于所有句子的一般理论,而且可以认为只有全部完成"述事—行事—成事"三个阶段的言语行为,才算是一个有效的言语行为,但其中的成事行为虽然是说话人希望得到的效果,但最终能不能有这种效果却不一定由说话人控制。例如说话人发出邀请,听话人可能欣然接受,也可能断然拒绝;说话人提出劝告,听话人可能心悦诚服,也可能置之不理。所以有学者认为还是应该只从说话人角度定义言语行为:要么回到"二分",即说话人说出了一句话,这句话有施行某种行为的能力,这就是言语行为。要么还是"三分",但是要把说话人希望说话有效和实际上这句话是否有效分开,或者说即使实际上无效也算是有"成事"的言语行为。

B. 不同的句子类型与不同的言语行为

前面说过,"我还会回来的"这句话在不同的场合可能具有陈述、许诺、警告等不同意义,"陈述、许诺、警告"都是一种言语行为。但是为什么同样的一句话可以表现几种言语行为,不同的言语行为又是由什么样的句子体现的呢? 这也是言语行为理论要解决的问题。

因此后来有许多学者,如美国语言哲学家塞尔,又提出可以把言语行为分成"直接言语行为"和"间接言语行为"。直接言语行为与使用什么类型的句子和词语有直接的关系。比如用祈使句表示请求,用疑问句表示疑问,或者用"命令、保证、感谢、宣布"等特定词语表示相关的言语行为等。而间接言语行为则是用一种句子类型来表达另一种言语行为。比如人们常常用疑问句来表示请求。说话人说"那是你的笔吗","你能不能把门关上",其实并不是真的提出疑问或怀疑听话人的能力,而是表示"用一下你的笔"或"请把门关上"这样的请求。中国人见面常常说"吃了吗",其实也不是提问,而只是表示问候。甚至像"今天有点冷","我饿了"这样的陈述句也经常用来表达请求。类似这样一些用法久而久之可能就变成一种约定俗成的表达习惯,听话人听到这种句子不需要思考就可以很快推出真实的意义,所以这种间接言语行为又称作"规约性间接言语行为"。反之如果必须依赖一定的语境才能推出某种言语行为,就是"非规约性间接言语行为"。例如前面举过一个例子:甲问:"我们今晚一起去看电影好吗?",用疑问句来表示"请求",这是规约性的间接言语行为;乙答:"我明天要考英语。"看起来乙是答非所问,但是甲根据"看电影"和"考英语"的时间冲突就可以推导出乙表示"谢绝"的真实意思,这就是非规约性的间接言语行为。从这个例子也可以看出,所谓非规约性间接言语行为实际上也就是违反合作原则的一种"会话含义"。

前面说直接言语行为与使用什么类型的词语和句子有联系。其实间接言语行为也与使用什么句子类型有关系。例如规约性间接言语行为多用疑问句(特别是"能不能"这种问能力的疑问句)表示"请求"。非规约性间接言语行为与句子类型的联系看起来复杂些:例如同样是"请关窗",除了可以直接用祈使句,还可以用疑问句"能把窗户关上吗",陈述句"屋子里有点冷"和感叹句"这屋子好冷啊"。前面提到"我还会回来的"这句话,在不同场合就可能具有"陈述、许诺、警告"等不同的言语行为意义,也是这种情况。同一句话在同一语境中也可能有不同的意义,如"那衣服是你的吗",可能是表"询问",但也可能是"请求"(意思是"把衣服收好")或"责备"(意思是"怎么乱扔衣服")。尽管非规约性间接言语行为要涉及到语境,但语境毕竟不是决定性因素,比如"我昨晚做了个梦"这句话在任何情况下都不可能让别人去关窗,可见言语行为最终还是取决于句子类型是否具有表示某种言语行为的能力。

2. 言语行为与语用法的语法化

前面说人们常常用疑问句来表示请求或建议。例如"那是你的笔吗","能不能把门关上",这时说话人并不是真的有疑问或怀疑听话人的能力,而实际就是提出"用一下你的笔"或"请把门关上"这样的请求或建议。类似这样的一些用法久而久之可能就会经过约定俗成而成为一种表达习惯。表达习惯其实就是语法,或者说语用法经过约定俗成最终就成为了一种语法。因此目前一般认为语用学也应该研究这种"语用法的语法化"问题。

语用法是怎么语法化的呢?仍可以看疑问句表示请求或建议的例子。例如:

    (22) a. Why didn't read in bed?(为什么你不躺在床上看书)[(直接)提问/(间接)建议]

        b. Why not read in bed?(为什么不躺在床上看书)[建议]

(22a)和(22b)的意思看起来差不多。但是从言语行为看又不太一样。(22a)的直接行为是"提问",间接行为是"建议"。(22b)虽也是问句,却只是"建议",这时其语法形式是固定的,例如不能在"why not"当中再插入其他成分。当然也可以把(22a)的表"建议"的间接行为看作是根据一定语用原则比如"礼貌原则"推导出来的会话含义。出于礼貌或委婉的考虑,在建议别人做某事之前先问一问对方没有这么做的原因,例如要建议别人躺着看书,最好先问问他没有躺着看书的原因。于是问句(22a)就经常有了"建议"这一间接行为义。这种语用法普遍使用和反复使用就使这个格式逐渐固定下来,听话人在听到(22a)这样的话后不再需要凭借会话原则经历一个推导过程,而是一下子就直接得出了建议的理解。这种理解进一步固定下来就会对原来的语句形式产生反作用,于是有了(22b)这样专门用来表达"建议"的紧缩问句形式。这也就是"语用法的语法化"的一般规律。

目前一部分坚持语言功能分析的语法学家都坚持认为,语法结构不能脱离语言的功能和用法而独立存在,语法规则要受到语用原则的制约,语用原则对语法结构或者语法现象也有极强的解释力。这种研究可以从两个方面看:一是从语法结构的历时平面看,有许多语法结构现象是语句用法最终定型的结果,也就是说一些特定用法在约定俗成之后"凝固"成了语法结构规则。上面说的用疑问句格式表示建议就是这种情况。再如"在……下"本来表示一种空间的方位关系,一般都指"在窗下、在树下"等情况,可是后来像"在这种形势下、在党的领导下、在同志们的帮助下"等也由于某种语用条件逐步进入这种结构框架,这种从具体空间关系到抽象空间关系的扩展演变单单从语法结构上很难分析,但是用"心理意象投射"的语用原则来解释就很清楚了,或者至少对这种结构变化来说,语用原则也就成了一种语法结构规则。用语用原则解释某些语法结构的演变现象,这是语用法的语法化研究的一个作用。二是从语法结构的共时平面看,实际上同时存在的大量语法结构现象也可用语用原则作出解释。比如"差点考上了"和"差点没考上",一个是肯定形式,一个是否定形式,但意义不一样,前一句是"没考上",后一句是"考上了";可是"差点摔倒了"和"差点没摔倒",也是一个肯定形式一个否定形式,但意思却一样,都是"没摔倒"。这种语句的形式和意义的不对称现象单单从语法结构上也没法分析,这其实就是受到"心理期待差异"的语用原则的制约,或者至少对这样的结构差异来说,语用解释原则同时也就是一种语法结构规则。用语用原则来解释某些语法结构的差异现象,这是语用法的语法化研究的又一个作用。

第九讲

语言的发展和变化

9.1 语言的产生和发展

大家都知道人是从猿变来的。从猿变成人的标志可能有多种,比如能直立行走,能制造工具,能自主劳动,等等,但是有一点可以肯定,人类产生初期并没有语言,也就是那时的人还不会"说话"。那么人类的语言最初是怎么产生和形成的,或者说是什么原因促使人类产生了语言? 人类的语言后来又是怎么发展和演变的,或者说这种发展演变具有什么样的特点? 这不但是语言研究的一个重要方面,也是许多学科的科学家都一直感兴趣的问题。这一节就先来讨论这两个问题:一是语言是怎么产生和形成的;二是语言是怎么发展演变的。

1. 语言是怎么产生和形成的

语言是怎么产生的,这也就是所谓"语言起源之谜"。在远古时代,人类的祖先并不会说话,他们只会用动作、表情以及叫声来传递一定的信息和彼此交际,后来在社会发展的推动下,随着人类的发音器官和思维器官的不断进化,人类才逐渐有了语言。研究语言的起源问题,也就是要探索人类是怎样在其进化发展的历史过程中创造了语言,是如何实现从没有语言到能够开口说话的历史性跨越的。这里面实际上又包含着两个不同的问题:一个问题是语言作为人类社会的交际工具是在什么时候、什么条件下产生的,这可以说是语言产生的条件问题,也就是"语言产生"的问题。另一个问题是人类语言是从什么交际手段发展而来的,这可以说是人类语言的前身问题,也就是"语言形成"的问题。这两个问题虽互有联系,但还不是一回事。这就好比在说明人类起源的条件时,我们说是劳动创造了人类;在说明人类的前身是什么时,我们说人是从猿演变而来的。

A. 几种不同的语言起源说

关于语言的起源,从古代到 20 世纪 30 年代曾有过各种各样的假说。这些不同的语言起源说,大致可以分为两种:一个是"神授说",一个是"人创说"。

"神授说"认为语言是上帝或神赐予人类的。神授说在不同的时间、不同的地点有不同的说法。在印度婆罗门教的经书《吠陀》里,语言被说成是神赐给人类的一种特殊的能力。在基督教的《圣经》中,则说耶和华神创造了人类的祖先亚当,并由亚当给世间万物起了名字。这虽然说的是亚当给万物命名,但亚当是由耶和华神创造的,因而语言神授的含义是明显的。在我国苗族的传说中,则说是山神创造了人,并传授了语言。语言神授说尽管有各种各样的说法,但有一点是共同的,这就是在当时科学文化水平极其低下的条件下,人们无法解释语言这种奇妙的现象是如何产生的,因此只得归之于神的恩赐。

"人创说"在语言产生的条件问题上认为语言是人自己创造的,而不是上帝或神赐予的。这方面也有几种不同的观点。有人主张"摹声说",认为语言起源于人类对外界各种声音的摹仿。人们在接触自然的过程中,听到各种事物发出的不同声音,如风声、水声、雷声以及各种动物的叫声,便摹仿这些不同的声音,并用它们作为各种事物的名称,这样就产生了语言。但这种观点充其量只能解释语言中摹声词的产生,而无法说明人类语言的起源问题。因为在任何一种语言里,像汉语"知了、蝈蝈"这样的摹声词数量都是极少的,绝大多数的词都无法用摹声来解释它们的来源,更何况语言中的语法根本无声可摹。有人主张"社会契约说",认为原始人类起初没有语言,后来为了相互交际,就通过彼此约定,规定了各种事物的名称,这样就产生了语言。这种观点注意到了语言的社会属性和语言符号的任意性,说明语言是社会集体的创造,并表明事物的名称和事物本身的性质并没有必然的联系。但这种观点也有问题,既然语言产生于人们的相互约定,那么人们在还没有语言的情况下,又是怎样去相互约定的呢? 也许当时的人们可以利用动作、叫声等手段,但是这样一种命名方式对那些比较具体的事物来说或许可能,对那些比较抽象的事物来说就难以做到了。主张"人创说"的人对人类语言的前身问题也曾做出过各种不同的设想。有人主张"手势说",

认为人类在使用有声语言之前,曾经历过一个手势语言的阶段,当时的人类由于还没有现在这样的有声语言,因而只能用手势来表达思想,进行交际。这种观点的缺陷主要在于无法解释无声的手势语言是如何发展为有声语言的。有人主张"感叹说",认为人类的有声语言是从抒发情感的各种叫喊演变来的。这种观点或许可以说明语言中叹词的由来,但无法解释叹词又是如何衍生出具有理性意义的其他词语的。有人主张"劳动叫喊说",认为人类的有声语言是从人们劳动时的叫喊声演变来的。原始人类在集体劳动时,由于肌肉的高度紧张,可能会发出一些叫喊,这些叫喊后来演变为劳动号子,进而发展成为人类的有声语言。这种观点虽然注意到语言的起源和劳动的关系,但无法解释劳动号子是如何演变为人类语言的。人创说的各种学说主张语言是人的创造,而不是上帝或神的赐予,这比起神授说,应该说是一个很大的进步。但是这些观点都是主观思辨的产物,缺乏科学的证据。

恩格斯在《劳动在从猿到人转变过程中的作用》一文中,提出劳动创造了语言,语言起源于劳动的观点。他说:"语言是从劳动中并和劳动一起产生出来的","随着手的发展,随着劳动,人开始了对自然的统治,这种统治在每一个新的进展中扩大了人的眼界。他们在自然对象中不断地发现新的以往所不知道的各种属性。另一方面,劳动的发展,必然使社会成员更紧密地互相结合起来,因为它使互相帮助和共同协作的场合增多了,并且使每个人都清楚地意识到这种共同协作的好处。一句话,这些正在形成中的人已经到了彼此间有些什么非说不可的地步了。需要产生了自己的器官:猿类不发达的喉头,由于音调的抑扬顿挫的不断加多,缓慢地然而肯定地得到改造,而口部的器官也逐渐学会了发出一个个清晰的音节。"恩格斯根据当时社会科学和自然科学所取得的成就,正确地指出了劳动在语言起源过程中的关键作用:劳动提出了产生语言的社会需要;劳动发展了原始人的思维,为语言的产生提供了必要的心理条件;劳动也改善了原始人的发音器官,为语言的产生提供了必要的生理条件。应该说恩格斯对语言起源问题的论述已经相当全面了。

B. 与语言起源有关的现代科学研究

从 20 世纪 30 年代开始,随着现代科学技术的发展,自然科学领域内的科学家开始用更为科学的方法来研究语言起源问题,开辟了新的研究领域,并且取得了一些具有科学意义的进展。到目前为止,科学家们已经在动物学、古人类学、心理学等方面进行了不同程度的探索,并在这些科学研究的基础上形成了对语言起源问题的新认识。

现有的研究成果表明，人类同黑猩猩有共同的祖先，因此黑猩猩可以算是人类的近亲。从上个世纪30年代以来，一些动物学家试图通过对黑猩猩语言能力的研究来探讨人类语言的起源问题。为了研究这些动物，科学家们进行了艰苦的工作：他们有的将人类的婴孩和小猩猩放在一起喂养，通过这种方式来观察和比较二者在掌握语言方面的差异；有的只身深入非洲丛林和黑猩猩交朋友，对它们的生活进行长期的考察。科学家们在考察和研究中发现，黑猩猩不仅可以用动作和面部表情进行简单的交际，可以利用各种各样的叫声和呼唤声交流各种情报，而且经过人的训练，还可以学会聋哑人手势语言中的一些语汇，甚至还能创造新的用法。比如一只名叫沃秀的黑猩猩，经过九年的训练，在只学过"橘子色的"这个形容词而没有学过"橘子"这个名词的情况下，把看到的橘子表达为"橘子色的苹果"。但是科学家们也发现，无论怎样训练，黑猩猩也不能像人一样说话，因为它们的喉头结构与人的喉头结构有相当大的差异，它们也不具有人类的大脑结构。

一些古人类学家则试图通过测量古人类化石的脑容量来判断人类祖先的思维发展水平，从而推测语言起源的大致年代。有人还专门研究大脑左半球专管语言的脑部位的形成年代，以此推断语言起源的年代。从已有的研究成果看，4—5万年前(旧石器时代晚期)晚期智人的脑容量已和现代人的脑容量基本相同，就思维能力的发展水平而言，这时的人类祖先就已经具备了产生语言的能力。还有一些古人类学家通过对古人类口腔和牙齿化石的分析，推测人类祖先发出语音的大致年代。从已有的研究成果看，晚期智人的发音器官已有了较大的改善，就语言生理基础的发展程度而言，这时的人类祖先已经具备了产生语言的能力。

根据恩格斯"语言起源于劳动"的观点，综合现代科学的不同学科、不同领域的研究成果，现在一般都认为语言的产生必须具备三个方面的条件：首先，人类的思维能力要发展到一定的水平，应该能够对客观世界的事物进行分类和概括，并具有一定的记忆和想象、判断、推理的能力，只有具备了这种心理条件，才有可能产生语言。其次，人类的喉头和口腔声道必须进化到能够发出清晰的声音，只有具备了这种生理条件，才有可能产生有声语言。最后，人类社会必须发展到一定的阶段，"已经到了彼此间有些什么非说不可的地步了"，才有必要产生语言。这三者都是语言起源的必要条件，缺一不可，而创造这三个条件最根本的推动力正是人类的劳动。

至于人类语言起源的时间、过程以及人类语言的前身，各个领域的科学研究表明,人类有声语言的产生大约是在距今 4—5 万年的旧石器时代晚期,也就是晚期智人时期。人类语言既不是神授的,也不是人类有意识地在一个短时期内创造出来的,而是长期进化演变的结果。人类在掌握有声语言之前就拥有动作、面部表情、手势、声音等前语言的交际手段,在这些交际手段中,声音具有无可争辩的优越性,因为声音不像其他交际手段那样要受到距离、光线等条件的限制,更为重要的是在劳动中使用声音不会妨碍肢体的劳作,因而在长期的进化过程中,人类最终选择了有声语言。人类的有声语言有可能是从叫唤声演化发展而来的。在晚期智人之前,原始人已经可以用比黑猩猩的叫唤声更为复杂的声音来进行交际、传达信息。随着发音器官的不断进化和思维能力的不断提高,原始人发出的声音逐渐清晰起来,并且逐渐可以分解成更小的单位,这些单位可以按一定的规则重新进行组合,人类的有声交际手段进化到这个阶段,可以说真正的语言也就产生了。

现代科学对语言起源的推测是建立在科学考察和研究的基础之上的,因而同过去全凭主观臆测有所不同。尽管如此,就目前情况而言,在语言起源问题上还没有找到直接的科学证据,因而这些推测也还远不是最后的科学结论。不过可以相信的是,随着科学技术的发展,随着人类对自然、对社会以及对自身认识的不断深化,在语言起源问题上的研究一定会不断取得新的进展。

2. 语言是怎么发展和演变的

世间万物都处在不断的发展变化之中,一成不变的东西是没有的,语言也不例外。语言自产生之后,随着社会的进步、科学文化的发展、社会的统一和分化以及民族间的接触和融合,也处在不断的发展演变之中。现在世界上各个民族所使用的语言,毫无例外地都曾经历过并正在经历着复杂而漫长的发展和演变的过程。当然从严格的意义上说,"发展"和"演变"应该是两个不同的概念。"演变"只是指一种单纯的变化;而"发展"则一定是一个从简单到复杂,从低级到高级的过程。不过语言的发展和语言的演变有时难以分得那么清楚,因而也就可以笼统地称之为语言的"发展演变"。

A. 语言会有什么样的发展演变?

语言的发展演变首先表现在语音、语汇、语义和语法等语言系统内部的各个组成部分上。只不过由于这种发展演变通常是缓慢的,因而往往不容易被人们察觉到。

比如说语音的演变。学过英语的人都知道,英文是一种拼音文字,按理说英文单词的拼写法与读音应该是一致的,然而实际情况并非完全如此。

比如"knot（结合），knight（武士），gnash（咬牙）"里词首的"k-"和"g-"并不发音，虽然在拼写上有字母"k"或"g"，单词的实际发音却分别与"not（不），night（夜），Nash（人名）"相同，这就是因为英语中原本有复辅音[kn]和[gn]，后来其中的塞音消失了，但单词的拼写法并没有及时跟上语音演变的步伐，结果就出现了单词拼写法与现代读音不一致的现象。汉语也有这种情况，当人们用现代的语音读古人的诗时，常常觉得它们的韵并不十分和谐（也就是不那么押韵）。例如唐代诗人杜牧的《山行》：

> 远上寒山石径斜，白云深处有人家。
> 停车坐爱枫林晚，霜叶红于二月花。

按照诗律，诗中的"斜、家、花"三个字应该是押韵的，但用今天的普通话去读，"斜"与后两个字并不押韵，这并不是因为古人用错了韵，而是因为古今汉语的语音已发生了变化。有时人们还会发现不同年龄的人在语音上存在着差异，比如在北京话里，"七"和"八"单念时声调都是阴平调[55]，但在去声字之前，如"七岁、八月"等，老年人大都要把"七"和"八"读作阳平调[35]，而青年人却大都仍读作阴平调。又如在上海话里，老年人对"烟"与"衣"、"简"与"既"两类字的读音分得很清楚，前者中的元音是开口度较大的[I]，后者中的元音是开口度较小的[i]，而青年人已经不分，一律把它们发成[i]。这种老年人和青年人之间的语音差异正反映出语音的历史演变趋势。

再比如语汇、语义和语法的发展演变。随着我国国家空前统一，社会政治、经济生活日益活跃，人们之间的交往越来越频繁，科学文化水平迅速提高，这就使得汉语的语汇在一个不长的时期内极大地丰富起来，出现了"劳模、德育、投资、信息、激光、半导体、电脑"等一大批新的语汇。在新词大量产生的同时，一些旧词也已经退出社会的交际活动。比如"探花、榜眼、朝廷、黄包车"等词现在一般只有在讲述历史时才可能被使用，在日常的言语交际中人们一般是不会用到的。语义的发展演变在词义上表现的比较明显，比如"脸"原来指两颊的上部，北宋词人晏殊的词中有"轻红淡白匀双脸"的句子，其中的"脸"就是这个意思，后来"脸"的指称范围扩大了，用来指整个面部。"臭"本指气味，香味、臭味以及别的什么气味都可以说是"臭"，因此《易经》中才有"其臭如兰"的说法，后来"臭"的指称范围缩小了，仅用来指不好闻的气味。"闻"本来指耳朵听见，成语"耳闻目睹"中的"闻"就是这个意思，后来"闻"的指称对象转移了，专门用来指用鼻子嗅。

语法的发展演变虽然非常缓慢,但通过对比仍不难发现古今语言的差异。比如在先秦的古代汉语中,疑问代词作宾语或代词宾语出现在否定句中时,一般都置于动词之前,如"吾谁欺?欺天乎?"(《论语》),"我无尔诈,尔无我虞。"(《左传》),但到了现代汉语里,这些宾语都要放到动词之后,所以前面两句古文要是译成现代汉语,就要说成"我欺哄谁呢?欺哄上天吗?""我不欺骗你,你也不欺骗我。"当人们阅读中国古代文献时,即使里面的汉字都认识,也可能会有许多看不懂或理解错的地方,这种阅读古文的困难主要就是古今语汇、语义和语法的演变造成的。

除了语言系统内部的发展演变之外,在一定条件下,语言也会发生系统外部的发展演变。比如一种语言可能会分化出不同的方言,这些方言在一定的社会政治历史条件下还可能成为不同的语言;而随着社会的发展,一种语言也可能消除方言分歧,走向统一,不同的语言也可能通过各种方式统一为一种语言。这些现象也都是语言发展演变的重要方面。

B. 语言为什么会发展演变?

语言依存于社会,社会交际活动是语言产生和存在的基本条件,也是语言发展和演变的根本原因。从前面对语言起源问题的讨论中就可以看到:语言是一种社会现象,是为了社会的需要而产生的。不仅如此,语言产生之后,作为社会的交际工具也只存在于社会对它的使用之中,语言一旦退出了社会的交际活动,也就不再会有发展演变,或者说就死亡了,这种死亡了的语言如果没有文字保存它的遗迹,就会消失得无影无踪。比如我国古代有一种语言叫作鲜卑语,说这种语言的鲜卑人在南北朝时曾一度统治过中国的北部。但后来鲜卑族逐渐同汉族融合以至最后完全消失了,鲜卑语也就没有人再使用,自然也就不会再发展了。而且由于鲜卑语不像汉语这样有汉字来记录,今天人们已无法了解它的面貌了。因此可以说,脱离了社会,离开了交际活动中的使用,就无所谓语言,也就没有语言的产生、存在和发展。

社会的条件造成语言的发展演变,可以从以下几个方面看。

首先是社会的进步会推动语言的发展演变。人类社会是一个不断由低级向高级发展的过程,在社会进步的过程中,新事物、新概念不断出现,人们的思维成果也越来越复杂和精密,这些都会不断丰富语言的语汇,不断推动语言表达方式的精确化、多样化,以适应社会发展的需要。只要把现代汉语和古代汉语比较一下,就不难发现现代汉语的语汇大大丰富了,现代汉语的表达方式也更加严密和多样化。比如在古代汉语中,主语的省略现象很常见;而发展到现代汉语,特别是在书面的政论和科技语体中,这种省略现象就大大减少了,句子大都主谓齐全、结构完整。再如与古代汉语相比,现代汉语书面语中的句子更长了,修饰成分特别是复杂的修饰成分用得更多了,在意思的表达上也更加严密了,像"这种历史性成就,同解放思想、实事求是、以实践为检验真理唯一标准的思想路线的重新确立,同对什么是社会主义、怎样建设社会主义的重新认识是分不开的"这样的句子在古代汉语里是见不到的。又如与古代汉语相比,现代汉语的句式也更加多样化了。拿助动词构成的句式来说,现在在一个句子里既可以让不同的助动词带上相同的动词性成分,如"我们不能这样做,也不愿这样做",也可以让不同的助动词共同带一个动词性成分,如"我们不能,也不愿这样做",而后一种句式在古代汉语中是没有的。

其次是社会的分化和统一会推动语言的发展演变。当一个使用统一语言的社会走向地域分化时,分化出的各个部分之间的交际会逐渐减少,一个部分内部新的语言现象的产生和旧的语言现象的消失,就不大容易通过人们的交往传播到其他部分中去,久而久之原本统一的语言就会出现差异,并逐渐分化成不同的地域方言或不同的语言。汉语中形成北方方言、吴方言、湘方言、赣方言、客家方言、闽方言、粤方言等地域方言,拉丁语的各个方言发展为今天的法语、意大利语、西班牙语、葡萄牙语等独立的语言,就都是地域上的社会分化产生的结果。另外在一个社会的内部还会形成不同的社会集团,产生社群分化。这些不同的社会集团所使用的语言也会产生差异,从而在一种语言或方言内部形成各具特点的社会方言。知识分子说的话不完全等同于工人说的话,年轻人说的话不完全等同于老年人说的话,男人和女人说的话也会有所差异,这些都反映出社会方言的分歧。反过来如果不同的社会或同一个社会的各个处于分化状态的部分走向统一,它们之间的交际势必要逐渐增多,但不同语言或方言之间的差异会妨碍甚至阻断人们之间的交际,进而影响社会的统一或统一的巩固,影响社会的发展,在这种情形下,人们就需要有一种能在全社会范围内使用的交际工具,以适应社会统一的需要,于是通行于全社会的共同语就会形成。随着社会的不断进步,经济的日益发达,社会统一程度的不断提高,全社会的语言就会进而在共同语的基础上逐步走向统一。现代汉民族的共同语——普通话的形成和推广,就体现了随着社会统一程度的日益提高汉语也会随之逐步消除方言差异而走向统一的历史发展趋向。

再次是社会之间的接触和交往也会推动语言的发展演变。随着社会的发展,不同的社会,包括不同的国家、民族之间的接触就会频繁起来,各方面的交往也会逐渐增多。在彼此接触和交往的过程中自然离不开语言的使用。因此社会的接触必然会带来语言的接触,引起不同语言之间的相互影响,从而引起语言的变化,推动语言的发展演变。比如五四以来,随着西学东渐,我国同西方国家的接触和交流日益频繁。在这个过程中,汉语在印欧语言的影响下,不仅吸收和产生了大量的新词语,如"坦克、基因、可口可乐、克隆"等,而且出现了不少新兴的语法现象,比如依汉语的传统,主从复句都是从句在前,主句在后,现在因受印欧语言的影响,也有了主句在前,从句在后的复句形式,像"仿佛一过了二十七,他就有了解决一切的办法,虽然明知道这是欺骗自己"(老舍《骆驼祥子》)这样的句子,就已经越来越常见。

虽然从根本上讲,语言的存在和发展是受社会制约的,社会交际活动是语言存在和发展的基本条件,但这并不意味着一种语言中的每一项具体演变和发展都有直接的社会根源。比如古代汉语中的词大都是单音节的,换句话说在古代汉语中单音节词是构词的主要模式,可是发展到现代汉语,语汇中的词大都是双音节的,双音节词成了汉语的主要构词模式。古藏语原来是没有声调的,但现在藏语的拉萨方言、康方言等却有了能够区别不同意义的声调。这些语言演变现象都难以从社会的方面找到直接的原因,而需要从语言中各种因素的相互影响、相互制约中去寻找解释。因为语言是一个用来表达思想、交流信息的符号系统,它必须能够利用自身的形式手段把不同的意义区别开来,这就要求它必须保持不同语言形式之间的有效区别。为了适应社会交际对语言的这一要求,语言系统的各个组成部分以及每一个组成部分内部的各个成分都处在一种互相联系、互相制约的关系之中,它们分工合作,构成一个严密的系统,共同担负区别意义的职责,使语言能够发挥交际工具的作用。如果语言中的某个因素因某种原因发生了变化而使原有的分工遭到破坏,影响了表意的明确性,语言中的其他有关部分就会相应地发生变化,以重新调整它们之间的分工,恢复不同语言形式之间的有效区别,消除表义不清的现象。古代汉语中原本单音节词占优势,这是因为当时汉语的语音系统比较复杂,因而这些单音节词之间因为读音不同而可以保持有效的区别。后来汉语语音系统由于浊音清化、辅音韵尾消失等演变而趋于简化,结果就造成同音词大量增加,语言形式之间的有效区别遭到破坏,使社会交际受到影响。于是汉语便用调整词的长度的办法来恢复语言形式之间的有效区别,逐渐以双音节构词模式取代了过去的单音节构词模式。古藏语的语音系统也经历过简化的过程，但古藏语是没有声调的，因而由语音系统简化引起的相关演变就与有声调的古代汉语不同。古藏语在经历了浊音清化、前缀辅音脱落、韵尾辅音简化的演变之后，语言中的同音现象也大量增加，于是声调作为新的区别意义的手段就产生出来了，因此没有声调的古藏语就逐步发展为现在有声调的藏语拉萨方言、康方言等。可见一种语言发展演变的具体方式要受到该语言结构特点以及该语言内部各要素间相互影响的制约。但同时我们也可以看出，在这种制约的背后仍然是社会的交际在起作用。

C. 语言的发展演变有哪些特点

语言是人类最重要的交际工具，这一性质决定了语言的发展演变不能是突变的，只能是渐变的；而且由于系统内各个组成部分的特点不同，语言的发展演变又不可能是完全同步的，而总是不平衡的。因此"渐变性"和"不平衡性"就是语言发展演变的两大特点。

"渐变性"的意思是语言是逐步发展演变的，不允许一下子发生巨大的变化。前面说过，在社会发展变化的推动下，语言不可能一成不变，否则就不能满足社会进步所带来的日益增长和变化的交际需要。因此除了已经退出社会交际领域的死语言之外，不处在发展演变之中的语言是没有的。但是因为语言是全体社会成员须臾不可离开的交际工具，语言的这一根本属性就决定了语言首先又必须是稳固的，不能以突变的方式发展和演变。社会中的每个成员都需要学会和掌握语言这个交际工具才能参与各种社会活动。如果语言不是稳固的，而是一下子变得面目全非，今天掌握的语汇和用法，明天就不能用了，那么人们就永远也不可能掌握语言这个交际工具了。在日常生活中人们要依靠语言来互相沟通和交往，在社会生产中人们要依靠语言来进行协作和管理。如果语言不是稳固的，而是一下子就改变了面貌，就会导致语言使用的中断，人们的日常生活和社会生产就会随之陷入混乱。语言的稳固和发展都是由社会的交际工具这一语言的根本性质所决定的。这两个互相对立的要求决定了语言一方面不能不变，一方面又不能变得过于急剧。

"不平衡性"的意思是在语言内部的不同组成部分之间，以及在不同的地域之间，语言发展演变的速度和方向是不一致的。

语言系统的各个组成部分与社会变化发展的联系是各不相同的，其中联系最为直接的是语汇。社会生活中新事物新概念的出现、旧事物的消失、人的观念的更新，都是经常发生的，随着这些变化的发生，社会生活就会不断地提出新的交际需求,语汇必须随时对社会生活中的这些变化做出反应,才能使语言满足不断变化和发展着的交际需求,因而与语音和语法相比,语汇的新陈代谢最快。比如我国自改革开放以来,社会的政治、经济生活以及人的观念都发生了巨大而深刻的变化,与此相适应,汉语的语汇也得到了迅速的发展,产生了一大批新的词语,诸如"法盲、廉政、合资、套汇、环保、自考"等,这些新词语仿佛是一面镜子,反映着我国改革开放以来的发展历程。语言中的语汇虽然变化很快,但其中的基本语汇却是不易变化、非常稳固的,因为它们所代表的都是人类社会中最基本、最稳定的事物和概念,此外它们还是构造新词的主要材料,是语汇发展的基础。一般语汇对社会发展变化的灵敏反应和基本语汇的相对稳定是语言既要稳固又要发展这两方面要求的必然结果。

语言中虽然有成千上万的词语,但是表达这些词语的语音形式却极其有限,几十个音素(音位)的排列组合就可以完全满足语言表达的需要。新词语的产生只能使用已有的语音形式,否则就不会被社会接受;旧词语的消失一般也不会造成某个语音形式的消失,因为这个语音形式还会保留在其他词语里。比如曾经在北京的年轻人中流行过一阵的"盖帽儿"(意思是"好到极点"),现在已经没有什么人说了,不过这个词所使用的音素和音素组合形式并没有随着这个词的逐渐消失而消失,因为还有许多像"盖子、钙、草帽儿"等词语仍然在使用它们。可见语言中的语汇即使迅速发展,也不会立即引起语音系统的演变。所以语言中的语音系统相对来说是比较稳定的,语音的演变速度也就要缓慢些。

语法是语言成分的组织规则,这些规则是抽象的,每项语法规则都支配着整类的语言成分。新词语的产生和旧词语的消失一般不会引起语言成分类型格局的变动,因而也就不会立即引起语法规则的改变。比如汉语里的动词可以受副词的修饰,例如可以说"别打仗"、"正在阻碍",但名词却不能这样用,例如不能说"别战争"、"正在障碍"。汉语中动词和名词的这种区别并不会因为新词语的产生和旧词语的消失而改变,这样汉语中的上述语法规则也就不会随着语汇的发展而在短期内发生变化。正因为如此,语法的发展演变就更加缓慢。

同一语言现象的发展速度、发展方向在不同的地域内也可能不一致。可能有的地区变,有的地区不变;或者有的地区这样变,有的地区那样变。这种语言发展演变在地域上的不平衡性正是一种语言分化出不同地域方言或亲属语言的重要原因之一。比如北京话声母[k]组和[ts]组只能和开合二呼的韵母组合,而在齐撮二呼的韵母之前演变成为[tɕ]组。但是在苏州话里,同样是在[-i]、[-y]之前,[k]组变成了[tɕ]组,而[ts]组却不变。如"挤、妻、西"在北京话里分别读作[tɕi]、[tɕ'i]、[ɕi],而在苏州话里却分别读作[tsi]、[ts'i]、[si]。

9.2 语言的分化和统一

前面在说语言为什么会发展演变时提到,社会的分化和统一会推动语言的发展演变。这方面最主要的表现就是:一种语言在一定条件下会分化成为不同的方言,这些方言在一定的社会政治历史条件下还可能变成不同的语言;而随着社会的发展,一种语言也可能消除方言分歧走向统一,不同的语言也可能通过各种方式统一为一种语言。前者就是语言的"分化"现象,后者就是语言的"统一"现象。这一节就再具体讨论一下这两个问题。

1. 语言是随着社会的分化而分化的

社会的分化有两种基本类型:一是一个统一的社会在其发展过程中,在地域上逐渐分化为若干个相对独立或完全独立的部分,这可以叫作"社会的地域分化";二是在一个统一的社会内部因阶级、阶层、职业、年龄、性别、文化程度、宗教信仰等社会特征的不同而形成不同的社会集团(又叫作"社群"),这可以叫作"社会的社群分化"。在这些社会分化的作用下,一个统一的语言就可能随着社会的分化而分化:社会的地域分化会导致语言的地域分化,在一种语言的内部形成不同的"地域方言";进一步还可能在一定的社会政治历史条件下使一种语言的方言成为不同的"亲属语言";社会的社群分化会导致语言的社群分化,在一种语言或方言内部形成不同的"社会方言"。

A. 什么是"地域方言"?

我们每个人都可能有这样的经验:在使用同一种语言的社会里,虽然不同地区的人所说的是同一种语言,但他们的话可能各有特点而彼此不完全相同。比如北京人和广州人所说的都是汉语,但是北京人把"叫"读作[tɕiɑu⁵¹],广州人却读作[kiu³³];北京人把"气"读作[tɕ'i⁵¹],广州人却读作[hei³³];北京人说"客人",广州人说"人客";北京人说"自行车",广州人却把同一种代步工具叫作"单车";北京人说"你先吃",广州人却说成"你食先"。不仅北京人和广州人所说的汉语不完全相同,上海人、长沙人、南昌人、厦门人等所说的汉语也各有特点。这种同一种语言由于语音、语汇和语法等方面的差异而在不同的地区形成的地域分支或变体就叫作"地域方言"。人们通常所说的"方言"一般指的就是这种地域方言。比如北京话、广州话、上海话、长沙话、南昌话、厦门话等就都是现代汉语的"方言"。一般而言,现在分布面积较广的语言,其内部都有程度不同的方言分歧。比如英国境内的英语可以区分出北部、中部、西南部和伦敦方言;德语可以区分出高地德语和低地德语两大方言;俄语可以区分出南俄方言和北俄方言两大方言。

方言是受社会分化和语言内部发展演变的共同作用而形成的。语言自产生之初起,语音、语汇、语法、语义各组成部分就处在不断的发展演变之中,这些发展演变总是开始于某一人群,然后借助人们之间的言语交际向四方扩散。在远古时代,由于受食物资源的限制,人类社会的规模不可能很大,社会成员的数量也不可能很多。随着生产力逐步发展和人口逐渐增加,人们为了保证各自能有足够的生活资源,便不断扩大自己的活动领域,并分成不同的人群而分开居住,并且一分再分,越走越远。对这些原先在一起生活后来又分开居住的不同人群来说,如果彼此活动和居住的地点比较近,还能够经常接触保持联系,那么语言的发展演变就能够通过人们之间经常的言语交际扩散到整个社会,他们原先共同使用的语言也就仍然能够保持一致。但是如果彼此活动和居住的地点越来越分散,相距越来越遥远,互相之间的交往也就会越来越少,原本统一的社会就会逐渐发生不完全分化,在地域上形成几个相对独立的部分。在这种情况下,不同地区人们之间的言语交际频率很低,甚至难以发生,一个地区内语言发展演变也就难以借助言语交际的力量扩散到其他地区,各地区使用的原本相同的语言,共同点就会不断减少,不同点就会不断增多,时间一长,不同地区的语言就会各自形成一系列自己的特点,不同的方言也就形成了。这个过程就是语言最初随社会的分化而分化的典型过程。即使到了后代,在一定条件下,这一语言分化的过程仍会发生。比如一个疆域较大的封建社会,由于生产和贸易不发达,交通和通讯不便利,很难保持完全统一的局面而处于不完全的分化状态,就也会促使方言产生。又比如一个社会中的某一部分居民的大规模的集体迁徙,也会形成社会的不完全分化,从而使一种语言内部出现方言分歧。有人认为,我国东晋到明朝初年间,原来住在中原一带的居民先后向我国南方进行的三次大迁徙,就是汉语客家方言形成的社会原因。虽然社会的不完全分化是一种语言内部产生方言分歧的必要社会条件,可以说没有社会的不完全分化就没有方言的产生;但如果只有社会的分化,而没有语言的发展演变,一种语言内部的方言分歧也是不可能出现的。我们可以设想,如果语言是一成不变的,那么无论社会如何分化,分化出来的各个地区的语言都会始终保持原来的面貌,它们将会永远彼此一致,方言当然也就无从产生了。所以应该说,方言的产生是社会的不完全分化和语言的发展演变共同作用的结果。

方言之间一定有差别,像北京话和广州话、北京话和上海话之间的差别都是极其明显的。但是究竟要有多大的差别才可以算是不同的方言呢?这并没有统一的标准,而要依不同语言的具体情况而定。比如英语和俄语的内部都可以分出不同的方言,但这些方言之间的差别要比汉语方言之间的差别小得多,因为至少还可以听懂。如果在一个方言区内,不同地区的人所说的话仍有差异,也就是说在一个方言的内部还存在着地域方言性质的分歧,那么在这个方言的下面就可以再分出各种"次方言",次方言的下面还可以再分出各种"土语"。比如汉语北方方言的分布地域很广,包括了长江以北各省,长江以南镇江以上、九江以下沿江地带,以及四川、云南、贵州等地区,约占全国汉语地区的四分之三。在这样一个广阔的地域内,不同地区的人所说的话并不完全一样,北京人和陕西人说话不一样,陕西人和四川人说话也不一样,四川人和南京人说话又不一样。因此在北方方言的内部又可以分出"华北方言"、"西北方言"、"西南方言"和"江淮方言"四个次方言,"华北方言"内部又可以分出"河北话"、"东北话"、"山东话"、"胶东话"、"河南话"和"淮北话"六个土语群。

一般来说方言之间的差别主要表现在语音上。两个说不同方言的人碰到一起,首先感到的就是对方说话时的发音与自己不同。所以人们在区分一种语言的不同方言,也就是进行方言分区时,通常把语音的差别作为主要的依据。现代汉语可以分出北方方言、吴方言、湘方言、赣方言、客家方言、粤方言和闽方言七大方言,这些方言主要就是根据不同的语音特点来确定的。比如在声母方面,吴方言和部分湘方言中有浊塞音、浊塞擦音,其他方言一般只有清塞音和清塞擦音。在韵母方面,北方方言和吴方言都没有以辅音-m,-p,-t,-k 收尾的韵母,粤方言和客家方言里却有这类韵母。在声调方面,北方方言的代表点北京话只有四个声调,没有入声,其他方言则大都有六个或六个以上声调,并且大都有入声。

方言之间在语汇和词义上也会有一些差异。这首先表现在同样的事物在不同的方言里可能有不同的称呼。比如北京话说"月亮",广州话说"月光";北京话说"家具",广州话说"家私";同是一种昆虫,北京话叫"萤火虫",上海话和苏州话叫"游火虫",南昌话叫"夜火虫",成都话叫"亮火虫",广东梅县话叫"火兰虫",厦门话叫"火金姑",潮州话叫"火夜姑",福州话叫"兰尾星"。其次相同的词语在不同的方言里可能具有不同的意思。比如"蚊子"这个词在长沙话里可用来兼指"苍蝇",而北京话"蚊子"就没有这个意思。"水"这个词在广州话里可以兼指"雨","下雨"叫作"落水",而在其他一些方言里"水"就没有这样的意思。

方言之间在语法上的差别相对来说要比语音、语汇上的差别小一些。不过方言之间的语法差别会表现在语法的各个方面,而且差别是各式各样的。在北京话里人称代词的单复数要靠加不加助词"们"来区别:"我—我们,你—你们,他—他们";但在陕西商县话里,人称代词的单复数却可以依靠声调变化来区别。现代汉语各方言里的名词都可以跟量词结合,但哪些名词能跟哪些量词结合在一起,不同的方言却可能有不同的特点。比如北京话说"一把刀",广州话说"一张刀",潮州话说"一支刀";北京话说"一棵树",广州话说"一坡树",厦门话说"一丛树"。在语序上不同的方言也可能各有一些自己的特点。比如北京话说"再等一下",广东梅县话却可以说"等一下添"("添"相当于"再");北京话说"给我一本书",吴方言却可以说"给本书我"。

尽管方言之间存在着这样或那样的差别,但是由于不同的方言都是从同一个语言里分化出来的,因而不论它们之间的差别有多大,也总会有一些明显的共同点。各方言除了在语汇和语法上会有许多相同点之外,在语音上也会存在有规律的对应关系。例如将现代汉语中的上海话和北京话的双唇塞音比较一下,就会发现它们之间存在着有规律的对应:上海话以[p]为声母的字,在北京话里也以[p]为声母,如"碑、臂、比";上海话以[p']为声母的字,在北京话里也以[p']为声母,如"怕、派、炮";上海话以[b]为声母的字,在北京话里可能是[p],也可能是[p'],条件是仄声字是[p],如"别、倍、避"(在上海话里都是仄声);平声字是[p'],如"旁、袍、瓢"(在上海话里都是平声)。这种方言之间有规律的非个别语音之间的对应关系就叫作"语音对应关系"。由于这种语音对应关系涉及成批的词语,因而不可能是个别的或偶然的,而只能用不同的方言具有共同的历史来源来解释。

B. 什么是"亲属语言"?

方言形成以后,如果社会仍然处于不完全分化状态中,方言的社会政治地位就不会改变,仍旧是一种语言的分支和地域变体。几千年封建社会中的汉语方言就是这种情况。如果社会由不完全分化走向完全分化,分裂成几个各自完全独立的社会,那么各方言的社会政治地位就可能随之发生变化,由一种语言的分支转变为各自独立的语言。比如拉丁语随着古罗马帝国的解体,它的各个方言就逐步转变为后来的法语、意大利语、西班牙语、葡萄牙语、罗马尼亚语等独立的语言。这种从同一种语言中分化出来的各个语言,就叫作"亲属语言"。

亲属语言一定具有共同的来源,这些语言之间的历史同源关系就称作亲属关系。比如汉语和藏语都来自原始汉藏语,因此它们之间就有亲属关系,是亲属语言。有些语言学家把像原始汉藏语那样的语言叫作"母语"或"原始基础语",把像汉语和藏语这样从中分化出来的语言叫作"子语"。所谓"亲属语言"、"亲属关系"只不过是对语言间历史同源关系的一种比喻,所谓"母语"、"子语"也只不过是对后代语言与其历史来源之间关系的一种比喻,并非等同于生物学上"亲属"、"母子"的概念。法语、意大利语、西班牙语、葡萄牙语、罗马尼亚语都来自拉丁语,英语、德语、丹麦语、瑞典语、挪威语、冰岛语、荷兰语都来自日耳曼语,俄语、乌克兰语、保加利亚语、捷克语、波兰语都来自古斯拉夫语,因而它们各自一群相互之间都是亲属语言。而拉丁语、日耳曼语、古斯拉夫语又都来自原始印欧语,所以又是更高一层的亲属语言。

亲属语言既然有共同的历史来源,是从同一个语言分化发展而来的,它们之间就会或多或少有一些相似之处,在语音上也会存在着有规律的对应关系,就这一点而言,亲属语言之间的情况与方言之间的情况并没有本质的不同。亲属语言之间的相似之处有时是十分明显的,比如下面就是几种亲属语言的语音对应关系。看下表:

	英语	德语	荷兰语	丹麦语	瑞典语
田鼠	maws	maws	mɵɥs	muːʔs	muːs
虱子	laws	laws	lɵɥs	luːʔs	luːs
出去	awt	aws	ɵɥt	uːʔð	uːt
棕色	brawn	brawn	brɵɥn	bruːʔn	bruːn

我们从中可以看出英语和德语的[aw]、荷兰语的[ɵɥ]、丹麦语的[uːʔ]和瑞典语的[uː]互相对应,这种出现在成批词语中的语音对应现象是它们同出一源而又有规律地各自发展的结果,因而这些语音对应现象也就成为语言间亲属关系的重要标志。

了解了语言之间的亲属关系之后,便可以根据语言的历史来源或语言的亲属关系来对世界上的语言进行分类,把有亲属关系的语言归在一起,把没有历史同源关系的语言互相分开,这种分类叫作"语言的谱系分类"。谱系分类首先根据语言间亲属关系的有无,把世界上的语言分为不同的"语系"。语系是谱系分类中最大的类,凡是有亲属关系的语言都属于同一个语系,凡是没有亲属关系的语言就属于不同的语系。比如汉语、藏语、壮语、傣语、苗语、彝语、景颇语是亲属语言,都属于汉藏语系;印地语、波斯语、俄语、波兰语、英语、德语、荷兰语、丹麦语、瑞典语、法语、意大利语是亲属语言,都属于印欧语系。同一个语系之下又可以根据亲属关系的远近程度,把语言分为若干个"语族",比如同属印欧语系的英、德两种语言有比较直接的亲属关系,因而同属于日耳曼语族,法、意两种语言就属于拉丁语族。同一个语族之下还可以分出不同的"语支",有时甚至还可以在语支之下分出不同的"语群"。语系、语族、语支、语群这种语言谱系分类的层级体系,反映了原始基础语(母语)随着社会的分化而不断分化的历史过程和结果。例如原始印欧语先是分化出印度—伊朗语族、斯拉夫语族、日耳曼语族、拉丁语族等,其中的日耳曼语族又分化出东部、西部、北部三个语支,而其中的西部语支又进一步分化出英语、德语、荷兰语等语言。

C. 什么是"社会方言"?

在使用同一种语言的社会里,不同地区的人所说的话可能并不相同,也就是存在着地域方言。那么在同一个语言社会的同一个地区人们说的话是不是就完全一样呢? 实际上也不尽然。我们很容易在日常生活中感受到,具有不同社会特征的人的语言可能就各有特点,以至于单凭语言方面的特点就可以大致推断出说话人的社会身份。比如大致相同的意思,有的北京人说成"哥儿们这就忒损了",有的北京人却说成"你这样太不讲道德了",当人们听到这两种不同的说法时,马上就可以判断出这两个人在职业、年龄以及文化程度上的差别。再比如有实验表明,在美国底特律,人们仅仅根据几秒钟的录音材料就能够辨认出说话的是白人还是黑人,准确率将近百分之八十。以上现象说明,在一个语言社会中不同的人说话可能会使用不同的语言变体而呈现出不同的特点,这些不同的语言变体和特点又同说话人的社会特征相关联,同一定的社群联系在一起。这种语言的变体就被称之为"社会方言"。

社会方言虽然也是一种语言内部的变体,但却与地域方言不同。除了地域方言同社会的地域分化有关,而社会方言同社会的社群分化有关这一区别之外,从结构系统上看,地域方言有自己独立的语音、语汇、语法系统,它们之间的差别甚至可以大到不能通话的程度,汉语的一些地域方言就是如此,在这一点上地域方言与独立的语言并没有本质的区别,只是方言与语言的社会政治地位不同而已。而社会方言却没有独立的结构系统,它所用的材料和规则基本上都是全民语言或当地方言所具有的,仅仅是有某些值得注意的不同于其他社群的特点而已,因而它们之间的差异一般并不会妨碍人们之间的言语交际。比如所谓"贵族语言"就是一种社会方言,这种社会方言同被称作"平民语言"的另一种社会方言,在语音、语汇、语法、语义方面是基本相同的,主要的差别在于"贵族语言"中有一些与贵族生活有关而一般平民用不着的语汇,这种某一阶级专用的语汇也就是所谓的"阶级习惯语"。此外"贵族语言"在语音、语法等其他方面也可能或多或少有些特点。但是总起来说"贵族语言"并没有只属于它自己的语言结构系统,它的语法结构和基本语汇都是与"平民语言"一致的。

社会方言是由与一定的社会因素相关的语言差异构成的。比如知识分子和普通工人的话就有一些差别,这些差别与"文化程度"这一社会因素有关;老年人和青年人说话也会有所不同,这些不同与"年龄"这一社会因素有关。究竟有哪些社会因素会影响语言并使语言内部产生各种分歧现象,目前人们还难以提出一份详尽完备的清单,不过不少语言中的事实都证明,阶级和阶层、职业、年龄、性别、文化程度、宗教信仰等社会因素都有可能对语言产生影响。

阶级和阶层的差别会对语言产生影响从而造成语言的差异。上面提到的"贵族语言"和"平民语言"就是由阶级差别而产生的社会阶级方言。美国的所谓"黑人英语"也有一些自己的特点而不同于其他社群所说的英语。比如许多黑人说"cart(运货马车)"和"car(汽车)"时其中的字母"r"往往不发音;动词第三人称单数现在时词尾"-s"经常脱落,如把"She likes the book"(她喜欢这本书)说成"She like the book"。由于美国黑人的社会阶层普遍比较低,而且有的调查结果表明,从事非技术性劳动的白种工人所说的话具有同"黑人英语"差不多的特点,因而一般就把这种"黑人英语"看作是属于社会下层阶级的一种社会方言。

职业的差别也会对语言产生影响从而造成语言的差异。这种与不同职业集团相关的语言差异突出地表现为不同的行业各有一些自己特殊的用语,也就是通常所说的"行话"。比如图书出版行业把书的标价乘上书的册数所得的金额叫作"码洋";财务会计人员把收不回来的帐叫作"呆帐";饮食行业把烹制菜肴的工作叫作"红案",把制作米饭、馒头、烙饼、油条之类主食的工作叫作"白案";教师把讲课前准备的教学方案叫作"教案",把讲课时在黑板上写字以及所写的字叫作"板书"。大多数行话用语只在内行的人中使用,外行人一般不懂,也不使用,因而行话的使用往往可以起到显示说话人身份的作用。但是行话中也会不断地有一些用语转入全民语言,成为全民语言的一部分,比如医学行话里的"体检、理疗、休克、高血压"等,商业行话中的"经销、批发、零售、盘点"等就已成为全民语言中的成分。

年龄的差别也可能对语言产生影响从而造成语言的差异。平时我们只要留心,就会注意到有些话只有老年人才说,年轻人不怎么说;而另一些话只有年轻人才说,老年人却不大说。比如北京话里的介词"把"可以有两个读音,一个是[pa²¹⁴],另一个是[pai²¹⁴],80年代初的一项调查结果表明,老年人使用后一种读音的比例明显高于年轻人;北京话"肥皂"也可以叫作"胰子","我们"也可以说成"姆末",同一项调查结果表明,老年人多使用"胰子"和"姆末",年轻人则多使用"肥皂"和"我们"。因年龄差别而形成的语言差异与行话不同。某个职业集团的行话,外行人不会用也听不懂。而属于某一年龄社群的语言项目,其他年龄社群的人虽然很少使用,但至少还可以听得懂。比如北京的年轻人虽不大用但却听得懂老年人所说的"胰子",老年人虽不怎么用但却听得懂年轻人所说的"肥皂"。因此不同年龄的人在进行交际时,即使各自使用自己习惯的语言项目,也不会影响他们之间的相互理解。

性别的不同也可能在一定的程度上影响语言从而造成语言的差异。比如早在上世纪20年代就有人发现,北京一些女子中学的学生把[tɕi,tɕ'i,ɕi]发成[tsi,ts'i,si],使得很多话听起来显得"娇滴滴"的,这就是所谓北京话中的"女国音"现象。这种现象至今仍部分存在于北京的女青年尤其是女学生中,男青年中就没有这种现象,而且这种现象等女孩子到了二十四五岁也就自动消失了。又如在英语中某些形容词是妇女喜欢用的,如"adorable(极可爱的)、charming(可爱的、极好的)、divine(好极了的)、lovely(令人愉快的)"等,而男人则很少用。由于任何一个社会都不可能按性别分化为两个相对隔绝的社群,因此性别差异不大可能导致形成有严重差别的两种不同的社会方言。一般而言,不同性别的人会有一些各自惯用的语言项目,而这些语言项目异性虽很少使用,却是可以理解的。

文化程度也是影响语言的一个社会因素,不过这一因素往往与阶级、阶层、职业等其他社会因素有着密切的联系,并共同对语言产生影响。一般说来,文化程度比较高的人,往往使用民族标准语;文化程度比较低的人往往使用方言土语。这是因为民族标准语首先是通过各级教育机构推广的。比如据调查,北京人文化程度越高,使用"胰子、姆末"等土俗成分的比例就越低;文化程度越低,使用这些土俗成分的比例就越高。我们在同他人的交往过程中,常常会感到知识分子说话比较"文",即"文绉绉"的,而文化程度不高的人说话则比较"土",甚至"土得掉渣儿",这种感觉实际上也是文化程度影响语言的一种反映。

不同的宗教信仰也有可能形成不同的社群,如果相互之间的交往不那么频繁,就有可能因宗教因素而产生社会方言。在第二次世界大战以前,英属印度境内的主要语言是印地语,由于使用印地语的人有的信印度教,有的信伊斯兰教,信印度教的使用印度文字来书写印地语,而信伊斯兰教的使用阿拉伯字母来书写印地语,并把这种语言改称乌尔都语。这样两种具有浓厚宗教色彩的社会方言就形成了。更由于印度和巴基斯坦是两个国家,这两种不同的社会方言也就进一步分别成为了两种不同的语言。不过这种极端的现象并不多见,一般情况下由宗教信仰而形成的语言特点只限于一些宗教用语,但其中有一些也可能成为日常用语的一部分。比如北京牛街地区的回民说的是北京话,但与汉族的北京话不同的是,他们的北京话里包含着一些来自阿拉伯语和波斯语的伊斯兰教用语,这些宗教用语除了在宗教活动中使用之外,有一些也在日常生活中使用。例如牛街回民之间把"朋友"叫作"朵斯梯",比如可以说"马朵斯梯,您上哪儿去"。把"益处"叫作"法依太",比如可以说"早晨起来遛遛弯儿,活动活动身子,那法依太可不小"。把"倒霉"叫作"鼠灭",比如可以说"上街买东西把钱给丢了,您瞧有多鼠灭"。这些借词汉族的北京人不仅不用,甚至也几乎听不懂。

当社会上出现了由于各种原因而形成的秘密团体之后,就有可能产生秘密性的语言,也就是"隐语"。隐语是一种特殊的社会方言。其他社会方言没有排他性,不排斥其他社群的成员了解和运用;隐语则有明显的排他性,总是有意说得让局外人听不懂,目的是不让他人了解秘密团体成员之间的谈话内容。黑社会使用的隐语叫作"黑话",比如旧中国的绑匪称用来敲诈赎金的人质为"票",称女性人质为"花票",称关押人质的地方为"票房",称杀害人质为"撕票",这些就是一种"黑话"词语。

从根本上说,任何社会方言都是随着社会的社群分化而产生的。但同时也应看到,各种社会方言形成的具体原因又可能有所不同。社群的分化会带来两个直接后果:一是会在不同的社群之间造成程度不同的社会距离,社会距离又会在不同的社群之间造成交际障碍,甚至有可能使一些不同的社群处于相对隔绝的状态,结果社群内部的交际活动要比社群之间的交际活动频繁得多,最后各社群的语言就会逐渐形成各自特点,产生不同的社会方言。比如文化程度差不多的人在职业层次、兴趣爱好乃至生活习惯上都可能比较接近,而文化程度相差较大的人在这些方面就可能存在着一定的距离,因而前者更容易而且也有更多的机会相互交往,这样在语言上也就比较容易保持一致,后者互相交往的机会则相对较少,即使有机会交往也有可能因共同点太少而缺少"共同语言",这样在语言上就会逐渐形成不同的特点。二是会在社会上形成与特定社群相关联的社会行为规范,从而影响人们的言语行为,以至产生语言分歧。这里说的社会行为规范指的是某种人应该怎样做的共同标准,其中包括某种人应该怎样说话的共同标准。这种标准虽然是无形的,但由于它存在于所有社会成员的潜意识中,因而对人们的言谈举止有着很强的约束力,它会迫使人们说话时遵守这些规范以保持自己的社会身份。比如几乎每一个社会里都有一套自己的"男子汉应该怎样说话"、"妇女应该怎样说话"的无形标准。在北京,如果一个女青年被触犯,她可能会说一句:"讨厌!"但在同样的情形下,一个小伙子就不会这样说,如果也这么说,就会被人看作是"女里女气的"而受到嘲笑。"社会距离"和"社会行为规范"这两种因素都会对语言的社群分化起作用,但是对不同的社会方言来说,这两种因素在其形成过程中所起的作用可能有主次之分。在与阶级和阶层、职业、文化程度、宗教信仰等社会因素相关的社会方言的形成过程中,大概社会距离所起的作用要大一些,因为这些社群之间的社会距离是每个人都可以感受到的;而在与年龄、性别等社会因素相关的社会方言的形成过程中,或许社会行为规范所起的作用更大一些,因为人们并没有明显感到社会距离会妨碍老少之间或男女之间进行交际。

　　2. 语言是随着社会的统一而统一的

　　语言不仅随着社会的分化而分化,而且也会随着社会的统一而走向统一。前面已经谈到,在一个统一程度不太高的社会里,一种语言会分化出不同的地域方言;在彼此独立的社会里,人们会使用不同的语言。如果社会条件不发生变化,语言的这种状况就将一直保持下去。但是随着社会的发展,一个原来地方割据的、不太统一的社会又可以完全统一起来,几个原来独立的社会也可以统一为一个社会。在这种情况下,原来的地域方言或不同语言之间的差异就会给全社会范围内的交际活动造成障碍,妨碍社会的完全统一。于是社会就会要求消除语言差异,使不同地区的人能够互相听懂对方的话,使他们之间的言语交际能够顺利进行。在这种社会要求的推动下,语言就会随着社会的统一而逐步走向统一。语言的统一有两种情况:一是一种语言逐步消除方言分歧而走向统一;二是几种不同的语言统一为一种语言。本节先讨论前者的情况,因为后者的情况主要跟语言的接触和影响有关,所以下一节中再讨论。

A. 方言走向共同语需要什么条件?

在一个以个体小农经济为基础的封建社会里,虽然政治上可以达到高度统一,但在经济上却是各地区相对分散和自给自足的,彼此之间处于相对隔绝状态,交通往来和通讯联系也十分不便。在这种条件下,地域方言产生和存在的客观基础也就依然如故,方言间的分歧和差异当然也就会存在下去。这种社会的语言即使能像使用方块汉字作为书写形式的汉语那样在书面语上达到统一,在口语上的方言分歧也难以缩小。我国在长达两千多年的封建社会里,大部分时间都曾在政治上保持高度的统一,但方言间的分歧和差异并未见有什么缩小,其主要的原因就在于缺少经济的力量。资本主义时代出现了大机器生产,形成了统一的民族市场,把城乡之间、各地区之间的生产者、销售商以及消费者联结成一个整体,打破了各地区之间的相对隔绝状态;各地区的人们出于生产、贸易或消费的需要,彼此间的交往日益频繁起来;随着科学技术的进步,交通和通讯也越来越便利:这就为不同地区间的来往提供了必要的物质条件,地域方言赖以形成和存在的基础当然也就逐步瓦解,使得方言间的分歧和差异不断缩小,语言统一的步伐明显加快。欧洲各民族的"民族共同语",也就是一个民族内全体社会成员共同使用的语言形式,就基本上都是在文艺复兴之后形成或发展起来的。新中国建立之后,党和政府为适应国家空前统一的要求,大力推广现代汉民族的共同语——普通话,并将"国家推广全国通用的普通话"作为一项基本国策写进《中华人民共和国宪法》,从而推动汉语向统一的方向发展。特别是改革开放以来,随着国民经济快速发展,交通和通讯手段日益现代化,地区之间的联系越来越紧密,来往越来越频繁,再加上广播电视等大众传媒的作用,使普通话正在为越来越多的人所使用,普通话的影响也正在不断扩大,全国人大于2000年还专门通过了《国家通用语言文字法》,强化了普通话的地位和作用,这些都无疑有助于缩小汉语的方言差别。

B. 方言通过什么方式走向共同语?

随着社会在政治、经济、文化等方面统一程度的不断提高,语言迟早也会统一起来。但语言的统一不可能采取消灭现有方言的方式来实现,因为在一个地区的人们仍在把方言作为本地区内的主要交际工具时,消灭方言就意味着语言使用的中断,其后果必然是造成社会生活的混乱。因而语言的统一只能通过推广"民族共同语"逐步取代方言这种方式来实现。在存在方言分歧的社会里,人们为了不同地区之间的交际,往往会选择一种方言作为各方言区之间的交际工具,这种语言形式可以叫作"通用语"。我国古代所谓的"雅言"、"通语"以及后来的"官话"就是当时的人们给这种通用语起的名称。但是在半统一半分化的社会条件下,由于不同地区之间的相互来往很不普遍,频率也很低,通用语的使用者就可能只局限于一些官员、商人和读书人,人数势必不多。这样通用语也就难以对广大民众所使用的方言产生大的影响,对消除方言分歧也就不会起多大的作用。"通用语"不完全等同于"共同语",后者是社会打破地域封闭状态走向完全统一时出现的语言形式。对方言来说,共同语是一种更高级的形式,它能够积极地引导方言的发展,吸引方言向自己靠拢,并准备最后取代方言。虽然在大多数情况下,共同语可能就是通用语,但我们仍应看到二者在所处的社会历史条件以及在语言统一过程中所起的作用等方面的差别,不能把二者混为一谈。

一种语言的共同语并不是凭空产生的,而是在某一个方言的基础上形成的。这种作为共同语基础的方言叫作"基础方言"。所谓"共同语的基础",指的是共同语的语音、语汇和语法系统都是来自基础方言的。在一种语言的诸方言中,究竟哪一种方言成为基础方言,这并不决定于人们的主观喜好,而是由客观的社会政治、经济、文化等方面的条件决定的。现代汉民族共同语即普通话以北方方言为基础方言,主要是由政治上的原因决定的。北方方言区的代表点北京是辽、金、元、明、清各代的都城,近千年来一直是一个政治中心;以北京话为代表的北方方言几百年来被用作中央政府实施国家管理的工具,被称作"官话";加之近千年来,许多重要的文学作品,如宋人话本、元曲和明清的白话小说等,大多是用北方方言或是以北方方言为基础写成的,而且使用北方方言的人也最多;这些因素使北方方言在汉语众多方言中地位最为重要,影响也最大。因而它就成为现代汉民族共同语的基础方言,北京语音就成为共同语的标准音。包括伦敦方言在内的南部方言成为英吉利共同语的基础方言,主要是由于经济的原因。英国产业革命后,南部的经济发展迅速,特别是首都伦敦成为工业的中心,各地的居民纷纷迁居到这里,同原来的居民杂居在一起,使英吉利民族共同语在包括伦敦方言在内的南方方言的基础上,吸收其他方言的一些成分而发展起来。多斯岗方言成为意大利共同语的基础方言,则主要是由于文化的原因。在意大利统一之前,著名的文豪如但丁(Alighieri Dante)、彼特拉克(Francesco Petrarca)、薄伽丘(Giovanni Boccaccio)等人已用这种方言写下了许多脍炙人口的作品,随着这些作品的流传,多斯岗方言也在整个意大利半岛产生了很大的影响,确立了它在各方言中的特殊地位,成为共同语的基础方言,而该方言区首府佛罗伦萨的语音就成为意大利共同语的标准音。

从共同语的形成到共同语的普及有一个过程。共同语的形成并不意味着全体社会成员都已经掌握了这种语言形式,也不意味着方言分歧已经消失。比如汉民族共同语——普通话至今也还没普及到全体汉民族成员,在方言区内部,方言仍是人们使用的主要语言形式,很多人还只会听而不会说普通话,少数边远地区甚至还有人听不懂普通话。我国政府把推广普通话作为语言文字方面的一项重要任务,目的就是要逐步改变这种状况,推动普通话在全社会的普及。共同语的普及过程实际上也就是逐渐缩小方言差别、使语言趋于统一的过程。在这个过程中,共同语可以在两个方面对方言产生强烈的影响。一是引导方言的发展方向,吸引方言向自己靠拢。新中国建立50多年以来,汉语各方言就都出现了明显的向普通话靠拢的趋势。比如据有人研究,几十年来随着普通话的推广,上海话中大批方言色彩较浓的语汇已经或正在被普通话语汇所取代,例如"娘子、家主婆"已被普通话的"爱人、妻子"所取代,"影戏"已被"电影"所取代,"本底子"已被"本来"所取代,"迭歇"已被"现在"所取代。二是共同语会逐步扩大自己的使用范围,而方言的使用范围将随之不断缩小。比如在各方言区的中小学里,过去有不少教师使用当地方言进行教学,现在随着普通话的日益普及,使用普通话进行教学的教师越来越多。又如一个县城的居民到了省会城市,过去可能会使用这个省会城市的方言,现在则有可能使用普通话。共同语的形成和发展虽然可以使方言分歧逐渐缩小,但语言的统一通常是一个长期的过程,绝不是一朝一夕就可以完成的。对我国这样一个地域广大、人口众多、方言分歧严重、社会经济又发展不平衡的社会来说,尤其如此。

在共同语的形成过程中,人们会根据语言的实际情况为共同语规定一套规范,也就是共同语在语音、语汇和语法方面的明确标准,这套标准可以告诉人们什么样的话才是共同语。比如汉民族共同语——普通话的这套标准是"以北京语音为标准音,以北方方言为基础方言,以典范的现代白话文著作为语法规范",只有符合这些标准的话才算是普通话。如果一种民族共同语有了这样明确的规范,就又可以叫作"民族标准语"。普通话就是汉民族的民族标准语。

以上说的共同语是就一个社会(如一个民族)内部的语言形式而言的,在一个多民族的国家里,为了维系整个国家内部各民族之间的联系,还需要有共同的交际工具,有人把这种一个国家内各民族所共同使用的语言叫作"官方语言"或"国语"。官方语言或国语可以看作是各民族之间的共同语,中国的汉语就是这样一种共同语。在有的国家里,这种官方语言不止一种,比如加拿大有英语和法语两种,瑞士有德语、法语、意大利语和罗曼希语四种。

9.3 语言的接触和影响

前面在说语言为什么会发展演变时提到,社会之间的接触和交往也会推动语言的发展演变。由于不同民族在彼此交往的过程中离不开语言,社会的接触也就必然会带来语言的接触和语言之间的相互影响,从而推动语言的发展演变。"接触和影响"是一个笼统的概念,其中又包括不同的类型。比如"语言的借用"、"语言的并存"、"语言的转用"和"语言的混合"等几种情况,就是语言接触和影响的不同结果。这一节就再具体讨论一下这几个问题。

1. 语言的"借用"是怎么回事

民族之间贸易往来、文化交流、战争冲突、移民杂居等各种活动都会使不同的民族和社会发生接触,这种接触又必然会引起语言的接触。而语言接触最直接的后果就是我的语言用了你的语言中的成分,你的语言用了我的语言中的成分,这就是语言的"借用"现象。

语言成分的借用中最常见的、最突出的就是词语的借用。任何一种语言中都存在"借词",也叫作"外来词"。在前面"语汇"一讲中已经讨论过,狭义或典型的借词是指音和义都借自外语的词。例如汉语中的"吉普、沙发、尼龙、拷贝、雷达、扑克、逻辑、克隆、迪斯科、巧克力、三明治、尼古丁、尼尔夫"等是从英语借入的借词;英语中的"arms(武器、武装)、army(军队)、art(艺术)、beauty(美)、country(国家)、color(颜色)、fruit(水果)、furniture(家具)、palace(宫殿)、people(人民)、religion(宗教)、science(科学)、table(桌子)"等是从法语借入的借词,"hamburger(汉堡包)"等是从德语借入的借词,"piano(钢琴)"等是从意大利语借入的借词。借词和"意译词"不同。意译词是用本族语言的构词材料和规则构成新词,把外语中某个词的意义翻译过来,换句话说,意译词的词义来自外语,而词的语音形式和构词方式则都是本族语言的。比如汉语把英语的"microphone"称做"麦克风"是典型的借词,而叫作"扩音器"就是意译词;把"penicillin"称做"盘尼西林"是典型的借词,而叫作"青霉素"就是意译词。借词也不同于所谓的"仿译词"。仿译词是用本族语言的语素逐个对译外语原词的语素造成的词,这种词不仅把原词的词义翻译过来,而且保持了原词的内部构成方式。例如汉语中的"黑板(blackboard)、足球(football)、马力(horsepower)、蜜月(honey-moon)、热狗(hot dog)、超级市场(supermarket)、黑马(dark horse)、黑匣子(blackbox)、软件(soft-ware)"等就是这种仿译词。

各种语言中大都有一定数量的借词,但不同的语言对借词的接受程度却可能有所不同。有些语言易于接受外来的词,语汇中借词的比重就较大。比如在英语中借词就大约占词语总数的一半,其中借自法语的词又占大多数,这些词语涉及政治、军事、法律、宗教、艺术、建筑、家庭生活等各个方面。英语从法语中吸收了大量的借词,这一方面是由于自公元11世纪起,说法语的诺曼人曾长期占领和统治着英格兰,另一方面也是由于英语乐于采用音译方式吸收外来语汇成分。但是有些语言社会,对借词则有一种心理上的抗拒。这种心理上的抗拒除了社会的、文化的因素之外,同本族语言自身的结构特点以及人们的语言习惯也有很大的关系。比如汉语的语素大都是单音节的,汉字又基本上以字为单位来记录语素,这些特点使得说汉语的人习惯上就认定汉语的每个音节和每个汉字都是有意义的,因而在吸收外来成分时,就不习惯只把汉语的音节和汉字当作没有意义的记音符号来使用,也就是不习惯完全音译的借词形式,而总是喜欢用自己的语素来构成新词,喜欢用意译词和仿译词的形式来吸收外来成分,因此汉语中很多音译的借词后来都被意译词所取代。如音译的借词"德律风、麦克风、盘尼西林"等后来就分别为意译词"电话、扩音器、青霉素"等所代替。即使要利用音译的借词形式,汉语也总是想方设法地使借词形式带有意译的成分。常见的做法是在音译形式后面加上一个意译的成分,对所表示的事物的类属做出说明。例如"比萨饼(pizza)、汉堡包(hamburger)、拉力赛(rally)、艾滋病(AIDS)"等,就都是这种形式的借词,这也就是前面语汇部分说过的"半音译半意译"的广义外来词。或者在音译外语词时尽可能选用与外语原词意义相关的汉字,使人们能够从汉字的意义上获得借词词义的提示。例如"基因(gene)、香波(shampoo)、敌敌畏(DDVP)、的确良(dacron)、维他命(vitamin)、可口可乐(Coca-cola)"等,就都是这种形式的借词,这也就是前面语汇部分说过的"音译兼意译"的广义外来词。

在词语的借用过程中,还有可能出现借出去的词再借回来的现象。借词经过这样一番借出又借进的过程,音和义都会有一些变化。例如汉语中的"封建、劳动、经济"等一批古词语早期被日语借去,日本明治维新后往往用汉语借词来表达西方的新事物、新概念。中国在开始大规模向西方学习科学技术之后,日语中这些表达新事物、新概念的词语适应当时汉语的需要,于是又被成批地从日语借回到汉语中来。自然这些词语此时的意义已和借出去时的意义有了很大的不同,"封建、劳动、经济"等词语就是如此。又如汉语的"大风"被英语借去,语音形式是"typhoon(汉语粤方言读音)",后来汉语又把这个词语从英语借了回来,成了汉语里的"台风"。

借词虽然音义都借自外语,但在语音、语法上一般都要顺应借入语言的结构规则。如果在翻译外语词并形成借词时,遇到了借入语言所没有的音,就要用借入语言里相近的音去代替。比如汉语的"雷达"借自英语,其中的"雷[lei]"是英语原词"radar"中"ra[rei]"的对音,但汉语普通话里没有[r]这个音,于是就用相近的去代替。汉语的"香波"也借自英语,其中的"香[ɕiɑŋ]",是英语原词"shampoo"中"sham[ʃam]"的对音,但汉语普通话里没有[ʃ]这个音,于是就用相近的[ɕ]去代替,汉语普通话里虽然有[m],但这个辅音音位不能出现在音节的末尾,于是就用相近的和能够在音节末尾出现的[ŋ]去代替。汉语的"茶"借入俄语后成为"чай",不仅在语音上经过了俄语语音系统的改造,而且在语法上也像俄语的其他名词一样有了性、格的变化。

除了借词,语言中也有语音成分和语法规则的借用。比如我国有些少数民族语言伴随着借用汉语的词,也借来了某些本族语言中原本没有的音素(音位)。如侗语中原本没有辅音音位[f],后来在汉语借词的基础上增加了音位[f]。裕固语在借入汉语词语的基础上,增加了大量的复元音,其中有些复元音不仅用于汉语借词,而且还用于本族语言的词语。语法方面的借用包括词缀的借用、虚词的借用和语法规则的借用。例如英语的后缀"-ive、-ish、-ous"等借自拉丁语,后缀"-able、-ment、-tion"等借自法语。我国有些少数民族语言借用了汉语的一些虚词,如侗语就吸收了汉语的结构助词"的"以及介词"比、连、为"等。我国有些少数民族语言还吸收了一些汉语的语法结构规则。如京语中以名词为中心语的偏正词组,其固有的语序是修饰语(数量词除外)要放在被修饰的中心语后面,如"谁的书"要说成"书的谁","他叔叔"要说成"叔他"。但由于汉语的影响,现在数量词以外的修饰语也可以像汉语一样放在中心语之前了。京语中介词结构作状语,其固有的语序是介词结构要放在被修饰的中心语之后，如"我在山上砍柴"要说成"我砍柴在山上"。但由于汉语的影响，现在介词结构放在中心语之前的现象也越来越普遍。语音成分和语法规则的借用一般不及词语的借用常见，而且这些借用成分在产生之初往往是只在借词的范围之内使用，而后才可能逐渐将使用范围扩大到本族语言的词语上。类似的现象在我国不少少数民族语言中都存在。

2. 语言的"并存"是怎么回事

语言的"并存"也就是所谓的"双语现象"，是指某一言语社团使用两种或多种语言的一种社会现象。例如据有关调查：主要聚居在云南省西双版纳地区的基诺族，以基诺语为主要交际工具，族内交际使用基诺语，但也广泛使用汉语，用汉语同外族人交谈，做买卖，听汉语广播，欣赏电影、电视，阅读汉文的报纸、杂志。在人们的心目中，汉语和本民族语言一样是人们生活、工作和学习的必要工具。以较偏僻的拿巴卡乡巴卡新寨为例，除去学龄前儿童和幼儿，全寨基诺族共有 156 人（1982 年统计数字），其中会说汉语的有 128 人，占 82%，不会说汉语的只有 28 人，这就是比较典型的双语现象。在长期的民族交往中，我国几乎所有少数民族中都有一部分成员除了讲本民族的语言之外，还会讲汉语。据有关调查，目前在我国的少数民族中，本族语言和汉语并用的双语人口超过民族总人口 50% 的，有鄂温克族、达斡尔族、京族、仫佬族、裕固族、柯尔克孜族、保安族、羌族、壮族、撒拉族、布依族、白族、东乡族、黎族、纳西族、基诺族、鄂伦春族等 17 个民族。

双语现象虽然名之为"双语"，但实际上也包括某一言语社团使用多种语言的现象，即所谓"多语现象"。由于两种语言的现象和多语现象在本质上没有根本的不同，而且前者更具有代表性和典型性，因而可以统称为"双语现象"。双语是一种社会现象，它不是指个别人会说两种或两种以上语言，如一个使用单一语言的社会里也会有使用双语的翻译人员，而是指一个言语社团的全体成员或部分成员双语并用的现象。虽然在一个双语社团中，全体成员或部分成员可以说也是个人双语者，但这种个人双语只是社会双语现象的具体体现。脱离了社会的双语现象，个人双语现象是不会对语言产生什么影响的。"双语现象"也有人称之为"双语制"，但"双语现象"和"双语制"实际上是两个不同的概念。前者指的是社会上实际使用双语的情况，后者指的是某个国家的官方语言是两种或多种，也就是指一种以法律的形式规定两种语言或多种语言并用的制度。从实际情况来看，双语制和一个社会的双语程度也没有必然的关联。在一个单语制的国家内，社会的双语程度可能很高。例如在菲律宾,除了官方语言菲律宾语之外,还有100多种语言,既说土语又说官方语言、既说官方语言又说英语或西班牙语的双语现象十分普遍,但菲律宾并非双语制国家。在一个双语制的国家内,社会的双语程度也可能很低。例如比利时实行的是双语制,佛兰芒语和法语都是这个国家的官方语言,但实际上比利时的社会主要是由不同的单语社团组成的,北部讲佛兰芒语,南部讲法语,能够双语并用的人所占的比例很低。

从根本上说,双语现象是不同社会或不同言语社团相互接触的结果,但产生双语现象的具体社会原因又是多种多样的。首先,使用不同语言的人杂居在一起,在社会交往需求的作用下,容易产生双语现象。我国各少数民族中凡是和别的民族杂居的部分,双语的程度都比较高。这种双语现象可以是对等的,即双方除了使用各自的本族语言外,都学习并使用对方的语言。例如加拿大使用英语和法语两种语言,英语区的很多人同时会说法语,法语区的很多人同时会说英语。也可以是不对等的,即双方中只有一方学习并使用对方的语言。例如美国旧金山的华人几乎都会说汉语和英语,但当地其他说英语的居民并不会说汉语。其次,外语教育也会促进双语现象的产生。通过外语教学,可以使人们在本族语言之外,学会一种乃至几种其他语言,从而获得双语能力。不过外语教育在促进双语现象产生方面的作用是有限的,如果没有同异族交往的实际需要和机会,它只能使个人具有双语能力,不能导致交际活动中的双语行为,而没有这种双语行为,也就谈不上真正意义的双语现象。

与双语现象相似的是"双言现象",即某一言语社团使用两种方言或分别使用共同语和方言的社会现象,或者说是方言和共同语并存。在我国汉族地区普遍存在着双言现象,很多人在公共场合或与外地人交往时说普通话,在家里或与本地人交往时说方言。

3. 语言的"转用"是怎么回事

"语言转用"是随着不同民族的接触和融合而产生的一种重要的语言现象,指的是一个民族的全体或部分成员放弃使用本民族语言而转用另一民族语言的现象,也有人称之为"语言替换"。语言转用不是指两种语言互相渗透,互相融入,最后混合成一种新的语言,而是指一种语言取代其他语言而成为不同民族共同的交际工具。

一种语言逐步消除方言分歧而走向统一,是通过推广民族共同语,逐步用它来取代方言这种方式实现的;而几种不同的语言统一为一种语言,则主要是通过语言转用的方式实现的。语言转用可以是一个民族的全体成员换用另一民族的语言,例如我国回族的先民是 7 世纪中叶以后陆续迁移到中国的中亚各族人、波斯人以及阿拉伯人等,他们曾分别使用过阿拉伯语、波斯语等语言,由于回族大部分分散在全国各地,同汉族人杂居在一起,形成大分散、小聚居的分布特点,后来他们便逐渐放弃了自己原有的语言而都转用了汉语,以至最后以汉语作为本民族的民族语言。语言转用也可以是一个民族的一部分成员而不是全体成员换用另一民族的语言。在我国的少数民族中这种现象比较普遍。例如据有关调查,我国蒙古族主要使用蒙古语,但东北地区部分蒙古族人已转用了汉语;壮族大部分使用壮语,但南宁地区的壮族人有不少已转用了汉语;新疆的柯尔克孜族仍使用本民族语言,但东北地区的柯尔克孜族人除少数老人外,都已转用了汉语。

　　语言转用是在一定的社会条件下发生的,在语言转用过程中哪一种语言在竞争中获胜而取代对方,也是由相关的社会因素决定的。首先,语言转用与民族(部族、部落)的融合密切相关。民族的融合有时是借助军事和政治上的征服进行的,在这种民族融合的过程中,征服者往往会强迫被征服民族放弃使用本民族的语言而改用征服者的语言。例如大约公元前 500 年,凯尔特人从欧洲大陆侵入并占领了不列颠岛,以残酷的手段迫使当地的伊比利亚人放弃自己的语言而使用凯尔特语。约到公元 449 年,北欧的盎格鲁、撒克逊、朱特三个日耳曼部族侵入不列颠岛,又使用强制手段迫使当地民族放弃凯尔特语而改用盎格鲁—撒克逊语,即古英语。民族融合也可以不依靠强制的手段而发生,伴随着这种民族的融合过程,语言的转用也可以自然地发生。例如我国的北魏时期,鲜卑族和汉族处于民族融合的关系之中,鲜卑族的统治者顺应社会经济和文化发展的需要,提倡鲜卑人学习并使用汉语,结果汉语取代了鲜卑语,成为鲜卑族和汉族共同的交际工具。语言转用虽然同民族的融合关系密切,但由于语言并不是民族的唯一特征,因而语言转用了,并不等于不同的民族也融合了。如我国的回族很早就转用了汉语,但至今仍作为一个独立的民族而存在。其次,同数量占优势的民族生活在同一地区,形成杂居的局面,在一个较长的时期内保持密切的联系,只有在这种条件下,语言转用才有可能发生。例如鲜卑族在中原建立政权之后,杂居在数量占优势的汉族人中间,加之鲜卑族统治者实行有利于民族融合的政策,鲜卑语才逐渐被汉语替代。与之不同的是,蒙古族在建立元朝政权之后,仍保持相对聚居的局面,蒙古族统治者又采取了一些防止与汉族融合的措施,加上元朝的统治时间不太长,因而就蒙古族的整体来看,并没有发生语言转用。与之形成对比的是,元朝灭亡后,驻守云南的蒙古族官兵留在当地定居,与数量占优势的彝族人杂居在一起,并同彝族女子通婚,这就促使他们放弃本民族语言而转用了彝语。第三,在民族融合过程中,哪一方发生语言转用,哪一种语言能够替代其他语言而成为不同民族共同的交际工具,语言使用者在政治上的统治地位并不是决定的因素,而主要取决于语言使用者在经济、文化的发展水平和人口数量上的优势。自魏晋以来,匈奴、鲜卑、羯、氐、羌、契丹、女真等民族都曾把汉民族置于自己的统治之下,但由于汉族人口众多,文化发展水平比较高,经济比较发达,最后发生语言转用的不是被统治的汉民族,而正是这些人口较少,经济、文化比较落后的统治民族。

语言转用是一个从单语到双语,再由双语到新的单语的过程,一般要经历相当长的时间才能完成。这一过程大致是:最初一个民族在使用本民族语言的同时,出于社会交往的需要,逐渐学会另一民族的语言而形成双语现象;而后新学会的语言在交际中所起的作用越来越重要,使用的范围不断扩大,本民族语言则随之退居次要地位,使用范围逐渐萎缩;直至最后,本民族语言完全停止使用,语言转用也就算是完成了。人们常常可以看到一些散居在主体民族之中的少数民族家庭一家三代人中,第一代既使用本民族的语言,又会说主体民族的语言,但本民族语言通常只在家庭内使用,在公共场合则使用主体民族的语言;第二代只能听懂而不会说本民族的语言;到了第三代就只会主体民族的语言了。这种一个家庭内部由双语到单语的变化,可以看作是一个民族语言转用的缩影。语言转用必然要经过一个双语阶段,没有这个阶段,语言转用就不可能实现,因为只有双语这种形式才能保证在从使用本民族语言向使用另一种语言的过渡中,不会造成语言使用的中断。在我国,那些现在已基本上转用汉语的少数民族,如土家族、畲族、仡佬族、满族等,在其语言转用的过程中,毫无例外地都曾经历过一个双语程度很高的阶段。语言转用虽然必须经过一个双语阶段,但双语现象并非都会导致语言的转用,一个民族兼用其他民族语言的双语现象可能长期、稳定地存在下去,因为语言转用的发生还要受到民族文化、民族心理、聚居程度、历史传统等因素的影响。例如我国的白族早在隋唐时期就已有不少人兼用汉语,但至今仍处于比较稳定的双语阶段。

语言转用要经过双语阶段,这是一个两种语言密切接触的过程,因而在双语阶段,语言间会发生远甚于单语情况下的影响。这样即使是被替代的语言,也会在胜利的语言中留下自己的痕迹。例如现代汉语中的地名"哈尔滨"、"齐齐哈尔"等就是满语的残留,其中的"哈尔"就是满语"江"的意思。

4. 语言的"混合"是怎么回事

在语言频繁接触的地区,来源于不同语言的成分可能混合在一起,产生一种与这些语言都不相同的新的交际工具,这就是"语言混合"的现象。语言学又把语言混合的交际形式分为"洋泾浜语"和"克里奥耳语"两种类型。

"洋泾浜语"是母语不同的人在相互交往时所使用的由两种或多种语言混杂而成的交际工具。"洋泾浜"原是上海的一个地名,指的是上海黄浦江在外滩附近的一段支流。鸦片战争以后上海成为对外通商口岸,洋泾浜一带是外国商人聚居的地方。外国商人和当地平民在彼此交往中为了克服语言不通的障碍,就使用一种混杂着汉语成分的英语。这种变形走样、支离破碎的英语就被称为"洋泾浜英语"。国外语言学家又把洋泾浜语称之为"皮钦语(pidgin)",据说"pidgin"是中国"洋泾浜英语"中"business(买卖)"一词的发音,后又借回到英语中,专门用来指称中国的"洋泾浜英语"和其他各种语言中以同样方式产生的交际形式。

"洋泾浜语"不是使用者的本族语,而是在交际双方都不会对方语言的情况下产生的一种混杂双方语言成分的交际工具。在当地人普遍未受过正规外语教育的交际环境中,外国人为了使当地人能明白自己说话的意思,常常在语言上做出某些让步,简化自己的语言,并夹杂进一些当地语言的成分。当地人在与外国人交际的过程中,接触到这种变形走样的外语,就把它当作学习和模仿的对象。另一方面当地人在学习和模仿这种外语的过程中,又不可避免地要受到自己语言的语音、语法和表达习惯的干扰,从而又对这种外语进行了某些改造,外国人为了使他们同当地人的交际能够顺利进行,又不得不迁就当地人的这种改造。这样外国人和当地人在语言上相互妥协,当地人使用外国人的语言,外国人则尽可能地简化自己的语言,并混合进一些当地语言的成分,使其易于被当地人理解和接受,这种妥协的结果就产生了一种建立在外来语言基础之上的、双方都能够接受的交际工具,也就是洋泾浜语。所以一般来说,洋泾浜语都是在某一外来语言的基础上,进行一定的简化,并经过当地语言的适当改造而形成的产物。亚洲、非洲、拉丁美洲、大洋洲的许多洋泾浜语就是这样在英语、法语、葡萄牙语、西班牙语等外来语言的基础上形成的。

洋泾浜语具有这样一些特点:从语言功能上看,洋泾浜语只用于口头交际,只有口头形式而没有书面形式;使用范围狭窄,至少在产生的初期,只用于同外国人进行贸易通商或其他有限的交往场合,没有人把它作为母语或第一语言。从语言系统上看,洋泾浜语的语音夹杂有当地音,语音结构也经过当地语音系统的改造;语汇成分数量有限,基本上来自外来语,但也包含一些当地语言的语汇成分;语法也是不同语言的混合,语法规则减少到最低限度。以曾在中国出现过的洋泾浜英语为例,这种洋泾浜语语汇贫乏,主要用英语的词;发音经过汉语语音系统的改造,如用[l]代替英语里的[r],以[k]代替英语里的[g],复辅音中插入元音,比方 room[ru:m](房间)说成[lu:m],green[gri:n](绿的)说成[kilin];语法也极其简单,英语中原有的数、格、人称、时、体、态等形态变化都被简化掉了,由于汉语中有量词,所以数词和名词之间要加上一个"piecee"(等于英语里的"piece"),如"两本书"说成"two piecee book",而英语里的说法是"two books"。

洋泾浜语产生之后,它的命运主要由社会环境的变迁和社会交际的需求来决定。其发展前途有两个:一个是随着社会交际环境的变迁而消亡。如新中国建立后,随着教育的普及和教学标准英语,洋泾浜英语已成为历史现象而被淘汰。一个是在社会交际需求的推动下发展成为一个国家或一个地区通用的交际工具,也就是"克里奥耳语"。如作为新几内亚官方语言之一的"新美拉尼西亚语"就是一种从以英语为基础的洋泾浜语发展而来的克里奥耳语。

所以"克里奥耳语"就是上面说的由洋泾浜语发展来的语言。洋泾浜语的特点之一是只用于特殊的交际场合,没人把它当作母语来学习和使用,但在一定条件下也可能成为某一社会的主要交际工具,成为人们的母语。一旦发生了这种语言社会地位上的变化,洋泾浜语就转变为克里奥耳语。"克里奥耳语"("Creole"是混血儿的意思),是作为某个社会群体的母语来使用的、由两种或多种语言混合而成的语言。这种语言实际上就是母语化的洋泾浜语。例如在非洲一些地区的种植园里,欧洲殖民者和来自不同种族、不同部落的非洲劳工处在一个没有共同语言的环境中,欧洲殖民者和非洲劳工之间,以及语言互不相通的非洲劳工之间,都需要有一个共同的交际工具,于是以欧洲殖民者的语言为基础的洋泾浜语就应运而生了。如果以洋泾浜语作为共同交际工具的状况长期存在,在这种环境中出生并成长起来的新的一代人,就只能把洋泾浜语作为母语来学习。于是洋泾浜语就成了他们的第一语言,这时的洋泾浜语也就转变为克里奥耳语。类似的过程在说不同语言的人群混居的地方都有可能发生。广泛使用于加勒比海地区的以法语为基础的克里奥耳语、美洲大陆一些地区使用的以英语为基础的克里奥耳语,就都是由洋泾浜语发展转变而来的。

　　洋泾浜语一经地位提升而转变为克里奥耳语,就会迅速丰富发展起来,包括扩大语汇量,完善语法,形成包括书面语语体在内的各种语体,并用于所有的社会交际场合,最终会变得和其他语言同样完备。当克里奥耳语和作为它的基础的那种语言并存于一个社会之中时,如果基础语言有较高的社会声望,说克里奥耳语的人就可能根据基础语言来不断调整、校正自己的语言,使克里奥耳语向着基础语言的方向发展,结果使两种语言越来越接近,甚至使克里奥耳语变为基础语言的一种变体。这种现象和过程被称之为"非克里奥耳化"。例如牙买加的克里奥耳语的主要成分来自英语,这种语言是在奴隶制的种植园环境里产生、发展起来的。当这种奴隶制废除后,说英语的欧洲殖民者留在当地和说克里奥耳语的人生活在一起。由于英语的社会声望很高,不少说克里奥耳语的人便不断改变着自己的语言,使之越来越像英语。特别是那些经常接触英语使用者的人,他们的克里奥耳语已非常接近英语,甚至被看作是一种牙买加英语变体。不同的语言在相互接触中产生洋泾浜语,洋泾浜语在社会交际的需求下,取代某些社会群体的本族语而转变为克里奥耳语,克里奥耳语又经过非克里奥耳化的过程向基础语言靠拢,以至于最后成为基础语言的一种变体,这种现象和语言转用一样,也是不同语言统一为一种语言的一种形式。

第十讲

语言的规划和规范

10.1 语言规划和规范的主要内容

从一方面看,各种社会因素对语言的影响,诸如社会的发展对语言发展的影响、社会的分化和统一对语言分化和统一的影响、人的社会特征对语言社会变体的影响以及社会的接触给语言带来的各种变化等等,都是客观的和无意识的。比如某一种语言从最初产生到变成现在的样子应该说基本上就是一种"自然而然"的过程。事实上要想完全靠人为的力量来创造或改变一种语言,也是不大可能的。中外历史上都曾经有很多人热衷于搞"人造语言"或"通用语言",但由于这些"语言"并没有活的语言作为基础,因此至今也还没有一个成功的例子。比如曾经热闹过一阵子的"世界语(Esperanto)",后来的影响极其有限。

但是从另一方面看,社会的力量却也可以对语言施加主观的和有意识的影响,包括主动地对社会的语言问题采取各种对策。社会和政府对语言文字问题所作出的有组织的、有意识的管理、调节和改进,一般称之为"语言规划"。如果语言规划具有国家的法律、法令或政令的形式,就又被称作"语言政策"。事实上在语言的发展演变中,特别是在某一语言的统一过程中,某些带有主观意志的人为因素甚至是强制手段就起着重要的作用。比如大家熟知的秦始皇的"书同文"政策,在汉语的发展史上就发挥了重要的作用。我国目前推行的"推广普通话"的政策,也差不多就是这样一种性质的工作。所以也可以说,一种语言或方言要想健康发展,特别是要成为在一个民族或一个国家中全民普遍使用的"共同语"乃至"标准语",就同样需要对语言的方方面面进行适当的人为干预和采取必要的强制措施。这种工作主要是靠政府的力量,当然也离不开全民的共同努力。这一讲要讨论的"语言的规划和规范",就是关于这方面的一些内容。

语言规划和语言规范的内容主要包括:在没有正式官方语言的国家里确定官方语言;在没有正式的民族共同语的民族内部选择基础方言确定民族共同语并加以推广;对有方言分歧的民族共同语进行规范化;在多民族的国家中制定正确的民族语言政策;另外还包括为没有文字的民族语言创制文字和对语言的文字系统和形式进行改进或改革;动员全民积极关注和参与语言规范工作,推动语文的现代化和全社会的语言文明建设,等等。下面先简单地说说语言规划和规范的特点,并分别介绍和讨论一下以上提到的这几个问题。

1."语言规划"具有什么样的特点

"语言规划"作为一种社会活动,特别是作为有国家和政府的力量参与的社会活动,当然不同于语言本身的变化过程,主要具有以下两个特点:

其一,语言规划是对语言的一种人为干预,这种干预主要是由政府或政府授权的专门机构来实施的。例如文艺复兴以后,拉丁语地位下降,欧洲各新兴国家都以本地语作为自己国家的语言。为了维护这些本地语的地位和纯洁性,许多欧洲国家,如法国、西班牙、瑞典等,都先后建立了专门的机构。这些机构在政府的特许下,制定各自的语言规范向社会推广,并采取各种措施积极干预社会的语言使用。新中国成立后,我国政府也成立了专门负责制定国家语言文字政策的职能部门,目前的名称是国家语言文字工作委员会,另外还有作为政府职能部门的教育部语言文字应用管理司和语言文字信息管理司。政府的语言文字管理部门几十年来在语言规划方面做了大量的工作。比如制定民族共同语——普通话的规范、推广和普及普通话、制定和推行汉语拼音方案、制定文字各方面的标准、实行汉字的简化和对汉字进行整理,以及研究如何面对现代信息技术实现语言文字的计算机处理和语言文字的现代化,等等。这些语言规划项目都是在政府的领导下有计划、有组织地进行的。

其二,语言规划同社会的经济生活、政治生活关系密切,影响遍及千家万户。例如在一个方言分歧严重的社会里,随着经济的发展,地区间的商务往来日益频繁,在这种情况下,民族共同语规范的制定和民族共同语的推广,就可以逐步克服由于言语不通造成的交际障碍,促进社会经济的发展。又如在一个使用不同语言的社会里,语言的社会地位和语言使用者的社会地位密切相关,而且人们对自己的母语又都怀有强烈的感情,因而有关的语言政策如果失当,就很可能引发不同语言集团之间的政治冲突。例如加拿大居民主要由英裔移民和法裔移民两部分组成,因此加拿大就有英语和法语两种较大的语言。20世纪60年代以前,加拿大规定在政府、军队和企业中只使用英语,这就使说法语的法裔移民在社会的政治和经济生活中受到排挤,从而引发了法裔移民的激烈抗争,并导致法语地区多次要求从统一的国家中分离出去。由于这种抗争,加拿大政府于60年代末在全国颁布了双重语言法律,规定英语和法语同为加拿大的官方语言。可是70年代法裔移民中的分离主义分子在法裔移民最集中的魁北克省执政,在此期间他们又以法律的形式规定法语为本省政府和公立学校使用的唯一语言,这种语言政策又在当地的英裔移民中引起了抗议浪潮。又如我国的香港地区和澳门地区在外国殖民统治时期曾长期分别以英语和葡萄牙语作为唯一的官方语言,后来虽然中文(汉语)在香港和澳门的法律地位已分别于1974年和1992年得到承认,但英语和葡萄牙语却始终在两地的行政、立法、司法、教育等重要领域占据着支配地位。针对这种不正常的社会语言状况,《中华人民共和国香港特别行政区基本法》和《中华人民共和国澳门特别行政区基本法》都以法律的形式重申并突出了中文(汉语)在两地的官方语言地位,这无疑对增强两地居民对国家和民族的认同感,对巩固和加强两地与内地的联系,对巩固和维护国家的统一,都有重要的意义。显然这类语言政策的制定并不是单纯的语言问题,而更是一个政治问题,因为它关系到国家的统一和社会的稳定,也关系到广大人民群众的切身利益。

2. 怎样选择一个国家的"官方语言"

严格说一个国家的"官方语言"或"法定语言"、"行政语言"并不完全等同于一个国家的"国语"。因为国语通常只能是一种语言;而在一个多种语言并存的国家里,既可以选择其中一种语言作为官方语言,在特定情况下也可以选择两种或多种语言作为官方语言,有的国家也可能再在几种官方语言中确定一种作为国语。不过一般情况下也不需要特别区别官方语言和国语,可以统称为"官方语言"。

官方语言的选择当然是一个国家语言规划的重要内容。在上个世纪,一些摆脱殖民统治而获得独立的新兴国家中,当地的民族在独立前都处于被统治的地位,他们的语言始终没有机会成为官方语言;因此在独立以后,由于对内对外交际的需要,选择正式的官方语言就成为这些国家的一个紧迫问题。由于这些国家又往往是多民族的国家,内部的亲属语言或方言的分歧很大,并没有形成一个统一的民族语言。在这种情况下,如何选择一种或几种语言作为官方的语言,对这些国家和民族今后的发展就有着重大的影响,因而在这些国家里,官方语言的选择就又往往成为十分敏感的社会政治问题。二次大战以后,世界上出现了许多这样的新兴国家,很多国家也都面临着选择官方语言的难题。其中有些国家还是沿用原殖民宗主国的语言为官方语言,如加纳以英语为官方语言,乍得以法语为官方语言,安哥拉以葡萄牙语为官方语言;但也有一些国家选择某种当地的语言作为官方语言,如肯尼亚以斯瓦希里语为官方语言,索马里以索马里语为官方语言。

从理论上说,一个国家选择官方语言应该充分考虑到本国、本民族或本国各民族的长远利益,应该选用国内多数人使用的语言,或者是国内经济文化发展水平较高因而较有影响的民族的语言;如果确实没有一个民族在人口数量上或在经济文化发展水平上占绝对优势,那么也可以同时选择几种语言作为官方语言,并应该尽可能促使这些语言更快地发展成为适应现代社会需要的语言,然后再从中作进一步的选择。但目前一些新兴国家只采用过去殖民宗主国的语言作为官方语言,虽然看起来可以暂时平息国内各民族语言之间的纷争,但很可能将会为此付出沉重的代价。殖民宗主国的语言一般是英语、法语、葡萄牙语等欧洲发达国家的语言,这些语言大都在国际上通行,并具有广泛的影响。如果新兴国家采用这样的语言作为官方语言或行政语言,本国各民族的语言即使在法律上算是官方语言,也很难和过去殖民宗主国的语言竞争,而且必然会受到这些语言的排挤和压制,失去获得发展的条件。这种状况如果长期得不到改变,新兴国家即使在政治、军事、经济方面摆脱了殖民奴役,也难以在思想文化方面继续免受殖民主义的影响。而且如果长期把过去殖民宗主国的语言作为官方语言,新兴国家的各民族就被剥夺了通过本民族语言接受教育和处理公共事务的权利,这会给这些国家的教育事业和社会生活造成很多不良影响,并且会阻碍民族传统和民族文化的继承和发展,导致民族意识的淡化,甚至可能使这些民族面临丧失民族特性的危险。现在不少亚洲和非洲的新兴国家在语言问题上就处于这样的困境之中。

从具体情况看,目前各国在选择官方语言的做法上也有不同的情况。

有些国家的官方语言比较复杂。比如新加坡宪法就规定了4种官方语言,即马来语、华语、泰米尔语和英语。但新加坡一方面规定马来语是新加坡马来人的民族共同语,华语是新加坡华人的民族共同语,泰米尔语是新加坡印度人的民族共同语;而另一方面又规定马来语是新加坡国语,主要用来唱国歌,而英语却是新加坡行政、教育和贸易用语,也是各民族间交际的共同语。印度也是一个多民族、多语言的国家。独立以后印度宪法规定了14种法定语言,即各个邦都有自己的民族共同语,但同时又确定印地语为整个联邦的官方语言,不过在过渡时期英语也是一种官方语言,结果也就形成了目前英语和印地语并用的双国语体制。

有些国家的官方语言比较统一。比如前苏联确定俄语既是俄罗斯民族的共同语,同时又是各个加盟共和国和各个民族的共同交际语,实际上也就是前苏联的国语;直到后来苏联解体,有几个独立的原加盟共和国还是以俄语作为官方语言甚至国语。我国也是一个多民族、多语言的国家,境内除汉族以外还有其他55个少数民族,而且各个少数民族也都有或曾经有自己的语言。但是几十个民族作为中国这个大家庭的共同成员,当然也就需要有一个大家都共同使用的交际工具。而汉族是中国的主体民族,占全国人口的94%,使用汉语的区域几乎覆盖全国,汉语对各民族语言的影响也最大,自然以汉语作为我国唯一的官方语言同时也就是国语,既是一种自然的选择,也符合全国各民族的共同利益。

3.“民族共同语”怎样加以推广和规范

在前面“语言的发展和变化”一讲中,我们讨论过民族共同语是怎么形成的。尽管民族共同语有时也就是一个国家的一种官方语言甚至是国语,但是民族共同语又不等同于官方语言或国语,这种“共同语”的性质只是对某一个民族的语言而言的。在一个民族语言内部存在着方言分歧的社会里,建设全民族甚至全社会通用的民族共同语,从而更好地适应社会生活的需要,这也是语言规划的一项重要内容。如非洲一些国家推广使用斯瓦希里语,就属于这种情况。我国既把汉语作为官方语言和国语,同时又大力推广普及现代汉民族的共同语——普通话,也是这种情况。建设一种民族共同语涉及到推广和规范两方面的工作。

A. 建设民族共同语首先是需要“推广”

所有民族共同语的形成当然都必然要经过一种自然的选择过程。比如汉语的北方话一直被称作“雅言”、“通语”或“官话”,这种类似汉语共同语的性质就更多地还是自然形成的。因为我国自秦汉起许多朝代就都在中原一带建都,近代的金元明清更是都以北京为首都,这样汉语的北方方言或北京话也就自然而然地带有了通用语言和文学语言的色彩。不过真正要使得全社会普遍使用一种民族共同语,也需要靠法律和政府的力量来进行推广。我国明清等朝代就有过通过政令在南方各省强制推行"官话"的举措,清朝雍正皇帝曾下令"不谙官话者不得送试",但当时推广官话的规模和力度都是较小的,且仅限于科考和官场。直到20世纪初"国语运动"以后,推广和普及汉民族共同语才开始成为国家和政府语言规划的一项内容。特别是1982年我国宪法明确规定了"国家推广全国通用的普通话",全国人大于2000年正式通过的"国家通用语言文字法"又进一步明确了民族共同语——普通话的地位,这也就使得推广和普及汉民族的共同语——普通话的工作,成为了我国的一项重大国策。

推广民族共同语在有的国家相对容易些。比如新加坡华语作为当地华人的民族共同语早已取代了各种方言。日本明治维新以后重视发展教育,也只用了20年时间就推广普及了日语的民族共同语。而我国由于幅员辽阔,方言分歧一向严重,所以目前在全国范围内推广民族共同语——普通话的工作就很不平衡,直到现在有些地区使用普通话仍有不小的阻力。但是总的看,在国家相关法律和政策的大力推动下,我国推广普及普通话还是取得了明显的成效。特别是国家近年开始在公务员和各类学校教师中推行普通话水平考试,规定这些人员必须具备一定程度的普通话水平才有上岗资格,这也就直接或间接地促进了广大人民群众特别是年轻一代的学生基本上都能自觉地学习和使用普通话。甚至连香港、澳门这些原本由方言一统天下的地区,在回归祖国以后,不仅各级学校都已开设了普通话的课程,有的学校使用普通话教学,甚至在一般民众中也开始形成了学习使用普通话的热潮。

B. 建设民族共同语也需要加以"规范"

前面一讲中说过,民族共同语经过一定的规范,也就成为了一种"标准语"。共同语的规范工作既包括宏观上国家通过法律、行政命令等形式规定出一些明确的标准,并首先在新闻出版、文化教育、影视传媒、信息处理等行业和范围内强制施行;也包括微观上语言学家和社会各界对共同语内部的语音、语汇、语法等方面存在的问题进行研究、提出建议,引导社会广大民众自觉减少语言中的混乱现象,正确使用规范的民族共同语。

从前一个方面说,各国政府对规范民族共同语都有这样的一些标准。比如法国政府专门指定法兰西学院出版的《法兰西学院词典》,就成为了法语语音、语汇的规范。我国也明确制定了民族共同语——普通话的标准,即"以北京语音为标准音,以北方方言为基础方言,以典范的现代白话文著作为语法规范"。在这个基础上我国政府的语言文字管理部门还以行政法规的形式分别颁布了"普通话异读词审音表"、"异体字整理表"、"简化字总表"、"汉语拼音正词法基本规则"等一系列具体的共同语规范标准。

从后一个方面说,当语言中出现需要加以规范的语言现象时,政府部门和语言学家可以在调查研究的基础上,根据语言的发展规律和语言的社会功能的要求,提出具体可行的意见供社会公众参考,而后应该进行公开和广泛的讨论,听取各个方面的意见,在此基础上逐步产生能够为社会公众认可的规范标准。如果条件比较成熟了,就可以由某个权威机构提出具体的规范意见,通过诸如教育机构、大众传媒等各种渠道向社会推行。这应该是语言规范化的一般过程。当然制定语言规划政策或者语言规范的标准并不是一劳永逸的事情,也不等于说有了标准语言规范的工作就完成了。因为语言是不断发展变化的,语言中还会产生各种新的现象和各种新的变化,对此既不能全盘否定,也不能一概接受,而必须不断作出评价和选择,语言规范化的标准也就应该随之发展变化。这也应该是语言规范化的重要内容。

4. "民族语言政策"包括哪些具体内容

任何一个多民族的国家都有自己的民族语言政策,民族语言政策也是国家语言规划的重要内容。这里所谓"民族语言",不是指一个国家的主体民族的语言,而主要是指一个国家内部少数民族的语言。因此民族语言政策,其实也就是如何对待少数民族语言、如何规定少数民族语言的社会政治地位的政策。民族语言是民族的重要特征,它同民族文化、民族传统、民族凝聚力、民族认同感以及民族的发展都有着密切的关系。这样,民族语言问题也就往往和民族问题联系在一起。甚至从根本上讲,民族语言政策也就是民族政策问题,或者说民族语言政策是民族政策的一个重要组成部分。民族语言政策涉及的方面很多,但一般主要指以下两方面的内容:

A. 关于少数民族语言文字的法律地位问题

在处理公共事务中,少数民族语言是否平等地享有与主体民族语言相同的地位和法律效力,这是如何对待少数民族语言的一个根本问题,也是民族语言政策中最重要的内容。

新中国成立后,党和国家制定了一系列法律和政策,使少数民族语言和汉语享有同等的法律地位。《中华人民共和国宪法》中就规定:"各民族都有使用和发展自己的语言文字的自由","民族自治地方的自治机关在执行职务的时候,依照本民族自治地方自治条例的规定,使用当地通用的一种或者几种语言。"我国政府的一些具体法规还进一步规定:民族自治地方的自治机关在执行职务时,如果同时使用几种通用的语言文字,可以以实行区域自治的民族的语言文字为主;而且各民族的公民都有用本民族语言进行诉讼的权利。这种民族语言政策就充分贯彻了民族平等的原则。不过世界上有一些国家在民族语言问题上采取的政策与我国的做法完全相反。尽管这些国家在这个问题上很少有明文规定,但实际上对少数民族语言采取的却是歧视的态度。例如在美国的华裔美国人有好几百万,他们都已经取得了美国国籍,成为美国的一个少数民族,但是他们用中文签署的契约、遗嘱等,美国政府实际上是不予承认的,他们在法庭上用汉语发言、作证等,美国法庭实际上也是不接受的。这些情况都说明美国政府实际上采取的是歧视少数民族语言的政策。

B. 少数民族的语言教育问题

民族语言教育问题关系到民族传统、民族文化的继承和延续,因而任何一个民族都应该享有接受本民族语言教育的权利。少数民族的语言教育实际上又涉及两个方面:一是少数民族是否有接受本民族语言教育的权利;二是少数民族在各级教育机构中使用哪一种语言来接受教育。这两个方面关系密切,但又不完全相等。采取一项贯彻民族平等、语言平等原则的民族语言教育政策,可以使少数民族享有接受本民族语言教育的权利,但却不一定能够充分保证少数民族在各级教育机构,特别是高等院校中可以使用本民族语言来接受教育。这是因为除了国家的民族语言政策之外,少数民族和主体民族在经济、文化、科技、教育等方面发展水平的差异等社会条件都对此有很大的制约作用。

我国现在在少数民族语言教育方面实行双语政策,即一方面保障各少数民族学习本民族语言文字的权利,一方面又推行全国通行的普通话。这既体现了民族平等、语言平等的原则,又适应了社会发展和国家统一的需要。但是有些国家的民族语言教育政策却不是这样。如有的国家就不允许华裔公民开办教授汉语、汉文的学校,甚至不准持有中国护照的华侨开办这样的学校,在那里华人接受本民族语言教育的权利实际上就被剥夺了。

10.2 文字的创制与改革

在语言的规划和规范中,一个非常重要的内容就是对"文字"的规划和规范。因为世界上有很多语言至今还没有文字,这就需要为这种语言建立一种文字系统;也因为有些语言的现有文字不适应社会发展的需要,这就需要对这种文字进行某种改变。前者就是"文字的创制问题",后者就是"文字的改革问题"。这个问题比较复杂,因此需要专门做些讨论。

1."文字创制"主要做什么工作

"文字创制"顾名思义也就是为没有文字的语言"造"一种文字出来。不过这里主要是指现代社会里为尚没有文字的民族语言创制或重新设计文字,特别是政府或语言学家为还没有文字的民族创制或重新设计文字,不涉及前面"文字"一讲中曾讨论过的历史上各种民族语言的文字那种更多属于自然形成的"创造文字"的过程。

20世纪以来,随着经济和科技的快速发展,社会生活在各个方面都发生了巨大的变化,特别是在二次大战结束以后,非洲和亚洲的一些殖民地纷纷取得独立。一些多民族国家的少数民族也逐步赢得了民族自治的权利。可是这些新兴的或自治的民族中不少尽管有自己的语言,却并没有自己语言的文字。这对于民族和国家在普及文化教育、推进科学技术进步和发展社会经济等方面都带来很大的负面影响。因此一些国家的政府或半官方机构,还有一些语言学家,都积极着手为这些没有文字的民族语言创制文字,乃至在20世纪的四五十年代在全世界形成了一个创制新文字的高潮。

为原来没有文字的民族语言创制文字主要是为了适应社会发展的需要,一般来说各国政府一向都是很重视这种工作的,也取得了一定成效。例如19世纪70年代我国甘肃一带的一部分说汉语的甘肃陕西方言的回族人移居到中亚地区,即现在哈萨克斯坦共和国和吉尔吉斯斯坦共和国境内,当时的俄罗斯政府称他们为东干族,并且专门为他们创制了使用斯拉夫字母的拼音文字,这种文字直到今天还在这一地区继续使用。苏联在20世纪初"十月革命"以后到30年代,政府为境内众多的少数民族创制了文字,不少新创制的文字在社会政治经济生活中发挥了很好的作用。

"文字创制"工作在非洲表现得比较复杂,也遇到了很大的困难。当年世界列强瓜分非洲的时候是不考虑当地民族的分布情况和各个民族的利益的,往往是在地图上画上几条直线就把某一块地盘分割占领了。二次大战以后,当年被奴役的殖民地先后独立,但是多民族杂处的历史状况已经难以改变,这就使得非洲的这些新兴国家大多是多民族的国家。这些新兴国家境内的民族各有自己的语言,可是大多没有自己的文字。独立以后,在行政、教育、司法各个领域也就仍然不得不继续把过去殖民宗主国语言的文字当作官方语言的文字。比如原是法国殖民地的国家继续使用法文,原是英国殖民地的国家继续使用英文。这种情况不仅大大有损新兴的独立国家的民族尊严,而且这些国家的教育事业刚刚起步,而原殖民宗主国语言的文字对他们来说是一种地地道道的外语，能熟练掌握的只是极少数人，所以也就极大地影响了社会生活的有效运转，阻碍了国家和民族的正常发展。虽然这些国家的政府和语言学家也为原来没有文字的民族创制了新的文字，但是除了改用拉丁字母拼写的斯瓦希里文字以外，其他真正新创制出来的文字都很难推广。这是因为斯瓦希里语是在非洲东部和中部好几个国家通用的语言，说斯瓦希里语的人口约有 5000 万，尽管其中也有十几种方言，但是并不影响相互交际，而更重要的条件是斯瓦希里语从 12 世纪初起就已经有了使用阿拉伯字母的文字，现在只不过是改用了拉丁字母，因此斯瓦希里文字还并不是真正新创制的文字。而其他非洲国家的语言都是小语种，而且几乎没有一种语言在一个国家内部占绝对优势，所以虽然这些语言有的取得了官方语言的地位，并且为这些语言创制了文字，但是因为在一个国家里面有多种势均力敌的语言，哪种语言都难以全面推广，结果就只得继续沿用殖民宗主国语言的文字，这些新创制的文字在社会上也就很少有使用的价值。有的语言和新创制的文字在小学教育中还能勉强使用，但是到了中学就用不上了，即使在中学阶段能用得上，到了大学就又用不上了，而且到了社会上也几乎都用不上，结果又不得不改学原来殖民宗主国的语言。非洲所谓法语国家的情况就是这样，一些原属于英国殖民地的新兴国家的情况也差不多。

我国也是一个多民族的国家，在除汉族外的少数民族中，有的民族的语言已有文字，有的少数民族的语言就没有文字。因此我国的文字创制工作实际上包括两方面内容：一方面是要为没有文字的少数民族语言创制文字；另一方面则还包括为虽然已有文字但是还不够系统规范的少数民族语言建立更科学的文字系统。

从上个世纪 50 年代起，我国政府和语言学家就曾经开展了为侗、瑶、佤、哈尼等十几个原本没有文字的少数民族语言创制文字的工作。由于拉丁字母是世界上广泛使用的拼音字母，汉语拼音方案也使用拉丁字母，所以为少数民族创制的文字形式主要都是使用拉丁字母的拼音文字，这也便于各民族语言之间以及民族语言与汉语之间的相互学习和沟通。为少数民族语言创制新文字工作是一个复杂的工程，涉及到对少数民族语言进行全面的调查，还要研究该语言的相邻语言的情况和语言间相互接触的情况，更要考虑采用什么样的文字方案更容易被当地少数民族接受和便于推广，因此几十年来这项工作虽然取得了不小的成绩，但也遇到了一些困难和出现了一些反复。就目前的情况看，在已经创制的少数民族语言的文字中，只有佤族等几个少数民族语言的文字还一直在使用,其他一些文字在使用一个短时期以后就很少有人再使用了。究其原因可能是这些民族的人数本来就不多,其中有的又和我国的主体民族汉族杂居,很多少数民族的人除了会说自己民族的语言,同时也会说汉语,所以慢慢地也就不再使用新创制的民族语言的文字,而干脆改用汉字了。

对于原本已经有自己的文字的少数民族语言,我国政府和语言学家们也提出了调整和完善的方案,以使该民族语言的文字系统更合理、更规范。这一类工作也有不同的情况。比如原来的彝族语的文字是一种表意的单音节文字,内部不统一,异文别体也比较多,1975 年制定了彝文的修订方案:一个字都是一个音节,总字数为 819 个,字序是从左到右,行序是从上到下。维吾尔语在 8 世纪前是使用突厥文字,11 世纪开始采用阿拉伯字母为基础的拼音文字。1965 年—1982 年期间创制了以拉丁字母为基础的新的维语文字,开始是与原来的文字并用,但到 1982 年以后,又恢复使用阿拉伯文字,而新创制的拉丁文字则作为拼音符号予以保留。我国西南的傈僳族原有两种文字:一种是音节文字,共 1050 个字;一种是采用拉丁字母的拼音文字,共 40 个字母。1957 年以拉丁字母为基础修订了新的文字方案,目前仍在部分地区使用。我国的纳西族原来也有两种主要用在宗教仪式上的文字:一种是象形表意的东巴文字,另一种是表音节的哥巴文字。现在这两种文字都已不再通行,而改用了 1957 年重新设计的以拉丁字母为基础的纳西文字。

20 世纪四五十年代以来的几十年间,世界各个国家在为原本没有文字的语言创制文字的过程中积累了不少经验,同时在这项工作中也出现了一些值得引起注意的问题。

比如为一种有方言分歧的语言创制文字,首先就要解决以哪一种方言作为基础方言的问题。一般的原则当然是首先考虑使用这种方言的人口的数量,但是实际上这一点又并不绝对。因为有时候人口最多的方言不一定在社会经济文化各方面占优势,相反使用人口数量不多的方言有时候却可能在社会经济文化各方面占明显优势,这就需要综合衡量,还特别需要听取本民族人士的意见。如果一种语言的方言过于分歧,甚至互相不能通话,这就还可能需要分别处理,包括考虑为不同的方言创制不同的文字。但是这样做也必须十分慎重,首先要经过深入的分析研究,看看有没有可能找到一种折中的方案,即要坚持"一种语言一种文字"的原则,让不同方言区的人使用同一种文字方案。如果的确没有这种可能性而必须分成不同的文字,那也得先征得本民族多数人的同意,否则硬性的在一种语言中搞两种或两种以上的文字,对维护民族的统一和团结显然是不利的。

世界各国都有相当数量新创制的文字没有能发挥应有的作用,有些新创制的文字在使用了很短一段时间以后就不再使用了。这种情况往往发生在多民族聚居和多种语言共同使用的范围内。在这种情况下,新创制的文字使用的人口数量偏少,这就缺乏足够的使用价值,当然也就难以维持下去了。实际的情况当然更为复杂,包括各种社会经济文化因素,民族关系的因素都在起作用。这方面的问题目前研究得很不够,需要做更深入的调查研究。

此外在为没有文字的语言创制文字这个问题上,各种政府机构、社会机构和一些语言学家往往认为做这项工作完全是出于一片好心,想当然地认为为某个民族搞出一种文字来总是一件大好事,肯定会受到欢迎,结果也就有意无意地忽略了倾听该民族人士的意见,在搞出来的文字方案中免不了会带有主观的甚至不切实际的东西。应该看到,创制一种文字的成败并不完全取决于文字系统本身设计得怎么样,最终还是要看实际使用这种文字的目标人群是不是愿意用,是不是方便用,是不是有更多的该民族的人来用。

2.“文字改革”主要做什么工作

“文字改革”简单地说就是对一种已有的文字系统或文字形式“变”一种样子,即对已有的文字系统进行某种程度的改造或改变。文字的改革古已有之。比如前面说过中国古代的秦始皇、李斯搞的“书同文”,其实就是一种带有文字改革意义的工作。在近现代,文字改革也有许多成功的例子。

文字为什么可能改革呢?这是因为一种语言的文字跟一种语言的语音比较起来,语音是直接反映口语的,文字毕竟是一种次一级的符号,即只是记录口语语音的一种书面符号。除非经过较长时间潜移默化和约定俗成的演变,语音是不能立时三刻就改变的,说一种语言的人嘴巴里发什么音就是什么音,改了别人就听不懂了。但是记录语音的书面符号在一定程度上却是可能改变甚至马上换成另一种形式的。这就好像现在记录汉语口语中一个词语,既可以用汉字写下来,也可以用汉语拼音、注音字母写下来,甚至还可以用国际音标或别的什么符号写下来,人们(特别是经过一定学习和习惯以后)还是能看懂的。

文字为什么需要改革呢?这是因为一种语言的文字和一种语言的语音比较起来,语音在经过一段较长的时间后,总会有一些明显的变化和发展。而文字一旦形成就具有相对的独立性和稳定性,文字不但往往跟不上语音的变化,逐渐会与语音的发展不合拍或不相适应,而且文字内部在产生和发展过程中异体、多音、多义等各种不规范不统一的现象也必然会越来越多,这也就不能适应社会应用的需要。当一种语言的文字出现了这些情况以后,文字的改革就可能是必需的了。特别是在近现代,人们还往往是有意识、有计划地对文字进行某种改革,以便使文字适应语言发展和社会应用的需要。

不同国家、不同时期的文字改革,其方式和内容都可能不同。不过一般说来文字改革不外乎三种不同的方式:一种是整个文字类型和字符类型不变,只是对正字法的个别规则和个别字符进行调整;一种是整个文字类型不变,但是字符的类型变了;还有一种是整个文字类型和字符类型全都变了。

第一类文字改革可以叫作"局部调整",也就是只在原有文字系统内部作一些增删改动。

比如英文、法文在19世纪进行的正字法改革就是这种情况。早期法文只有22个拉丁字母,1762年加进了"j、k、v、w"4个字母;但目前又发现法文字母仍有不能准确反映口语语音的情况,法国政府正在研究新的改革方案。俄文的斯拉夫字母最早是在9世纪确定的,18世纪初彼得大帝曾下令进行过一次改革,苏联十月革命以后又取消了某些字母,剩下现在通用的33个字母。又如1956年我国推行了"汉字简化方案",一共推广使用515个简化字和54个简体偏旁,这些简化字绝大多数早在民间长期使用,所以简化工作进行得很顺利。这些局部调整性质的文字改革涉及面不广,不影响整个文字系统,也不严重影响阅读和书写,所以比较容易推行,也比较容易为广大群众接受。

第二类文字改革可以叫作"字符替换",也就是文字的类型虽然不变,比如表音文字还是表音文字,但是字符的类型变了。

这种文字改革有的只是由于语言本身的原因才进行的。这方面最有名的例子就是土耳其进行的文字改革。土耳其曾经有1000多年时间是采用阿拉伯字母拼写自己的语言,但是阿拉伯字母中元音字母太少,辅音字母又过于繁杂,并不太适合拼写土耳其语。于是1928年土耳其国民议会通过了"拉丁化新文字法",由总统下令废弃阿拉伯字母,全部改用拉丁字母,结果在几个月之内用拉丁字母拼写的新土耳其文就全面代替了用阿拉伯字母拼写的旧土耳其文。当然这是由于改革前后的两种土耳其文字都是表音文字,旧文字的文献资料可以通过某种转写规则比较容易地改成新文字,因此才可能使得这样一场影响深刻而且涉及千家万户的文字革命几乎是在一夜之间就完成了。

这种文字改革有的是由于社会的、宗教的或政治的原因才进行的。比如 20 世纪初苏联建立以后,一些归入苏联而本来使用拉丁字母的少数民族文字为了要跟俄语一致,也不得不改用了斯拉夫字母。蒙古人最早使用的是回鹘字母,后来在 13 世纪时元世祖下诏让西藏喇嘛八思巴仿照藏文设计了新的蒙文字母,元朝灭亡后蒙古文又改回回鹘字母,1945 年以后则又因为政治的原因而改用了以俄文斯拉夫字母为基础的拼音文字。

第三类文字改革可以叫作"系统改变",也就是完全改变文字的类型,这多半都是指从一种意音文字改变为一种表音文字的情况。

这样的文字改革难度比较大,但世界上同样也有非常成功的经验。越南的文字改革就是从在汉字基础上创制的意音文字"字喃"改变为使用拉丁字母的表音文字。采用拉丁字母的越南拼音文字是 17 世纪葡萄牙传教士设计的,正字法则是根据喃字的读音确定的,而字喃的读音又是根据越南语的古音确定的,如"甲"字今天在越南语的三种主要方言中,北部方言河内音读[giɑp],南部方言西贡音读[iɑp],中部方言中圻音读[giɑp],拼音越南文按喃字读音拼写为"giɑp"。各地可以按国家规定的标准音读,也可以根据不同的读音规则读各个方言不同的音。这样这种拼音文字不需要等全国方言统一就可以推广,而且过去用喃字乃至用汉字书写的文献都可以根据简单的转写规则转写成拼音文字,而不需要通过翻译,这就解决了历史文化连续性的难题。15 世纪在汉字笔画基础上创制的高丽谚文是一种表音文字,但是在书面语中夹用了不少汉字。1945 年朝鲜取消了汉字,全部改用谚文字母,但汉字的读音仍旧按 15 世纪高丽汉字的读音拼写,不按现代读音拼写,这样也解决了古代文献的转写和文化传统的保存问题。日语中创造的"假名"其实也是用音节字母来部分替代原来使用的汉字字符,差不多也是文字系统改变的情况。

3. 汉字改革何去何从

说到文字的改革,大家自然就会非常关心"汉字":汉字要不要改革?汉字能不能改革?如果要改,汉字又该怎么改革?下面就专门讨论一下汉字改革何去何从。

A. 汉字要不要改革和能不能改革?

汉字是一种历史最悠久的文字,甚至是世界上唯一保存下来的古老文字系统。用汉字记载的文献资料浩如烟海,凝聚着汉民族博大精深的历史和文化。甚至汉字本身也是人类宝贵的文化和艺术的结晶,比如 2008 年奥运会的印章会徽,之所以被全世界公认为具有独特的创意,一眼就可以看出它代表了中国的气派,代表了古老的东方文化,就是因为那是汉字的艺术。从这个意义上说,汉字就不可能像一些小语种那样容易改革。汉字的改革,特别是文字类型的改革,当然就必须十分慎重,决不能因为匆忙改革而造成割断历史文化传统的恶果。因此至少在现在看来,还不能因为看到世界上绝大多数语言的文字都由表意文字或意音文字变成了表音的文字,就轻率地下结论说"汉字也要走世界共同的拼音化文字的道路"。

但是说汉字改革要慎重,并不意味着汉字就完全不需要改革。汉字虽然是宝贵的民族文化遗产,但毕竟不是一件单单拿来供奉的古董,而是一种至今人们还要天天使用的工具。而作为工具的汉字,要不要改革或者需要改什么,当然最重要的就要看今天使用汉字时有没有什么不便或缺点,有缺点才要改,有缺点就要改。我们在前面"文字"一讲中说过,关于汉字的特点或优缺点,目前社会上和学术界都有一些争论,而且众说纷纭莫衷一是。不过应该看到,其中真正属于抱残守缺甚至指鹿为马而鼓吹汉字完美无缺的观点,和其中真正属于标新立异甚至痛心疾首而大骂汉字一无是处的观点,毕竟是些极端的看法,这些言论也并不得人心。而目前社会上和学术界大多数人比较一致的意见还是:从一方面看汉字无疑是有优点的,否则汉字也不可能历经数千年而不衰。这些优点从文字和语言的关系看,包括汉字适应汉语的词语没有形态变化的特点,汉字适合汉语的词语(语素)都是形音义统一单位的特点,汉字适合汉语跨时间、跨空间应用的需要,等等;从文字应用的其他角度看,还包括汉字对于民族统一的作用,汉字对于文化继承和传播的作用,汉字在阅读上有分辨率较高而可以"一目十行"的特点,汉字还是一种书法艺术,等等。从另一方面看汉字又肯定是有一些缺点的,否则也不会自古以来一直不断有汉字改革的举措和汉字改革的呼声。这些缺点从文字和语言的关系看,主要表现在汉字缺乏完备的表音系统,字符(音符)不能与任何一种语音单位严格对应,汉字字符数量繁多,字形结构也过于复杂,特别是还存在大量异体异音符号,等等;从文字应用的其他角度看,主要就是在学习和使用汉字上公认存在着"难认、难读、难写、难记"的状况,这不但增加了人民群众学习文字的时间,也在一定程度上影响了全民提高文化水平的进度,阻碍了教育和科学的普及和发展。

如果说上面这些对汉字特点或优缺点的分析是客观的、公正的,那么我们就很容易得到一个结论,汉字肯定是需要改革的,汉字也是可能改革的。说"需要",那是因为汉字发展到今天,象形字大多已不象形,表意符号差不多已失去其表意的作用,表音符号也大多不能正确地表音了,因此徒然保留全部几万个汉字符号或者坚持所谓"一字不易"就至少没有必要。说"可能",那是因为既然汉字的主要缺点是字符太多、形体繁杂、内部混乱,那就完全可以针对这几条先采取一些必要的改革措施,而这些改革不但在整体上保留了汉字的体系,不会连同汉字的优点也"一起倒掉",反而能够更好地发挥汉字的作用。至于在这之后还要不要"大动干戈",也就是"走拼音化的道路",那就还需要等待"瓜熟蒂落"、"水到渠成"的时机,也就是说即使今后汉字真的要走上这一条道路,那也绝不能只靠主观愿望或行政命令,而最终取决于汉语本身的实际发展状况和社会对汉字应用的客观需要。

B. 目前汉字改革先要做哪些工作?

既然汉字改革可以而且必须"攻其一点",那么有些事情就是现在就需要做而且马上可以动手做的。目前汉字改革的工作主要是做以下两件事:

第一件事是要找出所有汉字中有用和常用的字,剔除没用或罕用的字。这也就是给汉字"定量"的工作,其中又包括搞清楚汉字的总量以及区别其中的通用字和常用字。

对于汉字总量这个家底,过去一直不是很清楚。不同历史时期字典和字书的统计就很不一样,而且总的看数量是不断增加的:比如汉代《说文解字》收 9553 个汉字,宋代《广韵》收 26194 个汉字,明代《字汇》收 33179 个汉字,清代《康熙字典》收 47043 个汉字,民国《中华大字典》收 44908 个汉字,当代《汉语大字典》收 54678 个汉字,还有的字书收汉字竟在 9 万个以上。那么汉字的总数到底有多少,这些字是不是都有用呢? 应该说实际上真正用得上的汉字并没有这么多:比如这些字典虽然收字也有个别遗漏,但更多是包括了大量的异体字和多音字。再如字典所收的汉字中绝大多数只是古代的用字,到了现代就已没有什么用处了。又如汉字现在仍有不断增加的,不能"出生不报",也随时有失去作用的,不能"死而不葬"。有学者认为,如果按照上面几条增删清理细算下来,目前比较接近实际情况的"现代汉字用字全表"大概应不超过一万个汉字(苏培成,2000)。

搞清楚现在一共有多少个有用的汉字,接下来当然还要区别其中的通用字和常用字,这些字的数量当然就更少。所谓"通用字"就是在全部汉字中除去有特定适用范围的专用字和罕用的生僻字之后所有要用到的汉字。比如目前出版印刷行业定有通用字 6196 个(1965 年),电报通信行业定有通用字 7292 个(1983 年),信息处理行业定有通用字 6763 个(1980 年),在此基础上国家语委制定的"现代汉语通用字表"共收字 7000 个(1988 年):

可见汉字的通用字也就在 7000 个上下。所谓"常用字"则是再进一步根据汉字的使用频率在通用字中区别哪些字是常用的,或者说找出那些使用频率最高、构词能力最强、学科分布最广的汉字。汉字的总数很多,通用字也有不少,可是人们经常使用的字却并不多,往往只集中在 3000 个字上下。比如《曹禺选集》只用了 2808 个不同的汉字,五卷本的《毛泽东选集》也只用了 3136 个不同的汉字。据《现代汉语频率词典》对各种主要文字作品的统计,最常用的前 1000 个汉字的覆盖率就可达 90%,前 2400 个汉字的覆盖率达 99%,前 3800 个汉字的覆盖率甚至可达 99.9%。因此国家语委颁布的"现代汉语常用字表"(1988 年)收字 3500 个,其中常用字 2500 个,次常用字 1000 个,覆盖率共 99.48%。有了常用字的分类,也就可以大致确定学校教学中的识字量了:常用字约 2500 个,是小学阶段的识字量;加上次常用字共约 3500 个或略多些,是初中阶段的识字量;而高中阶段的识字量,也就约等于或略少于 7000 个通用字的数量。

第二件事是汉字的写法要尽可能简化,汉字的字数要尽可能减少。这也就是给汉字"定形"的工作,其中又主要包括"推行简化字"和"废除异体字"两个方面。

汉字形体的简化由来已久。甲骨文中就已有不少的简体字,以后历朝历代简体字都日益增加,许多字书包括清代《康熙字典》也不得不收录一些简体字。"五四"后一批有识之士发起了一次简体字运动,1935 年民国政府的教育部还曾公布了 324 个简体字(后因保守势力的阻扰又宣布"暂缓推行")。解放战争时期共产党领导的解放区都开展了识字运动,各种油印报刊也采用了许多简体字。新中国成立以后,党和政府很重视汉字的简化工作,经过广泛的酝酿讨论,国务院先于 1956 年公布了"汉字简化方案",共推行了 515 个简化字和 54 个简体偏旁;后经过分批推行和逐步调整,于1964 年和 1986 年两次公布了"简化字总表",其中包括 484 个简化字,加上 146 个简化偏旁类推简化字,共收简化字 2235 个。由于简化字中绝大多数都是常用字,其中有的是历代的简体字或俗体字,更多的则是千百年来群众集体创造和已经在普遍使用的简体字,因此已推行的简化字方案获得了人民群众的拥护和支持。汉字简化以后笔画大大减少,由繁体字的平均约 16画减少为平均约 10 画,这对于提高人民群众的文化水平,发展科学文化事业,都收到了很好的效果。

汉字简化另一方面的工作就是精简汉字的字数,这主要表现为废除异体字。这种工作一般也叫作"正字法"。秦始皇的"书同文"实际也就是对当时六国文字中大量异体字的整理。前面说的繁体字和简化字之间其实也是一种异体字关系，不过那主要表现为笔画繁简不同，而所谓废除异体字则主要指除了繁简字以外的那些异体字。1955年国家有关部门公布了"第一批异体字整理表"，在810组各2－6个异体字中根据"从俗从简"的原则每组选定一个比较通行而且笔画简单的字（其中包括不少后来正式公布的简化字），其余的都作为非标准字停止使用，这样当时一共废除了异体字1055个。这一举措不仅大大减少了汉字的数量，而且作为标准字的汉字大多笔画简单，大大减轻了人民群众学习汉字的负担。

当然推行简化字也好，废除异体字也好，并非笔画越少越好或硬造一堆生字出来，而且也不能一再地把汉字简化下去或合并起来。因为确定汉字的字形，除了要方便初学者，还要考虑字形容易辨认和保持文字的连续性，特别是对于阅读不同时代的书刊来说，如果一个字前后有太多不同形体，反而又会从另一方面增加学习和阅读的负担。正因为如此，国务院虽于1977年还公布过一个"第二次汉字简化方案"，收简化字853个，比如"亍（街）道、另（零）售、歺（餐）厅、尸（展）览、鸡旦（蛋）"等，但不到一年就又宣布停止使用了。最早废除的异体字中也有28个分别于1956年和1986年又恢复为标准字。此外，翻印古籍有时也需要保留原来的写法，大中型字典中也需要保留繁体字和异体字作为参考，更不用说作为一门艺术形式的书法，也不能强求一定都要写简化字或标准字。

C. 今后汉字改革的方向是什么？

如果说上面提到的工作还只是针对汉字字符数量繁多和字形结构复杂的缺点而采取的汉字改革措施，那么对于汉字最大的缺点，即汉字缺乏完备的表音系统以及字符（音符）不能与语音单位严格对应，由于涉及到表音系统，这方面要想彻底改革就不那么容易了。不过必须看到，汉字表音上的这种所谓缺点实际上又是由汉语的特点决定的，汉语没有形态变化的词尾零碎，汉语词语（语素）都是形音义统一的单位，汉字恰恰最能适应这一特点，这也正是为什么汉字几千年来都没有发展成为拼音文字的内部原因或根本原因。

注意到这种情况，那么汉字表音系统和文字类型的改革，不但客观上不可能一蹴而就，主观上也决不能操之过急。这项工作也可以分成两步走：一步是先统一汉字的读音并采取一些给汉字标音的辅助手段，再一步才是考虑汉字最终发展方向的问题。

关于统一汉字的读音和采取给汉字标音的辅助手段，其中一方面就是给汉字"定音"的工作,另一方面就是为汉字"拼音"的工作。

"定音"就是确定现代汉字的标准读音,这不是指"以北京语音为标准音"的标准音,而是要解决好"异读字"和"多音字"中一些读音混乱的问题。"异读字"和"多音字"实际上都是同一个字有好几种读音的现象。其中几个读音能相互区别意义的是多音字,不能区别意义的就是异读字。多音字并不需要也不可能都加以统一,比如"率(领)"和"(利)率","(快)乐"和"(音)乐"等,口语中也没有相混。但如果是几种读音相互并不区别意义的异读字,或者几个意义合并成一种读音也问题不大的多音字,比如"凹"曾有三种读音,"作"有三种读音,"呆"有两种读音,"凿"有两种读音等,这些就都可以统一起来。为此国家有关部门曾多次发表"普通话异读词审音表",共计审定了1800多个字的读音,最近1985年的"审音表"又最终审定读音839条。比如"凹"统读为"āo","呆"统读为"dāi","凿"统读为"záo"等。尽管审定后的读音有些不尽符合古音,个别文化水平高的人也不习惯甚至有反感,但根据约定俗成、承认现实的原则把这些读音统一起来,至少可以减少混乱,也便于群众学习和使用。

"拼音"主要就是指给汉字找一种辅助的标音手段,也有人认为这是汉字走向表音文字的前奏。汉字拼音化的想法,早在300多年前就有人提出过,明末已有西方传教士提出过用拉丁字母给汉字注音的拼音方案,清末维新运动中的"切字音"运动,更是提出多种给汉字拼音的方案。本书"语音"部分介绍的"注音字母"则是民国期间正式颁布的给汉字注音的一种方案。后来民国政府还公布过采用拉丁字母的"国语罗马字拼音法式"。解放区也曾推行过由瞿秋白、吴玉章等人制定的"拉丁化新文字"。新中国成立以后,全国人大于1956年批准公布了采用拉丁字母的"汉语拼音方案",作为给汉字标音和学习汉字的辅助工具。汉语拼音的具体内容在本书"语音"一讲中已经详细讨论过。这里需要补充说明的是,汉语拼音本身当然还不是拼音文字,也不能完全代替汉字,但是至少已在一些领域行使了文字的职能,也为汉字拼音化的研究提供了一个基础。

那么汉字要不要或者能不能最终实现拼音文字化呢?这是一个目前还难以回答的问题。前面"文字"一讲中说过,有一种意见认为,汉字难以最终实现拼音化的改革,这主要是着眼于汉字的优点。另一种意见则认为汉字必然要走上拼音化的道路,这主要是着眼于汉字的缺点。不过有一点大家的认识还是一致的,从理论上来说文字当然是可以改革的,而且从各国进行的文字改革来看,文字改革,包括文字类型的改变,在实践上也并非不可行。但是对已有文字进行改革毕竟不同于创制新文字,必然要受到语言以外的各种社会历史文化因素的制约。特别是像汉字这样的文字系统历史十分悠久,用汉字记载的历史文献极其丰富,其中保存着有关民族悠久的历史文化传统。如果汉字改革没有能妥善地解决好书面语的历史继承性问题,就很可能割断汉民族的历史文化传统。而且汉语目前还没有统一,还存在严重的方言分歧,如果仓促地实行拼音文字,也可能不利于国家和民族的统一。因此就目前情况看,汉字文字类型改革的时机还远未成熟,而且不论最后汉字是否可能实现拼音化,都无疑要经过一个十分漫长的过程,绝非一朝一夕就可以实现。在这个期间,一方面当然要积极地为汉字改革创造条件,比如大力推广汉民族的共同语——普通话,积极推行汉语拼音方案,努力研究解决区别同音字词、词语连写和分词等具体问题,特别是解决汉语书面语的历史继承问题等等。另一方面即使基础条件真的具备了,对实行文字类型的改变也还是要非常慎重,必须进行深入细致的研究,设计出切实可行的方案,甚至还必须征求广大人民群众的意见。如果简单地企图依靠行政命令来推行文字改革,那么即使这样做的初衷是出于一种崇高的和良好的愿望,也会遭到大多数人的反对,成功的希望肯定是很渺茫的。

10.3　全社会都要关心语言文字问题

前面说过,语言规划和规范工作当然主要是靠政府和专家来做,但同时也离不开全社会的参与。所谓全社会的参与,一个意思就是指,社会生活中存在的语言文字的现实状况,是语言规划和规范的基础,不考虑社会语言文字的现实状况,语言规划和语言文字的规范化就成了无源之水和无本之木,根本无从谈起;还有一个意思是指,民众使用语言文字的具体实践,会对语言规划和规范产生巨大影响,不依靠民众在语文建设上的共同努力,语言规划和语言文字的规范化就成了空中楼阁和水中之月,根本无法实现。因此从一方面看,要承认社会生活中语言文字变化发展的现实,也就是要建立动态的语言文字规范观和注重实用的语言文字规范标准;从另一方面看,要重视人民群众在语言文字建设中作为实践主体的作用,也就是要发动全民关注社会语文生活,共同建设一个语言文明的社会。

1. **什么叫作动态的语言文字规范观**

前面说过,共同语的规范当然需要制定一定的原则和标准,但是不等于说有了一定的标准语言规范的工作就完成了。因为语言是不断发展变化的,会经常产生一些新的成分和新的用法。这些新的成分和用法有些是不符合语言发展规律的,只会造成共同语内部的分歧混乱,只会妨碍言语交际的正常进行,也就最终不能为社会公众所接受;但也有些是符合语言发展规律并能为社会公众所接受的,也是具有一定的社会交际功能和生命力的。对这些现象就既不能不考虑标准的严肃性和强制性,轻率承认"凡存在即合理",也不能机械地拒绝接受一切变化,过分强调"无一字无来历"。或者说就必须不断做出评价和选择,采取必要的变通执行细则。事实上语言的规范化正是一个动态的不断更新和调整的过程,一成不变的规范是没有的,这也就是动态的语言规范观。具体说动态的语言规范观又包括三层意思:

一层意思是"排除例外"。即语言规范要有一定的标准,但也要注意排除标准中的特例现象。比如汉语普通话在语音上的规范标准是"以北京语音为标准音",但是也需要具体研究北京音的情况,不能一古脑儿地照搬北京的方音。北京话中有一些特殊白读音,如"儿子(zèi)"、"告诉(sòng)"、"太(tuī)难"、"剪(jiǎo)头发"、"我们(m－me)"、"看不见(jián)"、"把(bǎi)"、"比(pǐ)"等,就都不能作为普通话的语音标准,而应该予以排除。再如普通话在语汇上的规范标准是"以北方话为基础方言",也就是以北方方言的词语为主,但是也需要淘汰北方方言(包括北京方言)中一些土语俗语性的词语。像老北京土话中"掰哧、脚丫子、颠儿了、葛儿了、一丢丢、卖块儿、徬家儿、屁颠屁颠"等,近年北京话中的一些词语如"晕菜、歇菜、起腻、撮一顿"等,还有其他北方话中的"磕碜、造、白忽"等,就都是这一类词语。有个小品中说现在有人"钱不叫钱,叫'替',出租不叫出租,叫'的',女朋友不叫女朋友,叫'蜜'",其实也差不多是这种现象。这些虽然都是北京或北方方言词语,但恐怕还不能进入普通话语汇。语法上也有这一类现象。汉语普通话在语法上的标准是"以典范的现代白话文著作为语法规范",可是鲁迅先生自己就说过:"我的初期作品中的白话,好像小脚放了大脚",他的作品中确实有不少现在看起来有点"别扭"的句子。其他一些名家著作中也出现了诸如"知不道"、"有看过"、"高过他"等用法,这些也恐怕是不能作为语法标准的。

再一层意思是"约定俗成"。由于语言毕竟是社会的交际工具,也是一种社会的习惯,因此语言规范化也就应该从语言的社会功能角度去分析各种语言变化的利弊得失,不能不充分考虑各种语言现象和变化在社会公众中的使用情况,并在这个基础上做出判断和选择。比如对"异读词"的处理就是这样:有些异读词是可以按照读音的规矩(即符合语音历史演变的读音)来规范的。像"(普)遍",应读作"biàn",不能读"piàn";"波(浪)",应读作"bō",不能读"pō";"熟"应读作"shú",不能读"shóu";"色"应读作

"sè"，不能读"shǎi"等。但是也有些字或词，不但现实生活中存在着两种或以上不同的读音，而且有时不同的读音似乎势均力敌，甚至错误的读音还可能占据了优势。比如"说服"的"说"本该读作"shuì"，但大多数人都念成"shuō"；"确凿"的"凿"本该读作"zuò"，但大多数人都念成"záo"；"曝光"的"曝"本该读作"pù"，但大多数人都念成"bào"；"呆板"的"呆"，本该读作"ái"，但是几乎所有人都念成"dāi"。这时就不能一味讲究这个字"本该"怎么读而轻易否定十之八九的人嘴巴里的实际读音，换句话说就是要承认有些读音有可能"法不治众"和"习非成是"，不得不接受公众的选择。因此像刚才那些字词的后一种读音经过后来异读词审音，就成为了普通话语音规范标准。再如词语中的"换位语素词"的处理也是这样。汉语中有些词语两个语素可以颠倒位置，意思差不多，但如何确定用词规范也要考虑不同的情况：一种是像"裁剪—剪裁、路线—线路、和平—平和、发挥—挥发、感情—情感、计算—算计"等，因为各自有了不同的义项，就可以作为不同的词都保留；而像"蔬菜—菜蔬、士兵—兵士、健康—康健、直率—率直、介绍—绍介、寻找—找寻、词语—语词"等，意思一样，而且实际使用中后者频率比较低，就可以确定前一个词语是规范用词，后一个则被取代；至于像"响声—声响、演讲—讲演、力气—气力、嫉妒—妒嫉、伤感—感伤、离别—别离、代替—替代"等，目前还不能确定哪一种用法占绝对优势，就还要看最终的发展，根据约定俗成的原则淘汰其中的一个。语法中也有这种情况。比如现在普通话中"很+名词"的用法越来越多，像"很中国、很女性、很水、很猪"等都有人说，就已经似乎不能不承认是一种合格的结构形式了。再如汉语的被动句原来大都只能用来表示句中主语的人所不希望发生或者本身不如意的事情，如"被杀、被打、被批评了"。但现在似乎已没有了这种限制，像"被选为人大代表、被送去深造"这样的被动句已有越来越多的人这么说，那也就得承认后者也是一种合乎规范的说法。再如"除了美国以外，……"、"除非男方同意（不同意），……"、"18岁以上，……"等，都是有两种用法或两个意思的格式，究竟最后确定哪一种格式来表示哪一种意思，也还要看实际生活中这类结构的使用情况和发展趋势。

还一层意思是"兼容并蓄"。即语言规范要在语音、语汇、语法等方面有一定的范围限制和标准规定，但是也要注意适当吸收语言中新的成分和新的用法，特定情况下也要允许不同的成分和用法并存。比如北京语音系统中本来没有"ka"这个音，而现在的"卡（车）、咖（啡）"等读音实际就是吸收了南方方言中的这个语音。普通话语汇系统上近年来也大量吸收了南方方言甚至外语中有生命力和表现力的新词语，并被收入现代汉语的词典。这一点在前面第五讲"语汇"和第九讲"语言的发展和变化"中都举过不少例子。语法格式上，像南方方言中的"试试看、吹吹干"之类的用法早已进入普通话。现在很多人都说的"知不知道、喜不喜欢"这样的格式其实也是一种进入普通话的方言语法格式。而像"一浪高过一浪"这样的比较句式，"登陆中国、约会女朋友、进军好莱坞"这样的"动宾＋宾"格式，目前也处于由不规范语法格式向可接受语法格式的转变过程中。此外作为特殊文学艺术形式的诗歌和小说等文学作品中使用的语言，也要尊重文学作品的表现手段和客观规律，允许有一定的自由；书法艺术的用字也可以放宽标准；书面语中适当使用文言词语和文言句式也不能完全禁止，等等。只有这样，民族共同语的规范才会既有规矩方圆的一面，又有丰富多彩的一面，民族共同语也才能真正为人民大众所"喜闻乐用"。

2. 大家都来关注社会语文生活

语言规范的推行，一般不是或者主要不是一个强制性的过程，而是一个通过倡导、宣传来引导社会公众自觉加以调整的过程。在这一过程中，一方面要靠教育的普及和大众传媒的影响，另一方面也要靠人民群众的关注和参与。一项语言规范如果缺乏必要的社会公众基础，缺乏社会公众的共同努力，只是由少数人单凭主观意愿来确定，那么即使是由政府机构向社会推行的，也会因得不到人们的普遍认可和遵从而最终失败。因此语言规范化的一个重要工作就是要让社会公众自觉关注社会语文生活，自觉参与语言文字的规范工作。下面就举一些受到广泛关注的当代社会语文现象的例子来讨论一下。

一是怎么对待"汉外混用"现象。钱钟书先生在《围城》中就描写和讽刺过一个"张先生"的说话腔调："我有 hunch，看见一件东西，忽然 what d' you call 灵机一动，买来准 OK。我常对他们说'不要用假货来 fool 我，我姓张的不是 sucker'，休想骗我。"近年来受港台影视的影响，类似张先生这样说话的情况在社会上似乎愈演愈烈，有不少人都喜欢在说话和写文章中夹杂使用外语单词或句子，甚至有些词语只有外文的原形而没有汉语的词语形式。一家报纸描写这种情况时举了一个例子："老板们最喜欢带着漂亮MM 到 KTV 或者自己的 Town house 参加 Party，唱上一段卡拉 OK，喝上一瓶XO，放上一段 DV，感觉真 high。"媒体和网页标题中如"HOT 新闻"、"Office 一族"、"生活 Tools"、"社区 BBS"等也随处可见。那么这种现象应该怎么对待呢？目前不少语言学家和语文教育者还是认为，这种词语"杂交"的现象是不符合语言发展规律的,对于保持汉语的纯洁和健康也显然弊大于利。但包括一些专家在内的很多人也不得不承认这种用法有简洁和明确的好处,不但很多人愿意用和喜欢说,在一些较正式的文件和新闻报道中有时也难以完全避免。所以对这种现象就不能简单地一禁了事,需要综合考虑语言的规范要求和社会上的使用情况:其中像"DVD、MP3、CPU、IT、WTO、CT、E-mail"等外文简缩词语,作为专业术语或者专用词语,似不妨允许在一定范围内使用,现在有些现代汉语的词典就已经收录了这样的词语。但同时也要进行必要的宣传或采取某种措施对这种现象适当控制,至少应提倡在正式大众媒体上不要夹杂使用汉语和外语词语,对于非用不可的专业词语也要减少到最低限度,并逐步引导使人们创造恰当的汉语词语来取代这些外文词语。

二是怎么对待"网络文字"现象。网络用语中也有不少汉外词语混用现象,但更多是指在网络信息交流的特定场合(如电子邮件、网上聊天、网上论坛等)所使用的一些不符合汉语表达方式甚至故意写错的词语和句子。比如中央电视台有一期《对话》节目就展示了一个小学生的作文:"昨天晚上,我那很阳光的 GG 带着他那一点也不淑女的恐龙 GF 到我家来吃饭。GG 的 GF 一个劲地向我妈 PMP,酿紫真是好 BT。7456,我只吃了几口饭,就到 QQ 打铁去了。"这篇作文中写的"GG"是"哥哥","恐龙"是"长得不漂亮的女孩子","GF"是"女朋友","PMP"是"拍马屁","酿紫"是"那样子","BT"是"变态","7456"是"气死我了","打铁"是"在网上发帖子"。很多中学老师也"控诉"说,现在语文课真是没法教了,搞不懂学生写的和说的是什么词语:比如"我"叫"偶","很"叫"粉","看不懂"叫"晕","提意见"叫"扔砖头","东西"叫"东东","睡觉"叫"水饺","再见"叫"88"或"3166",还有如"OIC"表示"oh I see(我知道了)","3X"表示"thanks(谢谢)",甚至用标点符号":)"来表示"高兴"等。近几年来网络文字已以极快的速度在网络上和年轻人嘴巴里蔓延开来。对待这种现象现在也有不同的看法:支持者认为这些网络文字使语言更加生动风趣、简洁省事,也能表现出年轻人的独特个性,应该允许在一定范围内使用。反对者认为这些网络文字差不多就是一种"黑话",滥用网络文字势必造成语言文字应用的混乱,应该坚决地予以禁止。其实网络文字也不妨看作是与"女国音"、"行业语"等类似的一种社会方言。一方面可以采取相对宽容的态度,至少先不要限制少数人在网络上使用,但在社会上和媒体上就不应提倡用这样的词语。另一方面是在学校教学中仍需要鼓励青少年学好规范的汉语,媒体宣传上也还是要引导作者和读者使用规范的汉语。事实上物极必反,由于这种网络文字中毕竟有一些是不符合语言文字发展规律的,当全社会大多数人最终都不接受或不愿意用这种语言表达方式时,这种网络文字也很可能只不过是昙花一现的东西。

三是怎么对待"时尚词语"现象。上面说的"汉外混用"和"网络文字"也体现了语言表达的一种"时尚",但都还只是在一小部分人群中使用。而一般社会用语中也存在不少新出现的不合常规的词语。这些新词语跟一般的"新词"、"新义"(参看第五讲"语汇"部分和第七讲"语义"部分)不同:其中一种是"重复造词",即原来有特定的词语却又造一个新的词。比如原来吃完饭"结账",现在则说成是"买单(埋单)";原来说"谈朋友、搞对象",现在要说"拍拖";原来说"照片",现在则变成"写真";还有如"恐龙、青蛙、大虾、菜鸟、粉丝、发烧友"等也都有了新的意思。虚词中也有类似的现象,最典型的是类似于"非常、很"意义的"巨、N、狂"等副词,以及感叹词"哇噻"等。再一种是"简缩造词"。近年来简缩造词也似乎用得有点过头了。比如"人造皮革"有人简称为"人革","第一批大学本科录取"简称为"一本","春节联欢晚会"简称为"春晚","加入世界贸易组织"简称为"入世","太平洋保险公司"简称为"太保","麻辣小龙虾"简称为"麻小","前场任意球"简称为"前任"等。其中有些就类似于相声里讽刺的"自贡杀虫剂厂"简称为"自杀","上海吊车厂"简称为"上吊",让人听了不知所云。还有一种就是"改变搭配"。广告和歌词中改变成语的词语搭配最为常见,比如"随心所浴"(热水器)、"百衣百顺"(电熨斗)、"骑乐无穷"(自行车)、"默默无蚊"(灭蚊器)、"咳不容缓"(止咳药)、"无胃不治"(胃药)、"净如人意"(洗衣机)等。其他改变搭配关系的例子,如广告语"掌握信息乾坤,同步世界潮流"、"XX花园,永远精品",书名"学问中国"、"请读我唇"等,差不多就是一些病句。应该看到,新词语、新格式的出现其实是不可抗拒的。一方面它们还是有积极作用的,因为时尚词语毕竟也丰富了原来的词语库,也有表达上的新意和特色。另一方面如果实践证明导入的新词语、新格式确实不必要,经过实践最终会被自然淘汰。反之,如果实践证明它们比原来的词语或格式更有魅力或更有好处,就会生存下去并渐渐取代原来的词语和格式。这些语言表达形式的最后取舍仍决定于使用语言的整个社会。

第十一讲

语言的获得和学习

11.1 人是怎么"掌握"语言的

前面已经讨论过,"语言"是人类区别于其他动物的独有的一种能力,通俗地说就是只有人才会"说话"。稍微具体点儿看:人的这种"语言能力",可以分成"听、说"的语言能力和"读、写"的语言能力;也可以分成"日常"的生活语言能力和"高雅"的文学语言能力;又可以分成"母语"的语言能力和"外语"的语言能力;当然还可以分成"小孩子说话"的语言能力和"成年人说话"的语言能力,等等。那么人是怎么才能有这样的一些语言能力的呢? 可能一般都会认为,人之所以能具有上面说的所有这些语言能力,当然都是"学"来的,就像人学会开车、学会弹琴、学会做衣服等等一样。但其实这样说并不十分准确,也不科学。上面的小标题中我们没有用"学习语言"或"学会语言"的说法,而是用了"掌握"这个词,这就是因为人具有的上面说的这些语言能力严格说并不都是学来的,或者说需要经过两种不同的途径,一个叫作"语言获得"的途径,还有一个才是"语言学习"的途径。因此我们就需要先来关心两个最基本的问题:一个问题就是什么是"语言获得",什么是"语言学习";另一个问题就是语言能力中哪些需要"获得",哪些需要"学习"。

1. 什么是"语言获得",什么是"语言学习"

"获得"从字面上说就是"得到"。但"语言获得"的更准确的意思则是说,语言作为一种能力不完全是别人给你而使得你"得到",而是你自己本来就具有某种能力,也就是通过内在的作用,才可能"得到"的。

人当然不可能与生俱来就具有所有的语言能力。但是有一个事实又非常明显:从一个角度看,人类语言的各个方面都十分复杂,语音、语汇、语法、语义都有一大堆规则,但是儿童差不多都能在 5 岁左右就基本上掌握这个复杂的系统,儿童在能够计算"2+2"以前,就几乎都可以正确发音,选用词语,使用代词,提出问题,甚至说出复杂的句子,当然也完全能听懂别人说的话。可见具有这样的一些语言能力并不需要专门的学习。而从另一个角度说,世界上可能有千百万的人一辈子也不会读书写字,但他们都能像识文断字的人一样正常说话和听懂别人说的话,同样世界上可能有更多的人不会开汽车和使用电脑,也从来不懂什么是代数和化学,这些知识没人教就肯定不会,但他们都不需要有人专门教就会说话和听懂别人说的话。可见掌握语言,至少能说话和听话,跟学会其他知识和技能是完全不同的两回事。虽然人具有语言能力也不是完全不需要学习,但总的来说,人会说话,特别是人最初会说话,是一种自然而然的获得的过程,甚至是一种创造的过程。因为儿童不可能先把词语和句子都模仿下来储存在脑子里以后再说出来,而肯定要说出许多他们从未听过和说过的句子,这就是一种创造;儿童在说出新的句子时也不可能先去学习规则,很多语音和语法的规则连他们的父母也不一定都懂,所以又肯定需要他们自己去构造和使用这些规则,这就又是一种创造。正因为这样,人们学会说话,特别是学会自己母语的这种过程,心理学和语言学的术语就不叫作"Language Learning(语言学习)",而是叫作"Language Acquisition"。这个术语在汉语中译为"语言习得",顾名思义就是一半靠学习,还有一半靠获得;还有一种译法就是"语言获得",即全不是靠学习而是靠获得。但不管哪种说法,其中"获得"的意思都是主要的。

"学习"的意思很清楚就是要跟别人"学"。"语言学习"或者叫"语言学得"的意思是说,语言作为一种能力并不完全是靠自己的本能自然而就"得到"的,而最终还是通过"学",也就是通过外在的作用,才可能"得到"的。

语言作为人的一种能力,在很大程度上确实具有先天的生物遗传的性质,就像人所具有的可以直立行走、可以动手劳动、可以动脑思维等所有区别于其他动物的独有本能一样。但显而易见,语言作为人所具有的一种复杂的能力,也必须通过后天的学习。事实上每个人都有过由父母教着说话、在学校接受语言教育等学习语言的经历。比如长达 12 年的在中小学中开设的"语文"课,其重要的任务之一就是学习本民族的语言文字。语言学习甚至需要"活到老学到老",贯穿人的一生,其中很明显的一些事实就是:每个人都会说本民族的语言,但是如果要进行国际交流,或者为了学习来自国外的一些新的知识,就需要修学专门的外语课程甚至去专门的外语学校学习;每个人都会说话,但是如果要参加演讲辩论比赛,要当电视节目主持人等,除了要具备其他的文化知识,就一定还要经过专门的表达训练;相当多的人可能都会写点东西,但是如果要成为"笔杆子",比如当记者、当作家,甚至就是从事科学研究要写好论文,除了必需的专业知识,都还需要不断提高自己的语言文字水平。正因为如此,语言也就跟其他的知识和技能一样,必须"学"。至少如果我们评价一个人的语言能力,说他的口语表达能力强,写作水平高等,这"强"、"高"的东西就不会是天生的,而肯定都是通过"学"才具有的。这些方面也就是"语言学习"的内容。

2. 语言能力中哪些需要"获得",哪些需要"学习"

前面说人掌握语言要经过两种途径,一种是"语言获得",一种是"语言学习"。那么人在掌握语言时,到底主要是靠"获得",还是靠"学习"呢? 这个问题要从两个方面来考虑:一个方面就是在人们掌握语言的不同时期里,什么时候主要是靠"获得",什么时候主要是靠"学习"。另一个方面就是在人所具有的各种语言能力中,哪些能力主要是靠"获得",哪些能力主要是靠"学习"。

由于"语言获得(或习得)"和"语言学习(或学得)"是两种性质很不相同的掌握语言的途径,因此不难想到,从人们掌握语言的不同时期看,"语言获得"主要就是指一个人开始形成自己母语的过程,或者说是儿童时期掌握语言的过程;而"语言学习"则主要是指一个人稍微大一点以后在学校进一步学习母语以及学习外语的过程,或者说是成人时期掌握语言的过程。这样也就很清楚:在人所具有的各种不同的语言能力中,前面说的"小孩子说话"的语言能力,"听和说"的语言能力,"日常"的生活语言能力,以及"母语"的语言能力等,就主要是靠"获得"而形成的;而"成人说话"的语言能力,"读和写"的语言能力,"高雅"的文学语言能力,以及"外语"的语言能力等,就主要是靠"学习"才形成的。

当然"获得"和"学习"这两种掌握语言的途径和过程又不能完全按照"儿童"和"成年"、"听说"和"读写"、"日常"和"高雅"、"母语"和"外语"等截然分开。比如儿童掌握母语的"获得"过程中也不能说就没人教和不去学,特别是当孩子上了幼儿园和小学以后,"学习"这种外在和显性形式对提高语言能力就有重要作用了;反过来成人学习外语的"学习"过程中也不能说就没有环境影响和语感习惯的作用,特别是在学了若干年之后或者到了外语的语言环境里,"获得"这种内在和隐性形式可能也就显得非常重要了。也就是说,儿童掌握母语的前期主要靠"获得",后期就也需要靠"学习";成人学习外语的前期主要靠"学习",后期可能也就需要某种程度的"获得"。其他的语言能力中,虽然"听说"的语言能力和"日常"的语言能力主要靠"获得","读写"的语言能力和"高雅"的语言能力主要靠"学习",但另一方面的因素多少也会起一定作用。

不过尽管"语言获得"和"语言学习"这两种途径有时候也是交叉作用、相辅相成的,但毕竟二者的区别还是很明显的:"语言获得"主要还是通过非有意识的教或学的形式,即直觉习惯和自我强化等内在创造形式,来完成的。因此"语言获得"主要是一种心理现象,更多地需要从语言心理的角度来研究。而"语言学习"则主要是通过有意识的教或学的形式,即死记硬背和听说读写练习等外在影响形式,来完成的。因此"语言学习"才较多涉及到"教"和"学"的问题,即更多地需要从语言教学的角度来研究。因此下面我们就侧重从语言心理的角度来讨论"语言获得"问题,从语言教学的角度来讨论"语言学习"问题。

11.2 "语言获得"的过程和原因

由于"语言获得"主要是指儿童掌握和学会语言的途径,因此又往往称作"儿童语言获得"。关于"儿童语言获得"的研究主要包括两个方面:一个是儿童学会说话和理解别人说话经过了哪些阶段和步骤,这就是所谓"语言获得过程"的问题;另一个是儿童学会说话和理解别人说话是由什么原因和条件决定的,这就是所谓"语言获得原因"的问题。前者更多的是一种对"其然"的观察,后者则主要是一种对"其所以然"的解释。目前心理学和语言学关于这两方面的研究都还在继续,但相对来说,在前一个问题上的看法基本一致,而在后一个问题上的争论意见还比较多。

1. 儿童获得语言的过程是怎么样的

先讨论前一个问题,即儿童语言获得的过程,或者通常所谓"小孩学会说话"的过程。

儿童当然不是一生下来就具有了完备的语言能力,他们从完全不会说话到基本会说话要经历一段较长的时间,通常到 5 岁左右才能差不多跟大人一样地说话。这段时间里儿童怎么一步一步听懂别人说的话和自己能说话,或者说怎么一步一步更接近成人的语言,这就是儿童语言获得过程的问题。每个儿童出生的地点可能不同,出生后接触的语言环境也可能不同,儿童最早开始说话的时间和儿童智力的发展也多少有些差异。但是经过大量的观察和实验发现,儿童的语言获得过程大致还是相同的。即一般都首先需要有一个语言前阶段,其中包括非自控阶段和咿呀学语阶段;然后才进入真正的语言阶段,其中又大致可分为单词阶段、双词阶段、实词与实词连接的简单句阶段、实词与虚词连接的复杂句阶段。这些阶段中有的持续时间较短,有的则持续时间稍长些,有的不同阶段在一个短时间内可能前后交叉,但阶段之间的转变还是十分明显的,甚至孩子的父母都能感觉得到。当然阶段的划分也可以用不同的标准,比如上面的划分主要是以儿童说话的现象为标准,而实际上儿童听的能力往往都要早于说的能力,或者说理解句子的能力往往要早于构造句子的能力。另外还有更细的划分,即除了区别听和说,还区别语音、语义和语法的不同发展过程。从这方面说,儿童语音能力的发展要早于语义和语法能力的发展,但语法能力的发展则肯定是观察儿童语言获得过程的最主要的线索。把这些综合起来,儿童语言获得的过程可以大致划分为以下几个阶段,各个阶段在不同的方面都有一些相应的表现:

A. 非自控阶段

婴儿出生到1岁左右属于"语言前阶段",或叫"语言准备阶段"。其中前6个月就是"非自控阶段"。从发音看,孩子从呱呱落地就会啼哭,并能通过不同的哭声表示饥饿、不适、要大人抱等要求;很快就又会咯咯地发出笑声,表示高兴、满意的情绪。这些哭声、笑声就是婴儿最早发出的声音。但这些还不能算作是语言的声音,而只是一种本能的刺激反应。不同语言环境中的婴儿发出的这些声音都是相同的,即使先天聋哑的儿童也会发出哭声、笑声。从听音看,婴儿一生下来就接触到包括语言在内的各种声音,但在这个阶段,他们基本上不能区别语言和非语言的声音,却可以分辨表示不同感情的声音,比如听到责骂的声音会停止哭叫,听到抚慰的声音会微笑等。心理学家使用较多的实验仪器是一种装有记录婴儿吮吸率的人工奶嘴。先把奶嘴放到婴儿嘴里,然后在他身旁持续发出一种声音,直至婴儿的吮吸速率稳定不变为止;这时再换另一种声音,婴儿的吮吸率又会突然加快,直到慢慢习惯了才会稳定下来。由此就可以观察到婴儿是怎样听出声音变化的。比如有的实验就发现婴儿很早就能分辨出辅音的清浊差别,如[ba]和[pa],但对于非音位的声音差别则没有很明显的反应。这些似乎证明了婴儿对语言的声音有天生的敏感,因为音位的区分正是语言最基础的特性。

B. 咿呀学语阶段

儿童大约 6 个月后到 1 岁左右是语言前阶段中的"咿呀学语阶段"。从发音看,这一阶段婴儿已能发出比哭声和笑声更多的类似于自言自语的声音,这些声音可以是一连串的,也开始有一定的语调和节奏。虽然语调和节奏可以看作是婴儿最早发出的接近语言的声音,但这时的声音更多地还只是一种游戏,而且不同语言环境中的婴儿发出的这类声音仍然大致是相同的,也都不表示具体的意义。从听音看,这一阶段婴儿对语言的声音更加敏感。有一种实验是找出各种不常见的玩具,然后分别用一些简单的元音和辅音组合来命名(其中只有一个元音或辅音有差别),比如把两个玩具分别叫[bak]和[mak],把另两个玩具分别叫[ek]和[ok],让婴儿来听辨,这时他们已能分辨出人类语言中一些主要的元音和辅音的不同了。婴儿对大人的某些语言性指令也开始能做出反应,当大人说"笑一笑"、"摆摆手"等,他们就会做出相应的动作。有人统计 10 个月的婴儿已经可以对 230 种不同的话语形式,其中包括最简单的疑问句和祈使句,做出感知性反应。这些都说明婴儿的头脑中已开始建立复杂的语音表象,他们虽然还不能说出一个真正的词语,但听觉已经开始语言化了。

C. 单词阶段

儿童 1 岁左右就进入了真正的"语言阶段",也就是能开口说话了。从这个阶段起,观察儿童语言的发展就主要是以"说"而不是以"听"为标准了,因为显然这时儿童能分辨的语音对立要比他们自己能说出的多得多,能听懂的话也比他们自己能说的话多得多。进入这个阶段的标志是幼儿可以说出单词,而且不同语言环境中的儿童说出的是不同语言的单词,所以最初的语言阶段叫"单词阶段"。幼儿这时发音能力还比较弱,或者说能发的音还不多,因此说出的词都比较简单,还常常要把稍复杂些的词加以缩简,比如说英语的幼儿会把"book"说成[bu],把"home"说成[ho]等。但不管是完整的还是不完整的单词,这个阶段幼儿说出来的单词实际上就相当于一个句子,或者说他们这时说的句子就是由一个单词构成的。因此这时的儿童语言就叫作"综合句语言"或"以词代句语言"。正因为这样,这些单词就往往可以表示多种意义。例如"妈妈"这个词,在幼儿语言中就可以表示"妈妈过来"、"妈妈抱我"、"我要撒尿"、"我饿了"等等,到底是什么意思就需要大人根据幼儿说话时的不同语境去猜测了。幼儿刚开始说单词的时候,环境中可能还需要刺激物,比如看见一只玩具狗或图画中的狗才说"狗"。但慢慢地就可能说出表示抽象意义的词,如"不"和"好"等,这时他们就已经开始用词语来传递思想感情和通过语言来达到某种目的了。从这个意义上说,幼儿在单词阶段实际上就已经产生了最早的语义能力,即通过词语来表达意义。这些意义不但可能是词语本身所代表的具体或抽象的意义,甚至还可能包括词语以外的意义。如幼儿看见爸爸回家来了说"爸爸"和看见爸爸的鞋子说"爸爸",前者表示施事(爸爸回来了),后者就表示领有者(爸爸的鞋子)。但这时幼儿似乎还不具有语法的能力,因为单词严格说来还不能算是真正的句子。虽然也有人认为,幼儿此时已能理解简单句,也能够利用语境的补充来表达一个相对完整的意义,说明儿童的脑子里已经形成了完整的句子。但至少从"说"这方面看,幼儿还不具有最初步的组织词语的能力。

D. 双词阶段

儿童 1 岁半到 2 岁的时候开始进入"双词阶段"。这一阶段儿童开始将两个词组合在一起说话,这可以称作"双词句语言"。起初的双词句只是两个单词的重叠,或是先后说出具有独立语调的两个单词,如"宝宝。床。"这跟单词句还没有太大差别。但不久儿童就开始构造具有一定句法和语义关系的真正的双词句,而且句尾也开始出现统一的句调。比如"妈妈鞋鞋"表示领有和从属,"猫觉觉"表示施事和动作,"打狗狗"表示动作和受事等。儿童产生双词句当然首先是交际的需要,因为这样儿童就可以不必再借助手势或不再受时空限制而表达更多的要求。但从语言形式本身看,双词句不但表达出的语义关系更加复杂,而且最重要的是标志着儿童产生了最早的语法能力。虽然有时双词句不一定表示一种语法关系,比如同样是"名词 + 名词"的"妈妈袜子",既可能表示"妈妈的袜子"(偏正结构),还可能表示"妈妈和袜子"(并列结构),或"妈妈穿袜子"、"妈妈给我穿袜子"(主谓结构),但它毕竟反映了儿童最初步的组织词语的能力。国外有些实验证明,儿童双词句阶段虽然还没有出现虚词和形态变化,有些双词句仍然需要借助语境才能理解,如"baby table(宝宝桌子)"的意思可能是"Baby is eating at the table(宝宝坐在桌子前边吃饭)"。但双词句中也已经产生了多种基本的短语和句子模式的雏形,例如主谓式"here pretty(这儿漂亮)",定中偏正式"dirty sock(脏袜子)",状中偏正式"more wet(更湿)",动宾式"byebye boat(再见小船)",判断句式"it ball(它球)",呼应句式"hi, mommy(嗨,妈妈)"等。

E. 简单句阶段

儿童在 2 岁或 2 岁半就进入了由多个实词相互连接的"简单句阶段"。这时儿童说出的句子已可以连续出现 2 个以上的实词,但基本上还没有虚词。儿童这时说出的话很像大人打电报时所用的"母病,速归"等句式。因此这个阶段的儿童语言也就称作"电报句语言"。例如说英语的儿童会说"put truck window(放卡车窗户)","he play little tune(他演奏小曲子)","Cathy build house(凯瑟造房子)","what that(那什么)","No sit there(不坐那儿)"等。汉语儿童说的话也差不多是这样。在这个阶段儿童还没有完全掌握语法系统,如不会使用冠词、介词、助动词等虚词,不能区别动词的时态变化等,上面的几个句子就都有这样的错误;即使有的儿童的句子开始有了时态变化,也还存在某种"过度概括"现象,如在构成动词过去时形式时,在不规则动词后边也会加上"-ed",说成"come:comed、go:goed"等。但是这个阶段的句子却反映了儿童语言能力的又一个重要现象,即儿童已能够正确地掌握语序、层次等基本的句法结构形式,在这方面几乎所有儿童都从一开始就很少发生太大的错误。例如"he play little tune(他演奏小曲子)",虽然其中"play"缺形态,"little tune"前面缺冠词,但整个句子的语序和层次却已完全类似成人句子的语法结构了。所以即使不考虑儿童单词句阶段中语境对造句的补充作用,而从双词句和电报句的构造形式看,似乎就足以说明儿童最初的句子并不只是把词语简单随意地堆砌在一起,而是很早就掌握了句子构造的基本原则。

F. 复杂句阶段

当儿童开始能够正确使用虚词和掌握形态变化时,就进入了儿童语言获得过程的最后一个阶段,即由虚词与实词相连接的"复杂句阶段"。由于这个阶段的儿童语言与成人的语言除了在词汇量上还有一些差别外,已没有什么根本不同,包括能分辨正确的句子和错误的句子,能区别句子的同义关系和歧义现象,能谈论过去和将来发生的事情,甚至谈论一些实际上不存在的事情等,因此这种儿童语言就可以干脆称为"成人句语言"。确定成人句阶段的标志与电报句相比当然主要就是看能不能使用虚词。但也有的实验采用更细致的标准,比如说英语的儿童主要看能不能全部使用语法性语素和时态变化规则,说汉语的儿童主要看能不能正确使用修饰语和构造复合句及某些特殊句式,如"把字结构"、"述补结构"等。但这样一来儿童到什么年龄算进入成人句和完成成人句就不太好确定了。因此目前大多数心理语言学家都普遍采用的另一种办法就是统计儿童所说句子的平均长度。

比如英语"dog(狗)"是一个语素,记作"1","dogs(一些狗)"算两个语素,记作"2";汉语的语法性语素较少,则可按词来计算。这样一般情况下,说英语的儿童到达4.0就算成人句了。有人统计说汉语的儿童在3岁时平均句长就达到4.61,6岁时可达到8.39,这样前者就可以算是进入成人句阶段的年龄,后者就可以算是完成成人句阶段的年龄。

2. 儿童获得语言的主要条件是什么

下面再讨论后一个问题,即怎么解释上述儿童获得语言即学会说话的原因和条件。

儿童在很短的时间里而且似乎并不太费力(特别是相对于成人学习一种新的语言而言)便能掌握如此复杂的语言系统,这使科学家感到十分惊奇并产生了浓厚的研究兴趣。为了解释儿童语言获得的原因和条件,心理学家、语言学家,甚至其他一些学科的科学家都提出了自己的理论。把这些五花八门的理论概括起来,其实主要有两大类:一类理论偏重于外部条件的解释,另一类理论偏重于内部条件的解释。偏重于外部条件的一类理论虽然也承认生物遗传的语言功能,但认为儿童的语言获得主要还是由后天的环境条件和教育条件决定的。其中最主要有"模仿说"和"强化说"。与此相反,偏重于内部条件的一类理论虽然也不排除后天的环境条件,但更强调儿童的语言获得主要是由先天的生理条件和大脑的遗传机制决定的。其中最典型的是"天赋说",还有与此有某种联系的"认知说"。下面就分别作些介绍。

A. "模仿说"

这种理论认为儿童是通过对大人语言的模仿来掌握语言的。这一说法当然不无道理,因为谁都知道小孩说话肯定有模仿大人说话的因素,每个父母也都有过教自己孩子说话的经历,通常情况下父母还要对自己的语言做出某种调整,比如发音尽可能缓慢清晰,声调有意夸张(如问句的高调或升调),句子结构尽可能简单,多用昵称代替具体的名词等,这些都是为了帮助儿童模仿大人说话。而且从另一个角度说,儿童语言获得过程中一定的语言环境也确实是必不可少的,因为不同语言环境中的儿童就说不同的语言,与语言环境完全隔绝的儿童不可能学会语言,聋哑儿童不会说话,在很多情况下也不是因为他们的发音器官有毛病,而是因为先天失聪而导致不具有自然语言的环境。可见儿童学会语言离不开他所接触到的语言环境。但是如果说儿童学会说话都只是靠模仿也显然不是这样。从实际观察到的现象看:有的父母经常教自己的孩子说话,还有的父母很少教孩子说话,但儿童学会说话的进程几乎是一样的,不会明显地更早些或更晚些。还有的实验证明,在某个年龄段,也就是儿童的语言能力还没有产生某种句子能力的时候,即使大人有意让孩子模仿说某一句话,就是反复说上多次,孩子也只说他自己的话而并不模仿。反过来说,儿童早期语言中的单词句、双词句和电报句,实际上大人又是很少这样说话的,也就是说儿童是不大可能从大人嘴里听到"Cat stand up table(猫站起来桌子)"、"No sit there(不坐那儿)"这样缺少虚词和时态变化的句子的。更不用说有很多观察证明,即使儿童说出的一些话是大人能说的句子,也不一定就是儿童曾经听到过的。这样说来儿童说话有时是不模仿,有时则根本无从模仿。

B. "强化说"

这种解释跟模仿说有联系,但认为儿童除了模仿之外,更要通过不断受到外界的强化刺激来形成语言习惯。比如父母会在孩子说完一句正确的话后连连夸奖,而在孩子说出一句错误的话后立刻加以纠正,前一种就是正强化,后一种就是负强化。强化说来源于众人皆知的巴甫洛夫(I. P. Pavlov)的"条件反射"理论以及后来美国语言学家布龙菲尔德和美国心理学家斯金纳(B. F. Skinner)等提出的"刺激反应"理论。强化刺激在儿童语言发展中确实也是有作用的,上述夸奖和纠正儿童说的话的事情多数父母肯定都做过。但把儿童的语言获得只解释为刺激反应也不尽然。从大人这方面说,有的观察发现,父母有时对孩子说的语法有错误的话,例如"He a girl(他女孩)"、"Her curl my hair(她的卷我的头发)",不但不加纠正,甚至很高兴听到这种错得有点可爱的话;而有时对孩子说的语法上正确而仅仅是内容不对的句子,如"Walt Disney comes on on Tuesday(沃尔特·迪斯尼星期二播放)",反而却要加以纠正(比如事实上节目应该是星期三播放)。可见父母常常做的其实并不是语言规则的强化,或者说有目的的强化刺激在现实生活中并不存在。从儿童这方面说,有的实验者曾反复多次纠正儿童的句子,比如要求儿童在回答"某样东西是谁买给你的"时要变成"是'某人'买给'我'的",但一连实验了十几天,孩子还是不能把"买给你的"转变成为"买给我的"。很多类似的实验都证明,在孩子的语言能力还没有发展到一定阶段时,强化纠正并不起作用。此外强化说在理论上也很难解释儿童如何从大人说的许多话,甚至是不规范的话中,判断出哪个是强化,哪个不是强化;也不能解释为什么即使大人不去纠正,儿童到了一定时候也能自然而然地说出正确的话,包括从来没有被鼓励或纠正过的话。可见强化同样不是儿童掌握语言的唯一途径。

C. "天赋说"

这是建立在美国语言学家乔姆斯基提出的"大脑中存在语言遗传机制"这样一种假设基础上的解释。根据这种解释,人的语言知识中至少有一部分,即一些基本的类别范畴和语法原则,是通过生物进化和遗传得到的,然后通过后天接触的语言环境不断加以调整和补充,最后才获得完整的语言知识。而在先天具备的能力和后天补充的知识两方面中,先天的语言能力起到了最主要的内因作用。这种假设在理论上有一定的根据。比如同样两个没有任何意义的句子,一个只是语义异常但语法结构正确,如"无色的绿色的思想疯狂地睡觉",另一个不但语义异常而且语法结构也不正确,如"睡觉疯狂地思想绿色的无色的",包括儿童在内的所有人都能感觉出前一句要比后一句好些。还有类似的实验记录是,当故意对儿童说一个语法正确而语义异常的句子,如"The green color frightens Bill(绿色吓着了比尔)",叫 Bill 的这个孩子的反应则是"The green color doesn't frighten me. But it sounds okay.(绿色不能吓着我,但是这句话听上去不错)"。儿童的这种分辨句子对错的语感不可能是通过模仿或强化得来的,因为事实上绝少有人会说过或听过这样的句子。美国心理学家米勒(W. Miller)还算过一笔账,用 20 个单词就可以组合出 1020 万个句子,这些句子不停地听上一遍所需要的时间就是个天文数字,可见任何一种语言的句子都是无限多的,而儿童显然也就不可能在有限时间里通过模仿或强化而掌握一种语言中所有的句子。而如果说儿童具有某种创造或生成句子的能力的遗传机制,那么就可以解释为什么儿童能在短短几年内掌握复杂的语言系统,说出他从未听过和说过的话来。这种假设虽然很难通过观察得到的现象来证明,但也不是完全没有事实依据:比如从前面讨论的儿童语言获得的过程中可以发现,儿童的有些能力,如分辨语言的声音的能力、确定基本语义关系的能力和构造基本结构的能力等,确实不可能是通过模仿或有人教才掌握的,而多多少少体现出了儿童的一种本能。还有一些实验发现,儿童在掌握某种句式的过程中都会出现大大小小的错误,但这些错误在不同语言环境中的儿童身上却表现得惊人的相似。比如说英语的儿童在掌握否定句时就有相同的规律性变化,以"I don't want any food(我不要任何吃的东西)"为例,一般的发展过程都是"No want some food"→"I no want some food"→"I don't want some food"→"I don't want any food"。汉语儿童在掌握某种句式时的变化过程也表现出类似的极强的规律性。这些与其说是儿童语言获得过程中不可避免的差错表现,不如说恰恰反映了儿童是在运用某种能力构造规则和建立语法。至于儿童在说话时的语法过度概括或语义过度概括现象，例如把不规则动词做规则变化，如"go：goed、put：puted"等，或在知道四条腿的动物是"狗"以后看见猫也叫作"狗"等，都在一定程度上体现了儿童在说话时的某种创造能力。事实上目前所有的科学家都承认语言是人类所独有的，这也就说明大家都不同程度地承认人的语言能力有先天遗传的性质。问题在于语言获得机制中到底包括哪些东西现在还不是很清楚，这就难免使这种理论缺少更加客观的证据。此外也有人批评这种解释过分强调先天的语言能力，而又过于低估了后天语言环境和人的认知能力的作用，这就把复杂的甚至艰苦的儿童语言获得过程（假定把儿童5岁前看作专门"脱产"学了几年语言课程的话），说得太简单了，似乎也不尽符合事实。

D. "认知说"

这种解释与天赋说稍有不同，即认为在儿童语言获得中既有遗传机制的作用，又有语言环境的作用，或者说二者是相互作用的。这种理论是建立在瑞士心理学家皮亚杰（J. Piaget）提出的认知心理学的基础上的。皮亚杰认为人的心理发展有两种组织功能：一种是先天遗传的认知能力，但这不一定是一种完备的机制，而只是一些有限的行为模式，它使儿童具有能够获得包括语言在内的各种知识的基础；另一种是后天发展的认知能力，即人通过环境的多种影响建立新的认知起点，从而不断地获取更多的知识。比如儿童生下来就能用嘴吮吸，这就是前一种能力。而儿童不管碰到什么东西，包括奶头、奶嘴、手指头，甚至毛毯的一个角，都会去吮一下，这叫作"同化过程"；然后发现哪些东西能吮吸，哪些东西不能吮吸，并作出行为的调整，这叫作"适应过程"，这些就是后一种能力。又比如儿童在1岁时就可以用手势表示某种要求，这是前一种能力的表现。儿童在做出手势后就期望大人作出反应，如果大人没有反应或反应不对，他们就会重复动作或调整手势，最终使得大人理解，这就是后一种能力的表现。这两种能力实际上是滚动发展，即一点一点积累和扩大的。根据这种理论来解释儿童获得语言的过程，就能合理说明为什么儿童总是先理解大人说的话，然后才可能自己说话；以及为什么儿童总是先用手势表示一个意思，当发现某个词语能和这个意思相联系以后，才会说这个词语。甚至有人据此总结出儿童语言发展的一些基本规律：儿童总是先掌握无标记形式或一致规则，然后经过过度概括，再掌握有标记形式或例外规则；总是先掌握简单的句子，然后才掌握复杂的句子；总是先掌握单义的结构，再掌握同义的结构和歧义的结构等等。因为这些都受到儿童认知能力发展的制约。目前基于这种理论对儿童语言获得的原因作出的解释很多,但同样对哪些能力是先天就有的,哪些能力是后天发展的,还有不同看法;怎么把儿童语言获得中的不同现象具体归结为不同的获取途径,也缺少更具体的客观依据。

在"语言获得"问题上的研究目前还在继续。但比较倾向于一致的看法可以归纳为以下几点:一是儿童的语言发展肯定具有先天的生物学基础,特别是大脑的语言功能或语言遗传机制起着决定性的作用;二是语言环境是儿童获得语言的必要条件,其中包括模仿和强化这样一些外部因素都有重要的作用;三是儿童认知能力的发展影响儿童的语言获得,其中包括知识积累的阶段性和智力发展的差异性也都有一定的作用。

11.3 "语言学习"中的外语学习和母语学习

前面说过,"语言获得"并没有太多"教"或"学"的问题,因此跟语言教学的关系并不是那么直接;而"语言学习"才较多涉及到"教"和"学"的问题,这也就是狭义的"语言教学",或者说语言教学指的主要就是语言的"学习(或学得)"。前面也说过,"获得"和"学习"这两种掌握语言的途径和过程不能完全按照儿童或成年、母语或外语而截然分开。因为儿童掌握母语的"获得"过程中也不能说就没人教和不去学;反过来成人学习外语的"学习"过程中也不能说就没有环境影响和语感习惯的作用。前面还说过,儿童掌握母语的前期主要靠"获得",后期也需要靠"学习";成人学习外语的前期主要靠"学习",后期也需要某种程度的"获得"。语言教学其实主要就指这两种过程中的"学习"这一块,也就是既包括母语的"学习",也包括外语的"学习"。但因为"学习"对于母语和外语的作用毕竟很不相同,或者说对于母语和外语来说要"教"和"学"的东西很不相同,所以一般讲语言教学都要把母语教学和外语教学分开来:前者又称"第一语言教学"或"母语教学";后者又称"第二语言教学"或"外语教学"。当然如果学好几种外语,不叫"第三语言教学"、"第四语言教学",还是不同的"第二语言教学"或统称为"外语教学"。

1."外语学习"有什么特点和怎样才能学好外语

因为第一语言即母语主要是"获得"的,因此跟狭义的语言教学即"教"和"学"关系更密切的反倒是第二语言教学,即外语教学。第二语言教学除典型的外族语言的教学外,还应该包括双语地区的语言教学和民族语言地区的标准语教学,后者实际上也可以说就是一种外语教学。从语言学的角度看,外语教学主要有"基础性、交叉性、多元性"三个方面的特点。

A. 外语学习的"基础性"特点

外语教学或外语学习是一种基础性的语言学习活动,因此学习中就需要更多地借助语言知识的帮助。

所谓"基础性",是说学习外语的人是在已经掌握了一种语言之后又去学习另一种语言,所以往往不具有本来在学会母语时靠直觉习惯和模仿强化就能潜移默化地掌握的语言知识或能力,这时就不得不重新去学习如发音、词义、语义和语法等一些最基础的语言知识,或者说重新培养这样一些最基本的语言能力。这是外语教学最主要的一个特点。

虽然学外语也不是不可能只通过语言环境和语感养成等自然而然的过程来完成,比如说一个人在会说自己的母语后又到说另一种语言的国家生活,他不一定专门去学某些基础知识,只要经过一段或短或长的适应和习惯的时间后慢慢地也就能说这种外语了,这种情况对年龄越小的人就越有可能。但一般说来,一方面外语学习者更多的是成年人,他们往往都错过了语言学习的最佳年龄,或者用心理语言学的术语说是大脑管语言的功能已经专门化,超过了语言获得的临界期,所以不可能具有像儿童那样的生物学意义上的语言获得能力,很多成年后到外国生活了很长时间的人虽然也会说外语,但始终也改不了自己母语的口音,就是这个原因。另一方面外语学习者毕竟更多地还是只能在自己的国家里学习外语,往往不具备在外语环境中长期生活的条件,更何况即使真的到了说外语的国家,也都得先靠一些辅助手段(如上语言学校)来打底子,这跟儿童从一出生就有充分的实现语言获得的环境和时间的情况还是不一样。所以对绝大多数外语学习者来说,学外语就只能换一种办法,即必须借助语言知识这根"拐棍"。

在外语教学中,这种语言知识又包括两类。

一类是非系统的零星知识,即必须一点一点记住的语言现象。这些知识在母语获得过程中本来是不需要专门学习的,或者说是习惯成自然的。但因为外语学习者并不具有这些知识,而这些知识又是构成一种语言必不可少的基本元素,所以就只能靠死记硬背和听说读写之类的练习,往脑子里塞这些东西,乃至训练熟练运用这些知识的习惯。换句话说就是得一个字一个字地记住读音,一个词一个词地了解意思,一句话一句话地学习造句,一个场合一个场合地掌握用法。这条路一般说来是绕不过去的。很多人学外语的经验中都包括背单词,背课文,甚至背词典等,就是这一类的"苦功夫"。

另一类是系统的理论知识,即可以一类一类掌握的语言规则。这些知识在母语获得过程中本来也是不需要专门学习的,或者说不一定非要懂这些知识。但是因为外语学习者毕竟大多具有较强的理解能力和推导能力，所以就不但可能较容易地接受这些知识，同时也就可能通过这些知识的帮助大大节省学习前一类知识的时间和力气。换句话说就是，如果知道了一类语音规则，就可以不必再一个字一个字地记住这种发音，如果知道了一类词语形态，就不必一个词一个词地掌握这种变化，如果知道了一类语法结构和语义关系，就不必一个句子一个句子地学习造句和了解用法，这样当然也就可能取得事半功倍的效果。所以尽管有人主张在外语教学中也最好不讲这一类知识，而且客观地说过多学习这一类知识的内容或过分强调这一类知识的作用也确实会带来诸如"哑巴外语"之类的弊端，但无论是教外语还是学外语，肯定都会利用成人有较强理解力的优势，也肯定都会注意这类知识的辅助作用。

B. 外语学习的"交叉性"特点

外语教学或外语学习是一种交叉性的语言学习活动，因此学习中就既需要依赖母语的基础，也需要排除母语的干扰。

所谓"交叉性"，是说学习外语的人原来已经掌握了一种语言，现在又要学习另一种语言，这样原有的语言知识跟要学习的新的语言知识就会交叉重叠在一起。而原有的母语语言知识实际上既有有利于学习外语的一面，又有可能干扰学习外语的一面。这时就要充分利用母语的原有基础，即注意不同语言的共性；同时尽量排除母语的种种干扰，即注意不同语言的个性。这也是外语教学的一个明显特点。

从母语知识可能有利于外语教学这一点看，主要表现在两个方面：

一方面是就语言的内部知识来说，母语和外语都会有一些相同的现象和规则。比如各种语言都有元音和辅音，都有实词和虚词，都有词组和句子；另外各种语言的词语都有同义词、反义词等语义类别和名词、动词、形容词等语法类别；词组都有主谓、动宾、偏正等结构关系和语序层次；句子都有各种语气用途和逻辑关系等。这样外语学习者当然就可以利用原来的母语基础很快地接受外语中类似的语言现象和规则。

另一方面是就语言的外部知识来说，母语和外语都会反映一些相同的客观事物和思想认识。比如客观世界有相同的事物和概念，各种语言中就一定有差不多意思的词语；有相同的表达和判断，就一定有差不多意思的句子；有相同的关系和推理，就一定有差不多意思的复句或句组。这样外语学习者当然就可以利用原来对客观世界的认识很快地理解外语中类似的意义内容和表达形式。

　　从母语知识可能干扰外语教学这一点看,也主要表现在两个方面:

　　一方面是外语学习中会有母语的依赖性和语境的破坏性。由于外语学习者已经有了一种语言工具,或者生活在母语的环境中,就往往缺乏学习母语时那种作为生活甚至生存需要而产生的内在动力,即学外语没有非学不可的要求。也常常缺乏使用母语时那种作为思维活动和交际活动需要而受到的外部强制,即学外语也没有非用不可的要求。这就要求在外语教学中,学的一方必须有明确的学习目标,并尽量有意识地摆脱母语依赖和母语环境;教的一方必须对学生采取必要的强制手段,并为学生创造一定的语境条件。

　　另一方面就是外语学习中会受到母语思维和母语文化的干扰。这更是学习外语特别是学好外语的障碍。因为母语已经先入为主地成了外语学习者的思维工具,所以在学习外语时,看到或听到一个外语句子,就总是会不由自主地先用母语翻译一遍之后再来理解,说或写一个外语句子时,也会先用母语想一遍再转换成外语说出来。这样就难免会想当然地用母语的词语或结构的形式来分析和组织外语的句子,用母语的词语或句子的意思来理解和表达外语的意思。这种情况除了直接表现在语言的词语意义和结构形式上,还可能表现在语言以外的其他知识特别是民族文化差异对语言的影响上。不同语言的形式和意义有差别的例子很多,可能任何一个学过外语的人都有过受母语影响而出错的体会。比如英语的"Good evening"和"Good night",看起来都是"晚上好",但在晚上见面时和告别时却不能反过说。再如用英语说"北京是个大城市",看起来把"大"说成"great"或"big"都差不多,但实际上如果要表达的意思是北京面积大、人口多、交通拥挤、污染严重等,那这个"大城市"就应该说成"a big city",而如果要表达的意思是说北京是全国的政治文化中心城市,是个有光荣革命历史的伟大城市,那这个"大城市"就应该说成"a great city",因为这两个"大"在英语中的意思并不一样。北京申办 2008 年奥运会时提出的口号是"新北京、新奥运",但英语是说成"The New Beijing, The Great Olympics",这同样就是因为"great"这个词包含着"伟大、杰出、创新、了不起"等许多意思,更能充分表现"新奥运"的"新"的意思;而反过来说这些意思如果用汉语的"大"也很难准确地表达,而汉语的"新"恰恰可以更好地概括这些丰富的含义。至于民族文化差异影响学习和使用外语的例子就更多了。比如日本人在送别朋友时说"出门别撞着汽车",这话在汉语听上去是恶意的诅咒,但在日语中却是一种善意的表示。中国人招待客人时习惯于说"菜不好"、"没准备什么好吃的",这本来是一些客套话,但用英语对美国人也这么说,就会引起误解,以为你是故意怠慢了。又如当别人夸奖你长得漂亮或者歌唱得好时,如果按照汉语的说法如"哪里,哪里"、"你过奖了"等意思来说英语,那对方不但不会认为你谦虚,反而会以为你在反驳他的意见,这时正确的英语说法倒是中国人不太习惯的"Thank you(谢谢)"。母语的干扰实际上在外语学习中是不可避免的,这跟学习者是不是聪明、原来的母语和要学的外语是什么语言等,都没有多少关系。解决这种问题就要求在外语学习的不同阶段加强针对性训练,如学外语的初期主要注意母语语法的干扰,后期则主要注意母语的意义风格和文化因素的干扰,以便最大程度地避免或减少张冠李戴的错误。

C. 外语学习的"多元性"特点

外语教学或外语学习是一种多元性的语言学习活动,因此学习中就需要发现特殊的客观现象,采取有效的教学方法。

所谓"多元性",是说学习外语的人有年龄大小、文化高低、时间长短和环境好坏等差别,当然也有教外语的教师、使用的教材、速成还是渐进、在学校里学还是自学等差别。这样外语教学就必然要面对各种各样的学习对象和学习要求。因此一方面就要在复杂多样的教与学的现象里面发现有规律性的特殊现象,另一方面还要在灵活多样的教与学的方法中找出有针对性的有效方法。这是外语教学的又一个特点。

从外语教学的特殊现象看,一般认为以下两种现象最值得注意。

一种是"中介语现象"。在外语学习过程中,学习者往往会建立一种既不同于母语又不同于外语而只属于个人的语言系统,这就叫作"中介语"。中介语有点类似儿童在某些阶段的语言,即是不断地从母语向外语靠近的语言形式。学习者最初接受一种新的语言,就开始产生最初级的中介语,这时更多是受到母语的影响;随着学习的深入,中介语就进入较高级的阶段,这时更多是受到外语的影响。但中介语在学习的初期发展较快,越到学习后期发展就越慢,后面这一阶段称作外语学习的"高原期"。这既有越高程度的外语就越难掌握的原因,也与学习者到后期就更不容易发现和改正自己的习惯性错误有关。一般说较初级的中介语不能用于交际,即听上去就不像是外语;而较高级的中介语可以用于交际,即听上去差不多就是外语,就像果子未成熟,虽然味道不好,但也可以凑合着吃。实际上许多外语学习者最终能够达到的水平也就是较高级的中介语程度,只不过这种高级中介语更接近外语罢了。从外语教学角度看,虽然不同的人学习外语的情况不同,但中介语的发展规律却还是大致相同的,这一学习发展过程被称作外语学习的"内在大纲"。而有些研究还证实,外语学习的内在大纲与儿童语言的获得过程也有某些相似之处。正因为这样,外语教学就可以参考儿童语言的发展步骤,母语教学的某些研究成果也完全能为外语教学所借鉴。比如说,儿童掌握语言都是先发展听的能力再发展说的能力,先学会语音再学会语义和语法,外语学习也大致如此。又比如说,母语教学是先教单义词用法再教多义词用法,先会简单句的造句再会复杂句的造句,先写短小的文章再写长篇的文章,外语教学也大致如此。

再一种是"语言迁移现象"。学外语的人的母语又叫作"来源语",所要学的外语又叫作"目标语"。前面说过作为来源语的母语对作为目标语的外语会产生影响,这就叫外语学习中的"语言迁移"。其中积极的影响是"正迁移",消极的影响是"负迁移"。同时这种迁移既包括语言本身的语音、语汇、语法、语义等方面的影响,也包括语言之外的思维模式、文化传统、社会历史等方面的影响。外语教学中教和学双方实际上很重要的工作就是要发现两种语言的共同点,主动利用正迁移;同时注意两种语言的不同点,尽量避免负迁移。这一教学过程就称作外语学习中的"引导迁移"。引导迁移也可以说就是不断修正中介语,并找出产生错误的类型和原因。从中介语错误类型看,过去有人分为语法错误、语汇错误、语音错误;也有人分为可容忍的错误、部分容忍的错误和不能容忍的错误;还有人分为目标语判断性错误和来源语干扰性错误等。但目前较多采用的分类是着眼于中介语系统的发展特征,这样大致可以分成三类错误:一类是系统前错误,也就是"不会"造成的错误;一类是系统错误,也就是"记错"造成的错误;还有一类是系统后错误,也就是"忘记"造成的错误。这样教的人和学的人都可以根据不同的错误类型加以引导。比如对系统前错误,学习者本人没法认识和纠正,这就需要"学会";对系统错误,学习者本人不一定认识,但经过解释就能明白,这就需要"改正";对系统后错误,学习者本人就能够认识和纠正,这就需要"强化"。分析了外语学习中所犯错误的类型,也就能知道产生错误的原因,比如到底是由于两种语言的差异造成的,还是由于母语干扰造成的,还是由于教学不够系统造成的等,从而实现正确有效的引导迁移。

从外语教学的方法看,一般说以下两种方法是采用最多的。

一种是"翻译法",类似的还有"规则法"。这既是比较传统的外语教学方法,也跟后来注重语言生成机制的现代形式语言学理论有关。这种教学方法较多讲解语法规则,允许用本族语说明外语现象,注重书面语的读写训练,重视不同语言的对比。其优点是培养学生有较强的分析语言现象的能力,也能具备一定的阅读和写作能力,但实际听说的交际能力则可能较差。这种方法可能比较适用于对年龄较大,语法理解力较强,但学习外语语音较困难或不要求达到较高的听说水平的外语学习者的教学。

再一种是"听说法",类似的还有"视听法"、"交际法"等。这是受结构主义语言学"刺激—反应"学说影响而产生的外语教学法,后来又逐步随着视听设备的增加而有所发展。这种教学方法一般不讲语法规则,基本不使用本族语教学,也不大进行语言的对比,主要使用谈话类教材,后来又较多利用视听设备,甚至尽量模拟近似的语言环境,还特别注重口语听说训练,注重句型练习,通过反复的口语句型练习掌握语法规则和形成语感。其优点是能培养学生较强的听说能力,但相对来说读写能力和语言分析能力就较弱。这种方法可能比较适用于对年龄较小,文化程度相对稍低,接受语言知识有困难或对语言分析不感兴趣的外语学习者的教学。

除了这两种影响最大的外语教学法以外,另外还有"对比法"、"强化法"、"沉浸法"等,近年还有人提出"疯狂学某某语"之类的教学方法。应该说,对于不同的学习者、不同的学习阶段、不同的学习目的,这些方法都可能有一定的效果。当然综合运用所有这些方法也不失为一种方法。

2."母语学习"有什么特点和怎样提高语文水平

母语语言教学也就是第一语言教学。从跟语言知识的关系看,一方面前面说过,母语在很大程度上并不是"教"或"学"来的,而是"获得"的。这样看来,上面讲的很多在外语教学中要教要学的语言知识在母语语言教学中就不占多少份量,或者说母语语言教学跟一般说的语言知识的关系就不那么直接。但另一方面,母语语言教学又与提高全民的文化素质、反映社会的文明程度有密切联系。比如在中国,古籍文献汗牛充栋,文学作品浩如烟海,汉语的语言教学就还担负着培养和提高学生的阅读写作能力和文学欣赏能力的任务。从更大范围说,汉语的语言教学还包括推广使用普通话、实行简化汉字,以及纯洁语言、健康文明地使用语言等涉及语言规范和语言政策的任务,与此相关的就又关系到审定读音、规范用字、编纂词典、推行汉语国家标准等许多工作。这样看来,母语语言教学的内容又十分丰富,因此跟语言学和语言知识的联系又是非常广泛的。当然上面这些内容不一定都要在母语语言教学这一部分来讨论,比如像语言规范和语言政策的问题,我们这门课就放在了"语言的政策和规范"一讲中(参看本书第十讲),而像文学作品阅读和欣赏的内容则更多地应放到文学课上去介绍。因此下面只从语言学和语言知识的角度讨论母语语言教学本身的一些问题。

母语的语言教学实际就是指完成了语言获得,即能够顺利地听和说一种语言之后,进行的更高层次的一种语言教学活动,这其实也就是所谓的"语文教学"。母语语言教学的过程可以看作是非常短暂的,因为一个人到学校学习之前其实早已经会说这种语言了,其程度可能远远超过学了好多年外语的人所能达到的外语水平。但母语语言教学的过程又可以看作是相当漫长的,因为任何人一辈子也不敢说他的语言或语文水平就已经到顶了,因此总是要不断地求教和学习。但通常说的母语语言教学主要还是指在中小学阶段进行的语文教学。既然母语语言教学的目的不是仅仅学会一种语言,当然母语语言教学跟外语教学相比较就有着一些不同的要求。

A. 打牢语言基础和补充语言知识

一个人能够顺利地听和说一种语言,不等于他就已经完全掌握了这种语言或能够正确地使用这种语言。这方面很明显的例子就是,一个从没上过学的人,也就是文盲,虽然也可以进行最基本的语言交际活动,但除了不会认字写字外,就是说出的话也不可能流利完整地表达,而往往是词不达意或语无伦次,同样就是听到的话也不可能顺利准确地理解,而往往是似懂非懂或不得要领。这显然就跟他没有经过必要的母语语言训练有关系。

从这个意义上说,母语语言教学最初步的任务就是让已经具有一定语言能力的人继续学好语言,或者说是真正掌握语言的基础知识。这个阶段的教学通常是在小学进行的,也可能从幼儿园就开始。大致上又包括两方面的内容:从一方面说,是让学生从具备听说能力发展到具备读写能力,即能认字写字,或者说是能把说出的话写下来,对于写出来的话也看得懂。读和写,即认字和写字这种能力本身,不但就已经是一种新的语言知识和能力,而且读和写反过来又可以促进听和说能力的进一步发展,这就又使得原来的语言能力更加完备。从另一方面说,是使学生既巩固原有的语言知识和能力,又补充新的语言知识和能力。比如原来的发音不准(或至少相对于标准语来说发音不准),经过学拼音练拼读,就可能发音更准确了;原来一个句子说不完整或会有这样那样的毛病,经过造句和改句练习,就可能表达更准确了。这就是巩固原有的语言知识和能力。又比如原来知道某个词的一个意思和一种用法,但后来又知道这个词还有别的很多意思和用法;原来知道一个句子可以这样说,后来又知道也可以换个形式那样说;原来知道一个句子是在陈述一件事,后来又知道在句子中换个词或加个词就可以表示疑问等。这就是补充新的语言知识和能力。

B. 培养阅读写作能力和逻辑思维能力

一个人具有了认字读书的知识,具备了使用母语中大部分词语和句子的能力,还是不能说就完成了语言学习的任务,或者不等于说就能够自如地熟练地运用这种语言。这方面很明显的现象就是,很多人尽管同样都能认字读书,但其中有的人只能看懂一篇文章或一本书的大概意思,甚至还看不下来,而有的人却还能从中理解更深的含义和道理,甚至加以评论和阐发;有的人连写一封信或说一件事都不容易表达清楚,甚至不知道该怎么说,而有的人就可以写出语言准确内容生动的文章,或有条不紊滴水不漏地陈述自己的意见。这当然也跟母语语言教学有没有达到一定的程度有关系。

从这个意义上说,母语语言教学稍高一点的目标就是使具备了基础语言知识的人能够更加自由地运用语言。这个阶段的教学通常是在中学进行的,也可能从小学就开始。具体说来也包括两个方面的内容:从一个角度说,是使学生从具有认字看书的能力发展到具有阅读欣赏的能力,即更高的"读"的能力;从具有写字造句的能力发展到具有写作表达的能力,即更高的"写"的能力。从另一个角度说,是使学生从把语言仅仅作为生活交际的工具发展为作为逻辑思维的工具,或者说通过提高语言的水平来发展思维的能力。因此这一阶段的语言教学的任务就不仅仅是提高语言运用能力,也包括提高逻辑思维能力。不过这两方面实际上又是相辅相成的。因为本书后面一讲中还要讨论,逻辑思维实际上就是以语言为工具和载体的思维活动(参看本书第十二讲),所以较高的读写能力实际上既能够帮助进行逻辑思维活动,也是具有较高思维能力的体现。显而易见,一个人如果不懂得使用各种词语和句子,就不大可能建立概念和判断,也不可能准确地表达一种观点和主张;如果不懂得使用复句、多重复句和复杂的句组,就不可能进行分析和推理,也不可能完整充分地论证一个道理或思想。反过来说,即使他能知道一些概念,能有一些判断,能进行一些推理,能有种种更复杂的思考,但如果没有较高的语言能力,也不可能表达出来和让别人也都接受。有人能够在阅读后理解更深刻的含义和在写作中表达更严谨的思想,实际上也就是因为他能够自由地运用语言来完成思维活动和传递思维成果。

C. 提高文化素质和建设语言文明

一个人能够自由地运用语言,包括具有了较高的阅读写作或理解表达能力,是不是说他的母语语言学习就达到十分完善的程度了呢?还不能这么说。除了语言知识和语言能力的提高是没有止境的以外,还因为语言水平高并不就等于语言的文化底韵厚和语言的文明程度高。这方面很常见的情况是,有人号称有三寸不烂之舌,即所谓伶牙俐齿、能言善辩,但往往留给别人的印象却是夸夸其谈,油嘴滑舌,甚至哗众取宠,胡搅蛮缠。更不用说有些人看上去穿着体面、面目斯文,但一开口说话,满嘴的脏字和瘟话就露了馅,其形象当然也就大打折扣了。可见语言交际中表达同样意思的一句话或一段话,在是否言简意赅,是否文通字顺,是否朴实无华,是否礼貌得体等方面,则可能大相径庭,效果也会截然不同。这也就说明,语言不但是传递信息交流思想的工具,也是体现一个人文化素质和文明程度的重要外在形式,即所谓"文如其人,言如其人"。如何提高个人乃至全民族的语言文明水平,当然也应该是母语语言教学的重要内容。

从这个意义上说,母语教学更高的目标就是使具有自由运用母语知识和具有较高读写水平的人能够通过自己的语言表现出高度的文化素质和文明程度,甚至包括反映出良好的精神风貌和道德品质。当然这些既可以说是语言教学的内容,也可以说是精神文明教育的内容。因此这种教学或教育就既贯穿在各级学校的整个教学活动中,也更需要靠个人平时的养成和社会大环境的影响。从语言教学的角度说,做到这一点至少应该有两方面最基本的要求:一方面可以叫作语言的"简化"。简化当然不仅是指把话说得简单些或把文章写得简短些,更重要的是指说话写文章要做到朴实、严谨、明白、晓畅。另一方面可以叫作语言的"美化"。美化当然不是指美丽的辞藻和华丽的样式,而主要是指说话写文章要做到规范、准确、礼貌、得体。这些看起来并不是多么难的事,但"大道无痕"、"大俗即雅",如果真能做到这些,也可以说就是达到了母语语言"教"和"学"的极高境界了。

3. 语言学习和语言词典

跟上面说的语言教学(包括母语教学和外语教学)密切相关的一个问题是词典,所以我们顺便再说说在语言学习中怎么使用词典或辞书。无论是为了学习掌握语言和正确使用语言,还是为了提高文化素质和建设语言文明,都离不开词典。对于前者,词典是参考工具;对于后者,词典是规范标准。要发挥词典的这些作用,就还需要了解关于词典的一些知识。

一方面,不同的词典有不同的对象和用处,有时要查的某个词语或这个词语的某些内容不一定每本词典都有,因此就要了解词典都有哪些主要类型,各有什么用处,这样才能选择适合自己需要的词典。

"词典"顾名思义当然是解释词的意思和用法的工具书。但实际上词典解释的"词"的意思又有两大类,或者说词典主要可以分为两大类。

一类词典主要解释某个词语所代表的事物的概念知识,即所谓百科知识,这种类型的词典就叫作"知识词典"或"百科词典"。比如"花",这类词典可能主要介绍花是植物的哪一部分,大概有哪些种类的花,世界上最著名的是什么花,花有哪些用处,如果有药用价值,又能治什么病,什么书上有记载,什么人做过实验等等。我国明代永乐年间编纂的《永乐大典》就被认为是世界上第一部综合性的百科知识词典。另外像《大不列颠(英国)百科全书》、《中国大百科全书》、《家庭生活词典》、《香港词典》等也是大小不同的综合类知识词典。此外专业类的《物理学词典》、《中国历史词典》、《宗教词典》,专名类的《欧洲旅游交通词典》、《中国美术家词典》、《北京地名词典》等,也都属于知识词典。这类词典对于提高语言能力或进行语言教学可能没有太直接的作用,但又可能补充一些会对语言产生影响的语言之外的知识,比如历史、文化、民族等方面的知识。

另一类词典主要解释某个词语本身的意义和用法,也就是词语的语言知识,这种类型的词典就叫作"语言词典"或"语文词典"。比如同样是"花",这类词典就可能主要介绍"花"分别是名词、动词和形容词,分别有哪几个意思,这些意义有什么引申关系,又分别有哪些组词造句的用法,甚至可能介绍这些不同用法最早出自哪种文献,有没有比喻的用法,有没有固定的搭配和特殊的表达作用,有时还需要同其他语言的词语进行比较翻译,说明相同和不同的意义用法等。大家都熟悉的《现代汉语词典》、《新英汉词典》等就是较典型的语言词典。具体说来,语言词典又可以根据不同的释义重点或使用目的分成不同的小类。有的词典重点在于做共时的描写性解释,即详细说明词语现在最经常的意义和用法,如刚才说的《现代汉语词典》、《新英汉词典》,还有《杜登图解英语词典》等,这可以叫作"描写词典"。还有的词典重点在于作历时的关联性解释,即主要说明词语的历史来源,词义的引申变化等,如《辞源》、《汉语大词典》、《牛津英语词典》等,这可以叫作"历史词典"。另外还有一些词典重点在于说明特殊类别的语言现象或专门用途的语言知识,如《法语社会惯用语词典》、《俄语外来词词典》、《北京话土语词典》、《汉语粤方言词典》、《现代汉语动词搭配词典》、《形容词用法词典》、《现代汉语虚词词典》、《汉语成语小词典》、《现代汉语频率词典》等等,这些可以叫作"专用词典"。上述这些词典介绍的主要都是语言方面的知识,当然跟语言教学的关系就非常紧密,根据语言教学的需要正确选择和使用这类词典也有助于提高语言的能力和水平。

当然也有些词典兼有上述两类词典的用途。像《辞海》就是这类工具书,其中既有词语释义,又有百科知识。现在还出现了一些无论形式还是内容都跟传统的词典差别很大的"词典"。有的词典使用的对象已经不是人而是机器,即提供的词语信息是给计算机处理语言用的,如《动词语法信息词典》,这可以叫作"电子词典"或"信息词典"。还有的词典则突破了"词"的释义这个框框。像《小学生作文词典》、《唐诗鉴赏词典》,内容已经是一篇一篇的文章了,这可以叫作"资料词典"。

另一方面,解释词义是一般词典的重要内容,查词典主要也就是看词义有哪些解释,因此还要了解词典是怎么列词条、义项和释义的,这样才能看懂和用好词典。

词典的释义一般都是对一个词的一个意思的解释。在本书"语义"一讲中已经讨论过如何确定词的义项和非义项(参看本书第七讲)。词典中的"词条"就是包括了一组义项的"一个词",如"一朵花"的"花$_1$"跟"花钱"的"花$_2$",就是两个不同的词条。不同的词条在词典中一般都分开列出。词典中的"义项"就是某个词内部的"一个意思",如"眼花"、"挂花"、"花言巧语"、"寻花问柳"等中的"花"的意思跟"一朵花"的"花"多多少少都有一些引申关系,就是"花$_1$"这个词的不同义项。不同的义项在词典中一般是放在词条后面依次列出的。在义项后面通常还要列出由这些不同义项的字分别作为首个语素构成合成词或熟语词的例子,像"花白"、"花脸"、"花好月圆"、"花花公子"等,就是"花$_1$"的词例。外语词典中词条、义项和词例的情况也大致如此。

确定词条或义项后才可以进行释义。狭义的释义就是解释词条、义项和词例的意义并给出相应的例句。常见的释义方法有:用同义或近义词释义,如"剩:剩余","受贿:接受贿赂";用反义词或否定形式释义,如"死板:不活泼","拉杂:没有条理";用定义释义,如"书评:评论或介绍书刊的文章","走私:逃避关税违法贩运和买卖货物";用具体的描写和说明释义,如"狂妄:极端的自高自大","漂流:浮在水面随水流漂移";用"形容……"和"比喻……"等形式释义,如"涣涣:形容水势盛大","靠山:比喻可以依靠的力量"。广义的释义还包括说明词的各种变化和用法,例如词的形态变化,词的词类或兼类,词的历史来源,词的使用范围,词的构造形式,词与其他词的搭配,词的习惯用法和比喻用法等。外语词典中词的释义情况也大致如此。

第十二讲

语言与思维活动

12.1　人是靠语言来"想"问题的

  语言不但是一个符号系统和一种社会现象,也是一种心理现象。语言和心理的联系,除了前面一讲讨论过的"语言获得现象"以外,最主要就表现在语言与思维的关系上。语言与思维的关系问题是多种学科,如哲学、心理学、病理学、生物学、人类学和信息科学等,都密切关注和长期争论的重大理论问题,当然更是心理语言学或语言心理学的一个重要课题。要讨论语言和思维的关系,先要搞清楚两个问题:一是什么是"思维";二是"语言与思维的关系"是一个什么样的问题。

  那么什么是"思维"呢? 这是一个很难严格定义或者说是一个内涵十分丰富的概念。按照一般词典的解释,"思维"大致上有三个意思(义项):一是"思想",二是"思考",三是"意识、精神"(与"物质、存在"等相对)。其中第三个意思是纯粹的哲学概念,这里暂且不论。这样"思维"就还剩下两个意思(义项),即"思想"和"思考"。

  从一个角度看,"思想"和"思考"并不完全相同:"思想"是指人们对现实世界认识的"结果";而"思考"是指人们认识现实世界的"活动"。换句话说就是,用什么方法想问题,想得多想得少,想得到想不到等等,这种动脑筋去想的活动就是"思考";而用不同的方法去想,因而得到了不同的认识,想得多和想得少、想得到和想不到也都可能得到不同的认识,这些动脑筋想出来的东西就是"思想"。从这个意义上说,思考和思想确实并不是一回事,而且思维应该主要是指"思考"。

但从另一个角度看,"思考"和"思想"毕竟有着十分密切的联系:因为事实上不管怎么去想,总会想出来一些结果(即使没有结果实际上也是一种结果);反过来不管是什么样的结果,都是经过想的活动得出来的。而进一步说,想的活动有深有浅,在深入去想的过程中也要利用以前想出来的结果。比如在对一件事做出判断这样一种想的活动时,就必须利用已经建立的概念这样一种想的结果;在对一件事进行推理这样一种想的活动时,又必须利用已经建立的判断这样一种想的结果。从这个意义上说,"思想"和"思考"事实上又是分不开的,因此思维实际上就又可以说是既包括"思考"也包括"思想"。

这样说来,如果要用"思考"和"思想"这两个意思来定义"思维",那么较狭义的"思维"可以说就只是指"思考",即只包括"想的活动";但是较广义的"思维"就可以说是包括了"思考"和"思想"两个方面,即不但指不同程度或不同阶段"想的活动",也指不同程度或不同阶段"想的结果"。由于上面说的这个原因,加上有的时候要严格划分什么是"思考"和什么是"思想"并不那么容易,所以下面我们说到"思维"时,也就不再特别区分这两个概念。如果把"思维"通俗地说成是"想"问题,那么这个"想",也就既包括"想的活动"(思维活动),也包括"想的结果"(思维结果)。

那么"语言与思维的关系"又是一个什么样的问题呢?这实际上就是要搞清楚人是怎么"想问题"的,或者说是人们在进行"想的活动"和了解"想的结果"的时候,到底主要靠的是什么。这更是一个挺复杂也很难一下子回答的问题。

当然首先有一点可以肯定,一般来说大家都承认,"语言"跟"思维",也就是跟上面说的"想的活动"和"想的结果",有非常密切的关系;或者反过来说,讲到"思维"就必然离不开"语言"。更准确地说,语言就是思维的工具,至少是思维的最重要的工具,思维的各个方面,即"想的活动"和"想的结果",实际上都离不开语言。打个比方,就好像种庄稼得有锄头镰刀等用于耕作的农具,否则就没办法耕种收割。那么对于人们"想的活动"来说,语言也就好像是锄头镰刀这样的劳动工具,人们正是靠了语言才能够去想问题,即进行思考活动的。再打个比方,又好像庄稼长成收割以后总得有粮垛仓库等用于存放粮食的地方,否则就不算收获,也不能供人们使用。那么对于人们"想的结果"来说,语言就又好像是粮垛仓库这样的存储工具,人们正是靠了语言才能够知道大家都想了些什么,同时也才能把思维的结果固定起来和传递下去。

　　不过仅仅说语言是思维的工具,思维离不开语言,这还比较笼统。要真正搞清楚语言与思维的关系,还要涉及到两个方面需要讨论的问题。一个方面的问题是,如果说"语言"和"思维"有关系,那么这种关系是不是就是一对一的关系,比如是不是只有靠语言才能想问题,或者是不是有了语言就能想问题,等等。另一个方面的问题是,如果说"语言"对"思维"有作用,那么这些作用又都表现在人们想问题的哪些地方,为什么语言对于人们想问题会有不同的作用,等等。这样的一些问题不光是科学家们有不同的意见,相信每个人也都会有自己的看法,而且是很不同的看法。而这样的一些问题也就是所谓"语言与思维关系"的问题。

12. 2　关于"语言与思维关系"的争论

　　前面说关于"语言与思维关系"问题在学术界是一个有争论的问题,我们不妨来看看科学家们是怎么争论这个问题的。这些争论具体说来又可以分成三个相互关联的问题:一个问题是,从起源和发生上说,语言和思维是同时出现的,还是有先有后,甚至各有各的产生过程? 再一个问题是,从范围和功能上说,语言和思维是始终对应的,还是既有交叉又有区别,或者各有不同的表现形式? 还有一个问题是,从地位和作用上说,语言和思维是相互作用的,还是思维决定语言或语言决定思维? 这方面的种种讨论虽然至今还没有最终结果,但总的看还是取得了一些基本的共识。

　　1. 先有思维还是先有语言

　　语言和思维究竟哪个先发生,这个问题有点像"先有鸡还是先有蛋"一类的争论,古今中外一直是众说纷纭。归结起来影响比较大的主要有三种不同的意见。

　　第一种意见认为思维和语言有各自的发展过程,二者不是一回事,也没多少关系,甚至语言出现后还干扰了纯正的思维。

　　这种观点可以追溯到古希腊哲学家柏拉图,他就认为思维是一种不能用语词说出来的洞察。后来还有一些人也坚持类似看法。如英国哲学家霍布斯(T. Hobbes)曾提出,由外界引起的感觉才是认识的源泉,如一个人考察他面前的一个三角形,会发现它的三个角加在一起等于两个直角,而他只是想这件事,并不需要任何词语,不管是说出来还是没说出来的词语都不需要。此外英国哲学家贝克莱(G. Berkeley)、德国哲学家杜林(K. E. Duhring)、苏联语言学家马尔(N. Marr)等人也基本上都认为,思维不需要语言,思维和语言不是同一个东西,甚至应该把语言排除在抽象的和纯正的思维之外。不过后来很多人都觉得这种把语言和思维一股脑儿完全割裂开来并各自独立发展的观点并没有太多的根据,因为这就无法解释为什么更多的时候人的思维活动不但需要而且离不开语言的情况了。

第二种意见认为语言和思维是同时发生的,而且由于坚持思维只能在语言的基础上才能进行,所以如果一定要分出先后,那么甚至应该先有语言然后才有思维。

同样古希腊时代的哲学家亚里士多德就最早提出了思维是通过语言而实现并存在下去的观点。后来继续主张这种意见的还有不少人:比如 17 世纪法国哲学家迪卡尔就认为,人类的理性就表现在人类有语言这一点上。德国哲学家赫德尔也试图证明语言和思维起源相同,发展同步,因为可以发现它们都共同经历了从感知和识别客观实体,创造声音、词汇符号来指称可观察的事物,再发展到运用复杂的词汇、语法形式来认识抽象的事物这样一个过程。德国语言学家洪堡特的一个著名论断就是,语言是形成思想的工具,思维和语言活动是不可分割的统一体,思维必须始终与语言的声音相联系,否则就无所谓思维。20 世纪初美国行为主义心理学家华生(J. Watson)干脆说,语言是出声的思维,思维是无声的语言,离开语言就无思维可言。这一学派的学者还报道说,通过肌电实验发现,人在思维过程中,与发音有关的器官和神经系统都同样处于兴奋状态,如同说话时一样,只是略为微弱而已,这就证明语言与思维是同时发生的。这类意见一度影响极大,它也是上世纪 50 年代以后被我国哲学界、语言学界和心理学界普遍接受的正统观点。但无可否认这种观点也存在一定的片面性,因为它只是论证和强调了语言与思维相互联系的一面,却有意无意地忽略或回避了是否存在非语言的或先于语言的思维活动,而后者恰恰成为后来不断引起质疑和争议的焦点。

第三种意见则认为思维是先于语言发生的,虽然语言出现后成了思维的主要工具,但语言出现前人类就有了思维,甚至直到出现语言之后也存在着不需要语言参与的思维活动。

这种意见并不是近年才提出来的。较早明确提出这种观点的是英国哲学家洛克(J. Locke),他继承并发展了英国哲学家培根(F. Bacon)和霍布斯的关于思维可以独立于语言,知识起源于感觉的学说,坚持认为心灵本是一块白板,无论是语言初创时还是现在,都是先有观念然后才有名称。近代美国著名科学家爱因斯坦(A. Einstein)同样既承认语言和思维有密切关系,一个人的智力发展和他形成概念的方法在很大程度上确实是取决于语言;但同时又认为思维还可以采取语言以外的形式,这种形式甚至先于语言产生。为此他还举了自己在从事研究工作中思维过程的例子来说明这种情况。他觉得有时书面或口头的文字似乎在思维活动中并不起什么作用,而可能只需要依靠一些视觉和动觉的记号和意象,这些意象的活动和组合是在由文字或别的记号建立的逻辑结构之前就已经进行的。类似的意见近年不仅在国外学术界重新引起了广泛的讨论,1978 年国内一位生物学家周建人也提出了类似的看法。他认为人们饿了就想吃饭,渴了就想喝水,这用不着语言。当人们要种植时用手挖土不可能挖得很深,就会发明锄头、铲子之类的器具,而不是先有了锄头、铲子的语言,然后再去制造这些工具。由此可见思维应该先于语言。应该看到上面这种意见虽然还不能算是最后定论。但由于它实际上同时吸收了前两种意见的合理因素,也弥补了前两种意见的一些局限,因而更值得重视。

特别需要指出的是,如果说以前关于语言和思维产生先后问题的争论很大程度上还只是一种哲学思辨的话,那么近年参加讨论特别是主张上述第三种意见的,则主要是自然科学家,而且他们都更多地采用了科学实验的证明方法。这些科学实验不仅从生物学、生理学、心理学、病理学等很多方面进一步充分证明了人的思维在很大程度上必须借助于语言来进行,同时也提供了思维先于语言而产生和脱离语言而存在的更客观的证据。其中最值得注意的主要有来自三个方面的研究结果:

一是从人类的系统发生学,也就是从整个人类的发展史来探索语言和思维产生的先后顺序,乃至语言和思维产生的绝对年代。人和猿的区别在于前者能够有意识地制造和使用工具。因此判断出土的化石是人还是猿就是看相同出土地点是不是有经过有意识加工的石器,特别是有没有能够用来制造别的工具的工具。制造工具这种行为本身就意味着必须具有相当高的思维水平。比如要到一定的地点去采集石料,把石料加工成一定形状并且预见到只有加工成这种形状才能充当达到某种生产目的的工具,这都需要对客观事物的抽象、概括的认识以及进行判断、推理的思维能力。现在的研究已证实,最早的人类在距今 300 万年前就已经出现了。但是据现代解剖学对 30 万年前到 5 万年前早期智人(或称古人)头盖骨的声道模拟分析,那时的人还不能发出最简单的元音,因此至少那时人类还没有有声语言。而人类学的研究结果也表明,早期人类就已经可以制造工具,有生产活动,而且也可以相互用体态、表情、手势来进行交际,但只是当人类社会发展到了"彼此间有什么非说不可的地步（恩格斯）"才最终产生了语言。可见无论是从生理条件还是社会需求等方面看，人类都是早就有了思维，以后才产生了语言。

再是从人类的个体发生学，也就是从儿童掌握思维和语言的过程来推测人类发展史上发生过的情况。儿童一般要到 2 岁左右才能说一些很简单的话，在这以前应该说儿童还没有掌握语言。但是婴儿从 5 个月开始就能根据颜色和形状区别物体。科学实验还表明，儿童在没有掌握物体类的名称，如"衣服"、"植物"、"器皿"等以前，就能够将图片上各种不同的衣服、植物、器皿（包括玩具）等按类各归成一堆。这种依据事物的外部特征甚至本质属性进行的概括，事实上已经是一种抽象的思维过程，这种思维活动就是在语言产生以前，或者说是没有借助语言而进行的。

还有就是从大脑受到损伤，丧失了语言能力或思维能力的病理现象，以及先天聋哑人的思维状况，来推测语言和思维的产生过程。绝大多数患失语症的人是由于大脑左半球的语言中枢受到损伤，这样的患者不会说话了，或说话变得很困难，也说不清楚。但是实验证明，这样的病人的思维能力并不一定因此也受到影响，而是"心里明白，说不出来"。聋哑人虽然也可以通过视觉、触觉和手势语等不完全的语言形式进行思维活动。但也有实验证明，即使是没有上过聋哑学校，没有学会聋哑人的手势语和文字的聋哑人，仍然具有一定的抽象思维能力。如有人进行的可迁推理实验就证明，多数先天性聋哑儿童都能根据"a > b 和 b > c"，完成推断"a > c"这样的高水平抽象推理。这同样证明人的大脑中管思维的部分与管语言的部分并不完全相同，而且很大可能是思维活动要先于语言活动发生。

应该说，目前在思维和语言的起源问题上比较倾向于一致的观点是：一方面承认语言与思维确实密不可分，至少在语言出现后它是人类思维的最主要的工具；另一方面又承认人类的思维可能先于语言产生，或者说人类是先有思维后有语言的。

2. 语言与思维是否相互对应

语言和思维在范围和功能上是不是相互对应的问题跟前面一个问题有直接关系，因为如果坚持思维与语言同时产生，那就必然得出思维就是语言，语言就是思维，二者是同一个东西的结论。反之如果承认思维和语言并非同时产生，而是思维先于语言产生，那也就必然得出思维活动有别于语言活动，或者说一部分思维活动不需要借助于语言而可以独立进行的结论。不过上述意见中有一点还是一致的，即不管认为语言是在所有的思维活动中起作用,还是只在一部分思维活动中起作用,至少都承认人类有一部分思维活动肯定需要借助于语言。剩下的区别仅仅在于:到底是这一部分思维才算是思维,其他的就不算思维活动,即这一部分思维就是全部思维;还是这一部分和另外不需要语言参与的思维都算是思维活动,即这一部分思维只是一部分思维。

要回答这个问题,事实上就得先把思维活动分成不同的类型,因为语言在思维中起不起作用和起多大作用实际上要看是对什么样的思维来说的。对思维分类同样有很多不同意见和说法,但大致上说可以把思维活动分作三大类:

第一类可以叫作"感性思维(也称"前思维活动")"。狭义的感性思维只指运用感觉器官感受外界事物的活动,这是一种直观思维。例如看见一枝花,辨别出花是红的、叶是绿的,这是"视觉";听到一首乐曲,分辨出不同的声音,这是"听觉";汽车司机行驶到路口,看见了红灯就会马上停车,汽车修理工在发动汽车以后,这里听听,那里摸摸,就能发现什么地方有毛病,这就是"知觉"。广义的感性思维也包括唤起表象并在想象中对表象加工改造的活动,这就是表象思维。例如把一些感知过的事物回忆和再现出来,包括回想起过去的一段个人经历,呈现某个人的相貌等,这是"记忆表象";而把各种感知过的事物重新组合加工和改造,如装修房间前先进行布局设计,画一幅图画前先考虑画面的景物安排,这就是"想象表象"。

第二类可以叫作"抽象思维(也称"理性思维"、"逻辑思维",或径称"思维活动")"。这是指以概念、判断和推理等复杂逻辑形式进行的思维活动。"概念"是反映客观事物一般的本质属性的思维形式,是思维的细胞。比如"书"这个概念,就是把不同的书进行比较,舍弃新旧、大小、有无图画、何种文字、线装平装等非本质特征,最后概括出"装订好的著作"这个本质特征。"判断"是确定事物性质或事物间关系的思维形式。判断的过程实质上就是在头脑中肯定或否定某种事物的某个特性或事物之间某种联系的过程。比如"科学技术是第一生产力"是一种肯定判断;"市场经济不是资本主义的专利"是一种否定判断。"推理"是由一个或几个已知的判断推导出未知判断,或者由一个或几个前提得出新的结论的思维形式。例如"所有的金属都导电,所以某些导电体是金属"是直接推理;"所有的金属都导电,铁是金属,所以铁是导电体"是间接推理。

第三类则可以叫作"发散思维(也称"外思维活动")"。这是指随着感性认识和理性认识而产生的综合心理活动,如感情、意志、美感和相关的文化传统意识等。比如同样看到"下大雨"这样一件事,久旱无雨地区的农民会喜气洋洋,而正受到水淹地区的农民就难免忧心忡忡。再如根据一对男女在街边花园亲吻这样一件事,法国人会得出这两个人浪漫多情的结论,认为是男女相爱的自然结果,而中国人就很可能推导出这两个人暧昧下流的结论,认为是不正当的男女关系。又比如说汉语的人认为"象"这个词与"吉祥"的"祥"谐音,所以常常用它来代表美好的祝愿,"大象"、"白象"还用来作为很多重要活动的吉祥物和产品的注册商标。但说英语的人提到"elephant(象)"却没有这种情感色彩,而"white elephant(白象)"甚至还有明显的贬义,用来比喻"无用而累赘的东西"、"白痴",可以想见"白象"牌产品在英语国家肯定不会受到欢迎。这些就是不同民族的发散思维的表现。此外像文学、音乐、绘画、雕塑、摄影、舞蹈等,一般也被看作是发散思维(或者是发散思维中的"形象思维")的表现形式。

把思维活动分成这三种类型,那么对于上面提出的问题就很清楚,其中抽象思维这种思维活动当然肯定是需要语言参与的。因为要表达概念,就得使用词语:比如要表达"书"这个概念,就得使用"书"这个词语;而一些脱离具体形象的抽象概念,如"法制、民主、精神、经济"等,更非得借助词语才能表示出来。而要做出判断或推理,就得用到句子或复句:比如要表达"科学技术是第一生产力"这个判断,或者要表达"所有的金属都是导电体,铁是金属,所以铁是导电体"这个推理,就得使用这样的一些句子。而一些比较复杂的叙述和论证,如现在正在讨论的"语言与思维的关系"这个问题,更非得借助于许多句子,甚至是语段和篇章才可能说得清楚。即使是逻辑思维中运用了公式代码,如进行数学运算等,那其实也只是语言的转化符号,当教师要在课堂上说明某个题目的求解过程时还得把公式变回语言的表达形式。因此可以说抽象思维实际上就是以语言作为工具或在语言材料的基础上进行的思维活动。只有人才有语言,因此只有人才能进行这种抽象的思维;反过来说人之所以有高度抽象的思维能力,就是因为人有语言。前面说到过,人们要想问题,就往往要使用语言;人们要把想到的东西记录下来,把复杂的想法概括起来,或者用某种想法与别人交流,乃至形成集体的智慧并传给下一代,也都要使用语言。这些必须使用语言进行的思维活动,就都是抽象思维。所以也有人干脆把抽象思维就叫作"语言思维"。如果说人类全部思维活动指的就是抽象思维的话,那么在这个意义上说全部思维活动都需要语言参加,这种说法当然就不错。

相对于抽象思维来说,其他两种类型的思维活动确实不一定必须借助于语言来进行;或者说即使其中也与语言有关,语言的作用也肯定不像在抽象思维中这么大。感性思维(前思维),特别是直观思维,是对客观事物的一种直接的感知。这种思维并不是人类所独有的,比如动物没有语言,但某些高度发展的动物也部分地具有这样的思维能力,像老马能识途,狐狸能利用地形中断自己的足迹来逃避追逐者,黑猩猩经过训练甚至能学会大量手势语等。感性思维在人类认识活动中也有重要地位,因为感觉和知觉是认识世界的源泉,是获取知识的起点。但因为它毕竟不是借助于语言进行的,所以又只能是思维活动的较低级阶段;感性思维只有在语言参加以后,才可能上升到抽象思维的高级阶段。而发散思维(外思维),特别是表现为民族特有的文化意识时,是思维活动对人类社会生活其他方面产生的影响。虽然这种思维活动可能比抽象思维更难以体会和把握,或者说更高了一层,但语言与这些思维活动的关系已经比较疏远,可以说此时语言不但已不是这种思维的工具,甚至也成了受其影响的对象了。比如前面说人们用"象"这个词表达不同的情感,其实并非"象"这个词语本身表达的概念就是这样的,而是人们把某种情感赋予了这些词语,即这些相关词语的意义和用法是受到人们情感的影响才产生的。再如像音乐、舞蹈、绘画、雕塑等艺术创作,更是几乎都不需要直接借助于语言来创造和欣赏,但它们又实实在在是人类思维活动的结果。正因为这样,一般提到思维与语言密不可分时,往往就不包括抽象思维以外的这些思维活动。所以也有人干脆把抽象思维以外的思维,特别是感性思维,就叫作"非语言思维",而把文化意识和艺术创作中的思维活动称作"形象思维"。当然如果把人类的思维扩大到上述全部思维类型,那么在这个意义上说也有一部分思维活动不需要借助于语言,当然也就没什么错了。

不过即使采取上述观点,即抽象思维(无论是把抽象思维看作全部思维活动,还是只把抽象思维看作一部分思维活动)与语言是对应的,其他思维活动(感性思维、发散思维和发散思维中的形象思维)不一定需要语言,在思维和语言的范围和功能对应上也仍然不能绝对化。比如对下面几个方面的相关现象就还是应该予以足够的注意。

一是除了肯定抽象思维需要在语言的基础上进行外,也应该承认非抽象思维也不是完全没有或不需要语言参与,即实际上语言参与思维活动的范围可能要大于抽象思维。

比如儿童在掌握语言以前更多地是利用直觉,而不是用语言来思维的,儿童的思维还算不上抽象思维。但显然这时语言不但是儿童学习的对象,而且在培养儿童形成抽象思维能力的过程中也起着重要作用。瑞士心理学家皮亚杰就观察到儿童在手势思维和直觉思维阶段,不但逐步地把这些手势和直觉与词语联系起来,而且词语也帮助儿童发展了这一阶段的思维活动。这就是语言的一种参与。

至于发散思维,无论是人的情感、美感还是文化意识,在一定程度上都必然要通过语言文字来表现,或者反映到语言文字上面。比如文学家、艺术家进行创作时主要是运用属于发散思维范畴的形象思维而不是靠抽象思维,但这种思维活动归根结底还是离不开语言文字的手段。不要说小说、戏剧等本身就是语言的创作,就连音乐和绘画这样的艺术创作也不能说完全不需要语言。罗曼·罗兰(Romain Rolland)就说过:"只有靠语言文字这张弓,才可能把音乐的声音射到大众的心里去。"(《约翰·克利斯多夫》)事实上一首乐曲的意义,一幅绘画的内涵,最终还是要通过语言来说明和阐释。这些也都是语言的参与。

二是既要肯定抽象思维需要语言作为工具,但也要看到有时抽象思维活动只借助于语言还不够,即实际上也不能绝对地说语言就是抽象思维的唯一工具。

比如"不可言传,只可意会","话就在嘴边","无法用语言来形容"等,就不能仅仅说是一种修辞表达。客观上常常有这样的情况,例如当我们心里有了某种确定的想法或感受时,却一下子就是找不到恰当的词语来表达。前面提到科学家有时也能够做到只用公式符号或视觉、动觉的记号来思维,用不着语言或文字。如果说思维只能在语言的基础上进行,又怎么会出现这样一些思维与语言脱节的现象呢?再如有时在回答比较复杂的问题或即兴作长篇发言之前常常要"想一想",但这种思考的时间可能极短,脑子里闪现出来的仅仅是个别的词语和非常笼统的想法,要在这"想一想"的过程中把要说的长篇大论都默说一遍是根本不可能的。类似这种高度集中和复杂的思维过程,也不大会是完全凭借语言来进行的。再以下棋为例,下棋的高手常常会判断出以后好多步会有什么变化,而且往往瞬间就能做出准确判断和推理,这当然是一种高度复杂的思维过程。现在计算机也能下棋,即人们编制了一套程序来模拟人脑下棋时的思维活动,而且设想了各种可能性,让计算机在对局时根据对方的下法选择最佳的应对方案。这样的程序非常复杂,但是计算机运算速度很快,所以能算得过来。但是计算机的程序语言和自然语言一样是线性的,也就是得一句话一句话说,没法同时说好几句话,如果让一个人来默念这样的程序可能几天也念不完。棋手在下棋时当然不可能也用这么多的时间来思考,否则就没法下棋了。实验已部分地证明人脑的神经元并不是单通道线性排列的,而似乎是一种多通道的全息装置,可以进行所谓"跨越式思维"。可见棋手进行的极其复杂的思维活动也并不是凭借线性的语言来进行的。

三是即使说抽象思维就是使用语言进行的思维,也要承认语言和思维毕竟是两种不同的社会现象,它们具有不同的功能和范畴,即不能把语言和思维完全等同起来。

一方面从功能上说二者不同。虽然思维要用语言来体现,如概念要用词语来表达,判断、推理要用句子和复句来表达,但思维和语言之间并不能简单地看成思维是有声的语言,语言是有声的思维,或者思维是内容,语言是形式的关系。二者实际上都有各自的内容和形式:思维的内容是对客观事物的反映,思维的形式是概念、判断和推理等;而语言的内容是意义,包括语汇意义和语法意义,而语言的形式是语言的声音和词、词组、句子等语言单位。更不用说思维除了以语言作为工具外,还可能有其他物质载体,比如前面说过的符号、形象等等;而语言除了作为思维的工具外,还是人类相互交际的工具。在这方面语言与思维各自功能的外延也不完全等同。

另一方面从范畴上说二者也不同。即使说思维要用语言形式来进行,概念和词语,判断和句子,推理和复句等也并不是一一对应的。语言中有虚词,如汉语的"了、着、吗、的"等,这些虚词就不表达任何具体概念。即使是实词也不一定就表达概念。比如多义词,如"头",就可能是一个词对应"头颅、领导、方面、前部、顶部"等多个概念;而同义词,如"漂亮、美丽、标致、俊俏、靓丽",又可能是多个词对应一个概念。再如句子中有疑问句、祈使句,如"谁来了?"是疑问句,"坐下!"是祈使句,这些类型的句子就不表达任何判断。即使陈述句也不一定就对应判断。比如有时一个相同的句子表达多个判断,如"屋里摆着酒席"就有两个意思(屋里正在摆酒席/屋里已摆好了酒席);有时多个不同的句子表达一个判断,如"张三卖给李四一本书"和"李四向张三买了一本书"就差不多是同一个意思。同样有些复句,如"他下了课,就回家了",并不表示推理;而"因为我们是为人民服务的,所以如果我们有缺点,就不怕别人批评指出",虽然表达的是一个推理,但因为略去了大前提(如"为人民服务的人如果有缺点,就不怕别人批评指出"),所以从逻辑关系上看并不完整,但在语言表达上的意思却是很清楚的。

应该说,目前在思维和语言的范围和功能对应问题上比较倾向于一致的观点是:人类的思维活动有不同的类型,其中抽象思维是必须借助于语言进行的思维活动,抽象思维以外的其他思维活动,如感性思维(前思维)和发散思维(外思维)不一定需要语言参加,但语言也在这些思维活动中起作用。语言是抽象思维最重要的工具,但不是唯一的工具。抽象思维与语言有密切关系,但二者毕竟是两种具有不同功能和属于不同范畴的现象。

3. 语言与思维哪个是主导

语言和思维在地位和作用上到底谁更重要,谁决定谁。这也是学术界有较大争议的问题。大体上主要有两种不同的观点。

一种观点就是语言决定思维,即有什么样的语言,就有什么样的思维,包括会有不同的思维能力和思维结果。这当然是一种比较极端的看法。

这种观点跟前面说过的18世纪赫德尔和19世纪洪堡特的看法有一定关系,因为他们都主张思维是在语言基础上产生的,没有语言就没有思维,因此很自然地会得出语言的地位要高于思维的结论。但真正把这种观点上升到语言决定思维这样高度的是美国人类学家萨丕尔和美国语言学家沃尔夫(B. L. Whorf)。萨丕尔最早提出了这样一种观点,即人并不是孤立地生活在客观世界中,而是多半要受到语言的支配。真实的世界在很大程度上是不知不觉地根据人类集团的语言习惯建立起来的。沃尔夫曾在一家火险保险公司做调查失火原因的工作。他发现导致失火的原因除了客观环境外,还有人们对语言的错误理解。例如人们看到"汽油桶"往往十分小心,怕着火爆炸;但看到"空汽油桶"就以为是空的而不大在意,以为很安全。但实际上"空汽油桶"充满可燃气体,可能更危险。很多类似的现象使他受到启发,后来他又在萨丕尔指导下从事印地安语的调查,并受到萨氏观点的影响,于是进一步提出了一套比较完整的意见。他认为:对说话人来说,语言(特别是语法)主要是一种背景知识,这种知识因语言而异,没有共同的规律。任何人在使用自己的语言进行思维时,都在无意识地运用这种背景知识。这种语言的或语法的背景知识是思想的塑造者,是个人心理活动、分析和综合思想材料的纲领和指南。五光十色的世界就是通过人们内心的语言或语法系统而组织起来的。除非人们的语言背景相同,或者通过某种方法取得一致,否则即使人们接触到同一现象,也不会有相同的看法。萨氏和沃氏的这种语言决定思维的观点以后就被称作"萨丕尔—沃尔夫假说"。由于其核心内容是有不同的语言就有不同的思维方式,所以又称作"语言相关论"。

应该承认这种"语言相关论"的观点并不是完全没有道理的。后来也有很多学者经过研究发现,语言习惯对思维活动确实有一定影响。对相同的客观事物,不同的民族在语言表达上会有所不同,甚至可能表现出很大的差异,这种差异多多少少会反映出不同民族某种独特的思维方式。亲属称谓就是这方面的一个例子。例如同样的一些同辈亲属,汉语要分别称为"堂哥、堂弟、堂姐、堂妹、表哥、表弟、表姐、表妹",而英语只用一个词"cousin"就够了。这虽然可以说是对同一个概念的不同语言表达,但事实上也与两个民族对亲属关系的某些认识不无关系:因为在说英语的一些国家中,过去表兄妹可以成婚,堂兄妹也可以成婚,反正都是旁系的同一辈人;而对于说汉语的人来说,这些亲属之间就不能通婚,至少堂兄弟姐妹之间就绝不能通婚,所以才必须分开来称呼。又比如英语说"He went to town yesterday(他昨天进城了)",只需要说出"进城"这件事,而不一定管到底是怎么进城的,如不必再细分是"walk(步行)",是"drive(开车)",还是"ride(骑马)"。但同样这句话,德语就必须得说清楚到底是步行去(gehen)、开车去(fahren),还是骑马去(reiten)。可见说英语的人更注意动作行为的结果和目的,而说德语的人则更注意动作行为的方式和手段。这些例子都说明语言对人的思维方式不能说没有一点影响,或者说人们怎么去说可能就影响到他们怎么去想。但尽管有不少人都承认语言在不同程度上可能会影响人们的思维方式,但完全接受"萨丕尔—沃尔夫假说",即真正同意语言决定思维这种绝对看法的人并不很多。

与上面不同的观点是,尽管语言确实对思维会有一定的影响,但不能无限夸大语言的作用,不能说是语言决定思维,而更主要的应该是思维决定语言。这是目前大多数人赞同的观点,也是一般人容易理解的观点。

为什么说不是语言决定思维呢? 一方面从对思维产生影响的多种因素来看,即使承认语言影响思维,也并不是只有语言才影响思维。人从生下来就生活在一个复杂多样的社会环境中,语言环境当然是人所生活的一种环境,但人生活的环境还包括经济的、政治的和文化的各种社会环境,后者无疑也会对人的思维能力和思想观点的形成和发展产生影响。另一方面从整个思维活动和思维结果的现象看,即使承认思维受语言的影响,也不是所有的思维都受语言的影响。狭义的思维即抽象思维是用语言进行的,语言或许会对这部分思维有一定影响,但广义的思维还包括思想认识、文化意识,甚至世界观等,对这些思维活动或思维成果影响更大的主要不是语言,而是经济、政治、文化等其他社会条件。大量的事实也都证明:语言相同,思维不一定就相同。就像《红楼梦》里焦大不可能爱上林妹妹,造成焦大和林妹妹不可能相爱这种思维活动或思想认识的原因当然不在于语言(他们肯定都说同一种语言),而主要在于他们所生活的不同社会背景。反过来说,语言不同,也不一定思维就不同。比如同一条光谱,汉语切成"红、橙、黄、绿、青、蓝、紫"七段,即用七个词语来表达,而英语则是切成"purple(紫),blue(蓝),green(绿),yellow(黄),orange(橙),red(红)"六段,只用六个词;还有的语言切成五段、三段,甚至只有"暖色"和"冷色"两段,使用的词语就更少。但这并不是说不同民族对颜色这种客观事物的认识也不一样,或据此认为说某种语言的人看不见七种颜色或更多的颜色。其实这充其量只是表明说不同语言的人把颜色分得粗点还是分得细点,或者他们在生活中是不是需要区分这么多颜色罢了。就好像即使把颜色分成七种的语言,根据需要(如画家或生产油漆的工厂)还可以把颜色再细分为几十种,如"红"还可以再分成"大红、鲜红、紫红、枣红、粉红"等,这些颜色不管说哪种语言的人本来也都分得出来,其中的道理是一样的。

为什么说更主要的是思维决定语言呢?因为即使只看影响思维的诸多条件中的语言条件和诸多思维现象中受到语言影响的那一部分思维活动,也很难说就是语言影响了思维。就拿"空汽油桶"的例子来说,人们为什么会产生"空的汽油桶"比"装满了汽油的桶"危险性要小的感觉,其实并不是因为有了"空汽油桶"这个词语才会这么想的,而是日常生活中确实有大量"空"的东西就表示不存在,也有很多"空"的东西确实危险性要小。如"空水桶"就是桶里没有水,"空炮弹"当然比"有炸药的炮弹"危险性小。换句话说人们之所以产生"空"就等于没有,就等于危险性小的认识,是在实践中产生这样一些认识之后,才赋予了"空"这个词语这样一些意思的,而绝不是先有了"空"这个词语,才会产生"没有"或"危险性小"等认识的。所以就算人们看到"空汽油桶"会产生危险性小的错觉,最多只能说人们对这种特殊的事实还缺乏认识,即套用了以前积累的认识所赋予这个词语的一般的意思,而这个词语的这些意思归根结底还是建立在思维和认识基础上的。前面举过的另外几个例子也是这样。比如说英语的人用"cousin"这一个词表示汉语"堂哥、堂弟、堂姐、堂妹、表哥、表弟、表姐、表妹"等诸多平辈亲属称谓,表面上看当说英语的人说"cousin"时就反映他们认为这些亲属间可以通婚,反过来汉语用不同的词语称谓就表明他们认为这些亲属不能通婚。但其实为什么说英语的人和说汉语的人会有这样一些不同的认识,说到底还是由不同民族的社会文化背景和传统制度决定的。也就是肯定先有了这样的一些事实,使人们产生了这样的一些认识,然后才把这种认识在语言中用不同的词语形式表达出来,而绝不可能是说英语的人和说汉语的人先有了不同的词语,才决定了他们各自民族中的这些亲属之间能不能通婚的。前面提到说英语的人在讲一件事的时候注意动作行为的结果和目的,而说德语的人更多注意动作行为的方式和手段,也是同样的情况,因为换一个角度看,与其说是怎么说决定他们怎么想,倒不如说归根结底还是怎么想决定了他们怎么说。

应该说,目前在语言和思维的地位和作用的问题上比较倾向于一致的观点是:在语言和思维的关系中,思维起主导作用,思维决定语言。语言虽然对思维活动有一定影响,但不能无限度地夸大这种影响,语言也不能最终决定人的思维方式和思维活动。

12.3 语言在人的认知活动中的作用

前面说过,语言和思维这种心理活动的关系十分复杂,从二者的整体关系看,应该承认思维的产生可能要先于语言,思维的范围可能要大于语言,思维在很大程度上也决定语言。但这么说并不意味着不需要特别研究语言对于思维活动的作用。恰恰相反,事实上语言对思维的作用也相当重要。因为语言产生后就成为人的思维活动和所有认知活动的主要物质载体,人的许多思维活动都离不开语言的帮助,语言也会对人的思维认知活动产生很大的影响。因此从语言学的角度,也就可以暂且撇开思维对语言有主导作用的一面,而侧重研究语言对人的思维活动有作用的一面。体现这种作用最明显的就表现在语言与人的抽象思维这样一种认知活动的关系上。这一讲一开始已经指出,语言是思维最重要的工具,特别是在人的抽象思维这种认知活动中,语言的作用是相当巨大的,也可以说人的抽象思维这种认知活动始终离不开语言,人的思维认知就是建立在语言的基础上的。

那么语言对人的抽象思维这种认知活动又有什么样的作用呢?具体说来,语言的作用主要表现为三个方面:一是语言可以帮助完成人的认知过程,二是语言可以储存人的认知成果,三是语言可以发展人的认知能力。

1. **语言可以帮助完成人的认知过程**

我们平时说话,往往是不假思索脱口而出,好像感觉不到语言跟动脑筋想问题有什么关系。但如果我们考虑的是一些比较复杂的问题,就会发现这时可能要不由自主地默默自语;或者当我们要表达一个比较复杂的想法或意见时,也得先搜肠刮肚地打个腹稿。这种默默自语或打腹稿就是使用了语言,也就是说我们正是靠了语言才能够去想问题的,想的过程其实也就是使用语言的过程。刚才说日常生活中好多非常简单的事情好像用不着用语言去想，其实这只是因为这些事已习以为常而感觉不出来罢了。事实上即使是非常简单的事情，很多时候也得靠语言去想。使用外语就是一个例子：初学外语的人，在说外语的时候，哪怕是很简单的句子，也不得不先用本族语把要表达的意思组织好，然后再翻译成外语说出来；在听外语的时候，也得先把外语的词句变成本族语想一想，才能理解对方说的是什么意思。这就是因为他们用来想问题的语言跟他们要说的和听的语言不一致的缘故。如果到后来这个人能够流利地说和顺当地听外语了，这时他就感觉不到初学外语时那种改用本族语想的过程，因为他已能直接用外语想问题，即具有所谓外语思维能力了。可见无论是变成本族语来想，还是直接用外语想，人们思维和认知活动的过程中都必须运用语言。

2. 语言可以储存人的认知成果

人们经过想的过程，得到一些结果，比如得到一些概念、判断和比较复杂的结论等，怎么把它们保存起来，或者让别人也能理解和应用这些思维结果呢？这也得靠语言，即必须使用一些词语、句子甚至篇章来把它们"包装"起来，否则这些东西就失去了物质载体。比如我们都熟悉这样的故事，有些科学家或文学家有时会在睡着觉或上厕所的时候，突然冒出一些灵感，这时他们就得飞快地把想到的东西写下来，因为如果不这样做，这些灵感很可能稍纵即逝，甚至再也抓不住了。这就说明使用语言就可以随时把人们的一些想法记录下来。再比如现代奥林匹克运动会通过组织全球性的体育比赛，提倡公平竞争和重在参与的意识，追求更高、更快、更强的精神，主张不分种族和民族的团结，推动不同文化和传统的交流，传播自由、和平、发展等人类的理想。后来人们把这些内容用"奥林匹克精神"这个词语概括了起来。所以现在一提起"奥林匹克"，包括申办奥运会，争取奥运奖牌，就都能马上使人联想到所有这些远远超出体育比赛本身的丰富内涵。这说明通过语言还可能获得对复杂认识的概括和抽象。又比如新中国建国初期，很多在美国的中国科学家毅然回到祖国，而美国政府为了限制他们为中国服务，虽然人可以离开美国，却不许带回只字片纸，原因也就在于一旦失去了这些用语言记载的材料，他们已经取得的研究成果也就不能顺利地被应用和发展了，至少要重新开始。我国古代有许多发明创造，如某种青铜器的铸造工艺，某种瓷器的烧制工艺等，由于没有语言资料的记载而失传了，也就是这个道理。这就又说明语言资料是作为交流思维成果和进一步深入认识事物的基础。可见无论是简单记录、概括抽象和积累交流，人们保存和利用思维和认知的结果也都要使用语言。

3. 语言可以发展人的认知能力

人的思维认知能力，包括思索问题的能力和得出结果的能力，都是逐步发展起来的，不可能一开始就十分发达和完备。在这种能力的发展中语言也起着重要的作用，或者说思维认知能力的强弱很大程度上就表现为语言能力的强弱。

比如在儿童的眼中一开始时见到的客观世界是五光十色和杂乱无章的，他根本不知道这是什么，那是什么，以及这个东西与那个东西又有什么联系。只有在儿童慢慢学会了表达这些客观现象和现象之间关系的词语和句子以后，就好像是有了一根根绳子把世界上的种种现象捆扎起来，客观世界才变得有条有理和能够把握了。而患了失语症的病人因为脑部受伤会失去对词语和句子的记忆，也就是失去了语言的帮助，这时虽然他们可能还能感知到客观世界，但这些现象(至少其中的一部分)在他们的头脑中就又会重新变得杂乱无章了。所以人要具有最初的思维认知能力就必须要有语言的帮助。

再以学习科学知识为例，小孩子在进入小学以前就差不多能说大量日常词语和日常交际所需要的各种句子，也能够表达自己的想法了，但是这时他们还听不懂、看不懂抽象的词语和复杂的句子，表达也是比较零乱和不连贯的，因此思维能力还处于较低的水平。只有在他们逐步学会了句子成分的扩展、句子格式的变化和句子之间的连接等更多的语言形式之后，他们才能进行复杂缜密的思维活动和表达完整连贯的思想，也才能适应学习各种高层次学科知识的需要。比如下面是选自中学物理课本的一段话：

> 如果机翼的前缘稍向上仰，跟气流的方向成一个小的冲角 α，这时机翼上方的压强 P2 仍然小于前方的压强 P1，但是由于机翼下方截面 3－c 的面积大于机翼前方截面 1－d 的面积，机翼下方的压强 P3 就大于前方的压强 P1，这样机翼上下方压强差比机翼跟气流方向平行时还要大，所产生的举力也就比较大，因此飞机飞行时一般要使机翼跟飞行方向，或相对气流的方向，成一个不大的冲角。

显然，要理解这个结构层次繁多的复句，除了要懂得"气流、冲角、压强、举力"等词语的复杂意义，还要知道各个语言片段的结构形式和相互之间的复杂联系。如果学生没有掌握这些语言知识，要建立相关的概念、判断和推理，即顺利地对这些内容进行思考肯定就十分困难。所以人具有复杂严密的思维认知能力必须要借助语言的帮助。

又如前面说过，某些抽象思维活动在获得语言表现之前，可能具有非离散性和非线性的特点，即人们对客观事物的认识和形成的想法往往只是作为整体存在于头脑中，并不能一下子分解成一个个界限分明的单位和具有先后展开的次序；又如所谓"转念之间"、"想一想"等，都可能压缩着异常丰富的甚至可以扩展成长篇大论的内容，不可能在想之前就先具有了一个个清晰的词语和句子的形式。但是这样的思维和认知活动毕竟是模糊的，要使得这种浑然一体的东西变得清晰起来，就必须通过语言形式的整理和改造。比如某一天"我"看见"一辆汽车在路口因为转弯太快撞倒了一个骑自行车的穿黑色外套的老人"，这件事一开始可能只是作为一个整体（类似于一种"图像"）存在于"我"的头脑中，但如果要向交通警察说明情况，就必须把它变成离散的和线性的语言形式，也就是必须使用词语和句子把涉及到这件事的一个个要素，比如时间、地点、人物、行为、原因、结果等等组织起来，否则就不可能表达清楚。又如前面说过下棋是一种高度集中和复杂的思维过程，棋手要在极短的时间里对棋局和下法做出大量判断和推理，这时的思维活动当然不大可能是先有语言形式的。但是事后要对整盘棋进行深入分析和总结时，比如要说明其中种种可能走法的利弊得失，就只有借助于语言形式——加以整理并表述出来，否则无论棋手本人还是看棋学棋的人都不可能对造成某一盘棋胜负的各种因素有明确的认识。所以要把原本整体的状态或模糊的认识整理出来也离不开语言，或者说人具有分析整理原本模糊的认识状态的能力也是通过语言的帮助才发展起来的。

可见无论是从不具有思维能力到具有思维能力，从较低层次的思维能力到较高层次的思维能力，从浑然一体的模糊思维能力到离散线性的清晰思维能力，人们改造和发展思维认知的能力都需要依靠语言。

第十三讲

语言与文学创作

13.1　语言和文学密不可分

　　大家都知道,"语言"和"文学"常常是放在一起说的,比如大学中文系的全称就是"中国语言文学系",可见语言和文学的关系十分密切。但是语言和文学是一种什么样的关系呢? 大概可以用两句话来概括:文学是语言的艺术,语言是文学的基础。

　　为什么说文学就是语言的艺术呢? 因为文学作品跟绘画、音乐、舞蹈、雕塑等其他艺术形式的不同之处就在于文学是通过语言文字来表现的,或者说文学作品就是语言文字的制成品。狭义的文学作品一般指由诗人、小说家、戏剧家等创作的诗歌、小说、戏剧、影视等特定样式的作品:这些就无一不是通过语言文字表现的(戏剧、电影也要有文字剧本,更不用说其中的人物还要说话)。而人们评论这些作品的高下,除开思想内容、价值取向、故事情节不论,很重要的一方面就是看作品运用语言文字的功力,所谓"好诗"、"好文章",可能多半夸的也就是作品的语言文字。而广义的文学作品还可以包括由尚未成为诗人或作家的普通人写出来的写人、记事、抒情、绘景、议论等各种文章,甚至某些带有私密性的个人信件、日记之类随笔小品,说不准哪一天也会成为文学作品:这些就只是一般的语言文字成品。人们评价这些文章写得好不好,比如高考作文要给个分数,演讲比赛要排个名次,其中语言文字的水平差不多就是最主要的标准了。因此可以说,没有语言文字也就没有文学,文学创作过程就是熟练而又创造性地运用语言文字的过程。所以高尔基在《论文学》中说："语言是文学的第一要素。"

为什么说语言是文学的基础呢？因为凡是优秀的文学作品都一定要在语言文字上下一番功夫，优秀的文学家也都一定有很深厚的语言文字功底。首先就包括要学习人民大众的活的语言。老百姓的话尽管比较粗糙，但却又是最生动、最有活力、最能反映各种各样人物的思想感情的。"臭美、搞笑"这些说法似乎很难找到其他词语来代替。"这事儿，再研究研究嘛"，一句话就使"官腔嘴脸"跃然纸上。社会上不同身份的人，即使同一个意思的话，也有不同的说法。《红楼梦》在语言艺术上的一大特点就是每个人说的话都有极其鲜明的个性，晴雯不说袭人的话，焦大不说贾政的话，凤姐不说宝钗的话，一人说话一个样，使读者如闻其声、如见其人。其次当然也要学习前人优秀作品中的语言。文学创作固然应不落前人窠臼，但就像书法家也要临帖，作家也要有个学步阶段。美国作家富兰克林就有意通过模仿来学习语言。我国作家冰心就摘录过大量前人描写各种景物的词句。再有就是要下功夫研究语言，懂一点语言知识。现在有一种倾向是文学语言分家，搞文学创作的人不重视语言学习，认为语言文字是细枝末节，是雕虫小技，而认为文学创作主要是靠天赋和灵感，这不但难免会在写作中出现贻笑大方的语言文字错误，也肯定会影响作品的价值。比如有人写诗"绿的宝石携于胸怀，撒在荒野和青苔"，光考虑了押韵，却不知"撒在荒野"还可以，"撒在青苔"就不合语法，其实如果具备点语言知识，只要把"撒在"改成"撒向"就通了。又如有人给一幅画题诗"仰视苍松意气风"，其中的"意气风"就根本不通，可见这个人根本不学习语言，却又想冒充诗人。

当然从另一角度说，正因为文学是语言的艺术，语言是文学的基础，所以许多文学作品，特别是经过书面加工的优秀文学作品，就又往往成为运用语言的典范和学习语言的好教材。正如鲁迅说的："讲话的时候可以夹许多'这个这个'、'那个那个'之类，其实并无意义，到写作时，为了时间、纸张的经济，意思的分明，就要分别删去的。"他又说："比如'妈的'一句话罢，下是有许多意义的，有时骂骂，有时佩服，有时赞叹，因为他说不出别样话来。先驱者的任务，是在给他们许多话，可以发表更明确的意思，同时也可以明白更精确的意义。如果也照样地写着'这妈的天气真是妈的，妈的再这样，什么都要妈的了'，那么于大众有什么益处呢？"所以伟大的作家和优秀的作品实际上对语言的发展，特别是对书面语的发展，都做出了重大贡献。以汉语为例，今天使用的很多词语（包括成语、警句）多数来自历代著名作家的作品。比如"世外桃源"来源于陶渊明的《桃花源记》；"红娘"来源于王实甫的《西厢记》;"慧眼识英雄"来源于杜光庭的《虬髯客传》;"醉翁之意不在酒"来源于欧阳修的《醉翁亭记》;"柳暗花明"来源于陆游的《游山西村》等等。现代白话文中的大量新词语大多出自五四以来的文学作品,直到今天文学作品对语言的影响也是很大的。外国也是这样,如现代俄语书面语和普希金的作品是分不开的;而莎士比亚戏剧的很多词语早已成为英语的有机组成部分。由此可见,语言和文学确实就像是一家人,合则兼美,离则两伤。

那么与文学创作有关的语言问题有哪些是特别重要的呢?其实与文学有关的语言问题,倒并不是指语言学的那些理论或规则,语言在文学创作中的作用,也并不是指去影响文学作品的题材和内容,而是指文学写作中语言文字的运用。概括起来说主要有三个方面:一是文学写作中的词句锤炼;二是文学写作中的修辞手法;三是文学写作中的语言形式。这一讲的有些内容只表现在汉语中,下面讨论的也主要都是汉语的例子。

13.2 文学写作中的词句锤炼

先讨论第一个方面的问题,即文学写作中如何选择使用词语和句子,古人形象地称作"词句锤炼"。这是文学写作中最需要重视的语言文字运用问题。

1. 文学写作为什么需要锤炼词句

文学写作当然必须讲究语言文字,具体说就是要讲究使用什么样的词语和句子。但是对于文学写作中怎么选择使用词语和句子,可能不同的人会有不同的评价标准:一种意见是说,主要是使用的词语和句子要"美";再一种意见是说,主要是使用的词语和句子要"准确";当然还有一种意见是说,使用的词语和句子既要"美"又要"准确"。

一般的人,也包括一些搞文学创作的人,可能会不同程度地倾向于第一种意见。因为在有些人看来,文章写得好不好,就是看词语和句子用得美不美。这种看法当然不能说都不对。古往今来都有许多的确写得极其优美的辞句篇章,使人读后不禁叹为观止。这样的例子不胜枚举:例如王勃《滕王阁序》就写得极尽华美,其中"落霞与孤鹜齐飞,秋水共长天一色"又最为后人所称道。杜甫诗中"香雾云鬟湿,清辉玉臂寒"一联写得美艳动人。李商隐的"春蚕到死丝方尽,蜡炬成灰泪始干"千古传诵。朱自清《荷塘月色》中写景的词句也是很美的,例如:"层层的叶子中间,零星地点缀着些白花,有袅娜地开着的,有羞涩的打着朵儿的;正如一粒粒的明珠,又如碧天里的星星,又如刚出浴的美人。""微风过处,送来缕缕清香,仿佛远处高楼上渺茫的歌声似的。"但是词句写得美还只是文章写得好的一个方面,而且恐怕也不是主要的方面,关键要看写的是什么内容。单纯追求词句形式上的美,就势必走上歪路。六朝的骈体文,不能说词句不美,但内容大多空虚,无非是美辞艳句的一再涂抹,所以绝算不得是好文章。现在有些人误认为文章的词句就是要华丽,所以不问内容,不分场合,堆砌一大堆不必要的形容词,有的滥用成语,有的还生造词语,其效果就往往东施效颦、适得其反。所以如果只用"美"来概括文学写作中对词句的选择使用,不仅不正确,而且还有害。

主张第二种意见,也就是文学写作中使用的词句一定要准确,主要可能是一些态度比较严谨的人,他们对花里胡哨的文字很看不惯,因此特别强调写文章用词造句要准确。但是什么是"准确"有时却也不容易说清楚,过分强调准确,往往又会流于刻板,也就是过分苛求语言文字的"正确"和"规范"。这样一来,规矩太多,句句都要合乎语法,都要讲究"无一字无来历",都要符合"某个旋律",结果文学的灵性可能就会被压制了,文章的个性也就被抹杀了。科举考试的八股文,就是这一类做法的恶果。"文革"期间的样板戏,差不多也是这样的作品。所以尽管在一定的历史时期或情况下,比如当不少人的语言文字水平还不过关的时候,或者是当单纯追求形式的写作风气盛行的时候,先要求使用的词句"准确"和"正确",这当然是对的。有的人还认不了几个字,连封信也写不了,就得先要求他把词句写"正确"、写"通顺"。"文革"期间不管写什么文章一上来总要先说上什么"全国形势一片大好,不是小好","莺歌燕舞、阳光普照","东风吹、战鼓擂"等一大堆套话假话,这种时候也确实应该强调要把话说"准确"、说"实在"。但是要说文学写作中对词句的选择使用只有"准确"或者"正确"这个标准,那就至少是不够全面的了。

因此对文学写作中的词句使用比较全面的要求是上面的第三种意见,即文学写作中使用的词句既要"美"又要"准确"。或者说"美"得要"准确",即所谓"添一分嫌肥,减一分嫌瘦";"准确"得也要"美",即所谓"浓妆淡抹总相宜"。真正好的文学作品,甚至就是一篇普通的文字,都必须选择"恰到好处"的词句。而这种"美"和"准确"又往往是不露斧凿的,看似漫不经心、平淡无奇,却又意蕴深远、回味无穷,因此更是选择词句的极高境界。这样的例子有口皆碑:例如李白的诗"床前明月光,疑是地上霜,举头望明月,低头思故乡",几近平常口语,却又字字珠玑。《红楼梦》写林黛玉临死前只说了一声"宝玉，你好……"，这话虽然极其平常，但在此情此景却只有这样说才切合黛玉的身份和她与宝玉的微妙关系，也只有这样说才能表达黛玉最强烈的感情和包含最丰富的意义；如果改用别的任何一句话，都显然不如这句话余音绕梁、意蕴无穷。像这样的一些词句，当然就不仅是"准确"的，也是"美"的，似乎可以用一个"妙"字概括。

　　文学写作中遣词造句要做到既"美"又"准确"，就涉及到怎么选择和使用词句。古人早就有所谓"炼字"、"炼句"说，一个"炼"字就说明文学写作中选择使用词句不但极其重要，而且也绝非易事。人们常常溢美文学大家选择使用词语和句子有所谓"随手拈来"或"神来之笔"。但其实在看似"随手"、"神来"的背后，更多的恐怕还是"吟安一个字，捻断数茎须"（卢延让），"为人性僻耽佳句，语不惊人死不休"（杜甫），还是"二句三年得，一吟双泪流"（贾岛），还是"字字看来皆是血，十年辛苦不寻常"（曹雪芹）。这些说的就是文学写作中选择词句需要下的功夫。而从语言的角度看，文学写作中怎么选择和使用词句，当然不能光说一句"呕心沥血"或"一分灵感加九十九分汗水"就一言以蔽之，还多多少少需要讲一些道理。有的人可能对这些道理并不以为然，他们觉得只要"读书破万卷"，就能"下笔如有神"，只要"熟读唐诗三百首"，那么"不会写诗也会吟"，甚至也有人不无调侃地说"一不留神就成了作家"。这些说法当然也不算错，写文章本来也早就有人提出过"文无定法"或"师法自然"的说法。但是这更多的只是指不要拘泥规则，不是说就不需要规则。事实上写作中遣词造句孰优孰劣还是有客观尺度的。老舍先生在《关于文学的语言问题》一文中对此就有很精辟的论述："比方写一个长辈看到自己的一个晚辈有出息，当了干部回家来了，他拍着晚辈的肩说'小伙子，"搞"得不错啊！'这地方我就用'搞'，若不相信，你试用'做'，用'干'，准保没有用'搞'字恰当、亲切。假如是一个长辈夸奖他的侄子说'这小伙子，做事认真。'在这里我就用'做'字，你总不能说'这小伙子"搞"事认真'。要是看见一个小伙子在那里劳动得非常卖力气，我就写'这小伙子，真认真干。'这里就用上了'干'字。像这三个字：'搞'、'干'、'做'，都是现成的，并不谁比谁更通俗，只看你把它搁在哪里最恰当、最合适就是了。"关于文学写作中选择使用词语和句子的道理，说的其实就是这样的一些内容。

　　2. 文学写作中怎么锤炼词语

　　文学写作中选择使用词语和句子，首先是选择和锤炼词语。人们常常引用刘勰《文心雕龙》中的一段话："夫人之立言，因字而生句，积句而成章，积章而成篇。篇之彪炳,章无疵也;章之明靡,句无玷也;句之清英,字不妄也。"这段话意思是说,人们写作,用字(词语)造成句子,用句子组成章节,用章节构成全篇。全篇写得光彩照人,是因为章节没毛病;章节写得明白细致,是因为句子没有毛病;句子写得清新挺拔,是因为词语用得好。可见选择词语正是造句成文的基础。自古以来一直都有不少文学大家锤炼词语的传说。例如唐人齐己写《早梅诗》中的原句是"前村深雪里,昨夜数枝开",郑谷替他改成"昨夜一枝开",从而更加突出了"早"的意境。鲁迅《自嘲》诗的名句"横眉冷对千夫指,俯首甘为孺子牛",上联原为"横眉冷看千夫指",改"看"为"对",就更加有力,更能突出作者对敌人的蔑视。而"推敲"这个词语的来历故事,更是这类"一字师"的经典范例。

关于文学写作中怎么锤炼词语,可以从两个方面来说,一是选择锤炼词语的基本要求,二是选择运用词语的主要方法。

A. 词语锤炼有哪些基本要求?

第一个要求是"准确朴实"。如果用孔子的话说,就是"辞达而已矣",即选择词语要能把意思表达明白。准确朴实在法律条文、政策文件以及字典辞书的解释中当然十分重要。其实在文学作品中也必须讲究准确朴实。例如朱自清《背影》一文中有这样一段话:"他给我拣定了靠车门的一张椅子;并将他给我做的紫毛大衣铺好坐位椅子,嘱我路上要小心,夜里要警醒些,不要受凉。"这里不用"找"或"挑",而用"拣定",不用"要"、"叫",而用"嘱",作者使用这些质朴的词语,就准确细腻地刻画了父亲的举动,传递出父爱的深情。

第二个要求是"简洁有力"。也就是要求遣词用字不要繁冗拖沓,而应简约有分量。由于文章,特别是新闻作品的标题,字数有限制,就特别要求用词要简洁。比如"哭泣的原始森林"这个标题,用"哭泣"一词就把我国云南珍贵的原始森林被大肆毁坏的触目惊心的状况表现了出来,令人不能不为之动容。又如报纸上见到的"残疾人不是'残废人'","水火无情,冰窟又吞噬两命","他'捞'到了一副手铐"等新闻标题,其中几个点睛之词用得都十分精当,具有极大的警策、启示作用。当然作品的正文也不是就不需要简洁有力。清代梁章钜《退庵随笔》中曾记载了这样一件事:"(欧阳修)作《醉翁亭记》,原稿起处有数十字,到后来只得'环滁皆山也'五字。其平生为文都是如此,甚至有不存原稿一字者。"读欧阳修文就可以体会得到,这五个字精当凝练,反而要比用几十个字更具有表现力。

第三个要求是"新鲜活泼"。写文章如果只会堆砌陈词滥调,肯定会令人生厌。所以还要求一定要善于使用新颖别致的词语。清人李渔说"人惟求旧,物惟求新;新也者,天下事物之美称也。而文章一道,较之他物犹加信(确实)",就是这个意思。当然使用新鲜词语并不是要生造词语,而是要巧用、活用词语。朱自清《温州的踪迹》一文中写瀑布的水珠溅到了自己衣服上这一件小事:"清风起来时,点点随风飘散,那更是杨花了。——这时偶然有几点送入我们温暖的怀里,便倏地钻了进去,再也寻它不着。"其中如"倏地"、"钻了进去"、"寻它不着"等词语,就都用得非常巧妙,似乎小小水珠在和人们玩捉迷藏,给瀑布景色平添了一分灵动之气。林鸣《称谓的变迁》一文中说:"(本来大家都相互称呼'同志')后来'文革'搞窝里斗,整得人见人怕,躲还来不及,还同什么志啊? 结果有一阵子全国流行喊'师傅',无论男女老幼,连同军人干部,都享受到车间待遇,但好赖算是尊称。"这里所使用的"还同什么志啊"、"享受""车间待遇"、"好赖"、"算是"等词语,多有戏谑味道,显得活泼风趣,也是用词新奇巧妙的例子。

第四个要求是"形象生动"。文学写作的第一要素可能就是形象生动,这当然也要靠词语表现。古典诗词用字不多,但却能有巨大的艺术魅力,用词形象生动就是一个重要原因。"大漠孤烟直,长河落日圆","枯藤老树昏鸦,小桥流水人家",简简单单几个字就描绘出一幅极具特色的风光景色和人情民风的画卷。"红杏枝头春意闹",一个"闹"字使人联想到鲜花怒放、蜂飞蝶舞的情景,甚至能引起对一切生机勃勃的事物的想象,无怪乎清末王国维在《人间词话》中赞叹道:"著一'闹'字,而境界全出矣。"文学作品中的人物用上不同的词语也能表现不同人物的形象,比如《红楼梦》中有一段李纨说凤姐的话:"昨儿还打了平儿,亏你伸的出手来! 那黄汤难道罐到狗肚子里去了? 气得我只要替平儿打抱不平,忖度了半日:好容易狗长尾巴尖的好日子,又怕老太太心里不受用,因此没来。究竟气还不平,你今儿倒招我来了。给平儿拾鞋还不要呢! 你们两个很该换一个过儿才是。"这一段话中用了不少土话和俗语,本来似不应出自知书识礼的李纨之口,但是在这个场合,和凤姐这样没什么文化的人说话,用了这样的词语,就使得人物和场面都跃然纸上了。当代文学作品也同样要讲求形象生动,写景的文章如老舍《内蒙风光》,朱自清《绿》,写人的文章如魏巍的《我的老师》等,读了就会感到所写的景色历历在目,所写的人物栩栩如生。我们平时读报看杂志,有时候看到一些词语不禁会眼前一亮,例如说某单位解决干部能上难下问题的做法是"上去不坐'铁交椅',下来不坐'冷板凳'";表现两人争吵说"你一句我一句地叮当起来";批评有些政府机关的衙门作风用"门难进、脸难看、事难办"。因为使用的这些词语形象生动,读来就似乎已不单单是文字,而好像亲眼所见、亲临其境、亲受其害了。

B. 选择和运用词语有哪些主要方法?

首先当然是要精心挑选关键词语。这是炼字的基本功。法国作家福楼拜曾说过"要描写一个事物,唯有一个名词;要表现一个动作,唯有一个动词;要得到一种性质,唯有一个形容词。我们必须不断地苦心思索,非发现这个唯一的词语不可,不能用类似的词语敷衍了事",说的就是这个意思。古人做诗行文常常讲究"诗眼",就是指要用一个最关键最恰当的词来表达该句甚至全文的主旨和意趣。"春风又绿江南岸",一个"绿"字顿时使人感到春风拂面、春意盎然。陈毅《江南抗战之春》中提到抗日战争期间共产党鼓动五台山和尚参加抗日的口号是"你们虽然出了家,但你们却没有出国"。其中"出国"这个动词不但与"出家"字面相对应,而且恰恰从出家人仍是中国人,五台山并非世外桃源的角度,深刻地揭示了"国家兴旺,匹夫有责"的道理。

其次是还需要恰当使用修饰词语。句子中的某些词语,经过恰当的修饰点染,不但能增加信息量,而且会更富于感情色彩。人民日报有一篇文章的题目是"赴南极访问圆满完成,吴弘、杨海蓝笑眯眯回来了",之所以远比其他报纸的题目"两名少先队员从南极回到北京","中国少年南极归来"有文采,就是因为"笑眯眯"这个修饰语非常传神地表现出中国少年儿童为能参加南极科考这样的活动而自豪和兴奋的心情。有很多词语加上巧妙的修饰语还可以获得特殊的讽刺、戏谑的戏剧效果,例如"马列主义老太太","奶油小生","皮包公司","超生游击队","豆腐渣工程"等等,使用之后都不胫而走,广为流传,不能不说就是因为其中的修饰语具有"一语中的"、"一针见血"的作用。

再者就是要注意词语的巧妙配合。如果在写作中能把有些词语巧妙地配合使用,也能大大提高表达的效果。比如叶圣陶写《苏州园林》:"廊子大多是两边无所依靠的,实际是隔而不隔,界而未界,因而更增加了景致的深度。"其中"隔而不隔,界而未界"配合连接,显得简练而整齐。钱钢写《唐山大地震》:"这是震后送往外地的第三批,也是最后一批孤儿,……这些不幸而又万幸的孩子啊!"其中"不幸而又万幸"是反义词语配合,既反映了孩子遭受的灾难,又反映出他们得到的关爱。事实上词语搭配得当,往往会给人留下深刻印象。比如报纸上的某些新闻标题:"石景山区添石景","舍小家保大家","开字当头,只开不封,开封扩大对外开放","中'凤'洋'凰',中外演员同台演出"等等,这些词语配合得新鲜巧妙,当然对读者就很有吸引力。

3. 文学写作中怎么选择句式

文学写作中不但选择词语很重要,正确而又巧妙地选择使用不同的句式,同样也很重要。因为句子的变化也能"传情"和"达意"。北宋沈括在《梦溪笔谈》里记载了这样一个故事:穆修、张景两人一起上朝,路上看见一匹马狂奔过来,踩死了一只黄狗。两人就分别把这件事记下来。穆修写的是"马逸,有黄犬遇蹄而毙"。张景写的是"有犬死奔马之下"。沈括自己也写了一句"适有奔马践死一犬"。《唐宋八大家丛话》中也记载了一个类似的故事:有一天欧阳修和同事出游,看见一匹奔马踩死了一条狗,于是大家分别拟句。欧阳修的同事写"有犬卧通衢,逸马蹄而死之"。欧阳修认为太罗嗦,他自己拟的句子是"逸马杀犬于道"。而《丛话》记述这件事本身用的句子则是"有奔马毙犬于道"。这些不同的句子说的都是同一件事,有的长,有的短,有的是以"马"作主语,有的先说"犬"。那么究竟哪一句更好呢,其实这就要看句子所要表达的意思和目的:如果要求简明,就应用单句;如果要求细致,可以用复句;如果强调动作的施加者,应以"马"为主语;如果突出后果的遭受者,应以"犬"做开头。可见在一篇文章里选择什么句式,就要考虑上下文、语境、甚至表达重点等多种因素。

从语言运用的角度说,文学写作中选择句式应特别注意以下几种句式之间的关系:

A. 短句和长句

写作中是用短句还是长句,虽然有些只是个人的风格,但也具有不同的表达效果。一般说长句的特点是信息量大、逻辑严谨、细致准确。因此在诸如下定义或表达复杂判断推理的时候,就需要用长句或复句。比如要定义语法单位"句子",就得说"'句子'是指由若干个词或词组按照一定的规则组合成的,能表达相对完整的意义,前后有较大的停顿并带有一定的语气和句调(书面上用句号、问号等表示)的语言单位"。这里用带有许多修饰语的长句,显得严谨准确。又如毛泽东的名句:"因为我们是为人民服务的,所以如果我们有缺点,就不怕别人批评指出,不管是什么人,谁向我们指出都行,只要你说得对,我们就改正,你说的办法对人民有好处,我们就照你说的办。"这时用复句才能准确表达句子中的复杂意义关系。而短句则具有简练明快、色彩多样、易于上口的特点。所以像宣传口号或广告语就不宜用长句,而应用短句。例如"一国两制","科教兴国","教育要面向现代化、面向世界、面向未来"，"味道好极了"，"钻石恒久远，一颗永流传"等，由于短小精练，往往能给人留下深刻印象。文学写作中可以用长句，但更多的是用短句。例如秦牧写《长街灯语》："北京的街灯，有的是圆球状，像是一颗珍珠，放大了几万倍；他们集织在一起的时候，又很像一串葡萄。有的是玉兰花蕊状的，或含苞待放，或微微绽开；北京饭店那头，灯光又很像一朵朵梅花了。我常常被这灯景迷住，从心里赞叹道：'真美'！"这种描写景物的句子如用长句，就不如作者此处用短句一层一层、一点一点往下说来得晓畅。又如郭沫若《屈原》中一段台词："光明啊，我景仰你，我要向你拜手，我要向你稽首。我知道，你的本身就是火。你，你这宇宙中最伟大者呀，火！你在天边，你在眼前，你在我的四面，我知道你就是宇宙的生命，你就是我的生命，你就是我呀！"这段话都用短句，所以才有局促快速、热烈奔放的效果。

B. 肯定句和否定句

同一个意思往往可以用肯定句，也可以用否定句。例如"他比较骄傲"与"他不够谦虚"，意思差不多，但前一句是肯定句，后一句就是否定句。一般说，肯定句比较直率、明确，否定句则相对委婉、平和。正因为肯定句和否定句有这样的特点，所以有些话不宜直说的时候，就要用意思相反的否定句。例如某人病了，别人常常会这样问他："听说您最近身体不大好。"用"不大好"来代替"生病"，就淡化了这一类本来不好的事情。又如碧野《天山景物记》中"如果哪一天你有豪情去游天山，别忘了通知我一声，也许我能给你当一个不很出色的向导"，其中用否定表达"不很出色"显得幽默体，如果换用肯定表达"较差"、"很坏"，就会显得粗俗而远没有这种韵了。当然如果是双重否定句，那么负负得正，又反而会比一般肯定句的语气更强烈，有时候也需要用这样的句子。比如毛泽东《湖南农民运动考察报告》"这种理论阻碍农民运动的兴起，其结果破坏了革命，我们不能不坚决地反对"，说"不能不"就表示只能如此。陈华《拉萨的街市》"到拉萨的游人，没有不去八廓街的"，说"没有不"就表明全部如此，没有例外。

C. 陈述句和疑问句

一般叙述或描写一件事情多是用陈述句，提出问题才用疑问句，这个不用多说。但是疑问句中也有两种特殊句式，一种是设问句，一种是反问句。因为这样的句子实际是无疑而问、明知故问，所以往往具有特殊的表达效果。"设问句"是先提出问题，再自己把答案说出来。例如马烽《结婚现场会》："在农村工作过的同志，大多参加过各种各样的现场会。你参加过'结婚现场会'吗？大概没有，我参加过。"用了这样的设问句，马上就能吸引读者的注意,也像是在聊天,显得亲切自然。钱钢《唐山大地震》在全文最后用了个设问句:"我无法想象孩子们的父亲在亲手制作这只骨灰盒时会是怎样的心情。孩子们去了,独独扔下了孤寂的他。究竟是死去的人更不幸,还是活着的人更不幸呢?"这个句子看起来是有问无答,其实这种设问的答案谁都能理解:大地震之后,死对于生而言当然不幸,但生者承受着失去亲人的痛苦,又何尝不是一种不幸。"反问句"是用疑问的形式表达肯定的意义,也就是说问句本身就包含了肯定答案。例如"虽然天山这时并不是春天,但是有哪一个春天的花园能比得过这时繁花无边的天山呢","光靠宣传婚姻法能解决多少问题呢","难道我这样做不是为了大家好吗",都是反问句。这种句式不但意义上是肯定的,语气也远比一般肯定句强烈。

D. 常句和变句

句式的变化包括两种情况:一种情况是成分位置的变化,即有时需要适当调整句子中成分的顺序而形成各种变体句式。这不但可以突出语句的重点,照顾语句的连贯,有时还可以化长句为短句,协调语句的语音和节奏。《国际歌》的第一句话是"起来,饥寒交迫的奴隶;起来,全世界受苦的人",这里就用了一个倒装句(主语和谓语易位),从而突出了"起来"这个重点。徐迟《哥德巴赫猜想》中"他只知攀登,在千仞深渊之上;他只管攀登,在无限风光之间"这一句,把本来用作状语的介词结构放到了句子末尾,使句子表达出更强烈的情感,也富有诗句的韵味。至于像汉语中的把字句、被动句、话题句、存在句等各种变式句型,在语法和语义上都有突出话题、凸显焦点、形成特定句式意义的作用,在有特定语境和表达需要时就可以选用,这些在前面有关几讲中已经讨论过。另一种情况是语气色彩的变化,即有时句子的意义不变,但需要根据不同的场合和对象,适当调整句子的语气和感情色彩。比如2003年全国高考语文试题中有一道题目,要求模仿两个例句,把前一种说法改为后一种说法:例句前一句是"严禁攀折花木,不许乱扔垃圾",例句后一句是"除了记忆,什么也不带走;除了脚印,什么也不留下"。这两句话的意思虽然差不多,但前一句是一种生硬的命令、训诫语气,听了不免让人反感;而后一句则是一种委婉的提醒、劝告语气,不但更富有人情味,也颇有艺术性。不难想见两种句式的表达效果也有天壤之别。

13.3 文学写作中的修辞手法

广义的"修辞"当然也包括前面说的词句锤炼,不过"修辞"也可以专门指一些经过长年使用而总结出来的运用词句的特定方法。这种修辞手法又主要包括两种类型:一种是"修辞格",一种是"幽默律"。

1. 文学写作中的"修辞格"

"修辞格"就是文学写作中使用语句的一些特定格式。从小学起语文老师就开始教这些东西,语文考试也一定会考这些内容,所以大家一定都很熟悉。修辞格中像比喻、比拟、借代、夸张、双关等侧重于语句意义的变化和特色;而对偶、排比、反复、回环等则侧重于语句形式的变化和特色。后一类修辞格与下面要讨论的语言形式有关。这里先把前一类的几个修辞格介绍一下。

A. 比喻

"比喻"也就是通常说的"打比方"。人们写东西经常要用到比喻,有些比喻用得多了,甚至凝固成了词语的某一个义项,即词的比喻义,例如"风云、瓶颈、城府、老古董、和稀泥"等等,不仔细琢磨都已感觉不出来是比喻了。文学作品中比喻用得很普遍,比如有人统计《诗经》中用比喻就有二百多处。比喻构成的熟语也非常多,例如成语"如影随形、如鱼得水、如泣如诉、如释重负"等,都是比喻;歇后语中的语义双关义,比如"兔子的尾巴(长不了)","秃子头上的虱子(明摆着)",也多是比喻。

比喻就需要有被比喻的事物和用来做比喻的事物两个部分,前者称"本体",后者称"喻体"。两个东西性质不同,但又一定要有某些相像之处,至于用什么来比喻就要发挥作者的想象力了,有时两者距离越远反倒越能获得意外的表达效果。一般又把用"像、如"等连接本体和喻体的比喻叫"明喻",例如"他就像一团燃烧的火焰","天黑得像口锅"等。把用"是"等连接本体和喻体的比喻叫作"暗喻",例如"建筑是凝固的音乐","失败是成功之母","时间是一面镜子"等。把不出现本体和连接词而只出现喻体的比喻叫作"借喻",例如"(最可恨那些)毒蛇猛兽","(中国戏曲艺术的)活化石","(给沙漠)锁边儿"等。

比喻在语言表达上有很重要的作用。比如可以在说明问题时,使复杂的道理变得较浅显,使抽象的事物变得较具体。毛泽东的名言"指挥员在战争的大海中学会游泳",就用游泳来比喻复杂的战争指挥艺术。"螳螂捕蝉,黄雀在后"也是一个比喻,其说明的道理就远不止这三个小动物了。另外在文学写作中,比喻也有助于描述事物和刻画人物。例如有的作品描写在青藏高原迂回曲折的道路上行进的车队"像雄鹰在天空盘旋";说一种抗癌新药是"直捣敌巢的新式导弹";刻画数学家陈景润的形象是"跋涉在数学的崎岖山路,吃力地迈动步伐;在抽象思维的高原,向陡峭的顶峰攀登";针砭在歪风邪气面前的各种不同做法是"瓦匠(和稀泥)多了,木匠(睁一只眼闭一只眼)多了,铁匠(硬碰硬)少了"。这些比喻都不但形象生动,而且精巧新颖。

B. 借代

"借代"在形式上很像比喻中的"借喻"。但借代跟比喻有区别:比喻是用跟本体相似的另一个事物来"打比方",借代是用本体的特征或本体的一部分来"做代表"。比喻中本体和喻体之间可以用"像、是"等连接,而借代虽然也存在被代表的事物和用来做代表的事物两个部分,但本体通常不出现,也不能用"像、是"来连接借体。所以看起来差不多的"喉舌、手足"是借喻用法,"口齿、手脚"就是借代用法。文学作品中运用借代的例子也是很多的,例如"红颜"代少女,"杜康"代酒。成语"秋毫不犯、毫发无损、胸无点墨、半斤八两",谚语"三个臭皮匠,顶个诸葛亮"等,也都是借代的用法。

既然借代是用另外一个东西来代表这个东西,因此借代就有几种情况:一是以部分代整体。例如"(不拿群众)一针一线"就代表所有的东西;"(不要怕打烂)坛坛罐罐",就代表家当物品。二是以特征代本体。例如"花白胡子(恍然大悟地说)","(两个)红领巾(跑了过来)"就分别代表长花白胡子的老人和戴红领巾的孩子;"五角大楼(瞎指挥)"就代表在该大楼办公的美国国防部。三是以专称代通称。"(北京应该多建几个)'王府井'",指代繁华的商业街;"(子女为父母)做红娘,(邻里为老人)搭鹊桥",都指婚姻介绍。四是以具体代抽象。例如"(香港法官进清华园听教授细说)'主谓宾'",指的是语法知识;"(拉萨出现英语热,喇嘛也学)ABC",指英语。

借代在语言表达上的作用是简洁形象、生动风趣。例如说"(丢了)乌纱帽"就比说官位、职务要风趣戏谑;"(搞好)菜园子,(丰富)菜篮子",要比说蔬菜种植和蔬菜供应形象通俗;"勒紧裤腰带"指"挨饿",直接有了动作形象,就更加传神;"画上了圆满的句号",其中的"画句号"指代"结束、完成",也更加别致生动。

C. 比拟

"比拟"中也有"比",但是既不同于相似事物的比喻,也不同于相关事物的借代,而是把一种事物"当作"另一种事物来描绘说明。这就不但比直接说这个事物要更加亲切传神,而且也能调动读者的各种感觉和联想,把相关事物表现得活灵活现。文学写作常常要用到比拟的手法。例如王之涣诗"羌笛何须怨杨柳,春风不度玉门关",就把"折柳"的羌笛曲调人格化,巧妙地说似乎它也在"怨",从而深刻表现了关外的荒凉和征夫的离愁。

比拟是把一种事物当作另一种事物来描绘,当然也就需要有不同的两种事物。其中把物当作人来描绘说明的叫作"拟人",把人或物当作另一物体来描绘说明的叫作"拟物"。例如鲁迅《从百草园到三味书屋》"油蛉在这里低唱,蟋蟀们在这里弹琴",就把昆虫的鸣叫当作人在"唱歌、弹琴";钱钟书《围城》中"这辆车久历风尘,该庆古稀高寿,可是抗战时期未便退休",写车子也有"古稀高寿、退休":这些就都是拟人的写法。又如毛泽东说"我们每到一个地方,就要同那里的人民结合起来,在人民中间生根、开花";老舍《牺牲》中"美国博士几个子儿一个";报纸标题"把天真活泼还给孩子"。其中说人要"生根开花",说"博士"也像物品一样"卖钱",说要把"天真活泼"这种性质状态像东西一样"还给孩子":这些就都是拟物的写法。

比拟在文学写作中的作用主要是使情感表现多样化,使事物描绘形象化。特别是把物当作人来描绘,就更富情趣或寓意。例如说"硬币正悄然'退休'";说"名茶也不搞'终身制'";说"地球有几个'兄弟'";说"云雾悄悄地挤进门缝来":就都把事物写"活"了。又如说"血雨腥风时,毛竹青了又黄,黄了又青,不向残暴低头,不向敌人弯腰";说"这里叫教条主义休息,有些同志却叫他起床";说"特区姓'社',不姓'资'":这些就都不但赋予事物以人的性格,也把一些抽象的性质和道理形象化了。当然有时候把人或某个事物当作另一种事物来描写,也能有特殊的表达效果。例如说"'钦差大臣'满天飞";说"帝国主义夹着尾巴逃跑了":这就使人联想到令人生厌的"蝗虫"和"狗"。说"额头上爬满了皱纹";说"崇明岛越'长'越大":这就使人联想到其他能慢慢地"爬"或"长"的生物。

D. 夸张

"夸张"就是故意"言过其实",所以夸张不一定只是"夸大",也包括"缩小"。夸张是我国古典诗文中常用的修辞方式,也常跟比喻结合起来使用。例如庄子《逍遥游》:"北冥有鱼,其名为鲲。鲲之大不知其几千里也。化而为鸟,其名为鹏。鹏之背不知其几千里也。怒而飞,其翼若垂天之云。"李白的著名诗句:"白发三千丈","两岸猿声啼不住,轻舟已过万重山":都算得极尽夸张之事。熟语中也经常用夸张词语,如谚语"怕树叶掉下来打破了头"、"跳进黄河也洗不清了"、"一朝被蛇咬,十年怕井绳";成语"家徒四壁"、"怒发冲冠"、"余音绕梁"、"刻骨铭心"等。夸张当然不是有意说假话,而是要根据表情达意的需要,起到源于真实、超出真实以及情理之中、意料之外的效果。

夸张的类型主要就是"夸大"和"缩小"。前一类的例子如矛盾《子夜》："（她站在暗处不动）满身是耳朵,满身是眼睛。"周立波《暴风骤雨》："（穷人要是遇到不痛快的事就哭鼻子）那真要淹死在泪水里了。"菡子《黄山小记》："急雨过后,水自天上来,白龙骤下,风声瀑声响彻天地之间。"后一类的例子如《红楼梦》中林黛玉跟贾母见面时说："（没读过什么书）不过认得几个字罢了。"赵树理《三里湾》："（活儿我不做了）三颗粮食,收不收有什么关系?"孙犁《荷花淀》："（战士们）半眼也没看他们。"

　　夸张在文学写作中无论是绘景、抒情、写人都具有重要作用,妙处就在于说的虽不是事实但却使人得到真实的感受,这一点跟比喻、比拟异曲同工。例如说"上刀山,下火海"就极言困难之大;说"垂涎三尺"、"入木三分"、"沉鱼落雁之容,闭月羞花之貌",都极其生动地表现出所要描绘的人或物超乎寻常的某种性质和状态。适度夸张也能使表达平添意趣。例如有文章写南美国家智利的狭长地形："怪不得有人说,你把头枕在东部的安第斯山上,脚就会伸进太平洋里去。"拥挤的公共汽车上有人喊："别挤了,再挤就成照片了!"这些都增添了语言表达的轻松色彩,估计说后一句时连公共汽车上紧张的气氛也缓和了。

　　E. 双关

　　"双关"字面上是说"有两个意思",不过这两个意思中说出的是一个意思而实际要表达的是另一个意思,也就是言在此意在彼,当然其中没有明说出来的意思倒反而是主要的。我国古代的文学作品,尤其是诗歌,常常运用这一方法。刘禹锡《竹枝词》中最有名的一句："东边日出西边雨,道是无晴却有晴。"其中字面上是"晴",暗指的却是"情",这就是双关。汉语的歇后语就大多是利用双关形成的一种特定的熟语形式。例如"纸糊的琵琶——弹（谈）不得","冻豆腐——难拌（办）","老太太下山——前（钱）紧","一二三五六——没四（事）"等。

　　双关主要是利用了汉语中多义词多、同音词多的特点。利用多义词造成的双关叫作"语义双关",利用同音词造成的双关叫作"语音双关"。前一类语义双关的例子如鲁迅《为了忘却的纪念》："夜正长,路也正长。"其中的"夜"实际上指黑暗的社会,"路"实际上指人生之路。另外像说"天亮了",表示"新社会的来临";说"灯油快熬干了",表示人生即将走到终点:既是比喻也是双关。由于语义双关的另一个意义是暗含的,因此有时也可能本来词句中没有双关而被故意找出双关之义,历史上的"文字狱"就多与此有关。例如清代就有人因为写了"清风不识字,何必乱翻书"的诗句而被说成是攻击朝廷。"文革"期间,"海瑞罢官"这出戏就因为其中"罢官"二字而被批判为"反对党的领导"。后一类语音双关的例子就更多了。上面举出的歇后语的例子就都是语音双关。再如相声里面有一段"——你说我像皇帝还是像太后? ——你是太后(厚),脸皮太厚",也是巧妙地利用了语音双关。

文学写作中适当地运用双关,可以收到寓意深刻、耐人寻味的效果。比如古典诗词中"山雨欲来风满楼","沉舟侧畔千帆过,病树前头万木春",都包含了深刻的道理;鲁迅自叙"吃的是草,挤出的是奶",毛泽东的诗句"一唱雄鸡天下白",都表现了丰富的哲理或特殊的情感。巧妙地运用双关,也能使表达更具特色,给读者更深刻的印象。如报纸的标题:"调'茶'团不要再来了","成都正在变为'尘都'";再如优秀的广告语:"足下生辉(皮鞋)"、"生活从头开始(美发厅)"、"上上下下的享受(电梯)","不打不相识(打字机)"。看到这些利用同音词或多义词创造出来的双关语句,不用多解释,读者都会不禁哑然。

2. 文学写作中的"幽默律"

"幽默"就是有意味的可笑性。修辞上的"幽默律"也就是文学写作中制造幽默效果的一些规律,或者说是通过语言有意表现具有理智性的可笑之处以取得会心一笑的表达效果。有些幽默手法其实也可以起个名字归入修辞格,反过来说有些修辞格本来也就具有幽默性。只不过在表达上因为幽默的修辞手法又具有一些自己的特点,所以要专门说一说。

A. 岔断

"岔断"就是言语表达的逻辑突然中断,听者原本的心理期待落空,而随之得到的是一个不是预期但又并非毫不相干的结果,于是产生一种恍然大悟式的笑。

岔断的表现手法在文学写作中具有明显的引人发笑又引人顿悟的效果。比如王蒙《杂色》中描写一个教师的经历:"毕业后到郊区一所中学任音乐教师,……62 年精简人事调往某地任小学教员,……66 年被革命小将揪出,任牛鬼蛇神。"这段话中前面说的确实都是通常意义的任职,但到最后被"揪出"、"成了牛鬼蛇神",却还是用一个"任"字,这种言语的可笑恰恰凸现了事理的荒唐。毛泽东在一次讲话中这么说:"对苏联的东西还是要学习的,但要有选择地学,学先进的东西,不是学落后的东西。对落后的东西是另一种学法,就是不学。"这里先说有"另一种学法",似乎也还是要"学习",但紧接着说的却是"不学",这就起到了让听者恍然大悟的效果。

岔断在汉语的歇后语中表现得更为明显。相当一部分歇后语就是利用了这种表达手法，即先说上半句，留出一种悬念，结果却可能是听者想不到的。例如《红楼梦》里凤姐说："依我说，老祖宗也乏了，咱们还是聋子放炮仗——散了吧。"刘迪云《闲翁居春秋》："横竖是脱了裤子打老虎——又不要脸又不要命。"听了上半句再想想下半句，都确实让人忍俊不禁。当然有些歇后语也会流于平淡，如说"飞蛾扑火——自取灭亡"似乎不具有什么幽默色彩，原因在于上半句不够新鲜或结果很容易想到，所以也就远不如"老鼠给猫刮胡子——找死"来得更幽默风趣。而同样是"老鼠给猫刮胡子"，如接下去说"拼命巴结"，因为听者不容易想到这层意思，留出的后半句就更富张力。另外虽然歇后语过于不雅和俗气不好，如"老太太踩电门——抖起来了"、"麻子不叫麻子——叫'坑人'"这一类，但有时候倒确实是比较"土俗"的话更容易产生谐趣的效果。例如说"屎壳郎下山——滚蛋"比同义的"土豆下坡"要风趣，说"脱了裤子放屁——多此一举"比同义的"晴天打伞"要生动。

B. 倒置

"倒置"就是先肯定前一句，再通过与前一句相近的语言形式否定前一句，取得的也是与心理期待相反的结果。有人把这种手法取得的表达效果叫作"贼被偷"。

这种幽默手法一种情况是"倒换结构"，即上文和下文语句形式相同而意义相反。例如说"你有个'孝顺儿子'，我呢，我得'孝顺儿子'"，这就是利用同形的"孝顺儿子"既可以是偏正结构也可以是动宾结构，有意造成语句相同而意义相反，当然其中就颇有些苦涩的幽默感了。这种幽默手法的再一种情况是"倒换字词"，即上文和下文语句的字数和用字不变，但把上文的词句调换个顺序，在下文中表示另一个意思。例如赵树理《三里湾》中："照糊糊涂涂老婆常有理说是'每个人两个黄蒸，汤面管饱'；照满喜的说法是'每个人两个黄蒸，面汤管饱'。"虽然字数一样，只是把"汤面"改说成"面汤"，但二者在价值和充饥功效上显然不可等同视之，两句话所表现的慷慨和吝啬的区别也就活灵活现了。再如钱钟书《围城》中写道："好几个拿了介绍信来见的人，履历上写在外国'讲学'多次。高松年自己在欧洲的一个小国读过书，往往自以为'讲学'，听众却以为他是在'学讲'——讲不来外国话借此学学。"其中巧妙地将"讲学"和"学讲"倒过来，意义也完全不同了。这种幽默手法还有一种情况是"原句引用"，即引用别人现成的词句，但是实际上表示否定的意思。例如鲁迅《逃的辩护》中说："（学生到北京请愿,)却不料'为反动派所利用',许多头都恰巧'碰'在刺刀和刀柄上,有的竟'自行失足落水'而死了。"学生请愿是"为反动派所利用",被军警镇压是"自行失足落水"云云,都是当时官方的说法,这些说法一经鲁迅原句引用,其荒唐可笑便昭然若揭,事实真相也就大白于天下了。

C. 转移

"转移"就是故意全部或部分改变原来语句的意思,其中最主要的就是故意说反话,故意说别人说错的话,从而制造反其意或变其意而用之的表达效果。

"说反话"就是说的话语和原来这句话的意思相反,往往能形成滑稽诙谐之趣。说反话当然也有褒义的,即说的是坏话,但意思是好的。例如女孩如果说男朋友"傻样",那八成他们的恋爱已经成熟。大家都知道的还有"冤家"可以是恩爱夫妻互称,"小鬼"指机灵的孩子。另外像"坦白交代"、"拍马屁"等贬义词,有时作为正面意义来用也会有戏谑的效果。当然说反话更多见的情况还是说褒词而表贬义。例如老舍《龙须沟》中:"大妈:'(这衣服)就怕一下水就得抽一大块';丁四:'大妈,你专会说吉祥话儿。'"这里的"吉祥话"就是反话正说。鲁迅《记念刘和珍君》:"中国军人的屠戮妇婴的伟绩,八国联军的惩创学生的武功,不幸全被这几缕血痕抹煞了。"其中"伟绩"、"武功"、"不幸"都是反话,揭露了"中国军人"和"八国联军"的杀人罪行,也抨击了屠杀刘和珍等女大学生的刽子手。"说错话"也叫"飞白",就是故意引用别人说错的话来制造谐谑效果。有的飞白是引用发音错误,例如原广州市长黎子流在一次电视节目中说:"刚上任时我对大家说'我一定要'拒绝'接受人民代表的监督',结果引起全场愕然。实际上是因为我普通话不好,把'自觉'念成'拒绝'了。"他本人用这个例子来说明学习普通话的重要性,倒也别有趣味。还有的飞白是引用词语错误,例如张天翼《包氏父子》中写地主刘石甫说的一段话:"我们的中央军'进行'到我们的'原籍'来了,……我们的国民党又都'秩序'了,……大家要'严重'地听。"这里故意让土财主把"进发"、"家乡"、"统治"和"严肃"错说成"进行"、"原籍"、"秩序"和"严重",就充分暴露了这位土财主的无知可笑。

D. 干涉

"干涉"就是把本来相反或不同的词句放在一起说,看似矛盾,实际上又达到某种统一。这种相互矛盾的意义,既可以存在于一个词句本身,也可以存在于前后两个语句中。

矛盾的意义存在于一个词句中的典型例子就是前面讨论过的"双关",

不管是语义双关还是语音双关，都是看似矛盾而实际上却又能够联系两个意义。此外还有一种情况就是"闪避"，即用模糊宽泛的回答而实际却并没回答对方的问题。比如陕北老乡回答国民党军队"毛泽东在哪里"的拷问时回答说："毛主席就在陕北。"雷锋做了好事以后，大嫂问："你叫什么名字，是哪个单位的?"雷锋俏皮地回答："我叫解放军，就住在中国。"一则外国幽默说："有一位附庸风雅的贵妇人问一位作家:'请您告诉我，应怎样开始写作?''啊，夫人，'作家恳切地回答:'通常是从左往右写。'"这些都是"说了等于没说"。矛盾的意义存在于不同语句中而相互联系的例子也很多。例如《笑林广记》:"京官穷得如此之阔，外官贪得如此之廉，武官败得如此之胜，大吏私得如此之公。"其中"穷—阔"、"贪—廉"、"败—胜"、"私—公"这些词的意义本来绝然相反，可是作者却偏偏以前者来修饰后者，自然也就深刻地揭示了那些昏官的卑劣行径和如簧巧舌。侯宝林的相声《阴阳五行》中有一段:"乙:您怎么还研究这些呢? 甲:怎么啦? 乙:现在都原子时代了，人类都飞上太空去了。人家研究原子、核子、电子、离子……。甲:这我也懂，原子、电子、饺子、包子……乙:包子?"作品让甲将毫不沾边的"原子、电子"与"饺子、包子"放在一起说，就达到了讥讽这一类人的目的。这种相互矛盾的词句放在一起还常常用做文章的标题，如鲁迅的文章《战士与苍蝇》、《文学与出汗》，这些看似不相干的事物放在一起说，往往也能发人深省。

E. 降格

"降格"就是把本来用于描写好的事物的修辞手法故意用在坏的方面。比如前面讨论的修辞格中的"比喻"、"比拟"、"借代"、"夸张"一般都是用来表现积极的意义，但如果故意往一般人们想不到的坏的方面去进行比喻、比拟、借代、夸张，那就是"降格"了。

降格比喻最为常见，比正面的比喻似乎也更生动。例如赵树理《小二黑结婚》:"那脸上的皱纹，看起来好像驴粪蛋上下了霜。"小楂《最初的流星》:"爱情好比小偷，春天就是窝主。"钱钟书《围城》:"出国好比出痘子、出痧子(非出不可)。""(曹元朗那种人念念不忘自己是留学生，到处挂着牛津剑桥的幌子,)就像甘心出天花变成麻子，还得意自己的脸像是好文章加了密圈。"人们常说的"一朵鲜花插在了牛粪上"也是一种降格比喻，所以尤其让人唏嘘不已。降格比拟也是多用于不大想得到的动作或状态。例子如王安忆《命运交响曲》:"(会客室里没有一个人是我面熟的,)我只能呆呆地站在那里等人认领。"把人比作等待"认领"的物品，就突出了当时的尴尬状态和心情。降格借代也是越罕见越生动。例如蒋韵《老人星》："'羊皮西装'眼疾手快，……。"其中"羊皮西装"的借代用法之所以比"红领巾"之类的借代更显风趣，就是因为这种借代是随手抓来的。人的绰号也常常有特殊的借代效果。赵树理《小二黑结婚》中就写出了许多很反映人物个性形象的绰号，比如刘修德的绰号有"二诸葛"、"不宜栽种"、"命相不对"等，于福老婆的绰号有"三仙姑"、"米烂了"、"前世姻缘"等，奚落调侃溢于言表。正如果戈里《死魂灵》中所说："在这里你再也用不着加上什么去，说你身上怎么样，嘴唇怎么样，只一笔就勾勒了你，从头顶一直到脚跟。"由于这些降格的修辞手法新鲜、奇特，甚至是故意反通常修辞手法之道而行之，所以不但是修辞手法的更高境界，而且也使人们在体会到幽默和风趣的同时，有了更多的品味余地。

13.4 文学写作中的语言形式

上面说的词句锤炼和修辞方式，是对语句表达方式上的要求，但在语言文字的形式上没有特别的规定。而有些文学样式则在语言文字的形式上也有或宽或严的规定。其中一种是所有文章写作都有"语体"方面的要求，另一种是某些文学样式还有"格式"方面的规则。

1. 文章写作对"语体"有什么不同要求

俗话说"看菜吃饭、量体裁衣"，"到什么山唱什么歌"。文学写作，或者广义的文章写作（也包括"说话"），也是这样，即不管写什么东西就要有这个东西的样子。这就是写作中关于"语体"的要求。写东西必须要符合一定的语体，这首先是因为作者或作品本身在目的、角色、话题、方式上有所不同，其次也因为文章特别是文学作品中人物的身份性格、说话的场合环境等有所不同。举例说，写同一个人，在家里跟孩子说话和会议上做报告就不能一样；写同一件事，报纸评论和街头巷议也就不会一样；更不用说不同的人，比如教师和学生，不会说完全一样的话；不同的事，比如发文件和写情书，也肯定不会说一样的话。如果不遵守社会上大多数人认可的语体，那写出来的东西就可能不伦不类，甚至可能南辕北辙了。比如如果把小说写成学术论文那种样子，估计也就不会有什么人看了。

那么什么是语体，又有哪些不同的语体呢？语体分类的角度并非只有一种，但通常是把各类语言文字作品分为"口头语体"、"书面语体"和"文学语体"三大类。

A. 口头语体

"口头语体"顾名思义就是"像说话一样"的文章语体。文学作品,尤其是现当代的文学作品,如戏剧、电影、电视剧等,作品中的人物都要说话,要写他们嘴巴里说出来的话当然就必须是口语语体。文学作品的描述语言本身同样可以是口语化的。比如小说的俗称就是"讲故事",故事要讲给大家听,当然就要用老百姓喜闻乐见的口语语体。鲁迅是最早采用口语语体写小说的,当时称作"白话文小说"。而到了今天已经没有人再用纯粹的文言文来写小说之类的文学作品了,最多就是写古代人物和事件的一些小说,好像还有人学着用古白话(稍微离现在远一点的口语语体)来写,不过这多少显得有点"另类"。

　　口语语体内部也还有一些区别。两头分别是"谈话体"和"演说体",介于二者之间的可称为"讨论体"。谈话体就是一般日常说话的形式。比如要写一个三四十年代老太太说的话,就要用她那个时代能说的话来写,不能写成当代"新新少女"的话。要写现在街头菜摊上讨价还价,就得用卖菜的人和买菜的人所说的话来写,如果说成"菜价几何"、"皮多而肉少,请损之"之类就不成话了。如果写几个人闲聊,甚至还得把一些"嗯啊这是"加进去,因为这正是谈话体的特点。演说体虽然也是说话,但那是口语语体中最为正式和规范的表达形式,即使是即兴演说,也应该差不多就是"出口成章"的那种形式。比如学校里搞演讲比赛,就不能随便跑上去就说,或者随心所欲、漫无边际、磕磕绊绊地说,至少要先写好稿子,还要反复修改练习。领导作报告、教师上课等,虽然有的人差不多就是照本宣科,但也基本上还是属于口语性质的演说体。至于讨论体,一方面不像谈话体那么随意,因为多少得有个中心话题;但另一方面也不像演说体那么流畅,因为毕竟事先没有打草稿。比较正式点的讨论体,比如答记者问、新闻访谈之类,多少有点接近演说体;不怎么正式的讨论体,如会议发言、私人通信等等,就更接近谈话体了。

　　B. 书面语体

　　书面语体是规范性最高、抽象化程度最高、也最正式的语体形式。比如报纸的社论评论和新闻通讯、科学技术的学术论文、以及各种公文和应用文(申请、总结、报告、批复、通知、启事)等,就都是书面语体。书面语体要求用词科学严谨、语法格式规范、多用长句和整句,特别要避免或减少歧义。举例说,美国前总统尼克松首次访华后中美两国的联合公报曾经差一点胎死腹中,原因就在于公报中有些敏感性的措词颇费周折。后来发表的公报中最为人称道的一句话"台湾海峡两岸的中国人都承认世界上只有一个中国",竟是在考虑了多种提法后最终由两国最高领导人亲自拍板才确定下来的,"海峡两岸"从此也成为了一个专有名词。这一类使用"外交辞令"的文本可以说是书面语体的登峰造极之作。

书面语体内部也有一些区别。两头分别是"宣传体"和"科学体",介于二者之间的可以叫作"应用体"。宣传体是书面语体中书面性最弱的一种语体,但又是一种综合性最强的语体。因为宣传体就是要"宣传",因此一方面在目的性和表达性上接近上面说的口语语体中的演说体;另一方面在鼓动性和感染性上又接近下面要说的文学语体。比如广告(平面广告)就是一种宣传体的作品。属于这一类的还有新闻和评论等。科学体是最典型的书面语体,科学和严谨是这种语体的主要特征。其中主要包括科学技术类的论文、法律外交类的文件和政治理论类的论说等。至于应用体,主要是指政府机关的公文(通知、报告、请示、决定等)和一些大众应用文(启事、请柬、汇报、总结等)。

C. 文学语体

上面说的口语语体当然也适用于文学作品,或者说文学作品主要也是口语语体。但是文学语体也可以单独划分出来,原因在于这是一个以虚构事件和形象思维为主要特征的作品类型,在这一点上毕竟跟通常意义上用口语语体说一件事有本质上的不同。所以可以认为,虽然文学创作实际上可以用到其他任何一种语体,但在整体上又不同于其他任何语体。文学语体是运用语言进行艺术创造的语体,其根本特点是用词生动形象和内容丰富多彩。

文学语体内部再怎么划分小类有不同的意见:国外一般是分成抒情作品、叙事作品和戏剧作品三类;我国文学界则历来是分成诗歌、戏剧、散文和小说四类,近年来又有分成韵文和散文两大类的。不过只分两类似乎失之过宽,而分四类则又太细。因为散文和小说之间虽然有故事情节强弱的区别,但在语体上还是要远远小于它们共同跟诗歌和戏剧的差异,所以散文和小说也可以统称为散文体。这样,从文学作品的表达目的和功能来说,首先是以叙事为主要目的的散文和以抒情为主要目的的诗歌的对立;就使用的语言文字跟生活语言的远近而言,首先是以对白语言为主的戏剧和讲究形式特征的诗歌的对立。因此似乎可以把诗歌体和戏剧的对白体看作是文学语体的两头,散文体介于二者之间。对白体的基本要求是口语化,要朗朗上口、动听易懂;有时还要有一定的动作配合,即需要借助于体态语言。对白体中又可以细分为戏剧体和影视体,前者要考虑舞台效果,后者更接近生活的语言。诗歌体的基本要求是韵律化和情感化。无论是格律诗、自由诗，无论是歌曲戏曲的唱词、民歌民谣的内容，也无论是叙事诗、抒情诗、哲理诗，都要求把内心的情感律动和外在的韵律表达相结合，即《诗·大序》所谓"情动于中而形于言，言之不尽而嗟叹之，嗟叹之不足故咏歌之"。至于介于二者之间的散文体，则实际上比任何语体都能容纳其他各种语体的表现形式，也可以说散文体是一种没有语体要求的综合语体。如果再细分，那也就是散文和小说这两类了。这两类无非在故事性的强弱上有些不同，而在语体上倒是区别不大的。

2. 文学写作有哪些语言形式上的"规则"

上面说的是各种语言文字作品在语体上的要求。但其中有的作品，特别是一些文学语体的作品，还有较严格的语言形式要求，甚至可以理解为还需要遵守某些"规则"。比如对联就要求上下联整齐相对；写诗就要求前后句合辙押韵，写近体诗词还要求全篇遵守一定的格律：这些就都是语言形式方面的规则。

文学作品的语言形式规则，大致上又可以分为两大类：一类是对所有的文学作品而言的，即作品中如果采用某种偏重于语句变化特色的表达手法，就需要注意语言形式上的一些规则；另一类是对诗词歌赋等专门的文学作品而言的，这类文学样式之所以又可被称作"韵文"，实际上也就是因为这类作品必须遵守语言形式上的一些特定规则。

A. 词语句式运用的形式特色

前面在讨论文学创作中的词句锤炼时说过，文学创作必须注重选择句式；在讨论文学创作中所用的修辞手法时也说过，文学创作还必须注意采用一定的修辞手法。其实无论是句式选择还是修辞手法，都涉及到语言形式的要求。从句式选择角度看，就是相对于有些词语零散、句形参差的散句，有时就还需要选用结构一致、语句整齐的句式。从修辞手法的角度看，就是相对于有些修辞手法侧重于语句意义的变化和特色，还有些修辞手法就更侧重于语句形式的变化和特色。两类中的后者就都需要考虑语言文字的某些形式要求。

一种是"对偶"和"对偶句"。

"对偶"是一种修辞手法，"对偶句"是一种整句句式。文学作品中使用对偶句古已有之，先秦散文中就经常见到。秦汉以后文学写作中的对偶句式甚至到了无所不用其极的程度，不论内容是否需要，凡句子总要写得"成双结对"，六朝的骈体文更是发展到了极致。写文章全篇都用对偶句当然不足取,但如果确实是文学作品中表情达意的需要,适当采用对偶句式还是有积极的作用的,至少整齐和谐,悦耳动听,能给人以语言文字的美感。

严格的对偶句多用在对联和诗词中,在形式上对偶句要求:意义相关、结构相同、字数相等、词类相当、词义对称、没有重字、平仄协调等。从意义上看对偶句可分为三种:一种是"正对",即前后两句意义相对。如毛泽东《改造我们的学习》:"墙上芦苇,头重脚轻根底浅;山间竹笋,嘴尖皮厚腹中空。"杜甫诗:"两个黄鹂鸣翠柳,一行白鹭上青天。"再一种是"反对",即前后两句意义相反。如鲁迅《自嘲》:"横眉冷对千夫指,俯首甘为孺子牛。"杭州西湖岳坟对联:"青山有幸埋忠骨,白铁无辜铸佞臣。"还一种叫"串对",即前后两句意义相连,又叫作"流水对"。如白居易诗:"野火烧不尽,春风吹又生。"毛泽东诗:"才饮长沙水,又食武昌鱼。"对偶句在文章的题目以及各种文学作品和应用文章中也常用,当然这种对偶句在形式上的要求就会宽松一些,有时只要求字数相等。比如大家熟知的句子:"惩前毖后,治病救人","从群众中来,到群众中去","我们的提高,是在普及基础上的提高,我们的普及,是在提高指导下的普及","革命尚未成功,同志尚须努力"等等,都可以算作对偶句。

再一种是"排比"和"排比句"。

"排比"是一种修辞手法,"排比句"是一种整句句式。排比句的作用和对偶句一样,主要是使句子结构整齐、节奏和谐。排比句跟对偶句的不同在于:排比句不能是两句而必须是多句;排比句在语言形式上要求也稍宽,甚至各句的字数也不一定完全相等,允许各句中有重复的词语。但是如果各个句子的内容彼此有范围、性质、时间等差异,也要注意句子排列的顺序。人们写文章用排比句相对少些,原因在于要做到几个句子都整齐一致不那么容易;但是有时为了概括某种现象、加强语句气势,就需要用排比句。

排比句在文学作品中很常见,如《老残游记》中描写千佛山的梵宇僧楼和苍松翠柏:"红的火红,白的雪白,青的靛青,绿的碧绿。"朱自清《温州的踪迹》:"(这平铺着、厚积着的绿着实可爱。)她松松地皱缬着,像少妇拖着的裙幅;她轻轻地摆弄着,像跳动的初恋的处女的心;她滑滑地明亮着,像鸡蛋清那样软那样嫩,令人想着所曾触过的最嫩的皮肤;她又不杂些尘滓,宛然一块温润的碧玉,只清清的一色。"魏巍《谁是最可爱的人》:"他们的品质是那样的纯洁和高尚,他们的意志是那样的坚韧和刚强,他们的气质是那样的纯朴和谦逊,他们的胸怀是那样的美丽和宽广。"郭小川《祝酒歌》:"祖国是一座花园,北方就是园中的腊梅,小兴安岭是一朵花,森林就是花中的蕊。"当然在新闻标题、广告用语和一般文章中也常见排比句,如鲁迅《作文秘诀》:"有真意,去粉饰,少做作,勿卖弄。"《中国电视报》:"预告一周节目,报道影视信息,反映群众意见,普及电视知识。"

还有一种是"叠用"和"反复句"。

"叠用"是一种修辞手法,"反复句"是一种整句句式。叠用和反复的意思都是指在一个语言片段中重复使用一些相同的词语甚至相同的句子。跟语言表达上消极的"重复罗嗦"不同,在语句中有意识地和有目的地使用一些相同的词语或句子,可以起到整齐简洁、集中突出和醒目清晰的作用。而跟对偶句和排比句比较起来,叠用或反复在形式上的要求更宽松,主要是要求前后几句话中出现相同的词语;但是叠用和反复适用的范围却又最广,不但在抒情性的文学作品中常见,而且也可用于叙事文、说理文等一般文章。

文学作品中的歌词常常需要叠用和反复,这不必多说。叠用和反复在诗歌中也较常见,并常和排比交叉使用。例如多多《致太阳》:"给我们家庭,给我们格言,你让所有孩子骑上父亲的肩膀;给我们光明,给我们羞愧,你让狗跟在诗人后面流浪;给我们时间,给我们劳动,你在黑夜中长睡,枕着我们的希望;给我们洗礼,给我们信仰,我们在你的祝福下,出生然后死亡。"论说文中也较多叠用和反复的词句。比如毛泽东《纪念白求恩》:"(一个人能力有大小,但只要有这点精神,)就是一个高尚的人,一个纯粹的人,一个有道德的人,一个脱离了低级趣味的人,一个有益于人民的人。"郭沫若《科学的春天》:"这是革命的春天,这是人民的春天,这是科学的春天。"这些语句都使得感情的抒发饱满酣畅。

跟叠用和反复类似的修辞手法还有"顶真"和"回环"。其实这两种修辞手法也可以看作是特殊的叠用或反复形式。"顶真"就是在句子和句子之间,用前一句末尾的词语或语言片段作为后一句的开头,即首尾叠用或重复。例如《荀子》:"不闻不若闻之,闻之不若见之,见之不若知之,知之不若行之。"老舍《老张的哲学》:"打人就要费力气,费力气就要多吃饭,多吃饭就要费钱,费钱就是破坏他的哲学。""回环"就是前后句中重复使用相同的词语,只不过颠倒了位置。例如《老子》:"信言不美,美言不信;善者不辩,辩者不善;知者不博,博者不知。"曹禺《王昭君》:"长相知才能不相疑,不相疑才能长相知。"

B. 诗词歌赋创作的语言规则

文学作品中对语言形式要求最严格的就是诗、词、歌、赋类的"韵文"。"韵文"其实也就是有声韵条件或者通俗地说要合辙押韵的文学作品的总称。韵文类文学作品源远流长,世界上很多民族在没有文字以前就已经存在口头文学作品,即神话和史诗。而为了便于记忆和传诵,这些口头文学作品大都采取能够吟咏唱和的诗歌体裁,这也就是以后诗词歌赋等韵文类文学作品的前身。虽然在有了文字和书面语以后,又产生了非韵文的小说、戏剧、散文等其他文学样式,韵文作品的地位逐渐下降,比如汉语中随着文言文退出历史舞台,严格采用韵文形式的"汉赋"、"骈文"等就几乎已经销声匿迹或鲜为人知了。但是韵文作品中的诗歌(包括歌词、民谣等),不但仍然以其独特的"嗟叹之不足则咏歌之"的作用保留了下来,而且至今仍然具有强大的生命力,也是最活跃的一种文学样式。

　　凡是韵文就一定涉及到语言形式的规则。不过要讨论韵文类作品的语言形式规则,可以从古往今说,也可以从宽往严说。韵文类作品需要遵守的语言形式规则从宽松到严格可以分三个层次:一是总体上词语运用要体现的"韵感",二是广义的诗歌语言要具有的"韵味",三是特定类诗词创作要遵守的"格律"。

　　从词语运用的"韵感"讲,就是指语句要有音乐感。音乐有三个要素:一是节拍,二是升降,三是音色。由于汉语中的字几乎都是单音节的,每个音节又都有声调,加上音节结构整齐和同音音节较多,这些形式就都决定了汉语是一种极富音乐美的语言:单音节容易调节节拍停顿,声调容易突出升降变化,同音则容易体现音色和谐。汉语中的词语大多是双音节的,甚至不管语法结构是从哪里分开,大多可以两字一顿,这也就形成了节拍。比如"我为人人,人人为我",前一句不会读成"我/为人人",而同样要读成"我为/人人",其他如"力不从心"、"万无一失"、"木已成舟"、"喜形于色"、"过犹不及"、"死有余辜"等都是如此。不光成语是这样,一般词语有时也要把单音节的词补充成双音节,把超过两个音节的词减缩为双音节,以形成两两相对的韵律。比如不说"严格管",而说成"严格管理"或"严管"。再如鲁迅《孔乙己》:"书籍纸张笔砚(一齐失踪)。"按说"书籍"、"纸张"各是一样东西,"笔砚"是两样东西,但为了节奏就合成一个双音节的词了。汉语的声调有高低变化,这样很多词语就都很容易形成平仄相间、高低错落的格局。例如"方兴未艾"、"戮力同心"、"蔚然成风"、"狐假虎威"、"烈火见真金"、"一年之计在于春"等,听上去都有抑扬顿挫的乐感。

　　从诗歌语言的"韵味"看,就是指诗歌语言更需要讲究音色的和谐押韵。诗歌语言之所以不同于一般说的话,就在于诗歌不但要有节拍的韵律和声调的升降,而且更需要突出音色的和谐。现代诗虽然在押韵的规则上不如古代格律诗那么严格，所以又叫"自由诗"或"新诗"，但至少还保留了节拍和押韵的特点。"节拍"又叫作"音步"，即是由一定数量的长短交替或轻重交替的音节组成的节拍或停顿。汉语中一般是每两个正常长度的音节构成一个音步：如果一个音步中音节增加了，就会读得快一些；反之如果一个音步中音节减少了，单音节的字就会读得比原来长一些，即也要占一个音步。在每一个音步中都有相对的轻重音，音节增加了，重音位置一般保持不变。例如《天安门诗抄》中一首诗的音步形式为（"/"表示音步，"'"表示重音）："'宽阔的/'天安门/'广场，是'您/'坦荡的/'胸襟;'雄伟的/'英雄/'纪念碑，是'您/'高大的/'身影。"再如贺敬之的《三门峡梳妆台》："梳妆/台啊/——梳妆/台，黄河/女儿/梳妆/来；梳妆/来啊/——梳妆/来，百花/任你/戴，春光/任你/采，万里/锦秀/任你/裁。""押韵"是音色的和谐。现代诗虽然押韵并不严格，但一般还是要把若干韵母（实际上是韵母中的韵腹和韵尾）相同或相近的字放在句子末尾，而且既可以隔句押韵，也可以连句押韵。上面两首诗中的前一首就是相近音节隔句押韵（"襟"和"影"），后一首就是相同音节连句押韵（"台、来、戴、采、裁"）。诗歌押韵是增强诗歌语言节奏感最有效的方式，无怪乎连儿歌、民谣、打油诗、顺口溜等也都得押韵（只不过这一类诗歌较多采用更容易押韵的儿化小辙）。现在也有人写诗不大讲究押韵了，看上去只不过是把一句话分成了几行来写而已，这当然并无不可，但如果放弃押韵这一增加诗歌美感和乐感的特色，不免可惜。

最后就是特定类诗词要讲究"格律"。从类型上看，诗主要分为"古体诗"和"近体诗"。古体诗又称"古诗"或"古风"，近体诗又称"今体诗"。从字数上看，古体诗和近体诗又都各自有五字一句的"五言诗"和七字一句的"七言诗"，还有"五古、五律、五绝"和"七古、七律、七绝"之分。除五言和七言外，还有一种是长短句交替在一起的"杂言"。"古体诗"是依照古代的诗体写的，因此古体诗没有太严格的格律规定，可以说凡是不受近体诗格律束缚的诗（包括后代的词）都属于古体诗。古体诗当然也有字数限定和押韵要求。比如音步中的音节数量就不能随意增加或减少。像四言诗就是每句四个音节合两个音步。例如《诗经》："关关/雎鸠，在河/之洲。窈窕/淑女，君子/好逑。"以后出现的五言诗就是三音步，七言诗就是四音步。词和诗不同，每句字数不等，但两音节一音步的规律基本上相同。如苏东坡《赤壁怀古》："大江/东去，浪/淘尽，千古/风流/人物。"此外古体诗的押韵不像近体诗那么严格，平声韵和仄声韵皆可用，也不必一韵到底，平仄声可互换；诗中各句皆可用韵，且用韵之字可以重复；不押韵句尾的声调平仄，可与韵脚相同。近体诗以律诗为代表。律诗的用韵、平仄、对仗有许多严格的规定,由于格律很严,所以才称为"律诗"或"格律诗"。格律诗除了有字数限定、节奏停顿、升降变化和音色和谐的要求外,在语言形式上的规则主要体现在"押韵"、"平仄"和"对仗"这三个方面。

格律诗的"押韵"主要是为了表现诗的和谐美。韵脚用字必须是平声字(包括阴平和阳平),且必须韵腹、韵尾相同。比如属于"汉语拼音韵母表"中同一横行韵母的平声字"安/谙(an)、烟/言(ian)、弯/丸(uan)、冤/元(üan)"相互才可以押韵。具体的押韵规则包括:绝句第一句可押韵可不押韵,以不押韵居多;第二句和第四句则一定要押韵,而且必须一韵到底,中间不能换韵;第三句最后一个字限用仄声字。律诗第一句可押韵可不押韵:若押韵可押邻韵,若不押韵时限用仄声字;偶数句一定要押韵,而且也必须一韵到底,不能换韵;第三句、第五句和第七句最后一个字限用仄声字;而且用韵的字在诗中不能重复出现。比如杜甫《旅夜书怀》:"星垂平野阔,月涌大江流。名岂文章著,官应老病休。"可以大致看出格律诗的押韵要求。现存最权威的宋代《广韵》是专供诗人使用的韵书,规定了206韵,每个韵下面还有规定的字,绝不能用错。所以格律诗押韵需要严格遵守古代的韵部,也还得懂点古音才行。这些规矩连当时的文人都头疼,现代人做格律诗就更不是一件容易的事了。

格律诗的"平仄"主要是为了表现诗的参差美。押韵也讲究平仄,但那只是对韵脚字的要求,而"平仄"却是对整首诗中每个字的要求。"平仄"中的"平"就是平声,"仄"就是上、去、入三声。比如在现代普通话中,阴平、阳平都是平声,上声、去声都是仄声。古代入声在普通话中都并入其他三声了,转到上声、去声的,都还是仄声,只有转到阴平、阳平的入声字,做诗的时候才需要记一下。吴方言、粤方言、闽方言、湘方言、赣方言中仍然保留着入声,因此辨别诗中的平仄相对要容易一些。具体说,五言诗的平仄只有四个类型,而这四个类型可以构成两联:"仄仄平平仄,平平仄仄平"和"平平平仄仄,仄仄仄平平"。由这两联,就可构成五律的四种平仄格式,其中两种是基本格式,另两种稍有变化。七律是五律的扩展,扩展的办法是五字句的前面加上两字头,仄前加平,平前加仄。五律两种基本的平仄格式:一是"仄起式",如杜甫《春望》:"国破山河在,城春草木深(仄仄平平仄,平平仄仄平)。感时花溅泪,恨别鸟惊心(平平平仄仄,仄仄仄平平)。烽火连三月,家书抵万金(仄仄平平仄,平平仄仄平)。白头搔更短,浑欲不胜簪(平平平仄仄,仄仄仄平平)。"二是"平起式",如王维《山居秋暝》:"空山新雨后，天气晚来秋（平平平仄仄，仄仄仄平平）。明月松间照，清泉石上流（仄仄平平仄，平平仄仄平）。竹喧归浣女，莲动下渔舟（平平平仄仄，仄仄仄平平）。随意春芳歇，王孙自可留（仄仄平平仄，平平仄仄平）。"需要补充说明的是，《春望》中"感时花溅泪"，按平仄格式"感"应为平声字，但却用了仄声字。这是因为格律诗的平仄格式还有一条规则："一三五不论，二四六分明。"意思是每句除末字外单数位置的字可以平仄不拘。

格律诗的"对仗"主要是为了表现诗的对称美。对仗其实就是前面说过的"对偶"，只不过格律诗的对仗在形式上更加严格，不但上下句的字数要相等，而且相对字的意义、词类、平仄也都要按照格式一一相对。古代教孩子作诗有一本叫《声律启蒙》的书，其中举的例子："云对雨，雪对风，晚照对晴空，来鸿对去燕，宿鸟对鸣虫，三尺剑，六钧弓，岭北对江东，人间清暑殿，天上广寒宫，两岸晓烟杨柳绿，一园春雨杏花红……"，说的就是这个道理。因此格律诗中实词不能对虚词，动词不能对名词，另外像"日"也不能对"月"，因为都是仄声，"云裳"也不能对"霞衣"，因为都是平声。古人把律诗的第一、二两句叫"首联"，第三、四两句叫"颔联"，第五、六两句叫"颈联"，第七、八两句叫"尾联"。对仗一般用在颔联和颈联。例如杜甫的《春日忆李白》："白也诗无敌，飘然思不群。清新庾开府，俊逸鲍参军。渭北春天树，江东日暮云。何时一尊酒，重与细论文。"其中颔联和颈联就都是对仗的。有一种超过八句的律诗叫"长律"，长律除了尾联（或首尾两联）以外，一律都用对仗，所以又叫"排律"。前面说过对偶句在意义上有"正对"、"反对"和"流水对"三类，而格律诗的对仗在形式上也有宽严不同的各种讲究，主要可以分成以下几类：一是"工对"，这是最严格的对仗，即不仅对仗词的词类要相同，而且还必须是意义上属于同一个大类的词。如李白《塞下曲》"晓战随金鼓，宵眠抱玉鞍"，上下句每个字都属于同一个意义类的词语。二是"宽对"，即只需要同一种词类的词（或词组）相对，如名词对名词，动词对动词，形容词对形容词即可。如杜甫诗"两个黄鹂鸣翠柳，一行白鹭上青天"，鲁迅诗"横眉冷对千夫指，俯首甘为孺子牛"。三是"借对"，即诗中用了一个词语的甲义，同时借用它的乙义来与另一联中的词相对。如杜甫诗"酒债寻常行处有，人生七十古来稀"，因为古代八尺为"寻"，两寻为"常"，所以"寻常"除了本义，还借来对下联中的数字"七十"。

第十四讲

语言与民族文化

14.1 语言就是一种文化

说到语言就必然要提到文化,因为语言是文化的重要组成部分,或者说语言就是一种文化。传统意义上的语言学也是一直属于人文科学即人类文明和文化研究的范畴。当然就像语言一定属于不同的民族一样,跟语言相联系的文化也主要是指不同民族的文化。那么语言与文化或者与民族文化是一种什么关系呢? 这一点可以分两个问题来讨论:一是语言和文化有什么共同点和不同点;二是语言和文化怎样相互联系和相互作用。

1. 语言和文化有哪些共同点和不同点

要搞清楚语言和文化的关系,就要先说说"语言"和"文化"分别有什么含义,然后再看看"语言"和"文化"有哪些共同点和不同点。

A. "语言"和"文化"的含义

"语言"如果只是从社会交际和信息交流这个角度说,似乎也可以有广义和狭义之分,或者说全部语言现象中还包括"非自然语言"和"自然语言"两种类型。广义的"语言"甚至可以包括:诉诸听觉的音乐语言和其他声响符号(如咂舌声、"啊啊"声等),诉诸视觉的表情体态语言、绘画语言、舞蹈语言、标识语言和其他视觉符号(如旗帜、图章等),以及诉诸触觉的盲文等。当然这些广义的语言现象中除了聋哑人的手势语和盲人的盲文跟人类的自然语言有一定的符号转换关系之外,其他都并不是严格意义上的自然语言,而可以说就相当于人类用于交际和交流的所有手段。与广义的"语言"相对,狭义的"语言"就是指本书前面讨论过的人类用于交际的通过语音符号系统(也可以包括语言的文字符号形式)表现的自然语言形式,即口头语和书面语。下面所说的"语言",除特别说明外,主要还是指狭义的语言形式。

"文化"这个概念的意思更是众说纷纭甚至充满争论。比如据说 1920 年以前关于文化只有 6 个不同的定义,而到了 1952 年便有了 160 多种定义,到现在出现"文化热"则不同说法可能就更多了。不过一般认为"文化"也有广义和狭义两种定义,或者说全部文化现象中还包括"物质文化"、"制度文化"和"心理文化"三个层次。广义的"文化"指精神现象和物质现象的总和,也就是说人类所创造的物质成果和精神成果都是文化。比如"原始文化",就不仅是指被发掘出来的石器、陶器、骨器上所反映出来的原始艺术、宗教、神话、习俗等观念形态的东西,也包括作为物质形态的这些器物本身。又如所谓的"资本主义文化",就不仅包括资产阶级意识形态和资本主义社会制度等,也包括工业革命带来的技术进步和物质文明。如果把人类所创造的物质成果,如生产、交通、武器、服饰、建筑、饮食以及人的特定动作行为等称作"物质文化",那就属于一种可见的显性文化层次。不过通常意义上说的"文化"还是狭义的,即主要限于精神方面的或非物质的现象。如英国人类学家泰勒(E. B. Taylor)就认为"文化是一个复合整体,包括知识、信仰、艺术、法律、道德、风俗,以及作为一个社会成员所获得的能力与习惯"。人类学家马林诺夫斯基(B. K. Malinowski)也认为,文化是一种具有满足人类对生存生活需要功能的"社会制度"和"一套有组织的风俗与活动体系"。人类学家哈维兰(W. A. Haviland)认为现代人可以接受的文化定义是"文化是一系列规范或准则,当社会成员按照它们行动时,所产生的行为应限于社会成员认为合适和可接受的范围之内"。这一类偏重于精神现象的文化定义就包括"制度文化"和"心理文化"这样一些属于非物质的更深的文化层次。前者如饮食习惯、娱乐方式等生活制度,婚姻形式、亲属关系、家庭组织等家庭制度,艺术表现、教育理念、道德礼仪、风俗习惯、政治法律等社会制度;后者如思维方式、审美情趣、宗教信仰、价值观念等心理活动。下面所说的"文化",除特别说明外,主要还是指狭义的文化现象。

B. 语言和文化的共同点和不同点

从一个方面看,语言和文化在整体性质上有许多共同点,在这个意义上可以说语言"相等于"文化。前面说"语言就是一种文化",指的就是这个意思。

语言和文化在整体性质上的共同点,概括起来可以从五个方面看:其一,广义的文化指人类的一切创造物(物质成果和精神成果),甚至由于生物本能和生存需要而产生的自然行为,在人类身上也是有别于动物的文化表现,比如饮食文化、性文化、生殖文化等。而自然语言也只有人类社会才有,同样是人类创造的成果。即使是广义的语言,即人类的各种交际和交流手段,也有别于其他动物的交际形式。其二,各种文化都不是先天遗传的,而是后天获得的。比如打喷嚏作为生理现象是遗传的,但是人们在公众场合打喷嚏时会把头扭到一边或用手帕捂住嘴,这种表示礼貌的方式就是后天学习养成的。而语言也是在后天环境中获得和学习的。人有说话的能力是遗传的,但是人最终会说一种语言,包括掌握这个语言的语音系统、语汇内容、文字形式,甚至包括具体的语法规则,还是离不开后天的语言环境和个人努力。其三,各种文化尤其是制度层面和心理层面的文化,在一个民族或社会内部都具有共享性,并不属于个人。语言也必然是一个民族或社会共有和共享的,至少得有一批人说。当然就像宫廷文化、太空文化可能只是少数人的体验一样,有些行业语、黑话等语言也可能只有少数人使用。但不仅具有这种文化或语言的人仍然是一个群体,而且社会上大多数人也可以了解和评价这种文化或语言,其仍然具有共享的属性。其四,所有的文化现象都具有符号作用和象征意义。比如官员服装的颜色和样式就可以区别地位等级,婚丧嫁娶的规模和形式就可以体现尊卑荣辱等。而广义的语言中,如用表情体态表明态度和情绪,用音乐舞蹈语言表达情感和思想;狭义的语言中,如用一些词语指称事物或行为,用一定的句子表达事件、发出指令等;也无不具有符号作用和象征意义。其五,文化现象在某个社会中往往具有约定性和权威性,任何人都不能随意违反。比如不付钱就买不到商品,不遵守社会公德就会受到公众的鄙夷,违法乱纪就要受到法律的制裁等。语言也同样具有约定俗成性和权威性,如果不遵守一种语言的表达规则或使用习惯,就或者达不到交际目的,或者会引起麻烦。由上面的分析可见,语言无疑具有文化的全部属性,至少在这个意义上说,语言就是文化。

从另一方面看,语言和文化在作用范围上又有许多不同点,在这个意义上可以说语言"从属于"文化。前面说"语言是文化的重要组成部分",指的就是这个意思。

语言和文化在作用范围上的不同点,概括起来共有三种情况:其一,不是所有的文化现象都跟语言有直接的关系。至少广义文化中的物质文化跟语言(无论是广义的语言还是狭义的语言)就没有太直接的关系。比如现在很多人热衷于所谓的"汽车文化",既然是汽车文化那当然就先要有汽车这种物质产品。不过汽车作为物质产品最受人们关注的主要还是它的技术、性能、配置、价格,包括跑得快不快、坐着是不是舒服、驾驶是不是方便等等,这些跟语言就无所谓联系。其二,有些文化现象实际上又必须通过广义的语言形式来表现。比如听觉、视觉等交际手段,实际上其本身往往就直接表现为一种文化现象,或者反过来说这些文化现象的本身其实就是广义的语言形式。比如音乐就是通过听觉语言表现的一种文化现象,绘画、舞蹈等就是通过视觉语言表现的一种文化现象,甚至于像号角、锣鼓、拍手等听觉语言形式,表情、体态、眼神、动作、标志、旗帜等视觉语言形式,也差不多就是娱乐活动、风俗习惯、道德礼仪、信息传递方式等文化现象的直接表现形式。其三,排除了上面说的有些语言和有些文化"没有关系"的情况以及有些语言和有些文化"基本重合"的情况,那么剩下的就是狭义的语言与狭义的文化这种"相互联系"的情况了。在这类文化现象和这类语言形式中,文化和语言既是相互独立的,又是相互联系的。比如从汽车这种物质产品可以延伸出汽车的造型艺术,汽车的审美心理,汽车族的社会心态,以及跟汽车相关的交通法规、公共道德等许多属于制度文化和心理文化的现象,这些就往往需要用语言文字来记录或者用语言文字来表达,反过来说语言文字中也往往会有表现这些文化现象的词语、句子等形式。再比如即使同样是音乐、绘画、舞蹈等文化现象,一方面当我们离开诉诸听觉、视觉的广义语言形式时,仍可以借助语言文字的记录和表达来欣赏、品味、评价这些艺术的魅力,另一方面语言文字本身也可以借鉴这些艺术的表现形式,使得语言文字具有音乐、绘画、舞蹈那样绘声、绘色、绘形的美感和神韵。这些同样是自然语言和文化相互联系的途径。此外狭义的语言文字本身也可以形成独特的文化,比如汉语中的对联、吉祥话、禁忌语、谜语、绕口令等,就是汉民族特有的一种文化现象。由上面的分析可见,语言和文化的作用范围虽然不完全相同,但语言(无论是广义的还是狭义的语言)肯定是文化的组成部分,而其中狭义的语言即人类的自然语言与狭义的文化即人们心理层面的民族文化意识之间的相互联系就更加值得研究。

2. 语言和文化怎样相互联系和相互作用

狭义的文化即民族的文化意识作为一种发散思维形式与本书前面第十二讲讨论的抽象思维形式不同,其本身不一定非需要自然语言的参与不可,即它不一定是以自然语言作为主要工具或直接载体的思维活动,而更多是一种感情、意志、美感、习俗等非语言形式体现的心理活动。从这个意义上说,自然语言在民族文化意识方面的作用,特别是作为工具和载体的作用,要小于在抽象思维活动中的作用。但换个角度说,抽象思维活动在各个民族语言上反映出的差异并不大,即无非是用不同语言的词语或句子来表达相同的概念、判断和推理等。而发散思维活动即民族文化意识在各民族语言上反映出的差异却可能非常大,即相同的词语或句子又可能表达出很不相同的民族文化意识,进一步说甚至不同的民族文化意识还可能影响到一种语言的特点。在这个意义上说,自然语言与发散思维也有着某种紧密的联系,这种联系就表现在语言与民族文化的相互联系和相互作用上。

语言与民族文化的这种相互联系和相互作用可以概括为三个方面:一是语言是重要的民族标志,可以体现民族的精神;二是语言有鲜明的民族特点,可以反映民族的文化;三是民族文化有一定的推动力量,可能影响语言的形式。

A. 语言是重要的民族标志,可以体现民族的精神

语言的区别当然需要有语言学上的一些标准,比如语音系统的标准,文字系统的标准,语法系统的标准,甚至是不是相互听得懂的标准等等。但前面第一讲就已指出,语言事实上也是一种重要的民族标志,即通常意义上,一种语言就是一个民族或以一个民族为主体的国家所使用的语言,一种语言与另一种语言的差异其实更主要的就是民族之间的差异。这种情况在远古时期可能相当单纯,即语言和民族完全一致。如汉族人说汉语,藏族人说藏语,俄罗斯族人说俄语,盎格鲁族人和萨克森族人说英语等等。但到了现代,语言和民族的关系变得复杂多了。例如在我国,大多数回族人现在都说汉语,绝大多数满族人现在说的也是汉语,至于古代的匈奴人、突厥人、鲜卑人、拓跋人等的后裔,现在更是与汉族人融为一体分不出来了,他们自己民族的语言也早已经消失了。今天的美国像一个大熔炉,哪个民族来的人都有,多数也慢慢地只会说英语,有的人甚至连自己的祖先是哪个民族也搞不清楚了。但尽管如此,世界上还是有不少民族和语言的关系相对来说还是比较一致的,语言仍然是区别一个民族的最重要的标志。如果没有人种方面的重大差异,人们还是首先会从语言上来区别民族。比如我们在国外见到一个和自己长得差不多的黑头发黄皮肤的人,只要他一开口说话,我们就能判断出他是不是中国人(即汉族人)。

正因为如此,目前人类语言的分类实际上就仍然采用历史比较语言学提出的亲属语言的谱系树标准,即根据民族语言的亲属关系建立谱系分类系统。比如世界上主要的语系大致可分为汉藏语系、印欧语系、阿尔泰语

系、闪含语系、南岛语系和班图语系等。其中如汉藏语系包括汉语,以及侗泰语族的侗语、泰语,苗瑶语族的苗语、瑶语,藏缅语族的藏语、缅语等;印欧语系包括印度语族的印度语、尼伯尔语,伊朗语族的波斯语、阿富汗语,斯拉夫语族的俄语、南斯拉夫语,日耳曼语族的英语、德语,拉丁(罗曼)语族的法语、罗马尼亚语等。从这些语种的名字就很容易看出语言类型与不同民族的密切关系了。

因为语言是重要的民族标志,因此语言又是一种强大的民族凝聚力量。每一个民族都热爱自己的民族语言,并且往往把民族语言和民族尊严联系起来。不会说本民族语言是很多富于民族感情的人所不能容忍的事情;而会说本民族语言却不说本民族语言,反而去说另一种语言,特别是一种入侵民族的语言,那么任何正直的有民族感情的人都会认为是一种可耻的行为。所谓"汉儿学得胡儿话,却向城头骂汉儿",就是对这种民族败类的谴责。《颜氏家训》中有一段著名的文字说:"齐朝有一士大夫,尝谓吾曰:'我有一儿,年已十七,颇晓书疏,教其鲜卑语及弹琵琶,稍欲通解,以此伏事公卿,无不宠爱,亦要事也。'吾时俯而不答。异哉! 此人之教子也! 若由此业,自致卿相,亦不愿汝曹为之。"这也是痛斥这一类人的。都德的《最后一课》是大家都熟悉的,其中教师和学生们共同表达的对祖国的眷恋和对民族语言的热爱就是完全交织在一起的。

从反面来看,历来的民族沙文主义政权又总是千方百计企图通过种种高压手段来试图消灭被压迫、被侵略的民族的语言,以此磨灭人民的民族意识,从而达到同化被压迫、被侵略民族的目的。沙皇俄国和二战期间的德国和日本法西斯就都广泛地推行过这样的政策,即在他们占领的国家中禁止在学校教授民族语言,甚至只许民众使用占领者的语言。但是这种语言同化政策的效果往往是相反的,只能激起被压迫、被侵略民族的反抗,使他们更加热爱自己民族的语言。在这种情况下,民族语言更成了民族精神的象征,发挥着巨大的凝聚力量,把全民族团结起来向敌人进行不屈不挠的斗争。

B. 语言有鲜明的民族特点,可以反映民族的文化

不管说什么语言的人对同一个事物的思维认识很可能是一致的。就好像观看奥运会的体育比赛,不管说什么语言的人都能看懂比赛的结果,都能在比赛的关键时刻发出惊叹或欢呼。但是各个民族对同一事物的语言表达却很可能有所不同,无论是在语汇、语法上,还是在语义、语用上,不同民族的语言都可能具有自己的特点。同样就像观看体育比赛,使用不同语言的

解说员和观众可能会使用不同的句子和词语来描述比赛过程和评价运动员的表现。对于这种不同语言的特点曾有一种误解，即有人认为不同民族的语言就可以"决定"不同民族的文化意识，这当然有点说过头了。但如果反过来说不同语言的特点确实可以"反映"有关民族的文化意识和社会历史，这倒是毫无疑问的。

通过词语和文字，人们往往可以发现民族文化的出现和发展过程，尤其是可以通过语言来研究没有历史文献资料的民族文化，研究没有文献或很少文献资料可资参考的早期历史乃至史前史。比如汉民族是一个有悠久历史文化传统的民族，有丰富的历史文献，但最早的文献也只能追溯到三千年前，商代的文献很少，夏代几乎没有直接留下什么文献，再早就更不得而知了。但从现存的语言材料中还是可以约略窥见汉民族古代社会的一些情况。如商代称父亲的兄弟为"诸父"，称和母亲同辈的妯娌为"诸母"，当时并没有现在"伯父、叔父、伯母、叔母"这样的一些称呼。商代当然不是实行群婚制的社会，但是"诸父、诸母"的称呼就反映了远古社会的婚姻制度，说明在汉民族的远古社会时期也曾经实行过一个氏族的兄弟和另一个氏族的姐妹共同互为夫妻的制度，因此对子女来说，长一辈的男人都是父亲，长一辈的女人都是母亲。再从周代称"翁婿"为"舅甥"来看，这固然直接和姬、姜两姓世代互结婚姻有关，但也反映了远古就存在族外婚制度。汉语文献中对奴隶有"臧、获"的称呼，说明这部分奴隶最初是在战争中"猎获"的"财物"。舜弟名"象"，"为（爲）"字从手牵象，说明中国在远古时代可能曾经一度像现在的泰国那样广泛地豢养大象来耕种和干别的活；同时也说明这已经是很早以前的事情了，因为自较早的文献记载以来就再也没有更多资料提到这样的事情。

中国有很多少数民族也根本没有什么文献资料，这些民族的历史和文化也可以通过语言材料来研究。例如苗语里"蚌壳"和"勺子"用同一个词，由此可知古时候苗族人是用蚌壳作勺子用的。独龙族的"结婚"一词的语素意义为"买女人"，这就反映出独龙族过去的婚姻制度。苗语中女性词总是放在男性词的前面，如"夫妻"要说成"妻夫"，"父母"要说成"母父"，"男男女女"要说成"女女男男"等，这大概和苗族历史上女性的地位要高于男性有关。纳西族（西部方言）中的一些复合词还保留"女（母）为大，男（父）为小"的特征，如"大树"是"树母"，小树是"树男"，"祖房"是"房母"，"小屋"是"房男"等，这也明显地反映了古代纳西族经历过以母性为中心的原始母系氏族社会。在我国广东、广西、云南的不少地方，凡带有"六、禄、绿、碌"和"那"字的地名,可能都是壮语的名称,因为"六"是壮语"山地"的意思,"那"是壮语"水田"的意思,可以推测带这些字的地方原来都是壮族的分布地区。云南南部有一个地方叫"磨黑",是个盐矿,现在是汉族聚居区,可是把"盐矿"称为"磨黑"是傣语,可见这里以前是傣族人居住的地方。

C. 民族文化有一定的推动力量,可能影响语言的形式。

民族心理和民族文化意识不仅可以反映在民族的语言中,也可能反过来对语言产生一定的影响。这样我们也就可以从民族的社会历史、文化背景和思维方式的角度了解或解释不同语言的一些特点;或者说注意不同民族的社会文化心理对语言的影响,也是分析研究不同语言特点的一个途径。

不同民族的社会历史和文化传统对语言的影响在词语的意义和用法上表现最为明显。其中一种情况是为什么相同的事物不同民族要用不同的词语,或有的语言有某个词语而在另一种语言里却没有,这就需要从民族的社会历史和文化传统来解释。比如本书前面曾提到的英语和汉语对于同一些亲属使用称谓词语的区别,不同语言对于同一条光谱划分颜色词语数量的区别,就都是社会制度或生活需要而使得不同民族选择使用不同词语的典型例子(参看第十二讲第二节)。又比如由于每个民族的历史传统、生活环境、风俗习惯等的不同,往往都有一些比较独特的词语。例如汉语中的"窝头、馒头、筷子"等是中国特有的食品和餐具名称,"京剧"是中国特有的戏剧品种名称,很多民族没有这些事物,当然也就没有这种词语,甚至外国人理解这些词语也十分困难,以致于不得不把"馒头"说成"steamed bread(气蒸的面包)",而把"京剧"叫作"Peking Opera(北京歌剧)"。反过来像汉语中的很多外来词语,如"热狗(hot dog)、沙拉(salad)、芭蕾(ballet)"等,也是因为有关的事物原来中国没有,往往找不到现成的词语来翻译,所以只好采用直译或音译。这些就是所谓"文化局限词语",对这种词语的意义非本族人只有在知道了这些事物是什么或者引进了这些事物之后才能真正理解。另一种情况是为什么不同语言中似乎相同的词语实际的意义和用法又可能很不相同,这也往往需要从民族的文化意识来解释。比如在前面"语义"一讲中说过的汉语"狗"和英语"dog"在褒贬意义上的差异就是典型的例子(参看第七讲第一节)。类似的例子如,"冰"和"玉"在中国人的眼里代表高尚和纯洁,所以才有"冰清玉洁"、"一片冰心在玉壶"这样的词语和句子。对此外国人就可能很难理解,比如有位著名的外国诗人就把"一片冰心在玉壶"翻译成了"一颗冰冷的心在玉石做的瓶子里(an icy heart in vase of jade)",因为在外语中这两个词并没有这样的比喻意义。可见同一个词语的附带意义所反映的民族社会心理会很不相同,这也正是不同语言之间的翻译事实上很难做到一丝不差的原因。

上面说的词语意义与民族社会心理的联系比较直接,而还有些词语在意义和用法上的差异更复杂,与民族社会心理的联系有时就不容易看出来了。比如汉语中"关心、注意、在乎、小心、计较、爱护、看管"等词语的意思并不相关,但英语里却只用一个词"care"就把这些意思都包括进去了。如果初学英语的人只知道"care"是"小心"的意思,在不小心踩了别人的脚时连忙说"I don't care!"他的意思是想说"我不小心",可是英语这样说却是表示"我才不在乎呢",意思就正好弄反了。有人认为这种差异也反映出不同民族的心理意识,比如说汉语比较注重词语本身的意义,即用不同词语来区别意义,英语比较注重词语以外的意义,即用不同语境来区别意义。其实恐怕很难一下子得出这样的结论,因为反过来看汉语中也有一个词可能覆盖外语许多词语意思的情况。如"打人、打铁"中的"打"可能相当于英语的"beat(打)",但"打拍子、打官司、打毛衣、打电话、打车票、打领带、打车、打鱼、打手势、打喷嚏、打哈哈"等许多"打"的意思就非得用英语的不同词语才能翻译。这一类词语的多个意义相互联系的真正原因还需要进一步研究。

14.2 从语言现象透视民族文化

上面说到语言与民族文化的关系中一个方面就是可以从语言这头来看民族的文化意识。我国著名语言学家罗常培先生在《语言和文化》一书中曾概括了"从语言看文化"的几个主要方面:第一,从语词的语源和演变推溯文化的遗迹;第二,从造词心理看民族的文化程度;第三,从借字看文化的接触;第四,从地名看民族迁徙的踪迹;第五,从姓氏和别号看民族来源和宗教信仰;第六,从亲属称谓看婚姻制度。这一小节里当然不可能把上述每个方面都谈到。下面只是举一些具体的例子分别从几个方面看看如何从语言现象透视古代文化的遗迹、民族文化的互动和当代文化的变化。

1. 语言文字怎样保留古代文化的遗迹

民族的语言,特别是文字和词语,作为记录民族文化现象的符号和传递民族文化信息的载体,其中必然有大量的民族文化的积淀。从这个意义上说,语言不但是观察民族文化历史的"窗口",而且其中像文字和词语甚至可以看作是民族文化的"活化石"。

A. 文字中的文化线索

语言的书写符号"文字"在民族文化的发生和发展过程中有着无可取代的重要作用。正如有学者曾指出的，"文字的使用是野蛮社会与文明社会的界碑"，"没有文字记载就没有历史，也就没有文明"。而像汉字这样至今仍然保留着意义符号的意音文字，其几万个方块字就不仅仅是汉语的书写符号，而且本身也忠实地反映了汉民族的文化和历史。

　　比如从汉字就可以看出古代生产方式的沿革。甲骨文中的许多字形都表现了商代的狩猎活动。比如"逐"的字形像一头野猪在前面奔跑，一个人在后面追赶。"射"的字形像张弓搭箭的形状。"陷"的字形像野兽陷入阱中。"毕"的字形像捕捉鸟类的有柄的网。甲骨文中"渔"有多种写法，表明商代捕鱼的方式多种多样：或用钓竿，或用渔网，或用双手。商代畜牧业的状况也可以从甲骨文中得以窥见。如"牢"字的字形是牛、羊、马等关在圈中，表明这些动物早已成为家畜。从"家"这个字形还可以推测出养猪在商代的家庭中已经很普遍，而且似乎当时人们的观念是"有了猪才算有家"。有人把《诗经》、《周礼》、《战国策》等文献中各种丝织品的名称收集起来，居然有"帛、素、练、纱、纺、缟、纨、绨、罗、绮、锦"等二十来个（还不算带有修饰语的丝织品名称），可见我国古代的丝织品不但种类繁多，技术也很先进。汉代许慎《说文解字》中"糸部"当中三十来个字都与色彩有关。比如"绯：帛赤色也"；"红：帛青赤色"；"缁：帛黑色"；"缟：鲜色也"；"绿：帛青黄色也"。这些字的意思一是指这种颜色的丝帛，二就是指颜色。由此证明在我国汉代甚至更早的时候，丝织品的染色技术也已经非常发达了。

　　再如汉字也反映了古代风俗制度的变化。在远古时代祭祀是最重要的一种政治活动，其方式糅合了后世的歌、舞、画、神话、咒语等，在当时既是礼仪巫术，又是原始歌舞，到后世才分化为"礼"和"乐"。比如有人考证殷墟卜辞中的"🎵"像盛玉的器皿，有人考证甲骨文和金文中这个字像人在鼓乐声中以玉来祭享天地鬼神之状。这就记录了西周时代的"礼（禮）"（典章制度）是从夏商时代的"礼（禮）"（巫术礼仪）分化而来的。"舞"这个字与"巫"同源，甲骨文的字形就像人双手执牛尾而婆娑起舞，可见后世的"舞"（表演艺术）也正是从商代的"舞"（巫术礼仪）中分化出来的。

　　又如汉字还反映了古代审美意识的发展。"美"这个字《说文解字》认为是会意字："美，甘也。从羊大。"因此后人有一种看法是中国古人的"美感"来自"羊的姿态"、"羊肉的味道"和"羊毛的舒适"等，这种说法其实并不准确。甲骨学研究表明，"美"是象形字，像头戴着羽毛装饰的人翩翩起舞的样子，说明古人最早的审美意识应该源自于舞蹈。类似的字还有"喜"

和"乐":"喜"的甲骨文字形像是鼓放在架子上,"乐(樂)"甲骨文字形像是琴放在木架上,这些都表明先人是听到鼓声和音乐后才"喜"和"乐"的。与"喜、乐"相映成趣的还有"好"字。《说文解字》:"好,美也。从女子。"段玉裁《说文解字注》说:"好,本谓女子,引申为凡美之称。"这就表明古人早就有男人主导的审美意识,即以女人为美。女子美,而人皆爱美,所以"好"字破读为去声又可以表示"喜爱、喜好"的意思。

B. 词语中的文化信息

词语是语言的建筑材料,也就是说词语负载了语言中表达意义的主要功能。从词语的来源、构造、意义引申等方面都可以寻找到民族文化的信息。

比如从词语的来源往往就可以发现民族文化的踪迹。英语的"fee(费用)"和法语的"fier(借债)"等与金钱有关的词,在词源上都与牲畜有关,由此就可了解到欧洲在古代曾经以牲畜作为商品交换的手段。汉语中与财物有关的词都从"贝",如"货、资、购、财、贩、贫、贱、贵、贷、贿、赊、赎、赠、赚"等,则可证明中国古代曾以贝壳作为钱来使用。汉语词语中黄色往往表示与帝王有关,而白色则与平民有关,如"白丁、白衣",这就反映了古代的服饰文化。因为根据古代的制度,皇帝才能穿黄色的衣服,包括使用黄色的器物,而皇帝以下的贵族是穿朱色或紫色的服装,到了普通老百姓则只准穿白色的衣服。从词语的来源更可以看出民族文化意识和传统观念的痕迹。比如"人伦"这个词在中国传统思想中占有重要地位,《孟子》中就有"圣人教以人伦:父子有亲,君臣有义,夫妇有别,长幼有序,朋友有信"的说法。那为什么要用"伦"这个词呢?段玉裁《说文解字注》解释说,"伦、论"都以"仑"会意,这个词本来就有次第、条理的意思。《广雅疏证》、《经籍籑诂》等著作还认为,由于"仑"有分析、次序、条理的意思,因而来源于它的"伦"在表示人与人的关系上也就有等第次序的意义。从"伦"这个词的来源就可以看出中国古代伦理观念中"等级次序"这样一种基本精神。再如"政"这个词,现在的基本意思是"政治、政务",那"政"怎么会有这种意思呢? 其实孔子早就说过"政者,正也。君为正,则百姓从政矣"。可见"政"来自于"正",二者同源。在古人心目中,"搞政治"或"政治家"的特点就在于"己身正",也就是说领导者只有靠榜样的力量和道德的感召,才能让百姓信服,才能治理好国家。

再如从词语的构造也可以看出民族文化的特征。汉语构造并列式复合词时往往有一种固定的排列顺序,一般不能随意颠倒。比如"天地、日月、君臣、父子、男女、老少、夫妇、兄弟、长幼"，及至现代产生的新词语如"官兵、干群、师生"也莫不如此。形容词性成分和动词性成分构成的并列式复合词也是这种情况。比如"善恶、优劣、好坏、强弱、贵贱、雅俗、亲疏、长短、大小、成败、得失、生死"等。并列式的成语也都是这样构造的。比如"天翻地覆、天长地久、改天换地、顶天立地"等。仔细观察就可以发现这些词语都是按照先尊后卑、先大后小的次序排列语素和词语成分的，这种构词形式就反映了汉民族在长期封建社会中形成的根深蒂固的尊卑贵贱的价值取向。汉语词语构造还有一种同义成分或反义成分并列成词的现象，其中同义成分构成的复合词如"绳索、记录、幸福、寂静、饮食、裁剪、生龙活虎、弹尽粮绝、丰衣足食"等，反义成分构成的复合词如"动静、远近、寒暑、得失、异同、深浅、反正、横竖、方圆、花天酒地、高山流水"等。《易经》说："易有太极，是生两仪，两仪生四象，四象生八卦。"中心意思就是凡事都一分为二，分立而又结合。汉语的这种词语构造形式就恰恰反映了汉族人"相类相和、聚合则吉"的民族心理，也体现了古人早就具有"相辅相成"的辩证思想。

又如从词语的意义引申可以看出民族文化的发展。汉语"钟"在古代是祭祀或宴享时的乐器的名称，《诗经·关雎》就有"窈窕淑女，钟鼓乐之"的记载，后来寺庙中的钟不再是专门乐器，也起报时的作用，因此这个词后来才发展出了作为计时工具的意思。现代汉语中的"小时"是一天中的二十四分之一时段的意思。那为什么要叫作"小时"呢？其实这是引进了外国计时方法而后起的意义。中国传统的一个"时辰"是一天分为十二段中的一段，如"子时、卯时"等，所以相对于古代的"大时辰"才又产生了"小时辰"的说法，后来"小时辰"又减缩成了"小时"。词语意义的特殊引申也往往反映特定的文化风俗。比如我国南方和北方女子接受聘礼定亲的风俗不同。南方广种茶树，民间普遍有喝茶习惯，种茶树须用种子，不能幼苗移植，这就象征了理想中男女婚姻的一次性和坚定不移，于是"吃茶"就引申出女子受聘定亲的意思。表示这一风俗的词语在文人笔记和古代小说中很多。陆游《老学庵笔记》记载的山歌："小娘子，叶底花，无事出来吃盏茶。"《醒世恒言》卷五："幼年时就聘定了同县林不将的女儿为妻，茶枣俱已送过，只等长大成亲。"俗谚有所谓"一女不吃两家茶"。《红楼梦》第廿五回中王熙凤对林黛玉说："你既吃了我们家的茶，怎么还不给我们家做媳妇？"其中的"吃茶"说的都是这个意思。

C. 特殊语言成分的文化含义

除了一般的文字和词语中包含着丰富的文化线索和信息,语言中有些特殊的成分也具有深刻的文化含义,有些还别有情趣。

比如"数字"就是最典型的例子。数字词语各种语言都有,而且数量封闭,主要就是"零"到"九",再加上"百、千、万、亿"等。外语中的数字当然也有文化含义,比如"十三"在西方人眼中就很不吉利,一般都认为是跟神话传说和《圣经》故事有关。而汉语中则几乎每个数字都有特定的内涵,数字文化可谓博大精深。就以"一"到"十"的几个数字为例:"一"被汉民族认为是万物之祖,万事之源。《老子》就说:"道生一,一生二,二生三,三生万物。"有人认为中国传统观念的核心就是"天人合一"。"二"是汉民族心理中尊崇的偶数之首。"二"不但涉及"一分为二、合二而一"的辩证思想,也反映到日常生活的方方面面,如文学形式中的对偶和对仗,建筑工艺中的对称和均衡。"三"和"六"都具有神秘色彩。汉民族先哲认为宇宙乾坤共有"三维",即"天地人"和"日月星"。日常生活中也往往以"三"为法度,如"三军、三教、三纲"等。此外人有"六欲、六神",家人有"六亲",学有"六艺",佛家讲"六根"等。"七"一直被汉民族尊崇为神圣的数字。《周易》、《庄子》都提到世界是经过七天创造出来的,这与西方《圣经》故事中上帝七天创造万事万物的说法似不谋而合。"九"自古至今都表示最大的基数。因此像"九族、九天揽月、九州方圆、九霄云外、一言九鼎、九死一生"等说法都是极言数量之大。"九"的倍数也往往是表示极大的量。比如"十八层地狱、十八般武艺、女大十八变"、"三十六计、三十六行"、"七十二变","八十一难"无不如此。"一〇八"与佛教和神话还有着密切的关系:佛教中有一〇八个菩萨,寺庙敲钟要敲一〇八下;另一说佛教认为人有一〇八种烦恼,敲钟一〇八遍便可以消愁解忧;《水浒》中的一〇八将则是 36 天罡和 72 地煞下凡。再如"十",中国人审美心理追求十全十美,视"十"为完整、圆满、吉祥的象征,凡事偏爱以十为标准数量,动不动就是"十大、十佳"。甲骨文就有了十进位制(逢十进一)的计数方式,这远比世界上其他古代文字中的计数方式科学,这大概也是华夏民族崇尚"十"的一个源头。

再如"人名地名"中表现的文化义。汉族自古以来就很重视姓氏,尤其是"姓"。"姓"字由"女"和"生"组成,《说文解字》:"姓,人所生也。"这就说明"姓"产生于上古时代的母系社会。例如炎帝姓"姜",黄帝姓"姬",可见母系社会人们都以母亲的姓为姓。有些民族的人名姓氏还具有区别等级贵贱的作用。比如古代彝族社会区分五个等级,其中的等级名称以后变成了姓氏,这些姓氏中也就留下了奴隶社会的痕迹。从不同的人名也可以反映出不同时代的特征。比如甲骨文中记载的人名有用天干地支命名的；周秦排行用"伯、仲、叔、季"；汉以后又增加了"元、长、次、幼、稚、少"等：这些后来都用于人名。东汉和三国盛行单名；南北朝时期佛教大盛，人名也弥漫着佛教气氛；宋代则喜欢用五行来排列序辈。近现代的人名更是具有典型的时代气息，男的名字中"伟、俊、斌、杰"随处可见，女的名字中"芳、兰、丽、媛"比比皆是，从中就可以看出汉民族人都希望男性英俊伟岸、文武双全，女性如花似玉、清纯可爱的共同价值观念。地名也具有民族文化特征。比如"中国"历史上分别叫作"中华、华夏、九州、神州、赤县"，外国人还称中国为"支那"，这就反映了我国政治地理和行政区划的变迁和中外交往的情况。现在我国南方的一些地名有明显的北方地名特点，甚至与北方地名同名。如福建的福州一度叫作晋安，福建的泉州一度叫作晋江，这就反映了西晋末年北方居民因战乱而大举南迁进入福建定居的情况。从地名中还可以看出历史的痕迹。比如带"金"字的地名可能与当地开采铜矿有关；带"冶"字的地名可能与当地铜或铁的冶炼业发达有关；带"亭"字的地名与当地曾有军事瞭望设施有关；带"集"字的地名一般都是农村集市所在地；而叫作或曾叫作"绥远、定远、抚宁、永安、康平、康定"之类名称的地方，则可能就是当年发生过战乱而被朝廷收复的边疆地区，或发生过战争、瘟疫、灾害的一些地区。

2. 语言文字怎样表现民族文化的互动

语言文字中不但保留了某个民族文化的遗迹，还可以反映不同民族文化的相互影响，从某种意义上也可以说语言文字推动了民族文化的互动和交流。像文字兴替、方言分化、词语借用等语言文字现象，就不但记录了不同民族文化的相互影响过程，其本身也都是民族文化交流和互动的结果。

A. 文字的兴替与民族文化的影响

一种文字可以记载一个民族古代文化的情况，而一种文字的流传、消失或借用，也能透露出古代不同民族文化相互影响的信息。

在远古时代有的民族语言就有了自己的文字，而有的民族语言却没有文字，这样已产生的文字就会流传出去被别的民族所使用，文字所负载的文化信息也会传播到其他民族。比如古老的楔形文字是公元前4000年前后由苏美尔人创制的，当时就已经被生活在两河流域的赫梯人、埃兰人、腓尼基人和波斯人所采用，再后来巴比伦人和亚述人相继进入两河流域，也使用苏美尔楔形文字。尽管这些不同民族在使用楔形文字符号时发音和用法不尽相同，但文字符号形式却始终是相通的。这种情况就向我们提供了公元前 4000 年到前 3000 年两河流域各个民族文化交流的线索。有些古代文字的消亡现象也反映了不同民族文化的相互影响。例如古埃及的象形文字大约创制于公元前 3000 年左右,但在公元前 332 年以后,由于古希腊人和古罗马人相继入侵,古老的埃及象形文字就受到希腊文字和拉丁文字的排斥,并逐渐被废弃并最终消亡了。著名的复活节岛文字,就至今仍没能得到很好的解读。这种情况就说明外来文化的强大影响是造成古埃及文化消亡的最主要的原因。汉字和日语文字的相互影响也是一种很有意思的民族文化交流的情况。日语和汉语是没有亲属关系的语言,但是早在公元 2 世纪日本人就开始使用汉字去转写他们的语言,其中有的汉字直接读成日语的音(即"训读"),也有的仍用汉字原有的读音(即"音读")。这些汉字在日语中安家落户后连日本人也把它们看作是本民族的东西。后来日语在吸收西方文化的时候,就用这些汉字翻译了大量的外来词。例如江户时代出现的"医学、化学、物理学、植物学、天文学、军事学"等词语,明治时代出现的"强化、扬弃、服务、干部、水分、场所、特殊、道具、公园"等词语。这些词语在日语中的读音与原来的汉字当然不同,意义也不一定有多少关系。但后来当中国开始接受西方文化时又大量使用了这些日本人用汉字创造出来的词语,并且保留了日语中这些汉字的新的意义。这种情况就反映了汉民族和日本民族的文化交往和相互影响。

B. 方言的分化与民族文化的扩散

一种语言内部的分化可能形成不同的方言,一种方言的进一步异化也可能成为独立的语言。语言的分化或异化既是一种语言现象,也是一种文化现象。

一方面方言分化记录了不同文化的地域和人群特点。比如因为我国北方煤多,南方煤少,所以在山西方言中对煤的名称就分得很细:粉状的叫"煤",块状的叫"炭",块状无烟的叫"笨炭",块状有烟的叫"希炭",块状焦炭叫"蓝炭",煤核儿叫"撂炭"等等,而南方方言中就没有这么细致的划分,都叫"煤"。反过来像南方方言词语中有"柑、桔、橘、橙"等之分,而北方方言就都叫"桔子"。这是方言反映出来的不同地域的物质文化差异。再比如同样是形容姑娘的容貌"漂亮",不同方言中分别说成"好看、标致、体面、俊俏、水灵、乖、精、好样、心疼、客气、有味、靓"等。同样是"偷东西的人",不同方言中分别叫作"小偷儿(北京)、贼娃子(西安)、偷儿(成都)、毛贼(昆明)、贼骨头(上海)、鼠摸(广州)、鼠贼仔(潮州)"等。这些都是方言反映出来的不同人群的心理文化差异。

另一方面方言分化也反映了民族的文化和历史状况。各种方言的形成除了高山大河等地理条件外,更主要的还是人文社会因素。比如因为战争、灾荒、屯垦、殖民等造成的大规模的移民往往就是方言形成的最重要原因,因此从方言的形成过程就可以窥见民族历史和民族文化的变化和发展的过程。英语、法语、葡萄牙语、西班牙语等在世界各地的地域变体(也可以说是这些语言的方言)就几乎都是在17—18世纪的殖民过程中形成的。大家都熟悉的现在英国英语和美国英语的种种差异,其实就是美洲大陆先后经过了英国殖民统治和后来美国取得独立所导致的结果。上古时期我国黄河流域的中原地区被称作"华夏",而中原的四周则被称作"蛮、夷、戎、狄",而且当时是"五方之民,言语不通"。而现在汉语的七大方言的形成也与中国历史上北方居民向南方的移民有密切的关系。比如现在通行于江浙一带的吴语的源头就可追溯到3000年前的周朝。据《史记·吴太伯世家》的记载,周王的儿子太伯和仲雍当时带领一批北方居民南迁到今无锡、苏州一带,这是见于史籍的最早一批北方向南方的移民。三国时代孙吴对江南的开发和经营吸引了大批北方移民,也大大促进了吴语的形成。再如粤方言的来源也可以上溯到秦汉。现在的粤语区当时是"百越"的领地,后来秦始皇派兵平定了百越,留下50万士兵驻守岭南;汉武帝时平叛粤地后置郡设守,又留下了一大批官吏和士兵;以后历代都有大量北方的士兵、居民和流放官吏到达岭南。这些人带去的不同时期的中原汉语与古代粤地方言层层累积,就逐步形成了以后的粤语。仅从大的方面说,我国历史上在西晋末年的"永嘉之乱"时期,中唐的"安史之乱"时期和北宋的金兵入侵时期,先后发生过三次北方居民向南方的大规模移民。这些北方人所带去的北方话与古代当地方言的融合,就是造成现在的吴语、粤语、闽语、赣语、湘语和客家话地域分布格局的根本原因。不仅南方方言可以反映汉民族的历史,北方方言本身也是如此。两汉时期中原汉语的分布地区还仅限于长城以南和长江以北,而现在却已经扩大到了从东北到西南,从西北到长江中下游的十分广大的区域,这个格局形成的原因同样主要是移民。东南地区的北方话(下江官话)是六朝时中原居民为躲避战乱迁居吴楚地区形成的;云贵地区的西南官话和青海一带的西北官话主要是明代在当地实行军队屯垦形成的;东北官话的形成则与历代华北汉人"闯关东"和清朝实行的移民戍边政策有关。当然,方言的分化除了可以观察到汉民族的移民史,也可以反映各个历史时期的政治变化、交通条件和经济生活。甚至一个地区流行一种戏曲,或者一个地区朝拜一个寺庙,也可能对方言的形成有一定的影响,反过来也就可以从方言的分布了解各地的戏曲文化和宗教文化的情况。

　　c. 词语的借用与民族文化的交流

　　本书前面第五讲"语言的构成材料——语汇"和第九讲"语言的发展和变化"中都讨论过借词或外来词。不同语言或方言词语的相互借用是民族文化交流的最直接的反映。

　　从一个角度看,由于借词往往集中在某些特定领域,因此从词语的借用就可以发现不同民族文化交流的内容。比如英国北部和东部地区,不少地名来自斯堪的那维亚语和丹麦语,而且英语中至今还保留着大量来自法语的词语。据考证这跟8世纪开始斯堪的那维亚人入侵英国和11世纪初法国诺曼人开始统治英国的"诺曼人的征服"有密切关系,在英语的这些借词中就留下了民族征服的痕迹。再如我国唐代盛行的舞蹈和乐曲名称"剑器、浑脱、胡旋"等借词是受西域"胡乐、胡戏"影响而产生的,这反映了当时汉族与西域民族在文学艺术领域的交流。又如中国唐代发明的火药曾经影响了世界历史的进程,约在公元8—9世纪,中国的制硝技术传到伊朗,伊朗人称硝为"中国盐";13世纪硝及提纯技术经伊朗传入阿拉伯国家,被称作"中国雪"。反过来汉语中也有大量外国技术和产品的名称,如电话曾叫作"德律风",青霉素曾叫作"盘尼西林"等。这些借词都反映了各民族科学技术的交流。

　　从另一个角度看,由于借词可能是在不同历史时期、从不同的语言中借入的,因而从词语的借用也可以观察到不同民族文化交流的历史。以汉语为例,随着汉代开辟了西域交通,汉语从西域诸国借入了"葡萄、石榴、菠萝、狮子、骆驼、玻璃、琵琶"等一批词;汉代以后又随着佛教的传入和佛经的翻译,从梵语借入了"佛、菩萨、罗汉、阎罗、夜叉、魔、和尚、僧、尼、塔、刹那"等一大批词;元代时又从蒙古语借入"胡同、站、蘑菇"等词;鸦片战争以来,特别是"五四"运动以来,随着中西在政治、经济、文化、科技方面的交往日益频繁,新事物、新概念从西方大量输入中国,汉语又从欧洲语言中借入了诸如"布尔什维克、苏维埃、法西斯、纳粹、坦克、尼龙、蒙太奇、沙拉、香槟、迪斯科"等一大批词。从借词的历史层次,就可以考察不同民族间相互交往的历史,可以了解伴随着社会接触而带来的语言间相互接触的历程。

　　不同语言的词语相互借用的原因,最根本的当然是出于表达外来的新事物和新概念的需要。当一种语言没有现成的词语来表达一些新的概念时,就有可能吸收外来的成分。不过也有时候一种语言中并不是没有表示某个事物或概念的词语,但是人们却仍然宁可再借用外来的词语,甚至可能最终会用外来词语取代本民族固有的词语。比如从古代汉语看,汉语中本来只有"兄"没有"哥",而据考证"哥"这个词大约是北魏时期由北方阿尔泰语进入汉语的,开始先在宫廷里流通,以后才为民间所仿效,结果后来至少在口语中"哥"反而取代了汉语自己的"兄"。当代社会里这种现象似乎也有愈演愈烈之势。比如本来已有"出租汽车、公共汽车"等词语,却还要说"的士、巴士";本来已有"停车",却还要说"泊车";本来已有"衬衫、汗衫",却还要说"恤衫、T恤";本来已有"激光",却还要说"镭射";本来已有"洗发水",却还要说"香波";甚至本来大家都说"再见",现在越来越多的人却喜欢说"拜拜",等等。这些外来词表面上看来自广州、香港的粤语,其实归根结底还是来自英语。造成这种现象的原因,从来源方面说,无疑是由于英语作为使用最广泛的语言其本身具有某种强势地位,从使用方面说,则可能与人们往往有一种赶时髦的趋新心理有关。这种现象是民族文化相互交流和影响的又一种表现。

3. 语言文字怎样反映当代文化的变化

社会在发展变化,民族的文化意识也在发展变化,这些也无不表现在语言文字中。当代社会文化的每一个变化都在语言文字中留下印记,或者说语言文字深刻地反映着当代文化的变化。我们可以从汉语的吉祥话、称谓语和广告语中一窥当代文化的脉动。

A. "吉祥话"的文化心理

语言中反映社会变化最快的是词语。像汉语的"吉祥话"这样的特殊词语更是随着社会变化不断花样翻新,并且深刻地折射出汉民族的文化心理。

吉祥话从正面说往往就是靠"词语谐音"来"讨口彩"。汉族人过年过节一直都有"讨口彩"的习俗,就是利用汉语中同音的字或词语来表示相应的祈求幸福吉祥的意思。比如大家都熟悉过年时把"福"字倒着贴,就是为了取"福到了"的口彩。过去农村在结婚时人们常常把红枣、花生、桂圆、莲子、栗子、核桃、百合等放到新房的被褥下面,也是取其"早生贵子、早立子、连生子、花着生、和和美美、祥贵团圆、百年好合"等谐音的意思。在民间风俗画中常常画"鱼",如果是鲇鱼,就取"年年有余"的意思,如果是鲫鱼,就取"吉庆有余"的意思,如果再加上莲花,就取"连年有余"的意思。日常的食品和水果的名称也可以用来讨口彩。例如广东人过年过节时讲究送"桔子(金桔)",就是取其与"吉"同音。近些年从广东话传播到全国的"八"取谐音"发"的意思更是典型的例子。现在"八"成了人们眼中最吉利的数字,乃至现在电话号码、车牌号码、楼层房号和结婚的日子,都追求带有"八"这个数字。有些本来不好的事情,人们也往往用谐音来取相反的吉利的意思。例如打碎了碗碟,就说是"岁岁平安"。据新闻报道,甚至连中国国家足球队在一次重大国际比赛前也专门想办法要去踢碎一块窗户玻璃呢。

吉祥话从反面说也就是"词语避讳",不说不尊敬或不吉利的词语。汉族人在古代就很讲究人名的避讳。皇帝的名字里所用的字(包括同音字)禁止在一切场合使用,必须得改用同义或近义的字。秦始皇名"正",所以秦代的正月叫"端月"。唐代人为了避李世民的名讳,要改"世"为"代",改"民"为"人",或者把"世"、"民"缺上一笔。当代社会词语避讳的情况似乎比古代也有过之而无不及。比如人"死了",一般都不直说,而要说成"走了、不在了、离开了"等。因为"鸡"和"鸭"现在往往有色情行业的特定含义,所以一般就不能用来指称或形容人,甚至累及属鸡的人也不愿意说自己的生肖。避讳词语中也有大量因谐音而避讳的。比如数字中有人特别忌讳"四",因为与"死"同音。"梨"有人认为不能切开分着吃,因为有"分离"之嫌。送礼物时不能送"钟",因为跟"送终"同音。方言中这种情况也很普遍:比如广东话中因为猪舌头中"舌"与"蚀"同音,所以改称"猪利";上海话中"苹果"与"病故"同音,所以看望病人不能送苹果。

B. "称谓语"的时代特征

人们见面总要互相称呼,不见面也要称呼别人,有时自己也要称呼自己,这就都需要使用称谓语。称谓语实际上是人际关系的一种文化符号,因此必然要随着社会文化的不断发展而发生变化,而且称谓语的变化也最能体现文化背景和时代色彩。

称谓语中一些基本的亲属称谓按理说是比较稳定的,如父母、夫妻、祖孙、兄弟姐妹之类。不过其中也有一些会发生某种变化。比如夫妻中女方的称谓,古代有所谓"娘子、贤妻"的面称,也有"内人"等旁称,甚至不同方言中还有"贱内、屋里人、糟糠、堂客"等故意贬低妇女地位的称谓。新中国成立后这些旧称谓都不再使用了,一度曾统称为"妻子"或"爱人"。但近年"爱人"的称谓又很少有人再用了,很多人除了干脆直呼"老婆"外,像"夫人、太太"之类的称谓似乎又有重新回头的趋势。"夫人"和"太太"其实都是古老的称谓。比如"太太"一词在《汉书》中就有过记载,当时必须由朝廷赐予,地位很高;明代以后放宽了限制,不过仍必须是当官的妻子才能用;清末民初受西方文化影响,这一称谓才逐渐进入一般家庭;解放后因为被认为有资产阶级色彩而一度消失。现在很多人愿意用回"夫人、太太"的称谓，可能是觉得"爱人"跟"情人"分不大清楚的缘故吧。夫妻中男方的称谓也有这种情况，现在除了称"丈夫"或引人粤语中的"老公"以外，也有人喜欢用"先生"这个称谓。但是细究起来，"先生"这个词还有"男性尊称、长者、老师、医生"等好几个意思。所以如果有女性指着身边的男性说"这是我先生"，可能就会让被介绍者和听者都感到难堪。可见连夫妻之间如何相互称呼这么个本来很简单的事，现在倒也成了一个社会难题了。

与亲属称谓比较，社会称谓就更复杂，在社会发生迅速而深刻变化的年代，社会称谓的变化也就更快些。有些旧的社会称谓如"马夫、伙夫、车夫、堂官、听差、邮差"等，在新社会里很快就被"饲养员、炊事员、司机、服务员、邮递员"等称谓取代了。不过当代社会也存在着社会称谓混乱的情况。比如一度比较普遍的称呼"同志"，现在就好像不大有人愿意用了。其中原因一方面可能是这个称谓在许多的场合不大适用，比如业主和雇员之间、主人和保姆之间、商贩和顾客之间，互称"同志"总有点别扭；另一方面也因为这个称谓似乎跟同性恋有关系而有点变了味。后来一些替代称谓，像"先生、小姐、女士、老板、老师、朋友、师傅"等纷纷流行开来，但其实这么多称谓仍然难以应付千变万化的社会交际。比如"小姐"这个称谓本来应指大家闺秀，是个尊称，可后来不知道怎么的又推广到可以用来称呼包括餐厅服务员或商店售货员等在内的所有年轻女性；这还不算，因为近些年这个词又与色情活动沾上了边，结果又几乎变成了贬义词语而使年轻的女孩子们避之不及；所以"小姐"就成了个尊卑不分、褒贬各半的称谓。又如过去在工厂里才有的"师傅"不知道为什么一度也成了社会上通用的称呼，这不免会让那些并非工人的人听到这种称谓而感到不快。更不用说现在很多可能从来没在学校讲过课的人却心安理得地接受"老师"的称谓；而有些自称"男孩子、女孩子"的人可能已经年届不惑等等，这种称谓总是让人觉得莫名其妙。诸如此类的社会称谓现象都从一个侧面反映出在社会变革时代人与人关系的多面性，反映出人们对人对己看法的不确定性。可见称谓语就像一面镜子，折射出了人群千姿百态的思想观念，反映出了人们复杂多变的文化心理。

C. "广告语"的人文色彩

广义的广告语，既包括商业广告，也包括公益广告和宣传警示标语。在这些广告语中现在也常常透露出浓重的文化气息和人文关怀。

跟早期的商业广告中只介绍商品的性能和品质不同，现在广告中越来越多地充满了文化气息。一是充分利用语言的特点，表达多层含义。比如美容美发业有两条著名的广告语一直让人津津乐道：一条是"毫末技艺，顶上功夫"，其中的"毫末、顶上"都一语双关，"毫末"既指"小手艺"，又指"头发"，"顶上"既指"最好的"，又指"头顶"；另一条是"美好生活，从头开始"，其中"头"的双重含义（一是"脑袋"，二是"起点"）更令人回味。此外，像皮鞋广告语中的"足下生辉"，打字机广告语中的"不打不相识"，电梯广告语中的"上上下下的享受"，手表广告语中的"人生偶有分离，终有相逢一刻"，服装广告语中的"裁剪春夏秋冬，风行东西南北"：都充分利用了汉语的语义双关、谐音双关和比喻、比拟等修辞手段，也使得广告语更富有感情色彩，使受众产生美好联想。二是巧妙使用语句的联想，体现人文情趣。比如著名的广告语"味道好极了"（雀巢咖啡），"Just do it／说做就做（耐克运动用品）"，就是最经典的例子。近年来这样的广告语越来越多。比如内衣广告"柔似女儿情，暖若父母心"，香皂广告"今年20，明年18"，汽车广告"爱我，就快把我娶回家"；因特尔公司的电脑处理器广告"给电脑一颗'奔腾'的心"，联想牌电脑和相关产品广告"人类失去'联想'，世界将会怎样"；长虹牌电视机和电器广告"赤橙黄绿青蓝紫，天上'长虹'落人间"：广告语中虽然都没有直接提及商品名称，却传达了商品的文化内涵，从中读出了亲情、柔情、激情和风情。

公益广告和宣传警示标语近年来也一改死板僵硬的态度，充满了更多的人情味。"知识改变命运"、"举手之劳，从我做起"这样一些道理，正是通过带有人文关怀的公益广告才更深入人心，其效果似乎远胜于一般的标语口号。风景区的标牌上一句"除了记忆，什么也不带走；除了脚印，什么也不留下"，不但远比"禁止攀折花木、禁止乱扔垃圾"更容易被人们接受，也颇有诗情画意。草坪木牌写上"你可以爱我，但是不要对我动手动脚"，汽车背后写上"不要吻我（车子前后碰撞），我怕羞（修）"，这种拟人化的表达虽不无调侃，但却可亲可爱、生动活泼，也拉近了人们之间的心理距离。

14.3 从民族文化诠释语言特点

上面提到语言与民族文化的关系中一个方面就是可以从文化这头来看民族语言的特点。所谓从文化看语言，一方面是可以看民族文化对语言的语音、语汇、语法等要素有什么影响，进而从民族文化的角度解释为什么语言系统的各个要素会有这样那样的特点；另一方面是可以看民族文化对语言的运用有什么影响，进而从民族文化的角度解释为什么语言在表达和使用中会有这样那样的特点。这一小节就分别从这两个方面举些例子进行简要的讨论。

1. 从民族文化的影响看语言要素的特点

民族文化对语言的语汇、语音、语法等要素,都会产生某种影响,因此我们也就可以从民族文化的角度来解释语言系统内部各个要素的一些特点。

A. 民族文化对语汇的影响和词义的特点

民族文化对语言要素的影响最明显的是在语汇上,特别是词的意义和用法。这种影响一方面表现在一种语言内部的词义的形成上;另一方面表现在不同语言对词义的理解上。

语言内部的词义形成受到民族文化的影响是多方面的。一是表现在类义词的数量变化上,一种语言中类义词的多少跟社会发展有直接的关系。比如我国古代关于马的词语就很多,单是指小马,就有一岁马、两岁马、三岁马等不同名称,而表示不同毛色马的词,如"骆、骠、骊"等,更多达20来个。但是随着畜牧时代成为过去,后来其中的很多词也就消失了。反过来说古代的通讯方式非常单一,只能依靠书信,这方面的词语就比较少;而现代不光有电报、电话,而且有了手机、可视电话、电子邮件(伊妹儿)、网上聊天室等等,表示通讯联系的一类词语当然就变得非常丰富了。二是表现在多义词的词义引申上,词义的引申往往显示出文化的发展。比如法语中"plume"的本义是"鹅毛",因为鹅毛可以用来蘸水写字,所以当产生了专门的书写工具之后,这个词就又用来指"笔"了。再如彝语中的"牲畜"一词原指牛和羊,后来因为常以牛羊作为商品进行交换,实际上当作货币使用,于是引申出"钱"的意思。三是表现在专有词语的泛化用法上,专有名词的泛称更是具有深厚的文化背景。比如"红娘"本来是《西厢记》中小姐崔莺莺的侍女,因为她促成了莺莺和张生的结合,后来这个词就成了汉语中热心促成别人美满姻缘的代称。"阿Q"是鲁迅的小说《阿Q正传》的主人公,他受了屈辱而不敢正视,反而用自我解嘲的方式解脱,后来汉语中这个词就用来泛称一切像阿Q那样的所谓"精神胜利者"。外语中类似的像"套中人、葛朗台"的泛称意义也是这样获得的。四是表现在成语的来源上,一种语言中的大部分成语都有独特的文化渊源。比如汉语中"歃血为盟、始作俑者、稳操胜券、狼烟四起、烽火连天"等成语,反映了古代汉族人的社会习俗;"一尘不染、五体投地、借花献佛、回光返照、点石成金"等成语,来自佛教和道教等宗教活动;"精卫填海、画蛇添足、杞人忧天、揠苗助长、买椟还珠、刻舟求剑、塞翁失马、叶公好龙、完璧归赵"等成语,则都来源于古代历史典籍。外语中也是如此,英语等欧洲语言中就有许多源自《荷马史诗》的成语,比如"between Scylla and Charybdis(处在妖魔西拉与喀瑞布狄斯之间,意为'进退两难')",还有不少是源自《伊索寓言》的成语,比如英语的"sour grapes(酸葡萄)"就取自伊索寓言中狐狸吃不到葡萄就说葡萄酸的故事。

不同语言之间对词义的理解差异更是受到民族文化的深刻影响。比如表示动物的词语,在不同语言中的意义差异可能很大。西方人对"cat(猫)"没有好感,英语"cat"这个词就还用来表示"心地恶毒的女人",出门遇到黑猫被认为是不祥之兆,用猫打比方也多含贬义,如"cat-like"意思是"偷偷摸摸的";而汉语的"猫"就没有这些意思。"喜鹊"在汉语中是吉祥喜庆的象征;英语中"magpie(喜鹊)"的比喻义则是"爱说话的人,唧唧渣渣的人",而斯拉夫语言中却把它同"小偷"联系在一起。受中国传统文化影响,"龙"作为汉民族的图腾,不仅中国人自称是"龙的传人",而且带有"龙"的各种词语都表示伟大、高贵、吉祥等意义,比如"龙凤呈祥、龙腾虎跃、龙飞凤舞、望子成龙、龙头企业"等;但英语"dragon(龙)",则是一种凶恶的妖怪,转指凶暴和严厉的人,说"His wife is a dragon"不是说"他的妻子像是一条龙",而是指"他的妻子是一个悍妇"。再如表示色彩的词语,在不同语言中也会产生不同的联想。著名的语言学家帕默尔就曾说过,在西方人眼中"黑色是悲哀和不幸的颜色,因此常用来表示发生悲剧的日子。意大利人有所谓的'Dies Atri(黑色的日子)',英国还有'Black Friday(黑色的星期五)','Black Magic(黑色魔术)'意味着恐怖和神秘"。大概因为东方人是黑头发、黑眼睛的缘故,汉语中"黑色"的这种贬斥意味就要减弱许多,像"黑色的三分钟"之类的说法也是后来从西方语言中引进的。汉民族传统上就是"周人尚赤",因此汉语中"红色"大都是褒义的,具有"热烈、喜庆、欢乐、革命"等许多意思;而俄语中的"红色"则可表示"美丽、美好、勇敢、神圣"等其他的意思;但是英语中"red(红色)"却都是与"战争、流血、恐怖、淫荡"联系在一起的。至于不同语言中的成语,有的是由于来源不同,有的则是由于理据不同,因此理解上也会有差异。如英语中"as poor as the church's mouse(穷得像教堂里的老鼠)","a wolf in sheep's clothing(披着羊皮的狼)",都来源于《圣经》或基督教故事;同样的意思汉语则要说成"家徒四壁、一贫如洗",或者"人面兽心、口蜜腹剑"。英语的成语"a sword of Domocles(达莫克利斯之剑)",来源于古代希腊传说,意思是"身为国王虽有权势和幸福,但是头上却始终悬挂着一把仅仅系着一根马鬃的利剑,随随地地都会有杀身之祸";汉语中没有这种传说,类似意思说"千钧一发"。反过来汉语也有很多成语有独特的背景。比如"指鹿为马"这个成语的来源是《史记·秦始皇本纪》记载的一段历史故事:秦二世时大臣赵高欲篡权而恐怕群臣不服,所以弄了一头鹿到大殿上说是马。秦二世说他搞错了,但是群臣却都因为畏惧赵高的权势,谁也不敢明说那不是马。西方人不了解这样的故事,仅从字面上就很难看出这个成语的意思了,同样的意思一般是说"颠倒黑白"。类似的情况还比如汉语的"掌上明珠"和英语的"an apple in my eye(眼中的苹果)",汉语的"一箭双雕"和英语的"killed two birds with one stone(一石二鸟)"。意思虽然差不多,但其中所反映的民族心理却大异其趣。

B. 民族文化对语音的影响和语音的特点

语言中最容易发生变化的就是语音,任何一种语言的古代音和现代音都肯定会有很大差别。所以帕默尔说:"从阿尔弗雷德到莎士比亚这5个世纪当中,英语变化得太厉害了,所以在外行看来,说昂格鲁—撒克逊语是今天英语的直系祖先,那似乎是难以置信的一件事。"那么民族文化对语音又会有什么样的影响呢?

其中最明显的例证是借词对原语音系统的影响。比如我国侗族语中原来没有"d[t]、t[th]、z[ts]、c[tsh]、f[f]"等辅音,后来由于受到汉语"电影、跳舞、政策、发展"等大量新词语的影响,就出现了这样的音,进而也就改变了该语言原有的语音系统。我国其他少数民族的语音系统也都有因借词影响而增加了新的韵母、新的声调和新的音节结构的现象。日语中也有类似的情况,随着中国传统文化传入日本,汉语词语也大量进入日语,其结果不仅使日语中的汉语词语占了全部词汇量差不多近半数之多,而且也影响了日语的语音。现代日语中的"拨音"(即类似汉语中鼻辅音韵尾的韵母)和"促音"(即类似于汉语中塞音韵尾的韵母),都是原来日语中没有的。有日本学者就认为这些都是随着汉语词语的借入而产生并且最终成为了日语语音系统的一部分的。

另一方面的例证是社会文化的发展对一种语言的民族共同语语音系统建立的影响。民族共同语都是在某一种方言的基础上发展起来的,而基础方言的选择和标准语音的确立,必然跟社会文化的发展有密切的联系,后者甚至起到决定性的作用。比如意大利共同语就是以"中世纪最后一位诗人同时又是新世纪最初一位诗人"但丁的作品《神曲》和同时期作家薄伽丘的作品《十日谈》等所使用的托斯卡纳方言为基础建立的,而该方言区的首府佛罗伦萨的语音自然也就成了意大利民族共同语的标准语音。汉民族共同语标准语音的形成和确立,同样反映了社会文化对语音系统的重要影响。我国古代虽然一直存在着严重的方言差异,但是早在春秋战国时期,中原地区就已经成为了我国政治、经济和文化的中心,因此那时就已初步形成了一种以中原洛阳一带的方言为基础的共同语雏形,也就是所谓的"雅言(夏言)"。《论语》就有记载:"子所雅言,诗书执礼,皆雅言也。"《论语集解》引郑玄注:"读先王典法,必正其音然后义余,固不可有违。"可见连孔子在诵读《诗经》、《尚书》和行礼的时候,也一定要使用雅言,而且一定要有标准发音才行。在我国漫长的历史发展中,虽有过南北分裂的时期,但绝大多数时间内政治文化中心仍是在北方,隋代和唐代的首都在洛阳、长安(西安),宋代的首都在开封,这种社会文化因素进一步促进了北方方言的发展,巩固了北方方言作为民族共同语基础方言的地位。而自从1153年金朝迁都北京以来的八百年间,即元、明、清各个朝代,北京一直是我国政治、经济和文化的中心,这样北京话的地位和影响就日益重要起来。元代人周德清编写的《中原音韵》,明太祖时期命人编写的《洪武正韵》,清雍正皇帝下令在广东、福建等地建立的"正音书院",都坚持以"中原雅音(即北京音)"作为标准语音。因此早在14世纪,以北京音为标准音的汉民族共同语就已经开始形成,因为"五方之人皆能通解",也得到了社会的普遍承认。正是在这些社会文化因素的强大作用下,才最终形成了今天以北京音为标准音的汉民族共同语——普通话。

C. 民族文化对语法的影响和语法的特点

民族文化对语言中语法的影响当然不及对词语的意义和部分语音现象的影响那么大,但仍然是有迹可寻的。

其中最明显的就是由于两种文化和两种语言的接触而使语法系统发生变化的情况。这种语法变化一方面表现在对受影响一方语言的语法进行改造,另一方面表现在对所接触一方的语言的语法进行改造。从前一方面看,有人就认为汉语中现在越来越多地使用"-化"、"-性"等类后缀构造新词,介词和连词的分工越来越明确,介词词组做状语时的连用,等等,就都是受西方语言影响而产生的"欧化语法形式"。著名语言学家王力先生说:"中国人如果像西洋人那样运用思想,自然得用长句子。"也是承认民族文化心理对语法结构形式会有一定的影响。从后一方面看,本书前面第九讲讨论过的"社会方言"中就举过不少这类的例子。如美国黑人的英语语法系统和标准的美国英语语法系统相比就有明显的简化特色。包括复数名词后不加"-s"后缀,如"三个男孩"就说成"three boy";名词作领属性定语不加

"'s",如"男孩的皮球"就说成"boy ball";此外动词过去时不加"-ed",如"那个男孩昨天踢了足球"就说成"The boy play football yesterday"等。美国黑人英语语法的这些系统性差别,与黑人接受英语的心态,黑人社会经济地位,特别是黑人与白人在文化心理、价值观念上的冲突都有极大的关系。此外像本书第九讲讨论过的"洋泾浜语(Pidgin)"和"克里奥耳语(Creole)"也是这样的例证。洋泾浜语最初就是指早年中国上海一些外语水平不高的普通百姓在不得不接触和使用英语后产生的一种语言现象。其主要特点就是语法规则减少到了最低限度。比如洋泾浜英语中"性、数、格、时、体、态"等形态变化差不多全部消失了,基本上只使用词干来造句;甚至还在英语中夹杂一些汉语成分,如在数词和可数名词之间也统统加上量词(piece),如"三本书"说成"three piece book",在动词后加上助词,如"走了"说成"go lo",等。这种畸形语法变体与其说是语言现象,其实不如说就是一种特殊的文化现象。

至于民族文化的自身发展变化能不能导致本民族语言的语法形式发生变化,现在仍有不同的看法。比如有人认为,由于人们在能够让别人听懂的前提下,总是把要说的话尽可能压缩简化,"可懂度是语言损耗的极限","没有功能的语言成分会趋于萎缩并最后消亡"。因此像印欧语曾有过的八个"格(case)"形式大大简化,比如英语中名词的"格"就几乎已经全部消失,就是这种文化心理的影响造成的。还有人认为汉民族思维活动重视时间顺序,因此汉语的句子也都是按照时间先后来安排语序的;汉民族思维活动重视综合而缺少分析,因此句子成分之间的关系就较多是靠"意合"来体现的,缺少严格的结构形式制约。上面这些说法当然并非全无道理,只是整体上的证据还不够充分。因为不同语言在语法上的差异也不一定都能找到民族心理上的依据。比如英语普通名词在句中出现时一般得标明它是有定的(如前面加"the")还是无定的(前面加"a / an"),可数名词还得标明是单数还是复数(如后面加"-s");可是汉语名词虽然也有有定和无定、单数和复数的概念,却不用这种形式来表现:这就很难说跟民族心理有多少关系。可见语言的差异跟不同的民族心理和文化背景的关系也不能随意附会或任意夸大。

2. 从民族文化的影响看语言运用的特点

民族文化对语言的影响在语言的运用和表达上表现得更为明显。俗话说"到什么山唱什么歌,对什么人说什么话"。事实上一个人以不同的身份说话,对不同的人说话,在不同的环境中说话,在不同的条件下说话,其表达形式都可能很不一样;因此理解不同的人和不同的环境中的话,也就会有所不同;这些就都不可避免地要受到民族文化的影响。

A. 社会心理对语言表达的影响和交际规范

社会心理与一定的社会制度、社会文明程度以及人们对外部世界和对自身的认识水平都有直接关系。社会心理对语言表达就有很大的影响。

比如称谓语的使用与说话人的地位就有密切的关系。根据有的学者的研究,参与言语交际的双方——说话者和听话者,在交际活动中扮演的角色是不一样的,其中包括两种关系:权势关系和等同关系。一般来说处于权势关系的双方说话时会采取比较正式的语体,处于平等关系的双方说话时会采取比较随便的语体。人们互相称呼就受到这种社会心理的制约:在平辈的同学、同事、朋友之间往往可以"直呼其名"甚至称呼绰号;但晚辈对长辈、学生对老师、下级对上级,甚至陌生人之间,则通常必须要加上一些表示尊敬的称谓词语,如"王大爷、李老师、张主任、刘处长"或者"吴先生、李女士"之类。汉语中称呼对方"您"和"你"也是有分工的。在通常情况下,处于权势关系中受控制的一方对权势一方总要用"您"来称呼,用"你"就显得不礼貌。除非特定情况下说话者是有意去破坏这条规则而表达相反的意思:比如曹禺《雷雨》中四凤和父亲鲁贵有一段对话,开始四凤称鲁贵用的是"您",但后来发现父亲为了要钱竟用她和周萍的关系来要挟时,便改口说:"你疯了!"一个"你"字便表示出对父亲的气愤、轻视和厌恶。再如本来是陌生的或者是上下级关系的男女之间,一开始女方可能用"您"来称呼男方,但如果有一天女方开始转而称呼"你"时,就可能表示女方已经认可了男方的追求,双方一旦成为恋人关系当然也就是一种地位平等的关系了。

再如委婉语的使用也表现出社会心理的制约。通常人们说话总是要减轻言语的刺激性,把一些不雅或不吉的词句换一种形式来表达,所谓"外交辞令"就是指这种语句。其实这种言语表达形式在日常生活中也常常会用到。比如汉语的言语交际中一般不直说"拉屎、撒尿",总是改说"上洗手间、方便一下"等。女性来了"月经"一般是说成"例假、倒霉"。除非是在医学或法律文本中,通常人们也会避免直接提及"性交",最多说成"做爱、上床";即使是批评不正当的性关系,也往往说成是"男女关系问题、生活腐化"等。当然生活中也有相反的情况,比如有人为了表现出自己与众不同的"粗俗"和"狂放",或者为了要发泄自己极度的愤怒,就常常故意直接使用跟"排泄、性器官、性、死"等相关的一些词语。北京足球场上有名的"京骂"(即直接说出与不伦的性活动相关的词语)也属于这种故意的言语行为。只不过为了发泄不满情绪就使用这样的词句，不仅违反社会的道德文明准则，毕竟也有违通常的言语表达规范，因此大多数人对此还是会非常反感，甚至觉得不可接受。

谦称词语的使用同样反映出不同民族文化的差别。中国人自古就有对自己谦虚、对别人褒奖的表达习惯。如把自己谦称作"愚、鄙人、不佞、不才"等，把对方尊称为"君、公、高明、足下、先生"等；而且由人及物，谦称自己的就是"寒舍（自己的住宅）、拙文（自己的文章）、犬子（自己的孩子）"等，褒称别人的就是"尊意（对方的意见）、贵体（对方的身体）"等。直到今天中国人还习惯于这种自谦的表达。比如明明做了一桌好饭菜，却要对客人说"没有什么好吃的、粗茶淡饭而已"；明明自己水平很高、能力胜任，偏偏要对别人说"才疏学浅、力所不及、受之有愧"等；碰到别人夸奖自己，总是说"哪里哪里，不敢当，过奖了"之类的话；在接受别人送礼时，嘴上总是要说"带礼物干什么"。而与中国人崇尚谦逊迥然不同，西方人的表达则比较坦率，也不大恭维别人。如果在家里招待客人，一定会说"这可是我（我太太）精心为你们准备的饭菜"。如果受到别人表扬，包括别人夸奖自己长得漂亮，一般总是会说"谢谢"，非常乐意地接受别人的表扬和赞扬。正因为汉民族和西方民族在这方面的语言表达上存在差异，因此也就难免会在交际中造成某种不必要的误会。比如西方人听到中国人说"没有什么好吃的"，就可能会误认为自己不受欢迎；听到"带礼物干什么"，可能会误解对方不喜欢这件礼物。同样如果一个西方男子在中国刚见到一个女孩子就夸她长得漂亮，那女孩子不但可能会不高兴，闹不好还要惹出麻烦呢。

B. 物质生活对语言表达的影响和语句选择

不同的民族有不同的居住环境、地理条件和物质生活习惯，因而可能对客观事物产生不同的主观感受和审美心理。这些也会影响到语言的表达。

地理条件的差异就可能影响语言的表达。比如西风吹来，给亚洲东部地区带来的是花木的凋零和冬天的肃杀，而相反在西欧国家，恰恰是西风唤醒了昏睡的冬天，迎来明媚的春光，给万物带来了生机。这样生活在不同地区的人们自然对"西风"就会有截然不同的感受。汉语中"西风"总是用来比喻腐朽衰败的事物，表达凄凉悲伤的心境，如"昨夜西风凋碧树"。而英国诗人雪莱著名的《西风颂》，则把"西风"当作春天的使者，借以抒发豪迈、奔放的情怀。类似的又比如汉语中比喻坚强不屈常用"青松"，英语中却是用"栎树"；汉语中比喻新事物涌现用"雨后春笋"，俄语中则用"雨后蘑菇"，这同样跟不同的地理条件相关。

物质生产的特点也可能影响语言的表达。比如我国是一个古老的农业大国,在世界上最早生产丝绸。历史悠久的丝绸生产培养了汉族人对桑、蚕、丝、绸的深厚感情,这自然影响到对语言的运用。比如在表达爱情上,汉语中就乐于选用"桑、蚕、丝、绸"作为喻体来讴歌真挚、纯洁和持久的爱情。例如南朝乐府《作蚕丝》中的句子:"春蚕不应老,昼夜长怀丝。何惜微躯尽,缠绵自有时。"全诗以春蚕自喻,并以"丝"谐音"思",从而表现了对爱情的执著。但是其他民族就不一定也会选择同样的物品比喻或描写爱情。有的民族语言中是用"藤缠树",有的民族语言中用"鞭子和小羊"。当然在商品经济发达的国家中,可能干脆就用钻石和金钱来表达爱情了。比如一则著名的广告语就是"钻石恒久远,一颗永流传"。英国有一篇作品《白衣女人》中的句子是"我把全部感情像金币般倾倒在她的脚下"。

生活习惯的不同同样会影响语言的表达。比如中国人见面喜欢用一句招呼语"你吃了吗",西方人对此常常感到不解。反过来说英语的人见了面常常说"今天天气不错","看起来又要下雨了,不是吗"等等。这种问候语看起来只是随口说说的,其实都有生活基础来源。中国人传统意识上就是"民以食为天",加上历史上各地都常常闹饥荒,人们见面先问吃饭,正表明对别人的关心。而英语中之所以人们见面喜欢谈天气,那是因为英国是一个岛国,天气多变,常常给人们的生活带来不便,自然英国人对天气就更加关心了。再比如中国人见面如果说"一起去吃饭吧",通常的理解是说话人要请客;但如果是西方人对你这么说,千万不要误解为他要请客,这句话的意思最多是大家一起去,但还是要各自付钱的。原因就在于在西方国家目前各自付钱的所谓"AA制"已经深入人心,就连恋人们外出吃饭也是如此,而中国人至少到现在还没有这种生活习惯罢了。

C. 审美情趣对语言表达的影响和文学样式

文学是语言文字的艺术,因此作为语言运用形式的文学作品的样式当然也就会受到民族文化包括社会状态和审美情趣的深刻影响。

最能体现社会状态对文学作品样式的影响的是作家的不同风格。比如我国著名作家赵树理长期生活在北方农村,熟悉农村和农民,所以在创作上完全以北方农民的口语来写作,作品的语言质朴、生动,是"山药蛋派"作品的典型代表。而我国另一位著名作家冰心则由于出身文学世家,后又留学美国,具有较高的文学修养,所以她的作品吸收了欧美文学的表达风格,形成了自然、典雅、独具一格的"冰心体"。可见"文如其人"说的就是作家的社会经历与作品的风格个性的关系。正如刘勰在《文心雕龙》中所说的:

"才有庸俊,气有刚柔,学有浅深,习有雅郑,并性情所铄,陶冶所凝,是以笔曲云谲,文苑波诡者矣。"

社会状态对文学作品样式的影响还表现在文学作品的审美情趣上。比如汉代产生了《子虚》、《上林》、《两都》、《二京》之类煌煌大作,汉赋的文字极尽铺陈之能事,总揽人物,堆砌词藻,重复啰嗦,洋洋洒洒。这种文学样式的出现就是由汉代特殊的文化背景造成的。汉初国家统一,社会繁荣,生活稳定,所以玩味自然环境、山岳河川、宫殿楼阁就成了当时文学创作的一种风尚,汉赋的作品样式也充分体现了汉代人的这种审美情趣。魏晋南北朝时期,文学作品开始讲究文辞的美和形式的美,正如《文心雕龙》所说:"丽采百字之偶,争价一句之奇;情必极貌以写物,辞必穷力而追新。"这正是当时人们在颓废、悲观和消极的感受中深藏对人生、生命的渴望的复杂心态的反映。文人们为了追求人的生命不朽便追求文章的不朽,于是精心炼字造句,追求形式的尽善尽美,这种以骈体文和宫体诗为代表的文学样式同样体现了当时的审美情趣。至于唐诗重平仄韵律,特别追求抑扬顿挫的语言音乐美,这也是中国文化中一直追求中庸稳定的心态在文学样式上的体现。

第十五讲

语言与科学技术

15.1 语言学与其他科学技术的联系

语言学作为一门科学,除了其本身的内容之外,就像其他许多基础理论科学一样,还有两个方面的含义:一是语言学在其他领域也有一定的应用价值;二是语言学与其他科学也有密切的相互联系。这两个方面有时不一定分得开,因为语言学在其他领域的"应用",在某种意义上就是语言学跟其他科学的"联系"。比如本书前面讨论过的语言与社会、语言与思维、语言与文学、语言与文化等许多问题,就既可以从语言学应用于心理学、社会学、文学和文化学的角度来看,也可以从语言研究与心理研究、社会研究、文学研究、文化研究的联系来看。所以下面也就不特别区分这两个方面。不过要讨论这个问题还是得分成两点来说:一是从道理上说说什么是语言学的应用问题和什么是"应用语言学";二是从内容上说说为什么语言学跟其他一些学科会有联系和有什么样的联系。

1. 语言学的应用和"应用语言学"

语言学的研究成果事实上可以应用于社会生活和科学研究的很多方面。研究语言学应用的语言学分支学科就叫作"应用语言学"。那么什么是语言学的应用问题,什么又是应用语言学呢?目前学术界在这方面虽然还有很多争论意见,但总的看还是有一些基本的共识。

A. 语言学的应用研究和语言学的理论研究分得开吗?

目前大家对这个问题的基本看法是,语言学的应用研究当然有别于语言学的理论研究,但理论研究和应用研究实际上又是密不可分的。

应用语言学这个名称是随着19世纪偏重语言教学的语言学研究和偏重语言历史演变的语言学研究的分化才有人提出来的,前者就是应用性的,后者就是理论性的。后来随着语言学应用领域的进一步扩大,这种区别也似乎变得越来越明显。比如专家研究的语法规则和语义规则,跟在中小学里给中小学生讲授的语法、语汇知识,就可能相去甚远。而有些语言应用方面的实际工作,如汉语中推广普通话和实行简化字等,看起来也确实不需要太专门的理论。所以一般都认为,语言学的理论,特别是对语音、语汇、语法、语义、语用等语言本体现象的研究等,与语言学的应用,特别是语言的教学和语言的计算机处理等,应该分开来,即二者应该属于语言学的不同分支学科。

但实际上也应该看到,语言学的理论研究和本体研究与语言学的应用研究既是相互独立和有所区别的,又始终是相互依存和紧密联系的,甚至有时很难区分哪些是语言学的理论研究,哪些是语言学的应用研究。

一方面从语言学的发展角度看,实际上在很长的一段时间里就并不区分理论研究和应用研究。比如在语言文字产生的初期,甚至直至19世纪以前,语言理论研究就基本上等于语言应用研究。因为人类的语言起初只有有声形式,那时大概还没有语言学研究。后来随着社会的发展进步,才产生了语言的书面形式即文字,这样语言从时间上就能够流传到后代,从空间上就能够传递到远方,这其实就是语言应用造成的语言形式和功能的扩大。为了适应语言形式和功能的这种变化,也就是为了让人们学会读书写字,或者读懂典籍文献,才产生了最初的语言学研究。比如在中国主要就是有了文字学、音韵学、训诂学等,在外国主要是有了语法学、语音学、语汇学等。这些语言学研究既是最初的语言理论研究,又是为了满足实际需要的语言应用研究。后来随着科技的发展又出现了印刷术,使语言不但能长时间流传和远距离传递,而且传播范围更广;有了录音机和电话,又使语言不但能够保留书面形式,还可以保留语音形式;进入计算机时代后,语言更是从人与人交际的工具发展成人与机器对话的工具。这样,语言应用的范围越来越大,语言的形式和功能也越来越多,随之也就产生了与此相关的各种语言学研究。如语音就有了实验语音学,语法就有了计算语法学,语汇就有了语料库语言学。这些研究当然也既是新的语言理论研究,又是为了满足新的实际需要而形成的语言应用研究。

另一方面从语言学的分科角度看,实际上也不存在纯粹的理论研究和应用研究。不用说上面讲的很多语言学研究,作为理论一定是根据语言应用的扩大而产生的,作为应用又一定需要能够解决应用中所遇到的问题的某种理论。事实上即使公认的最狭义的应用语言学,如语言教学,也不能说就完全没有理论或不需要理论。广义的语言教学还包括前面说过的语言获得研究。而人是怎么学会说话的,这本来就是一个"难解之谜",揭开这个谜底需要大量的实验证明,同时也肯定离不开理论证明,像本书前面介绍的"模仿说"、"强化说"、"天赋说"和"认知说"等,就是对语言获得问题提出的不同理论假说。狭义的学校语言教学需要的语言学知识更多注重实用性,因此不一定跟专家的语言学知识一致,有些语言学的研究成果在教学中可能也用不上。但不仅教学中的语言学知识不可能是无源之水、无本之木,一定也来自语言学研究的成果,而且语言教学本身的特点也决定了它同样需要专门的语言理论,如建立学校教学语法系统,建立语汇的分级递增系统等,就是这种性质的理论。同样,即使公认的最狭义的理论语言学,比如本书最前面介绍过的历史比较语言学理论、结构语言学理论、生成语言学理论等,也不能说就没有应用价值。结构语言学本身是一种语言学理论,内容包括建立从语素到话语的一整套分析程序,提出了直接成分分析和组合与聚合规则等。但这套理论不但一开始就是用于调查分析一种陌生语言的结构形式,这已经有实用的目的;而且后来还在中国成为中学语法教学体系的基础,这就更是实际的应用了。还有当代的生成语言学理论也并不特别强调应用,但是谁都知道建立这种理论的主要目的包括揭示人类语言的获得机制和实现自然语言句法结构和语义解释的形式化处理,这些目标虽然还没能最终实现,但至少是这种理论可以预见的应用前景。

B. 先有语言学的理论或本体研究还是先有语言学的应用研究?

目前大家对这个问题的基本看法是,语言学的应用当然是先有语言学本身的研究然后才有应用问题,但实际上应用的结果也能推动语言学本身的研究。

语言学的应用或应用语言学就名称来看,是指把语言学研究的理论成果转化为应用成果。这样从某种意义上说,理论研究或本体研究当然要走在应用研究的前面。在语言学研究中这样的情况确实也不少。比如最早应用于语言教学的语法体系,就是建立在基于古希腊语和古罗马语研究的传统语法理论上面的。传统语法理论把语法分成词法和句法两部分,根据形态和概念来区别动词、名词、形容词等词类和确定主语、谓语、宾语等成分,这些内容在语言教学中的影响十分深远,甚至直到今天大多数西方国家中小学的语法教学，也包括我国的外语教学，用的基本上还是这套语法体系。语言规范也是这样，虽然像西方语言的正字法，汉语实行的汉语拼音方案和汉字简化方案等，就应用本身看不一定需要什么理论，但在制定方案和进行规范之前却决不可能没有理论准备。所以一般都认为，语言学的应用应该是依附于语言学的，或者说语言学的应用研究总要滞后于语言学的理论研究和本体研究。

　　但实际上也应该看到，语言学的应用既有赖于语言学研究的成果，也反过来可以成为语言学研究的动因，甚至常常是先有了某种应用上的需求，才推动了语言学研究朝这个方向更深入更迅速的发展。

　　一方面就语言学研究的整体情况看，可以说几乎所有的语言学分支学科都是随着语言应用范围的不断扩大才产生的。比如前面说汉语最初的文字学、音韵学、训诂学等语言学研究，就是因为语言的形式和功能在应用中扩大了，才推动了这些语言学科的建立和发展。同样为什么汉语很长时间没有建立起西方那样的语法学，也就是因为跟西方语言比较，汉语没有丰富的形态变化，而主要是靠虚词和语序来表示结构关系和语义关系，因此有训诂学和文字学（特别是虚词研究）也就够用了，这也反过来说明没有实际应用的需要就不会有相应的理论研究。即使很大程度上依赖语言研究成果的语言教学也是这样。虽然就一般情况说语言教学就是把语言研究的一些最基本的成果搬到学校里，但教学的实践实际上也会不断给语言研究提出问题。比如我国的语法教学曾较长时间采用传统语法的理论体系，但后来发现套用西方的理论，如靠形态变化和概念意义确定词类和分析句子，在汉语中行不大通，这也就引发了汉语学界关于词类和句子分析问题的几次大讨论，并最终导致汉语语法理论和分析方法的变革和创新。而语言教学中的外语教学就更是如此，比如近年汉语语法本体研究的多元化和严密化，以及对很多语法现象的深入挖掘和新的解释，就都与对外汉语教学中发现了很多过去在母语教学中所没有注意到的问题不无关系。

　　另一方面就语言学的某些领域看，也无可否认还存在着语言的应用研究已经走在了前面，而语言学理论和本体研究却迟迟跟不上的情况。比如语言信息的计算机处理就是个典型的例子。随着信息时代的到来，语言信息处理，特别是语音识别、机器翻译、人机对话和人工智能等尖端技术，已成为科学技术竞争和国民经济发展的重要标志，这些无疑都给语言学研究提出了新的任务和新的要求，即必须把面向人的语言学研究转到面向机器的语言学研究，把人能懂的东西变成机器也能懂的东西。但面临这种紧迫的应用需求,语言学的理论准备和相关研究却显然很不充分,或者说语言学研究的发展速度还远远跟不上计算机发展的速度,有人还形象地说语言学研究已经成了计算机信息处理技术的"瓶颈"。但完全可以想见,语言信息处理的应用需求必然会推动语言学研究的进一步发展,并最终建立起适应这种需求的语言学理论和研究成果来。

C. 语言学应用或应用语言学的范围到底有多大?

目前大家对这个问题的基本看法是,语言学应用或应用语言学当然有特定的学科范围,但语言学的应用领域实际上又是十分广阔的。

应用语言学既然是由于语言教学研究与语言理论研究的分化才产生的,因此传统上最狭义的应用语言学就只指语言教学,至今有许多语言学家仍坚持把应用语言学限定在这个范围内。这种看法并非没有道理。因为语言学中的有些知识,即使与科技发展和经济建设有密切关系,也不一定都需要普通老百姓掌握。而还有些语言学知识,却直接关系到全民的文化素质和文明程度,就应该使每个人都知道。语言教学就担负着后面这种向人民大众传授语言基础知识的任务。所以一般都认为,语言教学,既包括学校里进行的母语教学,也包括儿童语言教学、民族地区的共同语教学、外语教学、双语教学、盲聋哑人的特殊语言教学等,还是应用语言学最主要的内容。

但实际上也应该看到,语言学的应用既应该包括语言教学,或以语言教学为主,也应该包括语言学在其他科学技术和社会生活的更大范围内的种种实际应用。跟语言教学这种狭义的应用语言学相对应,后者就可以叫作广义的或现代意义上的应用语言学。

当然说广义的应用语言学,也不就是像前面说过的,因为所有的语言学研究都有一定的应用价值,所以就统统都算进来,那样也就没有必要建立专门的应用语言学了。但应用语言学的范围毕竟还是可以扩大的,就像语言教学事实上也不仅仅限于通常理解的在学校里教学生读书认字和阅读写作,而可以把推广标准语,实行语言文字规范,提高文学鉴赏水平,提倡文明用语等内容,也看作是语言教学的组成部分。再进一步说,各种语言教学都需要用词典,外语教学还需要进行翻译,某些人有了语言能力的缺陷还需要进行治疗,因此像词典学、翻译学、言语矫正学等也就都跟语言教学有着直接的关系,这些内容当然也都可以算作应用语言学。可见应用语言学本来就可以有比较大的范围。

这样如果把只涉及语言本体现象的研究叫作本体语言学或理论语言学,把所有跟语言本体以外的现象沾边的研究就叫作应用语言学或者语言学的应用,那么最广义的应用语言学,或者语言学的应用领域,就还可以延伸到相当大的范围。这种应用范围又大致上可以分成两大块:一大块是语言学在人文科学中的应用,通俗地说就是面向人的语言学应用研究。其中最重要的就是上面说过的跟语言教学和语言规范化有关的直接应用研究,也可以包括语言学与哲学、文学、人类学、历史学、社会学、考古学、民族学、逻辑学等学科的交叉应用研究。另一大块是语言学在自然科学中的应用,通俗地说就是面向机器的语言学应用研究。其中最重要的就是前面提到的跟信息科学和计算机科学有关的直接应用研究,还可以包括语言学与数学、物理学、电子学、生理学、心理学、生物学、遗传学等学科的交叉应用研究。事实上正是因为语言学研究有着这样广阔的应用领域和巨大的应用价值,语言学这门古老学科才重新焕发了青春,这门所谓的经院学科才走出了象牙塔,语言学才不但成为了跨人文科学和自然科学的一门现代科学,而且也成为了兼基础科学和应用科学的一门前沿科学。

2. 语言研究和其他科学技术有什么联系

上面说广义的应用语言学或者说语言学的应用领域和范围,实际上包括人文科学和自然科学的许多方面。而这一点换个角度看就是,语言学与人文科学和自然科学的许多学科都有相互依赖和相互推动的联系。下面就举些例子来谈谈语言学与其他科学技术的联系。

A. 语言学与人文社会科学的各学科有什么联系?

语言学是研究语言文字这种人文现象和社会现象的科学,当然与同属人文和社会科学的各个学科的联系就更加紧密。尤其是在古代科学水平长期比较落后的情况下,无论中外,"读书人"所读之"书","学而优则仕"所优之"学",其实无非就是语言文字知识本身或者跟语言文字有关的文学、历史、哲学、社会等人文和社会科学的知识。直到今天语言学还是主要与人文科学和社会科学的一些学科有着更多的联系。

比如语言关系到民族的独立和国家的分化统一问题,因此语言学与民族研究和国际政治研究等都有直接的联系。远一点的事实如本书前面曾说过的,古希腊和古罗马之所以先后形成覆盖差不多整个欧洲的庞大帝国,就与古希腊语、古拉丁语的传播和影响分不开;而后来罗马帝国解体,并在欧洲分化为不同的民族,产生了一批"新兴国家",如法国、西班牙、葡萄牙、荷兰、英格兰、爱尔兰、德国等,这些民族或国家的独立在很大程度上又是以语言的分化为依据的。近一点的事实如 20 世纪 80 年代末期苏联解体,不少原来属于苏联的加盟共和国纷纷成为独立的民族国家,如乌克兰、立陶宛、格鲁吉亚等,这些国家之所以能成为一个独立国家,很大程度上也是因为有自己独立的民族语言。可见研究社会统一和分化的原因,研究古代或近代民族兴衰与国家更替的历史,都离不开对语言的研究。

又如语言学在历史学和考古学中的广泛应用也几乎是尽人皆知的。古埃及文明的历史长期以来都是个谜,因为古埃及的文字一直没有人能够认读。后来语言学家解读了在一块石碑上刻下的这种文字和古希腊文对照的铭文,才终于解开了古埃及文字之谜,从而使后人了解了灿烂辉煌的古埃及文明。美洲玛雅文字的解读,则也揭开了欧洲人来到美洲以前土著印第安人历史的神秘面纱。中国古代甲骨文和金文的解读大大促进了中国古代史的研究,这早是不争的事实;而后来西安半坡文化、大汶口文化等出土的陶器上的图画文字,以及最近出土的"马王堆竹简"、"郭店楚简"等重要的简牍文字,也都为研究中国古代历史,包括更早的上古史,提供了更加全面和重要的资料。这些考古发现和历史研究的成果,其实都在很大程度上依赖语言文字的研究,或者说本身首先就是语言文字研究。

语言学和文学、文化学这些学科本来就有很深的渊源。前面说过,文学是语言的艺术,语言学中的音韵学、诗律学、修辞学、文章学等方面的内容,都是进行文学创作和欣赏文学作品所不可缺少的知识;反过来文学作品本身也一直是语言学最好的研究对象或语言素材。所以直到现在各国大学中语言专业和文学专业大多是在同一个系,至少在基础阶段语言和文学是不分家的。而语言学之所以属于人文科学,就是因为语言首先是一种文化现象。前面也讨论过,各个民族的不同语言本身就是不同文化的产物,或者反过来说,不同的民族文化,包括思想观念、观察角度、风俗习惯等,都可能会影响到各自语言的特点,特别是在词语意义和句子表达上,这种影响是显而易见的。研究语言不能不注意使用这一语言的民族的文化,研究文化也不能不注意体现这些文化的民族的语言。

至于语言与哲学、逻辑学的联系,那就更是你中有我、我中有你。本书前面讨论过的人的思维问题,或者说是语言和思维的关系问题,其实也一直是哲学研究的基本命题之一。哲学研究还有一个重要内容就是"语言的意义"问题,现代西方哲学又被称作"语言哲学",从名称就可以看出来哲学和语言学实际上是研究相同的问题。更有人这样说,在西方国家的大学里读哲学系和读语言学系其实是差不多的,也就是说所学习和研究的东西大部分是相同的,选择不同系的区别可能仅仅取决于学生是否同时对伦理学和道德哲学或者是不是同时对语音学和语言历史也感兴趣。传统逻辑学本来就是一种对语句的概念意义、判断意义和推理意义的形式研究。所以语法和语义研究中讨论的句子是不是合语法或是不是有歧义的问题，在很大程度上也就是逻辑问题。前面"语用"一讲中讨论的句子的"蕴含义"和"预设义"也是典型的逻辑推理问题。至于现代数理逻辑学所研究的语句的肯定和否定意义，语句的真值和关联意义，语言成分的全称和单称、有定和无定、焦点和辖域等等，在现代形式语言学中也是主要的研究课题，所以有的形式语言学理论把句子的语义解释就称作"逻辑表达式"。

B. 语言学与自然科学的各学科有什么联系？

第二次世界大战结束以后，由于科学技术的突飞猛进以及科学技术对社会生活各个方面的直接影响，加上实用价值观念的膨胀，整个人文社会科学的光芒就相对暗淡了。在发达国家中，民族语言规范化的任务已经基本完成，义务教育甚至高等教育也已经相当普及，语言学对社会的贡献似乎也就不那么明显了。一些发展中国家虽然教育还不十分普及，但社会的注意力大都集中在工业化和发展经济方面，包括语言学在内的人文科学研究并没有提到迫切的议事日程上来。而且即使在电子计算机出现之初，绝大多数人仍然以为这仅仅是一种计算技术，跟语言学没有多少关系。所以语言学曾一度被冷落，几乎成了一门冷门科学。但是"东方不亮西方亮"，与语言学在人文科学领域的式微形成鲜明对照，随着当代科学技术的发展，自然科学的许多学科反而越来越发现需要语言学的参与和支撑，于是纷纷把语言现象纳入自己的研究范围，或开始把与语言学联姻作为本学科发展的一个方向。这也就再次使得语言学站在了当代科学的前沿，或者说又成为了一门显学。

能够说明这一点的最主要的事实就是语言学与信息科学的联系。大家都知道，现在全世界已经进入了一个高科技迅速发展的时代，而其中信息科学起着龙头的作用。从发展来看，信息科学技术的前景将主要包含三方面的内容，即数字化、网络化和智能化。这三点中最难达到理想境地的是智能化，也就是要使作为工具的计算机具有一定的像人一样理解语言的能力，以及独立的学习和思维能力。信息科技的智能化，有赖于多方面知识的支持，其中语言的知识显然是最关键的知识。20世纪80年代开始，人们就提出了研制智能计算机(智能机)的任务。从报章杂志的报道看，目前世界上已形成了三个研制智能机的中心，一个是美国，一个是日本，一个是欧洲共同体(欧盟)。但无论哪个中心，在着手进行研制智能机的任务中，都不约而同地以自然语言的处理与理解为切入点，而且在各自的研制队伍里都有大批的语言学家。中国从 20 世纪 80 年代开始,也在酝酿研制智能机,并已列入国家科研规划之中,研制工作正在顺利地进行,也有许多语言学家参加到这项研究中来。所以有人认为"语言学将成为一门领先科学"这个预言正在逐步成为现实。也有人这样说:"18 世纪以来世界科学的热点由经典物理学转向数学,而 20 世纪后期开始又正由数学逐步转向语言学。"这些虽然只是某些科学家的看法,但也不是没有道理的。

语言学跟包括生物学、遗传学、病理学等学科在内的生命科学的联系也是当代科学技术的一个热点。生命科学的最终目标就是解决人类生命的起源和构造之谜,遗传基因技术和克隆技术就都是生命科学的主要课题。而作为人类生命研究的难点其实还不是生物构造,而是某些无法观察到的人类的独特特征。人的语言能力和语言的生物遗传机制就是其中最大的研究难点。

语言能力研究与数学也有密切联系,或者说由于人的语言能力和遗传机制很难直接观察得到,因此建立语言分析的数学模型就是证明人类语言机制的一个重要途径。当代语言科学解释人类的语言现象大体说有两条路子和两种理论前提。其中一种就是形式语言学理论,比如目前最有影响的形式语言学理论"生成语法理论",其基本目标就是通过建立一套形式化和可运算的原则和规则系统,以此揭示人类语言的生成机制。这就要求研究对象必须是语言中起决定作用和独立运转的部分,并且可以进行类似数学那样的推导演算和精密处理,生成语法理论把这种思想就形象地叫作"句法自治"。目前的研究成果已证明,人类语言的核心部分,也就是句法结构,确实具有极其精密的运转程序,也确实可能通过建立可以穷尽推导和用有限手段重复使用而实现的数学模型来分析和证明。

语言能力研究与心理学更有密切联系。比如与形式语言学理论不同的另一种有影响的语言解释理论"认知语言学理论",就更强调语言不但是一个符号系统,也是一种心理现象。因此主要提出了一套心理认知分析的手段,试图从语言外部去寻找对语言现象的解释。比如这种研究就认为:人的语言能力不是一种独立的能力,而是人的一般认知能力不可分割的一部分,语言的结构特别是语法结构跟人们对客观世界(包括人自身)的认识有相当程度的对应关系;人们说话和听话总是涉及到人的主观看法或心理因素,所以语言单位的边界总是模糊的,语音、语汇、语法、语义和语用等语言现象的分析总是互相联系的;而且不同民族的认知特点对语言表达与理解也有重要的影响。可见这种对语言的研究其实也就是对说话人和听话人心理机制的研究,因此从语言学这头说可以叫作心理语言学,从心理学那头说也可以叫作语言心理学。

本书作为语言学常识的基础教材,不可能把上述语言学应用及语言学与其他科学技术联系的具体内容都原原本本地说上一遍;而且实际上有关的一部分内容,比如语言与社会和政治的关系(语言的政策和规范),语言与哲学、心理学和语言教学的关系(语言的获得和学习、语言与思维活动),语言与文学和民族文化的关系(语言与文学创作、语言与民族文化),在本书前面几讲中已经有过比较详细的讨论。所以下面只是从语言学联系最紧密最重要的两大前沿科学,即"生命科学"和"信息科学",来看看语言学在其中的应用价值。

15.2　生命科学与人的语言能力研究

生命科学的一个主要内容就是研究人类生命的起源和生命的构造。人怎么会说话,人说话的能力为什么可以像其他生物机能一样一代一代遗传下来,这种"语言能力"问题也是人类生命起源和生命构造的一部分,而且可能是最重要的一部分。要解决这个问题,不但需要生物学、生理学、病理学和心理学的共同努力,也无疑需要语言学的参与。因为人的语言能力并不能单单通过生理解剖或者基因分析来进行观察和得到结果,而最终还是要通过对语言现象和人的语言活动的观察才可能得到结果。

1. 人的大脑构造与人的语言能力

人能说话看起来好像是因为有用来说话的器官。但其实人的身体器官中的发音器官和听觉器官并不是最重要的管说话的器官,大脑才是最重要的管说话的器官。也可以说发音听觉器官和脑器官实际上有被支配和支配的关系。发音和听觉器官是被支配的器官,或者说是纯粹的生物功能器官,而大脑才是支配发音和听觉器官的器官,或者说是具有心理功能的器官:因此大脑跟人类语言的关系才是最关键的。一般高级动物,特别是灵长目动物如猩猩、猴子等,都有发音器官、听觉器官和大脑,但它们没有语言,不能说话,至少不能像人那样说出结构和内容都十分复杂的话。除了这些动物的发音和听觉器官的构造有限制外,最重要的原因就在于这些动物的大脑与人类的大脑不一样。要揭开人的语言能力的奥秘,就必须研究人的大脑,研究大脑与语言的关系。

其实自古以来人们就注意到了大脑跟语言和思维的关系。脑是人类语言和思维的源泉这一观点可以追溯到 2000 年前。亚述和巴比伦的楔形碑文中就提到"人脑上火"时可能造成智力失常。古埃及的纸莎草纸文献中记载了这样的看法,即变得"沉默"的病人是"外来之神的气息"入侵所致。在一篇希波克拉底的有关癫痫病的论文中,脑被称作"通向理解的使者"和"我们以特别方式获得智慧和知识"的器官。不过在古代,人们这方面的认识还是很模糊的,也没有真正搞清楚人脑与语言究竟有什么样的关系。

直到 1848 年一个偶然事件才使人们对大脑构造与语言能力关系的认识有了重大的进展。那是在一次爆炸事故中,一根铁棒穿透了一位筑路工人的头颅,受伤以后他又活了 12 年。人们发现在这种情况下,这个人的个性、性行为、控制感情和做计划的能力都受到损害而发生了重大变化,但他却仍然保留了说话和理解别人说话的能力。这件事就促使人们开始更多地研究人类使用语言所依赖的大脑的构造。自那时以来,科学家们逐步获得了关于人类最复杂的器官——大脑的大量知识。由此也就建立起了心理学和语言学的交叉学科——心理语言学,以及生物学和语言学的交叉学科,包括专门研究大脑构造与语言能力关系的神经语言学,专门研究大脑构造与语言障碍关系的病理语言学,后面两门学科也可统称为神经病理语言学。

现代科学研究已经证实,人的大脑由大约一百亿个神经细胞(又称神经元)组成,还有成百亿条神经纤维按特定的选择模式将这些细胞互相连接起来,即不是每个神经元与所有其他的神经元一一相连,而是每个神经元只与几个特定的神经元相连。大脑的表面有一层起伏不平的灰色和白色物质,这些物质就是由神经元和神经纤维构成的,统称为大脑皮质。大脑皮质从各个感觉器官接收信息并引发人的各种行为。它既是人所有行为动作和心理活动的决策机构,也是记忆的存储仓库。人的大脑又分为左右两个半球,中间由骈胝体(约二百万条神经纤维组成的"脑桥")连通,有选择地与中线两边的一些皮质区相连,从而使两个半球能互相交流信息。总的说,大脑左半球掌管右半身的动作,大脑右半球掌管左半身的动作。一个人如果大脑左半球有关部位受到损害,就会发生右侧肌体的瘫痪,反之如果右半球有关部位受到损害,就会发生左侧肌体的瘫痪。人除了大脑还有小脑,它位于大脑两个半球的下面,主要控制人体运动的平衡。脑的底部是脑干,这是脑和脊髓的连接部分,负责内脏功能(心搏、呼吸等)等各种低级控制,其中还包含有掌管发音器官运动的颅神经核。

那么人脑中哪些部位是负责语言能力和储存语言知识的呢? 19 世纪初高尔(F. Gall)和斯波柴姆(G. Spurzheim)最早提出一种"定位理论",认为人类不同的能力和行为都来自脑的各个特定部位。比如他们认为掌管语言的是额头那一块大脑部位,因为他们发现能言善辩的人大多眼睛比较突出,说明这一部位的大脑比较发达。这种说法用现代科学的眼光来看当然是错误的,但他们提出的人脑不是一团统一的物质,某些语言能力是特定的大脑部位的功能的假设,还是为以后的脑科学研究奠定了基础。19世纪中期以后,生物学、心理学和语言学的科学家们经过了大量的科学实验,特别是通过语言障碍方面的实验,陆续获得了一系列关于大脑构造与语言能力关系的研究成果。

2. 大脑构造与语言能力关系的几个重要研究成果

关于大脑构造和语言能力关系的研究有许多理论假设,但目前已经可以基本认定的大致有以下5个方面的主要成果。其中有些是生物学、心理学、病理学和语言学通过大量的科学实验共同提出来的,有些则是语言学根据观察到的大量语言现象单独提出来的。

A. 大脑的单侧化现象研究

"单侧化"的意思是,人的大脑左右两个半球并不是完全对称的,不但大小略有差别,而且有明确的分工:即左半球的一定部位掌管语言和抽象的思维活动;右半球的一定部位掌管与语言无关的直观动作的思维活动。科学家们已用大量科学实验证明了这种现象。比如有一种触觉实验,即有的癫痫病人由于治疗需要而进行了切断骈胝体(脑桥)的手术,在这种脑割裂的情况下,如果不让受试者看见(因为视觉会干扰信息接收的途径)而把一样东西放在他的右手上,他可以说出这个东西是什么,但不会使用(比如放铅笔时知道是笔,但不会用来写字);而如果放在他的左手上,他无法说出这个东西是什么,但能够正确使用(比如放香蕉时就会剥掉皮送进嘴里吃)。还有一种视觉实验,即利用可移式接触透镜的技术,让受试人较长时间只具有一半的视野,结果表明如果要求用左手照着样子描画一个立方形图像比用右手画的精确,而如果要求用类比方法分析一对图形相似到什么程度时则恰好相反,这就反映了大脑左右半球的功能差异。还有一种听觉实验的结果也是这样。这种实验是让受试人从耳机中同时听到两个不同的声音信号,例如一只耳朵听到"男孩"这个词,另一只耳朵听到"女孩"这个词,或者一只耳朵听到嘟嘟的喇叭声,另一只耳朵听到潺潺的流水声。当要求受试人说出每只耳朵听到的声音时,对直接输入右耳的语言刺激(词或无意义的音节)报告正确的次数多,对输入左耳的非语言刺激(乐调声或环境声等)报告正确的次数多。如果同时是语言信号的刺激(如"男孩、女孩"),受试人倾向于正确报告右耳听到的词语;反之如果同时是非语言的刺激(如咳嗽声和笑声),则倾向于正确报告左耳听到的声音。进一步还发现如果同样的声学符号既可能在这个脑半球又可能在那个脑半球处理,这就与受试人是否将它听作语言系统的组成部分有关了。例如说泰语的人在区分声调(音调升降)对立的辅音—元音音节时表现出右耳(左半球)优势;而说英语的人听到同样的刺激没有这种右耳优势,因为英语不是一种有声调的语言。还有一种最直接的实验,是将一种迅速起作用的麻醉剂注入为一侧大脑供血的颈动脉,使该侧脑半球暂时停止工作,结果是左半球麻醉使病人完全丧失语言能力,而右半球麻醉对语言功能的影响则很小。最新的实验技术还包括同位素和计算机扫描测定,也发现在说话和做别的事时大脑左右半球有不同反应。这些科学实验的结果都证明了人的大脑的单侧化现象,即人是专门用大脑的左半球来处理语言的。

B. 大脑左半球的分区研究

"分区"的意思是,即使在大脑左半球,也不是整个半球掌管语言的功能,而是不同脑部位负责不同的语言功能,即各司其职,各管一段。在这方面的研究中,语言障碍的病理实验结果提供了大量的证据。1861 年法国医生布洛卡(P. Broca)最先发现大脑左半球前部有一个部位因外伤受到损害后,患者出现了一种语言障碍,基本上不能说话了,但仍能听懂别人说的话。这个部位后来就被称作"布洛卡区",这个区受损伤而造成的语言障碍就叫作"布洛卡失语症"。人们由此推测布洛卡区就是专门控制说话机能的部位。1873 年德国生理学家维尔尼克(C. Wernicke)发现大脑左半球后部的另一个部位受到损伤后,患者会出现另一种语言障碍,能够说出一些词语,发音也很准确,但词语之间在意义上没有联系,构成不了完整的句子,而且也听不懂别人说的话。这个部位后来就被称作"维尔尼克区",这个区受损伤而造成的语言障碍就叫作"维尔尼克失语症"。一般认为维尔尼克区就是专门控制理解说话机能的部位。后来科学家把这些因大脑不同部位受到损伤而造成的语言障碍统称为"失语症",并经过进一步研究还发现了其他一些因不同脑部位受到损伤造成的失语症类型。比如有的患者可以正常说话,也能听懂别人的话,但不能写过去认识的字,或者写出来也是乱七八糟的,这种病症叫作"失写症"。有的患者能说话和听懂别人的话,但不能读懂本来可以阅读的书面材料,这种病症叫作"失读症"。有的患者只会说动词,不会说名词,即看到一样本来知道的东西而叫不出名称,这种病症叫"失名症"。这些失语症有的找得到与之相关的受损伤的某个脑部位,也有的病症相互混杂,目前还无法确定具体的脑部位。但至少有一点是肯定的,即这些不同类型的失语症显然都证明了大脑左半球的不同部位控制着不同的语言功能。

C. 大脑语言遗传机制的研究

"遗传机制"或者叫"语言获得机制"的意思是,即使人脑左半球是分区掌管不同语言功能的,这些由不同脑部位控制的语言功能也并不都具有相同的生物学基础:其中有一部分肯定是后天才获得的非本能的知识,如词语、发音等个别的语言现象;而另一部分则可能是人先天就具有的本能的知识,如语类、层次等最基本的句法原则。美国当代语言学家乔姆斯基最早提出这样一种假设。他认为人的大脑中储存的语言知识应分作两类:一类叫作"语言能力知识"或"普遍语法",这是全人类语言所共有的;另一类叫作"语言运用知识"或"个别语法",这是各民族语言所特有的。前者是一种通过生物进化和遗传获得的知识,后者则是人出生以后在一定的环境下通过学习掌握的。人出生时大脑的构造就已经决定了人具有一定的语言能力,这部分能力人人都有,人人都一样。假定人出生的时候大脑处于初始状态"S_0",出生以后人逐渐接触到周围其他人说的话,积累了一定量的经验,他的语言知识也随之逐渐扩大和丰富,大脑也就从"S_0",经过"S_1,S_2,S_3……"一系列状态,最终达到一个相对稳固的状态"Ss"。说英语的人和说汉语的人的"Ss"是不同的,但"S_0"是相同的。"S_0"就是语言能力知识或普遍语法知识。根据这种假设,人以大脑中的普遍语法为内因基础,以所处的语言环境为外因条件,最终才获得完整的语言知识和具有完备的语言能力。这种假设虽然有一定道理,但人脑中这种"语言遗传机制"毕竟有点像所谓的"黑匣子",它和前面两种研究的不同在于很难通过直接观察得到的实验结果来证明,因此"语言遗传机制"到底是些什么东西目前还不能肯定。现在一般的研究方法是通过观察大量的语言事实来发现指导人们语言直觉的最基本的控制条件。比如人们说话都要使用句子,而句子的基本构造形式都是"名词短语＋动词短语",这好像就是一种普遍的语法原则。再如人们说出的话可能很短,也可能很长,但无论长短,都必须由两部分,或"修饰成分＋中心成分",或"中心成分＋补充成分",逐级构成,这也是一种普遍原则。而如果有的语言在上述这些方面有例外,那一定是变化造成的,而变化的条件可以归结为"成分移位",这也是一种普遍的原则。如果能够通过这样一些研究最终证明人类语言是否合格和各种变化的现象都是受到普遍原则限制的结果,那么就不难解释为什么儿童在短短的两三年内就能学会复杂的语言,因为这一部分普遍原则是不必学的,是人与生俱来的,或者更准确地说是本来就储存在大脑的某个部位中的。

D. 大脑语言功能的临界期研究

"临界期"的意思是,不管是大脑的单侧化,大脑左半球的分区,还是语言的遗传机制,都只是提供人具有语言能力的潜在可能性,但这些潜能必须在一定期限内被一定的语言环境激活才可能起作用,否则大脑的语言功能就会失效,人也就不会说话了。这方面最典型的证据就是非洲和印度都发现过的"狼孩"。虽然他们是人,但由于出生后就远离人群,接触不到人的语言环境,因此即使他们长大以后被找了回来,但因为过了临界期,那时再怎么教他们说话,他们也不可能像正常人那样自如地掌握语言了。至于这种临界期最终是在什么时候,科学家还在进行研究。现在一般认为最迟是十二三岁,即相当于青春期,超过这个年龄就肯定不可能学会说话了。如1970年美国洛杉矶发现一个名叫 Genie 的女孩,她13岁以前生活在完全与语言隔绝的环境中,被发现后才开始学说话,但这时她的大脑左半球的功能已经萎缩,经过多年努力最终也于事无补。但临界期最早是什么时候,目前还没有找到准确的答案。实验表明5岁孩子已经能够说出各种复杂的话了,可见5岁孩子的大脑单侧化就差不多完成了。只不过那时右半球可能还保留一定的可塑性:如果5岁时大脑的左半球受损伤,右半球仍可以部分地代替左半球的功能;但如果过了十二三岁的青春期,左右半球的功能已经定型,那时左半球再受损伤,丧失的语言能力就很难恢复了。临界期研究目前也还有很多悬而未决的问题,其中一个问题就是怎么解释先天聋哑儿童的语言能力。先天聋哑儿童差不多等于与语言环境隔绝,那么他们会不会说话呢?实验证明:失去正常人的语言环境,他们几乎不可能学会自然地用有声语言说话;但如果他们经过手势语的训练,就仍可能像一般人一样用手势语创造和理解无限多的句子;只有当聋哑儿童连手势语也没有接触过的情况下,才连手势语也学不会。如果是这样就可能证明,临界期并不是对具有生物学基础的语言能力知识,即语言遗传机制的时限限制,而主要是对非遗传的通过后天学习得到的语言知识的时限限制。也就是说,大脑的语言功能确实有一部分是先天的,只要经过某种后天学习,不管是有声语环境还是手势语环境,都可能激活大脑的这种功能,并进而使人具有完备的语言能力,或者是有声语的语言能力,或者是手势语的语言能力。而后天的各种语言学习则必须发生在临界期内,否则不但单靠遗传的语言机制不可能发展成为完备的语言能力,这种先天机制本身也会失去作用。

E. 人的大脑构造的独特性研究

"独特性"的意思是,上面提到的这些大脑构造现象是不是人类所独有的,或者说是不是因为只有人的大脑有这样的一些特性才使人具有语言能力。科学家们也都在研究这个问题。观察和实验发现,个别的高级动物如猩猩和猴子的大脑似乎也存在单侧化现象,即大脑左侧比右侧略微发达些,但这种单侧化并不像人类的大脑那样明显,甚至也看不出对动物的叫声和动作行为有多大的影响。另外还发现:有一些动物如某些鸟类的鸣叫似乎也有生物遗传的功能,即一出生就会发出特定的鸣叫声;还有的鸟类学习鸣叫则有一定的临界期,即超过一定的期限而没有听到同类的鸣叫声就不会歌唱了,或鸣叫声会发生变化。但根据目前的研究看,大脑的单侧化,大脑左半球的语言功能分区,特别是语言能力的遗传机制和临界期限制,应该说还是人类所独有的,而其他动物或者只具有其中某种特性,不具有全部特性,或者具有的某种特性也非常不发达。因此可以基本断定,上述所有这些方面加在一起就是具有语言能力的人类大脑的构造特性。

15.3 信息科学与语言信息处理研究

人类的语言,或者叫作自然语言,本来当然只有人才能"处理",即只有人才能表达和理解自然语言的信息。但随着科学技术的发展,特别是随着计算机的出现和信息科学的发展,这种处理自然语言的能力现在似乎也已经可以由计算机来"共享"了,即计算机也可以传送、接收,甚至理解、表达自然语言的各种信息,或者说人和计算机之间可以通过"语言"来沟通。这就是"语言信息处理"。语言的信息处理当然跟语言学的研究有密切的关系,因为计算机不可能"天生"就懂得人的语言,而必须靠人来教会它怎么处理语言,这个"教"就需要利用语言学研究的成果。因此语言信息处理不但是信息科学的主要目标,也是现代意义上语言学应用研究的主要内容。

1. 语言学与语言信息的计算机处理

很久以来人们就有用机器来处理语言的梦想。比如在大量的童话故事和科幻小说中出现的机器或机器人,就不但可以具有人的智力和人的动作,也常常可以理解人说的话和像人一样说话。科学家们实际上也早就预见到机器处理语言的可能性。比如在第二次世界大战中,当时尽管还没有计算机,美国科学家就成功地破译了日军的通讯密码,这可以看作是最早采用科学方法获得的语言处理技术。50 年代初期,美国科学家韦弗(W. Weaver)就提出了利用破译技术将一种语言翻译成另一种语言的想法,他说:"每当看到一篇俄语文章时,实际上也可以把它看作是用奇怪的符号写成的英语文章。"同年代的英国科学家图灵(A. M. Turing)也预见到:"总有一天我们可以制造出一种具有智能的机器,并能教这种机器来讲英语和理解英语。"这两位科学家现在都被公认为是计算机信息处理科学的开拓者和奠基人。正是由于在这以后无数科学家的不懈努力,语言的信息处理技术才从萌芽逐步走向成熟,或者说人们用计算机来处理自然语言的梦想才开始渐渐成为现实。

但对于怎么"教"计算机来处理人的语言,或者说怎么利用语言学研究的成果来进行信息处理,目前还有不同的看法。大致说来这些争论主要围绕着两个问题展开。

A. 哪些语言学的知识可以用于信息处理技术?

计算机毕竟不是人,因此用教人的一套知识和办法来教计算机当然就是不太可能的。但一开始人们对于这一点估计不足,或者说想得过于乐观了。因为最早的信息处理研究是上世纪50—60年代从机器翻译开始的。当时觉得只要有一部词典,这头输入被翻译的来源语言的词语,那头对上要翻译的目标语言的词语,就能让计算机自动进行不同语言的翻译了,这就是所谓"词对词"翻译。但这样翻译出来的结果常常就像早期机器翻译研究者说的那样是"语言进,废料出",很难达到人来翻译的效果。这不但是因为词语本身的情况就比较复杂,比如一种语言的词语可能有多个意义,不同语言的相似词语也可能有不同意义,某个词有的语言有而另一种语言根本没有,此外像惯用语、成语、词的比喻用法等还有特殊的意义,这些靠词对词本来就很难完全对得上;而且还因为词语以外的语法、语义和语用等方面的情况更加复杂,比如不同语言的语序结构、语法关系、形态变化、歧义省略等都有差别,而语句之外的语境、预设、情感等条件,以及更广泛的民族、社会、文化的因素等,也都会对理解语句造成影响,这些就更是词对词所无法处理的了。正因为在机器翻译上面碰到了这些困难,人们开始认识到计算机所需要的知识跟人所需要的知识是很不一样的。机器是"死"的,而人是"活"的。换句话说就是人理解语言不单单是靠知道词语的意义,还能主动利用脑子里本来就有的(包括"获得"的和"学习"的)其他语言的知识和非语言的知识;而机器则本来什么也不懂,也不可能主动去掌握任何知识。因此要让机器理解人的语言,就不仅需要词语的知识,不仅需要语言学的知识,还需要向它提供所有有关的知识。

面对这种情况,从事机器翻译和其他信息处理研究的人就有了两种不同意见。一种意见认为,既然计算机需要的知识,要么是"有了而没用"(如给人用的那些语言学知识),要么是"想用而没有"(如语言之外的知识),因此就不如干脆不用这些知识,特别是不需要现有的那些语言学知识,而可以利用计算机的强大运算能力,让计算机从成千上万的语言材料中去统计和发现某些有用的知识。比如某个词最经常是什么意思,或者最经常跟什么词搭配时有这个意思,那么只要计算机发现这样的词和词的组合,就首先选择这个意思;又比如哪些句子的结构形式最常用,并且最经常表达什么意思,那么只要计算机发现了这样的句子,就确定是合格的结构或首选某个意思。换句话说就是索性把这种经过概率统计得出的知识就作为计算机需要的知识,或者说这些就是不依赖于人所制定的原则和规则的语言学知识。采用这种研究倾向的也就是所谓基于经验的信息处理研究,与此相关的语言学研究就叫作语料库语言学或工程语言学。另一种意见则认为,尽管目前的语言学知识对于计算机还不够用,而且尚不能向计算机提供更多的知识,但还不能说人们就根本无法建立这样的知识系统,或根本找不到向计算机提供这一类知识的办法,因此完全有可能继续沿着原来的路子走下去,只不过要把提供给计算机的语言学知识系统搞得更细致,更严格,更精密。比如建立词义的搭配关联系统,建立形式化的语法构造模型,建立语句结构的论旨关系框架,建立话语的语气标记类型等。换句话说就是仍然把语言学的原则和规则知识作为计算机需要的知识,或者说信息处理最终还是要依赖这些知识。采用这种研究倾向的就是所谓基于规则的信息处理研究,与此相关的语言学研究就是一般说的理论语言学或计算语言学。

但显然现在就下结论说以上两种语言学知识对于信息处理来说哪种更有用处还为时过早。但至少应该承认,虽然语料库知识作为一种概率统计知识不够系统或不够科学,但在目前语言学研究还不能提供更有效的原则和规则的情况下也不失为一条捷径,况且这种研究也能为最终建立适用于计算机信息处理的语言学规则系统提供语料统计支持。反过来虽然语言学规则知识可能比较系统或比较科学,但毕竟现在还拿不出一套现成可用的方案,远水也不解近渴,就不如先采用语料库知识来做可能做到的事情,况且最终真正建立完整可靠的语言学规则也应该能与计算机处理的语料统计知识相匹配。

B. 语言学的知识可以用于哪些信息处理技术?

语言的信息处理当然不仅仅是机器翻译,还包括相当广泛的领域。其中有的稍微简单些,比如文字处理、文本检索、语料统计、信息传输、校对摘要等;还有的更加困难些,比如语音识别、言语生成、语义分析、人机对话、人工智能等。这些信息处理技术需要的语言学知识当然是不一样的。如果把上面说的两种语言学知识都看作是语言学知识，那显然有的信息处理工作只需要或主要依赖语料统计知识，比如文本检索、语句统计，又比如图书查询、词语频率、词语搭配等。还有的信息处理工作则必须部分或全部依靠语言规则知识，比如文字编码、语音识别、自动校对，又比如词语分类、言语生成、语义分析等。即使只考虑语言学的规则知识，那也是有的信息处理工作只需利用现有的语言学知识就够用了，比如文字编码和内外码转换、词语的切分和词类标注、文本的校对和改错提示等。还有的信息处理工作则只靠现有的语言学知识还远远不够。就拿机器翻译来说，虽然现在经过语料统计和语言学知识的综合运用，有一部分简单的和专业领域的语句已可以实现准确度较高的对译，有些翻译软件也开始投入商业应用；但要做到让旅游者随手拿出一台便携式翻译机放到当地说话人的嘴边就能听到翻译过来的自己的语言，现在距离这一目标似乎就还很遥远。

面对这种情况，从事信息处理研究的人也就有了两种不同的意见。一种意见认为，人们能够研究出来的或者可能提供给计算机信息处理用的语言学知识，肯定是有限的。更何况有些人类所具有的语言能力机制和知识体系到底是怎么回事，现在还根本搞不清楚。比如人是怎么能说出他从未听到和说过的话的，人是怎么理解一句话的意义的，人是怎么听得出话语后面暗含的意义的，例如《红楼梦》中林黛玉临死时说的"宝玉，你好"到底是什么意思，等等，这可能涉及到生理、心理、社会和人们对整个世界的认识等多种复杂因素。因此像这样一些知识，特别是其中没有系统性和规律性的百科知识，就不是语言学所能管得了的了，因此就不妨把这类问题从语言学知识中排除出去。换句话说就是对于需要利用这样一些知识才能实现的信息处理技术，比如语义的分析和理解，又比如刚才说的那种口语翻译，就不能单单指望语言学来解决。与这种看法相反的意见则认为，语言学知识的范围可以是比较狭窄的，但也可以是相当广泛的。就拿语言的意义问题来说：语言中语素的意义、词的意义、词组的意义、句子的意义，这当然要归语言学管；但即使是语言中语境的意义、预设的意义、暗含的意义、双关的意义、含混的意义，甚至社会、文化赋予词语和句子的意义，也应该是语言学研究的内容。虽然后一类意义比较难于把握，一下子还找不出系统和规律，但也不能画地为牢地说语言学知识只管到哪一段为止，而应该从最基础的部分做起，一步一步推进语言学研究的范围和深度，从而把现在不系统无规律的语言现象变成有系统有规律的语言学知识。换句话说就是即使需要利用后一类百科知识才能实现的信息处理技术,也仍然可能找到相应的语言学知识的支持。

现在就下结论说以上两种对于语言学研究在语言信息处理中可能发挥多大作用的预见哪种更有道理还为时过早。但至少应该承认,语言信息处理是一项复杂的系统工程,确实不是靠语言学一家就可以获得成功的,而必须靠多种学科通力合作,或者说需要语言学与更多学科的交叉研究,从这方面说,语言学肯定是孤掌难鸣的。但反过来也不能因为语言的信息处理需要依赖其他学科的研究成果,或者有些技术更多涉及其他学科,如语音处理涉及声学、物理学,语义处理涉及哲学、逻辑学等,就悲观地认为语言学将在某些领域无能为力。事实上与其他学科的结合和贯通,不但是语言信息处理对语言学提出的要求,也正是现代语言学本身应该发展的方向。从这方面说,语言学又肯定是大有可为的。

2. 语言学知识在已经实现的语言信息处理技术中的应用

前面说过,目前还没有真正建立起可以应用于语言信息处理的语言学知识系统,或者说现有的语言学知识还不能应用于全部语言信息处理领域。但应该看到,科学家们毕竟已经成功地应用某些语言学知识解决了语言信息处理的一些技术难题。这些初步成果主要有以下几个方面。

A. 汉字编码和汉字处理

世界上最早的计算机是美国在20世纪40年代研制出来的,因此计算机最初的设计是以英语为工作语言和处理对象的。一个键盘的键位就对应一个字母,处理英语当然就比较容易。但要进行汉语的信息处理,就必须让计算机也能懂汉语,首先就是懂汉字。汉字的字形复杂,字数繁多,而计算机只有由8位0和1数字排列组合形成的256个内码,标准键盘上只有26个输入符号的键位,所以要使汉字能够进入计算机,就先要给汉字进行编码。汉字编码有两个任务:一是要给每个汉字确定一个机器代码(也称内码),这样计算机通过内码就能检索和输出汉字;二是要给每个汉字确定一个跟内码相关联的输入代码(也称外码),如键盘上的拼音输入、字形输入、笔画输入是用键盘字母外码与内码联系,而手写输入、投影输入等是用图形外码与内码联系,目前也开始实验语音输入方式,就是用语音外码与内码联系。这样计算机就可以把外码转换成内码再进行汉字处理了。

无论是编制汉字内码还是外码都离不开语言学的知识。比如要为计算机编制内码,不可能也没必要把几万个汉字都放进计算机,必须选择较常用的汉字。而什么是常用汉字就要靠语言学的研究。目前我国采用的《信息交换用汉字编码字符集（GB-2312）》收的 6763 个汉字，就是语言学研究的成果。表示汉字外码的方式虽然多种多样，也要运用语言学研究的成果。比如根据汉字字形编码，就需要汉字结构的知识；根据汉字字音编码，就需要汉语的语音知识；为了提高汉字输入速度要以词或词组输入为单位，这就要用到汉语组词造句的知识；如果使用语音输入，那就更需要语音学、句法学、词汇学多方面的综合知识。

B. 语料库和语言材料的标注分析

存储在计算机中按一定结构组织起来的大规模语言材料就是语料库。过去受电子文本数量和计算机储存容量限制，只有国家级机构才可能建立语料库。随着计算机的发展、普及和电子文本的丰富，现在个人计算机中也可以建立语料库，而且语料库的规模一般都可以达到上千万字甚至更大。语料库一般又分为两种：一种是未标注任何附加信息的原始文本语料，称作"生"语料库，这种语料库可以用于一般的文本检索和数据统计，比如查找人名和书名，统计词语出现频率和词语的搭配频率等等。另一种就是标注了一定附加信息的加工文本语料，称作"熟"语料库。比如汉语的词和词之间是连写的，不像英语词跟词之间有空格，这就首先需要在语料库中给出词的切分信息。汉语的词类也常常是灵活的，一个词可以是动词也可以是名词，可以做主语也可以做谓语，这就需要在语料库中给出词语的词类信息。此外像词语的搭配关系、词语的语义属性等，也可以在语料库中加以细致的标注。这样的语料库才是进行汉语信息处理的基础，当然用处就更大。

语料库中的信息标注可以由人来做，比如人先把语料中的词分好，再把词性标注好，然后输入计算机，但这样做要花费极大的人工。所以语料信息标注最好还是要让计算机自动来做，这当然就需要运用语言学知识来教会计算机怎么做。但计算机在给真实语料进行自动分词或词性标注时有许多困难。一是语料中有大量人名、地名、商店名等，计算机碰到这些词库里没有的专有名词就会束手无策。二是语料中会不断出现新的词语，这些新词在计算机词库里当然也可能没有。三是汉字是连着排的，在书面上就会存在大量的"交集型歧义字段"，例如"（这样）才能干警务工作"这个字段，其中"才"、"才能"、"能干"、"干警"、"警务"、"务工"、"工作"都分别可以是汉语中的一个词。为了解决这些困难，20 年来计算机界和语言学界已经联手做了大量工作。比如专门研究人名、地名的识别问题，专门研究计算机自动记忆新词、自动定称新词的问题等。另外还建立了计算机的自动分词标准，包括允许计算机分的"词"跟语言学分析的"词"不完全一样。比如"二分之一"在计算机处理中就是将"分之"处理为一个词,这样在计算机处理"分数"时就方便多了。应该说目前在语料库的分词和词性标注这两个方面都已经取得了可喜的成果。据测评,目前计算机自动分词和词性标注的正确率已可以达到90%到95%。

C. 语音实验与语音的识别与合成

语音研究长期以来都是所谓"口耳之学",即都只能靠人来听辨和分析;即使后来有了语图仪、声波仪、X光机等专业设备,还是只能被动地记录语音的某些声学特征和生理表现,然后再靠人来分析。利用计算机进行语音实验研究,就不但可以得到更细致的声学数据和生理特征,而且可以把声音信号数字化,从而实现人所难以做到的数据统计和分析计算。

近年语音信息处理的主要研究工作还有利用计算机对语音加以合成和对语音做出识别。语音合成就是让计算机模拟人的发音器官的动作并发出类似的声音,目前像汉语的语音合成就已初步实现自动生成声韵调结合的音节及一些简单的语句。语音识别就是让计算机模拟人的听觉器官的反应来接受语言信号并做出回应动作或给以语言答复。目前像汉字输入就已经可以采用语音识别技术,即念一个字或词,计算机就能把它输入计算机并变成文字符号。此外像电话语音拨号和比较简单的如查电话号码、问路、售票等语音查询系统,也已经投入实验性应用。据报道,北京2008年奥运会的"科技奥运"计划中,就准备在北京市街头设立交通、场馆和比赛等信息的语音问答(包括多种外语自动翻译)的服务系统。

D. 文本的自动校对和摘要

对文稿、书稿进行校对,这对人来说可能不是一件太困难的事情,但交给计算机来完成就涉及到比较复杂的语言学知识了。文稿校对对于有些语言来说可能还比较简单:如英语的拼写检查,只要在计算机中储存了一部词典和词形变化词表,就可以完成;英语的语法错误,也可以通过确认限定动词和其他词语的关系来判断。目前英语的文字处理软件就都已包括了这些文稿校对的功能,而且准确率较高。但对有些语言来说文稿校对就比较困难:如汉语的文字错误,就字形看是无法判断正误的(因为计算机中很少有错字),而词语是否写错或用错,则需要先切分词,知道有哪些词语,进而再联系上下文,才能看出来这个词语是不是写错了或用错了,这就需要向计算机提供词语切分、词语搭配和造句规则等多方面的信息。目前虽然已有中文文稿校对的商品软件上市,但比起英语来,校对水平还有较大距离。

把一篇较长的文章加以压缩和整理出摘要,这项工作也可以交给计算机来做。实现文稿摘要一方面是让计算机学会利用语料库提供的关键信息,如选择时间、地点、动作等要素词语,文本中复现频率最高的关键词语,以及各自然语段的首句等。另一方面也要向计算机提供必要的语言学知识,如学会把重要的语句通过一定的关联词语加以连接等。目前一些特定范围的专业性文稿,已经可以实现计算机的摘要处理。

文稿尤其是中文文稿的校对和摘要技术,虽然就目前水平看还不够完善,但它们实际上又是机器翻译、语句理解和生成等更复杂的语言信息处理研究的基础性实验工程,因此又有着超出其本身作用的重要价值。

3. 语言学知识在信息处理技术中的应用前景

上面讨论的是目前已经实现或初步实现的语言信息处理技术。当然实际上正在进行的信息处理研究还远不止这些。不过在这些信息处理研究中,有的仍然基本上是停留在"实验室"阶段,即使已有相关产品投入商业应用,在技术上也还很不成熟,如机器翻译就是这样的研究项目;还有的甚至更多地仍属于"设计图"阶段,研究工作只能说刚刚起步,如人机对话(包括复杂语句的理解和合成)和人工智能(包括会说话的机器)等研究就是这样的研究项目。这些也就是今后语言信息处理研究的主攻方向,当然也是语言学研究的主要内容。

A. 机器翻译

机器翻译就是指通过计算机把一种语言自动翻译成另外的一种或多种语言的语言信息处理技术。这项研究其实是最早提出来的语言信息处理课题。多年来世界上很多国家都投入了大量人力和资金进行机器翻译的实验开发,而且也已有一些达到一定水平的研究成果实现了商品化并投入了实际的应用。比如现在市场上就可以买到带有自动翻译功能的软件和一些简易的自动翻译器。但应该说目前距离真正实现准确度高的机器翻译还相差很远,已经研制出来的产品也还远远没有达到理想的程度。因此机器翻译作为一项难度极大的高层次信息处理技术,仍然是未来语言信息处理研究的重点。

从翻译技术的平面看,机器翻译可以分为四个层级。较低级的是单词平面的翻译,即"词对词"的翻译,这种翻译只需要词语本身的信息。例如把英语"I am a student.(我是一个学生)"译成汉语,就是用"我"对"I",用"是"对"am",用"一个"对"a",用"学生"对"student"。稍高一点是句法平面的翻译,要求计算机能识别词类、形态和语序等,即必须先对句子的结构进行分析,并调整译句的语序。例如把英语"Did you see a white cow?(你看见了一头白色的奶牛吗)"译成汉语,机器不仅要知道"you ＝你","see ＝看见","cow ＝奶牛"等,而且还要知道,在"奶牛"前面的"a"要译成"一头","did"不用译出,但要把时态加在动词后面变成"看见了",而且因为"did"在句首表示一般疑问,译文要改为句末加语气词"吗"。再高一点是语义平面的翻译,即还要求计算机能够分析句子的语义关系。例如英语"John bought the car from Mary.(约翰从玛丽那儿买了这辆汽车)",这个句子的语义关系可以表示为"X 使 Y 有了 Z",其中 X ＝ Mary,Y ＝ John,Z ＝ the car。从这样的语义出发,译句除了"约翰从玛丽那儿买了这辆汽车",还可以有"玛丽把汽车卖给了约翰"、"汽车被玛丽卖给了约翰"等,即这几个句子是同义句。更高一点就是语境平面的翻译,即根据语句的上下文和说话时的背景等结构外因素来确定译句。例如英语"I am going to the bank"的意思到底是"我要去银行"还是"我要去河边",就需要根据上下文才可能知道。又如英语"He saw that gasoline can explode",到底是译成"他明白了汽油可能会爆炸",还是"他看到了那个汽油桶爆炸",其中词语的意义和句子的结构形式都需要根据语境才能确定。在这四个层级中,目前已经做到的其实只是单词平面的翻译,只不过这种翻译实用价值不高;而句法和语义平面的翻译仍有很多问题没有解决,语境翻译就更未能突破。所以目前机器翻译的结果只能说是在单词翻译和一般的结构处理上做到了比人快,但却不能做到比人好,往往还必须在机器翻译之后再靠人来进行译后编辑,所以最多只能算是"机助翻译"。可见要实现真正意义上的机器翻译,就不但要解决词语翻译问题,还必须攻破句法关、语义关和语境关。而如果要实现口语的自动翻译,还要同时突破语音关。

B. 人机对话

人机对话也是一项难度极大的高层次的语言信息处理技术。跟机器翻译相比,人机对话又有不同的要求:即机器翻译是把一种语言的句子(包括书面的句子和口头的句子)经过计算机处理而翻译成另一种语言的相同意思的句子;而人机对话则是要求计算机先懂得一个句子(包括书面的句子和口头的句子)的意思,然后把看懂听懂的句子作为一种指令接受下来,并按照指令的要求做出相应的动作,或者用语言做出相应的回答。这项技术当然也是未来语言信息处理研究的重点。从人机对话的途径看,大致可以分为以下两种。

其中较低的目标是通过预先编制的程序来控制计算机跟人"对话"。换句话说就是先要把人说的或写的话变成计算机能"懂"的语言,然后让计算机按照事先编制的程序去执行这种指令。例如计算机上的键盘、屏幕的操作界面和输入语音信号的话筒,就是向计算机输入这种指令(包括特定的代码指令和语言指令)并与某种程序相联系的设备。这种性质的人机对话实际上就是现在一般说的电脑操作。计算机其实并不是真的懂得了人说的话或人要表达的意思,而只是接受了通过计算机语言表示的某个指令的信号,这就跟扳动开关就可以把灯打开差不多,计算机接到这种指令就可以去做人们要它做的事,包括做比较复杂的事。

但人机对话较高的目标是要使"人"和"机"真正能够做到像"人"和"人"那样自由对话。这当然就需要让计算机能够理解自然语言的词语、结构等。这种研究目前也取得了一定的成果,例如国内试验开发的"铁路客运查询系统"和"文学常识查询系统",就是最初级的人机对话系统。这种查询系统输入的都是相对较随意的问话,回答也有一定的灵活性。如人问:"北京到大连有特快列车吗?"机器可以回答:"有,22 次和 33 次。"如人问:"《家》的作者是巴金吗?"机器可以回答:"小说的作者是巴金,剧本的作者是曹禺。"但目前这种人机对话系统不仅规模还极小,比如"文学常识查询系统"就只包括 250 个词和 30 个句型,只能查询 34 个作家和 139 种作品;而且能够接受的自然语言的语句也极少,有很多问话机器就不能接受。目前其他国家研制的更复杂些的人机对话系统大致都是如此,也就是都还不能达到问什么就答什么的程度。不难想象,如果有朝一日让计算机能够像医生或律师那样,坐在你面前听你的陈述和问话,然后一一给出回答和建议,这就不仅需要向计算机提供内容极其丰富的百科知识,例如建立医学知识库和法律知识库;而且还要给计算机提供更加复杂和有效的语言学知识,例如语汇、语法、语义和语境等知识,如果是口头对话,还要有语音知识(包括不标准的口音,不规则的停顿和易位等的识别),这样计算机才可能理解人说的话的意思,并且做出正确的回答。

C. 人工智能

人工智能也叫智能计算机或智能机器人。它与一般工业机器人的最大不同就在于能够理解人说的话和能够像人一样说话;而它跟机器翻译和人机对话的主要不同就在于不但能够自动翻译,能够回答问题,能够执行人的语言指令,甚至还能够根据千变万化的现实情况随时进行判断和推理,并作出文字形式或语音形式的报告,甚至还能从解决一个问题中学习到新的知识,不断增长自己的"才干"。这当然就涉及到更加复杂的类似于人的思维程序技术和语言处理技术。

从语言学的角度看,如果说机器翻译和人机对话是一种以语言形式(要翻译的语句或要回答的语句)作为参照物的语言信息处理技术,那么人工智能就是一种以非语言形式(客观事件和外部场景)作为参照物的语言信息处理技术。也就是说智能机器人不但要能对看到和听到的话做出被动的语言反应,而且要能在没有看到听到任何话的情况下,自己就能像人一样主动地做出判断、推理并给出语言表达或采取必要的行动。显然,这种技术除了需要语汇、语法、语义、语境等语言学本体知识的支持,还有赖于跟生理学、心理学相关的人类抽象思维模式和语言生成机制等更广泛的语言学研究成果的支持。

从上面讨论的情况就可以看出,如果说目前已经实现的信息处理技术主要还是依赖程序语言并且是建立在字和词平面上的,那么未来语言信息处理技术的几个主要发展方向则更多地涉及到了语句形式的自然语言。这种研究当然就与语言学有了更加紧密的联系,或者反过来说如果没有语言学的支持,这种主要针对语句形式自然语言的信息处理技术就很难真正获得突破。事实上目前这些信息处理技术的研究重点也已经不在计算机本身,而主要是在语言学上。比如现在机器翻译研究中提出的各种语言处理方案,包括词类和结构分析、语序扫描分析、直接组成成分分析、支点和核心成分分析、从属和层级分析,以及结构转换分析等等,归结起来就基本上都是要建立一种语法和语义的分析模型。又如人机对话研究中采用的理论和方法主要有三大类,即立足于句法分析的理论,立足于语义分析的理论和立足于概念分析的理论。其中句法分析和语义分析当然本来就是语言学的知识,即使是概念分析,实际上其基本原理仍然是要把自然语句分成若干由词语成分表示的语义基元,然后通过由百科知识库支持的行为框架和事件框架来反映这些基元之间的关系。后者与单纯的句法分析和语义分析的不同仅仅在于要通过这种概念联系让计算机获取更多的其他相关知识,但毫无疑问所有的概念联系和知识获取又只能通过句法结构和语义网络才可能建立起来。可见无论是直接依赖语言学知识的信息处理研究,还是间接地以语言学为基础的信息处理研究,语言学都将在其中起到重要的甚至是决定性的作用。从这个意义上说,语言学研究确实是任重而道远。

主要参考文献

北京大学中文系现代汉语教研室(1993)《现代汉语》,北京:商务印书馆。

伯纳德·科姆里(1981)《语言共性和语言类型》,沈家煊译,北京:华夏出版社,1989年。

布龙菲尔德(1933)《语言论》,袁家骅等译,北京:商务印书馆,1980年。

布洛赫·特雷杰(1942)《语言分析纲要》,赵世开译,北京:商务印书馆,1965年。

岑麒祥(1988)《语言学史概要》,北京:北京大学出版社。

岑运强(1994)《语言学基础理论》,北京:北京师范大学出版社。

陈保亚(1999)《20世纪中国语言学方法论》,济南:山东教育出版社。

陈海洋等(1991)《中国语言学大辞典》,南昌:江西教育出版社。

陈松岑(1985)《社会语言学导论》,北京:北京大学出版社。

陈　原(1980)《语言与社会生活》,北京:三联书店。

陈　原(1997)《社会语言学》,上海:学林出版社。

程　工(1999)《语言共性论》,上海:上海外语教育出版社。

戴庆厦(1993)《社会语言学教程》,北京:中央民族大学出版社。

戴昭铭(1996)《文化语言学导论》,北京:语文出版社。

丁声树等(1961)《现代汉语语法讲话》,北京:商务印书馆。

董少文(1988)《语音常识》,上海:上海教育出版社。

冯志伟(1987)《现代语言学流派》,西安:陕西人民出版社。

冯志伟(1992)《中文信息处理与汉语研究》,北京:商务印书馆。

冯志伟(1996)《自然语言的计算机处理》,上海:上海外语教育出版社。

符淮青(2004)《现代汉语词汇》(修订本),北京:北京大学出版社。

符淮青(1996)《汉语词汇学史》,合肥:安徽教育出版社。

弗洛姆金、罗德曼(1974)《语言导论》,沈家煊等译,北京:北京语言学院出版社,1994年。

高家莺、范可育、费锦昌(1993)《现代汉字学》,北京:高等教育出版社。

高名凯、石安石(1963)《语言学概论》,北京:中华书局。

龚千炎(1987)《中国语法学史稿》,北京:语文出版社。

桂诗春(1985)《心理语言学》,上海:上海外语教育出版社。

桂诗春(1988)《应用语言学》,长沙:湖南教育出版社。

郭谷兮(1987)《语言学教程》,西安:陕西人民出版社。

郭　锐(2002)《现代汉语词类研究》,北京:商务印书馆。

郭　熙(1999)《中国社会语言学》,南京:南京大学出版社。

郝德森(1980)《社会语言学》,卢德平译;北京:华夏出版社。

何九盈(1995)《中国古代语言学史》,广州:广东教育出版社。

何九盈(1995)《中国现代语言学史》,广州:广东教育出版社。

贺阳、沈阳(2002)《语言学概论自学辅导》,沈阳:辽宁大学出版社。

何自然(1988)《语用学概论》,长沙:湖南教育出版社。

洪堡特(1827)《论人类语言结构的差异及其对人类精神发展的影响》,姚小平译,北京:
　　商务印书馆,1987 年。

胡明扬(1988)《语言和语言学》,武汉:湖北教育出版社。

胡明扬(1988)《西方语言学名著选读》,北京:中国人民大学出版社。

胡明扬(2004)《语言和语言学》,北京:语文出版社。

胡明扬、沈阳、贺阳(2000)《语言学概论》,北京:语文出版社。

胡奇光(1987)《中国小学史》,上海:上海人民出版社。

胡壮麟、刘润清(1988)《西方语言学名著选读》,北京:中国人民大学出版社。

胡壮麟(1990)《语言系统与功能》,北京:北京大学出版社。

胡壮麟(1993)《语言学教程》,北京:北京大学出版社。

胡壮麟(1994)《语篇的衔接与连贯》,上海:上海外语教育出版社。

胡壮麟(2000)《功能主义纵横谈》,北京:外语教学与研究出版社。

霍凯特(1958)《现代语言学教程》,索振羽、叶蜚声译,北京:北京大学出版社,1986 年。

贾彦德(1992)《汉语语义学》,北京:北京大学出版社。

姜望琪(2003)《当代语用学》,北京:北京大学出版社。

蒋绍愚(1994)《近代汉语研究概况》,北京:北京大学出版社。

靳洪刚(1997)《语言获得理论研究》,北京:中国社会科学出版社。

夸　克等(1972)《当代英语语法》,汪中浩等译,沈阳:辽宁人民出版社,1980 年。

李　开(1993)《汉语语言研究史》,南京:江苏教育出版社。

利　奇(1981)《语义学》,李瑞华等译,上海:上海外语教育出版社,1987 年。

李宇明(1995)《儿童语言的发展》,武汉:华中师范大学出版社。

李宇明(2000)《理论语言学教程》,武汉:华中师范大学出版社。

李兆同、徐思益(1981)《语言学导论》,乌鲁木齐:新疆人民出版社。

列文森(1986)《语用学》,沈家煊译,《国外语言学》第 1、2、3、4 期。

林焘、王理嘉(1992)《语音学教程》,北京:北京大学出版社。

林玉山(1983)《汉语语法学史》,长沙:湖南教育出版社。

林裕文(1982)回顾与展望,《中国语文》第 4 期。

凌德祥(1998)《语言与语言科学论》,广州:暨南大学出版社。

刘坚(1998)《二十世纪的中国语言学》,北京:北京大学出版社。

刘开英、郭炳炎(1991)《自然语言处理》,上海:科学出版社。

刘伶、黄智显、陈秀珠(1987)《语言学概要》,北京:北京师范大学出版社。

刘润清(1995)《西方语言学流派》,北京:外语教学与研究出版社。

刘涌泉、乔毅(1991)《应用语言学》,上海:上海外语教育出版社。

刘又辛(1997)《汉语汉字答问》,北京:商务印书馆。

陆俭明(1993)《八十年代中国语法研究》,北京:商务印书馆。

陆俭明(1993)《现代汉语句法论》,北京:商务印书馆。

陆俭明、马真(1985)《现代汉语虚词散论》,北京:北京大学出版社。

陆俭明、沈阳(2003)《汉语和汉语研究十五讲》,北京:北京大学出版社。

吕必松(1980—1981)现代汉语语法学史话,《语言教学与研究》第2、3期,第1期。

吕冀平、戴昭铭(1999)《当前我国语言文字的规范化问题》,上海:上海教育出版社。

吕叔湘(1942)《中国文法要略》,上海:商务印书馆。

吕叔湘(1979)《汉语语法分析问题》,北京:商务印书馆。

吕叔湘(1980)《现代汉语八百词》,北京:商务印书馆。

吕叔湘等(1999)《语法研究入门》,北京:商务印书馆。

吕叔湘、朱德熙(1952)《语法修辞讲话》,上海:开明书店。

罗宾斯(1976)《普通语言学概论》,李振麟、胡伟民译,上海:上海译文出版社。

罗常培(1989)《语言与文化》,北京:语文出版社。

罗常培、王均(1981)《普通语音学纲要》,北京:商务印书馆。

马学良(1981)《语言学概论》,武汉:华中工学院出版社。

梅　耶(1925)《历史语言学中的比较方法》,岑麒祥译,北京:科学出版社,1957年。

彭聃龄(1991)《语言心理学》,北京:北京师范大学出版社。

彭泽润、李葆嘉(1995)《语言文字原理》,长沙:岳麓书社。

彭泽润、李葆嘉(2000)《语言理论》,长沙:中南大学出版社。

濮之珍(1987)《中国语言学史》,上海:上海古籍出版社。

戚雨村(1985)《语言学引论》,上海:上海外语教育出版社。

戚雨村(1997)《现代语言学的特点和发展趋势》,上海:上海辞书出版社。

戚雨村等(1993)《语言学百科词典》,上海:上海辞书出版社。

乔姆斯基(1957)《句法结构》,邢公畹等译,北京:中国社会科学出版社,1979年。

乔姆斯基(1965)《句法理论的若干问题》,黄长著等译,北京:中国社会科学出版社,
　　　1989年。

乔姆斯基(1968)《语言与心理》,牟小华、侯月英译,北京:华夏出版社,1989年。

乔姆斯基(1981)《支配和约束论集》,周流溪等译,北京:中国社会科学出版社,1993年。

裘锡圭(1988)《文字学概要》,北京:商务印书馆。

萨丕尔(1921)《语言论》,陆卓元译,北京:商务印书馆,1964年。

邵敬敏(1990)《汉语语法学史稿》,上海:上海教育出版社。

邵敬敏、方经民(1991)《中国理论语言学史》,上海:华东师范大学出版社。

沈家煊(1988)心理语言学述评,《外语教学与研究》第2期。

石安石、詹人凤(1988)《语言学概论》,北京:高等教育出版社。

石安石(1993)《语义论》,北京:商务印书馆。

宋国明(1997)《句法理论概要》,北京:中国社会科学出版社。

苏培成(1994)《现代汉字学纲要》(增订本),北京:北京大学出版社。

苏培成(2003)《关注社会语文生活》,上海:上海辞书出版社。

苏新春(1992)《汉语词义学》,广州:广东教育出版社。

索绪尔(1916)《普通语言学教程》,高名凯译,北京:商务印书馆,1986年。

索振羽(2000)《语用学教程》,北京:北京大学出版社。

唐　兰(1979)《中国文字学》,上海:上海古籍出版社。

唐作藩(1958)《汉语音韵学常识》,上海:上海教育出版社。

特拉吉尔(1974)《社会语言学导论》,周绍珩等译,北京:商务印书馆,1992年。

王福祥(1989)《汉语话语语言学初探》,北京:商务印书馆。

王　刚(1988)《普通语言学基础》,长沙:湖南教育出版社。

王红旗(1997)《语言学概论》,青岛:青岛海洋大学出版社。

王　均(1995)《当代中国的文字改革》,北京:当代中国出版社。

王理嘉(1991)《音系学基础》,北京:语文出版社。

王　力(1954)《中国现代语法》,北京:中华书局。

王　力(1954)《中国语法理论》,北京:中华书局。

王　力(1958)《汉语诗律学》,上海:新知识出版社。

王维贤等(1992)《语法学词典》,杭州:浙江教育出版社。

王振昆、谢文庆、刘振锋(1983)《语言学基础》,北京:中央广播电视大学出版社。

王宗炎(1998)《语言学和语言学的应用》,上海:上海外语教育出版社。

卫志强(1992)《当代跨学科语言学》,北京:北京语言学院出版社。

伍铁平(1993)《普通语言学概要》,北京:高等教育出版社。

伍铁平(1994)八〇年以来我国理论语言学的回顾与反思,《湖北大学学报》第3、4期。

吴为章(1999)《普通语言学教程》,北京:北京广播学院出版社。

邢福义(1990/2000)《文化语言学》,武汉:湖北教育出版社。

邢福义、吴振国(2002)《语言学概论》,武汉:华中师范大学出版社。

邢公畹(1992)《语言学概论》,北京:语文出版社。

许嘉璐、王福祥、刘润清(1996)《中国语言学现状与展望》,北京:外语教学与研究出版社。

徐烈炯(1995)《语义学(修订本)》,北京:语文出版社。

徐烈炯(1988)《生成语法理论》,上海:上海外语教育出版社。

徐通锵(2001)《基础语言学教程》,北京:北京大学出版社。

叶蜚声、徐通锵(1997)《语言学纲要》,北京:北京大学出版社。

叶斯泊森(1924)《语法哲学》,何勇等译,北京:语文出版社,1988年。

尹斌庸、苏培成(1994)《科学地评价汉语汉字》,北京:华语教学出版社。

游汝杰(2003)《中国文化语言学引论》,上海:上海辞书出版社。

于根元(1996)《二十世纪的中国语言应用研究》,北京:书海出版社。

余志鸿、黄国营(1994)《语言学概论》,太原:山西高校联合出版社。

袁家骅等(1960)《汉语方言概要》,北京:文字改革出版社。

詹人凤(1997)《现代汉语语义学》,北京:商务印书馆。

张　斌(1998)《汉语语法学》,上海:上海教育出版社。

张斌、胡裕树(1989)《汉语语法研究》,北京:商务印书馆。

张德鑫(1999)《数里乾坤》,北京:北京大学出版社。

张　敏(1998)《认知语言学与汉语名词词组》,北京:中国社会科学出版社。

张　普(1992)《汉语信息处理研究》,北京:北京语言学院出版社。

赵世开(1983)《现代语言学》,上海:知识出版社。

赵世开(1989)《美国语言学简史》,上海:上海外语教育出版社。

赵世开等(1990)《国外语言学概述》,北京:北京语言学院出版社。

赵元任(1979)《汉语口语语法》,吕叔湘译,北京:商务印书馆。

赵元任(1980)《语言问题》,北京:商务印书馆。

周有光(1958)《字母的故事》,上海:上海教育出版社。

周有光(1979)《汉字改革概论》,北京:文字改革出版社。

周有光(1998)《比较文字学初探》,北京:语文出版社。

周有光(2000)《现代文化的冲击波》,北京:三联书店。

朱德熙(1982)《语法讲义》,北京:商务印书馆。

朱德熙(1985)《语法答问》,北京:商务印书馆。

朱曼殊(1990)《心理语言学》,上海:华东师范大学出版社。

朱一之、王正刚(1987)《现代汉语语法研究的现状和回顾》,北京:语文出版社。

左思民(2000)《汉语语用学》,郑州:河南人民出版社。

《中国大百科全书·语言文字卷》,北京、上海:中国大百科全书出版社。

Poole ,S. C(1999)《语言学入门(*An Introduction to Linguistics*)》,北京:外语教学与研究出版社,2000年。

Radford, A. (1999)《语言学教程(*Linguistics:An Introduction*)》,北京:外语教学与研究出版社,2000年。

Yule,G. (1985/1996)《语言研究(*The Study of Language*)》,北京:外语教学与研究出版社,2000年。

后 记

　　本书作为"大学素质教育通识课系列教材(名家通识讲座书系)"中的一本,主要是供高等学校为本科学生,特别是非中文系和非语言学专业的大学生,开设通识课程使用。由于这本教材的内容相对比较浅显,专题做了适当选择,表述力求深入浅出,而且尽量不使用或不直接使用专业术语和符号,所以也适合对语言文字有兴趣的社会读者自学和阅读。同时本书也可以作为大学语言学专业学生的专业入门读物和基础知识手册。

　　本书作为一本覆盖面较宽的基础性和常识性教材,主要内容当然不可能全都是作者自己的东西,也不可能都是新的东西,而肯定需要汇集已有的研究成果,参考必要的文献资料,作者所能做的工作无非是适当取舍和恰当表述。本书的部分内容(特别是语言的本体知识部分),主要是参考了胡明扬主编(胡明扬、沈阳、贺阳编著)的全国高等教育自学考试指定教材《语言学概论》(语文出版社 2000 年)和贺阳、沈阳主编的《〈语言学概论〉自学辅导》(辽宁大学出版社 2002 年),但在内容和写法上做了较多补充或较大改动。同时本书所有的内容(特别是语言的外围知识部分),也参考了其他大量已经出版的中外文相关著作(主要的资料见本书最后所列"主要参考文献"),但也根据本书作者的理解和认识做了内容的调整和文字的加工。所以从内容写法上看,本书可以算是"著"的,但从资料来源上说,本书则主要还是"编"的。不过也正由于上面说的情况,尽管本书已经尽可能对有些内容的来源随文加以说明,但实际上很难对书中每一段文字表述的出处和相关资料都一一具体注明,这一点是需要特别说明的。我愿意在此对所有本书所列参考文献的作者和编者一并表示诚挚的谢意,也为使用本书的教师、学生和其他读者可能不便直接查找到相关的文献资料表示歉意。

　　本书编写过程中还得到过许多专家学者的具体指导和大力帮助。其中包括:曾参与上述《语言学概论》一书编写、审定和参与这本书有关内容讨论并给以具体指导的中国人民大学胡明扬教授、贺阳教授,北京大学陆俭明教授、徐通锵教授,中国社会科学院语言研究所赵世开教授,国家语言文字工作委员会仲哲明教授等,曾参加过全国高等教育自学考试命题工作的中国人民大学骆锋副教授、北京大学叶文曦副教授,曾为上述《语言学概论》一书编写过辅导教材的北京师范大学岑运强教授、苏州大学曹炜教授等,以及曾参加过上述《〈语言学概论〉自学辅导》编写工作的中国人民大学张卫国教授、北京大学李娟副教授,和部分北京大学在读的博士、硕士研究生。我也想借此机会向上述专家、学者和同学们表示衷心的感谢。此外全国高等教育自学考试指导委员会办公室和教育部考试中心的工作人员,全国各地承担《语言学概论》自学考试辅导的老师,曾参加过我的电视课程和参与网上讨论的北京大学远程教育学院的学生,也都对本课程的内容和教学提出过一些值得重视的意见,我也要向他们表示谢意。毋庸置疑,如果没有这么多专家学者的指导帮助和广大教师学生的参与讨论,仅凭本书作者的一孔之见和一己之力,是不可能写好甚至不可能写出这本书的。

本书是列入"大学素质教育通识课系列教材(名家讲座书系)"第一批选目的著作,原计划 2003 年出版。这是编委会对我的信任,也是我本应兑现的承诺。只是作者这几年中教学科研工作实在繁忙,很难找到一段集中写作的时间。虽然有人曾建议我把包括自己以前的著作在内的现成东西照搬过来就行了,或者不妨请我的博士生、硕士生分工代笔,但我觉得这样做,除了有东拼西凑、敷衍了事之嫌,也似乎是对编委会、对"十五讲"这个品牌,对学生和读者,也包括对本书作者自己,不负责任。所以我还是自己断断续续地利用寒暑假的时间和在国外访问任教期间的空隙,一节一节地"磨",一讲一讲地"蹭"。这也就造成了本书最后正式出版拖延至今。这套书的执行主编、北京大学中文系主任温儒敏教授,北京大学出版社汉语编辑室主任郭力编审和本书责任编辑徐刚博士,不但始终非常关心本书的编写,提出了不少具体的意见和建议,同时也对本书作者的"拖沓"表示了充分的理解和宽容。我在这里除了要对编委会、对出版社给予我的信任和支持表示感谢,当然也要对由于我的"言而无信"而给系列教材(讲座书系)编委会和出版社在工作安排上造成的不利影响,也包括对由此给学生和读者们带来的种种不便,表示深深的歉意。

由于作者知识水平和已有参考文献的限制,特别是有些专题并非作者所长,说实话也只能"现炒现卖",加之教材编完后也没有来得及听取更多专家学者的批评意见,所以书中错漏之处肯定在所难免。对以上诸多不无遗憾之处,我除了同样要向编委会、出版社和读者表示歉意之外,也希望今后本书有机会重版或修订时,能够加以弥补。

最后我还想说的是:把"语言学常识"写成一本面向所有大学生的通识教材和面向社会读者的普及读物,在国内似无先例,对作者来说毕竟也只是一种尝试。因此一方面从专业的角度看,这本书肯定存在着这样那样的问题,本书作者当然诚恳地希望得到同行专家的批评指正;另一方面从教学的角度看,这本书是否适合通识教学,在专题内容的取舍衔接、文字表述的难易深浅等方面是否恰当,也都还需要接受教学实践的检验,本书作者当然就更加希望听到使用这本教材的教师和学生的意见和建议。希望大家使用或阅读本书后,把你们在教学过程中的实际体会和成败经验,把你们更感兴趣的教学内容和研讨形式,把你们对这本教材的具体意见和修改建议,写信告诉我。我将根据大家的批评意见对本书作进一步的修订。作者的通信地址是:北京 100871,北京大学中文系。另外,北京大学中文系和北京大学汉语语言学研究中心网页上也设有"语言学专题讨论"专栏。欢迎有条件的教师和学生积极上网跟我们联系,并随时在上面发表你们的学习心得和各种批评意见。网址是:http://chinese. pku. edu. cn, http://ccl. pku. edu. cn(北京大学中文系 / 北京大学汉语语言学研究中心)。

沈　阳

2005 年 5 月 31 日,于北京大学